V&R Academic

Bürgertum Neue Folge

Studien zur Zivilgesellschaft

Herausgegeben von
Manfred Hettling und Paul Nolte

Band 15

Vandenhoeck & Ruprecht

Daniel Watermann

Bürgerliche Netzwerke

Städtisches Vereinswesen als soziale Struktur – Halle im Deutschen Kaiserreich

Vandenhoeck & Ruprecht

Mit 16 Netzwerkkarten, 5 Schaubildern und 36 Tabellen

Bibliografische Information der Deutschen Nationalbibliothek

Die Deutsche Nationalbibliothek verzeichnet diese Publikation in der Deutschen Nationalbibliografie; detaillierte bibliografische Daten sind im Internet über http://dnb.d-nb.de abrufbar.

ISSN 2198-1418
ISBN 978-3-525-36853-4

Ergänzendes Material zu diesem Buch finden Sie unter: www.v-r.de/buergerliche-netzwerke

Weitere Ausgaben und Online-Angebote sind erhältlich unter: www.v-r.de

Umschlagabbildung: Vertreter mehrerer hallescher Männergesangsvereine in Erwartung des Besuchs der Kaiserin Auguste Viktoria (1858–1921) aus Anlass der Weihe der Pauluskirche auf dem Kaiserplatz am 6. September 1903. Foto: Fritz Möller (1860–1923). Quelle: Stadtarchiv Halle (StA Halle, S 9.2.BILC AB 973)

Das Werk wurde für die Veröffentlichung überarbeitet./
This dissertation has been revised for publication.

Gedruckt mit freundlicher Unterstützung der Geschwister Boehringer Ingelheim Stiftung für Geisteswissenschaften in Ingelheim am Rhein.

Satz: textformart, Göttingen | www.text-form-art.de
Druck und Bindung: CPI buchbücher.de GmbH, Zum Alten Berg 24, D-96158 Birkach

Gedruckt auf alterungsbeständigem Papier.

Inhalt

Vorwort

Bei dem vorliegenden Text handelt es sich um die überarbeitete und gekürzte Fassung meiner Dissertation, die im September 2014 von der Philosophischen Fakultät I der Martin-Luther-Universität Halle-Wittenberg angenommen wurde. Die ganz basale Bedeutung von Netzwerken, die in meiner Arbeit eine große Rolle spielen, liegt darin, dass der Mensch in soziale Kontexte eingebunden ist. Er ist mit anderen Menschen verbunden. Auch der Doktorand hat als Solitär in seinem langwierigen Vorhaben ohne fachliche und moralische, aber auch finanzielle Unterstützung kaum eine Chance. Ich möchte mich an dieser Stelle daher bei den Menschen bedanken, die mir mit Rat und Tat zur Seite standen und diese Arbeit erst ermöglichten.

An erster Stelle danke ich sehr herzlich meinem Doktorvater, Manfred Hettling, der mich zu diesem Projekt ermutigt, es begleitet und in vielfacher Hinsicht, nicht zuletzt durch seine Ideen und Anregungen, gefördert hat. Das habe ich nie als Selbstverständlichkeit verstanden. Patrick Wagner hat nicht nur das Zweitgutachten übernommen, sondern ich habe – wie andere Kolleginnen und Kollegen auch – von seinem kritischen analytischen Blick profitieren dürfen, den er mit erfrischender Klarheit in zahllosen Kolloquiumssitzungen auf unsere Projekte geworfen hat.

Ich hatte das große Glück, meine Arbeit im Rahmen des von der DFG finanzierten Internationalen Graduiertenkollegs »Formwandel der Bürgergesellschaft. Japan und Deutschland im Vergleich« Halle-Tôkyô schreiben zu können. Den interkulturellen Austausch, der neben fachlichen Diskussionen und neuen Perspektiven auf unseren Forschungsgegenstand auch durch wunderbare Aufenthalte in Japan geprägt war, habe ich als ungemein gewinnbringend erfahren. Als Betreuern des Kollegs danke ich neben Herrn Hettling und Herrn Wagner besonders Harald Bluhm und Michael Müller für die konstruktive Diskussionsatmosphäre, für die Organisation Tino Schölz, Mandy Thielemann und Shino Yuo. Den japanischen und deutschen Kolleginnen und Kollegen bin ich nicht nur durch Fachdiskussionen, sondern durch gemeinsame Abende im Izakaya auch freundschaftlich verbunden.

Für die Aufnahme des Buches in die Reihe »Bürgertum. Neue Folge« gebührt mein Dank neben Herrn Hettling dem Mitherausgeber Paul Nolte. Zusammen mit Robert Heise hatte ich zudem die Möglichkeit, die Idee für einen Aufsatz zu »Perspektiven der Vereinsforschung« in seinem Berliner Lehrstuhlkolloquium vorzustellen. Kritik und Anstöße sind auch in das vorliegende Projekt eingeflossen.

Den Kollegen Robert Heise und Jakob Böttcher, die beide ebenfalls zum Thema Vereine forschen, habe ich wichtige Anregungen in gemeinsamen Gesprächen und Diskussionen zu verdanken. Jakob, der mein Manuskript korrigiert und mit konstruktiven kritischen Anmerkungen versehen hat, bin ich darüber hinaus zu besonderem Dank verpflichtet. Vom Verlag Vandenhoeck & Ruprecht danke ich Daniel Sander, der die Veröffentlichung des Buches betreut hat. Möglich gemacht wurde das Erscheinen meiner Arbeit in dieser Form durch einen Druckkostenzuschuss der Geschwister Boehringer Ingelheim Stiftung für Geisteswissenschaften.

Ohne den Einsatz von Andreas de Boor, der nicht nur mein Projekt durch die Erstellung und Pflege von Datenbanken unterstützt sowie jederzeit hilfsbereit Probleme gelöst hat, wäre diese Arbeit nicht entstanden.

Widmen möchte ich dieses Buch meinen Eltern. Da sie nicht im akademischen Kontext sozialisiert wurden, ist ihnen die Welt der Wissenschaft gewiss auch ein Stück Arkanwelt geblieben. Umso mehr bin ich dankerfüllt, dass sie mir immer moralisch und finanziell zur Seite gestanden haben. Diese vorbehaltlose Unterstützung und ihr Vertrauen werde ich nicht vergessen.

Halle, im Oktober 2016 Daniel Watermann

I. Einleitung

Im Titel dieses Buches ist mit dem Topos des »Vereinswesens als soziale Struktur« bewusst eine Reminiszenz an Thomas Nipperdeys Aufsatz »Verein als soziale Struktur« gewählt worden. Nipperdey hatte seinerzeit – und dies machte seinen Text so ungemein instruktiv – die Bedeutung der Vereine als gesellschaftliches Strukturprinzip herausgestellt und ihre Entstehungsbedingungen und Entwicklungen in der ersten Hälfte des 19. Jahrhunderts beleuchtet.[1] Diese strukturelle Relevanz von Vereinen steht auch im Zentrum der vorliegenden Studie. Erstmals werden alle Vereine einer deutschen Großstadt im Kaiserreich in ihrem gesellschaftlichen Zusammenhang als Orte der Integration von Menschen in der städtischen Gesellschaft untersucht. Durch die Nutzung netzwerkanalytischer Methoden wird dabei eine grundlegend neue Perspektive auf Beziehungen der Bürger im Vereinswesen eingenommen.[2]

Auf diese Weise schließt das Buch an zwei scheinbar alte Themen der Sozial- und Kulturgeschichte des »langen« 19. Jahrhunderts an: die Geschichte des Vereinswesens und – damit verbunden – des Bürgertums und der bürgerlichen Gesellschaft. Auch wenn es »die Vereinsforschung« nicht gibt,[3] sind mit einer ungemeinen Vielfalt an Fragestellungen und Zugängen die Geschichte einzelner Vereine und Vereinstypen sowie verschiedene historische Entwicklungsphasen des Vereinswesens untersucht worden.[4] In Forschungen zu Milieus, zum Bürgertum, zur Arbeiterkultur und in jüngerer Vergangenheit in sozialwissenschaftlich geprägten Konzepten der Zivilgesellschaft, deren Ursprünge unlängst auch in der Empirie des 19. Jahrhunderts gesucht werden, kommt Vereinen eine zen-

1 *Nipperdey*, Verein als soziale Struktur. Die Bedeutung der Vereine als gesellschaftliches Strukturprinzip wurde bereits von Max Weber auf dem Ersten Soziologentag 1910 hervorgehoben, als er vor dem Hintergrund der immensen quantitativen Ausdehnung und der Vielfalt an Zwecksetzungen der Vereine Perspektiven einer künftigen Erforschung des Vereinswesens skizzierte. Siehe *Weber*, Geschäftsbericht, S. 52 ff.

2 Siehe auch *Heise/Watermann*, Vereinsforschung in der Erweiterung, S. 25–29.

3 Vgl. *Zimmer*, Zivilgesellschaft konkret, S. 66 ff.

4 Als Vereins- und Verbandsstudien siehe bspw. *Reulecke*, Centralverein; *Foerster*, Preß- und Vaterlandsverein; *Pilger*, Kölner Zentral-Dombauverein oder *Mielke*, Hansa-Bund; als Arbeiten, die sich mit bestimmten Vereinstypen befassen *Kaiser*, Konfessionelle Vergesellschaftung; *Zimmermann*, Kriegervereine; *Biefang*, Politisches Bürgertum. Neben Nipperdeys Text zur ersten Hälfte des 19. Jahrhunderts kann Tenfeldes Analyse der Vereine in der Industrialisierung als wichtigste Untersuchung einer spezifischen Phase der Vereinsgeschichte im 19. Jahrhundert angesehen werden. Vgl. *Tenfelde*, Entfaltung.

trale Bedeutung zu.[5] Nipperdeys Reflexionen avancierten in vielen historischen Studien, so vor allem in der Frankfurter Bürgertumsforschung, zu einer Art *Blueprint* für die Analyse des Vereinswesens, dabei hatte dieser selbst auf den eher fragmentarischen Charakter seiner Überlegungen hingewiesen.[6] Neue Impulse für die historische Erforschung von Vereinen sind indes Mangelware, obwohl Kernfragen ihrer Entwicklung und Ausdifferenzierung nach wie vor einer Bearbeitung harren.[7] Diese Feststellung bildete den Ausgangspunkt der Überlegungen zum Verfassen des vorliegenden Buches. In ihm wird eine der zentralen Fragen mit Blick auf das Vereinswesen und den Zusammenhalt moderner Gesellschaften in den Mittelpunkt gerückt: das Problem der sozialen Integration von Menschen. Vereine wurden – unabhängig davon, welches konkrete Forschungsdesign gewählt wurde – nie einfach nur als bloße Organisationsformen zur Durchsetzung von Interessen oder zur Befriedigung von Bedürfnissen verstanden, die durch ihre ungemeine quantitative Ausdehnung eine Bedeutung hatten, die schlichtweg nicht zu ignorieren war. Vielmehr wurde ihnen eine zentrale Rolle bei der funktionalen Ausdifferenzierung der Gesellschaft einerseits und der sozialen In- und Exklusion von Menschen andererseits zugesprochen.[8] Wenn in diesem Buch das Vereinswesen als soziale Struktur im Sinne einer Analyse der integrativen Muster einer städtischen Gesellschaft erforscht wird, liegt der Fokus auf der Schnittstelle zwischen funktionaler und sozialer Ausdifferenzierung.

Im Mittelpunkt steht die Frage nach der Sozialintegration in Vereinen der Stadt Halle an der Saale im Deutschen Kaiserreich, die in diesem Zeitraum zur Großstadt wurde und sich von einem vornehmlich bildungsbürgerlich geprägten regionalen Zentralort immer stärker zu einem industriellen und Dienstleistungszentrum wandelte. Diese Entscheidung für eine Perspektive auf die Stadt, auf eine Stadt, wurde getroffen in der Annahme, dass dadurch die Strukturen sozialer Integration im Vereinswesen in ihrer ganzen Verdichtung am ehesten zu erfassen sind und lokale Vereine für den Großteil der Menschen eine maß-

5 Siehe stellvertretend für die genannten Forschungszweige: *Frie*, Kaiserreich, S. 94–108 u. *Wirsching*, Weimarer Republik, S. 89–94 als Zusammenfassungen empirischer Ergebnisse der Milieuforschung; zur Arbeiterkulturforschung *Ritter/Tenfelde*, Arbeiter, S. 818–835; zu historischen Perspektiven und empirischen Befunden der Zivilgesellschaftsforschung *Wehler*, Zielutopie; *Bauerkämper*, Praxis der Zivilgesellschaft; *Gosewinkel u. a.*, Zivilgesellschaft, *Jessen u. a.*, Zivilgesellschaft als Geschichte; *Bermeo/Nord*, Civil Society Before Democracy.

6 Vgl. *Nipperdey*, Verein als soziale Struktur, S. 177. Siehe etwa *Hein*, Soziale Konstituierungsfaktoren, S. 151; *Mettele*, Bürgertum in Köln, S. 159.

7 Ausnahmen sind: *Hoffmann*, Geselligkeit und Demokratie; *ders.*, Wie »zivil« war die Gesellschaft des 19. Jahrhunderts?; *Nathaus*, Organisierte Geselligkeit; *Heise/Watermann*, Vereinsforschung in der Erweiterung, die alle auch die Längsschnittperspektive und die Transformationen des Vereinswesens thematisieren.

8 Siehe etwa *Nathaus*, Organisierte Geselligkeit, S. 11 ff.; zur historisch-genetischen Ausprägung gesellschaftlicher Handlungsfelder *Raschke*, Vereine und Verbände, S. 35–46.

gebliche lebensweltliche Bedeutung besaßen.[9] Soziale Verflechtungen im städtischen Raum sind mit Blick auf das Vereinswesen in ihrer Gesamtheit nur selten in den Blick genommen worden.[10] Zwar gibt es zweifellos zahlreiche Stadtstudien, die Vereine thematisieren oder als zentralen Untersuchungsgegenstand behandeln, aber diese konzentrieren sich entweder, wie die Arbeiten des Frankfurter Bürgertumsprojekts, eher auf die erste Hälfte des 19. Jahrhunderts und vorrangig auf »Elitenvereine« oder haben den Charakter fast schon lexikalisch anmutender Auflistungen von Vereinen, die aber strukturelle Zusammenhänge vernachlässigen und bei einer eigentümlichen Nebeneinanderstellung der Vereine verbleiben.[11] Insbesondere das Vereinswesen der Kaiserreichszeit ist erstaunlich unterbelichtet geblieben, was vor allem angesichts der Tatsache überrascht, dass es nach der Reichsgründung zu einem bis dahin ungeahnten Boom an Vereinsgründungen kam, der möglicherweise in dieser Dynamik auch später nie wieder erreicht wurde.[12] Mit der quantitativen Explosion des Vereinswesens gingen qualitative Veränderungen einher: Nicht nur schritt die bereits von Nipperdey hervorgehobene Ausdifferenzierung mit der Ausbildung zunehmend separierter gesellschaftlicher Teilbereiche, innerhalb derer jeder nur erdenkliche Zweck in Vereinen organisiert wurde, voran, sondern die Organisation selbst begann sich zu verändern, indem mit dem (Interessen-)Verband ein Typus entstand, der in der Regel regional oder national ausgerichtet war und oftmals im Zuge einer Bürokratisierung und Professionalisierung zu einem Ort der Sozialisation wurde, der sich vom bürgerlichen Verein deutlich unterschied.[13] Diese Veränderungen, Transformationen und He-

9 Damit soll nicht behauptet werden, dass die Zeitgenossinnen und Zeitgenossen gänzlich in ihrer Rolle als »Vereinsmenschen«, um eine fast schon spöttische Bemerkung Max Webers aufzugreifen, zu beschreiben sind, aber dass der lokale Verein der vorherrschende Typus gesellschaftlichen Zusammenschlusses war. Letztlich hat daran auch der Aufstieg national ausgerichteter Interessenverbände nichts geändert, die zumeist durch Filiationen ebenfalls auf lokale Organisationsformen angewiesen blieben.

10 Siehe jedoch die vorzügliche Beziehungsgeschichte zwischen Bürgertum und Arbeiterschaft, die Vereine als einen Kontaktraum in der Stadt einbezieht, von *Schmidt*, Begrenzte Spielräume.

11 Siehe z. B. *Klitzschmüller*, Magdeburger Gesellschaft; *Jungmann*, Einbecker Vereine; *Barsickow*, Politische Lager.

12 Ähnlich *Hoffmann*, Geselligkeit und Demokratie, S. 60f. Einschlägige Sammelbände zum Thema Vereinswesen im 19. Jahrhundert sparen die Kaiserreichszeit weitgehend aus. Siehe beispielsweise *Dann*, Vereinswesen und bürgerliche Gesellschaft oder *Best*, Vereine in Deutschland. Die Forschung von Wolfgang Hardtwig zu Genossenschaft, Sekte und Verein ist bisher nur in einem Band, welcher mit der Französischen Revolution einen Abschluss findet, veröffentlicht worden. Auch seine begriffsgeschichtliche Untersuchung zum Verein endet mit dem Beginn der Kaiserreichszeit. Siehe *Hardtwig*, Genossenschaft, Sekte, Verein in Deutschland; *ders.*, Verein.

13 Im Blickpunkt der Analysen zur Kaiserreichszeit standen daher vor allem die Entwicklung von Interessenverbänden und die Entstehung eines politischen Massenmarktes. Siehe z. B. *Ullmann*, Interessenverbände; *Grießmer*, Massenverbände.

rausforderungen machen »den Verein« im Kaiserreich zu einem faszinierenden Untersuchungsgegenstand. Für die sozialen Netzwerke, die seit jeher ein konstitutiver, aber in der Forschung vernachlässigter Bestandteil des Vereinswesens als soziale Struktur und des Handelns in Vereinen waren,[14] konnte die quantitative Ausdehnung und Ausdifferenzierung nicht folgenlos sein. Anhand der Muster sozialer Vernetzung in Vereinen, so die grundlegende Annahme, lassen sich vor dem Hintergrund der fundamentalen Veränderung des städtischen Raums die Aktualisierung oder der Wechsel sozialer Zugehörigkeiten erkennen. Mit dem innovativen Methodenarsenal der Historischen Netzwerkanalyse stehen Hilfsmittel zur Verfügung, diese aufzuspüren.[15] Der große Mehrwert der Netzwerkanalyse besteht darin, in den Quellen angelegte komplexe Beziehungsnetze der Menschen sichtbar machen zu können, die ansonsten verborgen bleiben oder allenfalls metaphorisch zu beschreiben sind. Die Charakterisierung der Vereinsnetzwerke als »bürgerlich« führt zu dem zweiten »alten« Thema: der Geschichte des Bürgertums.

Nun ist es, die Ergebnisse der bisherigen Forschung berücksichtigt, fast schon ein Gemeinplatz, wenn man darauf hinweist, dass das Bürgertum seinen einstmals weitgehend exklusiven Zugriff auf Vereine als Organisationsform lange vor der Reichsgründung verloren hatte.[16] Und doch: Bürgerinnen und Bürger spielten auch im ausgehenden 19. Jahrhundert im verzweigten Netzwerk der Vereine eine bedeutende Rolle. Die Frage nach bürgerlichen Netzwerken berührt das Problem des Stellenwerts von Bürgertum jedoch in einem darüberhinausgehenden, viel grundlegenderen Sinn. Als Jörg Neuheiser am Anfang seiner Rezension zu zwei im Jahr 2009 vorgelegten Neuerscheinungen aus dem Themenbereich Bürgertum und Bürgerlichkeit im 19. und 20. Jahrhundert fragt »Schon wieder das deutsche Bürgertum«? suggeriert er damit, dass angesichts der langjährigen, intensiven Forschung, die vor allem im Rahmen der Großprojekte in Bielefeld und Frankfurt betrieben wurde, Publikationen mit neuem Erkenntniswert doch eigentlich kaum zu erwarten sind.[17] Insbesondere die »anstrengende

14 Vgl. *Roth*, Verein und bürgerliche Gesellschaft, S. 132ff.

15 Siehe zur Netzwerkanalyse als neuen Ansatz in den Geschichtswissenschaften *Düring/Eumann*, Historische Netzwerkforschung; *Düring u. a.*, Handbuch Historische Netzwerkforschung; *Gamper/Reschke*, Knoten und Kanten; *Gamper u. a.*, Knoten und Kanten III.

16 Vgl. etwa die Forschung zur Revolution 1848/49: *Wehler*, Gesellschaftsgeschichte, Bd. 2, S. 724ff.; *Kill*, Politische Konstituierungsfaktoren, S. 198 u. *Lipp*, Politisches Handlungsmuster. Bereits im Vormärz boten insbesondere Turn-, Musik- und Gesangvereine breiteren Bevölkerungskreisen Partizipationsmöglichkeiten. Siehe *Schweigard*, Politische Turnvereine, S. 61f.; *Hein*, Soziale Konstituierungsfaktoren, S. 168.

17 *Neuheiser*, Rezension. In seiner ausgewogenen Rezension relativiert Neuheiser diese Eingangsfrage. Zur Bielefelder Bürgertumsforschung siehe *Lundgreen*, Sozial- und Kulturgeschichte; *Mergel*, Bürgertumsforschung; *Kocka*, Bürgertum und Bürgerlichkeit als Probleme der deutschen Geschichte; *Tenfelde*, Stadt und Bürgertum; klassische Texte der »Bielefelder Schule« in *Hitzer/Welskopp*, Bielefelder Sozialgeschichte; zur Frankfurter Bürgertumsfor-

Affäre«[18] einer Sozialgeschichte des Bürgertums scheint beendet zu sein.[19] Mit dem Fokus auf bürgerliche Netzwerke steht jedoch, so wird im Folgenden argumentiert, ein für jede Studie zum Bürgertum zentrales Problem im Zentrum des Untersuchungsinteresses, das nach wie vor nicht abschließend geklärt und sowohl hinsichtlich der Geschichte des 19. als auch des 20. Jahrhunderts disparate analytische Konzepte seiner Bearbeitung wie heterogene empirische Ergebnisse hervorgebracht hat. In den Worten Jürgen Kockas: »Was ist es denn, das die Kaufleute, Fabrikanten und Bankdirektoren, die Ärzte und selbständigen Rechtsanwälte, die Richter und Ministerialbeamten, später auch die Diplom-Ingenieure und Betriebswissenschaftler in sozial relevanter Weise gemeinsam hatten, und zwar so, daß es sie zugleich von Nicht-Bürgern unterschied?«[20] Selbst bei Betrachtung der Besitz- und Erwerbsklassen des Wirtschafts- und Bildungsbürgertums, die insbesondere in der Bielefelder Bürgertumsforschung als Kern eines »neuen« Bürgertums interpretiert wurden, ist die Frage nach der verbindenden Gemeinsamkeit schwer zu beantworten.[21] Eine Heterogenität wird, wie Kocka konstatiert, hinsichtlich der sozialen Lage, der Interessen, der Bildungswege und der sozialen Herkunft unmittelbar offenbar, die sich noch verstärken

schung *Gall*, Liberalismus und »bürgerliche Gesellschaft«; *ders.*, Vom alten zum neuen Bürgertum; *ders.*, Stadt und Bürgertum; als Studienbücher *Schäfer*, Geschichte des Bürgertums; *Schulz*, Lebenswelt. Als Bilanz von Konzepten und Forschungsansätzen sowie mit Blick auf neue Perspektiven der Bürgertumsforschung siehe *Hettling/Pohle*, Bürgertum. Alte Fragen, neue Perspektiven.

18 *Hettling*, Eine anstrengende Affäre.

19 Verbunden damit war ein »Abschied vom 19. Jahrhundert«, so der Titel eines Aufsatzes von *Nolte*, sowie eine Hinwendung zu international vergleichenden Fragestellungen, die gerade in der Bürgertumsforschung Bielefelder Prägung von vornherein angelegt waren, aber eher selten eingelöst wurden; siehe etwa *Conze/Kocka*, Bildungssystem und Professionalisierung in internationalen Vergleichen; als Beispiel für eine neue Studie zum internationalen Vergleich *Hettling/Schölz*, Bürger und shimin. Die internationale Diskussion wird verstärkt unter dem Terminus *middle class* geführt; siehe etwa *Lopez/Weinstein*, The Making of the Middle Class; *Moazzin*, Review. In den letzten Jahren wurde zudem vor allem die Frage nach der Fortexistenz von Bürgertum und Bürgerlichkeit nach 1918 diskutiert; siehe bspw. die Beiträge in *Plumpe/Lesczenski*, Bürgertum und Bürgerlichkeit; *Hettling/Ulrich*, Bürgertum nach 1945; *Bude u. a.*, Bürgerlichkeit ohne Bürgertum; *Budde u. a.*, Bürgertum nach dem bürgerlichen Zeitalter.

20 *Kocka*, Bürgertum und bürgerliche Gesellschaft im 19. Jahrhundert, S. 14.

21 Die Konzeption des Frankfurter Bürgertumsprojekts unterschied sich grundlegend vom Bielefelder Ansatz; im Vordergrund stand ein Bürgertumsbegriff, der ausgehend von der Rechtsformation der ständischen Gesellschaft den Übergang des sich als »Realkollektiv« in seiner konkreten städtischen Lebenswelt konstituierenden Bürgertums vom »vormodernen« Stadtbürgertum hin zu einem neuen, nicht mehr ständisch geprägten städtischen Bürgertum, das dem Leitbild einer »klassenlosen Bürgergesellschaft« folgte, zu untersuchen beabsichtigte. Siehe zum Forschungsdesign *Gall*, Stadt und Bürgertum u. *Schäfer*, Geschichte des Bürgertums, S. 73 ff. Kritisch dazu u. a. Sarasin: Das »Realkollektiv« bleibe »eine Fiktion, die schon voraussetzt, was erst noch zu beweisen wäre, bzw. wohl nicht zu beweisen ist«; *Sarasin*, Stadt der Bürger, S. 15.

muss, wenn der »alte« und »neue« Mittelstand in Bezug auf ihre Zugehörigkeit zum Bürgertum hin befragt werden.[22] Die Suche nach einem sozialen Korrelat für die Begriffskonstruktion »Bürgertum« müsse scheitern, wie Manfred Hettling feststellt, während es zugleich wenig befriedigend sei, einfach von fragmentierten bürgerlicher Teilgruppen auszugehen.[23] Zudem ist auch der resignierte Rückzug auf einzelne bürgerliche Teilgruppen mit der Frage ihres Zusammenhalts verbunden. Letztlich könne, so Hettling, weder die Einheit des Bürgertums dezisionistisch oder geschichtsphilosophisch festgelegt, noch von bürgerlichen Teilgruppen als gegebenen Einheiten ausgegangen werden.[24] Kocka sieht hinsichtlich der Frage nach dem gemeinschaftsstiftenden Band des Bürgertums zwei komplementäre Argumentationen als maßgeblich an: Zum einen soziale Frontstellungen des Bürgertums, zunächst im späten 18. und beginnenden 19. Jahrhundert gegenüber dem privilegierten Geburtsadel und dem monarchischen Absolutismus, im weiteren Verlauf des 19. Jahrhunderts dann die immer deutlicher werdende Fronstellung gegenüber der Arbeiterbewegung. Kompatibel zu dieser Argumentationslinie ist zum anderen die Annahme einer gemeinsamen Kultur des Bürgertums, die oftmals mit dem Begriff »Bürgerlichkeit« untersucht wurde.[25]

Bürgerlichkeit wurde unter anderem als kulturelle Praxis interpretiert, wobei vor allem Pierre Bourdieus Kultursoziologie von der Bürgertumsforschung rezipiert worden ist.[26] Sowohl den bisherigen konzeptionellen und methodischen Problemen, die vor allem aus den disparaten Klassenlagen und Interessen des Bürgertums resultierten, als auch den Herausforderungen der Neuen Kulturgeschichte, schien man – so die Hoffnung – mit dem Verständnis von Bürgerlichkeit als kultureller Klammer angemessen begegnen zu können.[27] Die Bindung von Bürgerlichkeit an die Sozialformation Bürgertum blieb jedoch ambivalent und auch kulturelle Praktiken wiesen zwischen den bürgerlichen Teilgruppen ein hohes Maß an Heterogenität und unterschiedlichen Mischungsverhältnissen auf.[28] Ähnliches ist zu konstatieren, wenn Bürgerlichkeit vorrangig als

22 Vgl. *Kocka*, Bürgertum und bürgerliche Gesellschaft im 19. Jahrhundert, S. 14.

23 Vgl. *Hettling*, Politische Bürgerlichkeit, S. 12f.

24 Vgl. ebd., S. 14ff., 23.

25 Vgl. *Kocka*, Bürgerlichkeit und Obrigkeitsstaat, S. 181ff.

26 Vgl. *Döcker*, Ordnung der bürgerlichen Welt, S. 16f. Die Familie als Ort der Vermittlung bürgerlicher Kultur wird untersucht bei *Budde*, Wege ins Bürgerleben. Auf den Aspekt der Aushandlung von Werten und Normen des Alltagshandelns heben Hein und Schulz ab. Sie führen aus: »›Bürgerkultur‹ meint, abstrakt gesprochen, die Teilhabe der sozialen Formation Bürgertum an einem von ihr selbst geschaffenen und durch sie gestalteten Prozeß. Die Gemeinschaft von Teilgruppen des Bürgertums wird wesentlich durch eine kulturelle Alltagspraxis gestiftet, die den sozialen Zusammenhalt festigt.« *Hein/Schulz*, Einleitung, S. 12ff., das Zitat S. 13.

27 Vgl. *Bausinger*, Bürgerlichkeit und Kultur, S. 121.

28 Siehe etwa *Döcker*, Ordnung der bürgerlichen Welt, S. 281ff.

Ensemble universeller Werte konzipiert wird.[29] Als Beispiel können in diesem Zusammenhang die Erfahrungen des Bankiers und Unternehmers Adalbert Delbrück angeführt werden, der einer Akademikerfamilie entstammte und dessen Vater unter anderem Regierungsbevollmächtigter und Kurator der Universität Halle war. Er schilderte die ausgeprägten Vorurteile, die in diesen Familien dem Unternehmerberuf entgegengebracht wurden: Werte wie »wahre Bildung«, Authentizität und Persönlichkeitsentwicklung wurden dem Materialismus und Egoismus der ökonomischen Welt entgegengesetzt.[30]

Wenn der Zusammenhalt des Bürgertums untersucht werden soll, ist es zwingend notwendig, vorausgesetzt Bürgertum soll nicht nur ex negativo als Gegenüber von Adel und Arbeiterschaft verstanden werden, die soziokulturelle Konstituierung von Bürgertum anhand konkreter Beziehungsmuster zu analysieren. Bürgertum entsteht in dieser Perspektive erst durch konkret fassbare Interaktionen und Vernetzung, die Aussagen über Inklusion und Exklusion, In-Groups und Out-Groups ermöglichen. Eine derartige Untersuchung des Bürgertums als soziale Klasse, bestimmt durch gemeinsame Heirats- und Geselligkeitskreise, ist immer wieder in das »Programm« der Bürgertumsforschung aufgenommen, aber bisher nur in Ansätzen umgesetzt worden.[31] Gerade die Analyse von Vereinsnetzwerken offeriert vor diesem Hintergrund einen Beitrag, die Konturen der Sozialformationen in der städtischen Gesellschaft nachzuzeichnen bzw. zu prüfen, ob »das Bürgertum« überhaupt eine Entsprechung in der Realität sozialer Beziehungen hatte.

Am Ende des 19. und beginnenden 20. Jahrhunderts stellte die angesprochene gesellschaftliche Ausdifferenzierung die Integrationspotentiale der bürgerlichen Gesellschaft vor erhebliche Herausforderungen. In diesem Zusammenhang sind

29 Vgl. *Schäfer*, Geschichte des Bürgertums, S. 125ff. In dem von ihnen herausgegebenen Sammelband zum »bürgerlichen Wertehimmel« setzen Hettling und Hoffmann in ihrer Einleitung daher nicht bei Institutionen oder kollektiven Handlungseinheiten an, sondern stellen bürgerliche Lebensführung mit einem Blick auf die individuelle Aneignung von Werten in den Mittelpunkt, die sich in spezifischen sozialen Räumen vollziehe; vgl. *Hettling/Hoffmann*, Einleitung, S. 12f.

30 Vgl. *Reitmayer*, Bankiers, S. 254f.

31 Vgl. *Schäfer*, Geschichte des Bürgertums, S. 80f. u. 111ff.; *Mergel*, Bürgertumsforschung, S. 518ff. Vernetzungen in Vereinen und verwandtschaftliche Verflechtungen werden als »soziale Konstituierungsfaktoren von Bürgertum« bereits 1993 im Zusammenhang des Frankfurter Bürgertumsprojekts von Hein explizit angesprochen, aber ihre Untersuchung sei, so Hein, in den Einzelstudien allenfalls partiell eingelöst worden. So beschränkte sich die Analyse sozialer Vernetzung in Vereinen insbesondere auf Vertreter der städtischen Führungsschicht, während die Untersuchung familiärer Verflechtung angesichts der Datenmengen im Rahmen des damaligen Projekts nicht realisiert werden konnte. Vgl. *Hein*, Soziale Konstituierungsfaktoren, S. 153f. Abseits der Bürgertumsforschung wurden soziale Klassenbildungsprozesse bspw. untersucht bei *Sabean u. a.*, Kinship in Europe u. *Fertig*, Familie, verwandtschaftliche Netzwerke und Klassenbildung.

vor allem Industrialisierung und Urbanisierung als Transformationsprozesse zu nennen, welche die Lebenswelt in den Städten fundamental veränderten. Die Zusammensetzung der Einwohnerschaft, die Wohnverhältnisse, die Aufgaben kommunaler Selbstverwaltung und politische Konfliktlinien wandelten sich grundlegend. Die Bürgertumsforschung hat vor dem Hintergrund dieser Entwicklungen für die Kaiserreichszeit latente und manifeste Symptome einer sich abzeichnenden Krise des Bürgertums diagnostiziert: »Die Stadt als Bollwerk des Bürgertums«[32] und somit weiterhin als Ort bürgerlicher Herrschaft konnte in Anbetracht der steigenden Partizipationsansprüche der politischen Arbeiterschaft nur durch Beibehaltung restriktiver Wahlrechtssysteme gesichert werden. Der städtische Liberalismus machte eine Entwicklung von der »Hochburg zur Wagenburg«[33] durch. Klaus Tenfelde benennt drei Krisendimensionen, die seit der Mitte des 19. Jahrhunderts maßgeblich die Strukturkrisen bürgerlicher Existenz und von Bürgerlichkeit kennzeichneten: die Krise der Selbstständigkeit, der bürgerlichen Exklusivität und der Bildung.[34] Während Hans Mommsen von einer »Auflösung des Bürgertums« ausgeht,[35] untersucht Michael Schäfer die »Krise des Bürgertums« über das »lange« 19. Jahrhundert hinausgehend und bezieht die Krisenerfahrungen des Weltkrieges und Systemumbruchs in seine Analyse mit ein.[36] Der allgemeine Tenor der Forschung betont daher allenthalben die krisenhafte Entkonturierung des Bürgertums. Das Vereinswesen kann in diese Problembeschreibung einbezogen werden; es ist zu einem bunt schillernden Kaleidoskop gesellschaftlicher Entwicklung geworden. Verschiedene Autoren – und die Zeitgenossen – haben betont, dass sich der Verein als einstige »Schule der Bürgerlichkeit« nicht nur verallgemeinert, sondern verwässert habe.[37] Bürgerlichkeit wurde anscheinend sukzessive durch einen sich zunehmend aggressiv gerierenden Nationalismus überformt, der unter anderem in den nationalistischen Massenverbänden der Kaiserreichszeit seinen Ausdruck fand.[38] Wenn man auch dieser diagnostizierten Krisensymptomatik der bürgerlichen Gesellschaft nicht folgt, so stellt sich dennoch die Frage, inwieweit sie im Kaiserreich einerseits (noch) an eine Sozialformation Bürgertum gebunden war, andererseits und damit verbunden dezidiert die Frage nach den integrativen Potentialen der bürgerlichen Gesellschaft.

32 *Schäfer*, Geschichte des Bürgertums, S. 131.

33 *Hettling*, Von der Hochburg zur Wagenburg.

34 Vgl. *Tenfelde*, Stadt und Bürgertum, S. 321 ff.

35 Siehe *Mommsen*, Auflösung des Bürgertums.

36 *Schäfer*, Bürgertum in der Krise. Siehe auch *Münkler*, Ende der bürgerlichen Welt.

37 Die Interpretation des Vereins als »Schule der Bürgerlichkeit« kann zurückgeführt werden auf Kosellecks Verständnis von Logen als »Innenräume« der Moral; vgl. *Koselleck*, Kritik und Krise, S. 44. Um 1900 bewerteten dagegen die Zeitgenossen selbst die Entwicklung des Vereinswesens kritisch; vgl. *Hoffmann*, Geselligkeit und Demokratie, S. 86.

38 Vgl. *Hettling*, Bürgerlichkeit und Zivilgesellschaft, S. 47 f., 53, 55 f.

Bürgertum und bürgerliche Gesellschaft werden in der vorliegenden Studie als integrative Zusammenhänge verstanden – einem immer auch fragilen Ganzen, »dem Bürgertum« und »der bürgerlichen Gesellschaft« –, die erst durch die spezifische Verbindung von Teilgruppen und intermediäre Verflechtungen konstituiert werden. Vereine haben in dieser Hinsicht einen bedeutenden Stellenwert. Soziale Beziehungen im Vereinswesen indizieren Zugehörigkeiten zu sozialen Kreisen und die Zweckausrichtungen der Vereine ermöglichen Aussagen über Ziele und Strukturen gesellschaftlicher Selbstorganisation. »Integration« ist insbesondere in aktuellen gesellschaftlichen, politischen und sozialwissenschaftlichen Debatten ein vielfach verwendeter, oftmals jedoch auch unbestimmter Begriff. Die Analyse von Integration setzt – unabhängig vom konkreten Untersuchungsgegenstand – stets an dem Phänomen der Ausdifferenzierung moderner Gesellschaften, der Auflösung traditioneller gemeinschaftlicher Bande und einem prekären Bezug von Individuen, Gruppen und Akteuren zum gesellschaftlichen Ganzen an.[39] Integration kann sich letztlich auf unterschiedlichen Wegen vollziehen und »das Konzept« von Integration gibt es nicht,[40] wie Wolfgang Vortkamp feststellt: »Integration ist ein komplexer Begriff, der einen noch viel komplexeren Gegenstand beschreibt und darum immer in seinen konkreten Anforderungen und Zusammenhängen thematisiert werden muss.«[41] Vortkamp selbst hat ein Konzept von »partizipativer Integration« entwickelt, das auch für das Verständnis von Strukturen der In- und Exklusion in der bürgerlichen Gesellschaft des Kaiserreichs nützlich ist.[42] Primäre Integration erfolgt demnach über soziale Beziehungen bzw. *face-to-face*-Kontakte und die Einbindung von Menschen in Organisationen. Das Individuum ist dabei sowohl kommunikativ, indem es in einem Netz von Information und Verständigung verwoben ist, als auch sozial, indem es am öffentlichen Leben teilnimmt, integriert.[43] Im Vordergrund steht in dieser Perspektive somit das Teil-Sein von Menschen in Netzwerken mit anderen. Demgegenüber bezieht sich sekundäre Integration auf abstrakte Prozesse gesellschaftlicher Integration. Entscheidend ist diesbezüglich die Frage, inwieweit Organisationen mit Normen und Werten der Gesellschaft verbunden bzw. inwieweit die in Gruppen und Organisationen sozial integrierten Personen über diese Organisationen in das gesellschaftliche

39 Siehe etwa die Beiträge in *Heitmeyer*, Was treibt die Gesellschaft auseinander? (darin: *Bohle u. a.*, Anomie in der modernen Gesellschaft, S. 29 f.) und *ders.*, Was hält die Gesellschaft zusammen (darin: *ders.*, Einleitung, S. 10).

40 Richard Münch unterscheidet fünf Integrationstheorien. Siehe *Münch*, Theorie der Integration, S. 77 ff.

41 *Vortkamp*, Ein Konzept sozialer und gesellschaftlicher Integration, S. 1.

42 *Vortkamp*, Gesellschaftliche Integration und Vertrauensbildung; *ders.*, Integration durch Teilhabe.

43 Vgl. *Vortkamp*, Gesellschaftliche Integration und Vertrauensbildung, S. 143 f.

Normen- und Wertesystem integriert werden.[44] Damit hängt auch die Frage zusammen, inwieweit Menschen über das Teil-Sein von sozialen Netzwerken hinausgehend an der Gestaltung gesellschaftlicher Strukturen teilhaben.

Erstens kann, an diese Differenzierung anschließend, durch eine Analyse von Netzwerken in der städtischen Gesellschaft, des Teil-Seins von Menschen, der soziale Zusammenhalt gesellschaftlicher Formationen untersucht werden. Die Frage lautet entsprechend: Kann anhand von Untersuchungen der Vernetzungen in Vereinen Bürgertum als soziale Klasse beschrieben werden? Die Attraktivität von Klassenanalysen hat stark nachgelassen. Ausgehend von der Begriffsverwendung in der Soziologie gehören in den Sozialwissenschaften, und auch in der Geschichtswissenschaft, zum Grundwerkzeug der Untersuchung von Sozialstruktur und sozialer Ungleichheit heute eher analytische Konzepte wie Milieus, Lagen oder Lebensstile.[45] Dies lässt sich auch für die Bürgertumsforschung zeigen: Zwar wird nach wie vor mit den Weberschen Begriffen »Erwerbs-« und »Besitzklassen« und verstärkt auch mit dem Begriff »Mittelklassen«[46] gearbeitet, doch beschreiben diese Marktpositionen und Marktchancen, aus denen nicht automatisch gemeinsame Interessen oder Klassenbewusstsein abgeleitet werden können. Ansätze für eine stärkere Gewichtung einer Klassenanalyse, die über die Beschreibung von Klassenlagen hinausgeht, können die Setzung von Edward P. Thompson in seiner phänomenologischen Klassenstudie »Making of the English Working Class« als Ausgangspunkt nehmen: Klasse ist ein aktiver Prozess und eine Beziehung.[47] Auch eine Untersuchung des Bürgertums muss Inklusions- und Exklusionsprozesse, die sich in seinen Beziehungen manifestieren, problematisieren. Den Satz von E. P. Thompson adaptiert, könnte man sagen: »Bürgertum ist eine Beziehung«, die einem stetigen Wandlungsprozess unterliegt. Dies verweist darauf, dass das Bürgertum als Ganzes und auch Teilgruppen wie Wirtschafts- und Bildungsbürgertum als Einheiten überhaupt erst erfasst werden können, wenn man ihre Beziehungen analysiert. Muster von Klassenbildung können durch eine Analyse sozialer Vernetzung sichtbar gemacht werden.[48] Der Begriff soziale Vernetzung verweist darauf, dass

44 Vgl. ebd. Siehe auch *Landecker*, Types of Integration u. *Lockwood*, Soziale Integration und Systemintegration, an die Vortkamp anschließt.

45 Vgl. *Rössel*, Plurale Sozialstrukturanalyse, S. 11 ff.

46 Beispielsweise *Schäfer*, Bürgertum in der Krise, S. 12 ff.; *Tenfelde*, Middle Classes; *ders.*, Stadt und Bürgertum, S. 333 ff.

47 Vgl. *Thompson*, Die Entstehung der englischen Arbeiterklasse, S. 9 f.

48 Ein netzwerkanalytisches Vorgehen unternahmen weder Thompson noch Pierre Bourdieu in seiner Analyse sozialer Klassen, obwohl insbesondere sein Konzept des sozialen Kapitals für eine Netzwerkanalyse anschlussfähig ist und auch in diesem Sinne aufgegriffen wurde. Siehe *Bourdieu*, Wie eine soziale Klasse entsteht; *ders.*, Sozialer Raum und Klassen; *ders.*, Die feinen Unterschiede; *ders.*, Ökonomisches Kapital, kulturelles Kapital, soziales Kapital. Siehe auch *Lipp*, Struktur, Interaktion, räumliche Muster, S. 51 f.; *Bernhard*, Netzwerkanalyse und Feldtheorie, S. 121

Netzwerke – nach der allgemeinen Definition von Clyde Mitchell verstanden als »a complex set of inter-relationships in a social system«[49] – immer auch Handlungsergebnis sind, d.h. die »embeddedness«[50] sozialen Handelns, der netzwerkbedingte Handlungskontext, zugleich ein Ergebnis von Handeln darstellt.[51]

In Bezug auf soziale Vernetzung im Vereinswesen ist folgender Aspekt wesentlich: Sie findet in Vereinen als »Wahlgemeinschaften des Geschmacks« statt,[52] in denen jedes Mitglied eine beständige Exit-Option hat und der Eintritt in den Verein durch die Entscheidung des Individuums, sich in einen bestimmten sozialen Kreis und Handlungskontext zu begeben, begründet ist. Mit dem Charakter des Vereins als Wahlgemeinschaft geht einher, dass eine grundlegende Bereitschaft und Akzeptanz, mit Vereinsmitgliedern aus möglicherweise differenten sozialen Teilgruppen und Milieus zusammen zu handeln, vorliegt. Dies verweist darauf, dass »die Einstellung des sozialen Handelns« im Verein in der von Max Weber getroffenen Differenzierung zwischen Vergesellschaftung und Vergemeinschaftung nicht nur eine typisch auf wert- oder zweckrationaler Interessenverbindung basierende Vergesellschaftungsform darstellt, sondern mit einer subjektiv gefühlten Zusammengehörigkeit der Vereinsmitglieder auch durch Elemente von Vergemeinschaftung gekennzeichnet ist.[53] Vereine begründen eine Atmosphäre »sozialer Schätzung«, in der Beziehungen aufgenommen werden.[54] Wenn die Integration in soziale Klassen auf Basis dieser Annahme untersucht wird, ist einschränkend zu bemerken, dass soziale Klassenbildung aus mannigfachen Beziehungsmustern resultiert, die Beziehungen in Vereinen bilden nur einen Teil davon ab. Zu denken ist darüber hinaus vorrangig an Heiratskreise und Patenschaften, aber auch an Beziehungen, die sich aus Nachbarschafts- und Arbeitsverhältnissen ergeben.[55]

Vereine integrieren Menschen nicht nur in soziale Beziehungsgefüge, sondern können ihnen, *zweitens*, eine Teilhabe an der Gestaltung der Gesellschaft ermöglichen. Drei Aspekte sollen im Folgenden mit Blick auf den Verein als Struktur-

49 *Mitchell*, The Concept and the Use of Social Networks, S. 1.

50 Siehe *Granovetter*, Economic Action and Social Structure.

51 Vgl. *Hollstein*, Strukturen, Akteure, Wechselwirkungen, S. 91 u. 96.

52 *Braun*, Assoziative Lebenswelt, S. 12ff.; *ders.*, Soziale und politische Integration, S. 4501ff.

53 Vgl. *Weber*, Wirtschaft und Gesellschaft, S. 29f.

54 Soziale Schätzung ist wesentlich für die Definition ständischer Lage bei Weber als »eine typisch wirksam in Anspruch genommene positive oder negative Privilegierung in der sozialen Schätzung«; *Weber*, Wirtschaft und Gesellschaft, S. 179. Damit berücksichtigt Weber die Selbstdeutung von Gruppen sowie die soziale Wertung durch andere Gruppen. Als Indikatoren nennt Weber diesbezüglich unter anderem »connubium«, d.h. Eheschließung und Heiratsverhalten, sowie »Kommensalität«; ebd., S. 180. Weber versteht, im Unterschied zum Begriffsverständnis in der vorliegenden Untersuchung, »soziale Klasse« als Gesamtheit der Klassenlagen, zwischen denen ein Wechsel persönlich oder intergenerationell typisch stattzufinden pflegt.

55 Siehe etwa *Schmidt*, Begrenzte Spielräume.

prinzip der bürgerlichen Gesellschaft hervorgehoben werden: Zunächst ist festzuhalten, dass Verein nicht gleich Verein ist.[56] Nach Gordon und Babchuk kann zwischen außenorientierten Vereinen, die gesellschaftliche Entwicklung und soziale Umwelt zu beeinflussen beabsichtigen und deren Mitgliedermotivation erheblich durch diese *public-policy influence* begründet ist, auf der einen Seite, sowie binnenorientierten Vereinen, deren Ziel vor allem im *member serving* besteht und deren Attraktivität für die Mitglieder eher in der Möglichkeit zu sehen ist, an den Clubgütern teilzuhaben, auf der anderen Seite differenziert werden.[57] Wenn Vereine somit Menschen in sozialen Kontexten zusammenführen, so sind diese in Organisationen situiert, deren Ziele sich hinsichtlich der Gestaltung der Gesellschaft erheblich unterscheiden.

Thomas Mergel hat hervorgehoben, um den zweiten Aspekt anzusprechen, dass die Fähigkeit und der Anspruch auf Herrschaft als konstitutiv für das Bürgertum angesehen werden können. Das Wirtschafts- und Bildungsbürgertum sei dadurch geeint, dass »Besitz« und »Bildung« »ein Ensemble gesellschaftlicher Steuerungsqualifikationen beschreiben«; – und weiter: »›Bürgerliche Gesellschaft‹ meint eine Gesellschaft, in der die mit solchen Qualifikationen Ausgestatteten mit ihren Werten leitend sind.«[58] Eine Elite zu sein und aufgrund geeigneter Qualifikationen einen berechtigten Anspruch auf politische Herrschaft zu haben, die letztlich durch kommunale Wahlrechtsbeschränkungen auch im ausgehenden 19. Jahrhundert gesichert werden konnte, sei maßgeblich für das Selbstverständnis des Bürgertums.[59] Mit Blick auf Vereine hatte bereits Weber betont, dass gemäß den Spielregeln des gesellschaftlichen Lebens eine »Auslese« vorgenommen wird, »indem sie [...] zur geschäftlichen, zur politischen, zu jeder Art von Herrschaft im sozialen Leben verhelfen.«[60] Ganz basal bringt bereits die Unterscheidung zwischen Vereinsvorstand und Vereinsmitglied ein Machtgefälle mit sich, das sich in jedem Verein mehr oder weniger stark ausprägen konnte.[61] Die Möglichkeiten für Menschen aus unterschiedlichen Teilen der Bevölkerung, selbst die Leitung in einem Verein zu übernehmen und als maßgebliche Organisatoren der Vereinslandschaft tätig zu sein, lassen Rückschlüsse auf ihre grundlegenden Teilhabechancen an gesellschaftlicher Gestaltung zu.

Bürgerliche Gesellschaft im 19. Jahrhundert ist schließlich, wie Hettling herausgestellt hat, gekennzeichnet durch ein spezifisches kulturelles System, durch

56 Vgl. *Braun/Hansen*, Integration, S. 65.

57 Vgl. ebd.; *Gordon/Babchuk*, Typology. Siehe auch die Anmerkungen zur Vereinstypologie im Methodenteil des vorliegenden Buchs.

58 *Mergel*, Zwischen Klasse und Konfession, S. 7.

59 Vgl. ebd., S. 10f.

60 *Weber*, Geschäftsbericht, S. 54.

61 Siehe zur Herrschaft im Verein auch die Diskussion im Teil »Untersuchungsgegenstand: Vereine« in diesem Buch.

Bürgerlichkeit. Bürgerlichkeit meint in dieser Perspektive, in Abgrenzung zu den oben diskutierten Ansätzen, ein kulturelles System von Werten und Praktiken, das dem Einzelnen als Zielutopie eine Orientierungshilfe für sein Leben bot und einen Prozess der Aneignung der als soziale Gegebenheiten wahrgenommenen Werte und Praktiken miteinschloss.[62] Über die Orientierung am kulturellen System »Bürgerlichkeit« wurden dem Einzelnen Regeln und Deutungskategorien offeriert, an denen er sein Handeln ausrichten konnte und die sein gesellschaftliches Handeln bestimmten.[63] Gerade die Verbindung heterogener Eigenschaftspaare kennzeichnete dieses System; Hettling nennt: Besitz und Bildung, Eigeninteresse und Gemeinwohlorientierung, Kreativität und Rationalität.[64] Bürgerlichkeit bot damit eine Flexibilität an, die es erlaubte zwischen sich ausdifferenzierenden Ordnungen seit dem ausgehenden 18. Jahrhundert zu vermitteln. Gerade diese Vermittlungsleistung konnte das kulturelle Orientierungsangebot offenbar, so Hettling, im späten 19. Jahrhundert nur noch bedingt leisten.[65] Das Vereinswesen der Kaiserreichszeit dokumentiert, dass nahezu alle sozialen und gesellschaftlichen Gruppen auf die Möglichkeit der Artikulierung ihrer (ökonomischen) Interessen zurückgegriffen haben. Diese Organisation von Einzelinteressen ist zwar auch gemäß dem Idealtypus von Bürgerlichkeit legitim, doch wird sie gleichzeitig mit dem Gegenpol »Gemeinwohlorientierung« kontrastiert, der als Leitwert ebenfalls eine maßgebliche Bedeutung für die Selbstverortung als Bürger in der Gesellschaft hatte. Zur Gewährleistung einer vermittelnden, integrativen Funktion bedurfte es daher der Besetzung von Handlungsfeldern durch Vereine, in denen sie gemeinwohlorientiert die städtische Gesellschaft gestalten und sich öffentlich in einen Bezug zu dieser Gesellschaft setzen, der über die Formulierung von Eigeninteressen hinausgeht.[66]

Mit der Analyse von Vereinsnetzwerken werden in der vorliegenden Arbeit die beiden hier thematisierten Gesichtspunkte sozialer Integration, das Teil-Sein von Menschen in Netzwerken und die Muster sozialer Klassenbildung zum einen, und die über die Aktivität in einem Verein hinausgehenden Möglichkeiten gesellschaftlicher Teilhabe zum anderen, untersucht. Das Buch ist in vier Teile untergliedert:

62 Vgl. dazu grundlegend *Hettling*, Bürgerlichkeit als kulturelles System und *ders.*, Bürgerlichkeit und Zivilgesellschaft.

63 Vgl. *Hettling*, Bürgerlichkeit als kulturelles System, S. 322 ff.

64 Ebd.

65 Vgl. *Hettling*, Bürgerlichkeit und Zivilgesellschaft, S. 55 ff.

66 Wenn an dieser Stelle von »Gemeinwohl« gesprochen wird, ist damit kein substantialistisches Begriffsverständnis gemeint. »Gemeinwohl« ist zu verstehen als Argumentationstopos der jeweiligen Akteure und der gesellschaftlichen Akzeptanz dieser Begründungsmuster. Vgl. *Collin*, Regulierte Selbstregulierung – normative Ordnung eines deutschen Sonderweges, S. 12 f.

Im *ersten Teil* wird das Begriffsverständnis von »Verein« in der Kaiserreichszeit analysiert. Die Diskussion des zeitgenössischen Begriffsverständnisses trägt der Vielschichtigkeit des Phänomens »Verein« Rechnung, die sich auch in begrifflichen Prägungen niederschlug. Deutlich wird dies, wenn man in den städtischen Adressbüchern blättert. Vereine wurden in ihnen im Laufe der Kaiserreichszeit ganz unterschiedlich systematisiert, eingeordnet und mit verschiedensten Kategorien erfasst. Die Problematisierung der Sortierungen in den Adressbüchern, die als Quelle zur Erfassung der Daten zu Vereinen und Vereinsvorständen dienten, ist nicht nur wesentliche Voraussetzung für die empirische Analyse, sondern anhand der Untersuchung ihrer Orientierungsangebote kann eine Begriffsgeschichte des Vereins nachgezeichnet werden, die innovativ ist, weil sie nicht die so genannte Höhenkammliteratur zum Ausgang nimmt, sondern den durch die Adressbuchsystematisierungen erkennbaren alltäglichen Sprachgebrauch.

Für den Forscher wiederum ist eine analytische Begriffsbestimmung unumgänglich. In der bisherigen Erforschung des Vereinswesens ist diese jedoch erstaunlich oberflächlich geblieben, während zugleich mit »dem Verein« als Organisation oftmals erhebliche normative Erwartungen verbunden wurden, die vor allem spezifische Sozialisationswirkungen unterstellen. Diese Wahrnehmung bildete den Ansatzpunkt für den *zweiten Teil* des Buches, in dem allzu voreilige Annahmen der Spezifika »des Vereins« mit dem Verweis auf die Spannungsfelder der Vereine dekonstruiert werden. Einem einfachen Zugriff auf »den Verein« und damit verbunden auf »das Vereinswesen« oder »die Zivilgesellschaft«, so wird argumentiert, entziehen sich Vereine durch ihre mannigfaltigen Ausprägungen. Unterstellt man weitergehende spezifische Sozialisationswirkungen, beispielsweise eine Bedeutung des Vereins als »Schule der Demokratie«, so kann dies nur durch umfangreiche qualitative Studien zum Binnenleben der Vereine empirisch überprüft werden, was jedoch bisher nicht überzeugend geschehen ist. Ganz grundlegend bringen Vereine und im Kaiserreich immer öfter auch Verbände Menschen zunächst einmal zusammen und können ihnen darüber hinausgehend Einwirkungsmöglichkeiten auf die Gesellschaft und die soziale Umwelt offerieren.

In dieser Studie liegt der Fokus auf der Analyse sozialer Beziehungen in Vereinen, die Zugehörigkeit zu sozialen Klassen indizieren. Dazu wurde ein umfangreiches Datensample erstellt: Alle in den Adressbüchern dokumentierten Vereine der Stadt Halle an der Saale und ihre Vereinsvorstände sind in Datenbanken für sieben Stichjahre erhoben worden (12.227 Personen). Durch Hinzuziehen weiterer Quellen wie unter anderem Wähler- und Steuer-, Haus- und Grundbesitzer-, Wahlmänner- und Stadtverordnetenlisten konnte ein wichtiger Teil der Vereinsmitglieder sozialstrukturell umfassender bestimmt werden, als dies bisher in anderen Studien geschehen ist. Die Stadt Halle bot sich als interessantes Fallbeispiel an, da in ihr durch eine lange Tradition als Universitätsstadt und ihre Rolle als bedeutendes protestantisches Zentrum, als Ort zahlreicher Verwaltungsbehörden, als Garnisonsstandort sowie durch ihre Entwicklung zum Industrie- und Dienstleistungsstandort heterogene Gruppen wie Bildungsbürger, Wirtschaftsbürger, Beamte, Angestellte und Arbeiter wohnten, was angesichts dieser Vielfalt eine Analyse ihrer sozialen Beziehungsmuster attraktiv macht. Ausgangspunkt für die Untersuchung der von diesen Gruppen hergestellten Netzwerke im Vereinswesen ist die detaillierte Vorstellung der wirtschaftlichen, demographischen und sozialen Strukturen des Untersuchungsortes sowie eine Analyse der Entwicklungen und Gründe für den Vereinsboom in der Kaiserreichszeit im *dritten Teil* dieser Arbeit. Um die Entwicklung der Vereine einordnen zu können, wird auch auf die Beschaffenheit des Vereinswesens vor der Reichsgründung eingegangen. Die Dynamik der Geschichte der Vereine im Kaiserreich wird erfasst, indem einerseits nach der quantitativen Dimension gefragt und aufgezeigt wird, Vereine welchen Typs und mit welchen Zwecksetzungen für den Boom verantwortlich waren und welche Gründe dafür anzuführen sind. Der Blick ist damit dezidiert auf die Ausdifferenzierungsprozesse im Vereinswesen gelegt. Zudem wird andererseits mit den Vereinsvorständen ein spezifischer Teil der Mitgliedschaften für alle Vereine der Stadt in seiner sozialstrukturellen Zusammensetzung untersucht: Wer war Vereinsvorstand? Wie hoch war ihr Einkommen? Welche Rolle konnten Frauen in Vereinen geltend machen?

Daran anschließend werden im *vierten Teil* Muster sozialer Klassenbildung in Vereinen untersucht. Anhand von Netzwerkvisualisierungen werden zunächst die Konturen von Sozialintegration im oben dargelegten Sinne eines Teil-Seins von Menschen in Beziehungsnetzen veranschaulicht und erste Hypothesen und Befunde diskutiert. In einer umfangreichen sozialstatistischen Auswertung der Kontakte in den Netzwerken werden diese geprüft. Von maßgeblicher Bedeutung für die Fragestellung ist in diesem Zusammenhang, welche städtischen Gruppen miteinander Beziehungen eingingen und welche Vereinstypen Kontakträume für spezifische Verdichtungen dieser Beziehungsmuster darstellten. Die über den einzelnen Verein hinausgehende Teilhabe an der Gesellschaft wird analysiert, indem danach gefragt wird, welche Vorstände Mehrfachmitgliedschaften aufwiesen, welchen Gruppen der Stadtgesellschaft diese angehörten und welche Vereine sie über Mehrfachmitgliedschaften verbanden. Berücksichtigt wird dabei die bereits erwähnte unterschiedliche Bedeutung von Vereinen hinsichtlich ihrer Außenwirkung. Schließlich wird gefragt, inwieweit diese Beziehungen Netzwerke von politisch aktiven Bürgern konstituierten, die zur Ausprägung zweier politischer Lager, des bürgerlich-nationalen sowie des sozialdemokratischen Lagers, beitrugen.

Im Anhang des Buches findet sich ein *Methodenteil*, in dem die Erstellung der Datenbanken, die Klassifizierung der Vereinsvorstände, die Vereinstypologie sowie die Netzwerkvisualisierungen erläutert werden. Abschließend ist an dieser Stelle darauf hinzuweisen, dass nicht alle Tabellen und Grafiken, die in diesem Buch besprochen werden, in die Printfassung aufgenommen wurden. Gerade mit Blick auf die Netzwerkvisualisierungen konnte dies aus Darstellungsgründen nicht geschehen. Diese Tabellen und Netzwerkkarten sind in einer PDF-Datei online zugänglich und nicht als Ergänzung, sondern als konstitutiver Bestandteil meiner Arbeit zu verstehen. Die PDF-Datei ist unter www.v-r.de/buergerliche-netzwerke abrufbar. Ich möchte daher die geneigte Leserin und den geneigten Leser dazu einladen, bei der Lektüre darauf zurückzugreifen.

II. Die Vermessung der bürgerlichen Gesellschaft – Vereine im Ordnungssystem der städtischen Adressbücher

Am Ende der Kaiserreichszeit konnten Vereine auf eine weit über hundertjährige Geschichte verweisen – eine Geschichte, die in der zweiten Hälfte des 19. Jahrhunderts und insbesondere im Kaiserreich durch eine ungemeine quantitative Ausdehnung und qualitative Ausdifferenzierung des Vereinswesens gekennzeichnet war. Das begriffliche Verständnis und die systematische Erfassung dieser komplexen Entwicklung sind nicht nur für den heute forschenden Historiker eine – selten problematisierte – Herausforderung, sondern beschäftigten in hohem Maße die Zeitgenossen selbst: Was ist ein Verein? Antworten formulierten nicht nur Gelehrte, Denker oder Juristen und finden sich nicht nur in den Artikeln der Konversationslexika, sondern auch in den städtischen Adressbüchern, die sich die ambitionierte Aufgabe stellten, den Menschen gesellschaftliche Komplexität anschaulich zu vermittelten, um ihnen eine Orientierung im Alltag der boomenden und sich immer weiter ausdehnenden Großstädte anzubieten.[1]

Der Titel dieses Kapitels ist an den Sammelband »Die Vermessung Wiens« angelehnt, in dem die Geschichte der Adressbücher Wiens, genauer des »Lehmanns«, von 1859 bis 1942 in den Blick genommen wird.[2] Dabei ist der Titel des Wiener Bandes selbst eine Referenz auf Daniel Kehlmanns berühmten Erfolgsroman und verweist damit dezidiert auf einen zeitgenössischen Trend, der das 19. Jahrhundert durchzieht und in der Kaiserreichszeit ungebrochen und intensiviert in das 20. Jahrhundert überführt wurde: Vermessung, Zählung und Berechnung.[3] Unter anderem die Tätigkeit der Statistischen Ämter in den Städten und Kommunen zeugte davon.[4] Auch den Adressbüchern, in denen nicht nur die Einwohner bzw. Haushaltsvorstände mit ihrer Anschrift verzeichnet waren,

1 Adressbücher wurden in der Forschungsliteratur bisher vor allem als Quelle für sozialgeschichtliche Arbeiten genutzt und weitgehend auf ihre hilfswissenschaftliche Bedeutung reduziert. Vgl. *Mattl-Wurm/Pfoser*, Vermessung Wiens, S. 7 (Vorwort); *Zwahr*, Stadtadreßbuch; *Jäckel*, Adressbücher; *Eyll*, Stadtadressbücher u. *Hoppe*, Dresdner Adressbücher.

2 Vgl. *Mattl-Wurm/Pfoser*, Vermessung Wiens.

3 Vgl. ebd., S. 8 (Vorwort). Damit waren politische Implikationen verbunden; zu denken ist etwa an die Entwicklung des Sozialstaates, dessen gesetzliche Regulierung und Ausgestaltung ohne die statistische Erfassung von Menschen und eine versicherungsmathematische Risiken- und Kostenbestimmung schlicht unmöglich gewesen wäre. Vgl. *Ritter*, Sozialversicherung, S. 10, 72.

4 Siehe beispielsweise die *BzSdSH* und die *SMdSH*.

sondern Informationen zu sämtlichen städtischen Behörden, Institutionen und nicht zuletzt den Vereinen bereitgestellt wurden, kam eine Ordnungsfunktion in der sich ausdifferenzierenden Welt zu.[5] Sie vermittelten dem Leser stabile Strukturierungen einer komplexer werdenden Gesellschaft und integrierten hierbei neuartige Entwicklungen und Veränderungsprozesse. Ihre Rolle sei, so Alfred Pfoser, letztlich die eines »Zwitterwesens« gewesen, da sie der Polizei und anderen kommunalen wie staatlichen Behörden Kontrollmöglichkeiten boten, aber zugleich mit ihrer Transparenz und Öffentlichkeit bürgerliche Interaktionsräume dokumentierten und Engagement dadurch in gewisser Weise bewarben.[6] An dieser Stelle soll das kommunikative Charakteristikum der Bücher herausgestellt werden: Die Herausgabe, die Verfasstheit und die Anordnung der Adressbücher erschufen erst eine Welt, welche die Realität nicht exakt abbildete, sondern immer auf spezifische Weise modellierte und konstruierte. Die Vermessung setzte Ordnungsvorstellungen voraus, die nicht statisch, sondern veränderbar waren und in der Gesellschaft fortlaufend verhandelt wurden, um schließlich als Resultat einer Kommunikation zwischen Redaktion, Behörden und gesellschaftlichen Akteuren komprimiert in das Adressbuch einzugehen. In dieser Hinsicht schreibt Schlögel von Adressbüchern als »eigene Gattung, in der Orte, Städte, Gesellschaftsgruppen Wissen über sich selbst organisieren und speichern«.[7] Auch das Vereinswesen als maßgebliches gesellschaftliches Strukturprinzip wurde in den Büchern en détail vermessen: hinsichtlich seiner Gesamtzahl und der Zwecksetzungen von Vereinen. In der Regel wurden ihre Vorstände angegeben, häufig auch Mitgliederzahlen und Gründungsjahre. Über die Anzeige der Vereinslokale wurden sie geographisch lokalisierbar. Zudem bestand die Notwendigkeit, Kategorien von Vereinen zu bilden, zu sortieren und auszuschließen.

In diesem Kapitel wird das Verständnis von »Verein« aus den Systematisierungen der Adressbücher extrahiert. Folgende Fragen sind dabei maßgeblich: Welche Vereine nahmen die Adressbücher auf – und welche nicht? In welchen Kapiteln der Bücher finden sie sich? Mit welchen kategorialen Begriffen wurden diese überschrieben? Welche Vereinstypen wurden unterschieden? Und: Wie veränderte sich diese Systematisierung des Vereinswesens im Laufe der Zeit? Damit wird eine grundlegend neue Perspektive auf das Verständnis von »Verein« und »Vereinswesen« eingenommen. Eine mittlerweile klassische, aber keineswegs unberechtigte Kritik an begriffsgeschichtlichen Untersuchungen ist, dass sie sich vornehmlich auf die so genannte Höhenkammliteratur stützen.[8]

5 Dies gilt auch für die großstädtischen Zeitungen als Massenmedien. Vgl. *Fritzsche*, Reading Berlin, S. 18ff.

6 Vgl. *Pfoser*, Wien im Register, S. 13ff.

7 *Schlögel*, Berliner Adressbücher, S. 329.

8 Zur Begriffsgeschichte des Vereins siehe *Hardtwig*, Verein. Allgemein zur Methodenkritik siehe nur *Jordan*, Theorien, S. 127.

Demgegenüber kann hier eine Strukturierung des Begriffsfeldes »Verein« nachgezeichnet werden, welche ganz konkret auf die Alltagswelt der Menschen und ihr Leben in der (Groß-)Stadt ausgerichtet war. Unterstellt man den Adressbuchredaktionen keine Willkür in der Systematisierung ihrer Bücher, ist ersichtlich, dass diese auf Deutungsangebote, resultierend beispielsweise aus Alltagserfahrungen und -wahrnehmungen, aus Konversationslexika oder juristischer Provenienz angewiesen waren.[9] Um die Ordnung der Vereinswelt in den Adressbüchern adäquat und aussagekräftig zu untersuchen, wurden 64 Adressbücher aus 21 Städten systematisch analysiert. Bei der Auswahl der Städte wurden einerseits sowohl Klein- als auch Großstädte und andererseits ihre geographische Verteilung auf die unterschiedlichen Regionen des Reiches berücksichtigt.[10] Um Entwicklungen und Veränderungen im zeitlichen Ablauf darzustellen, wurden vier Abschnitte gebildet, für welche jeweils sechzehn Bücher ausgewertet wurden: die 1860er Jahre (I.), 1870 bis 1875 (II.), 1890 bis 1895 (III.) sowie 1910 bis 1914 (IV.).

Richtet man den Blick auf das Datensample für die vier benannten Phasen, die insgesamt einen Zeitraum von 1859 bis 1914 abstecken, lassen sich zunächst drei Formen der Aufnahme und Ordnung des Vereinswesens in Adressbüchern unterscheiden: *Erstens* Adressbücher, die Vereine überhaupt nicht berücksichtigt oder lediglich einzelne Vereinstypen erfasst haben. Angesichts der Tatsache des Vereinsbooms der Kaiserreichszeit, in welcher sich diese Organisationsform schlicht nicht mehr ignorieren ließ, überrascht es nicht, dass die sechs Adressbücher des Samples, in denen sich keine Vereine finden, alle den ersten beiden zugrunde gelegten Zeitabschnitten, d. h. den 1860er und 1870er Jahren, zugeordnet werden können.[11] Für die große Zahl aller städtischen Adressbücher wurde indes, *zweitens*, die Bildung komplexer und vielgestaltiger Kategorien wie etwa »Institute, Gesellschaften, Vereine und Anstalten« maßgeblich.[12] Dadurch ent-

9 Die gerade in Deutschland oftmals enge Kooperation zwischen Redaktionen und Behörden dürfte behördliche Sichtweisen und Kategorisierungen in gewisser Weise privilegiert haben. Es ist daher davon auszugehen, dass gesetzliche Regulierungen einen wesentlichen Einfluss hatten.

10 Augsburg (1859/1866), Bautzen (1870/1895/1913), Bayreuth (1866/1895/1913), Berlin (1860/1873/1895/1913), Bonn (1863/1872/1895/1912–13), Chemnitz (1873/1898), Darmstadt (1865/1871/1895/1913), Detmold (1871/1894/1914), Dresden (1860/1873/1895/1913), Erlangen (1866), Freiburg im Breisgau (1860/1873/1895/1913), Göttingen (1872), Halle (1860/1873/1895/1913), Hamburg (1860/1873/1895/1913), Heidelberg (1860–61/1872–73/1895/1913), Karlsruhe (1862/1873/1895/1913), Koblenz (1863/1873/1894–95/1913–14), Leipzig (1860/1873/1895/1913), Stettin (1874/1897/1913), Trier (1914), Ulm (1865).

11 Augsburg 1859 u. 1866, Bonn 1863, Darmstadt 1865, Heidelberg 1860 u. 1873.

12 Auch in späteren Jahren war es jedoch nicht selten, dass Adressbücher Vereine abseits dieser Kapitel auch in anderen Adressbuchteilen auflisteten. Zum Beispiel Frauen- und Wohltätigkeitsvereine in Abschnitten zur »Armenverwaltung«, oder »Turnerfeuerwehren«, die dem Rettungswesen der Stadt zugeordnet wurden. Gleiches gilt zum Teil auch für Vereine, die als Träger bestimmter Anstalten, man denke an die Kinderbewahranstalten, fungierten.

standen Sammelbezeichnungen, die ein Spektrum von Selbstorganisation bestimmten, das durch ein hohes Maß an Diversität gekennzeichnet war. 38 Bücher und damit deutlich mehr als die Hälfte aller untersuchten Adressbücher nutzten derart weit gesteckte Kategorien. Für die erste Phase, die 1860er Jahre, finden sie sich in acht, zu Beginn der 1870er Jahre in zwölf, in den 1890er Jahren in zehn und am Ende des Kaiserreichs in acht Büchern. Unschwer zu erkennen ist hier der Anstieg in der zweiten Phase – bedingt auch dadurch, dass einige Bücher im ersten Zeitabschnitt Vereine noch gar nicht aufnahmen – sowie die leicht abnehmende Tendenz in der Nutzung dieser auf Akkumulation verschiedener Vereinigungsformen ausgelegten Kategorien bis zum Ende der Kaiserreichszeit. Dieser Trend verweist auf die *dritte* Form der Systematisierung des Vereinswesens in der Kaiserreichszeit: Die Entwicklung ausdifferenzierter Adressbücher, welche die verschiedenen Organisationsformen voneinander trennen und ein gesondertes Kapitel »Vereine« aufweisen. Als Beispiel kann das hallische Adressbuch von 1913 dienen. Differenziert wird nun unter anderem zwischen dem »Alphabetischen Verzeichnis der Aktien- und Kommandit-Gesellschaften, Gewerkschaften, sowie eingetragener Genossenschaften und Gesellschaften mit beschr. Haftung«, den »Gemeinnützigen Anstalten«, »Schulwesen, Erziehungs-, Blinden- und Taubstummenanstalten«, den »Stiftungen, Stipendien und Legaten«, den »Berufsgenossenschaften«, den »Eingeschriebenen Hilfskassen (Kranken-, Sterbe- u. Unterstützungskassen), Innungs- und Ortskrankenkassen«, den »Arbeitsnachweisen«, den »Amtlichen Körperschaften zur Vertretung wirtschaftlicher Interessen«, dem »Gesundheitswesen« dem »Alphabetischen Verzeichnis der Versicherungs-Gesellschaften« und schließlich den »Vereinen«, welche nach einem alphabetischen wie systematischen Verzeichnis nachgeschlagen werden konnten.[13] Im gesamten Adressbuchdatensample führen 19 Bücher eine ausschließlich mit dem Titel »Vereine« überschriebene Kategorie. In dieser Hinsicht ist der Trend eindeutig: Während in den 1860ern nur ein und in den 1870ern lediglich drei Bücher eine gesonderte Rubrik »Vereine« aufweisen, sind es für die 1890er Jahre sechs und am Ende des Untersuchungszeitraums neun Bücher.

Diese sehr allgemeine Darstellung lässt bereits eine grundlegende Entwicklung erkennen: vom eher unspezifischen, Vereine zum Teil gar nicht erfassenden Adressbuch der 1860er hin zum ausdifferenzierten Adressbuch am Ende der Kaiserreichszeit. Drei Gründe können für die zunehmend feingliedrige Gestaltung der Adressbuchsystematiken angeführt werden: Erstens die Standardisierung und Professionalisierung der Adressbücher selbst,[14] zweitens die im-

13 Vgl. Halle 1913, IV. Teil, S. 44ff. Alle hier angeführten Kapitel des Adressbuches weisen Vereine, Institute, Gesellschaften oder Anstalten nach, die in früheren Jahrgängen des Adressbuches noch in *einem* Kapitel gelistet wurden.

14 Zur Standardisierung und Professionalisierung vgl. *Pfoser*, Wien im Register, S. 18. Einige Bücher wurden im späten Kaiserreich von der »Deutschen Adreßbuch-Gesellschaft« verlegt.

mense Ausdehnung des Spektrums gesellschaftlicher Organisation, welche eine Typisierung, Separierung und Gruppierung derselben nicht nur ermöglichte, sondern im Sinne einer übersichtlichen Darstellung geradezu erzwang,[15] und schließlich die rechtliche Regulierung bestimmter Organisationsformen, die eine solche Differenzierung anleiten konnte. Zugleich gilt es darauf zu verweisen, dass sich trotz der Professionalisierung und Ausdifferenzierung auch am Ende der Kaiserreichszeit zahlreiche Bücher komplexer »Sammelkategorien« bedienten, dass zudem gefragt werden muss, welche Organisationen tatsächlich in den entsprechenden Adressbuchkapiteln zu finden sind und dass schließlich die besagte gesetzliche Regulierung nicht einfach umstandslos und zwangsläufig in die Systematik der Adressbuchwelt übertragen wurde.

Im Folgenden wird die in den Adressbüchern geordnete Vereinswelt auf zwei Ebenen untersucht: Zum einen wird eine ausführliche Analyse der in den Adressbuchsystematiken genutzten Bezeichnungen, anhand derer die Konturen des Begriffsfeldes nachgezeichnet werden können, vorgenommen. Zum anderen wird mit Blick auf besondere Vereinigungsformen der Frage nachgegangen, welche Organisationen in die Vereinskapitel der Adressbücher aufgenommen wurden und welche nicht. Dadurch lässt sich umfangreich darlegen, welches Begriffsverständnis von »Verein« sich im Laufe der Kaiserreichszeit entwickelt und letztlich durchgesetzt hat.

1. Die Strukturierung der Vereinswelt: Das Begriffsfeld »Verein« in den Adressbüchern

Wolfgang Hardtwig hat bereits im Titel seines Artikels in den »Geschichtlichen Grundbegriffen«, der sich vor allem auf die Zeit vor der Reichsgründung bezieht, ein weitläufiges Begriffsfeld angedeutet: »Verein. Gesellschaft, Geheimgesellschaft, Assoziation, Genossenschaft, Gewerkschaft«.[16] In diesem Abschnitt werden die für die Kaiserreichszeit maßgeblichen Begriffe und Bezeichnungen der Vereinswelt mit Blick auf ihre Relevanz und Entwicklung in den Adressbüchern thematisiert. Analytisch kann einerseits zwischen der Nutzung bestimmter Bezeichnungen in den Überschriften der jeweiligen »Vereinskapitel« und anderer-

15 Die »Vereinsleidenschaft« (Nipperdey) der Deutschen hatte zwar bereits in der ersten Jahrhunderthälfte zur Gründung zahlreicher Vereine geführt, doch ihre Zahl blieb selbst in größeren Städten noch einigermaßen überschaubar. Diese Übersichtlichkeit änderte sich bis zur Reichsgründung kaum. Daher erklärt sich auch, dass die ersten ausdifferenzierten Adressbücher eher in den Großstädten bzw. Metropolen des Reichs mit einer großen Zahl an Vereinigungen zu finden sind: beispielsweise in Berlin 1873 oder in den Dresdener Büchern von 1860 und 1873, auch wenn letztere ein Kapitel »Vereine« noch nicht gesondert aufweisen.

16 Siehe *Hardtwig*, Verein.

seits ihrer Verwendung bei der Bildung von Typen als Kategorisierung zweiter Ordnung – mit welcher der zunehmenden Vielfalt von Vereinigungen Rechnung getragen wurde – differenziert werden. Zudem sind die Selbstbezeichnungen der in den Kapiteln aufgeführten Vereinigungen zu berücksichtigen. Durch die Auswertung der quantitativen Bedeutung von Bezeichnungen sowie ihrer Sinnzusammenhänge, die durch Hinzuziehung von Einträgen aus Konversationslexika präzisiert werden, lässt sich das Begriffsfeld von »Verein« in seiner Entwicklung adäquat beschreiben.

Gesellschaft

Die »Entdeckung« der Gesellschaft als einer vom Staat getrennten Sphäre menschlichen Handelns und die Frage ihrer wissenschaftlichen Untersuchung bestimmte die Diskussionen um »Assoziation« bzw. »Verein« in der ersten Hälfte und der Mitte des 19. Jahrhunderts maßgeblich. Zielte Robert von Mohl darauf, die »Gesellschaftswissenschaft« als neuen, von der Staatswissenschaft getrennten Wissenschaftsbereich zu etablieren, argumentierte Karl Theodor Welcker demgegenüber mit der engen Verschränkung beider Sphären, weshalb eine Trennung in zwei distinkte Wissenschaftszweige nicht sinnvoll sei.[17] Die Gesellschaft bestand für Mohl aus »natürlichen Genossenschaften« mit gemeinsamen Interessen – Klassen, Stände, »Volksracen«, Religionen oder Kasten.[18] Eine Auffassung, die Welcker kritisierte und gleichzeitig präzisierte:

> »Freilich ist es nicht wesentlich nöthig, daß eine ausdrückliche Vereinbarung abgeschlossen wird, oder daß die Genossenschaft förmlich organisirt sei, aber es muß doch früher oder später ein Verein und ein vereinigtes Handeln für einen Gesammtzweck, eine wirkliche Genossenschaft und Association die Classe von Personen verbinden, sonst kann ihre Besonderheit, es kann z. B. eine den Betreffenden vielleicht unbewußte Übereinstimmung der Race oder Beschäftigung, eine Übereinstimmung der Jugend, des Alters, des Geschlechts oder mancher Interessen zwar in dieser oder jener Hinsicht beachtenswerth sein, aber es hat dieses doch nicht die Natur und die Bedeutung von Gesellschaften, Genossenschaften und Associationen und gehört höchstens nur wegen etwaiger früherer oder voraussichtlicher zukünftiger Vereinigung hierher.«[19]

Dies sieht Welcker als Grund, warum Mohl selbst wieder auf den Begriff der »Genossenschaften« zurückkomme.[20] In Welckers Auffassung sticht der »Verein« als Strukturprinzip der Gesellschaft deutlich hervor: *Die* Gesellschaft besteht aus Assoziationen, Gesellschaften und Vereinen. »Gesellschaft« hat in dieser Perspektive dementsprechend eine zweifache Bedeutung: Einerseits bezieht sich der Begriff auf eine Handlungssphäre jenseits des Staates (die aber

17 Vgl. *Welcker*, Association, S. 758 ff.
18 Vgl. *Mohl*, Gesellschafts-Wissenschaften, S. 52 ff.; *ders*., Staatswissenschaften, S. 27 ff.
19 *Welcker*, Association, S. 762.
20 Vgl. ebd., S. 762 f.

in Wechselwirkung mit der staatlichen Handlungssphäre steht, wenn man der Welckerschen Ansicht folgt), andererseits auf spezifische Organisationen, welche in diesem Raum angesiedelt sind. Eine begriffliche Trennschärfe der maßgeblichen gesellschaftlichen Organisationen fiel auch den Zeitgenossen schwer. Dazu Welcker:

»Gewöhnlich versteht man unter Associationen mehr die neuerlich entstandenen oder wichtiger gewordenen Vereine und unter Gesellschaft mehr eine dem juristischen Begriff der Privatgesellschaft entsprechende gegenseitige Verpflichtung und Berechtigung zu gemeinschaftlichen Beiträgen und Gewinnantheilen, während der Verein Theilnahme an einem gemeinschaftlichen Zweck ohne solche Gegenseitigkeit bezeichnen kann.«[21]

In der Vereinswelt des ausgehenden 18. und beginnenden 19. Jahrhunderts war der Begriff sehr populär: die Namen »Patriotische Gesellschaft«, »Lesegesellschaft« oder »Polytechnische Gesellschaft« zeugten davon. Etwa ein Jahrhundert später, in der Kaiserreichszeit, war die Bezeichnung nach wie vor gängig, was durch ihre Präsenz in den Überschriften der »Sammelkapitel« in den Adressbüchern dokumentiert wird. In etwa einem Drittel der entsprechenden Rubriken (14 von 41) taucht »Gesellschaft« als Bezeichnung auf.[22] Die Feststellung, dass »Gesellschaft« im Untersuchungszeitraum ein durchaus üblicher Ordnungsbegriff mit Blick auf das Vereinswesen bleibt, geht daher nicht fehl. Sie ist jedoch keine Ersatzbezeichnung für »Verein«, sondern wird fast ausschließlich als Additiv gebraucht.[23]

An dem weiten, unspezifischen Verständnis von »Gesellschaft« hat sich auch im Kaiserreich wenig geändert, worauf der Autor des Artikels zu »Gesellschaft und Gesellschaftswissenschaft« im Handwörterbuch der Staatswissenschaften 1892 verweist:

»Die Formen gemeinsamen Lebens, gemeinsamer Anschauungen, gemeinsamen Handelns, welche die einzelnen Menschen unter einander verbinden, sind zwar höchst mannigfaltig, trotzdem liegt es nahe, in ihnen allen eine übereinstimmende Grundlage, die Aeußerung eines und desselben Triebes zu sehen und sie deshalb auch insgesamt unter einen Begriff zu sammeln. Dies würde dann derjenige der Gesellschaft sein. Alle möglichen Formen menschlichen Gemeinschaftslebens werden mit diesem

21 Ebd.

22 Verteilung der Bezeichnung »Gesellschaft« auf die Zeitabschnitte: I.: 3, II.: 4, III.: 4, IV.: 3 (insgesamt haben 41 Bücher im Datensample »Sammelkategorien« gebildet). Adressbücher aus acht verschiedenen Städten benennen ihre Kategorie zu freiwilligen Vereinigungen unter anderem mit dieser Bezeichnung. Sie kommt vor in den Adressbüchern der Städte Bayreuth, Darmstadt, Detmold, Dresden, Koblenz, Trier, Berlin, Leipzig und Halle. In drei Städten wird die Bezeichnung, gemäß einer Tradierung der eigenen Systematiken, in mehr als einem Buch verwendet.

23 In 12 von 13 Fällen besteht die jeweilige Rubrikbezeichnung aus den Termini »Vereine« *und* »Gesellschaften«.

Namen ziemlich übereinstimmend in allen modernen Sprachen bezeichnet. Im Deutschen nennen wir schon eine flüchtige Vereinigung zum Zwecke gemeinsamen materiellen oder geistigen Genusses mit Vorliebe ›eine Gesellschaft‹.«[24]

Im Staatslexikon der Görres-Gesellschaft von 1889 wiederum diskutiert der Autor im Artikel zu »Corporationen und Genossenschaften« unter anderem die Rechtsstellung der »Gesellschaften«, welche er sowohl in privatrechtlicher als auch in öffentlich-rechtlicher Perspektive in drei Typen unterteilt: die »reinen Privatgesellschaften« (diese entsprechen den Gesellschaften bürgerlichen Rechts, die später im BGB normiert wurden), die »erlaubten Gesellschaften« (der heutige Idealverein ohne Rechtsfähigkeit) sowie die »anerkannten Gesellschaften« (gemeint sind Vereine mit Rechtsfähigkeit). Diese Einteilung verdeutlicht, dass der Begriff »Gesellschaft« selbst in der um Präzision bemühten juristischen Fachsprache in verschiedener Bedeutung für die gesamte Vereins- und Organisationslandschaft bemüht und dabei nicht selten synonym zu »Verein«, »Genossenschaft« und »Corporation« verwendet wurde.[25]

Angebote für eine distinguierte Auffassung von »Gesellschaft« waren in der Kaiserreichszeit in organisatorischer und damit verbunden auch in rechtlicher Hinsicht durchaus vorhanden. Zum einen war und ist die sowohl von Welcker als auch im Staatslexikon der Görres-Gesellschaft genannte Gesellschaft des Privatrechts, die spätere BGB-Gesellschaft, eine Kategorie sui generis und strikt vom »Verein« zu unterscheiden.[26] Sie spielte im Vereinsteil der Adressbücher

24 *Gothein*, Gesellschaftswissenschaft, S. 838f., das Zitat S. 838. Gothein nennt weitere Begriffsbedeutungen: die »gute«, »feine« oder »gebildete Gesellschaft«; die »großstädtische« und »kleinbürgerliche Gesellschaft«; die »bürgerliche Gesellschaft« als Gesamtheit der Mitglieder eines Staatswesens; die »civilisierte Gesellschaft« und die »menschliche Gesellschaft«; schließlich die Gesellschaft bürgerlichen Rechts. Siehe auch die »staatswirthschaftliche« Diskussion der »Gesellschaft« im *Brockhaus* [12]1877, Bd. 7, S. 265ff. Der Brockhaus und Meyers Konversationslexikon beschränkten sich in der ersten Jahrhunderthälfte in ihren Artikeln vorrangig auf die »Gesellschaft« im zivilrechtlichen Sinne und bezogen mitunter die Handelsgesellschaften mit ein. Demgegenüber werden später vor allem vom Meyer auch Betrachtungen der »Gesellschaft« im weiteren Sinne, ihre soziologische Bedeutung, die bürgerliche Gesellschaft und die Relevanz der Gesellschaftswissenschaft thematisiert und somit Bezüge hergestellt, die deutlich über einzelne Gesellschaften im Sinne der Personengesellschaft oder des Vereins hinausgehen. Vgl. *Brockhaus* [6]1824, Bd. 4, S. 185ff.; *Meyer* 1848, 1. Abth., Bd. 12, S. 783ff.; *Meyer* [3]1876, Bd. 7, S. 730; *Brockhaus* [14]1894, Bd. 7, S. 929ff. u. *Meyer* [6]1907, Bd. 7, S. 717ff.

25 Vgl. *Rintelen*, Genossenschaften, S. 1584ff.

26 Die »Gesellschaft« wurde in diesem Sinne vor allem als Vertrag zwischen bestimmten Personen zur Erreichung eines gemeinsamen Zweckes diskutiert. So bereits im *Brockhaus* [6]1824, Bd. 4, S. 185: »Societät oder Gesellschaft ist ein Vertrag, durch welchen zwei oder mehr Personen Geld, Sachen oder Dienstleistungen des gemeinsamen Vortheils wegen zu einem erlaubten Zweck tragen.« Im Meyer von 1848 werden verschiedene Typen dieser Personengesellschaften benannt, Rechte, Pflichten und Haftungsfragen diskutiert und darauf verwiesen, dass eine Gesellschaft nicht ewig besteht, der Gesellschafter seinen Status nicht vererben

dementsprechend keine Rolle. Zum anderen waren es insbesondere Erwerbs- und Handelsgesellschaften wie Aktien*gesellschaften*, *Gesellschaften* mit beschränkter Haftung, Kommandit*gesellschaften* auf Aktien und die Versicherungs*gesellschaften*, die sich durch rechtliche Regulierung zunehmend vom Vereinswesen abhoben und im Zuge der Weiterentwicklung der Adressbuchsystematiken in der Regel separat erfasst wurden.[27]

Bei der Benennung von Vereinstypen wurde die Bezeichnung »Gesellschaft« in den Adressbüchern kaum verwendet. Sie begegnet bei einer Auswertung der 31 in den Adressbüchern gebildeten Typologien, die mitunter über 30 verschiedene Typen unterscheiden, lediglich acht Mal als Typbezeichnung (von 463 Typenbezeichnungen insgesamt), darunter drei Mal der Typus »Schützengesellschaft« und zwei Mal die »Aktiengesellschaft«.[28] Spielte die »Gesellschaft« daher bei der Typenbildung der Adressbuchredakteure schon nahezu keine Rolle mehr, so wurde sie zudem auch von den gelisteten Vereinigungen als Selbstbezeichnung eher sporadisch benutzt: 1859 nannten sich in Halle 10 von 85 Vereinigungen »Gesellschaft«, 1874 16 von 129, 1888 16 von 321, 1895 12 von 267, 1898 15 von 531, 1903 27 von 811 und schließlich 1913 24 von 922.[29] Die Begriffsbedeutung, gemessen mit Blick auf die Häufigkeit des Gebrauchs, war daher in dieser Hinsicht marginal und angesichts der stark steigenden Gesamtzahl der Vereinigungen sogar deutlich rückläufig.

Welche »Vereine« gaben sich die Selbstbezeichnung »Gesellschaft«? Insgesamt treten sechs Gruppen hervor: *Erstens* wirtschaftliche Vereine als gewinnorientierte Erwerbs- und Handelsgesellschaften. Darunter fielen 1859, 1874 und 1888 vor allem Aktien- und Versicherungsgesellschaften, die in diesen Jahren noch nicht separiert aufgelistet wurden.[30] *Zweitens* gelehrte Gesellschaften – »[p]rivate Vereine von Fachmännern, meistens auch mit Zulassung von Dilet-

kann. Mit dem Tod, Konkurs oder der einseitigen Aufkündigung eines Gesellschafters endet die Personengesellschaft als solche. Vgl. *Meyer* 1848, 1. Abth., Bd. 12, S. 783f.

27 »Während das römische Recht bei der G. das persönliche Element als das Principale ansah, hat das deutsche Recht bei den Erwerbsgesellschaften die gemeinsame Kapitalmacht als die Grundlage derselben aufgefasst.« *Meyer* ³1876, Bd. 7, S. 730. Mit Blick auf bestimmte Formen der Erwerbs- und Wirtschaftsgesellschaften fand somit im 19. Jahrhundert eine deutliche Neuakzentuierung des Gesellschaftsbegriffes statt.

28 Im Berliner Buch von 1860 werden »Vereine und Gesellschaften« in solche »zu wissenschaftlichen und künstlerischen Zwecken«, »zu gewerblichen und industriellen Zwecken« und »zu geselligen Zwecken« gegliedert.

29 Vgl. die hallischen Adressbücher 1859, 1874, 1888, 1895, 1898, 1903 und 1913.

30 Z.B. in Halle: Iduna, Lebens-, Pensions- und Leibrenten-Versicherungs-Gesellschaft; Pfännerschaftliche Salinen- und Bergwerks-Gesellschaft; Hallesche Bier-Brauerei-Commandit-Gesellschaft auf Actien, E. Michaelis & Co. Neben Erwerbs- und Handelsgesellschaften finden sich weitere »Gesellschaften« in den Adressbüchern, die verschiedene wirtschaftliche Zwecksetzungen verfolgten: die Hallesche Sparkassen-Gesellschaft, die Gegenseitige Kranken-Unterstützungs-Gesellschaft, die Börsenhaus-Gesellschaft, der Eisenbahn-Gesellschafts-Verein und die Deutsche Gesellschaft für Mechanik und Optik.

tanten, mit dem Zwecke der Förderung eines Zweiges der Wissenschaft«[31] sowie wissenschaftliche und Bildungsgesellschaften im weiteren Sinne. Zu diesen lassen sich die Naturforschende Gesellschaft, die Juristische Gesellschaft und die Polytechnische Gesellschaft, später die Deutsche Morgenländische Gesellschaft, die Entomologische Gesellschaft und im allgemeineren Sinne einer Bildungsgesellschaft das Museum (Hallesche Lesegesellschaft) oder der Volksbildungsverein zählen.[32] Im vielfältigen Feld der wissenschaftlichen und Bildungsvereine ist »Gesellschaft« eine gängige Bezeichnung geblieben.[33] *Drittens* Gesellschaften zur Förderung von Kunst, Theater, Musik und Literatur. Gerade in einer Großstadt wie Hamburg fand sich in diesem Spektrum ein breites Feld an »Gesellschaften«.[34] *Viertens* gesellige Vereine im engeren Sinne, zur Pflege reiner Geselligkeit: zum Beispiel die Montagsgesellschaft, die Casinogesellschaften oder die Vereinigte Berggesellschaft in Halle; sowie im weiteren Sinne Vereine, die Geselligkeit darüber hinausgehend mit kulturellen, wissenschaftlichen und Unterhaltungszwecken verbanden.[35] *Fünftens* die »Schützengesellschaften« und *sechstens* gemeinnützige Gesellschaften. Das sicher berühmteste Beispiel für den letzten Typus ist die bereits 1765 gegründete Hamburgische Patriotische Gesellschaft zur Beförderung der Künste und nützlichen Gewerbe.[36] Insgesamt bezeichneten sich karitative oder wohltätige Vereine in der Kaiserreichszeit jedoch nur selten als »Gesellschaft«.

31 *Lexis*, Gelehrte Gesellschaften, S. 757.

32 In den Hamburger Adressbüchern finden sich zu diesem Typus von Gesellschaft viele Beispiele – u. a. die Geographische Gesellschaft, die Internationale Gesellschaft für romanische Dialektforschung, die Luftschiff-Studien-Gesellschaft.

33 Beispielsweise wurde die Deutsche Kolonialgesellschaft mitunter zu den wissenschaftlichen Vereinen gezählt und verfolgte selbst den Anspruch, über Fachvorträge wissenschaftliche und Bildungsexpertise zu verbreiten. Im Laufe der Kaiserreichszeit wurde die Gesellschaft aber vermehrt als nationaler Verein wahrgenommen (z. B. im Hamburger Adressbuch von 1913).

34 Die Gesellschaft Amicitia und Fidelitas, der Gesellschaftsverein Thalia, die Stavenhagen-Gesellschaft oder die Hamburgische Kunstgesellschaft, um nur einige Beispiele zu nennen (Hamburg 1873 und 1913); Beispiele aus anderen Städten sind: die Literarische Gesellschaft Coblenz (Koblenz 1913) oder die Dienstagsgesellschaft in Bautzen (Bautzen 1870).

35 »Gesellschaft«, so steht angesichts der Exklusivität dieser Vereine zu vermuten, meinte hier offenbar vor allem die »gute«, die »bessere Gesellschaft«. Dies galt jedoch nicht für alle geselligen Gesellschaften. Neben landsmannschaftlichen Geselligkeitsvereinen, die andere Grenzen der Zugehörigkeit zogen, setzte sich die Gesellschaft »Volksheim« (Hamburg 1913) bewusst klassenübergreifende Ziele: Sie wollte »nach dem Vorbild der englischen und amerikanischen *settlements* Angehörige getrennter Volksschichten, insbesondere Gebildete und Arbeiter, gesellig vereinen und dadurch zur Annäherung der Lebensanschauungen und zur Vertiefung des Gemeinsinns beitragen«. Vgl. Hamburg 1913, V. Abschnitt, S. 117. Geselligkeit war dabei z. T. verbunden mit Musik und Kunst, so z. B. in der Germania, Gesellschaft von 1860 (Hamburg 1913), mit fachlichen Vorträgen in der Gesellschaft Hamburger Juristen (1913) oder mit materiellen Zwecken im Spar- und Gesellschaftsverein Frisch auf (1913).

36 Vgl. Hamburg 1873 und 1913. Bekannt ist auch die Gesellschaft zur Rettung Schiffbrüchiger (Koblenz 1913, Hamburg 1913).

Berücksichtigt man die Verbreitung des Begriffs »Gesellschaft« im entstehenden Vereinswesen des ausgehenden 18. und beginnenden 19. Jahrhunderts,[37] bezieht die Schützengesellschaften mit ihrer langen Historie mit ein und vergegenwärtigt sich, dass das Geselligkeitsbedürfnis seit jeher Movens von Vereinsgründungen war, wird deutlich, dass »Gesellschaft« als Selbstbezeichnung im Kaiserreich fast ausschließlich in ihren bereits für die frühe Vereinszeit ausgeprägten Sinnzusammenhängen verwendet wurde. Vereinsbestrebungen, welche den Titel »Gesellschaft« über die sechs genannten Typen hinausgehend in der Kaiserreichszeit führten, waren demgegenüber nur rar vertreten: Neuartige Vereine wie die Stenographischen Gesellschaften erfüllten ebenfalls einen (Aus-)Bildungszweck und Sportvereine nannten sich nur sehr vereinzelt »Gesellschaft«, sondern neben »Verein« eher »Klub«.[38] Letztere Bezeichnung ist in der Kaiserreichszeit auch für den Bereich der »geselligen Gesellschaften« zu einer beliebten Alternative avanciert.

Zusammenfassend ist zu konstatieren, dass der Begriff »Gesellschaft« in der Wahrnehmung des Vereinswesens durch die Adressbuchredakteure zwar weiterhin eine Rolle spielte, aber im Titel des Gesamtkapitels eher als traditioneller Referenzbegriff fungierte. Bei der Benennung der Vereinstypen wurde der Begriff kaum verwendet. Die traditionellen Bezüge von »Gesellschaft« kommen vor allem mit Blick auf die im Kapitel gelisteten Vereinigungen selbst – den Erwerbs- und Handelsgesellschaften, gelehrten, wissenschaftlichen, gemeinnützigen, Schützen- und geselligen Gesellschaften – zum Vorschein. In quantitativer Hinsicht war der Begriff als Selbstbezeichnung von »Vereinen« aber in zunehmendem Maße unbedeutend geworden. Andere Bezeichnungen haben ihn weitgehend verdrängt.

Anstalt und Institut

Der Gebrauch des Begriffs »Anstalt« bzw. »Anstalten« im Rahmen der »Sammelkategorien« der Adressbücher ist bemerkenswert: 23 Mal im Titel der 41 insgesamt gebildeten Kategorien. Im Vergleich zu den 1860er Jahren (vier Mal) wird der Begriff in den 1870ern (acht Mal) und 1890er Jahren (sieben Mal) häufiger gebraucht, während er gegenüber diesen Zeitabschnitten in den 1910er Jahren seltener verwendet wird (vier Mal).[39] Nur 24 Mal dagegen taucht er als

37 Siehe dazu ausführlich *Hardtwig*, Verein, S. 791 ff.

38 Eine Ausnahme war die Halle'sche Radfahrer-Gesellschaft.

39 Er wird in elf verschiedenen Städten verwendet, in acht von diesen mehr als ein Mal. In Halle verschwindet er allerdings nach der Benutzung im Jahr 1873 vollends als Teil der Rubrikbezeichnung aus dem Datensample; Bautzen (1870/1895/1913), Chemnitz (1873/1898), Darmstadt (1871/1913), Dresden (1860/1873/1895), Freiburg im Breisgau (1873/1895/1913), Halle (1873), Hamburg (1860/1873), Heidelberg (1895/1913), Karlsruhe (1862), Leipzig (1860/1873/1895), Stettin (1897). Das Berliner Buch von 1895 liefert dagegen ein Beispiel, wie der Begriff »Anstalt« strikt von »Verein« und »Gesellschaft« getrennt wird. Es unterscheidet

Typbezeichnung auf (bei insgesamt 463 in den Büchern gebildeten Typen). Den Begriff »Institut« bzw. »Institute« nutzten die Redaktionen neun Mal als Teil der Benennung der Vereinsrubrik, wobei die Häufigkeit der Verwendung bis zum Ende der Kaiserreichszeit leicht rückläufig war.[40] Bei der Bezeichnung einzelner Vereinstypen blieb der Begriff aber nahezu bedeutungslos (nur bei zwei von 463 Typen wird der Begriff als Teil der Typbezeichnung genutzt).[41] Sowohl »Anstalt« als auch »Institut« sind somit im Kaiserreich durchaus übliche Bestandteile der Rubrikbezeichnungen, während sie jedoch auf Ebene der typologischen Strukturierung der Kapitel kaum eine Rolle spielten.

Beide Begriffe wiesen einen ähnlichen Bedeutungskern auf. Dies verdeutlicht bereits der Eintrag im Brockhaus von 1824:

> »Institut kann man jede zu einem bestimmten Zwecke errichtete Anstalt (z. B. den Staat, die Kirche, die Polizei, die Armenversorgung, u.s.w.) nennen. Seit kurzem aber hat man bei diesem Worte zunächst an eine Erziehungs- oder Unterrichtsanstalt gedacht, und wo sich diese auf die Bildung für einen gewissen Stand, eine gewisse Menschenklasse oder eine gewisse Kunst beschränkt, diesen Zweck beigefügt, z. B. Militär-, Handlungs-, Hebammen-, Forst-, Singinstitute; unter dem Ausdruck Institut ohne Beisatz aber werden gewöhnliche Erziehungsanstalten, in denen Kinder gegen eine gewisse Vergütung verpflegt, erzogen und unterrichtet werden (Pensionen, Kostschulen) verstanden.«[42]

Der Meyer von 1842 hebt in der Definition von »Anstalt« die geregelte Ordnung dieser Einrichtungen hervor: »Jede, nach gewissen Regeln und Gesetzen, für einen bestimmten Zweck getroffene Einrichtung, z. B. Kunst-Anstalten, Erziehungs-Anstalten usw.«[43] Ähnlich bündig definiert er 1908 »Institut«: »(lat. institutum), ›Einrichtung‹, Anstalt, ein Wort, das im modernen Leben die weiteste Anwendung findet. Man spricht besonders von Instituten im gewerblichen, wissenschaftlichen und pädagogischen Leben.«[44] Die etymologische Be-

zwischen »Anstalten für Wissenschaft und Kunst«, »Anstalten für gemeinnützige und wohlthätige Zwecke« sowie »Anstalten für Handel und Gewerbe«, welche systematisch von den »Vereinen und Gesellschaften für Wissenschaft, Kunst und Erziehung«, den »Vereinen und Gesellschaften für gemeinnützige, mildthätige und gesellige Zwecke« sowie den »Vereinen für Handel, Gewerbe und Landwirthschaft« separiert sind.

40 Für die einzelnen Zeitabschnitte: I.: 3, II.: 3, III.: 1, IV.: 2. Städte: Göttingen (1872), Halle (1860/1873), Hamburg (1860/1873), Koblenz (1863/1895/1913), Trier (1914).

41 Lediglich im Koblenzer Buch von 1913 wurde der Begriff mit Bezug auf »Bank-Institute« sowie »Institute und Vereine zur Pflege des Gesanges und der Musik« verwendet.

42 *Brockhaus* ⁶1824, Bd. 5, S. 86.

43 *Meyer* 1842, 1. Abth., Bd. 3, S. 143.

44 *Meyer* ⁶1908, Bd. 9, S. 874. In den Ausgaben der beiden großen Konversationslexika tauchen die Begriffe »Anstalt« und »Institut« nur spärlich auf. Der Begriff »Anstalt« wird in den entsprechenden Bänden des Brockhaus 1864, 1877, 1893 und 1908 sowie im Meyer 1874 und 1903 nicht geführt. Gleiches gilt für »Institut« im *Brockhaus* 1834, 1863, 1877, 1908 und das *Rotteck-Welckersche Staatslexikon* ³1863, Bd. 8. Einträge finden sich eher direkt zu bestimmten Anstaltsformen wie »Diakonissenanstalt« oder »Erziehungsanstalten«.

deutung von »Institut« – »Einrichtung« – liefert Hinweise auf die organisatorische Verfasstheit sowie die innere und äußere Funktionsweise von »Instituten«, aber auch von »Anstalten«.[45] Die *Einrichtung* eines »Instituts« oder einer »Anstalt« ist zunächst ein Akt, der mit der Tätigkeit des Einrichtens und der Setzung einer Ordnung – etwa durch kommunale, staatliche oder kirchliche Initiatoren und Träger – abgeschlossen ist. Über die Verwaltung von zur Leitung befugten und bestimmten Personen wird die Umsetzung des bei der Einrichtung intendierten Zweckes gewährleistet. Entstanden ist eine Organisation, die mehr ist als ein bloßer Vermögenswert (Stiftungen), sondern sich durch die Verbindung mit nutz- und sichtbaren Einrichtungen, Liegenschaften oder Gebäuden wie Waisenhäusern, Kleinkinderbewahranstalten, Hospitälern und Kliniken, Badeanstalten, Bildungs- und Lehranstalten oder Diakonissenanstalten verdinglicht hat, welche der Zweckverwirklichung dienen.[46] Eine wesentliche idealtypische Unterscheidung zwischen »Anstalten« bzw. »Instituten« und »Vereinen« liegt darin, dass erstere keine Mitglieder,[47] sondern Nutzer, Insassen, Patienten, Zöglinge oder Kunden haben.[48] Es handelt sich um Einrichtungen, in welchen eine Leitung die organisatorische Ordnung dekretiert, während sich die Nutzer, Insassen oder Zöglinge allenfalls – aber nicht generell – durch Austritt oder Kündigung diesem Unterordnungsverhältnis entziehen können.[49]

Das Erstaunliche an der auf Ebene der Rubrikbezeichnungen bereits veranschaulichten Relevanz der Begriffe »Anstalten« und »Institute« liegt zunächst darin, dass diesem Befund kein quantitatives Äquivalent mit Blick auf Organisationen im »Vereinskapitel« gegenübersteht, die als »Anstalten« und »Institute« auszumachen sind. 1859 finden sich lediglich vier »Anstalten« und ein »Institut« im Vereinsverzeichnis der hallischen Bücher, 1874 sechs Anstalten und

45 Ein semantischer Zusammenhang besteht zur »Institution« – »lat., d.i. Belehrungen, Erörterungen, dann Einrichtungen«; *Brockhaus* [12]1877, Bd. 8, S. 595.

46 Siehe als Beispiel nur die Auflistungen dieser Anstalten im Koblenzer Adressbuch von 1894, S. 32ff., welche getrennt vom Vereinswesen in den Rubriken »Schulwesen«, »Wohlthätigkeits-Anstalten« und »Sanitäts-Anstalten« geführt werden.

47 Hier verstanden als Personen, deren Mitgliedschaft sich durch einen freiwilligen Ein- und Austritt und umfassende Mitgliedschaftsrechte im Sinne von Mitbestimmungs- und Mitgestaltungsspielräumen kennzeichnet.

48 Patienten nutzten die Öffentlichen Heilanstalten, Versicherungsanstalten hatten wie die »Verkehrs-Anstalten« Kunden, Badeanstalten wurden genutzt, Erziehungsanstalten betreuten Zöglinge. Vgl. Dresden 1895, 2. Theil, V. Abschnitt, S. 131ff. Insassen sind dagegen eher in Besserungsanstalten oder psychiatrischen Heilanstalten zu vermuten.

49 Im *Meyer* von 1850 wird zwar hervorgehoben, dass ein Institut eine Einrichtung ist, »bei welcher sich mehre Personen betheiligt haben, um nach einem gemeinschaftlichen Plane zu handeln«. Diese allgemeine Bestimmung trifft auf eine Fülle von Organisationen zu, doch bereits mit der engeren Fokussierung auf Lehranstalten, die der Meyer hervorhebt, wird deutlich, dass sich die planvolle Handlung im Institut und in der Anstalt eher auf die Gründer, Leiter und Organisatoren derselben und eben nicht auf die Gesamtheit der »Mitglieder« bezieht. *Meyer* 1850, 1. Abth., Bd. 16, S. 707.

kein Institut, 1895 keine Organisation mit einer der beiden Bezeichnungen und 1913 drei Anstalten und ein Institut.[50] Spezifische Tätigkeitsfelder sind in diesem Zusammenhang jedoch deutlich erkennbar und zeigen auch Unterschiede zwischen »Anstalten« und »Instituten«: Als »Anstalten« werden über die Jahre immer wieder die Diakonissenanstalt sowie die städtischen Kinder-Bewahranstalten geführt, 1874 auch die Hallesche Credit-Anstalt sowie die Ostindische Missionsanstalt und die von Canstein'sche Bibel-Anstalt als Einrichtungen der Franckeschen Stiftungen, 1913 mit der Fechtschule und Versicherungsanstalt Einrichtungen des Deutschen Kriegerbundes. Auffällig bleibt vor allem die kontinuierliche Bedeutung karitativer und oftmals zugleich religiöser Einrichtungen. Bei der Auswertung von Typbezeichnungen der Adressbücher ergeben sich drei Schwerpunkte für »Anstalten«: Wissenschaft/Kunst, Gewerbe und Wohltätigkeit.

Das einzige kontinuierlich im hallischen Adressbuch geführte »Institut« ist das Bürger-Rettungs-Institut, bei welchem ebenfalls ein wohltätiger Zweck im Vordergrund steht. Im Berliner Adressbuch von 1873 gibt es eine gesonderte Rubrik »Industrielle Institute«. Zeigen sich an dieser Stelle mit den Bereichen »Wohltätigkeit« und »Gewerbe« erneut Überlagerungen zwischen »Instituten« und »Anstalten«,[51] so ist bei einer Gesamtbetrachtung der Adressbücher dennoch erkennbar, dass mit »Instituten« weit stärker als dies bei »Anstalten« der Fall ist, wissenschaftliche und Bildungszwecke assoziiert werden, die eher dem mündigen Erwachsenen, der sich »bilden« will, offeriert werden.[52] »Anstalten« wie Waisenhäuser, Kinderbewahr- oder Diakonissenanstalten beherbergen dagegen vor allem unmündige Zöglinge, die sich einer streng hierarchischen Erziehung unterwerfen bzw. dieser unterworfen sind. Dessen ungeachtet blieben die Grenzen der Tätigkeitsfelder und Bedeutungszuschreibungen zwischen »Anstalten« und »Instituten« volatil.

Zwar geht aus den bisherigen Ausführungen zu »Anstalten« und »Instituten« hervor, dass diese idealtypisch vom »Verein« zu trennen sind, dennoch ergaben sich markante Verquickungen: *Erstens* war es möglich und durchaus üblich,

50 Vgl. hallische Adressbücher 1859, 1874, 1895 und 1913. Die Befunde beziehen sich an dieser Stelle ausschließlich auf Organisationen, die im Vereinskapitel die Selbstbezeichnung »Anstalt« oder »Institut« im Namen tragen.

51 Die Bezeichnung gewerblicher Vereinigungen und Organisationen als »Institute« oder »Anstalten« ist vor allem am Ende der Kaiserreichszeit nur noch selten zu finden. Auch bei der Selbstbezeichnung wirtschaftlicher Organisationen spielten sie allenfalls eine untergeordnete Rolle.

52 Der entsprechende *Meyer*-Artikel von 1908 bezieht sich mit Blick auf »Institute« vor allem auf die Bereiche Erziehung und Bildung. Vgl. *Meyer* ⁶1908, Bd. 9, S. 874. Auch in den Titeln von Sammelkategorien der Adressbücher werden »Institute« oftmals ausdrücklich als »wissenschaftliche Institute« benannt. »Erwachsenenbildung« kann in diesem Zusammenhang zudem durchaus in einem weiten Sinne verstanden werden; z. B. im Fall der Koblenzer Musikinstitute, die ihre Mitglieder musikalisch und kulturell bildeten.

dass ein Verein, welcher eine Anstalt oder ein Institut einrichtet, dieses auch später aktiv gestaltet und trägt (oder diese Aufgabe bei einer zunächst unabhängig von ihm etablierten Anstalt übernimmt). In Bezug auf Halle kann als prominentes Beispiel die Dritte Kinderbewahr-Anstalt, oftmals versehen mit dem Zusatz »Frauenverein für Armen- und Krankenpflege«, dienen.[53] Gerade Anstalten der Frauenvereine belegen die vielfältigen organisatorischen Verflechtungen und Beziehungen zwischen Anstalten, Vereinen und auch Stiftungen. So wird im Dresdener Adressbuch von 1873 zu den Kinderbewahranstalten und zur Speiseanstalt des Frauenvereins erläutert:

»Der Verein gewinnt die Kosten für seine Zwecke aus den Zinsen seines Hauptvermögens, bez. der für die einzelnen Anstalten bestehenden Stiftungen, ferner durch die Beiträge seiner Mitglieder, durch Geschenke zahlreicher Gönner und durch alljährlich veranstaltete Ausstellung, Verkauf und Verloosung [sic] weiblicher Arbeiten und anderer Geschenke. [...] Jede Dresdener Einwohnerin von unbescholtenem Ruf, ohne Rücksicht auf Stand, ist zum Eintritt in den Verein befähigt, doch ist die Mitgliedschaft nur durch thätige Betheiligung an dem Wirken des Vereins zu erlangen und sind Anmeldungen bei der Vorsteherin derjenigen Abtheilung zu bewirken, an welcher man sich zu betheiligen wünscht, worauf eine Aufnahmekarte ihro Majestät der Königin, als Obervorsteherin, zur Unterzeichnung vorgelegt wird.«[54]

Das Beispiel des Bürger-Rettungs-Instituts in Halle zeugt von der Trägerschaft und Gestaltung eines Instituts durch einen Verein. Das Institut ist gekennzeichnet durch eine geregelte Vereinsorganisation, mittels welcher Unterstützungsbedürftige (und -würdige!) Hilfsleistungen und -zahlungen erhielten. Die personelle Struktur des Instituts war somit im Wesentlichen gekennzeichnet durch die zahlenden, gestaltenden und abstimmenden Mitglieder auf der einen, die bedürftigen Leistungsempfänger auf der anderen Seite.[55] Vorrangiges Ziel der genannten Vereine war es, die von ihnen geschaffenen Anstalten oder Institute als dauerhafte, von ihnen getragene Einrichtungen zu etablieren. Der Weg

53 Beispiele für die Trägerschaft von Anstalten durch Vereine ließen sich beliebig vermehren und sind in nahezu allen Adressbüchern zu finden. Siehe hier nur die Kategorie »Gemeinnützige und Wohlthätigkeits-Anstalten beziehentlich Vereine und Stiftungen« im Dresdener Adressbuch von 1873, II. Abth., V. Abschnitt, S. 130ff.

54 Dresdener Adressbuch von 1873, II. Abth., V. Abschnitt, S. 131.

55 Unterstützt wurde der Verein auch vom Magistrat der Stadt Halle. Vgl. diesbezüglich den Ministerialbericht an den König betr. die Verleihung von Korporationsrechten an das Institut aus dem Jahr 1846, GStPK, Rep. 89, Nr. 12840, Bl. 3. Siehe als ähnliches Beispiel die Geschichte des Bürger-Rettungs-Instituts in Berlin während der ersten fünfzig Jahre seines Bestehens, Berlin 1846. Darin: »Begonnen im Vertrauen auf Gott und die edle und menschenfreundliche Gesinnung ihrer Mitbrüder, sehen wir dasselbe [das Institut, D.W.] von Anfang an durch die thätige Hülfe würdiger Männer gedeihen, die theils die zur Aushülfe der Nothleidenden erforderlichen Mittel spendeten, theils sich dem mühsamen und zeitraubenden Geschäfte, die Lage der Hülfesuchenden gewissenhaft zu prüfen, bereitwillig unterzogen, um aus ihrer Zahl die des Beistandes bedürftigsten und würdigsten auszuwählen«, S. 3.

dahin führte im Falle Preußens, vor der Schaffung des BGB, über den Erwerb von Korporationsrechten durch den betreffenden Verein qua königlicher Verleihung.[56] Zugleich belegt das angeführte Dresdener Beispiel, dass *Stiftungen* zwar immer einen Vermögenswert bezeichnen, dass dieser aber – im Falle der so genannten »Milden Stiftungen« – oftmals mit der Etablierung von karitativen Einrichtungen in Form einer »Anstalt« oder eines »Instituts« einhergehen kann. »Milde Stiftungen« wurden daher als

> »besonders verwaltete Anstalten, welche den Ertrag von überwiesenen Werthen zu Zwecken der Wohlthätigkeit, wie zur Witwen-, Waisen-, Kranken- und Armenpflege, zur Gewährung unentgeltlichen Unterrichts oder einer Beihülfe zu höhern Studien, fortdauernd verwenden«[57]

definiert. Die Gründung und der Unterhalt von Bildungs- und Erziehungsanstalten, wissenschaftlichen Instituten oder Krankenhäusern sowie die dauerhafte Unterstützung dieser Einrichtungen und dergestalt die Erzeugung einer expliziten Außenwirkung, die sich gerade in der Nutzungsmöglichkeit durch Dritte äußerte und die Wirkungskraft des einzelnen Vereins und seiner Mitglieder deutlich erweiterte, während konkrete Tätigkeiten in die entsprechenden Einrichtungen ausgegliedert wurden, verdeutlichen die ganze Reichweite und Gestaltungskraft von Vereinen. Bewährten sich Anstalten und Institute der Vereine, war eine Übernahme oder ein Engagement durch die Kommune oder den Staat möglich, die Vereinsaktivitäten integrieren, aber auch marginalisieren konnten.

Zweitens wurden bestimmte – in nahezu allen städtischen Adressbüchern aufgenommene – Einrichtungen wie die Diakonissenanstalt von den Zeitgenossen direkt mit dem Vereinswesen in Verbindung gebracht und ganz selbstver-

56 Dazu mussten die Vereine bestimmte Erfordernisse erfüllen: Hervorgehoben wurde in der ministerialen Berichterstattung an den König stets der wohltätige Zweck, die Dauerhaftigkeit der Bestrebungen sowie die Notwendigkeit der Verleihung von Korporationsrechten, die sich aus finanziellen, geschäftlichen und behördlichen Transaktionen und Beziehungen ergab. Als hallische Beispiele siehe nur die Gesuche des Privat-Vereins zur Errichtung einer Kleinkinder-Bewahr-Anstalt von 1837, des Vereins für eine zweite Kinderbewahr-Anstalt von 1848, des Frauen-Vereins von 1853 (mit seiner Bewahranstalt, Nachhilfe- und Flickschule, 1848 gegr.), des Vereins für die Neumarkt Kinderbewahranstalt von 1876 und des Evangelischen Mädchenvereins (Martha-Haus) von 1895, GStPK, Rep. 89, Nr. 12840, Bl. 1–2, 5, 10–11, 34–35, 74 a–c.

57 *Brockhaus* [11]1867, Bd. 10, S. 209. Stiftungen werden in dieser Auflage des Brockhaus demnach selbst als »Anstalten« bezeichnet, eine Zuordnung, die in der 12. Auflage geändert wurde. In dieser lautet die Passage: »Milde Stiftungen nennt man in Liegenschaften oder auf andere fruchtbringende Weise angelegte Werthe, deren Ertrag zu vorgeschriebenen Zwecken der Wohlthätigkeit (…) verwendet wird.« *Brockhaus* [12]1878, Bd. 10, S. 413. Die Verbindung zwischen Milden Stiftungen und Anstalten finden sich in nahezu jedem Adressbuch; beispielsweise die aus zwei Milden Stiftungen bestehenden Alsterdorfer Anstalten im Hamburger Buch von 1873, IV. Abschnitt, S. 858.

ständlich in die Vereinsrubrik des Adressbuches eingeordnet. Angesichts der Wahrnehmung der »Inneren Mission« als einer ganz wesentlich durch Vereinsarbeit charakterisierten Tätigkeit überrascht dies kaum. So heißt es im Brockhaus 1893:

»Der Name I. M. [Innere Mission, D. W.] für die zusammenfassende Organisation ist durch J. H. Wichern aufgekommen, der auf dem Kirchentage zu Wittenberg 1848 Veranlassung zur Bildung eines ›Centralausschusses für I. M.‹ gab, ausgehend von der Überzeugung, daß der letzte Grund aller Not im Mangel an lebendigem Glauben beruhe, daß darum alle leibliche Hilfe in Krankheit und Armut mit Erweckung und Stärkung des Glaubens Hand in Hand gehen müsse und daß für solche Volkskreise, auf die das geistliche Amt oder die Kirche nicht mehr einwirken können, durch freie Vereinsthätigkeit und Mitwirkung der Laien Rat geschafft werden müsste.«[58]

Die Diakonissenanstalten gehen, wie der Brockhaus ausführt, dabei auf »Wege freiwilliger Wohlthätigkeit« zurück und erfüllten als »Diakonissen-Mutterhäuser« die Aufgabe der Ausbildung und Beschäftigung junger Frauen, oftmals in weiteren angeschlossenen Anstalten wie etwa Krankenhäusern oder Siechenanstalten. Den Diakonissen stand zwar letztlich der Austritt jederzeit frei, zugleich unterlagen sie in ihrer Lebensführung strengen Regeln und einer hierarchischen Ordnung, die in den katholischen Orden der Barmherzigen Schwestern ein Vorbild hatten.[59] Das Beispiel der hallischen Diakonissen-Anstalt verdeutlicht zudem das Nebeneinander einer Vereinigung von Personen zur Unterstützung und Trägerschaft der Anstalt – sie konstituierten einen Vorstand, später das Kuratorium – einerseits, sowie der Anstalt, ihrer Verwaltung und ihres Binnenleben andererseits. Theodor Fliedner, Begründer der Kaiserswerther Diakonie, drückte dies in einem Schreiben von 1860, mit welchem er direkt in einen Kompetenzstreit im Diakonissenhaus eingriff, aus:

»Die vorstehende Schwester hat [...] zunächst die innere Verwaltung des Hauses zu besorgen, ist Hausmutter darin, muß also auch in den Rechten geschützt werden, welche ihr die Übernahme dieser Verwaltung gibt. Es darf also kein Mitglied des Vorstandes jeden Tag oder jede Woche in die innere Verwaltung eingreifen, sie nach Belieben jeden Augenblick revidieren und kontrollieren wollen, sondern kann nur in gewissen bestimmten längeren Zeiträumen die Revision vornehmen [...].«[60]

Die Verbindung von Vereinen der »Inneren Mission« und geschaffenen Einrichtungen verdeutlicht sich auch an den »Herbergen zur Heimat« bzw. an den Ver-

58 *Brockhaus* [14]1894, Bd. 9, S. 613.

59 Vgl. *Brockhaus* [14]1892, Bd. 5, S. 243 f.

60 Zitiert nach *Butterweck*, Diakonissenhaus, S. 52 ff. Die Beziehung zwischen Diakonie und bürgerlichem Vereinsmodell lässt sich am hallischen Beispiel weiterhin belegen, indem auf die Gründung eines Diakonissen-Hilfsvereins 1861 verwiesen wird, aus welchem später ein Frauenverein zur Errichtung von Freibetten im Diakonissenhaus hervorging. Zur Finanzierung der Betten hinterlegte der Verein eine Kapitalstiftung.

einen für die Herbergen zur Heimat in zahlreichen Städten. Zugleich verweist der Anstaltsbegriff in diesem religiös-kirchennahen Milieu auf eine Tradition kirchlicher Anstalten seit dem Mittelalter, die in früheren Zeiten jedoch eng an die Kirche gebunden waren, kanonischem Recht unterstanden und somit zu dem freiwilligen bürgerlichen Engagement des 19. Jahrhunderts nur in einem sehr entfernten Verwandtschaftsverhältnis standen. Sowohl Anstalten als auch Stiftungen konnten daher eine lange Tradition beanspruchen,[61] die sich im 19. Jahrhundert mit der organisatorischen Innovation des Vereins verband.

Drittens: Anstalten und Institute stehen wie Vereine in einer Beziehung zum »Öffentlichen« oder zur »Öffentlichkeit«. Gerade in den frühen hallischen Adressbüchern ist die Bezeichnung »Oeffentliche Institute« gebräuchlich, wobei »Institut« angesichts der darunter subsumierten Organisationen[62] weitgehend als synonym mit »Anstalt« verstanden werden kann. Das Surrogat »Oeffentlich« bezieht sich anscheinend sowohl auf die öffentliche Wirkung dieser »Anstalten« und »Institute« – nicht selten mit den Begriffen »Gemeinwohl« oder »Gemeinnutz« ausgedrückt –[63] als auch auf eine öffentliche Trägerschaft oder zumindest personelle und/oder materielle Unterstützung dieser Einrichtungen durch die Kommunen.[64]

Korporation

Einer der wichtigsten Begriffe für den Zusammenschluss von Menschen war lange Zeit der Begriff »Korporation«. Das Beispiel des hallischen Adressbuches von 1804 zeigt, dass der Begriff am Beginn des 19. Jahrhunderts sehr gebräuchlich war und zugleich über seine spätere Bedeutungszuschreibung deutlich hinausging. Denn unter der Bezeichnung wurden in der Lesart des hallischen Buches nicht nur Zünfte und Zwangsverbände, sondern gleichfalls Freimaurerlogen, Sterbe- und Leichenkassen sowie gesellige Vereine subsumiert.[65] Einige

61 »Fromme Stiftungen« wurden in früheren Zeiten der Kirche nach dem Tode vermacht oder zu Lebzeiten (dann zumeist nach schicksalhaften Ereignissen, z. B. der Rettung aus Lebensgefahr) geschenkt. Sie hatten zudem eine im engeren Sinne kirchliche Zwecksetzung, beispielsweise die Gründung und Errichtung von Klöstern oder Kapellen. In späterer Zeit, vor allem in protestantischen Ländern, wurden diese »frommen Stiftungen« – auch wenn die Bezeichnung erhalten geblieben ist – durch die bereits erwähnten milden Stiftungen mit karitativ-wohltätiger Zwecksetzung ersetzt. Vgl. *Brockhaus* [11]1867, Bd. 10, S. 209.

62 Kinderbewahranstalten, die Diakonissenanstalt sowie die Anstalt des Frauenvereins für Armen- und Krankenpflege.

63 Beispielsweise Koblenz 1863 (»Gemeinnützige Institute«). Öffentliche Relevanz wird auch in den Dresdener Rubrikbezeichnungen von 1860 und 1873 betont. »Gemeinnutz« bezog sich dabei oftmals auf Anstalten und Vereine gleichermaßen, wie das Beispiel des Stettiner Adressbuchs von 1897 zeigt: »Gemeinnützige Vereine, Einrichtungen und Anstalten«.

64 Die Dresdener Adressbücher von 1860 und 1873 trennen dagegen explizit zwischen privater und öffentlicher Trägerschaft von Anstalten.

65 Vgl. Adreß-Verzeichniß Halle 1804, S. 88 ff.

Jahrzehnte später hat sich dies maßgeblich geändert, da die »Korporation« zum politischen Kampfbegriff in den Diskussionen um die Gewerbe- und Koalitionsfreiheit avancierte. Sowohl Gegner als auch Befürworter argumentierten aus ihrer jeweiligen Perspektive mit dem postulierten Gegensatz von »Korporation« und »Assoziation« – erstere als »Lebensverband« und zugleich staatlich, obrigkeitlicher Zwangsverband, letztere als interessengeleiteter Zweckverband mit partieller und begrenzter Zielsetzung, dessen Mitglieder umfassende Mitspracherechte geltend machen können. Dieses Gegensatzpaar habe sich, so Otto Gerhard Oexle, in seiner begrifflichen Bedeutung bis in die 1830er Jahre verfestigt.[66] Gerade im konservativen Meinungsspektrum hielt sich »Korporation« als griffiges Schlagwort einer Modernitätskritik, ob als überindividuell-ständische Organisationsform, welche bewusst den Assoziationen der Arbeiter – als Keime der Revolution ausgemacht – gegenübergestellt wurde oder in einer eher etatistischen Sichtweise, in welcher die Korporation für ein Organisationsmodell stand, das durch eine klare Aufgabenteilung zwischen privatem Engagement und öffentlichen Aufgaben charakterisiert war, die durch das Ausbreiten des Vereinswesens zu Verschwimmen schien. Durchsetzen konnten sich diese Interpretationen indes nicht.[67]

In der Kaiserreichszeit hat sich die politische Bedeutung des Begriffes, zumindest wenn die Ausführungen der Konversationslexika und Handwörterbücher zugrunde gelegt werden, weitgehend abgeschliffen. Im Staatslexikon der Görres-Gesellschaft offenbart sich einerseits ein weit gefasster Korporationsbegriff, der als Synonym zu »Genossenschaft«, »Gesellschaft« und »Verein« fungiert, andererseits wird er auch spezifisch als Begriff für »anerkannte Gesellschaften«, d.h. für solche mit den Rechten einer juristischen Person, verwendet.[68] Diese Fokussierung auf die Korporation als Zweckvereinigung mehrerer Personen zu einer Körperschaft mit rechtlicher Privilegierung bzw. mit Korporationsrechten nahmen auch der Brockhaus und der Meyer vor. Während der Meyer zudem betonte, dass der Begriff somit unter anderem auf Gemeinden, Universitäten und Vereine Anwendung finden kann,[69] grenzte der Brockhaus den Begriff darüber hinausgehend gegenüber einem allgemein gefassten Körperschaftsverständnis wie folgt ab:

»Zur Unterscheidung von den Genossenschaften (s.d.) sollte man K. [Korporationen, D.W.] im engern Sinne nur diejenigen Vereine nennen, welche gemeinnützige, wissenschaftliche, religiöse, sittliche, öffentliche, nicht bloß wirthschaftliche Zwecke verfolgen, und deren selbständige Rechtsfähigkeit gegenüber den Rechten der wechselnden Mitglieder nicht eine bloß formale Bedeutung hat, nicht materiell und namentlich

66 Vgl. *Oexle*, Die mittelalterliche Zunft, S. 19f.
67 Vgl. *Hardtwig*, Verein, S. 822.
68 Vgl. *Staatslexikon der Görres-Gesellschaft*, S. 1584ff., besonders S. 1587ff.
69 Vgl. *Meyer* [6]1908, Bd. 11, S. 510.

nicht in vermögensrechtlicher Bedeutung in dem Genuß der Mitglieder aufgeht (wie bei einer Aktiengesellschaft). Man unterscheidet öffentliche K. (Staat, Gemeinde) und privatrechtliche K. (z. B. Wohlthätigkeitsvereine mir korporativen Rechten).«[70]

In der Systematisierung, Typisierung und (Selbst-) Bezeichnung von »Vereinen« in den Adressbüchern hat der Begriff an Bedeutung verloren und findet sich als Kategorie eher in vom Vereinswesen separierten Kapiteln, in denen Körperschaften mit eigener Rechtsfähigkeit aufgelistet sind.[71]

Genossenschaft

Die Adressbuchredaktion des Bayreuther Buches offerierte ihrer Leserschaft 1913/14 für die Vereinsrubrik den Titel »Vereine. Gesellschaften, Genossenschaften, Innungen«. Zu diesem Zeitpunkt hatte der Begriff »Genossenschaft« bereits eine weitergehende Ausdifferenzierung hinter sich. Als Gierke etwa ein halbes Jahrhundert zuvor vom Recht der deutschen »Genossenschaft« räsonierte, galt ihm der Begriff als Synonym menschlicher Vereinigung schlechthin. Dieser umfassende Sprachgebrauch war auch noch am Ende der Kaiserreichszeit präsent – im Meyer von 1908 hieß es: »Genossenschaften, im weitern Sinne jede dauernde Personengemeinschaft zur Erreichung bestimmter Zwecke, Verein, Gesellschaft (s. d.) (…).«[72] Insbesondere über zwei Bedeutungszusammenhänge hatte der Begriff jedoch Spezifizierungen erfahren, wodurch ein engeres Verständnis privilegiert wurde: Erstens hatte sich mit der Organisationsform der *Erwerbs- und Wirtschaftsgenossenschaften* ein besonderer Typus etabliert, auf den die Bezeichnung »Genossenschaft« in der Kaiserreichszeit nun ganz überwiegend bezogen wurde.[73] Maßgeblich war dabei folgende idealtypische Differenzierung im Vergleich zu anderen wirtschaftlichen Vereinen:

»Bei den Genossenschaften tritt, zum Unterschied von den Handelsgesellschaften, bei denen reine Kapitalbeteiligungen vorkommen, die Person mit ihrer Verantwortlichkeit mehr in den Vordergrund. Der Begriff ist allerdings je nach der Entwicklung der Praxis und der Gesetzgebung schwankend.«[74]

70 *Brockhaus* [14]1894, Bd. 10, S. 643. In diesem Sinne wurde der Begriff »Korporation« in der zweiten Hälfte des 19. Jahrhunderts, bis zur Einführung des BGB, auch in den ministeriellen und königlichen Korrespondenzen und Beschlüssen betr. die Verleihung von »Korporationsrechten« an bestimmte Vereine verwendet.

71 Einzig das Darmstädter Adressbuch von 1913 verwendet ihn noch als Bezeichnung in seiner Rubrik »Anstalten, Vereine und Korporationen« sowie in seiner Typologie mit dem Typus »Vereine und Korporationen zur Förderung des Verkehrs und des Gemeinwohls«, mit welcher ein recht heterogenes Feld von Vereinigungen zusammengefasst wurde.

72 *Meyer* [6]1907, Bd. 7, S. 570.

73 Vgl. ebd.

74 Ebd. Als Ergänzung führt das Lexikon die Unterscheidung zwischen Personalgenossenschaften an, in der lediglich die Person als Träger der Mitgliedschaft erscheint, und Re-

Der vorrangige Zweck der Erwerbs- und Wirtschaftsgenossenschaften und die Motivation ihrer Mitglieder lagen hauptsächlich in der Bündelung von Kräften, Ressourcen und Kapitalien begründet, um dergestalt wirtschaftlichen Erfolg zu erzielen, welcher für den Einzelnen ohne die Verbindung nicht möglich gewesen wäre. Folgende Typen lassen sich unterscheiden: Vorschuss- und Kreditvereine, Konsumvereine, Rohstoffgenossenschaften, Magazin- und Werksgenossenschaften, Produktivgenossenschaften und Baugenossenschaften.[75] Die Vorteile des Zusammenschlusses resultierten abhängig vom Typus aus vergünstigtem Erwerb von Gütern, aus gemeinsamer Nutzung unter anderem von Kapitalien und Maschinen, aus dem Verkauf von Waren auf gemeinsame Rechnung oder aus gemeinschaftlicher Produktion.[76] Das Genossenschaftswesen zu Erwerbs- und Wirtschaftszwecken ist einer umfangreichen rechtlichen Regulierung – erstmals im Norddeutschen Bundesgesetz vom 4. Juli 1868, 1873 gültig im gesamten Deutschen Reich und 1889 neu kodifiziert – unterzogen worden, auf deren Grundlage die Erlangung der Rechte einer juristischen Person durch Eintragung in das Genossenschaftsregister möglich wurde. Nicht mehr staatliche Konzessionierung, sondern das Erfüllen gesetzlicher Normativbestimmungen war dafür ausschlaggebend.[77] Die Zeitschrift des Allgemeinen Verbandes der auf Selbsthilfe beruhenden Erwerbs- und Wirtschaftsgenossenschaften brachte im Titel des Blattes eindrücklich den Bezug auf die Tradition alter korporativer Zusammenschlüsse der Gewerbetreibenden und Handwerker zum Ausdruck, verband ihn aber zugleich mit einer Fortschrittserwartung, die sich letztlich in einem innovativen, dem Zeitgeist der freien Assoziation entsprechenden organisatorischen Gerüst sowie einer sich vornehmlich aus Arbeiterschaft, kleiner Landwirtschaft und Gewerbe rekrutierenden Mitgliedschaft äußerte: »Die Innung der Zukunft«.[78] Die genossenschaftlichen Funktionen

algenossenschaften, deren Zugehörigkeit durch bestimmte Vermögensrechte (z. B. Besitz eines Grundstückes oder Waldteils) bestimmt oder an Gegenstände (z. B. im Falle von Deichgenossenschaften) gebunden ist. Für den Brockhaus von 1894 ist die gemeinsame wirtschaftliche Zwecksetzung – die Nutzungsrechte des Einzelnen am Gesamtgut sowie die vermögensrechtlichen Vorteile der Verbindung und der in ihr zusammengeschlossenen Mitglieder – wesentliches Kennzeichen einer Genossenschaft. Die Bezeichnung wird bewusst von »Korporationen« abgegrenzt, unter welchen der Brockhaus gemeinnützige, künstlerische, insbesondere nicht-wirtschaftliche Vereine mit Rechtsfähigkeit fasst. Vgl. *Brockhaus* [14]1894, Bd. 7, S. 788.

75 Vgl. zu diesen Typen ausführlich *Meyer* [6]1907, Bd. 7, S. 573 ff.

76 Vgl. ebd., S. 571.

77 Vgl. ebd., S. 571 ff.; siehe auch *Brockhaus* [14]1893, Bd. 6, S. 323 ff. 1889 wurde insbesondere die Wahlmöglichkeit hinsichtlich der Reichweite der Haftpflicht der Genossenschaftsmitglieder ermöglicht (zwischen unbeschränkter Haftpflicht, unbeschränkter Nachschusspflicht und beschränkter Haftpflicht). Auch die Einrichtung von Zentralgenossenschaften (Genossenschaftsgenossenschaften) konnte auf Basis dieses Gesetzes erfolgen.

78 Vgl. *Meyer* [6]1907, Bd. 7, S. 572 f. u. *Brockhaus* [14]1893, Bd. 6, S. 323 ff.

erschöpften sich in dieser Perspektive nicht allein in ökonomischer und technischer Zweckerfüllung, sondern konnten ebenso sittlicher und sozialer Art sein, mithin eine Erziehung zu Selbstverantwortlichkeit, Sparsamkeit und Gemeinsinn intendieren.[79]

Mit der *Berufsgenossenschaft* war, zweitens, ein gänzlich neuer Typus von Genossenschaften durch die Sozialversicherungsgesetzgebung geschaffen worden. Der Ausdruck konnte in einem weiteren Sinne zwar auf alle Vereinigungen von Angehörigen eines gemeinsamen Berufs oder einer gemeinsamen Berufsgruppe zur Förderung berufsspezifischer Interessen bezogen werden, zu denken ist etwa an Gilden, Innungen, Knappschaften, Vereinigungen von Rechtsanwälten, Ärzten, Lehrern oder Schriftstellern, doch im engeren Sinne meinte er ab 1884 die gemäß der Gesetzgebung zur Unfallversicherung neu etablierten Verbände der Unternehmer eines oder mehrerer verwandter Berufszweige, die den alten Knappschaften des Bergbaus nachempfunden waren und für bestimmte Bezirke alle beitragspflichtigen Unternehmer eines Berufszweiges zwangsweise zur Mitgliedschaft verpflichteten. Die Zwecksetzung dieser Verbände beschränkte sich im Wesentlichen auf ihre Rolle als Träger der reichsrechtlichen Unfallversicherung.[80]

Die zunehmende Eingrenzung des Begriffsfeldes »Genossenschaft«[81] auf die Erwerbs- und Wirtschaftsgenossenschaften sowie die Berufsgenossenschaften belegt auch die Auswertung der Adressbuchsystematiken: Lediglich das erwähnte Bayreuther Adressbuch nahm den Begriff noch in den Rubriktitel des Vereinsteils auf, während er in dieser Hinsicht in den anderen Büchern nicht mehr genutzt wurde. Auch bei der Benennung von Vereinstypen wurde er nicht bemüht. Die »Genossenschaft« war somit im Ordnungssystem der Adressbücher der Kaiserreichszeit als allgemeiner Ausdruck für Vereine ohne Relevanz. Vielmehr wurden in den Büchern des mittleren und späten Kaiserreichs vom Vereinsteil getrennte Abschnitte für eingetragene Erwerbs- und Wirtschaftsgenossenschaften sowie Berufsgenossenschaften eingeführt. Diese Ausdifferenzierung wurde indes nicht vollständig durchgehalten, da zum einen ungeachtet der neu geschaffenen Adressbuchabschnitte weiterhin *bestimmte* Erwerbs- und

79 Vgl. *Meyer* [6]1907, Bd. 7, S. 571.

80 Vgl. *Brockhaus* [14]1892, Bd. 2, S. 855 ff. Im Gesetzgebungsprozess zur Unfallversicherung wurden zunächst verschiedene Begriffe verwendet: »Unfallversicherungsgenossenschaften«, »Korporationen nach Berufsart« (Bismarck), »neue berufsständische Personalkorporationen« und »Betriebsgenossenschaften«. Letztlich setzte sich die Bezeichnung »Berufsgenossenschaften« durch. Vgl. *Ayaß*, Berufsgenossenschaften, S. 125. Ayaß arbeitet zudem heraus, dass sich trotz des Charakters der Berufsgenossenschaften als Zwangskorporationen Spielräume für Selbstregulierung ergaben. Dies galt vor allem für die Unfallverhütung, aber auch für die Etablierung sozialer und medizinischer Einrichtungen. Vgl. S. 132 ff.

81 Zur Ausdifferenzierung des Begriffsfelds »Verein« in den 1860er und 1870er Jahren, insbesondere durch die Entwicklung der Begriffe »Genossenschaft« und »Gewerkschaft« siehe auch *Hardtwig*, Verein, S. 809 ff.

Wirtschaftsgenossenschaften im Vereinsteil *und* dem neuen Adressbuchteil für eingetragene Genossenschaften geführt wurden. In den Vereinsverzeichnissen verblieben zum anderen auf Verbandsbasis organisierte Zusammenschlüsse von Genossenschaften wie etwa der Verband der landwirtschaftlichen Genossenschaften der Provinz Sachsen und der angrenzenden Staaten 1895.

Verein

Die Bezeichnung »Verein« entwickelte sich in der Kaiserreichszeit zum maßgeblichen zeitgenössischen Begriff für das Feld freiwilliger Vereinigungen sowohl in den Ordnungsschemata der Adressbücher als auch mit Blick auf die Selbstbezeichnung gesellschaftlicher Zusammenschlüsse. In den Rubriktiteln der entsprechenden Adressbuchteile hat die Bezeichnung »Vereine« im Untersuchungszeitraum stets eine bedeutende Rolle gespielt und ist in 53 Büchern (von 64) gebraucht worden. Dies geschah allerdings, wie in den bisherigen Ausführungen aufgezeigt wurde, oftmals im Rahmen der Bildung komplexer Kategorien unter Hinzuziehung von Bezeichnungen wie »Gesellschaften« oder »Anstalten«. In diesem Zusammenhang ist jedoch eine verstärkte Fokussierung auf den »Verein« unverkennbar, denn der Begriff wurde im Laufe der Kaiserreichszeit in steigendem Maße *ausschließlich* als Rubrikbezeichnung favorisiert. Diese Exklusivität des Begriffs als Rubrikbezeichnung findet sich in den 1860er und 1870er Jahren nur ein bzw. drei Mal, in den 1890er und 1910er Jahren dagegen sechs bzw. neun Mal (von jeweils 16 pro Zeitabschnitt ausgewerteten Büchern). Die Durchsetzung des Begriffs »Verein« lässt sich in den Kontext der bisherigen Betrachtungen mit Blick auf die Entwicklung der Alternativbezeichnungen einordnen: »Gesellschaft« blieb, eine quantitativ jedoch zunehmend unbedeutende, traditionelle Bezeichnung für bestimmte Vereinstypen; der um die Jahrhundertmitte und in den 1860er Jahren populäre und allgemeine Begriff »Genossenschaft« avancierte zu einer Spezialbezeichnung und der noch in der ersten Jahrhunderthälfte vorherrschende und bestimmende Begriff der »Assoziation« verschwand im vorliegenden Kontext gänzlich. »Assoziation«, dies zeigen die Einträge in den Konversationslexika des Vormärz, war ein politischer Kampfbegriff, der mit großem Pathos beschworen wurde.[82] So hieß es 1843 im Meyer:

82 Zur Entwicklung des Begriffs vgl. ebd. Hardtwig hat herausgearbeitet, dass der Begriff »Assoziation« seit den 1830er Jahren neben »Verein« und zunächst praktisch bedeutungsgleich jede Form freiwilliger Vergesellschaftung bezeichnen konnte. Erst in der zweiten Hälfte des 19. Jahrhunderts lässt sich eine zunehmende begriffliche Ausdifferenzierung beobachten. »Assoziation« wurde im Zuge der fortschreitenden Industrialisierung wieder verstärkt mit der ursprünglichen Bedeutung als »Handelsgesellschaft« in Verbindung gebracht, andererseits bei bürgerlichen Schichten dadurch diskreditiert, dass der Begriff immer stärker von der politischen Arbeiterbewegung in Anspruch genommen wurde. Zum Assoziationsbegriff der frühen Sozialdemokratie siehe vor allem *Welskopp*, Banner, S. 566–575.

»In der Isolirung ist der Mensch das schwächste und hülfloseste aller Geschöpfe, unfähig zur Entwicklung seiner Fähigkeiten und zur Befriedigung seiner Bedürfnisse; die Kräfte des Einzelnen sind zu gering und das menschliche Leben zu kurz, um irgend ein größeres Ziel zu erreichen; aber zu mächtigen Gebietern der Erde, zu einer wachsenden Herrschaft über die Natur erheben sich die Menschen in Vereinen, durch die Verbindung ihrer Kräfte zur Erreichung gemeinsamer Zwecke.«[83]

Die Weltgeschichte wird vor diesem Hintergrund als Geschichte der Verwirklichung des Assoziationsgeistes, der Auflösung restriktiver Schranken und der Bildung immer neuer Vereinstypen modelliert. Die Diskussion der gesetzlichen und behördlichen Bestimmungen zum Assoziationsrecht liest sich diesem Duktus entsprechend konsequenterweise als unbedingtes Plädoyer für das freie Vereinsrecht.[84] Noch 1856, in der ausklingenden Reaktionszeit, ist der Artikel im Rotteck-Welckerschen Staatslexikon als umfassende »Ausführung zu Gunsten der Association« zu verstehen, wie Welcker schrieb.[85]

1909, über ein halbes Jahrhundert später, definiert der Meyer den »Verein« als

»eine zeitlich begrenzte oder unbegrenzte, organisierte, rechtsfähige Verbindung von physischen oder auch juristischen Personen zur Erreichung eines bestimmten Zweckes, mit einer innerhalb der Vereinssatzungen unbeschränkten oder doch individuell nicht abgeschlossenen Anzahl von Mitgliedern, deren Ein- und Austritt an bestimmte Voraussetzungen geknüpft, aber von dem Belieben des einzelnen abhängig ist. Von der Gesellschaft unterscheidet sich der V. vor allem dadurch, daß erste eine nicht rechtsfähige Vereinigung mehrerer Personen darstellt. Aus diesem Grund werden auch nicht rechtsfähige Vereine nach den Grundsätzen über die Gesellschaft (s. d.) behandelt.«[86]

83 *Meyer* 1843, 1. Abth., Bd. 4, S. 983.

84 Vgl. ebd., S. 983ff. Ganz ähnlich bereits der *Brockhaus* 1838, Bd. 1, S. 244ff. Der Begriff »Verein« taucht dagegen weder im »kleinen« noch im »großen« Brockhaus dieser Zeit auf. Vgl. entsprechend *Brockhaus* 1841, Bd. 4 und *Brockhaus* ^{6}1824, Bd. 10. Im Meyer existiert zwar ein Artikel zu »Verein«, dieser ist jedoch knapp gehalten, *Meyer* 1852, Bd. 13, S. 974.

85 *Welcker*, Association, S. 758ff., das Zitat S. 765. Er nimmt Bezug auf die Debatte des Verhältnisses von Gesellschaftswissenschaft und Staatswissenschaft und interpretiert in diesem Zusammenhang »den Staat nur als den selbständigen oder höchsten Friedens- und Hülfsverein eines Volks« (S. 760). Weiterhin nimmt er verschiedene Differenzierungen von Vereinen vor, thematisiert umfassend juristische und politische Bestimmungen, um abschließend die historische Entwicklung des Vereinswesens darzulegen. Zwar bleibt Welckers Darstellung ein leidenschaftliches Plädoyer für das Vereinswesen – der Staat solle dieses nicht zu stark reglementieren –, zugleich erkannte er jedoch ein Sicherheitsbedürfnis des Staates an. Die Vereine sollten »in Harmonie zum Staatsleben« (S. 764) existieren.

86 *Meyer* ^{6}1909, Bd. 20, S. 46. Mit »Gesellschaften« sind hier die Gesellschaften des Privatrechts gemeint. Ähnlich definierte der *Brockhaus* ^{14}1895, Bd. 16, S. 285. Das Meyer-Konversations-Lexikon stellt insbesondere die Rechtsfähigkeit von Vereinen gegenüber der Gesellschaft bürgerlichen Rechts heraus. Mit dem Staudinger muss man ergänzen: Die Annahme, dass nicht rechtsfähige Vereine, da für sie die Vorschriften der BGB-Gesellschaft Anwendung finden, Gesellschaften *sind*, ist nicht richtig. Nur der Verein kann potentiell Rechtsfähigkeit über Eintragung oder Verleihung erlangen, nicht aber die Gesellschaft. Siehe *Staudin-*

Der entsprechende Lexikoneintrag heißt »Vereinswesen« und nicht »Verein«, wodurch pointiert der Zusammenhang eines ganzen Spektrums und eines über den einzelnen Verein hinausgehenden Handlungsraums herausgestellt wird.[87] Inhaltlich folgt der eigentlichen Definition im Artikel – ausschließlich! – eine umfassende Darstellung der normativen Vorgaben des BGB zum Vereinswesen.[88] Verschwunden sind Pathos und Idealismus ebenso wie historische, anthropologische und soziologische Betrachtungen. Die Sprache ist nüchtern und um Präzision bemüht. Die rechtliche Verfasstheit des Vereinswesens ist sowohl bei der Definition von »Verein« als auch durch die Schilderung seiner rechtlichen Regulierung nicht nur in den Vordergrund gerückt, sondern bildet den einzigen Bezugspunkt des Artikels. Diese Entwicklung scheint nachvollziehbar, ist doch der Verein einerseits längst seiner Bedeutung als »politischer Kampfbegriff« entkleidet, da er sich als Organisationsform weitgehend durchgesetzt hat[89] und andererseits im Zusammenhang mit der umfassenden gesetzlichen Gestaltung im Laufe der Kaiserreichszeit ein Sprachgebrauch entwickelt worden, der in einer der juristischen Sprache eigenen Präzision die konzise Bestimmung des »Vereins« erlaubte und daher für die Konversationslexika attraktiv war.[90] Bis heute haben juristische Sichtweisen auf den »Verein« eine prädominante Bedeutung.

ger, Kommentar, S. 129. Dies konstatiert auch ein späteres Reichsgerichtsurteil: »Denn auch der [nichtrechtsfähige] Verein ist keine Gesellschaft, wenn auch nach § 54 Satz 1 BGB. die Vorschriften über die Gesellschaft auf ihn Anwendung finden«, Entscheidungen des Reichsgerichts in Zivilsachen 143 (1934), S. 213.

87 Artikel zum »Vereinswesen« siehe *Brockhaus* [11]1868, Bd. 15, S. 63 f.; *Meyer* [3]1878, Bd. 15; *Brockhaus* [12]1879, Bd. 15, S. 78 f.; *Meyer* [4]1890, Bd. 16 und *Brockhaus* [14]1908, Bd. 16. In späteren Ausgaben rückt hingegen der »Verein« als Schlagwort wieder in den Vordergrund. Vgl. *Meyer* [6]1909, Bd. 20 u. *Brockhaus* [15]1934, Bd. 19, S. 458 ff.

88 Vgl. *Meyer* [6]1909, Bd. 20, S. 46 ff.

89 Diese Durchsetzung spiegelte sich nicht nur in der quantitativen Ausdehnung des Vereinswesens wider, sondern auch darin, dass von staatlich-administrativer Seite bestimmte Vereinstypen bewusst bei der Regulierung von Aufgaben und Problemen einbezogen wurden. Die Sozialgesetzgebung ist nur ein Beispiel in dieser Hinsicht. Die Akzeptanz für gesellschaftliche Selbstorganisation hatte sich daher auch seitens des Staates durchgesetzt. Eine wichtige Ausnahme bildeten in dieser Hinsicht jedoch die sozialdemokratischen Vereine. Sämtliche Versuche einer gesetzlichen Regulierung, beispielsweise im Zusammenhang der fortwährenden Diskussionen um die Schaffung eines Reichsvereinsgesetzes oder die Debatten um das Koalitionsrecht, waren durch das Streben bestimmt, eine weitere Stärkung des sozialdemokratischen Lagers keinesfalls zu begünstigen. Dies dokumentieren die überlieferten Reichstagsdebatten und ministerialen Diskussionen über Gesetzentwürfe zur Regulierung des Vereinswesens. Siehe GStA PK, I. HA. Rep. 90 A Staatsministerium jüngere Registratur, Nr. 2257–2265.

90 Diese Verengung auf den juristischen Sprachgebrauch in den Artikeln der Lexika ist vor allem am Ende der Kaiserreichszeit üblich. In der Zeit um die Reichsgründung finden sich demgegenüber noch ausführlichere Betrachtungen, welche dennoch den Umfang der früheren Lexikoneinträge nicht mehr erreichten. Siehe beispielsweise *Brockhaus* [11]1868, Bd. 15, S. 63 f.

Doch nicht nur in den Artikeln der Konversationslexika und in den Bezeichnungen der entsprechenden Adressbuchrubriken hat sich der »Verein« als Begriff durchgesetzt. Auf der untergeordneten Ebene der Adressbuchsystematiken – den Typologien – und mit Blick auf die Selbstbezeichnungen von freiwilligen Organisationen hatte sich diese Entwicklung bereits zuvor angekündigt. So ist die Relevanz des Begriffs als Typenbezeichnung in den Adressbüchern im gesamten Untersuchungszeitraum konstant hoch: Bei 90,1 % aller gebildeten Typen taucht die Bezeichnung »Verein« auf.[91] Anhand der hallischen Adressbücher kann darüber hinaus veranschaulicht werden, dass »Verein« auch zur meistverbreiteten Selbstbezeichnung aufstieg. 1859 war sein Anteil mit 23,5 % aller Selbstbezeichnungen noch eher gering. Zum einen dominierten andere Bezeichnungen wie »Gesellschaft« oder spezifische Eigennamen – Die Harmonie, Volksliedertafel oder Liederkranz – das Vereinigungsspektrum. Zum anderen wiesen insbesondere die Bezeichnungen »Innung« und »Kasse« auf differente Organisationsdesigns hin.[92] Die Jahre 1874, 1888 und 1895 zeichnen sich mit Anteilen von 52,7 %, 43,3 % und 77,2 % durch erhebliche Schwankungen aus, die im Wesentlichen durch die Zuordnung verschiedener Organisationen zum Kapitel der »Vereine« im Adressbuch begründet sind.[93] Für das späte Kaiserreich – die Jahre 1898, 1903 und 1913 – ist ein kontinuierlicher Anstieg (53,5 %, 55,1 % und 59,7 %) feststellbar, der einerseits auf die nun üblicher werdende Differenzierung von Organisationsformen in separate Kapitel sowie auf die Durchsetzung des Vereinsbegriffs bzw. die Marginalisierung bisheriger Alternativbezeichnungen zurückzuführen ist.

Eine differenziertere Betrachtung der gestiegenen Relevanz der Bezeichnung »Verein« wird ermöglicht, wenn die Selbstbezeichnung der Vereinigungen in Bezug zur Typenbildung in den Adressbüchern gesetzt und nach der Häufigkeit der Selbstbezeichnung als »Verein« im Rahmen bestimmter Vereinstypen gefragt wird. Zwar ist offenkundig, dass der »Verein« auch in dieser Perspektive mit Blick auf fast alle Vereinstypen zur wichtigsten Selbstbezeichnung avancierte, interessant ist jedoch, bei welchen Typen die Selbstbezeichnung »Verein« gerade nicht oder kaum zu finden ist.[94] Auffällig ist besonders der Typus der Handels-, Gewerbe- und Industrievereine: 1888 bezeichneten sich nur 19 von 55

91 Von den 463 Typen der Adressbücher ist der Begriff »Verein« entsprechend in 417 Fällen Bestandteil der Typbezeichnung (also beispielsweise bei dem Typ »Wissenschaftliche Vereine«).

92 Vgl. hallisches Adressbuch 1859.

93 1888 wurden Innungen und die neu entstandenen Träger der Sozialversicherungsgesetzgebung im Gegensatz zu 1874 einbezogen – der Anteil von »Vereinen« verringerte sich dementsprechend – während sich das Buch von 1895 durch eine sehr ausdifferenzierte Systematik kennzeichnete und zahlreiche Organisationen vom Vereinswesen schied, wodurch der Anteil der Selbstbezeichnung »Verein« einen deutlichen Anstieg erfuhr.

94 Hier werden die hallischen Adressbücher von 1888 und 1913 als Beispiele zugrunde gelegt.

und 1913 nur etwa die Hälfte der Organisationen (106 von 208) als »Vereine«. Waren 1888 insbesondere die gelisteten Handels- und Gewerbekammern, die Innungen sowie einzelne Fabriken für den niedrigen Wert ausschlaggebend, so trat neben den Innungen 1913 vor allem mit dem »Verband« ein Player neuen Typs im Vereinswesen auf, dessen Merkmal der organisierten Interessenvertretung besonders – darauf weist der dargelegte Kontext deutlich hin – im Bereich der gruppenbezogenen materiellen Interessen angesiedelt war. 78 Vereinigungen führten die Bezeichnung »Verband« in ihrem Namen.[95] Neben »Verband« erfreute sich zudem die Bezeichnung »Bund« einiger Beliebtheit.[96]

Auch die gemeinnützigen sowie Gesang- und Musikvereine tragen in beiden Jahren nur in verhältnismäßig geringer Zahl den Namen »Verein«.[97] Das Feld der gemeinnützigen Vereine ist durch ein hohes Maß an Vielfältigkeit von Bezeichnungen – neben »Verein« etwa »Anstalt«, »Bund«, »Klub«, »Kommission«, »Stiftung« oder »Gesellschaft« – charakterisiert. Dagegen haben sich im Bereich der Gesang- und Musikvereine typspezifische Ausdrücke und Bezeichnungen wie »Liedertafel«, »Chor«, »Singakademie« oder »Sängerbund« gehalten.[98] Niedrig ist die Zahl der Selbstbezeichnungen schließlich ebenso mit Blick auf gesellige Vereine 1913 sowie bei Sport- und Sammlervereinen 1888 wie 1913.[99] Als Konkurrenzbezeichnung ist hier vor allem »Klub« bzw. »Club« zu nennen – man denke sowohl an die geselligen und Raucher-Klubs als auch an die zahlreichen Fußball-, Ruder-, Kegel- oder Radfahrerklubs, um nur einige Beispiele zu nennen. Zudem gibt es einige wenige Vereinstypen, bei denen die Bezeichnung »Verein« überhaupt keine Rolle spielte: zum Beispiel Logen oder Schützengesellschaften.[100] Sehr beliebt war der Vereinsbegriff dagegen bei den Kriegervereinen: 1888 werden unter diesem Typ 19 »Vereine« (von 22) und 1913 43 »Vereine« (von 48) subsumiert. Dies trifft ebenso für politische, religiöse, Frauen-, Stenographen-,

95 Zu nennen sind in diesem Zusammenhang auch die 45 »Gewerkschaften«, die 1913 im Adressbuch geführt werden. Die Bezeichnung »Gewerkschaft« taucht im Sample zwar nur vier Mal auf, doch sind unter »Gewerkschaftskartell« 41 einzelne Verbände subsumiert.

96 Allerdings mit weit geringerer Bedeutung. Sieben Organisationen im Bereich der Handels-, Gewerbe- und Industrievereinigungen nannten sich »Bund«.

97 Gemeinnützige »Vereine«: 1888 11 von 38, 1913 22 von 45; Gesang- und Musik-»Vereine«: 1888 15 von 27, 1913 48 von 86.

98 Ähnliches gilt auch für »Studentische Vereinigungen«: Sie führen neben ihrem Eigennamen üblicherweise und je nach Ausrichtung den Zusatz »Burschenschaft«, »Corps«, »Verbindung« oder »Landsmannschaft«, zum Teil auch »Korporation«. Die Bezeichnung »Verein« spielt bei ihnen im Grunde kaum, allenfalls eine sehr randständige Rolle – mit der prominenten Ausnahme des »Vereins Deutscher Studenten«. Dass sie in Halle überhaupt im Vereinsteil des Adressbuches gelistet werden, stellt im Vergleich mit den anderen Büchern eher eine Ausnahme dar.

99 Gesellige »Vereine«: 1913 23 von 45; Sport- und Sammler-»Vereine«: 1888 2 von 8, 1913 20 von 73.

100 Die Gruppe der Schützengesellschaften ist im Adressbuch von 1913 jedoch mit »Schützenvereine« überschrieben.

Zucht-, Kunst-, Theater- und wissenschaftliche Vereine zu, um nur die wichtigsten in den Adressbüchern gebildeten Typen anzuführen. Deutlich gesteigert hat sich die Relevanz der Selbstbezeichnung »Verein« bis 1913 bei den Beamtenvereinen; die Lotterievereine, welche 1888 noch nicht im Adressbuch gelistet bzw. nicht existent waren, bezeichneten sich 1913 ausschließlich als »Verein«.

Drei Entwicklungsstränge lassen sich hinsichtlich der Selbstbezeichnungen von freiwilligen Vereinigungen festhalten: *Erstens* Traditionsüberhänge bei den Namen von Vereinigungen wie Logen, Männerchören, Liedertafeln, Rettungsinstituten, Kranken-Unterstützungsgesellschaften oder den Schützengilden bzw. -gesellschaften, die eine Durchsetzung des »Vereins« mit Blick auf bestimmte Typen be- oder verhinderten. Hinter diesen Bezeichnungen verbergen sich zum einen nicht lediglich tradierte Ausdrücke, sondern divergierende Sinnzusammenhänge, die mit den entsprechenden Vereinigungen oder Vereinstypen in Verbindung gebracht werden und nicht allgemein auf alle Vereine bezogen werden können. Zum anderen wurden mitunter – wenn auch in zunehmend geringem Umfang – Organisationen wie »Anstalten« oder »Stiftungen« im Vereinskapitel gelistet, deren organisatorischer und funktionaler Aufbau sich von Vereinen grundlegend unterscheidet und welche sich folgerichtig auch nicht als solche bezeichneten. *Zweitens* hatten sich neue Selbstbezeichnungen im Vereinswesen etabliert. Dies zeigt sich anhand der Bezeichnung »Klub« bei den geselligen und Sportvereinen. In den Ländern des Deutschen Bundes scheint der Name »Klub« angesichts der Geschichte der politischen Klubs zur Zeit der Französischen Revolution im 19. Jahrhundert lange desavouiert gewesen zu sein.[101] Doch neben einer steigenden Zahl von Vereinigungen, welche diese Bezeichnung im Kaiserreich erneut im Titel führten – 1913 immerhin 80 –, wird der »Klub« auch in den Konversationslexika wieder thematisiert. Die Darstellung der englischen Herkunft und der historischen Ursprünge stehen dabei im Vordergrund. Hinsichtlich seiner Bedeutung in Deutschland um 1900 wird betont: »Heute wiegen gesellige Zwecke vor.«[102] Zur beliebtesten Selbstbezeichnung wird jedoch neben »Verein« der »Verband«, welcher auf ein neuartiges Organisationskonzept verweist.[103] Berücksichtigt man mit der immer weiter steigenden Zahl von Vereinigungen, die sich als »Verband« bezeichneten, die quantitative Dimension, und mit der neuartigen organisatori-

101 »Club« wurde in Deutschland während und nach der Französischen Revolution zum Schlagwort, das in konservativer und etatistischer Sichtweise als Synonym für den nun nicht mehr vorpolitischen, sondern eindeutig politische Angelegenheiten verfolgenden oder gar umstürzlerische Absichten hegenden Verein. Bis in die Vormärzzeit blieben »Club« und »Clubgeist« bei konservativen und auch liberalkonservativen Revolutionsgegnern politische Kampfbegriffe. Vgl. *Hardtwig*, Verein, S. 799ff.

102 *Brockhaus* ^{14}1908, Bd. 10, S. 425f., Zitat S. 426.

103 122 »Verbände« (von 922 Organisationen insgesamt) sind im Adressbuch 1913 verzeichnet.

schen Ausgestaltung des Verbandes – seiner Überörtlichkeit, d. h. der organisatorischen Bündelung von Ortsgruppen, Ortsvereinen oder kleineren Einheiten in einem Verband; und/oder seines Charakters als Interessenorganisation, welche bewusst Interessen der eigenen Mitglieder gegenüber Dritten artikuliert – die qualitative Komponente, müssten die entsprechenden Adressbuchkapitel im Rückblick eigentlich mit »Vereine und Verbände« betitelt sein. Das Verblüffende ist jedoch, dass der Verbandsbegriff jenseits der Selbstbezeichnung von Organisationen weder in den Titeln der Adressbuchrubriken oder mit Blick auf Typenbezeichnungen noch in den Konversationslexika eine nennenswerte Rolle spielt.[104] Auch bei zeitgenössischen Denkern scheint der Begriff »Verband« eher von nachrangiger Bedeutung gewesen zu sein oder ist mit einer anderen Akzentuierung versehen worden. So referierte Otto von Gierke 1902 anlässlich seines Antritts der Rektorenstelle an der Friedrich-Wilhelm-Universität Berlin über »Das Wesen der menschlichen Verbände« und greift seine bereits im »Genossenschaftsrecht« gewonnene rechtshistorische Perspektive zu Beginn des neuen Jahrhunderts erneut auf – mit dem Begriff »Verband«, der nun als allgemeine Chiffre für Vereinigungen in seinem Denken den der »Genossenschaft« ersetzt hat. Bezüge zum Verband als speziellen Organisationstyp stellte er indes nicht her.[105] Schließlich ist als beliebte Bezeichnung der »Bund« zu nennen, dessen Gebrauch wohl – darauf verweist seine etymologische Herkunft mit einer stark religiösen Prägung sowohl im Juden- als auch im Christentum –[106] eine besonders enge Verbundenheit ausdrücken sollte.[107] Das emotionale Band des Zusammenschlusses steht hier stärker als bei anderen Vereinigungen im Vordergrund.[108] Auf Ebene der Rubrik- und Typenbezeichnungen in den Adressbüchern spielten jedoch nicht nur »Verband«, sondern auch »Klub« und »Bund« keine Rolle.

104 Die einzigen Ausnahmen sind die Rubriken »Vereinigungen und Vereine, Berufsvertretungen und Verbände« im Detmolder Buch von 1914 sowie auf Ebene der Typologien der Typus »Vereine für Handel, Gewerbe, Industrie und Interessen-Verbände« im Stettiner Buch 1913. In den Konversationslexika wird der Begriff entweder nicht oder nur in seiner medizinischen Bedeutung als Bandage thematisiert. Vgl. Meyer [3]1878, Bd. 15, S. 357; Brockhaus [12]1879, Bd. 15, S. 30; Meyer [4]1890, Bd. 16, S. 93 f. und Brockhaus [14]1908, Bd. 16.

105 Siehe *Gierke*, Verbände.

106 Vgl. *Meyer* [3]1874, Bd. 3, S. 993.

107 52 von 922 Vereinigungen im hallischen Adressbuch von 1913 führen »Bund« in ihrem Namen.

108 Dies verdeutlicht beispielsweise ein Artikel des Brockhaus aus der Weimarer Zeit; Bund: »eine Grundform der menschl. Vergesellschaftung. Er beruht auf den gemeinsamen Gefühlserlebnissen des Liebens, Hassens und der Begeisterung. […] Der B. steht der Form der Gesellschaft nahe; bei beiden ist das Individuum zuerst vereinzelt vorhanden, und die Verbindung wird erst nachträglich durch den B. und die Gesellschaft geschaffen. Während aber in der Gesellschaft durch das in ihr vorherrschende Vertragsverhältnis die einzelnen gesondert voneinander bleiben und Leistung nur für Gegenleistung erfolgt, herrscht in dem B. Freundschaft und Opferbereitschaft.« *Brockhaus* [15]1929, Bd. 3, S. 504.

Drittens sind Vereinigungen zu nennen, welche sich konstant als »Verein« bezeichneten oder dies in erheblich gestiegenem Maße taten. Entweder tradierten sie diese Bezeichnung oder sie nahmen diese als neue Organisationen vor dem Hintergrund der allgemeinen Beliebtheit des Begriffes an. Quantitativ wurde umfangreich dargelegt, dass sie, trotz der geschilderten Ausnahmen, deutlich die Mehrzahl stellten. Wer sich am Beginn des 20. Jahrhunderts zusammenschloss, tat dies in der Regel auch dem Namen nach als »Verein«.

2. Neue Grenzen der Vereinswelt

Die Auswertung der Systematisierungen in den Adressbüchern sowie die Selbstbezeichnungen von Vereinigungen haben bereits verdeutlicht, wie vielschichtig die Organisationslandschaft war. Grundlegend ist in diesem Zusammenhang zu fragen, welche Vereinigungen von den Adressbuchredaktionen überhaupt in die Vereinsrubrik aufgenommen und welche gesondert erfasst wurden. Anhand von drei spezifischen Organisationsformen – Aktiengesellschaften, Innungen und Kassen – werden in diesem Kapitel daher Vereinigungsformen, die zu Beginn der Kaiserreichszeit im Vereinsteil der Adressbücher gelistet wurden, hinsichtlich ihrer juristischen, funktionalen und sozialen Entwicklung beleuchtet, um Veränderungen und Ausdifferenzierungen des in den Adressbüchern fassbaren Vereinsverständnisses darzulegen.

Die Aktiengesellschaft als »vollendete Vermögensgenossenschaft«[109] – *Wirtschaftliche Vereine in der Kaiserreichszeit*

In der jüngeren Vergangenheit, legt man zum Beispiel die Erklärung des Brockhaus aus dem Jahr 2000 zugrunde, wird die Aktiengesellschaft insbesondere als »eine Handelsgesellschaft, deren Gesellschafter (Aktionäre) mit Einlagen auf das in Aktien zerlegte Grundkapital (mindestens 50.000 Euro) beteiligt sind, ohne persönlich für die Verbindlichkeiten der Aktiengesellschaft zu haften«, verstanden.[110] Das Unternehmen mit wirtschaftlichem Geschäftsbetrieb, welches den Aktionären Dividende verspricht, steht in der Wahrnehmung im Vordergrund. Eine Verwandtschaft zum »Verein« ist heute kaum zu erkennen oder zu erahnen. Doch präzise war und ist die Aktiengesellschaft ein Aktien*verein*.[111] Dies verdeutlichen auch die Namen von Aktiengesellschaften im

109 *Gierke*, Genossenschaftsrecht, S. 1011.

110 *Brockhaus* ^{9}2000, S. 22.

111 »Die AG als solche, als rechtsfähiger Verein, entsteht erst durch Eintragung und zwar durch Eintragung ihrer Firma […]. Vorher, und zwar seit ihrer Errichtung, ist sie ein nichtrechtsfähiger Verein«, *Ritter*, Handelsgesetzbuch, S. 249. Bereits das preußische Gesetz über die Aktiengesellschaften vom 9. November 1843 bestimmt in § 28 den entscheidenden Un-

19. Jahrhundert – hier einige Beispiele aus dem Dresdener Adressbuch von 1860: Actien-Verein für das Steinkohlenwerk zu Gittersee mit Coschütz, Potschappler Actienverein für Steinkohlenbau oder Thonwaaren- und Braunkohlen Actienverein Margarethenhütte.[112] Zu einem Gründungsboom an Aktiengesellschaften war es vor allem in der zweiten Hälfte des 19. Jahrhunderts im Zuge der fortschreitenden Industrialisierung und durch den hohen Kapitalbedarf beispielsweise im Eisenbahnbau und der Eisen- und Stahlproduktion gekommen. Die Gewährleistung einer eigenständigen Rechtsfähigkeit als juristische Person, die Möglichkeit überregional Kapital zu akkumulieren sowie die Haftungsbeschränkung auf das Kapital der Gesellschaft begründeten die Attraktivität der Aktiengesellschaft und ihre Überlegenheit gegenüber anderen wirtschaftlichen Organisationsformen.[113] In den Adressbüchern war es am Beginn der Kaiserreichszeit durchaus gängig, Aktienvereine direkt mit den anderen Vereinen in einer Kategorie zusammenzufassen.[114] Doch im Laufe der Zeit wurden nicht nur die Aktiengesellschaften, sondern die meisten wirtschaftlichen Vereine aus dem Vereinsteil der Adressbücher ausgegliedert. Woher rührte die sich ausprägende Wahrnehmung der Aktiengesellschaft als einer vom übrigen Vereinswesen zu trennenden Organisation?

Erstens ist der besonderen ökonomischen Bedeutung der Aktiengesellschaften durch eine intensive rechtliche Kodifizierung Rechnung getragen worden. Das Allgemeine Deutsche Handelsgesetzbuch von 1861 regelte dabei erstmals im gesamten Deutschen Bund die Rechtsverhältnisse derjenigen Aktiengesellschaften, welche ein Handelsgewerbe betrieben, hielt dabei aber noch am staatlichen Konzessionssystem fest.[115] Eine Abkehr vom Konzessionssystem durch ein auf Mindestvoraussetzungen beruhendes Normativsystem wurde mit der 1. Aktienrechtsnovelle vom 11. Juli 1870 erreicht.[116] Mit dem Aktiengesetz von

terschied zur privatrechtlichen Gesellschaft im engeren Sinne: »Durch den Tod einzelner Mitglieder wird die Gesellschaft nicht aufgelöst, auch können einzelne Mitglieder nicht auf Theilung antragen.« Gesetz über die Aktiengesellschaften. Vom 9. November 1843, in: Gesetz-Sammlung für die Königlichen Preußischen Staaten 1843, S. 346.

112 Sie wurden als »gewerbliche Verkehrsanstalten« gesondert geführt. Im Bayreuther Buch von 1866 werden Aktiengesellschaften zwar ebenfalls abseits des Vereinskapitels erfasst, jedoch nicht in einer eigenen Rubrik, sondern unter »Fabriken«.

113 Vgl. *Pahlow*, Aktiengesellschaft, S. 274 f.

114 Berlin 1860, Halle 1874, Freiburg 1895.

115 Vgl. *Pahlow*, Aktiengesellschaft, S. 241 ff.

116 Vgl. *Lieder*, Aktienrechtsnovelle, S. 321 ff. Das Normativsystem galt fortan auch für Kommanditgesellschaften auf Aktien. Gegenüber der Interpretation Lieders, der Übergang zum Normativsystem sei eine Befreiung aus staatlicher Bevormundung gewesen, argumentiert Schubel, dass der Gegensatz zwischen staatlichem Überwachungsanspruch und wirtschaftlicher Selbstorganisation bis 1870 stark überzeichnet wird und auch für diese Zeit eher von einem Zusammenspiel staatlicher Regulierung und gesellschaftlicher Selbstregulierung auszugehen ist. Siehe *Schubel*, Aktienrecht, S. 152 ff.

1884 und im Aktienrecht des Handelsgesetzbuches von 1897 wurde seitens des Gesetzgebers der normative Rahmen für die Aktiengesellschaften weiter ausgestaltet und vor allem auf Prinzipien insistiert, die einen wirksamen Schutz der Aktionäre ermöglichten. Auf eine weitergehende staatliche Regulierung, welche die Autonomie der Aktiengesellschaften stärker eingeschränkt hätte, ist jedoch verzichtet worden. Sie blieben daher ein bevorzugtes Instrument wirtschaftlicher Selbstregulierung.[117] Es ist zu vermuten, dass diese rechtliche Kodifizierung die Separierung der Aktiengesellschaft im alltäglichen Begriffsverständnis erheblich befördert hat.

Zweitens könnte man geneigt sein zu argumentieren, dass es vor allem der wirtschaftliche, auf Gewinnstreben ausgerichtete Zweck der Gesellschaften sei, der sie vom Vereinswesen in den Augen der Zeitgenossen schied. Doch: obwohl Aktiengesellschaften mit Handelsbetrieb auch im 19. Jahrhundert die quantitativ bedeutendste Gruppe dieser Organisationsform darstellten, gab und gibt es vielfältige Formen gemeinnütziger Aktiengesellschaften. Gerade das eingangs genannte Dresdener Adressbuch von 1860 liefert im Vereinsteil unter »Gemeinnützige und Wohlthätigkeits-Anstalten« ein anschauliches Beispiel: den »gemeinnützigen Bauverein«, welcher den statutarisch festgelegten Zweck hatte,

> »mittelst eines durch Actien a 50 und 10 Thlr. zusammengebrachten Capitals durch Neubau, oder Einrichtung erkaufter Häuser im Stadtbezirke, kleinere, jedoch gesunde Wohnungen herzustellen, diese an minderbemittelte Familien zu ortsüblichen Preisen zu vermiethen, auf diese Weise den Mangel an derartigen Wohnungen entgegen zu wirken u. den üblen Folgen desselben auf die Gesundheit, den Erwerb und die Moralität, so viel dadurch möglich vorzubeugen.«[118]

Gemeinnützigkeit kennzeichnete zahlreiche Gesellschaften für Wohnungsbau, die angesichts der angespannten kommunalen Wohnungslage zwischen 1890 und 1914 von wichtiger Bedeutung waren.[119] Eines der prominentesten Beispiele für »gemeinnützige Aktiengesellschaften« ist der Zoo Berlin, welcher 1845 die Rechtsform des Aktienvereins annahm und bis heute beibehalten hat. Außer

117 Vgl. *Hofer*, Aktiengesetz, S. 413ff. u. *Pahlow*, Aktienrecht im Handelsgesetzbuch, S. 438.

118 Dresdener Adressbuch 1860, 2. Abth.: Geschäftshandbuch, S. 103. Gewöhnlich hat der Aktionär gegenüber anderen Vereinsmitgliedern ein hohes Maß an Anonymität. Seine Mitgliedschaft ist vor allem durch seine Kapitaleinlage definiert. Im Dresdener Bauverein hat er darüber hinausgehende Funktionen inne: »Für jedes einzelne Haus ist ein Actionair als Hausvorsteher bestellt, welcher die Aufsicht über das Haus und seine Bewohner führt, etwaige Streitigkeiten unter ihnen schlichtet, und ihnen gegenüber die Interessen der Gesellschaft vertritt.« Deutlich von diesem paternalistisch und erzieherisch anmutenden Modell zu unterscheiden sind die Wohnungsvereine auf genossenschaftlicher Basis. Zum Beispiel der Hallesche Wohnungs-Verein (eingetragene Genossenschaft). Vgl. hallisches Adressbuch 1874.

119 Vgl. *Roth*, Vereins- und Verwaltungstätigkeit, S. 304f.

einer einzigen Aktie, die im Besitz des Landes Berlin ist, befinden sich die anderen Aktien breit gestreut in Privatbesitz.[120] Aktiengesellschaften konnten somit zur wirtschaftlichen Sicherung von Kulturvorhaben, seit den 1820er Jahren beim Theaterbau, später unter anderem bei zoologischen und botanischen Gärten oder Museen eine bedeutende Rolle spielen. Die Sujets dieser Gesellschaften waren sehr vielfältig, wie die folgenden Beispiele zeigen: Der Bonner Bürgerverein, Actiengesellschaft, 1866 gegründet zur Verfolgung idealer und geselliger Zwecke; die Actienschwimmbadeanstalt, im Freiburger Adressbuch 1873 unter »gemeinnützige Vereine« geführt; die Theater- und Zooaktiengesellschaften in Dresden 1873; das Actien-Theater der Vorstadt St. Pauli im Hamburger Buch 1860 oder die Neue Börsenhalle in Hamburg 1873, die den Zweck hatte, Periodika zu veröffentlichen.[121] Die besondere Stellung der gemeinnützigen Aktiengesellschaften zeigte sich auch darin, dass für sie spezielle gesetzliche Regelungen galten und gelten.[122] In Preußen wurde 1864 betreffend die nichtkommerziellen Aktiengesellschaften das »Gesetz über die Aktiengesellschaften, bei welchen der Gegenstand des Unternehmens nicht in Handelsgeschäften besteht« verabschiedet.[123] Mit der 1. Aktienrechtsnovelle 1870 wurden sie in das Aktienrecht des ADHGB einbezogen. Auch das HGB von 1897 betrachtete die AG, die nicht auf Betrieb eines Handelsgewerbes gerichtet ist, als »Vollkaufmann«.[124] Für sie galten jedoch Modifikationen.[125] Doch nicht nur wegen der in quantitativer Hinsicht geringen Zahl der gemeinnützigen Aktiengesellschaften war »Gemeinnützigkeit« bei der Einordnung oder Separierung der Aktiengesellschaften in bzw. vom Vereinsteil in den Adressbüchern wohl eher von nachrangiger Bedeutung.

Vielmehr weist die Binnenlogik der Aktiengesellschaft markante Züge auf, die einer distinguierten Wahrnehmung durch die Zeitgenossen Vorschub zu leisten geeignet waren. In bestechender Schärfe hat Otto von Gierke dies in der Modellierung eines Idealtypus im »Genossenschaftsrecht« herausgearbeitet. Der

120 Siehe *Knieriem*, Historie des Zoo Berlins.

121 Vgl. die entsprechenden Adressbücher. Auch die später geschaffene wirtschaftliche Organisationsform der Gesellschaft mit beschränkter Haftung wurde für gemeinnützige Zwecke genutzt: beispielsweise die Caritas G.m.b.H. in Freiburg 1913 oder die Heidelberger Turnverein G.m.b.H. (Heidelberg 1913).

122 Gemeinnützige Aktiengesellschaften sind heute insbesondere durch steuerliche Vorteile, begründet durch das Gemeinnützigkeitsrecht, privilegiert.

123 Zuvor galt für sie das preußische Aktiengesetz von 1843.

124 Vgl. *Pahlow*, Aktiengesellschaft, S. 241 f.; *Lieder*, Aktienrechtsnovelle, S. 375 und *Ritter*, Handelsgesetzbuch, S. 260 f.

125 Beispielsweise § 180 HGB 1897: »Die Aktien müssen auf einen Betrag von mindestens eintausend Mark gestellt werden. Für ein gemeinnütziges Unternehmen kann im Falle eines besonderen örtlichen Bedürfnisses der Bundesrat die Ausgabe von Aktien, die auf einen Namen lauten, zu einem geringeren, jedoch mindestens zweihundert Mark erreichenden Betrage zulassen (...)«, *Ritter*, Handelsgesetzbuch, S. 225 f.

»reine Aktienverein« hat sich nach Gierke zur »vollendeten Vermögensgenossenschaft« entwickelt,

»indem er sowol [sic!] als Ganzes durch ein Vermögen bedingt und bestimmt wird, wie sich andererseits seine Zusammensetzung und Gliederung durch die Zusammensetzung und Gliederung jenes Vermögens bedingt und bestimmt«.[126]

Die Existenz des Aktienvereins ist untrennbar mit seinem Vermögen verbunden: Eine Erhöhung oder Herabsetzung des Grundkapitals führt zur Veränderung seiner Verfassung, der Totalverlust oder Konkurs besiegelt das Ende des Vereins. Der vermögensrechtliche Zweck bestimmt das Vereinsleben, unabhängig ob dieser wie bei der großen Mehrzahl dieser Vereine in einem kapitalistischen Erwerbszweck besteht, ob er darauf ausgerichtet ist, seinen Mitgliedern Genüsse (z. B. in Form eines Aktienkasinos) zu verschaffen oder ob er ein gemeinnütziger ist. Letztlich wird dadurch auch die Mitgliedschaft definiert, denn der Aktienverein »setzt sich gewissermaßen aus vermögensrechtlichen Theilpersönlichkeiten zusammen. Die Mitgliedschaft in ihm wird daher bedingt und bestimmt durch eine Quote des Vereinskapitals.«[127] An den Erwerb der Quote ist die Mitgliedschaft gebunden, bei Verlust erlischt sie. Im Prinzip ist die Aktie zudem veräußerlich und vererblich. Dennoch bleibt der Aktienverein nach Gierke Verein durch die Ausbildung einer Körperschaft, einem sich aus den einzelnen Teilpersönlichkeiten herausentwickelnden Ganzen, das durch seine Organe zu einer »Vollpersönlichkeit« wird. Zudem trete das persönliche Moment der Mitgliedschaft zumindest über Generalversammlung, Stimmrecht und die Übernahme von Ämtern in Erscheinung.[128] Bis auf die Abhaltung von Generalversammlungen ist das »Vereinsleben« jedoch weitgehend durch Anonymität der Individuen gekennzeichnet.[129] Das Demokratieprinzip wird da-

126 Daneben gebe es, so Gierke, verschiedene Mischformen, da das Aktienprinzip mit verschiedenen anderen »Rechtsgestaltungen« kombiniert werden könne und in solchen Assoziationen das persönliche Genossenverhältnis in höherem oder niedrigerem Maße zur Geltung komme. Vgl. *Gierke*, Genossenschaftsrecht, S. 1011 ff., das Zitat S. 1014.

127 Ebd., S. 1016. Mit Blick auf die Stellung der Aktiengesellschaft unter den Handelsgesellschaften ist ihre besondere Rolle betont worden. Typologisch zählt sie gegenüber den offenen und Kommanditgesellschaften nach dem Meyer von 1848 zu den »anonymen Gesellschaften«: »Zu den anonymen oder unbenannten G.en gehören die Aktienvereine oder Aktiengesellschaften, deren wesentliche Eigenschaft ist, daß das Geschäft nicht unter einer Firma betrieben wird und Jeder nur bis zum Betrage seiner Einlage haftet.« *Meyer*, 1. Abth., Bd. 12, S. 785.

128 Vgl. *Gierke*, Genossenschaftsrecht, S. 1020 ff.

129 Ein ähnlicher Befund ergibt sich für die ebenfalls reichsrechtlich geregelte Kommanditgesellschaft auf Aktien (siehe §§ 320 ff. HGB 1897) sowie für die Gesellschaft mit beschränkter Haftung (GmbH). Letztere wurde durch Gesetz vom 20. April 1892 als Zwischenform von Aktiengesellschaft und offener Handelsgesellschaft geschaffen. »Die Geschäftsanteile [der GmbH, D. W.] sind Anteile ohne Urkunde und ohne leichte Veräußerlichkeit. Die Organisation schiebt die Gesellschafter in den Hintergrund. Sie legen ihr Kapital ein. [...] Die Verwaltung ruht in den Händen des von ihnen gewählten Vorstandes, der hier Geschäftsführer

bei entscheidend durchbrochen, indem die Stimmgewichtung von der Höhe der Vermögenseinlage abhängig ist.[130]

Die Aktiengesellschaften sind in diesem Abschnitt als herausragender und wichtigster wirtschaftlicher Verein vorgestellt worden. Als im BGB 1900 hervorgehoben wurde, dass wirtschaftliche Vereine eine besondere reichsrechtliche Regulierung erfahren, hatte der Prozess der juristischen Ausgestaltung und Normierung dieses wirtschaftlichen Vereinsbereichs längst eingesetzt und betraf nicht nur die Aktiengesellschaften, sondern insbesondere die Erwerbs- und Wirtschaftsgenossenschaften sowie den neuen Typus der Gesellschaft mit beschränkter Haftung. Juristisch sind diese Vereinigungsformen durch umfangreiche Kodifizierungen und normative Präzisierungen vom Vereinswesen getrennt worden. Der von Gierke herausgearbeitete Charakter des »reinen Aktienvereins« trifft in seiner modellierten, idealtypischen Bestimmung nicht auf alle Aktiengesellschaften und schon gar nicht auf alle wirtschaftlichen Vereine zu. Bereits der emphatisch aufgeladene Begriff des »Genossen« im Fall der Erwerbs- und Wirtschaftsgenossenschaften verweist darauf. Dennoch kann angenommen werden, dass in der alltäglichen Wahrnehmung der Zeitgenossen die differente Funktions- und Binnenlogik diese Vereinigungen vom restlichen Vereinswesen schied. Die Adressbücher der Kaiserreichszeit belegen dies.

Im Laufe der Kaiserreichszeit wurde es im Rahmen der Systematiken üblich, am Ende der Kaiserreichszeit normal, sowohl Aktiengesellschaften als auch Gesellschaften mit beschränkter Haftung vom Vereinsteil zu separieren. Der Trend ist eindeutig: Vier Bücher der 1860er, fünf der 1870er, vier der 1890er Jahre und nur noch ein Adressbuch im letzten untersuchten Zeitabschnitt subsumierten Aktiengesellschaften unter das Kapitel für Vereine bzw. Vereinigungen. Dagegen führten 31 Bücher Aktiengesellschaften nicht mehr im Vereinsteil, 24 von ihnen haben eine gesonderte Rubrik für Aktiengesellschaften, in welche dann in der Regel auch GmbHs und Kommanditgesellschaften auf Aktien aufgenommen wurden.[131] Eine umfangreiche und dauerhafte Sonderung vom Vereinsteil wird offenbar, doch auch am Ende der Kaiserreichszeit verblieben bestimmte wirtschaftliche Vereine im Vereinskapitel der Adressbücher und durch sie wird

heißt. [...] *Die Individuen verschwinden* [eigene Hervorhebung, D. W.]. Nicht sie, sondern die vertretbaren Kapitalien sind die Träger der Gesellschaft«, *Hachenburg*, Kommentar, S. 68.

130 Vgl. *Gierke*, Genossenschaftsrecht, S. 1017f. Die spätere Reichsgesetzgebung hat diesbezüglich festgelegt, dass der Besitzer mehrerer Aktien auch ein höheres Stimmengewicht in der Generalversammlung ausüben kann. Siehe beispielsweise § 252 HGB 1897: »Jede Aktie gewährt das Stimmrecht. Das Stimmrecht wird nach den Aktienbeträgen ausgeübt. Der Gesellschaftsvertrag kann für den Fall, daß ein Aktionär mehrere Aktien besitzt, die Ausübung des Stimmrechts durch Festsetzung eines Höchstbetrages oder von Abstufungen beschränken.«

131 Separate Kapitel für Aktiengesellschaften fanden sich in den 1860er Jahren nur in einem Buch, in den 1870ern in fünf, in den 1890ern in sieben und in den 1910er Jahren schließlich in elf Büchern. Dabei ist jedoch zu berücksichtigen, dass 23 Adressbücher der Reichsgründungszeit Aktiengesellschaften überhaupt nicht führten. Der Trend relativiert

ein Schlaglicht auf die Ordnungslogik der Adressbuchredaktionen geworfen. Am Beispiel der hallischen Adressbücher kann dies verdeutlicht werden: Im Adressbuch von 1913 findet sich ein gesondertes »Alphabetisches Verzeichnis der Aktien- und Kommandit-Gesellschaften, Gewerkschaften, sowie eingetragener Genossenschaften und Gesellschaften mit beschr. Haftung«, in welchem bedeutende Handelsunternehmen, Fabriken, Banken und Gewerbetriebe der Region aufgelistet wurden: die Hallesche Pfännerschaft, Aktiengesellschaft; die Hallesche Aktienbierbrauerei; die Gewerbebank; die A. Riebeckschen Montanwerke, Aktiengesellschaft; die Zuckerraffinerie Halle, Aktiengesellschaft; und der Hallesche Bankverein von Kulisch, Kaempf & Co (Kom. Ges. a. Akt.). Am Beginn der Kaiserreichszeit, 1874, fanden sich ein Teil dieser oder ähnlicher Unternehmen noch im Vereinsteil des Buches. Diese Formen der Vereinigung zum gemeinsamen Geschäftsbetrieb wurden in der Folgezeit, wie geschildert, vom Vereinskapitel getrennt. Dies galt letztlich für alle Aktiengesellschaften, auch für die verbliebenen gemeinnützigen wie beispielsweise den Zoologischen Garten Halle a. S., Aktiengesellschaft.[132] Ganz anders ist hingegen mit den »eingetragenen Genossenschaften« verfahren worden. Diese sind zwar ebenfalls im genannten Kapitel der wirtschaftlichen Vereinigungen aufgeführt, ein beträchtlicher Teil von ihnen ist jedoch weiterhin auch im eigentlichen Vereinskapitel gelistet und wurde somit doppelt aufgenommen: insbesondere die städtischen Konsumvereine, der Einkaufsverein der Kolonialwarenhändler, die Schrebergarten-Genossenschaft Halle-Nord e.G.m.b.H, der Beamten-Wohnungs-Verein zu Halle an der Saale e.G.m.b.H. sowie der Bauverein für Kleinwohnungen, e.G.m.b.H.[133] Im Vereinsteil nicht als »eingetragene Genossenschaft« gekennzeichnet, aber dennoch mit dem Typus der »Genossenschaft« verwandt, waren Rabatt- und Sparvereine, einige Spar- und Darlehenskassen[134] sowie die Milchverwertungs-Genossenschaft.[135]

Konsequent ist die Systematik des Buches von 1913 dahingehend, dass alle wirtschaftlichen Vereine, die einen besonderen Rechtsstatus geltend machen konnten, getrennt aufgelistet wurden. Die in der Vereinsrubrik verbliebenen Genossenschaften und wirtschaftlichen Vereine sind keineswegs aufgrund von Zufall oder Willkür dort verblieben. Sie kennzeichnen sich *erstens* durch folgendes

sich somit dahingehend, dass Adressbücher, wenn sie Aktiengesellschaften erstmals aufnahmen, diese bereits in einem hohen Maße in einem separaten Kapitel auflisteten. Zudem ist anzumerken, dass einige wenige Bücher Aktiengesellschaften sowohl im Vereinsteil als auch in einem gesonderten Kapitel erfassten.

132 Vgl. die hallischen Adressbücher von 1874 und 1913.

133 Die Abkürzung »e.G.m.b.H.« ist dabei nicht zu verwechseln mit der Rechtsform »Gesellschaft mit beschränkter Haftung«, sondern bezieht sich auf »eingetragene Genossenschaft mit beschränkter Haftung«.

134 Die genossenschaftlichen Banken mit dem Status einer »eingetragenen Genossenschaft« finden sich im Verzeichnis der wirtschaftlichen Vereine.

135 Vgl. hallisches Adressbuch 1913.

Merkmal: Die Person mit ihrer Verantwortung tritt in den Vordergrund. Dies gilt insbesondere für die genannten Konsum- und Baugenossenschaften, aber auch für die erwähnte Schrebergartengenossenschaft. Zwar ist die Beteiligung an diesen Genossenschaften mit der Einlage oder der Investition von Kapital verbunden, verknüpft ist dieser Einsatz von Kapital aber zugleich mit einem weiteren Bezug auf die Person, welche einkauft, eine Wohnung bewohnt oder einen Schrebergarten bewirtschaftet und nutzt, weshalb ihr Interesse nicht nur auf die ursprüngliche Kapitalanlage beschränkt bleibt.[136] *Zweitens* basieren genossenschaftliche Zusammenschlüsse auf dem Gedanken der Selbsthilfe. Dieser kann differente Bezüge aufweisen. So sind es gerade die im Vereinsteil verbliebenen Genossenschaften und wirtschaftlichen Vereine, deren Selbsthilfegedanken sich aus einer prekären oder zumindest derart schlechten ökonomischen Lage speist, dass die Leistung hoher Mietzahlungen oder gar der Erwerb von Wohnungen, die Deckung des täglichen Lebensbedarfs sowie die Akkumulation von Spareinlagen ohne den genossenschaftlichen Zusammenschluss kaum zu gewährleisten ist. Dagegen besteht der Selbsthilfegedanke der Genossenschaften im »Wirtschaftsteil« des Adressbuches darin, durch gemeinsame Produktion, gemeinschaftlichen Betrieb von Verkaufsräumen, der Nutzung von Gerätschaften oder beispielsweise gemeinsamen Einkauf als Gewerbetreibende ihre Marktposition zu verbessern. Letztlich ist jedoch auch mit Blick auf die Genossenschaften der Trend eindeutig: Im Zeitabschnitt von 1910 bis 1914 führen elf von 16 Adressbüchern Genossenschaften in einem vom Vereinswesen separierten Kapitel.

Verein und Versicherung – Im Spannungsfeld von autonomer Gestaltung und staatlicher Regulierung

Die Assekuranz im 19. Jahrhundert ist durch drei verschiedene Modelle, Träger und Gedankenströme gekennzeichnet: genossenschaftliche Zusammenschlüsse, Versicherung auf kaufmännischer Grundlage sowie auf staatlicher Initiative. Der wirtschaftliche und materielle Hauptzweck kommt in dem ihnen gemeinsamen Versicherungsbegriff zum Ausdruck, »der davon ausgeht, daß durch die Entrichtung eines Entgelts ein Rechtsanspruch auf Leistungen bei Eintritt bestimmter Ereignisse erworben wird«.[137] Das Interesse der Versicherungsnehmer ist zunächst und offenbar ein rein ökonomisches, da die Absicherung des eigenen materiellen Lebensunterhalts zentral ist. Dies betrifft einen vielfältigen Bereich der Möglichkeit zur Absicherung spezifischer Risiken, der bereits vor dem 19. Jahrhundert bedient wurde.[138] Durch die sozialen und wirtschaftlichen

136 Idealtypisch kann die Relevanz der Person für alle genossenschaftlichen Vereinigungen angenommen werden, jedoch ist gleichwohl anzunehmen, dass es mit Blick auf Haftungsfragen und die Teilnahme der Mitglieder am Vereinsleben verschiedene Misch- und Übergangsformen zu Aktiengesellschaften gibt. Siehe *Meyer* [6]1907, Bd. 7, S. 570.

137 *Koch*, Geschichte der Versicherung, S. 225.

138 Vgl. ebd.; *Schewe*, Die Erfindung der Versicherung; *ders.* Versicherung im Mittelalter.

Transformationsprozesse sind Risiken gerade für bestimmte Personen- bzw. Berufsgruppen im 19. Jahrhundert insbesondere durch das Erodieren traditioneller Sicherungsmechanismen – beispielsweise das Eingebundensein in den sozialen Zusammenhang der Großfamilie – jedoch besonders erhöht worden. Risiken des krankheitsbedingten Arbeitsausfalls, des Alters, der Invalidität oder des Arbeitsunfalls sowie der damit verbundenen Unsicherheit einer adäquaten Versorgung für Angehörige, Waisen und Hinterbliebene sind im aufkommenden industriellen Zeitalter im Zusammenhang mit der »sozialen Frage« aufgeworfen und thematisiert sowie politisch handlungsleitend geworden.[139]

Die Auswertung der städtischen Adressbücher verdeutlicht in einem ersten Zugriff, dass Versicherungen auf Unternehmensbasis – die gewerblichen Versicherungsgesellschaften – vom Vereinswesen konsequent getrennt wurden. 50 von 64 Büchern führen sie separat.[140] Nicht selten wurden die »Versicherungsvereine auf Gegenseitigkeit«, 1901 reichsgesetzlich geregelt, in diese separierten Kapitel mit einbezogen, vereinzelt finden sich derartige genossenschaftliche Zusammenschlüsse jedoch auch in den Vereinskapiteln.[141] Im Folgenden wird der Fokus auf den interessanten Fall der Hilfs- und Unterstützungskassen in der Rechts- und Organisationsform des Vereins in Preußen gelegt, die Absiche-

139 Siehe z. B. *Tennstedt*, Sozialgeschichte der Sozialpolitik und *Frevert*, Krankheit.

140 Ein Anteil der sich noch erhöht, wenn berücksichtigt wird, dass die frühen Adressbücher Versicherungen zum Teil gar nicht aufgenommen haben.

141 Das Feld für Versicherungsvereine, welche auf Gegenseitigkeit beruhen, ist im 19. Jahrhundert weit gesteckt und nicht immer trennscharf abgrenzbar. Ausgespart bleiben in dieser Betrachtung diejenigen Versicherungsvereine auf Gegenseitigkeit, deren Beginn in der Moderne oftmals mit der Gründung der Gothaer Feuerversicherungsbank 1821 und der Gothaer Lebensversicherungsbank 1827 durch Ernst Wilhelm Arnoldi bestimmt wird. Derartige Versicherungsvereine zeichneten sich durch genossenschaftliche Prinzipien der Selbsthilfe, Selbstverwaltung und Selbstbestimmung aus und zielten mit ihrem Verzicht auf Gewinn darauf ab, im Gegensatz zu den Erwerbsversicherern ihren Mitgliedern einen möglichst günstigen Versicherungsschutz zu gewährleisten. Hinsichtlich des organisationsinternen Aufbaus orientierten die Vereine sich stark an Aktiengesellschaften, eine exakte (rechtliche) Einordnung dieses Organisationstypus blieb jedoch lange Zeit umstritten. Letztlich wurden in Bezug auf den Versicherungsverein auf Gegenseitigkeit aktienrechtliche Regelungen maßgeblich, was sich auch in der Ausgestaltung des »Versicherungsvereins auf Gegenseitigkeit« als juristische Körperschaft, wie sie 1901 gesetzlich normiert wurde, deutlich zeigt. Siehe *Koch*, Geschichte der Versicherung; *Lorenz*, Versicherungsverein auf Gegenseitigkeit; *Reckhenrich*, Versicherungsunternehmen; *Müller-Wiedenhorn*, Versicherungsvereine; Gesetz über die privaten Versicherungsunternehmungen vom 12. Mai 1901 (RGBl. S. 139), in: *Grotefend*, Preussisch-deutsche Gesetzessammlung, Bd. III, S. 313–330. Eine zweite Gründungswelle dieses Typus setzte insbesondere seit Mitte der 1880er Jahre mit der Entstehung zahlreicher berufsständischer VVaG für Personengruppen ein, welche nicht vom Kassenwesen der Sozialversicherungsgesetzgebung erfasst wurden. Siehe als Beispiel der statutarischen Ausgestaltung dieses Typs die Satzung der Kranken- und Begräbniskasse des Kaufmännischen Vereins zu Halle (Saale), Versicherungsverein auf Gegenseitigkeit, Ersatzkasse, Halle 1917 (ULB Halle).

rung bzw. Vorsorge gegen Krankheit und Tod zu gewährleisten beabsichtigten. Neben dem Sterbefall stellte Krankheit das einzige Risiko dar, gegen welches im 19. Jahrhundert in nennenswertem Umfang durch gemeinschaftliche Vorsorge eine Absicherung getroffen wurde.[142] Der Blick auf die traditionellen Gesellenkassen und die sich später entwickelnden Hilfskassen der entstehenden Arbeiterbewegung macht deutlich, dass diese mit dem Verweis auf die ökonomische Absicherung eines anonymen Versicherungsnehmers nicht hinreichend zu beschreiben sind. Die Gesellenkassen zu Beginn und zur Mitte des Jahrhunderts, die zumeist ein Organisationsangebot an die Gesellen eines Handwerks darstellten, konservierten zünftlerische Traditionen und Regelungsstrukturen und waren ebenso Ausdruck von Gruppenidentität und Mittel sozialer Distinktion.[143] Gehilfen und Fabrikarbeiter wurden nicht in die Kassen aufgenommen, die sozialen Grenzen innerhalb der Arbeiterbevölkerung damit deutlich konturiert.[144] Stärkster Ausdruck eines Gruppenbewusstseins war das Tragen des Sarges und die gemeinsame Teilnahme am Leichenzug für ein verstorbenes Kassenmitglied durch die übrigen Vereinsmitglieder.[145] Die Exklusion der Fabrikarbeiter zog eigene Kassengründungen nach sich; insbesondere im Zusammenhang mit der gewerkschaftlichen Organisation beispielsweise der Tabakarbeiter und Buchdrucker in der zweiten Jahrhunderthälfte. Ihre Unterstützungskassen waren überregional konzipiert, was nicht zuletzt staatliche Überwachung und Repression nach sich zog.[146] Die politische Brisanz dieser Entwicklung wurde erneut mit der Neubegründung der Arbeiterbewegung seit 1863 und der Gründung von Richtungsgewerkschaften der Sozialdemokraten (wie auch der liberalen Fortschrittspartei) deutlich, die Unterstützungskassen als Handlungsfeld für sich entdeckten. Das Kassenmodell der Arbeiterbewegung basierte auf freiwilligen Kassen, Freiheit von Arbeitgebereinfluss und Staatskontrolle sowie einer Organisation auf nationaler Ebene in Anlehnung an gesamtnationale Gewerkschaftsstrukturen mit Ortsstellen als lokalen Orga-

142 Vgl. *Tennstedt*, Hilfs- und Unterstützungskassen, S. 275.

143 Die Gesellenschaft verstand sich bis ins 19. Jahrhundert als »Brüderschaft«, deren Mitbrüdern gegenseitige Verpflichtungen oblagen. Vgl. *Godefroid*, Berliner Krankenkassenwesen, S. 89. Siehe auch *Fröhlich*, Soziale Sicherung, S. 261 ff.

144 Um das Überleben der Kassen zu sichern, hatte aber auch die Solidarität der Gesellen untereinander Grenzen. Krankheit, Alter und Einkommen waren Kriterien, die zur Nichtaufnahme potentieller Mitglieder führen konnten.

145 Vgl. *Tennstedt*, Hilfs- und Unterstützungskassen, S. 280 ff. Dass sich die Funktion von Unterstützungskassen der arbeitenden Bevölkerung nicht nur auf wirtschaftliche Absicherung reduzieren lässt, zeigt im internationalen Vergleich auch die Betrachtung der stark verbreiteten *friendly societies* in Großbritannien, welche zugleich ein Bedürfnis nach Geselligkeit und gemeinsamen Trinkens befriedigten sowie durch die Teilnahme aller Kassenmitglieder bei der Beerdigung eines verstorbenen Mitgliedes gekennzeichnet waren. Vgl. ausführlich *Gosden*, Self-Help, S. 11 ff.

146 Vgl. *Tennstedt*, Hilfs- und Unterstützungskassen, S. 281 f.

nisationen.[147] Die Nützlichkeit der Kassen war den Sozialdemokraten auch im Kontext der gesetzlichen Debatten über Hilfskassen und Sozialversicherung seit den 1870er Jahren sehr bewusst, stellten sie doch ein geeignetes Mittel dar, lokale Gewerkschaftsstrukturen zu stabilisieren:

»Die freien Kassen mit ihren (General-) Versammlungen und Wahlen waren wichtige polizeifreie Orte zur Entfaltung von Machtstrategien und zur Sammlung von (Verwaltungs-) Erfahrung: hier galt das restriktive öffentliche Vereins- und Versammlungsrecht nicht.«[148]

Spielräume boten sogar die Arbeitnehmervertretungen in den gesetzlichen Zwangskassen.[149] Unterstützungs- bzw. Hilfskassen sind daher deutlich wahrnehmbar Bestandteile sich bildender lokaler Milieus der Arbeiterbewegung. Die Kassen sind in einer solchen Betrachtungsweise nicht anonyme Versicherungsvereine, sondern vielmehr Teile einer spezifischen Assoziationslandschaft, welche einem sozialmoralischen und politischen Zusammenhalt dienen sollte.[150]

Bürgerliche und kommunale Debatten sowie der staatliche Umgang mit der Armenpflege hatten bereits zur Jahrhundertmitte dazu geführt, unter Beibehaltung des »Selbsthilfe«-Gedankens die bestehenden Hilfs- und Unterstützungskassen einer zunehmenden gesetzlichen Regelung zu unterwerfen. So bestimmte die allgemeine Gewerbe-Ordnung von 1845 in § 144, dass existierende Kasseneinrichtungen bestehen bleiben und neue gebildet werden können, wodurch den Selbsthilfeorganisationen ein formaljuristischer Charakter verliehen, aber zugleich mit der den Gemeinden eingeräumten Möglichkeit,[151] eine Beitrittspflicht der ortsansässigen Gesellen und Gehilfen zu bestehenden Kassen kraft Ortsstatut zu erlassen, ein Zwangselement eingeführt wurde.[152] Ute Frevert resümiert, dass die Gesetzgebung von 1845 eine Zwitterstellung der Kassen als Einrichtungen kollektiver Selbsthilfe *und* öffentlich-rechtlich be-

147 Vgl. ebd.; *Tennstedt/Winter*, Einleitung, S. XXVI ff.

148 *Tennstedt/Winter*, Einleitung, S. XXXVI.

149 Vgl. ebd., S. XXXV ff.

150 Leidenschaftliche sozialdemokratische Plädoyers für die Hilfskassen im Kontext der Debatten um das Krankenversicherungsgesetz von 1883 verdeutlichen dies. Siehe z. B. Flugblatt des Reichstagsabgeordneten Wilhelm Hasenclever, 5.10.1883, August Bebel, Wie verhalten sich die Arbeiter gegenüber dem neuen Krankenversicherungsgesetz? und Der Sozialdemokrat Nr. 9, Der Sturm auf die Hilfskassen, in: *Hänlein u. a.*, Die gesetzliche Krankenversicherung, S. 204 ff., S. 257 f., S. 278 ff. Dass auf der Gegenseite konservative Regierungsvertreter bestrebt waren, den Organisationszusammenhang von Hilfskassen und Vereinen der Arbeiterbewegung zu unterbinden, verdeutlicht das in § 6 des Gesetzes über die eingeschriebenen Hilfskassen aufgenommene Verbindungsverbot. Vgl. Gesetz über die eingeschriebenen Hilfskassen, 7.4.1876, in: *Tennstedt/Winter*, Gewerbliche Unterstützungskassen, S. 479.

151 Entscheidend ist diesbezüglich, dass Gemeinden entsprechend verfasste Ortsstatute erlassen *konnten*, dazu aber keineswegs verpflichtet waren.

152 Vgl. *Frevert*, Krankheit, S. 151 ff. und 162 ff.

gründete Organe herbeiführte.[153] Die Entwicklung der Unterstützungskassen im 19. Jahrhundert, ausgehend von der Gewebe-Ordnung 1845, interpretiert Florian Tennstedt als einen Prozess, in welchem ein Bereich gesellschaftlicher Selbstregulierung über verschiedene Zwischenstufen landesgesetzlich regulierter Selbstregulierung letztlich durch die reichsgesetzliche Krankenversicherung 1883 ein weitgehendes Ende zugunsten staatlicher Regulierung gefunden hat.[154] Diese Zwischenstufen können an dieser Stelle nicht detailliert, sondern lediglich skizzenhaft dargelegt werden: Die Verordnung zur Gewerbeordnung vom 9. Februar 1849, welche unter anderem den Gemeinden die Möglichkeit der Errichtung ortsstatutarischer Zwangskassen nun auch für Fabrikarbeiter sowie die Erhebung von Arbeitgeberbeiträgen bei gleichzeitiger Beteiligung der Arbeitgeber an der Kassenselbstverwaltung offerierte; es folgten staatliche Regulierungsversuche durch die Ausarbeitung von Normalstatuten (welche für die Kassensatzungen aber noch nicht bindend waren) sowie das Gesetz vom 2. April 1854, welches vor allem den jeweiligen Bezirksregierungen bedeutende Eingriffsrechte zubilligte.[155] Mit der Gewerbeordnung des Norddeutschen Bundes 1869 wurde insbesondere aufgrund sozialliberaler Opposition das preußische Zwangskassenrecht in ein System des Kassenzwangs, welches bestehende Hilfskassen als Ersatzkassen zuließ, umgewandelt.[156] Die reichsgesetzliche Krankenversicherungsgesetzgebung, insbesondere das Gesetz über die eingeschriebenen Hilfskassen vom 7. April 1876 und das Gesetz betreffend die Krankenversicherung der Arbeiter vom 15. Juni 1883, brachte eine neue Qualität und Intensität staatlicher Regulierung mit sich. Das »Hilfskassengesetz« beinhaltete erstmals und umfangreich Normativregelungen für alle selbständigen Krankenkassen, wodurch Möglichkeiten der Selbstregulierung limitiert wurden. Mit dem Krankenversicherungsgesetz, welches die Versicherungspflicht sowie ein lückenloses Kassensystem für gewerbliche Arbeiter als allgemein verbindlich festschrieb, und behördliche Eingriffsrechte festlegte, die detailliert in seinen Paragraphen ausgeführt und durch zahlreiche Erlasse und Ausführungsgesetze ergänzt wurden, setzte sich dieser Trend einer umfassenden staatlichen Regulierung

153 Ebd., S. 165.

154 Vgl. *Tennstedt*, Hilfs- und Unterstützungskassen, S. 275 ff.

155 Vgl. ebd. und *Tennstedt/Winter*, Gewerbliche Unterstützungskassen, S. XXI ff. Diese Entwicklung lässt sich beschreiben als Ausbildung eines preußischen Kassenmodells: »dezentrale Zwangskassen in der Form von berufsbezogenen Ortskassen und betriebsbezogenen Fabrikkassen, gewerbliche Beschäftigung als tatbestandsmäßige Voraussetzung des Beitrittszwangs aufgrund von Ortsstatut und Regierungsanordnung, Initiative zur Kassenbildung bei Gewerbetreibenden, Gemeinden oder Bezirksregierungen, Beitragszwang der Arbeitgeber bis zur Hälfte des Beitrags der Arbeitnehmer, entsprechende Beteiligung der Arbeitgeber an der (Selbst-)Verwaltung, Aufsichts- und Kontrollrechte der Behörden.« *Tennstedt/Winter*, Gewerbliche Unterstützungskassen, S. XXVI.

156 Vgl. *Tennstedt/Winter*, Gewerbliche Hilfskassen, S. XXVIII ff.

fort.[157] In seiner Betrachtung der Entwicklung der gewerblichen Hilfs- und Unterstützungskassen überschreibt Tennstedt diesen Prozess treffend: »Von der Vereinsstruktur zur Versicherungsgesellschaft«.[158]

Spiegelte sich diese rechtliche Ausformung des Vereinsbereichs sozialer Absicherung in den Adressbüchern wider? Die Bücher wurden dahingehend untersucht, ob »Sozialkassen« im weiteren Sinne – d. h. Krankenunterstützungs-, Innungs-, Sterbe- oder Witwenkassen – in der Kaiserreichszeit in den Systematiken der Adressbücher eingeordnet wurden. Die hier zugrunde gelegte weite Fassung des Begriffs »Sozialkasse« ist nützlich, um zu verdeutlichen, wie sich die gesetzliche Normierung auf den gesamten Bereich des vereinsbasierten Kassenwesens auswirkte. Insgesamt werden in 25 Adressbüchern Kassen vom Vereinsteil getrennt: in nur einem Buch der 1860er, in dreien der 1870er, in neun der 1890er und schließlich in zwölf der 1910er Jahre. Dies lässt berechtigt darauf schließen, dass die Sozialversicherungsgesetzgebung der 1880er Jahre die Aufgliederung der Ordnung in den Adressbüchern maßgeblich beeinflusst hat. Dieser Befund muss indes weiter differenziert werden, denn im gesamten Datensample listeten 36 Bücher die Sozialkassen im Vereinskapitel. Von diesen lassen sich, wenig überraschend, sechs dem ersten und zehn dem zweiten zeitlichen Untersuchungsabschnitt zuordnen. Doch zugleich finden sich auch in den 1890er und 1910er Jahren jeweils zehn Adressbücher, die entsprechend verfahren. Zahlreiche Bücher bedienten sich am Ende der Kaiserreichszeit der Möglichkeit einer doppelten Zuordnung von Kassen – sowohl in gesonderten Verzeichnissen *als auch* im Vereinsteil. Und auch in diesem Fall ist die Zuordnung nicht willkürlich: Separiert, und nicht mehr im Vereinsteil erfasst, werden insbesondere die von der gesetzlichen Krankenversicherung neu geschaffenen bzw. geförderten Träger derselben, d. h. Ortskrankenkassen und Berufsgenossenschaften[159]

157 Vgl. ebd., S. XLIV ff.; *Tennstedt*, Hilfs- und Unterstützungskassen, S. 290 f. und *Hänlein u. a.*, Die gesetzliche Krankenversicherung, S. XVIII ff. Die Ortskrankenkassen als öffentlich-rechtliche Zwangsgenossenschaften beinhalteten zwar einen festgeschriebenen Anteil der Arbeiter an der Selbstverwaltung, dieser wurde zunächst aber kaum genutzt. Auch wenn im weiteren zeitlichen Verlauf die Ortskrankenkassen als Betätigungsfeld von den Sozialdemokraten entdeckt wurden und sie in Zeiten des Sozialistengesetzes in die Nähe von Ersatzorganisationen für die Sozialdemokraten rückten, kann von einer freien Vereinsbetätigung kaum noch die Rede sein. Siehe *Hänlein u. a.*, Die gesetzliche Krankenversicherung, S. XLVI.

158 *Tennstedt*, Hilfs- und Unterstützungskassen, S. 285. Staatliche bzw. kommunale Eingriffe und Auflagen in die Struktur des Kassenwesens hatte es bereits in der ersten Jahrhunderthälfte gegeben, von einer umfassenden gesetzlichen Regulierung und Normierung konnte indes nicht die Rede sein. Siehe *Godefroid*, Berliner Krankenkassenwesen u. *Tauchnitz*, Organisierte Gesundheit, S. 79 ff.

159 Dies zeigt sich eindrücklich am Beispiel der Berufsgenossenschaften. 22 Bücher separieren in den 1890er und 1910ern Jahren diese Organisationen, lediglich vier führen sie im Vereinsteil. Für die Ortskrankenkassen ergibt sich ein ähnliches, aber weniger eindeutiges Bild.

sowie oftmals auch die eingeschriebenen Hilfskassen. Im Vereinsteil verblieben dagegen in den meisten Büchern Kassen, die nicht die gesetzlichen Standards erfüllten bzw. welche von den gesetzlichen Vorschriften nicht betroffen waren. Mit dem Verbleib dieser Kassen in den Vereinskapiteln wird zugleich ersichtlich, dass auch im Falle des Kassenwesens – welches ja eine wesentliche ökonomische Funktion für ihre Mitglieder erfüllte – wirtschaftliche Organisationsformen, die dem Gedanken der Selbsthilfe und nicht dem Streben nach Geschäftsgewinnen gewidmet waren, weiterhin als Bestandteil des Vereinswesens aufgefasst werden konnten. Zudem verbanden auch in der Kaiserreichszeit einige Kassen den Zweck der materiellen Absicherung von Lebensrisiken mit anderen, z. B. geselligen Zwecken.

Innungen – Die Nachfolger der Zünfte als Vereinigungsform

Waren die Innungen als Nachfolger der handwerklichen Zünfte Vereine? Zumindest in der zeitgenössischen Wahrnehmung der Innung ist bis zum Ende der Kaiserreichszeit eine Verbindung zum Vereinswesen gegeben. Dies verdeutlicht die hallische Adressbuchsystematik von 1913, bei welcher in der Rubrik »Vereine« Innungen, Zwangsinnungen und der städtische Innungs-Ausschuss zu finden sind.[160] Dabei zeigt sich, dass auch den Zeitgenossen im Kaiserreich, betrachtet man die Adressbuchsystematiken in ihrer Entwicklung, eine klare Zuordnung der Innung Probleme bereitete. Bis 1892 wurden Innungen/ Zwangsinnungen in die Sammelkategorie »Institute, Gesellschaften, Vereine und Anstalten zu wissenschaftlichen, gewerblichen, geselligen, gemeinnützigen und mildthätigen Zwecken«, 1892 und 1899 in den neu angeführten Unterpunkt »Vereine« eingeordnet. 1895 und 1905 wurden sie dagegen von »Vereinen« getrennt geführt, ab 1906 wieder unter »Vereine« aufgenommen.[161] Allgemein, d. h. mit Blick auf die Gesamtentwicklung im Kaiserreich, wird bei der Auswertung aller Adressbücher offensichtlich, dass Innungen in der Regel im Vereinsteil geführt wurden. 22 Bücher verfahren dementsprechend, lediglich sieben weisen ein gesondertes Kapitel »Innungen« auf.[162] Dies gilt auch und insbesondere für den letzten Untersuchungsabschnitt (1910–1914): Von den sechzehn Büchern dieser Periode listen 13 Innungen im Vereinsteil.[163]

Diese Entwicklung kann mit der historischen und rechtlichen Ausformung des Innungswesens kontrastiert werden. Vor allem das in Bezug auf Vereine auch

160 Vgl. hallisches Adressbuch, S. 63ff.

161 Vgl. die hallischen Adressbücher 1892, 1895, 1899, 1905–13.

162 Berücksichtigt man, dass Innungen in der frühen Kaiserreichszeit im Allgemeinen überhaupt nicht in die Adressbücher aufgenommen wurden – dies trifft auf 35 von insgesamt untersuchten 64 Büchern zu – wird dieser Befund noch eindeutiger.

163 Auch die Etablierung der neuen Rubrik mit dem ausschließlichen Titel »Vereine« änderte dies nicht wesentlich: Von den neunzehn, die eine entsprechend benannte Rubrik aufweisen, integrieren neun Bücher Innungen, anstatt eine Differenzierung vorzunehmen.

in zeitgenössischen Definitionen angeführte Merkmal der »Freiwilligkeit« ist in diesem Zusammenhang von maßgeblicher Bedeutung, denn nach Einführung der Gewerbefreiheit in Preußen 1810/11 oszillierte die handwerkliche Organisation zwischen Gewerbefreiheit und Innungszwang.[164] Das Innungswesen wurde zum gesetzgeberischen Experimentierfeld, wobei die Mehrzahl der erlassenen Gesetze die Intention verfolgte, die vormals zünftischen Körperschaften als öffentlich-rechtliche Vereine beizubehalten. Ältere Innungen hatten in Preußen die Möglichkeit der Auflösung oder Revision ihrer Statuten nach Maßgabe der gesetzlichen Regelungen für neue Innungen.[165] Die Bildung neuer Innungen in Preußen konnte entsprechend der preußischen Gewerbeordnung von 1845 (§ 101 ff.) und der Verordnung von 1854 (§ 7) auf zwei Wegen erfolgen: Einerseits konnte dort, wo keine ältere Innung existierte, eine neue Innung der Gewerbetreibenden durch freie Vereinbarung gegründet werden, andererseits bestand die Möglichkeit zur Schaffung fakultativer Zwangsinnungen, welche nach Anhörung der betreffenden Gewerbetreibenden durch die Gemeindebehörde errichtet werden konnten. Einer solchen Zwangsinnung gehörten alle am Ort ansässigen Gewerbetreibenden des Innungsgewerbes an, insofern sie nicht explizit ihren Beitritt verweigerten.[166] Otto von Gierke konstatiert bezüglich des Charakters der Innungen:

> »Der Innungszwang aber ist entweder nur fakultativ, so daß die Aufnahme in eine Innung die Koncession ersetzt, oder er besteht lediglich in der zwangsweisen Vereinigung der Gewerbetreibenden derselben Gattung in öffentliche Genossenschaften, während dagegen der ältere Zunftzwang, vermöge dessen die Mitgliedschaft in der Korporation Grundlage des Gewerberechts war, mit allen seinen Konsequenzen fortfällt. Damit ist das Zunftwesen in der Gestalt, welche ihm das System der Privilegskörperschaften gegeben hatte, unwiderruflich vernichtet.«[167]

Während Innungen ihren Mitgliedern grundsätzlich keine wirtschaftlichen Vorteile gewähren sollten,[168] war ihr Aufgabenbereich nach wie vor weit gesteckt:

164 Vgl. *Collin*, Gesellschaftliche Selbstregulierung, S. 28.

165 Siehe *Gierke*, Genossenschaftsrecht, S. 954 ff. Die freiwillige Auflösung einer Innung war an die Zweidrittelmehrheit der Mitglieder und eine Regierungsgenehmigung gebunden. Des Weiteren konnte die Regierung, sollten ggf. erlassene neue Innungsstatuten nicht den Vorgaben entsprechen, diese auflösen. Auch durch Anhörung des Gewerberates war die Aufhebung einer oder die Zusammenlegung mehrerer Innungen möglich.

166 Vgl. ebd.

167 Ebd., S. 951 f.

168 Innungen waren aber auch diesbezüglich weiterhin privilegiert, denn Nichtmitglieder mussten sich zur Lehrlingsausbildung einer gesonderten Prüfung unterziehen (§ 131 der preußischen Gewerbeordnung von 1845) und gemäß der Verordnung vom 9. Februar 1849 konnten Nichtmitglieder in bestimmten Gewerben einen selbständigen Gewerbebetrieb nur nach Ablegung einer Prüfung ausüben. Siehe ebd., S. 958. Vgl. zu den Bestimmungen dieser bis 1868 formell in Kraft bleibenden Verordnung auch *Meyer* [6]1908, Bd. 9, S. 852.

»Ihrer Bedeutung nach sollen Innungen in Preußen Vereine für die Förderung der gemeinsamen wirtschaftlichen Interessen sein; insonderheit sollen sie die Aufnahme, Ausbildung und das Betragen der Lehrlinge, Gesellen und Gehilfen der Innungsgenossen beaufsichtigen, die Verwaltung der Kranken-, Sterbe-, Hilfs- und Sparkassen der Innungsgenossen leiten und sich der Fürsorge für die Wittwen und Waisen der Genossen, namentlich durch Förderung der Erziehung und des gewerblichen Fortkommens der Waisen, unterziehen.«[169]

Innungen besaßen somit zwar nicht mehr die alten Zwangsrechte, konnten aber Korporationsrechte erwerben, welche nach Gierke jedoch ein hohes Maß an Unselbständigkeit hinsichtlich der Ausgestaltung der Statuten, Organisation und Mitgliederrechte, die von staatlicher Seite detailliert vorgegeben wurden, bedeuteten, während der Gemeindebehörde umfangreiche Kontrollrechte zustanden.[170] Insbesondere die Gewerbeordnung für den Norddeutschen Bund von 1869 bedeutete für die Innungen einen Einschnitt, da sie zwar weiterhin als Korporationen mit Rechtsfähigkeit fortbestehen durften, falls ihre Statuten den Vorgaben der Gewerbeordnung entsprachen (§ 81) und auch neue Innungen durch Bestätigung ihrer Statuten diesen Status erlangen konnten (§ 97), doch gingen sie bestehender Vorrechte verlustig und staatliche Aufgaben wurden ihnen nicht mehr übertragen.[171] Die Freiwilligkeit der Innung wird gewährleistet durch § 82, nach welchem ein Innungsmitglied jederzeit austreten und das Gewerbe nach dem Ausscheiden fortsetzen kann. Mit der Innungsversammlung und dem obligatorischen Vorstand als Organe sowie dem Statut als rechtliches Band weist die Innung die typischen Organisationsmerkmale des Vereins auf. Demokratische Potentiale waren gewährleistet durch das gleiche Stimmrecht der Mitglieder,[172] die Wahl des Vorstandes durch die Versammlung (§ 101) sowie die Abstimmung über Abänderungen der Statuten und Auflösung der Innung (§ 92 f.). Dagegen war die Autonomie der Innung zum Teil deutlich beschränkt: Sie ist verpflichtet, jedes Mitglied, welches die statutarischen Bedingungen erfüllt, aufzunehmen, Änderungen von Statuten, die Auflösung der Innung sowie der Abschluss bestimmter vermögensrelevanter Verträge unterlagen dem Vorbehalt behördlicher Genehmigung (§§ 84, 89, 92 und 93). Zudem übte die Gemeindebehörde ein umfangreiches Aufsichtsrecht über die Innungen aus (§ 95). Der rechtliche Status der Innung entsprach dem eines privatrechtlichen Vereins. Angesichts dieser Entwicklung überrascht es nicht, dass der Brockhaus noch 1894 die »Innung« wie folgt definiert:

169 *Gierke*, Genossenschaftsrecht, S. 958.
170 Vgl. ebd., S. 958 f. und *Ullmann*, Interessenverbände, S. 41 f.
171 Vgl. *Ullmann*, Interessenverbände, S. 42.
172 Ausgenommen Personen ohne bürgerliche Ehrenrechte und solche, die sich im Konkurs befinden (§§ 83 und 86).

»In der neuren Zeit ist diese Bezeichnung speciell für diejenigen lokalen gewerblichen Fachverbände üblich geworden, welche sich nach Einführung der Gewerbefreiheit und Aufhebung des Zunftzwangs als freie Vereinigungen erhalten oder neu gebildet haben.«[173]

In der Kaiserreichszeit vollzogen sich jedoch erhebliche Änderungen. Im Zuge der wirtschaftlichen Entwicklung ab 1873 entstand eine zeitgenössische Krisenwahrnehmung, die sich auch auf den Mittelstand auswirkte und das politische Klima zu beeinflussen begann. Auch wenn die pessimistische Wahrnehmung eines »Niedergangs des Handwerks« überzogen erscheint, gerieten zahlreiche Handwerkszweige zunehmend unter ökonomischen Druck, weshalb Konservative, das Zentrum und später auch die Nationalliberalen verstärkt um Wählergunst der Handwerker und des Mittelstandes allgemein warben.[174] Diese Entwicklung war letztlich maßgeblich für weitere gesetzliche Maßnahmen betreffend das Innungswesen, welche vor allem auf eine Revision der liberalen Gewerbeordnung von 1869 abzielten.[175] Mit der Novelle zur Gewerbeordnung vom 18. Juni 1881 wurden den Innungen wieder umfangreiche öffentliche Aufgaben zuerkannt, die Lehrlingsausbildung zugewiesen sowie die Trägerschaft sozialer Einrichtungen und von Fachschulen ermöglicht. Die Erlaubnis, Bezirksinnungsverbände zu gründen, Schiedsgerichte einzuführen sowie die Übertragung der Beaufsichtigung des Lehrlingswesens gaben ihnen den Charakter öffentlich-rechtlicher Körperschaften zurück.[176] Das Gesetz vom 8. Dezember 1884 räumte Behörden die Möglichkeit ein, nicht zur Innung gehörenden Gewerbetreibenden das Halten von Lehrlingen zu verbieten.[177] Ab 1886 konnten auch Innungsausschüsse Korporationsrechte erlangen und Nichtmitglieder ab 1887 zur finanziellen Unterstützung bestimmter Innungsaufgaben herangezogen werden.[178] Die Gewerbeordnung für das Deutsche Reich in der Fassung der Bekanntmachung des Reichskanzlers vom 26. Juni 1900 regelte das Innungswesen umfassend hinsichtlich der Aufgabenbereiche, Einrichtungen und Genehmigungs- sowie Aufsichtspflichten der Behörden. Der Austritt aus der Innung am Schluss des Rechnungsjahres (§ 87a) blieb weiterhin gestattet, jedes volljährige Mitglied im Besitz der Ehrenrechte hatte eine Stimme in der Versammlung (§ 93a), deren Befugnisse in § 93 detailliert aufgelistet sind. Zudem war jedoch auch die Errichtung von Zwangsinnungen durch die höhere Ver-

173 *Brockhaus* [14]1894, Bd. 9, S. 618. Der Meyer von 1908 verwendet demgegenüber in seiner Definition den Begriff der »Korporation«. Vgl. *Meyer* [6]1908, Bd. 9, S. 852.

174 Friedrich Lenger plädiert dafür, die These eines »Niedergangs des Handwerks« und die Bewertung der Situation der Handwerker differenziert zu betrachten; vgl. *Lenger*, Handwerker, S. 110 ff.; *Kluge*, Zünfte, S. 453 ff. und *Winkler*, Mittelstand, S. 163 ff.

175 Vgl. *Winkler*, Mittelstand, S. 163.

176 Vgl. *Wehler*, Gesellschaftsgeschichte, Bd. 3, S. 684.

177 Vgl. *Brockhaus* [14]1894, Bd. 9, S. 618 f.

178 Vgl. *Kluge*, Zünfte, S. 454 ff.

waltungsbehörde vorgesehen, wodurch »innerhalb eines bestimmten Bezirks sämtliche Gewerbetreibende, welche das gleiche Handwerke ausüben, einer zu errichtenden Innung (Zwangsinnung) als Mitglieder anzugehören haben« unter der maßgeblichen Voraussetzung, dass »die Mehrheit der beteiligten Gewerbetreibenden der Einführung des Beitrittszwanges zustimmt« (§ 100).[179]

Die gesetzlichen Regelungen betreffend die Innungen und den ihnen zugewiesenen Aufgaben und Rechten im 19. Jahrhundert schwankten stark zwischen der weitgehenden Einschränkung ihrer Befugnisse (im Sinne der Gewerbefreiheit) und der Zusprechung bestimmter öffentlicher Aufgaben mit umfassenden Kompetenzen. Der rechtliche Rahmen der liberalen Gewerbeordnung von 1869 rückte Innungen deutlich in die Nähe zu Vereinen, besondere Privilegien konnten sie nicht mehr geltend machen, als Hauptzweck oblag ihnen die Förderung gemeinsamer gewerblicher Interessen, wobei sie behördlicher Aufsicht unterstanden. Insbesondere die Gesetzgebung seit der Handwerksnovelle 1881, in deren Folge die Rechte der Innungen sukzessive und letztlich umfassend erweitert wurden, gab ihnen dann eher den Charakter öffentlich-rechtlicher Körperschaften, deren Mitglieder in ein hohes Maß an Abhängigkeit gegenüber der Innungsorganisation gesetzt wurden. Die hier nachgezeichnete Entwicklung der Innungen verdeutlicht, dass sie vor dem Hintergrund der Analyse des zeitgenössischen Vereinsverständnisses, wie es in den Adressbüchern zum Ausdruck kommt, einen Sonderfall darstellen. Das Innungswesen war einerseits einer erheblichen und umfangreichen rechtlichen Kodifizierung unterzogen worden und hatte in den politischen Debatten des Kaiserreichs um den Schutz des Handwerks eine herausragende Rolle. Andererseits waren und blieben sie weiterhin integraler Bestandteil der in den Adressbüchern dargestellten und geordneten Vereinswelt.

3. Zusammenfassung

In diesem Kapitel wurde erstmals ein Verständnis von »Verein« umfangreich untersucht, das in der alltäglichen städtischen Lebenswelt des Kaiserreichs maßgebliche Bedeutung hatte. Die Untersuchung von Systematisierungen der Vereinswelt in den städtischen Adressbüchern hat aufgezeigt, dass sich die Konturen des Begriffsfelds »Verein« in der Kaiserreichszeit erheblich verändert haben. Eingeordnet wurden die Befunde durch Hinzuziehung der Einträge in einschlägigen Konversationslexika sowie von Gesetzestexten. Zudem sind mit Blick auf spezielle Organisationsformen wie Aktiengesellschaften, »Sozialkassen« und Innungen neue Grenzziehungen in der Vereinswelt des Kaiserreichs umfangreich nachgezeichnet worden.

179 Gemäß der Handwerksnovelle von 1897.

Sechs Punkte sind abschließend hervorzuheben: Im Kaiserreich entwickelten sich, *erstens*, die städtischen Adressbücher von eher grob sortierten Handreichungen zu feingliedrigen Nachschlagewerken. Die Ausdifferenzierung verschiedener Formen gesellschaftlicher Selbstorganisation wurde in den kategorialen Unterscheidungen zwischen Aktiengesellschaften bzw. anderen wirtschaftlichen Vereinigungen, Orts- und Hilfskrankenkassen sowie Berufsgenossenschaften als Träger der gesetzlichen Krankenversicherung, Stiftungen und den idealen (nicht-wirtschaftlichen) Vereinen in den Adressbüchern nachvollzogen. Zu Recht haben, *zweitens*, Autoren wie Tenfelde und Zimmer betont, dass die Ausdifferenzierung des Vereinswesens maßgeblich durch *rechtliche Regulierung und Normierung* spezifischer Vereinigungsformen beeinflusst war bzw. angeleitet wurde.[180] Zwar folgte der Gesetzgeber dabei zum Teil rechtlichen Grundlagen, die bereits vor der Reichsgründung etabliert wurden, doch erst in der Kaiserreichszeit findet eine umfassende und detaillierte Regulierung statt, welche die genannten Vereinigungsformen letztlich auch im Alltagsverständnis, dies ließ sich anhand der Adressbuchsystematiken belegen, voneinander schied. So bildete, *drittens*, eine der wichtigsten Trennlinien fortan die *Scheidung der wirtschaftlichen von nichtwirtschaftlichen Vereinen.* Im BGB von 1900 ist diese bereits vorher einsetzende Entwicklung in den Paragraphen 21 und 22 letztlich nachvollzogen worden. Als »Vereine« firmierten in den Adressbüchern am Ende des Kaiserreichs, bis auf wenige Ausnahmen, die nicht-wirtschaftlichen Idealvereine.

Die bisher als lineare Entwicklung zusammengefasste Ausformung des Verständnisses von Verein bedarf indes an dieser Stelle, *viertens*, einer Präzisierung. So wichtig die rechtliche Regulierung bestimmter Vereinigungen und die mit ihr zusammenhängende Sonderung vor allem der wirtschaftlichen Vereine für die Ausdifferenzierung gesellschaftlicher Selbstorganisation waren, ist sie damit keineswegs erschöpfend erklärt. Dass rechtliche Normierungen den alltäglichen Sprachgebrauch und das Vereinsverständnis prägten, ist keineswegs als Automatismus anzusehen. Dies verdeutlichen die Gegenbeispiele: Eine der bedeutendsten Neuerungen des BGB war die Schaffung eines reichsweit gültigen Normenkataloges zur Erlangung der Rechtsfähigkeit für Idealvereine. In den Vereinskapiteln der Adressbücher ist die für den Status eines Vereins ganz erhebliche Bedeutung der eigenen Rechtsfähigkeit dagegen nicht berücksichtigt worden. Rechtsfähige wurden zusammen mit nicht-rechtsfähigen Vereinen ge-

180 Vgl. vor allem *Tenfelde*, Entfaltung, S. 102ff. und *Zimmer*, Zivilgesellschaft konkret, S. 63. Zudem zeigt Wolfgang Hardtwig am Beispiel von »Genossenschaft« und »Gewerkschaft«, wie die Ausdifferenzierung des Vereinswesens darüber hinaus auch mit partikularen Theorien und Vorstellungen der zunehmend in Gegensatz zueinander positionierten sozialen und politischen Bewegungen forciert wurde. Vgl. *Hardtwig*, Verein, S. 827ff.

führt.[181] Ausführlich ist in diesem Kapitel, um ein zweites Beispiel zu nennen, die Geschichte der Innungen thematisiert worden. Sie waren immer wieder Gegenstand gesonderter gesetzlicher Regelungen und zugleich Kristallisationspunkt der hitzigen Kontroversen über die Handwerker- und Mittelstandspolitik des Kaiserreichs. Die ganz überwiegende Zahl der Bücher listete sie jedoch im Vereinskapitel auf. Am Ende der Kaiserreichszeit fanden sich zudem weiterhin einige wirtschaftliche Organisationen, beispielsweise bestimmte Genossenschaften oder auf ökonomische Absicherung zielende Kranken- und Sterbekassen im Vereinsteil der Adressbücher, auch wenn in selbigen bereits gesonderte Kapitel für diese Vereinigungen existierten. Entscheidend für die Einordnung der Vereinigungen war daher nicht allein die wirtschaftliche Zwecksetzung eines Vereins per se, sondern vielmehr die jeweils *spezifische Verquickung von organisatorischer Binnenlogik, Zwecksetzung und -umsetzung*, deren Charakteristika durch die intensivierte rechtliche Regulierung stärker hervortraten. Insbesondere das Beispiel der Aktiengesellschaften hat dies veranschaulicht. Nicht die Ausrichtung auf den Zweck – auf Handel, Unternehmen oder eben auch auf Gemeinnützigkeit – begründete ihren signifikanten Charakter, sondern eine zur Realisierung des Vereinigungszwecks geschaffene spezifische Ausgestaltung der inneren Funktionsweise und der Mitgliedschaftsrolle, die Gierke mit Blick auf den »reinen Aktienverein« idealtypisch herausgearbeitet hatte. Bereits der Begriff des »Genossen« gibt einen Hinweis, dass dies bei den Erwerbs- und Wirtschaftsgenossenschaften anders gelagert war: Hier trat das persönliche Moment der Mitgliedschaft stärker in den Vordergrund. Bei den Einordnungen in den Adressbüchern spielte in diesem Fall die spezifische Art der wirtschaftlichen Zweckausrichtung eine maßgebliche Rolle. Genossenschaften, in denen der Selbsthilfegedanke nicht primär auf Stärkung der Marktposition und Gewinnstreben zielte, sondern auf Existenzsicherung und Bedarfsdeckung in Form von Wohnung, Essen und Konsumgütern bezogen war, gehörten in den Augen vieler Adressbuchredaktionen weiterhin zum Vereinswesen. Daher wurden bestimmte Erwerbs- und Wirtschaftsgenossenschaften im Vereinsteil geführt, während andere – der überwiegende Teil – zugleich von ihm geschieden wurden.[182] Mit Blick auf die »Sozialkassen« lässt sich konstatieren, dass diejenigen Kassen in der Vereinsrubrik verblieben, in welchen sich eine selbstbestimmte Mitgliedschaft mit dem Ziel der Selbsthilfe – in diesem Fall bezogen auf die Absicherung von Lebensrisiken – verband. Bei den auf Grundlage

181 Eine Ausnahme stellt in dieser Hinsicht das Dresdener Adressbuch von 1913 dar. Dieses weist, getrennt vom Kapitel, in dem alle Vereine erfasst wurden, im V. Teil des Buches eine Liste der in das Vereinsregister eingetragenen rechtsfähigen Vereine nach.

182 Wie oben bereits erläutert, war aber auch die Eingruppierung sowohl in das Vereinskapitel *als auch* in das separierte Kapitel der Erwerbs- und Wirtschaftsgenossenschaften möglich.

der Krankenversicherungsgesetzgebung geschaffenen Einrichtungen, insbesondere den Ortskrankenkassen, waren Spielräume für freie Selbstbestimmung dagegen nur noch rudimentär vorhanden. Vor allem die Möglichkeiten auf statutarische Ausgestaltung, den organisatorischen Aufbau oder die konkreten, von den Kassen zu erbringenden Leistungen Einfluss zu nehmen, wurden durch gesetzliche Normierung weitgehend reduziert. Innungen schließlich waren vor allem wirtschaftliche Interessenorganisationen und Selbstorganisationsform der Handwerkerschaft, die im Laufe der Kaiserreichszeit ihre Befugnisse mit der Wahrnehmung öffentlicher Funktionen wieder ausbauen konnten. Da im ausdifferenzierten Adressbuch am Ende des Kaiserreichs der Verein vor allem als private, freiwillige und mitgliederorientierte Organisationsform erfasst wurde, liegt die Vermutung nahe, dass die Innungen – wie dies zu Beginn der Kaiserreichszeit auch de jure zutreffend war – nach wie vor als freie Interessenvereinigungen der Handwerker wahrgenommen und entsprechend »einsortiert« wurden.

Die Durchsetzung des Begriffs »Verein« ging, *fünftens*, einher bzw. wurde befördert durch den *Bedeutungsverlust konkurrierender Traditionsbegriffe*. Gerade die Analyse der Bezeichnungen von »Sammelkategorien« in den Adressbüchern hat gezeigt, dass oftmals und zum Teil auch noch am Ende der Kaiserreichszeit mehrere Begriffe hinzugezogen wurden. Die »Assoziation«, als früher prädominanter Begriff für die freie Vereinigung, ist jedoch gänzlich verschwunden. Auch die »Korporation« taucht kaum noch auf. Dagegen spielte der Begriff »Gesellschaft« weiterhin eine Rolle, trat allerdings ausschließlich als Zusatz zum Begriff »Verein« in Erscheinung. Berücksichtigt man die Selbstbezeichnung der Vereinigungen in den Adressbuchkapiteln und ihre Zwecksetzungen, so wird deutlich, dass »Gesellschaft« ein Traditionsbegriff geblieben ist, dessen Relevanz sich auf spezifische Tätigkeitsfelder im Vereinswesen erstreckte, seine Bedeutung über diese hinausgehend jedoch nicht erweitern konnte. Dagegen ist die »Genossenschaft« zum Spezialbegriff für »Erwerbs- und Wirtschaftsgenossenschaften« sowie »Berufsgenossenschaften« geworden und als Allgemeinbezeichnung für Vereinigungen ausgeschieden. »Anstalten« und »Institute« fanden erstaunlich oft in den Sammelkategorien Berücksichtigung, obwohl sie als »Einrichtungen« idealtypisch vom »Verein« zu trennen sind. Doch Vereine konnten ihre Träger sein, um auf diese Weise gemeinnützig zu wirken. Dass sich der »Verein« im Kaiserreich zur Bezeichnung freiwilliger Vereinigung schlechthin entwickelte, schloss nicht aus, dass mit Blick auf Selbstbezeichnungen Namen wie »Klub« oder »Bund« neu entdeckt wurden. Vor allem aber ist in diesem Zusammenhang, *sechstens*, der Begriff *Verband* zu nennen. Zwar war »Verband« weder zur Bezeichnung von Kategorien in den Adressbüchern verwendet worden oder führte als spezieller Typus von Selbstorganisation zu einer neuen Strukturierung innerhalb der Adressbücher, doch verwies die stark steigende Zahl von Vereinigungen, die sich selbst als »Verband« bezeichneten, auf die Hausse dieses neuartigen Organisationstypus. Zugleich zeigt jedoch gerade die Einordnung in das Kapitel »Vereine«, dass Verbände noch als Bestandteil des Vereinswesens begriffen wurden.

Mit Blick auf die Begriffsgeschichte des »Vereins« im langen Bogen kann konstatiert werden, dass sich im breiten Wortfeld und Bedeutungsspektrum des Begriffs die Bezeichnung »Verein« erst im Laufe der Kaiserreichszeit vollends durchgesetzt hat. In diesem Zusammenhang etablierte sich ein alltägliches Sprachverständnis, das fortan mit »Verein« vornehmlich den nicht-wirtschaftlichen, von staatlicher Regulierung weitgehend autonomen und mitgliederorientierten Verein meinte.[183]

183 Dies schließt nicht aus, dass einzelne Vereine, die im Vereinsteil der Adressbücher gelistet sind, die drei hier genannten Merkmale unterschiedlich ausgestalteten, d.h. neben »idealen« Vereinszwecken *auch* wirtschaftliche verfolgten, zum Teil Gegenstand rechtlicher Regelungen oder von diesen direkt und indirekt beeinflusst sein konnten – man denke nicht nur an die genannten Innungen, sondern beispielsweise auch an Wohlfahrtsverbände oder Kriegervereine – und daher keine völlig autonome Selbstorganisation darstellten oder aber Mitgliedschaftsrechte und -pflichten in verschiedenen Formen – man denke beispielsweise an Massenverbände, die individuelle Mitgliederrechte durch ihren Organisationsaufbau beschneiden konnten – Einschränkungen erfuhren.

III. Untersuchungsgegenstand: Vereine

1. Das analytische Verständnis von Verein – ein Problemaufriss

Die »Vermessung« der Vereinslandschaft war für die Zeitgenossen, wie im vorangegangenen Kapitel umfangreich dargelegt wurde, aufgrund der mit der Ausdifferenzierung des Vereinswesens einhergehenden Komplexität ein ungemein schwieriges Unterfangen. Das Ausloten der Grenzen, das Systematisieren und Typisieren erforderte fortlaufende Anpassungen und Neujustierungen des Verständnisses von »Verein« vor dem Hintergrund einer sich rasant verändernden Gesellschaft. Die Herausforderung der Erfassung des Vereinswesens stellt sich für den heutigen Forscher ganz ähnlich bei der Bestimmung seines Untersuchungsgegenstands. Doch ein Blick auf Definitionen in der Forschung offenbart Probleme und Defizite, die weitreichende Folgen für die Interpretation der wissenschaftlichen Erkenntnisse mit sich bringen. Dies hängt mit den Vorstellungen von »Verein« und »Assoziation« im 19. Jahrhundert zusammen, die an dieser Stelle daher grosso modo nochmals zu skizzieren sind: Um 1800 war die Idee des Zusammenschlusses in Vereinen Teil einer utopischen gesellschaftlichen Zielvision.[1] Ideale wie materielle und geistige Selbstständigkeit, rechtliche Freiheit, Leistung, Besitz und Bildung, Fortschritt und politische Handlungsfähigkeit waren entscheidende Voraussetzung und Movens von Vereinsgründungen. Im kleinen überschaubaren Rahmen des Vereins wurde ein als wünschenswert erachtetes Gesellschaftsmodell vorgelebt und getestet.[2] Neben der Konstituierung eines »moralischen Innenraums«[3] beanspruchten die zahlreich entstehenden Vereine eine Handlungsrelevanz, die in hohem Maße mit einer Orientierung am »Gemeinwohl« legitimiert wurde und deren motivationale Grundlage ein neuer »Gemeinsinn« war.[4] Die Vereinsidee wurde – nichts zeigt dies an-

1 Vgl. *Wehler*, Zielutopie.

2 In Räumen der Geselligkeit entstand damit ein Gegenmodell zu den Eigengesetzlichkeiten und Zwängen der bestehenden Ordnung. In ihnen wurde »Bürgerlichkeit« als Wertesystem erlernt; vgl. *Hettling*, Bürgerlichkeit und Zivilgesellschaft, S. 53. Zu Aufklärungsgesellschaften im 18. Jahrhundert siehe grundsätzlich *Dülmen*, Aufklärer.

3 *Koselleck*, Kritik und Krise, S. 44.

4 Vgl. *Hettling*, Gemeinsinn. Als Beispiel siehe nur Gesellschaft zur Beförderung gemeinnütziger Thätigkeit (Hg.), Nachrichten von der Lübeckischen Gesellschaft zur Beförderung gemeinnütziger Thätigkeit, Lübeck 1799.

schaulicher als die zahlreich überlieferten Vereinsstatuten –[5] in einer detailliert geregelten Organisation konkretisiert. In den folgenden Jahrzehnten nahm die ursprünglich im Vereinsprinzip angelegte utopische Grundierung zum einen in der historischen Entwicklung zunehmend reale Gestalt an.[6] Die soziale Öffnung des Vereinswesens im Vormärz konnte als Entwicklung hin zu einer »klassenlosen Bürgergesellschaft mittlerer Existenzen« interpretiert werden.[7] Zum anderen, und hier kann erneut Welcker als eine Stimme genannt werden, wurde das Vereinsprinzip als Idee mit großer Emphase auf jeglichen nur denkbaren Zusammenschluss von Menschen – bis hin zum Staat – übertragen und diskutiert.[8]

Mit der fortschreitenden funktionalen und sozialen Ausdifferenzierung der Gesellschaft zerbrach jedoch die harmonische Vorstellung einer klassenlosen Bürgergesellschaft und die ursprünglichen Ideale verblassten. Die Revolution 1848 löste einen gigantischen Vereinsboom aus. Vereine waren zugleich Ausdruck wie auch Motor der Politisierung der Bevölkerung.[9] Der Verein wurde nun zum Organisationsmodell vorher nicht mobilisierter Bevölkerungsteile. In dieser sozialen Ausbreitung des Vereinsprinzips war ein konfliktives Potential von vornherein angelegt.[10] Eine Ausdehnung erfuhr das Vereinswesen auch durch die Organisation ökonomischer Zwecke. War die deutsche Vereinslandschaft – im Gegensatz etwa zur britischen Geschichte –[11] zunächst eindeutig auf ideale (nicht-wirtschaftliche) Zwecke ausgerichtet, ist die wirtschaftliche Entwicklung in Richtung (Hoch-)Industrialisierung im 19. Jahrhundert ohne die Gründung von Aktiengesellschaften in Deutschland nicht zu erklären.[12] Die ungemeine Ausdehnung des Vereinsprinzips wurde um 1900 als Resultat eines komplexen Prozesses, bei dem die rechtliche Regulierung die funktionale Aus-

5 Siehe bspw. *Motschmann*, Berliner Vereine, Supplement.

6 Zum Verein als zentraler Organisationsform der bürgerlichen Gesellschaft in den Konzeptionen der liberalen Bewegung im Vormärz siehe *Langewiesche*, Liberalismus, S. 22f., 34–38; *ders.*, Frühliberalismus, S. 101ff.; *ders.*, Sängerbewegung, S. 262ff. u. *Düding*, Nationalbewegung, S. 612ff.

7 *Gall*, Liberalismus und bürgerliche Gesellschaft, S. 176; *Hein*, Soziale Konstituierungsfaktoren, S. 166.

8 Lorenz von Stein, um eine weitere Stimme zu nennen, ordnete die Teile des Vereinswesens, denen eine öffentliche Funktion zukommt, explizit dem Bereich der Verwaltung zu. Vgl. *Stein*, Verwaltungslehre, S. 520ff.; siehe dazu auch *Scheuner*, Verbände.

9 Vgl. *Wehler*, Gesellschaftsgeschichte, Bd. 2, S. 724ff.; *Kill*, Politische Konstituierungsfaktoren, S. 198 u. *Lipp*, Politisches Handlungsmuster.

10 Hier lag der Ursprung einer Entwicklung, die Stefan-Ludwig Hoffmann mit Blick auf das ausgehende 19. Jahrhundert in Anlehnung an Koselleck eine »sich selbst verzehrende Erfolgsgeschichte« der bürgerlich-liberalen Wertschätzung für Vereine genannt hat. Wurde den Vereinen in ihrer Entstehungszeit eine besondere politisch-moralische Qualität zugeschrieben, verflüchtigte sich diese Idealvorstellung mit dem Aufkommen von Interessenpolitik oder Freizeitorganisation. Vgl. *Hoffmann*, Geselligkeit und Demokratie, S. 74.

11 Vgl. *Morris*, Clubs, S. 406ff., 416ff.

12 Vgl. *Schambach*, Dortmund, S. 292–318.

differenzierung im Vereinswesen einerseits nachvollzog, andererseits vice versa auch strukturierte und prägte, begrifflich erheblich präziser gefasst als zur Jahrhundertmitte. Wie im vorigen Kapitel aufgezeigt wurde, kam es zu einer Einengung des Begriffsverständnisses und man verstand unter »Verein« fortan vor allem den Idealverein des BGB.

Sowohl das ursprüngliche normative Ideal des Vereins als auch die spätere, vor allem juridische Präzisierung haben Eingang in die Forschungskonzeptionen und -definitionen gefunden. Zum einen wurde der Verein als spezifisch modernes Organisationsmodell verstanden, das maßgeblich durch die Individualität des Menschen bestimmt ist. Ein florierendes Vereinswesen war in dieser Sichtweise oftmals implizit oder explizit Verheißung einer demokratisch strukturierten Gesellschaft. Insbesondere in der jüngeren Zivil- bzw. Bürgergesellschaftsforschung wurde die Sozialisationsfunktion des Vereins als »Schule der Demokratie« stark hervorgehoben.[13] Zum »Schutzheiligen« dieser argumentativen Grundlinie wurde vielfach Alexis de Tocqueville stilisiert.[14] Zum anderen hat sich in historischen Forschungen die Auffassung durchgesetzt, es handele sich beim Verein um einen Untersuchungsgegenstand, der mit Rückgriff auf sozialwissenschaftliche oder juristische Definitionen recht einfach und präzise zu fassen ist. Unabhängig vom konkreten Erkenntnisinteresse wird der Verein dementsprechend zumeist sehr lakonisch definiert.[15] Dies ist in mindestens zweifacher Hinsicht problematisch: Erstens führen zahlreiche Autoren definitorische Unterschiede zwischen Vereinen, Verbänden, Kassen, wirtschaftlichen Vereinigungen und Parteien an, die zwar auf Basis von Nominaldefinitionen durchaus begründbar sind, aber gerade die signifikanten Ausdifferenzierungsprozesse des Vereinswesens im 19. Jahrhundert a priori ausblenden und zudem klare Grenzziehungen einer funktional und sozial segregierten Organisationslandschaft unterstellen, die empirisch noch vielfältige Schnittmengen aufwies.[16] Zweitens

13 Siehe als kursorischen Überblick *Braun/Hansen*, Integration.

14 *Tocqueville*, Demokratie in Amerika, S. 595–599. Putnam spricht tatsächlich von einem »patron saint of contemporary social capitalists«; *Putnam*, Bowling Alone, S. 292.

15 Bei *Nathaus*, Organisierte Geselligkeit, S. 11 wird auf ein Modell der Dritte-Sektor-Forschung rekurriert. An Tocquevilles Differenzierung zwischen *les associations politiques et industrielles* und *les associations intellectuelles et morales* lehnt sich Hoffmann an und benennt als Definitionsmerkmale des Vereins zudem formale Regeln, die Gleichheit der Mitglieder, selbstgesteckte Ziele, Freiwilligkeit und soziale wie rechtliche Offenheit, vgl. *Hoffmann*, Geselligkeit und Demokratie, S. 15ff. Beispiele für unzulängliche Definitionsversuche liefern u.a. *Gürtler*, Nationale Bewegung, S. 16; *Jungmann*, Einbecker Vereine, S. 9f. und *Klitzschmüller*, Magdeburger Gesellschaft, S. 11ff.

16 Christiane Eisenberg hebt z.B. unter Verwendung einer sozialwissenschaftlichen Definition hervor, der Verein unterscheide sich durch einen begrenzten Zweck vom Allzuständigkeitsanspruch der Parteien, während seine Aktivitäten Selbstzweck seien: »Sofern sie ihre Umwelt dauerhaft und gezielt zu beeinflussen versuchen, müssen sie sich der Konkurrenz auf Märkten und im politischen System aussetzen. Sie verhalten sich dann gegner- und machtorientiert und verwandeln sich in Genossenschaften, Gewerkschaften, Lobbies oder politi-

bringen die nicht selten sehr vage gehaltenen Bestimmungen einen Containerbegriff hervor, dessen Definientia wie »Freiwilligkeit« oder etwa »Gleichheit« in hohem Maße bedeutungsoffen verbleiben.[17] Dies führt besonders in Untersuchungen, die ein normativ aufgeladenes Verständnis von Verein mit unpräzisen Definitionen ihres zentralen Untersuchungsgegenstandes verbinden, zu eher tendenziösen Ergebnissen.[18] Die Schwierigkeiten und Schwächen bisheriger Definitionsversuche verweisen schließlich auf ein grundlegendes Problem der Forschungen zu Vereinen: Trotz seines zentralen Stellenwerts für gesellschaftliche Analysen ist der Verein als Organisationsform erstaunlich unterbelichtet geblieben und wenig reflektiert worden.[19] Im Folgenden wird daher ein analytisches Begriffsverständnis von Verein vorgeschlagen, das ausgehend von juristischen Bestimmungen die wesentlichen Organisationsmerkmale des Vereins im Rahmen einer idealtypischen Modellierung problematisiert.

2. Der Verein als Rechtsform – Juristische Definitionen

Dass begriffliche Grenzziehungen in erheblichem Maße durch juristische Kodifizierungen geprägt waren, wurde bereits in der Untersuchung des Begriffsfelds »Verein« im vorangegangenen Kapitel deutlich. Die zunehmende Vielfalt und

sche Parteien«, vgl. *Eisenberg*, Bürgerlicher Verein, S. 189f., Zitat S. 190; kritisch dazu bereits *Schmidt*, Begrenzte Spielräume, S. 124f. Eine Nominaldefinition hat im Gegensatz zur Realdefinition nicht den Anspruch, das Wesen oder das Wesentliche des Untersuchungsgegenstandes abzubilden, d.h. einen empirischen Wahrheitsanspruch zu behaupten, sondern dient pragmatisch der sprachlichen Verständigung über einen bestimmten Gegenstand per definitionem. Das entscheidende Kriterium ihrer Bewertung ist die Zweckmäßigkeit. Vgl. dazu *Kromrey*, Empirische Sozialforschung, S. 151ff.

17 Bei *Hein*, Soziale Konstituierungsfaktoren, der Ergebnisse des Frankfurter Bürgertumsprojekts zusammenfasst, wird gar keine Begriffsbestimmung vorgenommen. Offenbar wird, wie auch in den Einzelstudien, unterstellt, dass sich das Begriffsverständnis aus der Schilderung der historischen Genese des Vereins und seiner weiteren Entwicklung ergibt. Daraus resultiert letztlich die Gefahr, Interpretationen und Stilisierungen der historischen Akteure unreflektiert zu übernehmen. Siehe als Beispiele die Stadtstudien von *Kill*, Münster, S. 7, 41ff., 137ff., 195ff.; *Mettele*, Bürgertum in Köln, S. 9, 55ff., 90ff., 157ff.; *Schulz*, Bremen, S. 82ff., 358ff. In der Milieuforschung, um einen weiteren Forschungszweig zu nennen, bilden Vereine zwar die maßgebliche lebensweltliche Komponente und Sozialisationsinstanz der »sozialmoralischen Milieus« (Rainer M. Lepsius), definiert oder als Organisation näher bestimmt werden sie aber nicht.

18 Insbesondere die Verknüpfung unterstellter Wesensmerkmale des Vereins mit konzeptionellen normativen Erwartungen an »das Vereinswesen« ist problematisch. Die empirische Realität und Vielfalt der Vereinslandschaft entsprach dem Bild der »guten Zivilgesellschaft« allzu oft nicht. Vgl. *Roth*, Die dunklen Seiten der Zivilgesellschaft; *Mann*, Dark Side of Democracy; *Deth/Zmerli*, Civicness u. *Berman*, Civil Society, v.a. S. 413–419.

19 Dies gilt auch für die Soziologie, vgl. etwa *Müller-Jentsch*, Organisationssoziologie u. *Karstein*, Vereine.

die damit einhergehende Unübersichtlichkeit der Organisationslandschaft verlangten eine gesetzliche Regulierung, um adäquate rechtliche Bewertungen der verschiedenen Vereinigungsformen überhaupt vornehmen zu können. Für den Gesetzgeber und die zeitgenössischen politischen und juristischen Debatten im 19. Jahrhundert hatten einerseits Fragen nach dem rechtlichen Status und der Rechtsfähigkeit der Vereine sowie andererseits ihrer Beziehung zu öffentlichen Angelegenheiten und Staat entscheidende Bedeutung.[20] Um die Wende zum 20. Jahrhundert intensivierten sich diese rechtlichen Diskussionen aufgrund der Beratungen und Beschlussfassung des 1896 verabschiedeten und 1900 in Kraft getretenen BGB sowie des Reichsvereinsgesetzes von 1908, mit dem das öffentlich-rechtliche Vereins- und Versammlungsrecht geregelt wurde.[21]

Bis heute ist das Vereinsrecht privatrechtlich bestimmt durch die Paragraphen 21 bis 79 BGB, wobei eine Definition des Begriffs »Verein« nicht vorgenommen wird. Diese wird vom Gesetzbuch vorausgesetzt. Zeitgenössische Definitionen korrespondierten zumeist mit der Begriffsbestimmung des Reichsgerichts, nach welcher der Verein »eine auf die Dauer berechnete Verbindung einer größeren Anzahl von Personen zur Erreichung eines gemeinsamen Zweckes [darstellt, D. W.], die nach ihrer Satzung korporativ organisiert ist, einen Gesamtnamen führt und auf einen wechselnden Mitgliederbestand angelegt ist«.[22] Sechs Definitionsmerkmale bestimmen demzufolge den Verein: Der Verein ist, *erstens*, ein freiwilliger Personenzusammenschluss mehrerer (natürlicher und/oder juristischer) Personen,[23] der, *zweitens*, auf Dauer angelegt ist.[24] *Drittens* dient dieser Zusammenschluss einer gemeinsamen nichtwirtschaftlichen und/oder wirtschaftlichen Zwecksetzung.[25] Der Zusammenschluss im Verein beruht, *viertens*, auf einer körperschaftlichen Verfassung. Das rechtliche

20 Siehe *Huber*, Vereinsrecht u. *Tenfelde*, Entfaltung, S. 102 ff.

21 Aus der Fülle der Literatur zu BGB und Reichsvereinsgesetz siehe exemplarisch *Bülow*, Vereinsrecht; *Staudinger*, Kommentar; *Bazille/Hieber*, Vereinsgesetz; *Delius*, Vereinsrecht.

22 Entscheidungen des Reichsgerichts in Zivilsachen (RGZ) 95 (1919), S. 193 f. Eine ähnliche Entscheidung war bereits 1905 in einem Streitfall betr. die Frage »Gesellschaft, oder nicht rechtsfähiger Verein?« getroffen worden. Siehe RGZ 60 (1905), S. 99. Vgl. auch *Johannsen u. a.*, Das Bürgerliche Gesetzbuch, Vor § 21, S. 8; *Hadding*, Verein (§§ 21–79), S. 172; *Stöber*, Handbuch, S. 5; *Reichert*, Handbuch, S. 1. Ähnliche Definitionen bei *Delius*, Vereinsrecht, S. 3 oder *Bülow*, Vereinsrecht, S. 6.

23 In der Definition des Reichsgerichts wird Freiwilligkeit nicht explizit, sondern mit dem Verweis auf den wechselnden Mitgliederbestand eher implizit genannt. Dagegen u. a. bei Georg Meyer: »[Der] Verein ist eine dauernde freiwillige Verbindung mehrerer Personen zu einem bestimmten Zweck«; *Meyer*, Lehrbuch, S. 720.

24 Dies grenzt den Verein von der Versammlung ab; vgl. *Bazille/Hieber*, Vereinsgesetz, S. 37 ff. Im Staudinger-Kommentar wird demgegenüber hervorgehoben, dass der Vereinszusammenschluss auch vorübergehender Natur sein kann. Siehe *Staudinger*, Kommentar, S. 130.

25 Vgl. *Reichert*, Handbuch, S. 2 und *Staudinger*, Kommentar, S. 130. Das BGB differenziert explizit zwischen dem nichtwirtschaftlichen (§ 21) und wirtschaftlichen Verein (§ 22).

Band zwischen den Mitgliedern ist begründet durch die Satzung bzw. die Statuten des Vereins.[26] Der Verein ist folglich durch eine statutarisch verfasste Ordnung charakterisiert,

»die nach innen und außen durch Organe mit voneinander abgegrenzten Befugnissen bestimmt und verwirklicht wird und in der die Beziehungen der Mitglieder des Vereins objektiviert und repräsentiert sind«.[27]

Als Einheit tritt die derart konstituierte verselbständigte Organisation ihren Mitgliedern und Dritten gegenüber.[28] *Fünftens* führt der Verein einen Gesamtnamen. Der Bestand des Vereins ist, *sechstens*, unabhängig vom Wechsel seiner Mitglieder. Dieses Definitionsmerkmal ist maßgeblich für die Unterscheidung zwischen »Verein« und »Gesellschaft«. Grundsätzlich handelt es sich beim Verein um eine Gesellschaft im weiteren Sinne[29] und im zeitgenössischen Sprachgebrauch wurde die Bezeichnung »Gesellschaft« mitunter auch bedeutungsgleich für »Verein« benutzt.[30] Rechtlich ist demgegenüber zwischen dem Verein und der Gesellschaft bürgerlichen Rechts (d.h. der Gesellschaft im engeren Sinne) strikt zu unterscheiden.[31] Einige Definitionsmerkmale des Vereins treffen im Wesentlichen auch auf die privatrechtliche Gesellschaft (§§ 705 ff. BGB) zu, doch ist letztere ein Vertragsverhältnis zwischen *bestimmten* Personen, weshalb die Gesellschaft einerseits durch Tod, Kündigung oder Konkurs eines Gesellschafters aufgelöst wird, andererseits mit dem Eintritt eines neuen Gesellschafters auch der Abschluss eines neuen Rechtsverhältnisses einhergeht. Aus dieser grundlegenden Differenz folgt ein gänzlich unterschiedlicher Organisationsaufbau, der beim Verein durch die Schaffung abstrakter Organe gerade auf eine Veränderlichkeit des Mitgliederbestandes angelegt ist.[32] Es handelt sich um zwei disparate Organisationstypen:

26 Nichtwirtschaftliche Vereine, sog. Idealvereine, müssen gemäß §§ 57 ff. BGB, falls sie die Erlangung der Rechtsfähigkeit anstreben, eine schriftliche Satzung aufweisen, die bestimmte Normativbedingungen erfüllt. Zu den Normativbestimmungen siehe auch §§ 25 ff. BGB. Bei Vereinen ohne Rechtsfähigkeit muss die Satzung nicht schriftlich fixiert sein, sondern kann auf ausdrücklicher oder stillschweigender Vereinbarung beruhen. Siehe *Delius*, Vereinsrecht, S. 137.

27 *Johannsen u. a.*, Das Bürgerliche Gesetzbuch, Vor § 21, S. 8.

28 Vgl. *Hadding*, Verein, S. 172 f.

29 Siehe ebd., S. 173.

30 Siehe *Staudinger*, Kommentar, S. 130 f. u. die Erläuterungen im vorherigen Kapitel.

31 Vgl. dazu auch *Bentem*, Dritter-Sektor-Organisationen, S. 33 ff.

32 Vgl. ebd. »Wollen die genannten Personen ein neues Rechtssubjekt schaffen, hinter welchem der Einzelne verschwindet, so liegt eine Vereinsgründung vor. Soll der Einzelne nothwendiger Faktor sein, die Einzelnen neben einander, nicht hinter der sie verdeckenden Gesammtheit stehen, so spricht man von der Bildung einer Gesellschaft«; *Bülow*, Vereinsrecht, S. 6.

»Namentlich die – durch Gesamtname und Mehrorganschaft ergänzte – Unabhängigkeit von der Person der Mitglieder stempelt den Verein zum Prototyp der Körperschaft. Ihm steht als Prototyp der Personengesellschaft die (...) Gesellschaft bürgerlichen Rechts gegenüber«.[33]

»Körperschaften« sind auch die wirtschaftlichen Vereine, spezielle Vereinigungsformen wie Aktiengesellschaften, GmbHs oder eingetragene Genossenschaften, während die Offene Handelsgesellschaft, die Kommanditgesellschaft und die Stille Gesellschaft Personengesellschaften sind.[34]

Mit diesen vom Reichsgericht genannten Definitionsmerkmalen korrespondierte die privatrechtliche Vereinsgesetzgebung des BGB. Im Gesetzbuch wurden klare Mindestanforderungen für das körperschaftliche Zusammenwirken im Idealverein formuliert.[35] Idealvereine (d.h. Vereine, deren Hauptzweck nicht in einem wirtschaftlichen Geschäftsbetrieb besteht) erlangen nach BGB Rechtsfähigkeit durch Eintragung in das Vereinsregister beim zuständigen Amtsgericht, sofern sie den Minimalanforderungen entsprechen, während wirtschaftliche Vereine Rechtsfähigkeit qua staatlicher Verleihung erhalten können. Für bestimmte wirtschaftliche Vereine wie AGs, GmbHs oder eingeschriebene Hilfskassen galten gesonderte reichsgesetzliche Vorschriften.[36] Die Rechtsfähigkeit eines Vereins spielt hinsichtlich seiner Stellung im öffentlichen Recht keine Rolle.[37] Auch das Reichsvereinsgesetz von 1908 legte den Begriff nicht fest. Die Begriffsbestimmung wurde und wird daher der Rechtsprechung und (Rechts-) Wissenschaft überlassen. Der Vereinsbegriff im öffentlichen Recht ist jedoch deutlich weiter gefasst: Entscheidend ist die tatsächliche Verbindung zur Erreichung eines bestimmten Zwecks, während das rechtliche Band und der Bestand einer Organisation entbehrlich sind. Lediglich die Dauer der Verbindung unterscheidet hier den Verein von der Versammlung.[38]

33 *Rebmann/Säcker*, Kommentar, S. 352.

34 Vgl. *Hadding*, Verein, S. 174 u. *Zimmer*, Zivilgesellschaft konkret, S. 31 ff.; *Meyer* ⁶1909, Bd. 20, S. 47.

35 Vgl. *Hadding*, Verein, S. 172.

36 Vgl. *Delius*, Vereinsrecht, S. 7 f.

37 Vgl. ebd.

38 Vgl. *Staudinger*, Kommentar, S. 128. Dies trifft mit dem Vereinsgesetz der Bundesrepublik Deutschland auch heute noch zu: »Verein im Sinne dieses Gesetzes ist ohne Rücksicht auf die Rechtsform jede Vereinigung, zu der sich eine Mehrheit natürlicher oder juristischer Personen für längere Zeit zu einem gemeinsamen Zweck freiwillig zusammengeschlossen und einer organisierten Willensbildung unterworfen hat.« (§ 2 Vereinsgesetz) Siehe auch *Stöber*, Handbuch, S. 5 und *Reichert*, Handbuch, S. 2. Nach *Johannsen u. a.*, Das Bürgerliche Gesetzbuch, Vor § 21, S. (10) ist nicht erforderlich: »die Ausrichtung auf einen wechselnden Mitgliederbestand, die Verselbständigung der Organisation in einem neben der Mitgliederversammlung eigenständigen Organ, eine geschriebene Verfassung, ein eigener Name«. Darüber, wie weit bzw. eng der Vereinsbegriff im öffentlichen Recht gefasst ist, gibt es historisch

Nach dem hier skizzierten um 1900 entwickelten juridischen Begriffsverständnis, das seine Gültigkeit im Wesentlichen bis heute bewahrt hat, müssen spezifische Merkmale vorliegen, um sinnvoll von einem Verein zu sprechen. Die Regulierung des Vereinswesens geschah allerdings nicht durch das Zurren eines straffen Korsetts an rechtlichen Vorgaben und Normen. Waren diese noch am ehesten bei der Gesetzgebung zu wirtschaftlichen Vereinen vorzufinden,[39] stellen die Normen des BGB eher einen Katalog an minimalen Ansprüchen dar.[40] Wenn juristische Definitionen an die Organisationslandschaft angelegt werden, bleibt daher eine Fülle unterschiedlicher Vereinigungsformen bestehen.[41] Es existieren rechtsfähige und nichtrechtsfähige Vereine, Vereine mit unterschiedlichsten Zwecksetzungen, Vereine in der privatrechtlichen und öffentlich-rechtlichen Bewertung sowie (wirtschaftliche) Vereine, die entsprechend spezifischer (Reichs-)Gesetze einen bestimmten Organisationsaufbau nachzuweisen haben.[42] Überspitzt könnte man daher festhalten: »[E]s gibt weder *den* Verein noch ein *einheitliches* Vereinswesen«.[43] Anstatt jedoch vor der Diversität der Merkmalsausprägungen des Vereins zu kapitulieren oder sich auf lakonische Definitionen zu beschränken, ist es vielversprechender, Spannungsfelder im Vereinswesen offensiv zu problematisieren. Letztlich können gerade in der Vielfältigkeit und Flexibilität der Organisationsform Gründe für ihre Erfolgsgeschichte gesehen werden.

allerdings kontroverse Ansichten. Beispielsweise argumentieren Bazille/Hieber unter anderem mit Verweis auf eine Entscheidung des preußischen Oberverwaltungsgerichts von 1898, dass durchaus ein gewisser rechtlicher und organisatorischer Rahmen, insbesondere Statuten, für den öffentlich-rechtlichen Vereinsbegriff von Bedeutung sind. Siehe *Bazille/Hieber*, Vereinsgesetz, S. 36ff.

39 Zum Beispiel in den sehr detaillierten gesetzlichen Bestimmungen zum Organisationsaufbau der AG. Siehe *Ritter*, Handelsgesetzbuch, S. 222ff.

40 So sind in § 40 BGB nachgiebige Vorschriften des Gesetzbuches aufgeführt, die durch die Vereinssatzung anders geregelt werden können.

41 Verschiedene Definitionsversuche thematisiert *Bentem*, Dritter Sektor Organisationen, S. 31–81. Der juristische Vereinsbegriff wird in soziologischen Definitionsansätzen oftmals übernommen, allerdings ist die Rechtsform bei ihnen kein Ausschlusskriterium, sondern sie fokussieren auf den Vereinszweck. Vgl. ebd., S. 59.

42 Auch im juristischen Begriffsverständnis und den rechtlichen Einordnungen von Vereinen war somit eine gewisse Offenheit bzw. Unklarheit angelegt, die immer wieder dazu führte, dass die zuständigen Gerichte Streitfragen über die Art der Vereinigung regeln mussten und dabei durchaus auch zu widersprüchlichen Bestimmungen kamen. Siehe zur öffentlich-rechtlichen Bewertung diesbzgl. *Bazille/Hieber*, Vereinsgesetz, S. 37ff.; zur privatrechtlichen Bewertung *Delius*, Vereinsrecht, S. 27ff.

43 *Agricola*, Vereinswesen in Deutschland, S. 23.

3. Die Spannungsfelder der Vereinslandschaft

Die Spannungsfelder der Vereine sind auf einem Spektrum um bestimmte Merkmale angesiedelt, die seit der Entstehungsphase des Vereinswesens die Diskussionen und Motive der Initiatoren und Gründer von Vereinen ebenso geprägt haben wie die sozialwissenschaftliche und juristische Bewertung.[44]

Freiwilligkeit

Das Charakteristikum des Vereins als Vereinigung von Freiwilligen, als soziale Organisationsform, die insbesondere durch den freiwilligen Ein- und Austritt von Individuen gekennzeichnet ist, hat in der zeitgenössischen Wahrnehmung des sowie der historischen Forschung zum Verein eine herausragende Bedeutung.[45] Freiwilligkeit wurde vor allem in Bezug auf zwei Unterscheidungen maßgeblich: Zum einen für die Unterscheidung zwischen der »Assoziation« bzw. dem »Verein« als »Prototyp der Organisation und Motor der Modernisierung«[46] und der Korporation, dem spätmittelalterlichen und frühneuzeitlichen Zwangsverband der »alten Welt«. So schreibt Hans-Ulrich Wehler:

»Im Unterschied zur mittelalterlichen Korporation, die ihre Mitglieder aufgrund von Geburt und Beruf mit ›statusbestimmten Rechtsfolgen‹ grundsätzlich lebenslang zusammenhielt, verkörperte der freiwillig zustandekommende bürgerliche Verein, der durch die ›Freiheit zum Austritt und zur Auflösung‹ gekennzeichnet war, den modernen Typus einer sozialen Organisation, welche mit dem Anspruch auf statusneutrales Zusammenwirken Menschen unterschiedlicher sozialer Herkunft zum Zweck der Vertretung spezieller Interessen zeitweilig vereinigte.«[47]

44 Eine Skizze dieser Spannungsfelder bei *Heise/Watermann*, Vereinsforschung in der Erweiterung, S. 11–15. Das Aufzeigen von Spannungsfeldern ist einer idealtypischen Bestimmung ähnlich. Die Bildung von Idealtypen hat zu berücksichtigen, dass Begriffe analytische Konstruktionen sind, die vom Gesichtspunkt und von Wertbeziehungen abhängig bleiben, weshalb Begriffe nicht einfach als Abbilder der Wirklichkeit verstanden werden können; vgl. *Müller*, Max Weber, S. 64. Zum Idealtypus vgl. *Weber*, Wissenschaftslehre, S. 191. Durch die Bildung eines Idealtypus kann »die Wirklichkeit zur Verdeutlichung bestimmter bedeutsamer Bestandteile ihres empirischen Gehalts gemessen« werden; sie wird mit ihm verglichen. Vgl. ebd., S. 194.

45 Siehe beispielsweise *Gierke*, Genossenschaftsrecht, S. 903 f.

46 *Zimmer*, Zivilgesellschaft konkret, S. 45. Siehe zu den in der Aufklärung liegenden »Ursachen der Vereinsbildung« *Nipperdey*, Verein als soziale Struktur, S. 177 ff.

47 *Wehler*, Deutsche Gesellschaftsgeschichte, Bd. 1, S. 318. Ähnlich argumentieren Tenbruck und Ruopp: »[D]ie ›Modernisierung‹ beruhte, dort wo sie ursprünglich zum Zuge kam, auf einer revolutionär neuartigen Form der Vergesellschaftung, nämlich auf der (natürlich ihrerseits wiederum vielfältig bedingten) Möglichkeit und Entschiedenheit, willkürlich soziale Verbindungen einzugehen und absichtlich soziale Gruppen ins Leben zu rufen«; *Tenbruck/Ruopp*, Modernisierung, S. 70. Siehe auch *Möller*, Augsburg, S. 162 ff.; *Sahner*, Vereine und Verbände, S. 19.

Prominent hat Otto Gerhard Oexle gegen den absolut gesetzten Gegensatz von vormoderner »Korporation« und modernem »Verein« Stellung bezogen, indem er darauf verweist, dass diese Gegenüberstellung selbst historisch ist und von Gegnern wie Befürwortern in den politischen Auseinandersetzungen um die Gewerbe- und Koalitionsfreiheit in Deutschland instrumentalisiert wurde. Oexle betont demgegenüber unter Rückbezug auf Gierke, welcher mit der freien Einung des Mittelalters, den Korporationen der Frühen Neuzeit und den Assoziationen des 19. Jahrhunderts drei Typen und Epochen des europäischen Vereinigungswesens unterscheidet, die zwischen mittelalterlichen freien Einungen und modernen Assoziationen bestehenden Kontinuitäten.[48] Trotz der Einwände Oexles habe sich der heuristische Wert der Gegenüberstellung von »Korporation« und »Verein«, wie Wolfgang Hardtwig konstatiert, aber bewährt.[49]

Zum anderen ist Freiwilligkeit für die Differenzierung zwischen »Anstalt« und »Verein« von Bedeutung. Nach Gierke sind »Genossenschaft« (Assoziation bzw. Verein) und »Anstalt« zwei verschiedene Typen der Verbandsbildung durch »bewusste Willensaktion«:

»Die erstere liegt vor, wenn eine Vielheit von Willen *aus sich heraus* [eigene Hervorhebung, D. W.] einen einheitlichen Willen erzeugt: die Einzelwillen verschmelzen sich hier in Bezug auf den Theil ihrer selbst, den sie in die Vereinigung hineingeben, zu einer neuen Willenseinheit. Dagegen erfolgt die anstaltliche Konstituierung in einer umgekehrten Richtung, dass ein einheitlicher Wille einen Theil seiner selbst in eine hierdurch geeinte Vielheit pflanzt.«[50]

Für Max Weber sind »Verein« und »Anstalt« zwei Verbandstypen, die durch gesatzte Ordnungen charakterisiert sind. Der entscheidende Unterschied liegt bei Weber im Geltungsbereich bzw. der bindenden Reichweite dieser Ordnungen, denn die gesatzte Ordnung des Vereins gilt nur »für die kraft persönlichen Eintritts Beteiligten«,[51] während die gesatzte Ordnung der »Anstalt« »innerhalb

48 Vgl. *Oexle*, Die mittelalterliche Zunft, S. 25 ff. Wolfgang Hardtwig nimmt Fragen nach Verbindungen und Kontinuitäten des Vereins im 19. Jahrhundert mit früheren Vereinigungsformen explizit in sein Forschungsprogramm auf. Siehe *Hardtwig*, Genossenschaft, Sekte, Verein in Deutschland, S. 12 f.

49 Vgl. *Hardtwig*, Genossenschaft, Sekte, Verein in Deutschland, S. 12. Georg Simmel, in dessen Überlegungen die Individualität des modernen Menschen einen zentralen Platz einnimmt, sah Gilden und Zünfte als Übergangsform auf dem Weg zur modernen Vereinigung. Nach Simmel bildeten sie konzentrische Kreise. Ausgehend von der lokalen Korporationszugehörigkeit, die den ganzen Menschen, die ganze Person umfasst, und seine Belange ausschließlich regelt, sind lediglich Zusammenschlüsse zu größeren Kreisen möglich, die immer mit der lokalen Korporationszugehörigkeit verbunden bleiben und erst durch diese begründet sind. Dagegen sei das Nebeneinander verschiedener Kreise, die durch rein sachliche Zwecke begründete Assoziation und Vereinsbildung mit anderen Menschen, ein Zeichen der Moderne. Vgl. *Simmel*, Vergesellschaftung, S. 305–344.

50 *Gierke*, Genossenschaftstheorie, S. 26 f.

51 *Weber*, Wirtschaft und Gesellschaft, S. 37.

eines angebbaren Wirkungsbereichs jedem nach bestimmten Merkmalen angebbaren Handeln (relativ) erfolgreich oktroyiert [wird, D. W.]«.[52] Gierke räumt dabei Mischformen zwischen beiden Typen ein[53] und Weber konstatiert, der Unterschied zwischen Verein und Anstalt sei relativ.[54]

Heinz-Dieter Horch hat aus organisationssoziologischer Perspektive das Merkmal »Freiwilligkeit« präzise auf den Punkt gebracht, indem er hervorhebt, dass

> »jene zielgerichteten sozialen Systeme mit geregelter Mitgliedschaft als ›freiwillig‹ (2) bezeichnet werden, die formell (!) als Anreizmittel für den Verbleib (!) weder rechtliche Verpflichtung noch physische Gewalt anwenden und bei denen als objektive (!) Alternative zur Mitgliedschaft die Möglichkeit der Nichtmitgliedschaft offensteht (3)«.[55]

Die Entscheidung über die Vereinszugehörigkeit liegt, als wesentliche organisatorische Besonderheit des Vereins, beim Mitglied selbst. Doch »weichere« Zwänge zur Mitgliedschaft wie etwa sozialer Druck oder die Angst vor dem Verlust von Einflussmöglichkeiten können ebenso wie »harte« ökonomische Interessen in Form von materiellen Vorteilen der Mitgliedschaft die formale Freiwilligkeit de facto durchaus konterkarieren. Dass objektiv die Möglichkeit der Nichtmitgliedschaft als Option vorhanden sein muss, bedeutet nicht, dass diese subjektiv auch so gedeutet und erfahren wird. Die Studentenverbindungen unterschiedlicher Art und Couleur kennzeichnen sich beispielsweise durch das so genannte »Lebensbundprinzip«, das in dem erzieherischen Anspruch zur Formung einer Person nach den Idealen der Charakterfestigkeit, Ehrhaftigkeit und der Pflichttreue in einer lebenslangen Gemeinschaft begründet ist. Die objektiv und formal gegebene Freiwilligkeit steht hier in einem klaren Spannungsverhältnis zu einem Prinzip und zu einer Erziehung, die gerade auf lebenslange Gemeinschaft und Treue angelegt sind.[56] An Vereine und Verbände – man denke etwa an die großen Angestelltenverbände des Kaiserreichs – waren mitunter, um ein weiteres Beispiel zu nennen, Kassen zur sozialen Absicherung oder Arbeitsvermittlungen angeschlossen. Die Mitgliedschaft konnte daher eine ganz existenzielle Bedeutung haben.[57]

52 Ebd., S. 38.

53 Vgl. *Gierke*, Genossenschaftstheorie, S. 26 f.

54 Vgl. *Weber*, Wirtschaft und Gesellschaft, S. 38. Siehe auch die Ausführungen zu »Anstalten« im vorangegangenen Kapitel.

55 *Horch*, Strukturbesonderheiten, S. 12, Herv. i. O. Als allgemeine Definitionsmerkmale nennt Horch »Vereinigung« (1), »Freiwilligkeit« (2) und »zielorientiertes soziales System mit geregelter Mitgliedschaft« (3).

56 Siehe *Lehmann*, Hallenser Corps, S. 13–19; *Kampe*, Studenten, S. 111–124.

57 Siehe auch den instruktiven Aufsatz über Ethiken und Anreize von Grant, die argumentiert, dass Anreize, »beyond voluntariness«, auch Macht- und Kontrollinstrumente sind; *Grant*, Ethics.

Demokratische Spielregeln und der Verein als herrschaftsfreier Raum

Hubertus Buchstein drückt die Effekte bürgergesellschaftlichen Engagements über Vereine in drei Metaphern aus: Über interne Wahlen werden Mitglieder in den prozeduralen Aspekt von Demokratie eingeführt, Differenzen werden friedlich reguliert und eine Konfrontation mit allgemeinen politischen Fragen und Institutionen findet statt (»Radiator«-Metapher); das Einüben von Vertrauensbeziehungen in Vereinen verstärkt gemeinwohlorientiertes Handeln (»Treibhaus«-Metapher); Anerkennung, die Vereinsmitglieder erhalten und Selbstverwirklichung im Verein stärken die Bereitschaft zu weiterem Engagement (»Selbstverstärker«-Metapher).[58] Diese Annahmen bilden den Kern der Vorstellung des Vereins als »Schule der Demokratie«, die in zahlreichen Sozialkapital- und Bürger- bzw. Zivilgesellschaftskonzepten und -studien diskutiert wird.[59] In historischen Studien zu Vereinen suchte man mitunter nach einer »Civil Society before Democracy«, d.h. nach einem der Demokratie als politischer Ordnung historisch vorangehenden, durch Vereine strukturierten zivilen Sektor, in dem Menschen demokratische Spielregeln erlernten.[60]

Welche Organisationselemente machen den Verein potentiell (!) zu einer »Schule der Demokratie«? Als der Gesetzgeber mit der Schaffung des BGB auch hinsichtlich der Verleihung der Rechtsfähigkeit für Idealvereine den Übergang zum System der Normativbestimmungen vollzog,[61] hat er wesentliche Ausprägungen der sozialen und organisatorischen Ausgestaltung der Vereine im 19. Jahrhundert in der rechtlichen Kodifizierung berücksichtigt bzw. nachvollzogen.[62] Aus den einschlägigen Bestimmungen des BGB geht hervor, dass die

58 Vgl. *Buchstein*, Bürgergesellschaft, S. 213ff.

59 Siehe vor allem *Putnam*, Making Democracy Work; *ders.*, Gesellschaft und Gemeinsinn; *ders.*, Bowling Alone; *Gamm/ders.*, Voluntary Associations; *Gabriel*, Sozialkapital; zum Zivilgesellschaftskonzept in historisch-sozialwissenschaftlicher Perspektive *Zimmer*, Zivilgesellschaft konkret, S. 67ff.; *Bauerkämper*, Praxis der Zivilgesellschaft; *Gosewinkel u.a.*, Zivilgesellschaft; *Jessen u.a.*, Zivilgesellschaft als Geschichte; *Mellies*, Modernisierung, S. 219ff.; mit Blick auf Osteuropa *Hackmann/Roth*, Zivilgesellschaft u. *Hackmann*, Vereinskultur.

60 Vgl. *Bermeo/Nord*, Civil Society Before Democracy. Dabei gehen die Herausgeber nicht von Automatismen, sondern von verschiedenen Formen ziviler Gesellschaft aus, die demokratische Institutionen hervorbringen können, aber auch autokratische Systeme. Vgl. *Nord*, Introduction, S. xxxif.

61 Vgl. *Huber*, Vereinsrecht, S. 130.

62 So gaben sich bereits um 1800 Vereine und Gesellschaften Statuten, die detailliert die Rechte und Pflichten der Mitglieder, die Kompetenzen des Vorstandes oder aber die Befugnisse der Mitgliederversammlung regelten. Siehe etwa Gesellschaft zur Beförderung gemeinnütziger Thätigkeit (Hg.), Nachrichten von der Lübeckischen Gesellschaft zur Beförderung gemeinnütziger Thätigkeit, Lübeck 1799 sowie die zahlreichen Beispiele in *Motschmann*, Berliner Vereine, Supplement. Das Vereinsrecht spiegelte somit einerseits historische Wirklichkeit, andererseits konnten rechtliche Definitionen, so wurde im vorigen Kapitel argumentiert, die Ausdifferenzierung von Teilbereichen beschleunigen. Vgl. *Tenfelde*, Entfaltung, S. 105.

Mitgliederversammlung das oberste Vertretungsorgan des Vereins ist und ihre Beschlussfassung nach Mehrheitsprinzip erfolgt. Unter anderem bestellt und entlastet sie den Vorstand, kann diesen jederzeit abberufen, stimmt über die Vereinssatzung sowie deren Änderung ab, entscheidet über die Auflösung des Vereins und das Vereinsvermögen. Zur Änderung der Satzung ist eine Dreiviertel-Mehrheit der Stimmen der erschienenen Mitglieder, zur Abänderung des Vereinszweckes die mündliche oder schriftliche Zustimmung aller (!) Mitglieder erforderlich. Die Einberufung der Versammlung kann auch auf Wunsch einer Minderheit (entweder durch Satzung bestimmt, anderenfalls ein Zehntel der Mitglieder) erzwungen werden. Generell ist sie einzuberufen, wenn das Interesse des Vereins es erfordert.[63] Diese Normativbestimmungen des BGB bezüglich des rechtsfähigen Idealvereins zeigen, dass der Gesetzgeber die Mitgliederversammlung und ein demokratisches Entscheidungsverfahren als Idealform der Vereinsorganisation ansah bzw. ansieht.

Zwei einschränkende Bemerkungen sind jedoch vorzunehmen: Erstens gehören zwar Sitz und Stimme in der Mitgliederversammlung zu den Mitgliedsrechten, einzelnen Mitgliedern (beispielsweise auswärtigen oder Ehrenmitgliedern) können sie jedoch durch Satzung entzogen sein und es kann zudem zwischen unterschiedlichen Mitgliedschaftskategorien (z. B. zahlende und nichtzahlende Mitglieder) differenziert werden. Die weitreichende Autonomie, welche dem Verein insbesondere mit dem großen Spielraum bei der Satzungsgestaltung eingeräumt wird, steht, zweitens, in einem Spannungsverhältnis zu den Rechten und der Autonomie des individuellen Mitglieds. Die rechtliche Rahmensetzung ermöglicht eine äußerst flexible Ausgestaltung der Vereinsorganisation.[64] So sind Vorstand und Mitgliederversammlung als Organe des Vereins zwar zwingende Organisationsbestandteile, die Gestaltung ihrer Befugnisse kann jedoch durch die Satzung sehr weit bzw. eng gefasst werden.[65] Weitgehend machtlos stehen die Mitglieder, welche der ursprünglichen Satzung nicht zugestimmt haben bzw. überstimmt wurden, den Vereinsentscheidungen gegenüber. Als letzte Konsequenz bleibt ihnen die Austrittsmöglichkeit.[66] Doch auch wenn durch entsprechende Satzungsbestimmungen die Befugnisse der Mitgliederversammlung weitreichend eingeschränkt werden können, bleiben die Abberufung des Vorstandes aus wichtigen Gründen sowie die Vereinsauflösung gesicherte

63 Vgl. zu diesem Abschnitt *Delius*, Vereinsrecht, S. 59 ff. sowie die §§ 27, 32, 33, 36, 37 und 41 BGB.

64 Vgl. *Zimmer*, Zivilgesellschaft konkret, S. 26.

65 Generell hat die Satzung als Vereinsverfassung im BGB eine herausragende Bedeutung. Dementsprechend besagt § 40 BGB, dass die §§ 27 Abs. 1 und 3, 28 Abs. 1 und 32, 33, 38 nachgiebige Vorschriften sind, die keine Anwendung finden, insofern die Satzung etwas anderes bestimmt. Damit kann beispielsweise auch das Recht auf eine Satzungsänderung durch die Mitgliederversammlung aufgehoben werden.

66 Vgl. ausführlich zu diesem Abschnitt *Bär*, Schranken, S. 158 ff.

Rechte.[67] Das Recht auf Abberufung des Vorstandes hat eine Analogie im politikwissenschaftlichen Typus der »parlamentarischen Demokratie«, für welche die Abberufbarkeit der Regierung durch das Parlament essentiell ist.[68]

Die rechtliche Normierung ermöglicht ein nicht unerhebliches Maß an Flexibilität in der Konkretisierung von Vereinsorganisation. Insbesondere in Großvereinen bzw. -verbänden ist das demokratische Grundprinzip in seiner egalitären Reinform nicht aufrechtzuerhalten gewesen.[69] Mit dem in der zweiten Hälfte des 19. Jahrhunderts entstehenden Typus des (Interessen-) Verbandes und seiner professionalisierten Bürokratie und seinem Delegiertensystem entstand ein neues Organisationsmodell.[70] Auch global operierende NGOs im 20. Jahrhundert sind oftmals – man denke beispielsweise an Greenpeace – in ihren Entscheidungen durch eine Professionalisierung gekennzeichnet, die Mitbestimmungsrechte und -möglichkeiten des Mitglieds mitunter weitgehend beschränkt.[71]

Der prozedurale Aspekt von Vereinsdemokratie ist durch den Historiker nur schwer zu prüfen. Als Quellen existieren oftmals nur Vereinsstatuten und die in ihnen festgelegten Regeln. Versteht man »Regieren und Regiert werden«, d. h. die turnusmäßig wechselnde Leitung des Vereins, als ein zentrales Charakteristikum des prozeduralen Aspekts neben dem Wahlrecht, dann erhält die Frage nach Demokratisierung und Demokratie in Vereinen auch eine soziale Komponente. In der Regel hat nämlich keineswegs jedes Mitglied die Chance, in den Vorstand aufzusteigen. So könnten die Binnenbeziehungen im Verein auch gänzlich anders beschrieben werden, als dies die neuere Zivilgesellschaftsforschung getan

67 Vgl. *Delius*, Vereinsrecht, S. 60. Der »Staudinger« bestätigt zwar das Recht der Mitgliederversammlung auf Abberufung des Vorstandes, auch wenn die Versammlung nicht das bestellende Organ ist, bindet es aber an die Voraussetzung, dass die Mitgliederversammlung generell dem bestellenden Organ weisungsbefugt ist. Siehe *Staudinger*, Kommentar, S. 159. Die Normativbestimmungen des BGB beziehen sich auf den rechtsfähigen Verein bzw. solche Vereine, die Rechtsfähigkeit zu erlangen beabsichtigen. Für nicht-rechtsfähige Vereine finden gemäß § 54 BGB die Vorschriften für die »Gesellschaft« (§§ 705 ff. BGB) Anwendung. Diese sind lediglich dispositiver Natur und können durch eine entsprechende Ausgestaltung der Vereinssatzung geändert werden. Nicht-rechtsfähige Vereine können sich dadurch hinsichtlich ihres organisatorischen Aufbaus beispielsweise in Bezug auf Majoritätsbeschlüsse der Mitgliederversammlung dem rechtsfähigen Vereinen annähern bzw. mit diesem nahezu identisch sein. Siehe dazu *Delius*, Vereinsrecht, S. 136.

68 Siehe *Steffani*, Parlamentarische und präsidentielle Demokratie.

69 Dieses Grundprinzip wurde von zeitgenössischen Denkern durchaus als wichtiger Bestandteil der Vereinsorganisation angesehen. Siehe beispielsweise *Gierke*, Genossenschaftsrecht, S. 904 f.

70 Vgl. *Ullmann*, Interessenverbände, S. 61 ff.

71 Vgl. *Frantz/Martens*, Nichtregierungsorganisationen, v. a. S. 62 ff.; zur Differenzierung zwischen Verein, NGO, NPO, Dritter-Sektor-Organisation und Verband *Zimmer*, Zivilgesellschaft konkret, S. 35 ff.; zu Greenpeace siehe *Brodosz u. a.*, Gesetz der Oligarchie, S. 289 ff. Gerade die internationale Ausrichtung der NGOs erschwerte demokratische Organisation bzw. eine effiziente Entscheidungsfindung; siehe zum Beispiel *Winston*, Effectiveness, S. 31.

hat: In seinem 1914 fertig gestellten Roman »Der Untertan« hat Heinrich Mann in überspitzter, satirischer Form die nach seiner Wahrnehmung in der deutschen Gesellschaft vorherrschende Untertanenmentalität hervorgehoben, das »Herbarium des deutschen Mannes«[72]. Kurt Tucholsky greift in seiner Rezension des Romans ein zentrales Thema, das »Rätsel der Kollektivität« auf:

»Was der Jurist Otto Gierke einst die reale Verbandspersönlichkeit benannte, diese Erscheinung, dass ein Verein nicht die Summe seiner Mitglieder ist, sondern mehr, sondern etwas andres, über ihnen Schwebendes: das ist hier in nuce aufgemalt und dargetan. Neuteutonen und Soldaten und Juristen und schließlich Deutsche – es sind alles Kollektivitäten, die den einzelnen von jeder Verantwortung frei machen, und denen anzugehören Ruhm und Ehre einbringt, Achtung erheischt und kein Verdienst beansprucht.«[73]

In der Tat hat die Einbindung in kollektive Organisationen, in Vereinigungen, für den Hauptprotagonisten, Diederich Heßling, fundamentale Bedeutung: Er wird Mitglied der Studentenverbindung Neuteutonia – außerhalb hat er das Gefühl, »als sei er aus der kraftspendenden Gesamtheit jäh herausgerissen und stehe hier als einzelner Mensch vor einem anderen« –[74] und wird schließlich auch in den örtlichen Kriegerverein – »eine unschätzbare Operationsbasis« zur Unterstützung »nationaler« Politik – aufgenommen.[75] Denn:

»Jeder einzelne ein Nichts, steigen wir in gegliederten Massen, als Neuteutonen, als Militär, Beamtentum, Kirche und Wissenschaft, als Wirtschaftsorganisationen und Machtverbände kegelförmig hinan, bis dort oben, wo sie [die Macht, D. W.] selbst steht, steinern und blitzend!«[76]

Dieses und andere »dunkle« Bilder des Kaiserreichs haben sich zwar in der jüngeren sozial- und kulturgeschichtlichen Forschung deutlich gewandelt.[77] Das lange monierte Defizit an Bürgerlichkeit und die Beschreibung des Kaiserreichs als Untertanengesellschaft wurden aufgegeben. So resümiert Hettling: »Insbesondere die umfassende Gestaltungsmacht in den Städten sowie die gesellschaftliche und kulturelle Prägekraft des Bürgertums dienten hierfür als Beleg.«[78] Doch Herrschaftsverhältnisse im Verein sollten nicht aus dem Blick verloren werden, wie bereits Max Weber betonte. Formal existiere im Verein, so Weber, eine Majoritätsherrschaft über den Einzelnen, de facto eine Minoritätsherrschaft der zur Leitung befugten Personen. Er nahm daher Fragen nach der Bedeutung von

72 *Tucholsky*, Der Untertan, S. 317.
73 Ebd.
74 *Mann*, Der Untertan, S. 43.
75 Ebd., S. 375.
76 Ebd., S. 64.
77 Siehe beispielsweise *Torp/Müller*, Das Bild des Deutschen Kaiserreichs.
78 *Hettling*, Eine anstrengende Affäre, S. 221.

Herrschaft, der Rekrutierung von Herrschenden und der Mittel, mit welchen sie ihre Loyalität sichern, in seine Vorstellung eines soziologischen Forschungsprogramms zum Verein auf.[79] Nur durch die Problematisierung demokratischer Spielregeln und »flacher« Hierarchien[80] als Merkmale der Vereine wird man der Vielfalt des Vereinswesens im langen historischen Bogen gerecht. Annahmen des Transfers einer etwaigen demokratischen Binnenqualität der Vereine auf die Gesellschaft, die in der Treibhaus- und Selbstverstärker-Metapher von Buchstein betont werden, konnten bisher kaum überzeugend belegt werden.[81]

Vereinigung mit geregelter Mitgliedschaft zur Verfolgung gemeinsamer Interessen

Dass Vereine Menschen zusammenführen, um gemeinsame Interessen zu verfolgen und erst dieser Zusammenschluss den Verein als solchen konstituiert, ist basal für jede bekannte Definition von Verein. Entscheidend ist das Verhältnis des Vereins zu seinen Mitgliedern, weshalb im Folgenden zwei Besonderheiten

79 Vgl. *Weber*, Geschäftsbericht, S. 55f. Mit Blick auf politische Parteien sprach Michels von einem »ehernen Gesetz der Oligarchie«: »Die Organisation ist die Mutter der Herrschaft der Gewählten über die Wähler, der Beauftragten über die Auftraggeber, der Delegierten über die Delegierenden.« *Michels*, Soziologie des Parteiwesens, S. 26. Bereits vor Weber hat der Jurist Alexander Leist Überlegungen zu Herrschaft im Verein angestellt, wobei er insbesondere die materiellen Folgen eines Vereinsaustritts der Mitglieder in den Blick nimmt. Diesbezüglich führt er zahlreiche Beispiele an. Siehe *Leist*, Vereinsherrschaft und Vereinsfreiheit; *ders.*, Strafgewalt; *ders.*, Untersuchungen zum inneren Vereinsrecht. In einer rechtshistorischen Untersuchung weist Fred G. Bär auf Missbrauchsmöglichkeiten und Beschränkung der Freiheit des Einzelnen im Verein, die aufgrund der Normativvorgaben des BGB entstehen könnten, hin. Siehe *Bär*, Schranken.

80 Idealtypisch können Hierarchien im Verein von Herrschaft im Sinne von Befehl und Gehorsam unterschieden werden. Doch auch bei vereinsförmig organisierten Zusammenschlüssen, man denke etwa an die freiwilligen Feuerwehren, waren striktere Über- bzw. Unterordnungsverhältnisse möglich. Vgl. *Briese*, Freiwillige Feuerwehren, S. 30–33; zur halischen Turnerfeuerwehr *Fricke*, Feuerlöschwesen, S. 44ff.

81 Zahlreich sind demgegenüber die kritischen Stimmen, die die gesamtgesellschaftliche Wirkung einer demokratischen Sozialisation im Vereinswesen bezweifeln. Eine kritische Diskussion des Putnam-Konzeptes bei *Adam/Roncevic*, Social Capital; zur Kritik am historisch-empirischen Gehalt siehe *Roth*, Die dunklen Seiten der Zivilgesellschaft; *Mann*, Dark Side of Democracy; *Deth/Zmerli*, Civicness u. *Berman*, Civil Society, v. a. S. 413–419. Bereits in der Forschung zu Milieus, die in erheblichem Maße durch Vereine strukturiert sind, wurde hervorgehoben, dass die Ausprägung verschiedener Milieus eine Segmentierung der Gesellschaft nach sich zog, die wiederum – so Lepsius' klassische These – durch eine Verzahnung der Milieus mit den politischen Parteien auch in das politische System überführt wurde und die Demokratisierung in Deutschland langfristig gehemmt hat. Vgl. *Lepsius*, Parteiensystem und Sozialstruktur; als Forschungsüberblicke siehe *Frie*, Kaiserreich, S. 94–108 und *Wirsching*, Weimarer Republik, S. 89–94. Schließlich ist fraglich, welche Einstellungen und Kompetenzen Vereinsmitglieder im Verein erlernen und welche sie bereits vor der Zugehörigkeit zum Verein erworben haben. Siehe dazu den sozialwissenschaftlichen Beitrag von *Braun/Nagel*, Soziales Kapital.

in dieser Hinsicht hervorgehoben werden sollen, die grundlegende Überlegungen von Heinz-Dieter Horch aufnehmen: Erstens ist der Verein als ein soziales System zu kennzeichnen, welches idealtypisch bestimmt ist durch die Gleichheit von Vereinsziel und Mitgliederinteressen. Hinsichtlich der Attraktivität der Vereinsmitgliedschaft und der Motivation der Mitglieder hat dies entscheidende Bedeutung.[82] Mit Blick auf Vereine empfiehlt sich ein Interessenbegriff, mit dem verschiedene interessenbasierte Handlungsorientierungen differenziert werden können.[83]

Die Identität von (Vereins-) Ziel und (Mitglieder-) Interessen im Verein ist nicht selbstverständlich. Sie muss vielmehr erst hergestellt werden. Dazu dienen, zweitens, Steuerungsmechanismen, über welche die Mitglieder verfügen. Ein primärer Steuerungsmechanismus kann in der bereits diskutierten demokratischen Entscheidungsstruktur der Vereine gesehen werden.[84] Vereine sind zudem abhängig von den materiellen und immateriellen Ressourcen, die die Mitglieder freiwillig einbringen. Über diese Zufuhr oder aber einen Entzug dieser Mittel können Mitglieder regulierend auf das Vereinsziel bzw. die Vereinsziele einwirken (sekundärer Steuerungsmechanismus).[85] Sind Mitbestimmungsmöglichkeiten eingeschränkt, bleibt dem Mitglied als letzte Möglichkeit die Exit-Option. Durch die Steuerungsmechanismen unterscheidet sich die Stellung des Vereinsmitgliedes fundamental von Angehörigen anderer Organisationen. Sie können im Vergleich zu Arbeitern und Angestellten in einem Betrieb oder Angehörigen einer Verwaltung idealiter mehr Mitspracherechte geltend machen und haben direkten und unmittelbaren Einfluss darauf, die Ziele

82 Vgl. *Horch*, Strukturbesonderheiten, S. 15. Unter »Ziel« versteht Horch dabei das faktische Leitbild der Entscheidungen bzw. Handlungen des Vereins, unter »Interesse« die Erwartungshaltung der Mitglieder in Bezug auf das, was der Verein erreichen soll. Zu den motivierenden Faktoren der Mitgliedschaft in Organisationen siehe auch *Kühl*, Organisationen, S. 37ff. Faktoren wie Geld und Zwang spielen bei der Mitgliedermotivation in Vereinen eine untergeordnete Rolle. Als Beispiel siehe *Borggrefe u. a.*, Sportverein, S. 316ff.

83 Eine kritische Diskussion des Begriffs »Interesse« bei *Willems/Winter*, Interessenverbände, S. 19ff. Sie unterscheiden zwischen einer weiten und engen theoretischen Begriffsbestimmung. Der weite Interessenbegriff bezieht sich auf alle Wünsche bzw. Präferenzen, die sich auf Gesellschaft und Politik richten. Dagegen fokussieren einige sozialwissenschaftliche Theorieschulen, etwa strukturtheoretische Ansätze in Traditionslinie der marxschen Gesellschaftsanalyse oder aber Rational-Choice-Vertreter, auf eine enge Begriffsbestimmung. Interessen verstehen sie als Nutzen, »d.h. als selbstbezogene oder egoistische Handlungsorientierung (self-interest), die auf Selbsterhaltung, die Erlangung von (materiellen) Vorteilen oder die relative oder absolute Verbesserung der eigenen Position in gegebenen sozialen Strukturen zielt«; ebd. Beide Begriffstraditionen erfassen die Vielfalt von Handlungsorientierungen unzulänglich, indem sie vor allem die Unterscheidung zwischen egoistischen und selbstbezogenen Orientierungen einerseits und altruistischen, nicht-selbstbezogenen Orientierungen andererseits a priori ausblenden. Siehe ebd., S. 20f.

84 Vgl. *Horch*, Strukturbesonderheiten, S. 16.

85 Vgl. ebd.

des Vereins zu steuern. Dies ist auch deshalb essentiell, weil Vereinsmitglieder weder eine materielle Vergütung für ihre Tätigkeit erhalten noch einen Rechtsanspruch auf bestimmte Leistungen der Vereinigung besitzen. Der Beziehung zwischen Verein und Mitglied und dem Stellenwert des Mitglieds per se ist ein sehr hohes Gewicht beizumessen.[86] Dem Verein stehen verschiedene Möglichkeiten zur Verfügung, seine Ziele an den Mitgliederinteressen auszurichten, entscheidende Grundvoraussetzung dafür ist seine Autonomie.[87]

Autonomie/Selbstregulation

Die für den Verein maßgeblichen Regeln setzt dieser sich qua Statut selbst. Das Auswahlverfahren der Mitglieder ist frei und der Vereinszweck wird selbst bestimmt.[88] Rechtlich wurde die Vereinsautonomie mit dem BGB umfassend festgelegt, indem einem Kollektiv ein festgelegter Freiheitsbereich zugestanden wird:

»Vereinsautonomie bezeichnet das Recht privater Verbände zur inneren Ordnung ihrer eigenen Angelegenheiten durch privatrechtliche Gestaltungsmittel im Rahmen der Rechtsordnung. Sie umfaßt das Recht zur eigenen Normsetzung und zur Selbstverwaltung im Sinne der Befugnis zur Anwendung und zum Vollzug des selbstgesetzten Rechts. Vereine können damit Zweck, Sitz, Mitgliedschaft, Organe, Verfahren der Willensbildung, das Verhältnis Verein-Mitgliedschaft (Vereinsstrafen, Ausschluß, etc.), die Vermögensverwaltung und die Vereinsverwaltung im Rahmen der vom BGB gemachten Vorgaben regeln.«[89]

Vereinsnormative Regelungen und Fragen der inneren Organisation können demzufolge weitgehend frei von gesetzlichen Vorgaben durch den Satzungsgeber festgelegt werden.[90]

Mit »gesellschaftlicher Selbstregulierung« und »regulierter Selbstregulierung« sind in jüngster Vergangenheit Analysekategorien vorgestellt worden, die für die historische Perspektive auf den Verein im 19. Jahrhundert fruchtbar sind.[91] Dabei verkörpert der Verein den Grundgedanken der Selbstregulierung durch

86 Vgl. ebd., S. 16f.

87 Vgl. ebd.

88 Vgl. *Schulz*, Lebenswelt und Kultur, S. 11.

89 *Bär*, Schranken, S. 158.

90 Vgl. ebd. Das BGB legt lediglich einige bindende Normen für die Ausgestaltung der Vereinsorganisation fest.

91 Siehe die Sammelbände von *Collin u. a.*, Selbstregulierung im 19. Jahrhundert; *dies.*, Regulierte Selbstregulierung im frühen Interventions- und Sozialstaat; *dies.*, Regulierte Selbstregulierung in der westlichen Welt. Auch in politikwissenschaftlichen Konzepten wurde das Verhältnis zwischen Staat und Vereinen als gesellschaftlichen Akteuren in jüngerer Vergangenheit intensiv diskutiert: Siehe nur *Schedler/Proeller*, New Public Management; *Budäus/Finger*, Perspektiven; *Blanke/Schridde*, Bürgerengagement. Eine Auseinandersetzung mit verschiedenen Konzepten bei *Seckelmann*, Aktuelle Bilder.

die ihm zugrunde liegenden Prinzipien in reinster Form, doch fehlen ihm in der Regel Gestaltungsbefugnisse, die über das rechtliche Band des Vereinsstatuts hinausgehen.[92] Drei Formen von Regulierung mit spezifischen Regulierungsmodi und -motiven können unterschieden werden: Gesellschaftliche Selbstregulierung, deren Idealform der Verein ist – Regulierte Selbstregulierung – Staatliche Regulierung. Regulierte Selbstregulierung wird dabei verstanden als Zwischenraum von privater Selbstregulierung und staatlicher Steuerung. Sie ist definiert »als Verwirklichung öffentlicher Zwecke durch organisierte gesellschaftliche Akteure« und meint die »Koordinierung gesellschaftlicher Interessen in Bezug auf ein gemeinsames Ziel mit (zumindest) potentieller Gemeinwohlrelevanz. Dabei ist vorauszusetzen, dass diese Koordinierung einen bestimmten Grad an institutioneller Verfestigung und Verstetigung aufweist«.[93] Für regulierte Selbstregulierung ist nach diesem Verständnis die Regulierung öffentlicher Angelegenheiten durch gesellschaftliche Akteure und ihr Gemeinwohlbezug entscheidend, während der Staat in diesem Bereich nur dahingehend steuernd eingreift, dass er Maßnahmen veranlasst, die den Fortbestand dieser Regulierung gewährleistet bzw. ihren Rahmen bestimmt.[94]

Staatliche Regulierung ist jedoch wesentliche Voraussetzung für das Funktionieren gesellschaftlicher Selbstregulierung, denn die Möglichkeit für Vereine, selbstregulierend tätig zu werden bzw. ihre Autonomie geltend machen zu können, blieb stets davon abhängig, inwieweit sie vom Staat anerkannt und legalisiert wurden.[95] Einerseits war diesbezüglich für den rechtlichen Rahmen von Vereinen entscheidend, ob Vereine bzw. welche Arten von Vereinen seitens des Staates überhaupt zugelassen waren, d. h. ob den Bürgern das Recht der Vereinigungsfreiheit zugestanden wurde und in welchem Umfang dies geschah. Die Verfassung der Paulskirchenversammlung vom 28. März 1849 nahm die Vereinigungsfreiheit als Grundrecht der Deutschen ohne Einschränkung derselben durch eine »vorbeugende Maßregel« auf.[96] Hinter diese lange von Liberalen erhobene Forderung konnten auch die oktroyierten Verfassungen des preußischen Königs von 1848 und 1850 nicht zurück. Den Preußen wurde in der Verfassung von 1850 das Recht zuteil, »sich zu solchen Zwecken, wel-

92 Vgl. *Collin*, Gesellschaftliche Selbstregulierung, S. 15 f. Neben dem Verein macht Collin dabei als weitere Grundformen organisierter Selbstregulierung im 19. Jahrhundert Zwangskorporationen (z. B. Kommunen, Kammern oder Zwangsgenossenschaften) sowie Formen von Inkorporation in die staatliche Verwaltung (z. B. Kommissionen und Beiräte, besetzt mit verwaltungsexternen Sachverständigen, die der Exekutive beratend zur Verfügung standen) aus.

93 Vgl. ebd., S. 5 ff., die Zitate auf S. 6 u. 9.

94 Vgl. ebd.

95 Vgl. ebd., S. 24.

96 Siehe Verfassung des Deutschen Reiches vom 28. März 1849, § 162. Damit wurde eine Kernforderung der liberalen Bewegung erfüllt. Vgl. *Langewiesche*, Liberalismus, S. 22.

che den Strafgesetzen nicht zuwiderlaufen, in Gesellschaften zu vereinigen«.[97] Damit verbunden war jedoch ein Gesetzesvorbehalt, d.h. seitens des Gesetzgebers konnte die Vereinigungsfreiheit, insbesondere für politische Vereine, beschränkt werden. Die gesetzliche Positivierung bedeutete dennoch einen Gewinn an rechtsstaatlicher Sicherheit und einen Ausgangspunkt für die künftige Konturierung der Vereinigungsfreiheit.[98] Trotz des verfassungsmäßigen Rechts auf Vereinigungsfreiheit in Preußen (und anderen deutschen Staaten) blieb der Spielraum für Vereinsgründungen und -tätigkeit in zweierlei Hinsicht entscheidend beschränkt:

Zum einen waren die Vereinen zugestandenen Entfaltungsmöglichkeiten im 19. Jahrhundert stets abhängig vom Gegenstand der Vereinstätigkeit bzw. vom Vereinszweck. Im Gegensatz zu geselligen Vereinen waren politische Vereine im weitesten Sinne mit erheblichen Restriktionen konfrontiert.[99] Bis 1908 war für Preußen in dieser Hinsicht die »Verordnung über die Verhütung eines die gesetzliche Freiheit und Ordnung gefährdenden Missbrauchs des Versammlungs- und Vereinigungsrechtes« vom 11. März 1850 gesetzlich bindend. Dieses »Vereinsgesetz« betraf Vereine, »die Einwirkung auf öffentliche Angelegenheiten bezwecken«.[100] Für unter das Vereinsgesetz von 1850 fallende Vereine galten als zwingende Auflagen, Statuten und ihre Abänderung bei der zuständigen Ortspolizeibehörde anzuzeigen sowie Mitgliederlisten einzureichen. Bei Zuwiderhandlung waren besondere strafrechtliche Bestimmungen – d.h. hohe

97 Verfassungs-Urkunde für den Preußischen Staat vom 31. Januar 1850, Art. 30. Nahezu identisch ist der Passus in der oktroyierten Verfassungsurkunde für den Preußischen Staat vom 5. Dezember 1848, Art. 28 (Einschränkungen der Vereinigungsfreiheit waren nach Art. 110 möglich).

98 Vgl. *Huber*, Vereinsrecht, S. 122.

99 Vgl. ebd., S. 116.

100 Verordnung über die Verhütung eines die gesetzliche Freiheit und Ordnung gefährdenden Missbrauchs des Versammlungs- und Vereinigungsrechtes. Vom 11. März 1850 (Vereinsgesetz 1850), § 2. Öffentliche Angelegenheiten sind im Allgemeinen solche, die soziale, religiöse und politische Fragen berühren oder eine vom Staat anerkannte und gesetzlich geregelte Körperschaft (z.B. Schulen) betreffen, vgl. *Bazille/Hieber*, Vereinsgesetz, S. 49f. Gemäß der preußischen Rechtsprechung in der Kaiserreichszeit erstreckt sich der Begriff »auf das weite Gebiet aller Verhältnisse, welche über den Rechtskreis bestimmter natürlicher oder juristischer Personen hinausgreifend, die Gesamtheit angehen und deren Interessen berühren. Und politisch ist oder wird ein Verein, wenn den Erörterungen, die er bezweckt, die Richtung auf Kritik und Beeinflussung staatlicher Einrichtungen und Anordnungen gegeben wird«, Entscheidung des preußischen Oberverwaltungsgerichts vom 27. März 1900, zitiert nach ebd., S. 45. Politische Angelegenheiten sind somit eine Unterart der öffentlichen Angelegenheiten und enger gefasst: Sie berühren unmittelbar den Staat, seine Verwaltung und Gesetzgebung, die Rechte der Staatsbürger sowie internationale Beziehungen. Wirtschaftliche und soziale Vereine werden politisch, wenn sie beispielsweise die Änderung sozialer Zustände durch staatliche Einrichtungen anstreben oder Verfassungsgrundsätze abändern wollen. Siehe ebd., S. 64ff.

Strafen – für die Verantwortlichen (in der Regel die Vereinsvorstände) und die Auflösung des Vereins vorgesehen.[101] Des Weiteren durften Frauen, Schüler und Lehrlinge nicht als Mitglieder aufgenommen werden und die Vereine nicht mit anderen Vereinen gleicher Art zu gemeinsamen Zwecken, insbesondere über Schriftwechsel, Komitees, Ausschüsse und Zentralorgane, in Verbindung treten (Affiliationsverbot).[102] Mit dem Reichsvereinsgesetz von 1908 ist erstmals[103] eine Regelung des Vereinswesens in öffentlich-rechtlicher Beziehung auf Reichsebene erreicht worden. Die bis dahin für Preußen maßgeblichen Artikel 29 und 30 der Verfassung von 1850 sowie das preußische Vereinsgesetz von 1850 wurden damit aufgehoben.[104] Als wesentliche Neuerung des Reichsvereinsgesetzes ist anzusehen, dass das Verbot der Mitgliedschaft von Frauen, Schülern und Lehrlingen in politischen Vereinen aufgehoben wurde, sofern die betreffende Person das 18. Lebensjahr vollendet hatte.[105]

Zum anderen hing der Spielraum für Selbstregulierung durch Vereine nicht unerheblich davon ab, wie rechtliche Modi bzw. Gesetze zur Erlangung ihrer Rechtsfähigkeit ausgestaltet waren. Ein rechtsfähiger Verein kann alle Rechte und Pflichten geltend machen, welche nicht an die Trägerschaft einer physischen Person gebunden sind: Unter anderem kann er als Vermögenssubjekt beispielsweise Eigentum und Besitz erwerben und Rechte auf Waren und literarische Werke für sich begründen; er kann vor Gericht klagen und verklagt werden; ist erbberechtigt (aber ausgenommen von der gesetzlichen Erbfolge) und hat Rechte und Pflichten seinen Mitgliedern wie Dritten gegenüber.[106] Grundsätzlich lassen sich drei Systeme zur Erlangung der Rechtsfähigkeit von Vereinen unterscheiden: Das Konzessionssystem, das System freier Körper-

101 Vgl. Vereinsgesetz 1850, § 2 und §§ 12 ff.; *Gierke*, Genossenschaftsrecht, S. 889 ff.

102 Vgl. Vereinsgesetz 1850, § 8.

103 Der Reichsgesetzgeber war bis dahin auf dem Gebiet der Vereinsgesetzgebung nur in Einzelfällen aktiv geworden. Zu nennen sind diesbezüglich vor allem das »Gesetz, betreffend den Orden der Gesellschaft Jesu« vom 4. Juli 1872, das »Gesetz gegen die gemeingefährlichen Bestrebungen der Sozialdemokratie« vom 21. Oktober 1878 sowie die Aufhebung des Affiliationsverbotes vom 11. Dezember 1899.

104 Vgl. *Delius*, Vereinsrecht, S. 213 f. und *Bazille/Hieber*, Vereinsgesetz, S. 180 f. Ausnahmen, die weiterhin durch Landesrecht bestimmt waren, benennt § 25 des Reichsvereinsgesetzes.

105 Vgl. *Delius*, Vereinsrecht, S. 219 f. und *Bazille/Hieber*, Vereinsgesetz, S. 160.

106 Vgl. *Delius*, Vereinsrecht, S. 15 ff. Fehlende Rechtsfähigkeit kann gravierende Auswirkungen für Vereinsmitglieder und insbesondere für Vorstände haben, denn bei Rechtsgeschäften eines nicht-rechtsfähigen Vereins haftet der Handelnde persönlich mit seinem gesamten Besitz (handeln mehrere Personen, so haften sie als Gesamtschuldner), siehe § 54 BGB. Staudinger mahnt daher, viele nicht-rechtsfähige Vereine führten »lange ein rechtlich harmloses Dasein, bis irgendein besonderer Rechtsvorgang, wie z. B. eine zeitweilige Zuwendung oder auch eine Haftungsfrage den Vereinsmitgliedern zum Bewusstsein bringt, dass sie vielleicht doch eine Unterlassungssünde begangen haben«, *Staudinger*, Rechtsnatur, S. 376.

schaftsbildung[107] und das Normativsystem. Im Geltungsbereich des Allgemeinen Preußischen Landrechts und einigen anderen deutschen Staaten ist bis zum Inkrafttreten des BGB die Erlangung der Rechtsfähigkeit für ideale, d.h. nichtwirtschaftliche Vereine, an das Erfordernis staatlicher Konzessionierung gebunden geblieben.[108] Mit dem BGB wurde in Bezug auf den Idealverein der Übergang zum Normativsystem vollzogen. Danach hat jeder Idealverein, welcher den Normativbestimmungen des BGB entspricht, das Recht auf Eintragung in das Vereinsregister und somit auf Rechtsfähigkeit. Der Registerrichter des zuständigen Amtsgerichts prüft, ob die formellen (§§ 56–59, 77 BGB) und die materiellen (§§ 25 ff. BGB) Voraussetzungen für die Eintragung erfüllt sind und meldet die Zulassung eines Vereins an die zuständige Verwaltungsbehörde (in preußischen Stadtkreisen die Ortspolizeibehörde).[109] Bezüglich der wirtschaftlichen Vereine hielt das BGB an dem bisherigen Prinzip der staatlichen Verleihung zur Erlangung der Rechtsfähigkeit durch den Bundesstaat, in welchem der Verein seinen Sitz hat, fest (§ 22 BGB). Ausgenommen davon sind wirtschaftliche Vereine, für welche besondere reichsgesetzliche Regelungen bestehen (z.B. Genossenschaften, Aktiengesellschaften, GmbHs).

Insbesondere bezüglich der Vereine, die auf öffentliche Angelegenheiten einwirken wollten, sowie in Bezug auf den privilegierten Status der Rechtsfähigkeit legte der Staat den Rahmen der Selbstorganisation durch Vereine fest. Die Kaiserreichszeit bedeutete diesbezüglich eine deutliche Steigerung der Intensität von Regulierung seitens des Gesetzgebers. Für die wichtigsten wirtschaftlichen Vereine wurden – aufbauend auf Gesetzen des Deutschen Bundes und der Einzelstaaten – spezielle Reichsgesetze mit Normativvorgaben erlassen und mit der Kodifizierung des BGB sowie der Schaffung eines Reichsvereinsgesetzes ein umfassendes, reichsweit geltendes Rechtssystem für das Vereinswesen geschaffen. Diese gesetzliche Positivierung erzeugte Rechtssicherheit für Vereins-

107 Demzufolge wäre ein rechtmäßig bestehender, korporativ aufgebauter Verein gemäß einem allgemeinen Rechtssatz rechtsfähig, sobald er in den Rechtsverkehr eintritt, d.h. mit der Vereinsgründung wird gleichzeitig die Rechtsfähigkeit erlangt. Vgl. *Albrecht*, Spannungsverhältnis, S. 21. Für dieses System hat sich Otto von Gierke wiederholt stark gemacht, siehe z.B. *Gierke*, Genossenschaftstheorie, S. 15 ff.

108 Vgl. *Wiedemann*, Lehre von den idealen Vereinen, S. 41 ff. Beim Konzessionssystem hat der Staat den größten Entscheidungsspielraum: Er prüft den Vereinszweck und die Verträglichkeit desselben mit dem allgemeinen Staatswohl. Siehe *Albrecht*, Spannungsverhältnis, S. 20 f.

109 Kein Gegenstand der Prüfung ist, ob der Vereinszweck gebilligt wird oder nicht. Die Verwaltungsbehörde hat jedoch ein bedeutendes Einspruchsrecht. Sie prüft, ob der betreffende Verein eine öffentlich-rechtliche Relevanz aufweist und kann in diesem Fall die Erlangung der Rechtsfähigkeit verhindern. Siehe *Delius*, Vereinsrecht, S. 110 ff. Huber geht aufgrund dieser Befugnisse der Verwaltungsbehörden so weit, zu konstatieren, dass das BGB an der realen Situation der Vereine wenig geändert habe. Vgl. *Huber*, Vereinsrecht, S. 130.

gründer, Vorstände und Mitglieder. Gesellschaftliche Selbstregulierung und staatliche Regulierung bedingten sich gegenseitig, standen aber auch in einem Spannungsverhältnis. Das Beispiel der Versicherung des Lebensrisikos »Krankheit«, welche auf Vereinsebene bereits vor der Kaiserreichszeit über gewerbliche Hilfs- und Unterstützungskassen geleistet wurde, verdeutlicht, dass intensivierte staatliche Regulierung Autonomie und Freiheitsräume gesellschaftlicher Selbstregulierung auch weitestgehend unterbinden kann. Florian Tennstedt konstatiert diesbezüglich:

»Mit der reichsgesetzlichen Krankenversicherungsgesetzgebung, die mit dem Gesetz über die eingeschriebenen Hilfskassen vom 7. April 1876 eingeleitet und mit dem Gesetz betr. die Krankenversicherung der Arbeiter vom 15. Juni 1883 fortgesetzt wird, beginnt ein Prozess in der Regulierung der sozialen Vorsorge, der langfristig zum weitgehenden Ende der Selbstregulierung führt.«[110]

Öffentlichkeit

Dass Vereine Akteure des öffentlichen Lebens oder ein wichtiger Bestandteil von Öffentlichkeit sind, wird in zahlreichen wissenschaftlichen Untersuchungen hervorgehoben.[111] Dies bedarf jedoch – angesichts oftmals unspezifisch verwendeter Begriffe wie »öffentlich«, »öffentlicher Raum« oder »Öffentlichkeit« – einer Präzisierung. Grundlegend kann »Öffentlichkeit« mit Friedhelm Neidhardt als »relativ frei zugängliches Kommunikationsfeld« verstanden werden, welches dort entsteht, »wo ein Sprecher vor einem Publikum kommuniziert, dessen Grenzen er nicht bestimmen kann«.[112] Mit Bezug auf Habermas geht Neidhardt von einer prinzipiellen Unabgeschlossenheit des Publikums aus, wodurch Unsicherheiten und Unwägbarkeiten der Kommunikationssituation bedingt sind.[113] Dabei ist die moderne Öffentlichkeit einerseits bestimmt durch eine über Massenmedien vermittelte Kommunikation, andererseits sind Formen von Versammlungsöffentlichkeit nach wie vor und insbesondere für noch nicht fest etablierte Akteure in den Arenen der Öffentlichkeit von Be-

110 *Tennstedt*, Hilfs- und Unterstützungskassen, S. 290.

111 Auch Horch nimmt »Öffentlichkeit« in eine Zusammenstellung von Kriterien gängiger Definitionen auf, ohne dies weiter zu explizieren. Vgl. *Horch*, Strukturbesonderheiten, S. 13. Prominent hat vor allem Jürgen Habermas in seiner Habilitationsschrift »Strukturwandel der Öffentlichkeit« die Bedeutung von Vereinen für die Genese und Entwicklung einer bürgerlich-politischen Öffentlichkeit herausgestellt. Auch in »Faktizität und Geltung«, wo er Zivilgesellschaft ausdrücklicher thematisiert, behalten sie ihre wichtige Bedeutung für die Beschaffenheit von Öffentlichkeit, auch wenn er ihre Einflussmöglichkeiten durchaus reserviert bewertet. Vgl. *Habermas*, Strukturwandel, S. 13 f., 86 ff., 90 ff. und *ders.*, Faktizität und Geltung, S. 443 ff.

112 Beide Zitate von *Neidhardt*, Öffentlichkeit, S. 7 u. 10.

113 Vgl. ebd., S. 10.

deutung.[114] Öffentlichkeit als »öffentlicher Raum« ist in diesem analytischen Grundriss von Neidhardt daher nicht durch eine konkrete Ortsbezogenheit charakterisiert, sondern durch einen hergestellten und konstituierten Kommunikationszusammenhang.

Dass Vereine in dieser Öffentlichkeit agieren, ist ersichtlich. Sie unterliegen dabei besonderen Bedingungen und Möglichkeiten, wenn man sich beispielsweise das öffentliche Vereinsrecht, aber auch Ressourcen, welche ein Verein oder Verband zu akquirieren imstande ist, vor Augen führt. Einzelne Vereine folgen differenten Interessen und daraus resultierenden Öffentlichkeitsstrategien: Politische Vereine der Liberalen oder der Konservativen nutzten etwa ihre Kanäle zu einflussreichen Medien bzw. Lokalmedien, um für ihre Positionen zu werben. In Wahlkämpfen organisierten sie zudem Versammlungsöffentlichkeiten. Hinzu kam ein wichtiger Zugang zu städtischen Institutionen wie der Stadtverordnetenversammlung. Auch für das vielfältige Spektrum ökonomischer, sozialer oder gesellschaftlicher Interessenverbände, die eine klare Interessenartikulierung und über diese eine Beeinflussung der öffentlichen Meinung sowie der Bevölkerungsmeinung zu erreichen beabsichtigen, ist ein Agieren in der Öffentlichkeit entscheidend. Insbesondere für Vereine, denen es an Zugang zu etablierten Kommunikationskanälen mangelt – im 19. Jahrhundert beispielsweise den Organisationen der politischen Arbeiterbewegung – hatte Öffentlichkeitsarbeit eine große Bedeutung. Sie schufen sich in der Kaiserreichszeit über Versammlungen, der Gründung eigener Zeitungen oder Flugblattaktionen eine Gegenöffentlichkeit von beträchtlicher Reichweite. Letztlich wird die Öffentlichkeit aber auch von zahlreichen »unscheinbaren« Vereinen, man denke beispielsweise an Gesangs-, Theater- oder Museumsvereine aus dem Bereich Kultur, besetzt, indem über die eigenen Tätigkeiten berichtet und für verschiedene Zwecke bewusst geworben wird. Kommunikation muss dabei nicht zwangsläufig schriftlich oder verbal vollzogen, sondern kann auch durch Habitus und Praktiken symbolisch vermittelt werden – man bedenke die Inszenierungen und Aufzüge von Vereinen bei städtischen Festen oder Denkmalseinweihungen, die in ihrer komplexen Ausgestaltung einen öffentlichen Kommunikationsakt besonderer Art darstellten.[115] Indes: Es ist ebenso offenkundig, dass zahlreiche Vereine eine solche Rolle in der Öffentlichkeit nicht wahrnahmen und wahrnehmen. Daher stellt das Merkmal »öffentlich« im Sinne einer Teilhabe am

114 Vgl. ebd., S. 7f. u. 26. In den Foren der Öffentlichkeit können sich öffentliche Meinungen und Bevölkerungsmeinungen entwickeln, welche von Neidhardt auf überzeugende Weise analytisch getrennt werden, indem er öffentliche Meinung als herrschende Meinung – im Sinne einer Fokussierung auf bestimmte Themen, zu welchen übereinstimmende Meinungsäußerungen der vom Publikum als Kommunikatoren wahrgenommenen Öffentlichkeitsakteure bekundet werden – auffasst, wovon die Bevölkerungsmeinung als statistisches Aggregat individueller Einstellungen und Meinungen zu differenzieren ist.

115 Siehe *Hettling/Nolte*, Bürgerliche Feste; *Kügler*, Denkmalsfeiern.

Kommunikationsforum »Öffentlichkeit« nur eine potentielle Möglichkeit dar, die viele Vereine nutzen, aber bei weitem nicht alle.

Wird »öffentlicher Raum« dagegen nicht als Kommunikationsraum verstanden, sondern als für jedermann zugänglicher und als ganz konkreter öffentlicher Ort, zeigt sich angesichts der Zugangsbeschränkungen von Vereinen eher ihre »nicht-öffentliche« Komponente, ein Binnenraum des Vereinslebens. Nicht-Mitglieder erhalten dann lediglich einen Einblick über Geschäfts- und Jahresberichte oder Versammlungen, falls diese öffentlich zugänglich gemacht werden. Dennoch sind Vereine über ihre potentielle Möglichkeit zur Teilhabe am Kommunikationsraum »Öffentlichkeit« hinaus in einem grundlegenderen Sinne »öffentlich«: Sie sind für jedermann in ihrer Existenz sichtbar. Vereine geben sich einen nach außen kommunizierten Namen, oftmals ist zumindest ihr Hauptzweck bekannt.[116] Vorausgesetzt ist dabei, dass eine derartige, selbstbestimmte öffentliche Darstellung nicht durch staatliche Restriktionen erschwert oder verhindert wird. In Zeiten massiver Restriktions- und Verbotspraktiken, die insbesondere »politisch verdächtige« Vereine treffen, ist zu vermuten, dass sich zahlreiche dieser Vereine entweder in einen Arkanbereich zurückziehen oder in Tarnvereinigungen fortexistieren, deren öffentlich deklarierter Zweck nicht dem tatsächlich verfolgten entspricht.

Nicht-wirtschaftliche Zwecksetzung

Den sozialen und kulturellen Unterschied zwischen wirtschaftlichen und Idealvereinen, der aus dem durch die Zwecksetzung und Binnenorganisation bestimmten Vereinsleben und dem dadurch bedingten sozialen Charakter der Vereine folgt, kann man mit Otto von Gierke wie folgt bestimmen:[117] In Ideal-

116 In dieser Hinsicht ist wenig berücksichtigt worden, dass gerade Adressbücher ein bemerkenswertes Beispiel für gesellschaftliche Transparenz sind. Im Laufe des 19. Jahrhunderts entwickelten sie sich zu weitgehend standardisierten Nachschlagewerken, die umfassend über die Strukturen der bürgerlichen Gesellschaft, ihre Akteure und Institutionen Auskunft gaben. Vom Schachclub bis zum politischen Verein wurden am Ende der Kaiserreichszeit nahezu alle Vereine durch sie öffentlich bekanntgemacht. Vgl. *Pfoser*, Wien im Register, S. 13 ff. u. *Schlögel*, Berliner Adressbücher, S. 329 ff.

117 Die Frage der Gemeinwohlrelevanz ist demgegenüber nicht wesentlich für diese Unterscheidung, denn der wirtschaftliche Verein muss nicht ausschließlich auf das Verfolgen eines Eigeninteresses reduziert, der Idealverein nicht notwendigerweise mit Gemeinwohlorientierung verbunden sein. Vereine wurden aus spezifischen Eigeninteressen gegründet, die nicht zwingend wirtschaftlicher Natur sein mussten, denn auch das Mitglied eines Sport- oder Gesangvereins verfolgt ein Eigeninteresse: die Gestaltung seiner Freizeit. Wirtschaftliche Vereine, die vorrangig aus Interesse an finanziellem Eigengewinn betrieben wurden, konnten durchaus Gemeinwohleffekte erzeugen: Kapitalakkumulation in Eisenbahngesellschaften ermöglichte die Realisierung von Infrastrukturprojekten; Genossenschaften und Krankenkassenvereine, welche der wirtschaftlichen und sozialen Absicherung dienten, entlasteten Staat und Kommunen von Unterstützungsleistungen und trugen zur Entschärfung der sozialen Frage bei.

vereinen ist das Individuum, das persönliche Element von fundamentaler Bedeutung: Die Bankiersfrau, welche als Mitglied des Frauenvereins zur Armenunterstützung notleidende Familien besucht; der Kriegerveteran, der im lokalen Kriegerverein mit seinen Kameraden eine eigene Erinnerungskultur pflegt; das liberale Vereinsmitglied, welches beim Treffen der Liberalen über politische Belange diskutiert; das Mitglied des Vereins zur Hebung des Handwerkerstandes, welches an Debatten über die Möglichkeit zur Verbesserung der eigenen wirtschaftlich-sozialen Situation teilnimmt oder etwa das Mitglied des Raucherclubs, welches mit Gleichgesinnten gesellig sein will –[118] das persönliche Moment, die persönliche Teilhabe ist entscheidend. Dagegen sind Vereine mit wirtschaftlichem Geschäftsbetrieb weniger bestimmt durch die Persönlichkeit ihrer Mitglieder, sondern durch ihre Einlagen und Beiträge. Es ist jedoch keineswegs ausgeschlossen, dass auch die nichtwirtschaftlichen Idealvereine ihre jeweiligen Zwecksetzungen mit ökonomischen Interessen verbanden bzw. verbinden.[119]

4. Zusammenfassung

»Der Verein« hat in der historischen Längsschnittperspektive ganz offenkundig eine erstaunliche Erfolgsgeschichte hinter sich, denn seit der Entstehungsphase des Vereinswesens bis heute organisieren sich Menschen in großer Zahl in Vereinen.[120] Daran haben weder gesellschaftliche Ausdifferenzierung noch fundamentale Strukturbrüche wie der Erste und Zweite Weltkrieg etwas geändert. Betrachtet man die Statuten, so stellt man eine beachtliche Kontinuität in der formalen Verfasstheit von Vereinen über die letzten 200 Jahre fest. Die »neuen Bürger« um 1800, bürgerliche Frauen, die zunächst vor allem in karitativen Zusammenschlüssen wirkten, die sozialdemokratische Arbeiterbewegung etwa seit 1850, um 1900 dann Nationalisten, die sich zunehmend völkisch verstanden, in der Weimarer Zeit Paramilitärs, die für oder gegen die Republik kämpften, in der Bundesrepublik seit den 1970er Jahren Menschen, die sich in Bürgerinitiativen zusammenfanden – sie gründeten Vereine oder traten diesen

118 Am Beispiel des Raucherclubs zeigt sich im Übrigen mit einer aus heutiger Sicht humoristischen Note, dass Geselligkeit und finanzielle Absicherung miteinander einhergehen können. Der Raucherbund Halle a. S. und Umgegend gibt als Vereinszweck an: »Geselligkeit, feierliche Beerdigung der Mitglieder«, Adressbuch für Halle 1913, Teil 4, S. 95. Geselligkeit war hier verbunden mit der Errichtung einer Sterbekasse.

119 In diesem Kontext sind vor allem größere Verbände zu nennen, vgl. die US-amerikanischen Beispiele bei *Welskopp*, Ressourcenmobilisierung, S. 247 f. Auch in globalen NGOs sind ökonomische Ressourcen von großer Wichtigkeit. Vor allem effizientes Fundraising ist für Non-Profit-Organisationen von erheblicher Bedeutung. Siehe nur die Beiträge in *Bär u. a.*, Fundraising u. *Klein/Siegmund*, Partnerschaften.

120 Zu aktuellen Zahlen siehe nur *Krimmer/Priemer*, ZIVZIV-Survey, S. 16, 37.

bei.[121] Die Attraktivität des Vereins als Organisationsmodell liegt augenscheinlich in einem hohen Maß an Flexibilität, die die Realisierung verschiedenster Zwecksetzungen ermöglicht und ihn als Form des Zusammenschlusses für ganz unterschiedliche soziale, kulturelle und politische Gruppierungen geeignet erscheinen lässt. Es ist naheliegend, dass gerade die über die Satzungen gewährleistete Verbindlichkeit und die in ihnen festgelegten Kompetenzverteilungen qua präzise bestimmter Regeln eine Erklärung des Erfolgsmodells Verein ausmachen. Ohne diese formalen Festlegungen ist eine dauerhafte Umsetzung bzw. Erreichung des Vereinszweckes, insbesondere dann, wenn er außenorientiert über die Grenzen des Vereins hinausgeht, nicht zu realisieren.

Es ist verführerisch, aus den Statuten der Vereine oder aus juridischen Bestimmungen ein eindeutiges Verständnis von »Verein« herauszudestillieren und – davon ausgehend – mit den festgestellten Merkmalen spezifische, nicht selten normativ aufgeladene Erwartungen der Wirkung des Vereins auf seine Mitglieder und seine Umwelt zu konstatieren. Doch, so die grundlegende These dieses Kapitels: mit Blick auf den Verein kann es keine erzwungenen Eindeutigkeiten geben. Vielmehr sind die ihn charakterisierenden Merkmale, die über das basale Verständnis des Vereins als dauerhaften Zusammenschluss von Menschen zur Erreichung eines gemeinsamen Zweckes hinausgehen, als Spannungsfelder aufzufassen. So wichtig das Vereinsstatut für die Existenz der Organisation ist, geht sie nicht in ihm auf. Ein Verein kann mehr oder weniger freiwillig sein, mehr oder wenig demokratisch oder hierarchisch, wodurch die Steuerungsmechanismen im Verein und damit die Ausrichtung des Vereinsziels erheblich beeinflusst werden. Er oszilliert des Weiteren im Spannungsfeld zwischen autonomer Selbststeuerung und staatlicher Regulierung und ist doch immer ganz grundsätzlich auf die staatliche Einhegung und Gewährleistung seiner Handlungsmöglichkeiten angewiesen; er kann Strategien des Zugangs und der Beeinflussung von Öffentlichkeit entwickeln oder gänzlich darauf verzichten; und schließlich kann er neben idealen auch wirtschaftliche Zwecke

121 Zu den Bürgerinitiativen siehe *Wagner*, Bürgerinitiative. Im Fokus der so genannten neuen sozialen Bewegungen standen vor allem kulturelle und weniger sozioökonomische Konflikte. Das klassische bürgerliche und später sozialdemokratische Organisationsmodell »Verein« wurde dabei oftmals als »spießig« und aufgrund der Annahme einer der Organisation inhärenten Bevormundung abgelehnt. Vgl. *Kern*, Soziale Bewegungen, S. 53 ff. Hinsichtlich ihrer Organisationsformen grenzten sich die neuen sozialen Bewegungen insbesondere vom straffen, hierarchischen und bürokratischen Modell der Arbeiterbewegung ab. Vgl. *Schmidt*, Arbeiterbewegung, S. 158 f. Dass sich das Organisationsverständnis der neuen sozialen Bewegungen im Laufe der Zeit wandelte, lässt sich am Beispiel der »neuen« Frauenbewegung seit Ende der 1960er Jahre zeigen. Wurde zunächst auf lokale, dezentrale Gruppen- und Projektarbeit gesetzt, kam es bereits in den 1980ern zu Debatten um Autonomie und Institutionalisierung, in deren Folge sich Verstetigungsbestrebungen, zu denen auch Vereinsgründungen gehörten, immer mehr durchsetzten. Vgl. *Gerhard*, Frauenbewegung, S. 188–217, insbesondere S. 207 ff.

verfolgen bzw. beide miteinander verbinden. Vereinsorganisation entspricht in ihrer konkreten Realisierung somit – metaphorisch gesprochen – eher den Einstellungen der Regler eines Equalizers, die vielfältige Möglichkeiten zulassen. Vier Schlussfolgerungen gilt es abschließend hervorzuheben:

Erstens waren und sind Vereine viel eher »Schulen der Organisation« als »Schulen der Demokratie«. Menschen lernen in ihnen, wie sie durch adäquates und effizientes Organisieren den Vereinszweck verwirklichen und dadurch – so der Idealfall – ihre eigenen Interessen umsetzen können. Zugleich ist davon auszugehen, dass sich in Vereinen organisatorische Pfadabhängigkeiten entwickeln, die grundlegende organisatorische Neuausrichtungen einmal gegründeter und mit einiger Dauer bestehender Vereine erschweren und nicht ohne Folgen für die Rolle der Mitglieder bleiben dürften. Ausdifferenzierungen der Organisationslandschaft sind, *zweitens*, ohne eine Analyse der skizzierten Spannungsfelder kaum nachvollziehbar. Parteien, Volksbanken, Aktiengesellschaften, Gewerkschaften, Wirtschaftsverbände oder aber (Kranken)Kassen – sie alle haben Ursprünge im Vereinswesen. Mit ihnen wurden – um im oben gewählten Bild zu bleiben – die Regler des Equalizers weitgehend verschoben und Klänge erzeugt, die sich von jenen des ursprünglichen, ideal gedachten, lokalen Basisvereins erheblich unterschieden. *Drittens* empfiehlt es sich daher, neben gängigen sozialgeschichtlichen Herangehensweisen für die historischen Forschungen zum Verein, sei es, dass sie Bürgertum, Bürgerlichkeit oder Zivilgesellschaft erforschen, sei es, dass sie sozialmoralischen Milieus nachspüren oder etwa spezifische Vereinstypen und Phasen der Vereinsentwicklung untersuchen, organisationssoziologische Perspektiven miteinzubeziehen. Erste Anleihen wurden hier vorgeschlagen. Die Entwicklung von Theorien und analytischen Modellen zur Organisationsgeschichte »des Vereins« steht jedoch ebenso am Anfang wie die Bildung von Kategorien und Kriterien zur Operationalisierung entsprechender Untersuchungen.[122] *Viertens*, und dies soll abschließend mit Blick auf den Fortgang der vorliegenden Untersuchung herausgestellt werden, hat die in diesem Kapitel vorgenommene Problematisierung des analytischen Verständnisses »des Vereins« aufgezeigt, dass es »die Zivilgesellschaft«, »die Bürgergesellschaft« oder etwa den »Dritten Sektor« als kollektiven Handlungsblock ebenso wenig gibt wie »das Vereinswesen«. Diese oftmals unreflektierten Kollektivsingulare haben verschleiert, dass es einerseits nicht nur eine breite Palette an Möglichkeiten des organisatorischen Aufbaus, der formalen Rahmung sowie des Binnenlebens der Vereine gab, sondern sowohl mit Blick auf die Frage nach Organisation und Handlung, als auch auf soziale Zusammenhänge das Vereinswesen viel eher ein verästeltes, mal mehr, mal weniger weitläufiges Netzwerk bildete.

122 Weitere Anregungen bei *Kühl*, Organisationen; *Türk u. a.*, Organisation; *Bentem*, Dritter-Sektor-Organisationen; *Horch*, Engagement; als Klassiker siehe nur *Sills*, Volunteers; *Mayntz*, Organisation u. *Hirschman*, Exit.

IV. Strukturen und soziale Trägerschaft der städtischen Vereinslandschaft

1. Untersuchungsort und Untersuchungszeitraum: Halle in der Kaiserreichszeit

Blasiertheit als »seelische Erscheinung«, Reserviertheit als soziale Haltung – changierend zwischen Gleichgültigkeit und »leiser Aversion« –, Verstandesherrschaft als psychische Disposition, welche durch »die reine Sachlichkeit in der Behandlung von Menschen und Dingen« charakterisiert ist: Die berühmte und plakative Beschreibung »des Großstädters« und der ihm eigenen Lebensführung, von Georg Simmel dargelegt in »Die Großstädte und das Geistesleben« am Beginn des 20. Jahrhunderts, hat mit ihrem Tenor bis heute nichts an Aktualität eingebüßt, da sie gängige großstädtische Erfahrungen beschreibt und stereotype Vorstellungen von der Großstadt evoziert.[1] Simmel ging es jedoch nicht um einen plumpen Verriss der Großstadt und seiner Bewohner,[2] sondern um das Spannungsverhältnis zwischen Individuum und Gesellschaft. Am Beispiel der Großstadt als Produkt des modernen Lebens wird daher nach den »individuellen und überindividuellen Inhalten des Lebens« und den »Anpassungen der Persönlichkeit« gefragt, die durch diesen spezifischen gesellschaftlichen Kontext bedingt sind.[3] Das großstädtische Leben mit seiner Vielfältigkeit in wirtschaftlicher, beruflicher und gesellschaftlicher Hinsicht sowie der Beschleunigung des Lebens durch rasch wechselnde Sinneseindrücke und einer Flut neuer, unerwarteter Impressionen erzeuge, so Simmel, eine »Steigerung des Nervenlebens«.[4] Der Mensch sei durch diese Intensität und Fülle großstädtischen Lebens überfordert und begegne der Reizüberflutung, indem er seinen Verstand als »Schutzorgan« einsetze.[5] Hinzu trete als seelische Erscheinung die Blasiertheit des Großstädters, die Un-

1 *Simmel*, Großstädte, S. 116–131, das Zitat S. 118.

2 »[M]ögen ihre einzelnen Erscheinungen uns sympathisch oder antipathisch berühren, [die Großstädte treten, D. W.] ganz aus der Sphäre hinaus, der gegenüber uns die Attitüde des Richters ziemte.« Ebd., S. 131.

3 Ebd. Intendiert ist mit seinem methodischen Vorgehen somit eine Veranschaulichung des eigenen soziologischen Denkens durch die Untersuchung der Großstadt als signifikantes gesellschaftliches Phänomen und nicht ein kohärenter Beitrag zur Stadtsoziologie. Vgl. *Junge*, Georg Simmel, hier S. 83 f.

4 Vgl. *Simmel*, Großstädte, S. 116 f.

5 Vgl. ebd., S. 116 ff. Diese Verstandesherrschaft ist durch den Menschen als rechnendes Wesen, das sich mit rationaler Planung in der Stadt bewegt und »qualitative Werte auf quan-

fähigkeit auf die beständige Konfrontation mit neuen Reizen angemessen reagieren zu können: Unterschiede zwischen Dingen und Sinneseindrücken würden zwar weiterhin wahrgenommen, aber als nichtig empfunden.[6] Verstandesherrschaft und Blasiertheit erzeugten eine eigentümliche Distanz des Großstädters zu Dingen und Menschen. Aus der Vielzahl und Flüchtigkeit sozialer Kontakte resultiere die Unmöglichkeit, jede Begegnung zu schätzen und innerlich zu reflektieren. Die soziale Haltung des Großstädters ist für Simmel daher eine »Reserviertheit mit dem Oberton versteckter Aversion«.[7]

War »die« Großstadt für Simmel vor allem die Metropole – man denke an London, Paris und vor allem Berlin –,[8] können seine Gedanken zum Zusammenhang von Individuum und Gesellschaft durchaus auf verschiedene Stadttypen und Städte bezogen werden, auch wenn diese hinsichtlich der Weitläufigkeit und des schillernden Charakters nicht mit den Archetypen der europäischen Metropolen konkurrieren konnten.[9] Als Simmel seine Überlegungen 1903 bei einem Vortrag darlegte, hatte die (Groß-)Stadt in den vorangegangenen Jahrzehnten einen fundamentalen Wandel mit Blick auf ihre Einwohnerzahl, ihre räumliche Ausdehnung und bauliche Gestaltung, die Sozialstruktur ihrer Einwohner, ihre Verwaltung u. v. m. erfahren, der für die Thesen Simmels zur psychischen Beschaffenheit und Lebensführung des Großstädters den entscheidenden Referenzrahmen lieferte. Für die Stadt Halle an der Saale lässt sich dieser Wandel zur Großstadt anhand verschiedener Dimensionen verdeutlichen.

1.1 Strukturdimensionen städtischen Wandels

Demographische Entwicklung

Die demographische Entwicklung der Stadt Halle in der Kaiserreichszeit ist insbesondere durch die Veränderung der Bevölkerungsgröße und -zusammensetzung gekennzeichnet, die in der sozial- und stadtgeschichtlichen Forschung als Folge der Transformationsprozesse Urbanisierung und Industrialisierung bzw. Hochindustrialisierung interpretiert wird.[10] In keiner anderen historischen Epoche waren die Städte über einen so kurzen Zeitraum einem derart im-

titative« reduziert, gekennzeichnet. Bereits in einem früheren Text hatte Simmel den Zusammenhang zwischen Geldwirtschaft und Verstandesherrschaft dargelegt. Siehe *Simmel*, Philosophie des Geldes; *Junge*, Georg Simmel, S. 84–88.

6 Vgl. *Simmel*, Großstädte, S. 121 f.

7 Vgl. ebd., S. 122 f.

8 Vgl. *Junge*, Georg Simmel, S. 83. Siehe auch *Jazbinsek*, Antipathie.

9 Siehe *Hettling*, Die Kleinstadt und das Geistesleben.

10 Siehe als Standardwerk *Reulecke*, Urbanisierung; weiterhin *Lenger*, Stadt-Geschichten; *ders.*, Urban Nation.

mensen demographischen Wandel unterlegen.[11] Drei Charakteristika werden im Folgenden diskutiert.

Bevölkerungswachstum: Die Daten in Tabelle 1 zeigen, dass sich die Bevölkerungszahl Halles im Zeitraum von 1816 bis 1914 etwa verzehnfacht hat.[12] Gab es in der ersten Jahrhunderthälfte größere Schwankungen des Bevölkerungswachstums, stabilisierte sich dieses in der zweiten Jahrhunderthälfte.[13] Der Zeitraum von 1871 bis 1900 lässt sich als Hochphase des städtischen Bevölkerungswachstums ausmachen. Bereits von 1871 bis 1875 steigt das Wachstum auf 15 % und verbleibt in den Zeiträumen zwischen 1875 und 1900 (Fünf-Jahres-Intervalle) bei einem Wachstum von mindestens 14 bis 18 % je Zeitabschnitt. Dabei sind drei massive Schübe feststellbar: In der Reichsgründungszeit (1871–1875) mit einem Zunahmequotienten von 34,8 ‰ (jährliche Bevölkerungszunahme auf 1.000 der mittleren Bevölkerung), im Zeitraum von 1885 und 1890, in dem Halle die 100.000 Einwohner-Marke durchbricht, vor allem aber mit einem Zunahmequotienten von 42,4 ‰ den höchsten Wert[14] im gesamten Betrachtungszeitraum aufweist sowie im Zeitraum von 1895 bis 1900, für welchen aufgrund der Eingemeindungen der Vororte Giebichenstein, Kröllwitz, Trotha und Gimritz eine Zunahme der Bevölkerung um 34,7 % auf 156.609 zu verzeichnen ist. Ein Vergleich des Bevölkerungswachstums verschiedener deutscher Städte für die Zeitabschnitte 1843 bis 1871 und 1871 bis 1900 zeigt, dass sich das Wachstum Halles von einer – relativ – schwachen Position für den Zeitraum 1843 bis 1871 deutlich steigert und im Zeitraum von 1871 bis 1900 Städte wie Hannover, Köln, Breslau, Magdeburg oder Erfurt klar überflügelt.[15] Während der jährliche Bevölkerungszuwachs in den meisten anderen Vergleichsstädten zurückging, entwickelte er sich in Halle im Vergleich zum ersten Zeitabschnitt in der Kaiserreichszeit ausgesprochen positiv, was auf die vergleichsweise späte Industrialisierung der Stadt zurückgeführt werden kann.

11 Für Halle sind diese Entwicklungen in den *BzSdSH* und den *SMdSH* umfangreich dokumentiert worden.

12 Vgl. *BzSdSH*, Bevölkerung, S. 7 und *BzSdSH*, Statistische Jahresübersichten für Halle a. S. 1911, S. 1. Dabei basieren die Daten der BzSdSH im Wesentlichen auf den regelmäßig vorgenommenen preußischen Volkszählungen und der amtlichen Statistik des preußischen Staates. Siehe auch *SMdSH* 6 (1914), S. 3; *SMdSH* 12 (1914) und *BzSdSH*, Die Erwerbstätigen der Stadt Halle, S. 14.

13 Siehe *BzSdSH*, Bevölkerung, S. 6 f. Die Gleichförmigkeit der Bevölkerungsentwicklung, die in den BzSdSH für die zweite Jahrhunderthälfte postuliert wird, entspricht allerdings nicht den statistischen Zahlen. Zwar kommt es nicht mehr zu einem absoluten Rückgang der Bevölkerung, doch das Wachstum in der Zeit bis zum Ersten Weltkrieg verläuft keineswegs gleichmäßig.

14 Wenn man das Eingemeindungsjahr 1900 außen vor lässt.

15 Vgl. PDF 1. Die Nähe zu Magdeburg, vor allem aber zu Leipzig, welches ein hohes Zuwachsprozent von 5,1 für 1871 bis 1900 aufweist, ist der hallischen Bevölkerungsentwicklung anscheinend nicht abträglich gewesen. Vgl. *BzSdSH*, Bevölkerung, S. 8 f.

Tab. 1: Die Bevölkerungsentwicklung in Halle von 1816 bis 1914

Jahr	**Einwohnerzahl** (*Kursiv: ohne Militär*)			**Zunahme**		**Mittlere** Bevölkerung	**Zunahme-quotient auf 1.000 d. mittl. Bev. und ein Jahr**
	m	w	**zus.**	abs.	%		
1816	–	–	***19.136***				
1834	*12.562*	*12.638*	***25.200***				
			Drei-Jahres-Intervalle				
1849	17.633	16.207	**33.840**				
1852	18.449	17.371	**35.820**	1.980	5,9	34.830	19
1855	18.659	17.761	**36.420**	600	1,7	36.120	5,5
1858	20.044	19.126	**39.170**	2.750	7,6	37.795	24,3
1861	22.082	20.894	**42.976**	3.806	9,7	41.073	30,9
1864	23.634	22.338	**45.972**	2.966	6,9	44.474	22,5
1867	25.463	23.483	**48.946**	2.974	6,5	47.459	20,9
			Vier-Jahres-Intervalle				
1871	26.786	25.834	**52.620**	3.674	7,5	50.783	18,1
1875	30.773	29.730	**60.503**	7.883	15	56.562	34,8
			Fünf-Jahres-Intervalle				
1880	35.767	35.717	**71.484**	10.981	18,1	65.994	33,3
1885	41.103	40.879	**81.982**	10.498	14,7	76.733	27,4
1890	50.628	50.773	**101.401**	19.419	23,7	91.692	42,4
1895	56.587	59.717	**116.304**	14.903	14,7	108.853	24,4
1900	64.642	68.164	**132.806**	16.502	14,2	124.225	26,6
1900*	76.129	80.480	**156.609**	40.305	34,7	136.457	59,1
1905	82.349	87.567	**169.916**	13.307	8,5	163.263	16,3
1910	87.321	93.522	**180.843**	10.927	6,4	175.379	–
1914**	92.313	99.382	**191.695**	10.852	6	186.269	–

* Ab 1900 einschließlich der am 1. April 1900 eingemeindeten Orte Giebichenstein, Kröllwitz, Trotha und Gimritz mit insgesamt 23.805 Einwohnern. Davon entfallen 16.725 auf Giebichenstein (8.035 m., 8.690 w.), 3.073 auf Kröllwitz (1.488 m., 1.585 w.), 3.950 auf Trotha (1.932 m., 2.018 w.) und 56 auf Gimritz (33 m., 24 w.). Die Differenz der Zahlen mit und ohne Berücksichtigung der Eingemeindungen für das Jahr 1900 beträgt in der obigen Tabelle 23.503. Diese marginale Abweichung von der Gesamtzahl der eingemeindeten Bevölkerung im statistischen Material lässt sich nicht aufklären.

** Die angegebenen Zahlen für 1914 beziehen sich auf den Juni d. J., unmittelbar vor Ausbruch des Ersten Weltkrieges. Im Dezember 1914 beläuft sich die Gesamtbevölkerungszahl auf 178.600 (77.864 m., 100.736 w.), im Dezember 1916 auf 161.537 (64.614 m., 96.923 w.).

Doch um die Jahrhundertwende schwächte sich auch das Wachstum Halles ab. Legt man für die Periode 1895 bis 1900 den regulären Zuwachs von »Alt-Halle« – ohne Berücksichtigung der Eingemeindungen – zugrunde, so weisen die Zuwachsrate von 14,2 % und der Zunahmequotient von 26,6 ‰ bereits auf das Ende der Hochwachstumsphase hin. Die drei letzten Zeitabschnitte bis 1914 veranschaulichen schließlich einen deutlichen Rückgang der Zuwachszahlen mit einem Wachstum von nur noch 8,5 % im Zeitraum 1900 bis 1905 (bei einem Zuwachsquotienten von lediglich 16,3 ‰), von 6,4 % 1905 bis 1910 und 6 % von 1910 bis 1914. Um die Jahrhundertwende war der Zenit des Bevölkerungsbooms damit überschritten.

Geburtenüberschüsse und Binnenwanderung: Erklärungen für das Bevölkerungswachstum ergeben sich aus einer Betrachtung des Geburtenüberschusses (innerer bzw. natürlicher Zuwachs) und des Wanderungsgewinns (äußerer Zuwachs).[16] Die Entwicklung der Geburten- und Sterberaten (und daraus resultierend des Geburtenüberschusses) in Halle fügt sich in das Paradigma eines Prozesses in Europa ein, der in der Forschung als »Demographischer Übergang« oder »Demographische Transition« bezeichnet wird und damit insbesondere den prozessualen Wandel von traditioneller, »vormoderner« hin zu industrieller, »moderner« Bevölkerungsweise meint – indiziert durch das dauerhafte Öffnen der Schere zwischen Geburten- und Sterberate im letzten Drittel des 19. Jahrhunderts und etwa ein halbes Jahrhundert anhaltend, wobei im Rahmen eines grundlegenden Wandels der Fertilität und Mortalität zuerst die Sterbe- und zeitlich verzögert die Geburtenraten auf niedrige Niveaus sinken.[17] Entscheidend ist hier, dass »[d]er *time lag* zwischen dem Fallen der Sterbe- und Geburtenrate [...] eine Phase hypergeometrischen (exponentiellen) natürlichen Bevölkerungswachstums während des Übergangs«[18] bewirkte. In den BzSdSH wird am Beginn des 20. Jahrhunderts konstatiert, »daß der natürliche Zuwachs der Stadt bis zum Jahre 1880 im großen Ganzen mehr auf Kosten der hohen Geburtenfrequenz, für die letzten 20 Jahre aber mehr auf Kosten der rasch sinkenden Sterblichkeit zu setzen ist«.[19] Diese Beschreibung ist sicher zu pauschal und muss dahingehend präzisiert werden, dass zwar ohne Frage bis 1880 hohe Geburtenraten zu verzeichnen sind, welche erst danach allmählich und ab 1895

16 Vgl. ebd., S. 9.

17 Vgl. *Weigl*, Bevölkerungsgeschichte Europas, S. 91 f. Siehe auch *Reulecke*, Urbanisierung, S. 69 und *Marschalck*, Bevölkerungsgeschichte, S. 41 ff.

18 Vgl. *Weigl*, Bevölkerungsgeschichte Europas, S. 91 ff., das Zitat S. 91. Aussagen über Auswirkungen des Übergangs auf das Bevölkerungswachstum werden durch Analysen der Geburten- und Sterberaten möglich, *nicht* jedoch Aussagen über die ihnen zugrunde liegenden demographischen Fertilitäts- und Mortalitätsprozesse, welche entscheidend vom Altersaufbau der Bevölkerung abhängen. Siehe auch *Marschalck*, Bevölkerungsgeschichte, S. 8 f.

19 *BzSdSH*, Bevölkerung, S. 10. Daten zu Eheschließungen, Geburten, Sterbefällen und Geburtenüberschuss von 1872 bis 1910 sind in der Tabelle PDF 2 dokumentiert.

deutlich absinken, dass jedoch das Sinken der Sterberate, welches bereits vor der Kaiserreichszeit einsetzt, entscheidend zu den hohen Geburtenüberschüssen beiträgt und somit die »vormoderne« Konstellation hoher Geburten- *und* hoher Sterberaten abgelöst wird.[20] Zugleich deutet sich jedoch bereits mit dem Sinken der Geburtenrate, einem Abfallen von 37,7 ‰ (1876–1880) auf 28,6 ‰ (1906–1910), ein langsames Schließen der Schere zwischen Geburten- und Sterberate an.[21]

Als äußere Ursache des Bevölkerungswachstums gilt die *Zuwanderung*. Im Zeitraum von 1861 bis 1900 nahm die Bevölkerung von 42.976 auf 132.806, d. h. um 89.830 Menschen, zu. Diese Zunahme wurde zu 39 % durch Geburtenüberschuss (35.268) und zu 61 % durch Zuwanderung gedeckt.[22] Bis 1900 war die Zunahme, gemessen an der jeweiligen Ausgangsbevölkerung, immer stärker vom Wanderungsgewinn als vom Geburtenüberschuss abhängig gewesen.[23] In den 1880er und 1890er Jahren erhöhte sich der Anteil des Geburtenüberschusses am Bevölkerungswachstum zwar merklich, blieb aber nach wie vor deutlich hinter dem Anteil der Zuwanderung zurück, bevor sich im letzten Jahrzehnt des 19. Jahrhunderts die Anteilswerte von Geburtenüberschuss und Zuwanderung dann nahezu anglichen. Eine differenzierende Schlussfolgerung zu den Ursachen des Bevölkerungsbooms muss dementsprechend beide Faktoren würdigen, sowohl den natürlichen als auch den äußeren Zuwachs.[24]

20 Siehe *Marschalck*, Bevölkerungsgeschichte, S. 41 ff. Das erreichte Lebensalter stieg vor allem aufgrund des Rückgangs der Sterblichkeit bei Erwachsenen und Kindern. Der Zusammenhang zwischen Beruf bzw. sozialer Schicht und Sterblichkeit ist für Halle in den SMdSH untersucht worden. Insbesondere der Anteil der verstorbenen – gelernten wie ungelernten – Arbeiter und ihrer Angehörigen war sehr hoch. Vgl. *SMdSH* 4 (1911), Die Berufssterblichkeit in Halle a. S. 1910, I. Teil, S. 30 ff.; *SMdSH* 5 (1911), Die Berufssterblichkeit in Halle a. S. 1910, II. Teil, S. 30 ff. Die Säuglingssterblichkeit ist in Halle erst seit der Jahrhundertwende deutlich gesunken, war aber im Vergleich mit anderen Städten immer noch hoch. Vgl. *SMdSH* 8 (1911), Die Säuglingssterblichkeit in Halle a. S., S. 30 ff., I. Teil; *SMdSH* 9 (1911), Die Säuglingssterblichkeit in Halle, II. Teil, S. 30 ff.; siehe auch *Wehler*, Gesellschaftsgeschichte, Bd. 3, S. 495 ff.

21 Das natürliche Bevölkerungswachstum in Deutschland verlangsamte sich bereits vor 1910 merklich. Siehe *Marschalck*, Bevölkerungsgeschichte, S. 53 (zum sozialen Kontext des Geburtenrückgangs S. 57 ff.). Dass sich die Schere zwischen Geburten- und Sterberate, bedingt durch den Mortalitätsrückgang, überhaupt geöffnet hat, ist maßgeblich auf die so genannte *sanitary revolution* in den Kommunen zurückzuführen. Siehe *Witzler*, Hygiene, v. a. S. 92 ff.; *Vögele*, Gesundheitsverhältnisse, S. 251 ff. Warum es im gesamten europäischen Raum auch zu einem Rückgang der Fertilität kam, ist nach wie vor umstritten. Vgl. *Weigl*, Bevölkerungsgeschichte Europas, S. 98 ff. u. 103 ff.

22 Vgl. *BzSdSH*, Bevölkerung, S. 11 f.

23 Vgl. die Daten zu Geburtenüberschüssen und Wanderungsgewinnen von 1861 bis 1900 in Tabelle PDF 3.

24 Ähnlich *Lenger*, Großstadtmenschen, S. 268. Zudem beeinflusste der Zuzug in die Städte den Geburtenüberschuss, da vor allem die jungen, ledigen Zuwanderer in der Stadt Familien gründeten. Die Analyse in den BzSdSH ist zu undifferenziert, wenn hervorgehoben

Stadt im Kaiserreich – eine mobile Gesellschaft? Im Jahr 1900 waren 87.097 nicht in Halle geboren. Dies entspricht einem Anteil von 55,6 %.[25] Die Zuwanderung in die Stadt verweist auf ein Signum der Epoche, welches in der Migrationsforschung intensiv bearbeitet wurde: die ungemein hohe Mobilität der Menschen.[26] Die Zahlen zum Wanderungsgewinn (Wanderungsdifferenz) bestätigen zum einen den oben geschilderten Trend eines abnehmenden Wanderungszuwachses um die Jahrhundertwende, zum anderen sind für die Jahre 1911 und 1912 jedoch nochmals starke Wanderungsgewinne ausgewiesen. Von einer eindeutigen Entwicklung hin zu einer rückläufigen Zuwanderung kann für Halle vor dem Ausbruch des Ersten Weltkrieges daher nicht gesprochen werden.[27] Die Mobilität ist jedoch nicht einfach anhand von städtischen Wanderungsgewinnen ablesbar, sondern erst die Auswertung des Wanderungsvolumens (bzw. des Mobilitätsvolumens), in welchem Zu- *und* Abwanderung berücksichtigt werden, lassen das Ausmaß der Wanderungen offenbar werden.[28] Das Wanderungsvolumen ist gegenüber dem Wanderungsgewinn um ein Vielfaches größer: Übersteigt es für den Zeitraum 1892 bis 1895 mit 179.402 bereits deutlich die Höhe der Gesamteinwohnerschaft Halles, erhöht es sich bis 1910 nochmals dramatisch – bis auf 344.238 (1906–1910).[29] Heberle und Meyer wei-

wird, »daß der natürliche Zuwachs nur in geringem Maße zu dem gewaltigen Wachstum beigetragen hat, daß vielmehr der Wanderungsgewinn die Hauptkosten bestreitet«, *BzSdSH*, Bevölkerung, S. 12. Kritisch zu bewerten ist andererseits auch die These von Horst Matzerath, dass sowohl Land als auch Städte durch ein starkes natürliches Bevölkerungswachstum gekennzeichnet waren und die Bevölkerungen der Großstädte stärker durch Geburten- als durch Wanderungsüberschuss wuchsen. Vgl. *Matzerath*, Urbanisierung, S. 305. Die Daten zu Halle entsprechen dieser Aussage nicht.

25 Vgl. PDF 4.

26 Die erste umfangreiche Untersuchung zur Migration in Deutschland nahmen *Heberle/Meyer*, Binnenwanderung, vor. Ihre Studie gilt daher neben den späteren Publikationen Werner Köllmanns und Dieter Langewiesches als klassisches Standardwerk zum Thema. Siehe auch *Oltmer*, Migration, S. 75 ff.

27 Die auffällig negative Wanderungsbilanz für 1908 wird in den SMdSH mit der wirtschaftlichen Krise 1908 begründet, während die positiven Zahlen der folgenden Jahre auf den konjunkturellen Aufschwung der Stadt zurückgeführt werden. Vor allem die Entwicklung in Industrie und Handwerk sowie Handel und Verkehr begründeten diesen Aufschwung. Vgl. Zuzug und Fortzug in den Jahren 1907 bis 1909, in: *SMdSH* 4 (1910), H. 3, S. 28–31 u. Zuzug und Fortzug in Halle in den Jahren 1910 bis 1912, in: *SMdSH 7* (1913), H. 5, S. 32–35.

28 Vgl. *Langewiesche*, Wanderungsbewegungen, S. 2 ff. Langewiesche weist in diesem Zusammenhang darauf hin, dass gerade die Untersuchung städtischer Wanderungsgewinne oftmals zu Annahmen einer einseitigen Land-Stadt-Wanderung geführt haben. Doch erstens überstieg das Wanderungsvolumen den Wanderungsgewinn erheblich und beide Größen standen nicht in einem bestimmten Verhältnis zueinander und, zweitens, lenkt erst die Analyse des Wanderungsvolumens den Blick auf Abwanderungen aus den Städten in andere Städte, vor allem aber auf das Land.

29 Vgl. für Halle die Daten betr. Zu- und Fortzug, Wanderungsgewinn und Mobilitätsvolumen in Tabelle PDF 5.

sen für Halle im Durchschnitt von 1900 bis 1912 eine Mobilitätskennziffer[30] von 389‰ nach, welche damit sowohl den Durchschnittswert aller untersuchten Städte (326‰) als auch die Werte für einzelne Städtegruppen, gebildet nach Bevölkerungsgröße – Städte über 200.000 Einwohner (310‰), von 100.000 bis 200.000 Einwohner (361‰) und von 50.000 bis 100.000 Einwohner (342‰) – deutlich übertrifft.[31] Von 33 Vergleichsstädten belegt Halle mit Blick auf die Mobilitätskennziffer 1900/12 den zwölften Platz.[32] Veranschaulichen diese Daten zunächst die hochgradige städtische Mobilität mit überdurchschnittlichen Werten für Halle, so gilt es diesen Befund in mehrfacher Hinsicht zu relativieren bzw. ihn angemessen einzuordnen: Die Daten aus der Meldestatistik[33] selbst erlauben, *erstens*, keine Rückschlüsse über die Mobilität *des* Städters. Die Mobilitätskennziffer steht für »die am Ort gemessene Mobilität einer zunächst noch unbestimmten Personengruppe«.[34] Eine »ideology of mobility« unterstellt, *zweitens*, Steve Hochstadt und wendet sich damit gegen die klassische sozialhistorische Mobilitätsforschung, welche Mobilität in einen starken Nexus zur Urbanisierung und Industrialisierung gestellt hatte.[35] Kern dieser »Ideologie« sei, dass Mobilität nicht als soziales, sondern als städtisches Phänomen (in scharfem Gegensatz zu den ländlichen Regionen) erklärt werde.[36] Für keine Gruppe von Städten ließe sich ab 1880 ein exzeptionelles Wachstum der Migrationsrate nachweisen, in der *longue durée* des 19. Jahrhunderts zeigten sich vielmehr bereits für die 1840er Jahre relativ hohe Migrationslevel, auf deren Basis ein graduelles Wachstum zu einem Höhepunkt um 1900 führte. Nicht dynamisches, außergewöhnliches Wachstum kennzeichne daher die Zeit von 1890 bis 1912, sondern Stabilität. Die aufwendigen Analysen Hochstadts haben m.E. den Mehrwert, Mobilitätsmuster durch eine Längsschnittanalyse angemessener verorten und erklären zu können als dies bisher der Fall gewesen ist – vor allem mit der Charakterisierung von Mobilität als allgemein soziales und nicht nur urbanes Phänomen –, doch überzeichnet er, legt man das Hauptaugenmerk auf die Entwicklung der Großstädte in der Kaiserreichszeit, tendenziell die Relevanz seiner Ergebnisse.[37] Selbst wenn man seine These teilt, dass die Hochindustria-

30 Summe der An- und Abmeldungen einer Stadt (also das Wanderungsvolumen) in Relation zur Bevölkerungsgröße (‰ der Bevölkerung).

31 Vgl. *Heberle/Meyer*, Binnenwanderung, S. 88, 102f.

32 Vgl. ebd., S. 103. Ausgenommen von diesem Vergleich sind alle Städte der Gruppe »Kleinstädte« (50.000–100.000 Einwohner), Städte die zum Zeitpunkt der Untersuchung (1937) nicht mehr zum Reichsgebiet gehörten sowie München, Elberfeld und Barmen.

33 Eine kritische Würdigung der Meldestatistiken als Quellengrundlage bei ebd., S. 76ff., ähnlich *Meyer*, Gebürtigkeitsstatistik.

34 *Heberle/Meyer*, Binnenwanderung, S. 79.

35 Siehe v.a. *Langewiesche*, Wanderungsbewegungen.

36 *Hochstadt*, Mobility and Modernity, S. 111. Siehe auch S. 133f.

37 Vgl. ebd., S. 107–134, bes. S. 119, 122f., 133f.

lisierungsphase keinen Migrationsboom ausgelöst hat, bleibt die Interpretation der Urbanisierung als maßgeblich durch hohe städtische Mobilitätsvolumen und hohe Zuwachsraten in den Wanderungsbilanzen gekennzeichneter sowie eng mit der Industrialisierung verflochtener Prozess absolut plausibel. Der Wandel des Städtischen ist ohne dieses Interpretament kaum zu erklären. Dass Zeitgenossen somit gerade die Wanderungen in die Städte als ein maßgebliches Kennzeichen der Epoche ansahen, von einer »Riesenvolksbewegung städtischen Nomadentums« sprachen und kulturpessimistisch konnotiert über die »Landflucht« klagten,[38] kann daher nicht überraschen. Die mit dem wirtschaftlichen Wandel verbundene hohe Mobilität spezifischer Personengruppen führte insbesondere zu einer bedeutenden Veränderung der städtischen Sozialstruktur. Beide Aspekte – wirtschaftliche Transformation und städtische Sozialstruktur im Kaiserreich – werden im Folgenden ausführlicher diskutiert.

Die Entwicklung zum Industrie- und Dienstleistungsstandort

»Wer nun von Halle sprach« – so die Hallenserin Anselma Heine in ihren Erinnerungen an die 1870er und 1880er Jahre – »meinte damit einen Eisenbahnknotenpunkt, meinte Zichorienfabriken, Braunkohle, Maschinen und Zuckerrüben.« Sie schilderte damit den Wandel der Stadt vom Bildungs- zum Industriestandort: »Die Vorherrschaft der Alma mater war vorüber.«[39] Doch auch nach der Reichsgründung blieb die Vereinigte Friedrichsuniversität für die Stadt wichtig: Neben ihrem Charakter als traditionsreiche Universität des deutschen Protestantismus mit einem konstant hohen Theologenanteil, hatte sie – durch die Förderung und den Ausbau naturwissenschaftlicher Fächer – einen wesentlichen Anteil an der technischen Entwicklung im Zeitalter der Industrialisierung.[40] Halle wurde als Wissenschaftsstandort durch die dauerhafte Ansiedelung der Leopoldina, Deutsche Akademie der Naturwissenschaften, 1878 zudem nochmals erheblich aufgewertet.[41] Insgesamt wurde das Bild der Stadt nun jedoch zunehmend durch die gewaltigen industriellen und gesellschaftlichen Veränderungen geprägt.

Trotz der für die Stadt günstigeren politischen Rahmenbedingungen in Folge des Wiener Kongresses, entwickelte sich Halle in den ersten Jahrzehnten des 19. Jahrhunderts zunächst zu einer der »elendesten Landstädte«, wie der Archivar und Historiker Erich Neuß rückblickend feststellte.[42] Der Wirtschaftsstandort Halle war in dieser Zeit vor allem durch Salzsiederei, Stärkemacherei und

38 Vgl. *Langewiesche*, Wanderungsbewegungen, S. 1, der Gustav Schmoller als eine zeitgenössische Stimme zitiert.

39 *Heine*, Mein Rundgang, S. 59.

40 Vgl. *Kathe*, Universität, S. 65f.; *Tullner*, Halle, S. 47f. u. *Dolgner*, Stadtumbau, S. 150f.

41 Vgl. *Kathe*, Universität, S. 70ff.; *Gerstengarbe u. a.*, Leopoldina; *Tullner*, Halle, S. 49f.

42 Vgl. *Hauser*, Großstadt, S. 20 und *Neuß*, Stadtverwaltung, S. 1.

Nahrungsmittelproduktion charakterisiert.[43] Das städtisch-verarbeitende Gewerbe nutzte dabei die zentralörtliche Funktion gegenüber dem Umland aus. Sowohl die Gründung des Zollvereins 1834 als auch die Eisenbahnanbindung Halles 1840 verbesserten die ökonomische Position der Stadt.[44] Der eigentliche *Take off* der Entwicklung Halles zur Industriestadt erfolgte ab Mitte der 1850er bis zum Ende der 1870er Jahre: Die Nahrungsmittelindustrie erfuhr einen bedeutenden Aufschwung, in der Stärkemacherei und im Brauereiwesen kam es zu Konzentrationsprozessen, die Kröllwitzer Papiermühle wurde zum Großbetrieb, die Teerschwelerei expandierte und die Transportinfrastruktur wurde verbessert. Nach der Reichsgründung kam es auch in Halle zu einer Euphorie mit zahlreichen Firmenneugründungen.[45]

Entscheidende Impulse für die wirtschaftliche Entwicklung in Halle sowie im mitteldeutschen Raum insgesamt gingen sowohl vom Zuckerrübenanbau und der Zuckerrübenverarbeitung als auch vom Braunkohlenbergbau aus. Die Stadt Halle und die Region profitierten von den erfolgreichsten Jahren der Zuckerrübenindustrie zwischen 1870 und 1882, weshalb es auch in Zeiten der »Großen Depression« zu Prosperität und Kapitalbildung und damit verbundenen Wachstumsimpulsen für die Wirtschaft kam.[46] Um die Krisen der 1880er und 1890er Jahre zu kompensieren, erfolgten Spezialisierungen im Bereich industrieller Malz- und Bierproduktion und eine weitere Mechanisierung der Landwirtschaft, welche sich verstärkt Getreide- und Gerstenanbau zuwendete. Ebenso florierte die Produktion von Honigkuchen, Süßwaren und Schokolade.[47] Von großer Wichtigkeit für die Entwicklung des mitteldeutschen Industriegebiets war zudem das Braunkohlevorkommen. Ab der Jahrhundertmitte wurde Braunkohle zum wichtigsten Energieträger der Region und als Rohstoff maßgeblich für das Entstehen einer chemischen Industrie. Im Süden der Provinz Sachsen entstand ein Zentrum der Braunkohlenverschwelung, bei der sich vor allem Carl Adolph Riebeck einen Namen machte, auf welchen die spätere Gründung der A. Riebeckschen Montanwerke AG in Halle zurückging. Durch die Nutzung der Exter-Presse im Jahr 1858 in Halle entstand mit der Brikettierung

43 Siehe zur allgemeinen wirtschaftlichen Entwicklung von Stadt und Region im 19. Jahrhundert *Neuß*, Entwicklung; *Misselwitz*, Entwicklung des Gewerbes u. *Dalchow*, Handelskammer.

44 Vgl. *Petri*, Industriestadt, S. 10ff. Zur Geschichte des Eisenbahnknotenpunkts Halle siehe *Dalchow*, Handelskammer, S. 44ff.

45 Vgl. *Petri*, Industriestadt, S. 16f.

46 Vgl. *Schaal*, Rübenzuckerindustrie, S. 81ff. Siehe auch *Petri*, Industriestadt, S. 14f. Wurden aus Kostengründen spätere Rübenzuckerfabriken direkt auf dem Land angesiedelt, entstanden die ersten Fabriken dieser Art noch in den Städten, so auch in Halle 1835 die Zuckersiederei-Compagnie auf Aktien. Ab den 1860ern erfolgte die Trennung zwischen ländlicher Rohzuckergewinnung und städtischer Raffination und Handel. In der verkehrsgünstig gelegenen Stadt Halle wurde daher 1863 eine eigene Zuckerraffinerie gegründet.

47 Vgl. *Schaal*, Rübenzuckerindustrie, S. 94f. und *Petri*, Industriestadt, S. 18f.

der Braunkohle und des dadurch erhöhten Heizwertes ein weiterer Wachstumsschub. Gegen Ende des 19. Jahrhunderts siedelten sich zudem Industrien der Elektrizitätswirtschaft und Elektrochemie, welche ebenfalls Braunkohle nutzten, in der Region um Halle an.[48]

Bei der Industrialisierung der Stadt nahm der hallische Maschinenbau eine besondere Stellung ein. Im Vergleich zu anderen deutschen Städten entwickelte sich der Maschinenbau in Halle relativ spät. Die Nachfrage der regionalen Zuckerindustrie war für die Etablierung des Maschinenbaus entscheidend und darauf aufbauend gründeten sich in den 1850er und 1860er Jahren weitere bedeutende Maschinenbauunternehmen.[49] Im gesamten Zeitraum bis 1914 lässt sich die Aktivität von 136 im Maschinenbau oder indirekt damit arbeitenden Firmen feststellen, von denen vor Ausbruch des Krieges noch über 90 existierten. 1881 arbeiteten insgesamt 2.433, 1908 7.401 Personen in Maschinenbaubetrieben. Der größte Anteil der Arbeiter, 43 % 1881 und 27 % 1908, war im Zuckerfabrik-, Nahrungsmittel- und Chemieanlagenbau beschäftigt. Andere bedeutende Sparten des Maschinenbaus wie zum Beispiel Landmaschinenfabrikation oder Pumpenbau waren zumindest mittelbar mit der Zuckerrübenindustrie verbunden, wodurch nochmals ihre Bedeutung für den lokalen Wirtschaftsstandort unterstrichen wird.[50] Neben der späten Entwicklung des hallischen Maschinenbaus war eine weitere Besonderheit die Größe der Betriebe: Die Betriebe hatten 1881 nur eine durchschnittliche Größe von 52, 1908 von 84 Mitarbeitern. Auch die Sparten des Anlagenbaus für Zuckerfabriken wiesen 1881 im Durchschnitt lediglich 173 (1908: 335), der Landmaschinenfabrikation 225 (1908: 121) und des Pumpenbaus 43 (1908: 493) Mitarbeiter auf. 1908 existierte kein Betrieb mit mehr als 1.000 Mitarbeitern. Der Maschinenbau in Halle war somit durch hochgradig spezialisierte Betriebe kleinerer und mittlerer Größe charakterisiert, auswärtige Unternehmen hatten auf ihre Entwicklung kaum Einfluss.[51] Dem allgemeinen Maschinenbau (Antriebs-, Textil- und Werkzeugmaschinen) kam demgegenüber eher marginale Bedeutung zu. Für Rolf Petri erfüllte der Maschinenbau in Halle Bedingungen, die ihn als *Industrial District* kennzeichnen lassen: Agglomerationen zumeist kleinerer und mittlerer Unternehmen, die durch enge formelle und informelle Kooperation ihre Kosten senkten, flexibel auf Veränderungen reagierten und Marktnischen auf dem Weltmarkt erfolgreich ausfüllen konnten.[52] Impulse für die lokale Wirtschaft kamen bis in das

48 Vgl. *Schaal*, Rübenzuckerindustrie, S. 182 ff.

49 Erst 1856 wurde die erste Maschinenbauanstalt von Carl Ferdinand Möwes und Ernst Traugott Leutert gegründet, es folgten A. L. G. Dehne (1957), Riedel & Kemnitz (1866), Wengelin & Hübner (1869). Vgl. *Petri*, Maschinenbau, S. 159 und *Schaal*, Rübenzuckerindustrie, S. 203 ff.

50 Vgl. *Petri*, Maschinenbau, S. 167 und *Schaal*, Rübenzuckerindustrie, S. 211.

51 Vgl. *Petri*, Maschinenbau, S. 174 und *Schaal*, Rübenzuckerindustrie.

52 Vgl. *Petri*, Maschinenbau, S. 160 f. und 172 ff. sowie *ders.*, Industriestadt, S. 20 f.

20. Jahrhundert hinein weniger durch auswärtiges Großkapital, sondern vor allem durch die über Kundschaft, Geschäfte und informelle Kontakte eng vernetzten Banken R. Steckner, H. F. Lehmann und den Halleschen Bankverein.[53]

Die hallische Fabriklandschaft wurde, wie im Maschinenbau, in ihrer Gesamtheit vor allem durch mittlere und mittelgroße Betriebe geprägt, auch wenn für die Zeit nach der Jahrhundertwende verstärkte Konzentrationstendenzen feststellbar sind: 1895 betrug der Anteil von Hauptbetrieben mittlerer Größe (6–50 Beschäftigte) zwar nur 10 %, aber etwa 35 % aller Erwerbstätigen der Stadt waren in ihnen beschäftigt. Bis 1907 konnte dieser Stellenwert ungefähr gehalten werden (12,5 % Betriebe, 34,4 % erwerbstätige Personen). Der Anteil der Kleinbetriebe (2–5 Beschäftigte) nahm zwischen 1895 und 1907 von 27,3 % auf 41 % zu, doch ihr Beschäftigtenanteil blieb in etwa gleich (1895 22 %, 1907 21,2 %). Während »Zwergbetriebe« mit nur einer Person in diesem Zeitraum stark an Bedeutung verloren (1895: 61,4 % Betriebe, 16,4 % der Erwerbstätigen; 1907: 45,1 % Betriebe, 8,7 % Erwerbstätige), lassen sich Konzentrationstendenzen in der Wirtschaft insbesondere an der gestiegenen Bedeutung der Großbetriebe darlegen. Der Anteil dieser Betriebe steigerte sich zwar lediglich von 0,8 auf 1,4 %, ihr Beschäftigtenanteil dagegen von 26,6 auf 35,7 %.[54] Dennoch behielten Klein- und mittlere Betriebe einen erheblichen Stellenwert, da 1907 nach wie vor 55,6 % der Erwerbstätigen in ihnen tätig waren. Auch das zeitgenössische Bild vom Niedergang des Handwerkerstandes muss deutlich differenzierter betrachtet werden. Zwar entfielen einige Handwerke durch neue industrielle Herstellungsverfahren oder den Niedergang bestimmter Gewerbezweige, dagegen stieg die Zahl der Mechaniker, Elektriker, Installateure oder Klempner. Handwerke, die Anforderungen im Bereich städtischer Dienstleistungen, im Baugewerbe und in der Industrie entgegenkamen, profitierten somit von Urbanisierung und Industrialisierung.[55]

Auch wenn die Bedeutung des sekundären Sektors gegen Ende des Kaiserreichs bereits etwas zurückging und der Handel sowie der Verwaltungs- und Dienstleistungsbereich an Relevanz gewannen, war die Stadt am Vorabend des Ersten Weltkrieges doch unverkennbar industriell geprägt. Halle nahm dabei

53 Vgl. *Petri*, Industriestadt, S. 21 f.; *Neuß*, Entwicklung, S. 194, *Kleine*, Entwicklung des halleschen Bankgewerbes, S. 82.

54 Diese Daten werden dokumentiert in *BzSdSH*, Betriebszählung in Halle, S. 30 ff., besonders S. 33.

55 Vgl. *Petri*, Industriestadt, S. 23 f. Im Laufe des Jahrhunderts (1804–1909) nahm das Gewerbe der Böttcher um 79 %, der Gerber um 60 %, der Seiler um 47 % und der Schuhmacher um 43 % ab. Auch Hut- und Handschuhmacher (minus 38 %), Stellmacher und Drechsler (minus 37 %) sowie Schneider (minus 20 %) verzeichneten deutliche Rückgänge. Unter anderem mit Blick auf Abhängigkeitsverhältnisse von Handwerken zu kapitalistischen Unternehmern beurteilt Lenger die Situation der Handwerker weniger positiv als andere Forscher, vgl. *Lenger*, Handwerker, S. 111 ff., 114 ff. u. 141 f.

seine Zentralortfunktion in industrieller (Maschinenbau, Zuckerraffinerie, Nahrungs- und Genussmittelindustrie) und nichtindustrieller Hinsicht weiterhin wahr, indem die Unternehmen sich durch die Weiterverarbeitung von Rohstoffen profilierten und die Stadt durch ihre Versorgungsfunktion für das Umland, als Finanz- und Handelszentrum sowie als Verkehrsknotenpunkt reüssierte.[56]

Wandel der städtischen Sozialstruktur

Die fundamentale Veränderung der städtischen Sozialstruktur war – wie in vielen anderen industriellen Großstädten des Reiches – auch in Halle von der wirtschaftlichen Entwicklung direkt beeinflusst, da sie die Zuwanderung von Menschen und in deren Folge die Bevölkerungszusammensetzung in hohem Maße strukturierte. Die wirtschaftliche Relevanz als regionaler Zentralort lässt sich auch anhand der Wanderungsbewegungen beschreiben. Ganz allgemein ist zu konstatieren, dass die mit Abstand größte Zahl an Zuwanderern aus der Provinz Sachsen selbst kam: Ihr Anteil lag 1871 bei 71,5 % aller Zuwanderer; er sank zwar bis 1905 um etwa 10 % (auf 61 %), machte aber dennoch weiterhin den Löwenanteil der Zuwanderung in die Stadt aus.[57] Die für das Wilhelminische Kaiserreich zur Verfügung stehenden Daten indizieren eine starke lokale und regionale Nahwanderung,[58] die vor allem mit Blick auf das unmittelbare Umfeld der Stadt (Vororte und Saalkreis; Regierungsbezirk Merseburg) eine Wanderung der Dienstboten bzw. der persönliche Dienste Leistenden sowie von Arbeitern und Auszubildenden war.[59] Mit zunehmender beruflicher Qualifikation stieg die Reichweite der Wandernden – dies belegen die Daten der Studie von Allendorf für das Jahr 1899 – erheblich, was den in der Forschung betonten Zusammenhang von höherer beruflicher Qualifikation der Wandernden und Distanz zum Zielort bestätigt.[60]

Wirtschaftlicher Wandel und eine entsprechende Attraktivität der Stadt für bestimmte Berufsgruppen führten zu sozialstrukturellen Veränderungen, die auch in den *Berufsstatistiken* für verschiedene Stichjahre ablesbar sind (vgl. Tabellen PDF 9 und 10).[61] Aus diesen geht ganz deutlich der Wandel der Stadt

56 Vgl. *Petri*, Industriestadt, S. 21 ff.

57 Vgl. *BzSdSH*, Statistische Jahresübersichten für Halle a. S. 1911, S. 3. Siehe auch *BzSdSH*, Bevölkerung, S. 40. Siehe zudem Tabelle PDF 6 sowie die genauere Aufschlüsselung in Tabelle PDF 7.

58 Vgl. *BzSdSH*, Statistische Jahresübersichten für Halle a. S. 1911, S. 23. Im Zeitabschnitt zwischen 1906 und 1910 waren beispielsweise 39,4 % des Wanderungsvolumens der Stadt Halle Zu- und Abwanderung aus der bzw. in die Provinz Sachsen. Der konkrete Herkunfts- oder Zielort in der Provinz Sachsen ist jedoch nicht nachgewiesen. Die starke Nahwanderung aus den Vororten, dem Saalkreis sowie dem Regierungsbezirk Merseburg belegt auch *Allendorf*, Zuzug, S. 52 f.

59 Vgl. ebd. Siehe auch *BzSdSH*, Dienstbotenerhebung, S. 61 ff.

60 Vgl. *Allendorf*, Zuzug, S. 52 f. u. Tabelle PDF 8; *Langewiesche*, Mobilität, S. 78 f.

61 Vgl. *BzSdSH*, Bevölkerung, S. 13; Statistik des Deutschen Reichs, Bd. 210, S. 128–131.

zum Industrie- aber auch Dienstleistungsstandort hervor. Während der Anteil der Erwerbstätigen im Bereich Landwirtschaft und Tierzucht nur marginal anstieg und 1913 bei 1,8 % verharrte (auch der Anteil der ortsanwesenden Bevölkerung im Bereich Landwirtschaft, Gärtnerei und Tierzucht, Forstwirtschaft und Fischerei, d. h. unter Einschluss der Hausangehörigen, betrug 1,8 %) und der Bergbau, Hüttenbetrieb, die Salz- und Torfgewinnung bis 1895 lediglich moderate Zuwächse erfuhr,[62] waren die meisten Erwerbstätigen in der Industrie beschäftigt. 1913 umfasste der Anteil der in der Industrie einschließlich Bergbau und Baugewerbe Beschäftigten 46 % aller Erwerbstätigen, ihr Anteil an der ortsanwesenden Bevölkerung unter Einschluss der Haushaltsangehörigen lag sogar bei über 50 %. Ein Großteil davon entfiel auf die Industrie*arbeiterschaft* bzw. deren Angehörige.[63] Dagegen verringerte sich der Anteil der im tertiären Sektor Erwerbstätigen[64] geringfügig von 41,6 % 1895 auf 34,7 % 1913. Er blieb jedoch neben dem industriellen Sektor auch am Ende der Kaiserreichszeit bestimmend für das Wirtschaftsleben und die Sozialstruktur der Stadt. Die Diversität des tertiären Sektors wird offenbar, wenn man berücksichtigt, dass Halle als Dienstleitungsstandort neben hohen Beschäftigungszahlen in den Bereichen Handel, Versicherung und Verkehr (auch das Gastwirtschafts- und Schankgewerbe) ebenso durch den öffentliche Dienst (bei der Eisenbahn, Post oder im Oberbergamt[65]) als Arbeitgeber gekennzeichnet war. Halle war zudem nicht nur Garnisonsstadt,[66] sondern auch im Kaiserreich ein bedeutender Wissenschaftsstandort (siehe oben).

Mit Blick auf den *sozialen Status* der Erwerbstätigen verweisen die Daten der Statistik des Deutschen Reiches darauf, dass die Anteile der Selbständigen, Unternehmer, leitenden Beamten und Geschäftsleiter einerseits, sowie der Angestellten und nicht leitenden Beamten andererseits gegenüber der in absoluten Zahlen eindeutig stärksten Gruppe der Arbeiter nicht völlig marginalisiert wurden. Dies wird durch Stichprobenerhebungen der Berufe von Personen aus den Adressbüchern für die Jahre 1874, 1895 und 1913, die nach einem Klassifizierungssystem von Hettling kategorisiert wurden, bestätigt.[67] Auch wenn die

62 In der Statistik des Deutschen Reichs 1913 ist der Bergbau zusammen mit der Industrie in einer Berufsabteilung zusammengefasst worden.

63 Dies wird in der Statistik (PDF 10) ersichtlich anhand der Zahl der in der Gruppe c (Gehilfen, Lehrlinge, Fabrik-, Lohn- und Tagearbeiter) kategorisierten Menschen. Diese Gruppe ist in der Abteilung Industrie (B.) besonders hoch, stellt aber auch in den Abteilungen Landwirtschaft sowie Handel und Verkehr (A. und C.) die jeweils stärkste Gruppe.

64 Für die Stichjahre 1867, 1882 und 1895 die Abteilungen D–F, für 1913 C–E.

65 Siehe *Heyden-Rynsch/Engel*, Oberbergamt.

66 Das Füsilier-Regiment General-Feldmarschall Graf Blumenthal (Magdeburgisches) Nr. 36 und das Mansfelder Feld-Artillerie-Regiment Nr. 75 waren in Halle stationiert.

67 Vgl. PDF 11. Erstmals genutzt und publiziert wurde dieses Modell in *Hettling*, Politische Bürgerlichkeit, siehe S. 353 ff. Zur in dieser Arbeit verwendeten weiterentwickelten Klassifikation vgl. die methodischen Bemerkungen im Anhang. Die grundlegende Überlegung

Befunde aufgrund der fehlenden Einkommensangaben der Personen Ungenauigkeiten beinhalten,[68] so indizieren sie dennoch, dass in Halle das niedere Bürgertum ebenso wie das höhere Bürgertum weiterhin einen erheblichen Teil der Einwohnerschaft ausmachten. Der Blick auf die hier dargelegten sozialstatistischen Befunde zeigt daher grosso modo die Existenz bzw. Entstehung zweier großer sozialer Formationen, des Bürgertums (höheres wie niederes Bürgertum) sowie der Unterschicht (bestimmt vor allem durch die Arbeiterschaft). Damit ist jedoch – dies sei an dieser Stelle ausdrücklich hervorgehoben – noch nichts über den tatsächlichen sozialen, kulturellen oder politischen Zusammenhalt dieser beiden Formationen ausgesagt.

Eine große Homogenität – dies sei abschließend bemerkt – wies die hallische Bevölkerung hinsichtlich ihrer *religiösen bzw. konfessionellen Zugehörigkeit* auf: Halle war nicht nur eine durch bekannte Institutionen wie die Franckeschen Stiftungen[69] und die Friedrichsuniversität Halle-Wittenberg sowie die mit ihnen verbundene Geschichte – ihre prominente Bedeutung für die protestantische Reformbewegung des Pietismus und einer protestantisch eingefärbten Strömung der Aufklärung – durch und durch protestantisch geprägte Stadt, sie blieb in der Kaiserreichszeit auch eine Stadt der Protestanten. Eine Bestandsaufnahme der Religions- und Konfessionszugehörigkeit der städtischen Bevölkerung für das Jahr 1905 verdeutlicht dies eindrucksvoll, da Halle mit einem Anteil evangelisch-lutherischer Christen von 94,2 % an der Gesamtbevölkerung nicht nur zu den 14 deutschen Großstädten mit starkem evangelisch-protestantischen Charakter (Bevölkerungsanteil von über 90 %) gehörte, sondern mit dieser Prozentzahl von keiner anderen preußischen Stadt und im Deutschen Reich nur von Lübeck übertroffen wurde.[70] Eine kleine Minderheit bildete neben der römisch-katholischen Bevölkerung (4,5 %) die jüdische Gemeinde (0,8 %), während alle sonstigen religiösen und konfessionellen Gruppen nur marginale An-

bei der Nutzung von Berufsangaben in Klassifikationsmodellen ist, dass sich im Beruf verschiedene Dimensionen des sozialen Status und der Lebenschancen des Einzelnen bündeln. Der Berufsstatus ist dabei zwar nicht identisch mit dem Sozialstatus, aber letztlich indiziert die Berufsbezeichnung doch mehrere Dimensionen wie Ausbildung, Stellung im Beruf, Einkommenschancen und rechtlicher Status, die den Beruf als Ausgangspunkt einer umfangreichen Klassifizierung anbieten.

68 Es ist beispielsweise davon auszugehen, dass ein Teil der Wirtschaftsbürger weniger dem höheren, sondern eher dem mittleren Bürgertum zuzurechnen ist, während wiederum ein erheblicher Teil der als Angehörige des »sonstigen Mittelstands« klassifizierten Personen wohl der »Unterschicht« angehörte.

69 Siehe *Hertzberg*, Hallisches Waisenhaus; Die Franckeschen Stiftungen zu Halle a. S. in ihrer gegenwärtigen Gestalt, hrsg. von der Buchhandlung des Waisenhauses in Halle a. S., Halle 1901, https://archive.org/stream/diefranckeschen00stifgoog#page/n5/mode/1up (Zugriff am 10.06.2016); *Zaunstöck u. a.*, Die Welt verändern.

70 Vgl. *BzSdSH*, Bevölkerung, S. 30 f., mit Zahlenangaben für den Zeitraum von 1861 bis 1905.

teile an der Gesamtbevölkerung stellten. Trotz eines leicht rückläufigen Anteils der evangelisch-lutherischen Bevölkerung im Verlauf der Kaiserreichszeit hatten Industrialisierung, Urbanisierung und die mit ihnen verbundenen Migrationsbewegungen wenig daran geändert, dass der protestantische Charakter Halles eines der signifikantesten Merkmale der Stadt blieb.

1.2 Halle um 1900

1911 beförderten die hallische Straßenbahn 5.751.912, die Stadtbahn Halle 10.720.473 und die Elektrische Straßenbahn Halle-Merseburg 1.984.455 Personen. Die sich in Eigentum und Betrieb der Stadtgemeinde befindliche Straßenbahn operierte dabei mit zwei Linien zwischen Hauptbahnhof und Zoologischem Garten sowie zwischen Hauptbahnhof und Kröllwitzer Brücke (bis zum Fuß der Bergschenke), während die Stadtbahn Halle einerseits auf sechs Linien unter anderem zwischen Steinweg und Artilleriekaserne, Hettstedter Bahnhof und Schlachtviehhof, Hettstedter Bahnhof und Zoologischer Garten, Hauptbahnhof und Bahnhof Trotha sowie Hauptbahnhof und Böllberger Weg verkehrte, die Elektrische Straßenbahn Halle-Merseburg andererseits eine Verbindung zwischen Halle und Rosengarten, Ammendorf, Schkopau und Merseburg herstellte – Inhaber beider Bahnen war die Allgemeine Elektrizitätsgesellschaft Berlin.[71] Diese stark frequentierten Verkehrsmittel waren Ausdruck einer neuen Beherrschung des sich verändernden städtischen Raumes, der in seiner Ausdehnung nicht mehr per pedes zu erschließen gewesen ist.[72] Der fundamentale ökonomische, sozialstrukturelle und demographische Wandel des Städtischen, der in den vorherigen Abschnitten thematisiert wurde, hatte gravierende Folgen für die räumliche Gestalt der Stadt. Andrea Hauser hat diese Transformation entlang der Achsen Gestaltung, Beherrschung, Aneignung und Rezeption untersucht.[73]

Das Wachstum der Stadt verlief am Beginn der Kaiserreichszeit – angesichts fehlender gesetzlicher Grundlagen, eingeschränkter Planungsmöglichkeiten und einem Mangel an schlüssigen Konzepten – noch naturwüchsig; eine Entwicklung, die den Zeitgenossen jedoch bald als chaotisch anmutete. Einen Wendepunkt brachte die Gewerbe- und Industrieausstellung 1881 in Halle, auf welcher Stadtbaurat Karl Otto Lohausen für den hallischen Pavillon ein erstes Gesamtkonzept zur Stadtplanung entwarf und dies der Öffentlichkeit vor-

71 Vgl. Adressbuch Halle 1913, IV. Teil, S. 156, 161. Zur Geschichte der Straßenbahn in Halle siehe *Schmidt*, Straßenbahn.

72 Siehe auch die Kulturgeschichte des öffentlichen Nahverkehrs bei *Porombka*, Infrastrukturen, S. 151 ff.

73 Vgl. *Hauser*, Großstadt.

stellte. Diese Präsentation war das Signum einer neuen Epoche, die nicht länger durch Verwaltung des Chaos, sondern eine »Philosophie der Machbarkeit« – selbstbewusst vertreten durch Experten wie Lohausen und seinem Nachfolger Ewald Genzmer – gekennzeichnet war.[74] Ein ambitioniertes und repräsentatives Projekt war der Plan einer Promenade und Ringstraße um die hallische Altstadt, 1897 war die Schließung der Promenade zur Ringstraße vollzogen. Die hohe Symbolik des Projekts lag darin begründet, dass Halle mit der neuen Ringstraße als moderne Stadt nach außen dargestellt, die Gliederung des Stadtraums weitgehend strukturiert und das expandierende Stadtgebiet an die Altstadt angeschlossen wurde.[75] Die Altstadt selbst wurde zur »City« im modernen Sinne: Während Wohnviertel nun vornehmlich außerhalb der Altstadt entstanden, war die City gekennzeichnet durch die Ansiedelung und Konzentration von Geschäften, Dienstleistungsunternehmen, Verwaltungs- und kulturellen Einrichtungen; zahlreiche Kaufhäuser, Hotels, Vergnügungsstätten sowie große öffentliche Repräsentativbauten entstanden.[76] Das erste elektrische Straßenbahnnetz in Deutschland machte die funktionale Segregation des städtischen Raums beherrschbar, indem das Geschäfts- und Verwaltungszentrum sowohl mit dem Fernverkehr (Hauptbahnhof) als auch mit der städtischen und regionalen Peripherie verbunden wurde.

Den größten planerischen Handlungsdruck erzeugte jedoch die »Wohnungsfrage«, die durch die Entwicklung Halles zum regionalen Industrie- und Dienstleistungsstandort und dem damit einhergehenden massiven Zuzug von Menschen in die Stadt zunehmend virulent wurde.[77] Neben dem Südviertel avancierte insbesondere das Paulusviertel zu den größten Gebieten der Stadterweiterung. Während ersteres mit seinen Fabriken und Mietskasernen Arbeiterfamilien und mittleren Beamten durch Eintönigkeit und Tristesse gekennzeichnete Wohnräume bot und dergestalt vor allem den Wandel zur Industriestadt symbolisierte,[78] war das im Nordosten der Stadt entstehende Paulusviertel in seiner Verbindung von Raster- und Radialsystem und der 1903 durch die Kaiserin eingeweihten Pauluskirche ein Prestigeprojekt, mit welchem sowohl den Ansprüchen des aufsteigenden Bürgertums als auch der Großstadtwerdung Rechnung

74 Vgl. ebd., S. 67–83.

75 Vgl. ebd., S. 84–94. Zur Veränderung der städtischen Topographie siehe die Dokumentation der Geschichte von Straßen und Häusern bei *Schultze-Galléra*, Topographie.

76 Vgl. *Hauser*, Großstadt, S. 117 ff. Der Citybildung lag jedoch – im Gegensatz zum Städteneubau – kein städtisches oder staatliches Gesamtkonzept zugrunde. Vgl. *Krabbe*, Stadt, S. 88 f.

77 Siehe allgemein *Zimmermann*, Herausforderung, hier v. a. S. 556 ff. Zu Arbeiterquartieren *Saldern*, Häuserleben, S. 40–118.

78 Sinnbildlich für das hallische Industrieviertel war die als »Wohnburg« wahrgenommene Mietskaserne Loests Hof. Vgl. die kursorischen Erläuterungen bei *Brülls/Dietzsch*, Architekturführer Halle, S. 181.

getragen werden konnte.[79] Die Gestaltung dieser Viertel verweist auf ein Nord-Süd-Gefälle des städtischen Raums, welches das Stadtbild bis heute prägt. Mit der von Ewald Genzmer 1898 eingeführten Zonenbauordnung wurde die funktionale und soziale Differenzierung des Stadtraums noch verstärkt.[80] Trotz der städtebaulichen Planungen und Initiativen am Ende des Jahrhunderts blieb die »Wohnungsfrage«, insbesondere das Fehlen ausreichend kleiner und mittlerer Wohnungen sowie das daraus resultierende dichte Zusammenleben in unzumutbaren hygienischen Verhältnissen, ein Problem, das vor dem Ersten Weltkrieg nicht gelöst wurde. Zwar haben die Hebung des Lebensstandards und die Schaffung technischer wie gesundheitlicher Infrastrukturen die Situation verbessert, aber der soziale Wohnungsbau wurde letztlich weder von der Kommune noch von Baugesellschaften entschieden forciert.[81] In dieser Hinsicht ist die Bilanz städtischen Verwaltungshandelns in Halle nicht nur denen anderer deutscher Städte ähnlich, sondern ordnet sich – bei allen Unterschieden – auch in grundlegende europäische Entwicklungsmuster ein: einem weitgehenden Scheitern der Regulierung der Wohnungsfrage standen beeindruckende Erfolge auf anderen Tätigkeitsfeldern und Aufgaben wie Müllentsorgung, Kanalisation, Verkehrsinfrastruktur oder Energie- und Wasserversorgung gegenüber.[82] Die Stadt Halle gründete frühzeitig in diesen Bereichen eigene Wirtschaftsbetriebe, um Leistungen für seine Bewohner zu übernehmen, die im öffentlichen Interesse lagen.[83]

Die Entwicklung zur modernen Stadt wurde zeitgenössisch oder retrospektiv in Erinnerungen thematisiert. So schreibt Anselma Heine »von einer fortwährend wachsenden, gewaltsam sich modernisierenden Stadt. Die Modernisierung

79 Vgl. *Hauser*, Großstadt, S. 94 ff. und 105 ff., v.a. 94, 105, 110. Bei der Gestaltung des Südviertels wurden vor allem durch Genzmer ästhetische – und hygienische – Gesichtspunkte in die Stadtteilentwicklung einbezogen, die das Bild der »steinernen Stadt« korrigierten. Vgl. ebd., S. 96 ff. Zum Paulusviertel siehe *Kowalski*, Segregation.

80 Vgl. *Hauser*, Großstadt, S. 80 f. u. 105 ff. In ihrer Auswertung der Mieterzusammensetzung der einzelnen Stadtviertel konstatiert Hauser neben der horizontalen sozialen Ausdifferenzierung der Viertel eine vertikale Segregation innerhalb der einzelnen Viertel, die sich somit weniger durch völlige soziale Homogenität, sondern vielmehr durch die Dominanz bestimmter sozialer Schichten kennzeichneten.

81 Vgl. ebd., S. 131 ff. Siehe auch den kurzen Überblick bei *Küpperbusch*, Mietskaserne, S. 18 ff. Die desolaten Wohnverhältnisse boten um 1900 den Sozialdemokraten ein lokalpolitisches Handlungsfeld – 1900 führten sie eine Wohnungsenquete durch. Vgl. *Hauser*, Großstadt, S. 141 ff.

82 Vgl. *Lenger*, Metropolen, S. 149–202, hier S. 149.

83 Siehe nur den kursorischen Überblick zu Halle bei *Hauser*, Urbanisierung, S. 38–41; *Staude*, Stadt Halle, die Kap. V. Verkehr, S. 94–130, VI. Einrichtungen der öffentlichen Gesundheitspflege, S. 131–194 u. XI. Armenwesen und Wohltätigkeit, S. 340–346; *Genzmer/Förtsch*, Einrichtungen, v.a. die Kap. zu Verkehrswesen, S. 33–44, zu Wohlfahrtseinrichtungen, S. 44–58, 60–61; sowie *Lächele/Schmidt*, Stadtwerke; allgemein *Krabbe*, Stadt, S. 99–154; *ders.*, Leistungsverwaltung.

bestand, außer der Erweiterung des Stadtplans, in einer höchst abscheulichen ›Verschönerung‹. Ganze Viertel wurden mit ›stilvollen‹ Villen bebaut. Eine verzwickte Maurermeister-Renaissance.«[84] Die neue Hektik der Großstadt betont Schultze-Galléra: »Ein ruhelos im Sturm dahinjagendes Leben, das kaum wenige Nachtstunden zum Schweigen kommt und im Morgengrauen bereits von neuem erwacht.«[85] Die »Steigerung des Nervenlebens« – der Unterschied zwischen Land und Stadt – wurde mitunter auch positiv wahrgenommen:

»Wird man vom Dorf in die Großstadt versetzt, wirkt dies zunächst wie ein leiser Alkohol. Man fühlt sich in einer gehobenen Stimmung, alles was man sieht, gewährt Interesse und dient zur Anregung. Ich befand mich in den ersten Wochen nach dem Umzuge den größten Teil des Tages auf der Straße, und das Adressbuch und ein genauer Plan der Stadt mussten mir dazu dienen, mich in ihr und der Umgebung bis in die fernsten Winkel hier orientieren und sich zurecht finden zu können.«[86]

Neben den neuen Reizen und dem ungewohnten Rausch der Großstadt kommt dabei zugleich eine Notwendigkeit und ein Bedürfnis nach Orientierung zum Ausdruck, das es zuvor nicht gegeben hatte – die Verortung des Individuums im großstädtischen Raum und letztlich auch in der sich wandelnden großstädtischen Gesellschaft. So thematisiert die Hallische Zeitung 1890 – Halle hatte gerade die 100.000 Einwohner-Marke überschritten – zwar die fortschrittliche Entwicklung der Stadt, sinniert vor allem aber über die »Einflüsse der Großstadt, denen sich der Einzelne kaum entziehen kann«: den »Sport der Großstadtkonkurrenz in Bezug auf Wachstum, Einwohnerzahl und öffentliche Einrichtungen«, die Verdrängung von »Einfachheit, Naturnähe, ungekünstelte[n] Verhältnisse[n]«, die »einheitliche Betriebsorganisation in Wohnen, Mieten, der Bedienung, im Bezuge auf Lebensmittel, in der Art der Vergnügungen und Genüsse«, »immer gebieterischer [werde] alles individuelle Leben« bedroht, Individualität und Eigenart müssten dagegen bewahrt werden.[87]

Steht in dieser Sichtweise die Nivellierung von sozialen Unterschieden und individuellen Eigenarten im Vordergrund, so ist es bei Georg Simmel die großstädtische Reizüberflutung, die das Individuum – gerade zum Schutz seiner Individualität – zum reservierten und blasierten Verstandesmenschen macht, der sich innerlich und sozial von der komplexen städtischen Gesellschaft distanziert. Simmel blendet in die »Großstädte und das Geistesleben« die bewusste In-

84 *Heine*, Mein Rundgang, S. 59f.

85 *Schultze-Galléra*, Stadt Halle, S. 269f., das Zitat S. 270.

86 So die positiv konnotierte Wahrnehmung von Pastor Hermann Heine, zit. nach *Hauser*, Großstadt, S. 174.

87 HallZ, 21.9.1890. Vgl. auch die Bemerkungen von *Hauser*, Großstadt, S. 201f. Zu Medien, Stadtwahrnehmung und Großstadtkritik siehe *Lenger*, Metropolen, S. 227–244, v.a. S. 234ff. Die These, dass gerade die städtischen Zeitungen eine wichtige Orientierungsfunktion wahrnahmen bei *Fritzsche*, Reading Berlin, S. 18ff.

tegration von Individuen in soziale Zusammenhänge, ihre Teilhabe an sozialen Netzen und ihre Suche nach gesellschaftlichen Gestaltungsmöglichkeiten fast vollständig aus. An anderer Stelle hat er demgegenüber die Theorie formuliert, dass die Individualität des Menschen durch seine Zugehörigkeit zu verschiedenen Netzwerken – der »Kreuzung sozialer Kreise« – bestimmt ist.[88] Diese moderne Form sozialer Vernetzung ist durch das Auflösen alter Bindungen und die Möglichkeit, sachlich-interessenbezogene Zusammenschlüsse einzugehen, bedingt. Simmel verbindet das Ideal des Kollektivismus mit dem des Individualismus:[89]

»Wenn die vorgeschrittene Kultur den sozialen Kreis, dem wir mit unsrer ganzen Persönlichkeit angehören, mehr und mehr erweitert, dafür aber das Individuum in höherem Maße auf sich selbst stellt und es mancher Stützen und Vorteile der enggeschlossenen Gruppe beraubt; so liegt nun in jener Herstellung von Kreisen und Genossenschaften, in denen sich beliebig viele, für den gleichen Zweck interessierte Menschen zusammenfinden können, ein Ausgleich jener Vereinsamung der Persönlichkeit, die aus dem Bruch mit der engen Umschränktheit früherer Zustände hervorgeht.«[90]

Diese auf Freiwilligkeit basierenden Zusammenschlüsse begründen in ihrer Vielfalt und Kombination eine stärker konturierte Individualität des Einzelnen:

»Die Zugehörigkeit zu je einer derselben [Gruppe bzw. desselben Kreises, D. W.] lässt der Individualität noch einen weiten Spielraum; aber je mehr es werden, desto unwahrscheinlicher ist es, dass noch andere Personen die gleiche Gruppenkombination aufweisen werden, dass diese vielen Kreise sich noch einmal in einem Punkte schneiden.«[91]

Mit diesen Überlegungen setzt Simmel ebenso wie in die »Großstädte und das Geistesleben« das Individuum in Bezug zu gesellschaftlichen Entwicklungen – hier jedoch mit einem Schwerpunkt auf die Herausbildung einer durch den sozialen Kontext bestimmten Individualität. Dabei rückt der Verein als maßgebliche gesellschaftliche Organisationsform des 19. Jahrhunderts in den Fokus. Die vielfältigen Vereinsmitgliedschaften von Menschen können als empirischer Beleg für die Simmel'sche These einer »Kreuzung sozialer Kreise« dienen. Die Fülle verschiedenster Zwecksetzungen, die von Vereinen im Kaiserreich verfolgt wurden, lässt die von Simmel angeführte Kombinatorik der Kreise, die aus den individuellen Ausdrucks- und Entfaltungsmöglichkeiten der Menschen resultiert, plausibel erscheinen.

88 Simmel wird daher auch in der Netzwerkforschung diskutiert, siehe nur *Hollstein*, Strukturen.

89 Vgl. zu diesem Abschnitt *Simmel*, Vergesellschaftung, S. 305ff. u. 325ff. Siehe auch *Braun*, Assoziative Lebenswelt, S. 15 und *Lichtblau*, Georg Simmel, S. 36f.

90 *Simmel*, Vergesellschaftung, S. 326.

91 Ebd., S. 312.

Während Simmel stark auf die Individualität des Menschen rekurriert, steht in dieser Arbeit die Zugehörigkeit des Menschen zu einer bestimmten Gruppe, die – so die grundlegende Annahme – auch über Vereinsmitgliedschaft hergestellt bzw. bestätigt wird, im Mittelpunkt. Vereine werden hier verstanden als Räume sozialer Schätzung, die einerseits durch die Entscheidung des Einzelnen, mit bestimmten Personen und sozialen Kreisen zu interagieren und andererseits durch das Befinden der Vereinsmitglieder, ob die betreffende Person in diesem Kreis überhaupt akzeptiert ist bzw. aufgenommen wird, definiert waren. Die Überschaubarkeit der Stadt im frühen 19. Jahrhundert vereinfachte die Herstellung eines sozialen Kontextes im Verein – der freilich mit Blick auf bürgerliche Vereine über das Verfahren der Ballotage exklusiv und reglementiert war. Zugleich wurden oftmals über die Statuten der Vereine Kriterien der Mitgliedschaft benannt (Mitgliedsbeiträge, sozialer oder beruflicher Status), welche den Zustrom an Neumitgliedern von vornherein kanalisierte. Obwohl die soziale Exklusivität des Vereinswesens insgesamt im 19. Jahrhundert zurückging, hatten Vereine weiterhin maßgebliche Bedeutung für die Strukturierung des städtischen Sozialgefüges, die sich angesichts der fundamental wandelnden Stadt nochmals steigerte.[92]

Gerade der Boom des städtischen Vereinswesens in der Kaiserreichszeit stellt die Simmel'sche These einer Blasiertheit, Reserviertheit und Distanziertheit des Städters in Frage – organisierten sich doch in den Vereinen Menschen zusammen für verschiedenste, nicht selten auch gemeinwohlorientierte Zwecke. Der dynamische Prozess der Großstadtwerdung war kein ungesteuerter Automatismus, in welchem allenfalls und ausschließlich eine geschlossene Kaste von Experten in den Verwaltungen planend tätig war. Von vornherein waren Vereine – in Halle etwa der Verschönerungsverein, der Bürgerverein für städtische Interessen oder später der Hallesche Bürgerverein, um nur einige Beispiele zu nennen – nicht nur städtepolitisch aktiv, sondern entscheidend an der Bauplanung und dem Erfolg ihrer Umsetzung beteiligt. Als Experten scheiterten letztlich sowohl Lohausen als auch Genzmer – die beide selbst im Vereinswesen engagiert waren – an der Mitwirkung und Opposition von Vereinen, beispielsweise dem Haus- und Grundbesitzerverein, die wiederum mit der Stadtverordnetenversammlung und den öffentlichen Medien bestens vernetzt waren.

92 Insbesondere vor dem Hintergrund sich auflösender familialer Zusammenhänge und traditionaler Institutionen im Kontext der Urbanisierung entwickelte sich ein florierendes Vereinswesen, das in hohem Maße die urbane Kultur charakterisierte, vgl. *Tenfelde*, Urban Culture, S. 29.

2. Nach der Revolution, vor dem Boom: Städtische Vereine in den 1850er und 1860er Jahren

Als am 1. Juli 1859 das Denkmal für Georg Friedrich Händel auf dem hallischen Marktplatz eingeweiht wurde, ehrten seine Errichter damit nicht nur eine bedeutende Persönlichkeit und verliehen ihrer Wertschätzung für Musik und Gesang öffentlich am maßgeblichen Repräsentativort Ausdruck, sondern dokumentierten zugleich ostentativ ihren Anspruch, das gesellschaftlich-kulturelle Leben der Stadt selbstorganisiert zu bestimmen.[93] Die Einweihungsfeier kann daher auch als Zelebrierung stadtbürgerlichen Selbstbewusstseins verstanden werden. Bürgerliches Engagement hatte die Realisierung des Denkmalsprojektes überhaupt erst ermöglicht, da insbesondere die Singakademie unter Leitung des Chordirigenten und Komponisten Robert Franz eine Vielzahl von Konzerten zur Finanzierung des Vorhabens veranstaltete und eine überregionale Aufmerksamkeit erzeugte, durch die Bürger anderer deutscher Städte zu ähnlichen Konzerten, deren Erlöse dem hallischen Denkmalsprojekt zuflossen, angeregt wurden.[94]

Vereinsengagement in den 1850er und 1860er Jahren konnte an frühere, bereits vor der Revolution von 1848 entwickelte Traditionen anknüpfen, hinsichtlich seiner Zwecksetzungen spezialisierte es sich jedoch zunehmend. Thomas Nipperdey hat die Entwicklung der Vereine in der ersten Jahrhunderthälfte als einen »Prozeß von Aufstieg und Differenzierung der bürgerlichen Gesellschaft«[95] beschrieben, der gerade nicht einförmig verlief, sondern von gegenläufigen Tendenzen geprägt war: Dies betrifft *einerseits* die Segmentierung des Vereinswesens nach sozialer Zugehörigkeit entlang einer durch Besitz und Bildung geordneten Klassengesellschaft und die damit verbundene nachlassende Kraft einer gemeinbürgerlichen Integration über Vereine. Die egalitäre Idee des »neuen« Bürgertums war freilich seit den Anfängen der Vereine im ausgehenden 18. und beginnenden 19. Jahrhundert ohnehin durch die oftmals stark elitäre soziale Basis der Vereine konterkariert worden. Seit den 1820ern zielten allerdings die Gesangvereine, seit den 1840ern auch die nach Aufhebung der Turnsperre neu gegründeten Turnvereine mit einer »demokratischen« Stoßrichtung auf breitere Volkskreise und beanspruchten, Organisationen von ge-

93 Vgl. *Moeller/Timm-Hartmann*, Stadt des Singens, S. 122.

94 Vgl. ebd., S. 122f. Diese Organisationsform wurde zur Blaupause weiterer Denkmalsprojekte, unter anderem für die Errichtung eines Denkmals zu Ehren von Robert Franz selbst, das 1903 an der Alten Promenade eingeweiht wurde. Dass sich die Finanzierung durch Spenden allerdings als nicht ausreichend erwies, thematisiert *Rupp*, Händel-Denkmal, S. 78ff.

95 *Nipperdey*, Verein als soziale Struktur, S. 183.

samt- oder kleinbürgerlichem Charakter zu sein.[96] Doch trotz dieser partiellen sozialen Öffnung des Vereinswesens blieben Vereine auch über die Jahrhundertmitte hinausgehend Ausdruck und Motor sozialer Differenzierung. Hinzu kam eine Differenzierung nach Funktionen und Zwecksetzungen. Als Beispiel kann die eingangs genannte Singakademie sowie das Spektrum der Gesang- und Musikvereine insgesamt angeführt werden. Sie kennzeichnete ein permanenter Aushandlungsprozess über Zweck und Funktion, der im 19. Jahrhundert auf das ideale Konstrukt einer Verbindung von Gemeinschaft und künstlerischer Perfektion bezogen war. Verschiedene Vorstellungen der Umsetzung dieser Idee führten nicht selten zu Neuausrichtungen bestehender Organisationen oder zu Neugründungen. Zur Diskussion standen die Bedeutung von Geselligkeit und Gemeinschaft, künstlerischer Meisterleistung und Professionalisierung sowie die Frage einer Konzentration auf das Binnenleben des jeweiligen Vereins oder auf Außendarstellung und gesellschaftlich-politische Artikulation.[97] Exemplarisch lässt sich dies am Beispiel der Singakademie verdeutlichen: Wies sie 1855 mit ca. 400 Mitgliedern eine durchaus stattliche Basis auf, verstand sich die 1834 gegründete Hallesche Liedertafel explizit als Konkurrenzgründung, die gerade den von ihr unterstellten elitären Dünkel der Singakademie und ihre Ausrichtung an professionellem Publikum und Sängern ablehnte und für sich selbst volksaufklärerische Zielsetzungen proklamierte. Hatte Robert Franz mit dem 1842 in die Singakademie eingeführten »freien Sängerkränzchen« noch zu einer Politisierung in der Stadtgesellschaft beigetragen, ist sein spätes Schaffen gekennzeichnet durch den »Rückzug auf Gesang als Kunstform«.[98]

Andererseits war die Wandlung einer durch wenige, allgemeine, polyfunktionale Vereine gekennzeichneten lokalen Vereinslandschaft hin zu sich immer feiner verästelnden Teilbereichen des Vereinswesens begleitet durch ein nach wie vor zu konstatierendes Postulat vieler der neu entstandenen Spezialvereine, mit öffentlichem Gemeinwohlbezug zu wirken. Erst durch diesen von Nipperdey als (krypto-)politisches Signum des Vereinswesens charakterisierten Anspruch konnten sie ihre Resonanz innerhalb der Stadtbevölkerung geltend

96 Vgl. ebd., S. 183 ff. Zu den Turnvereinen als Teil der deutschen Nationalbewegung zwischen 1817 und 1849 vgl. *Schweigard*, Politische Turnvereine. Schweigard schildert die Entstehung des Turnens in Deutschland, den Habitus der Turner, in welchem sich von Anfang an die Gleichheitsvorstellung der Mitglieder ausdrückte, die spätere Entwicklung zur Massenbewegung des Mittelstandes und Kleinbürgertums sowie die Zersplitterung der Bewegung in die Gruppen der Jahn-Anhänger, demokratischen Turner und Nur-Turner bis 1848, siehe v. a. S. 72 ff. Siehe ebenso *Düding*, Organisierter gesellschaftlicher Nationalismus.

97 Dieses Spannungsfeld zeigen *Moeller/Timm-Hartmann*, Stadt des Singens, S. 148 ff., auf.

98 Vgl. ebd., S. 130 f., 142 f. u. 147 f.

machen. So veranschaulicht die Denkmalseinweihung 1859, dass Spezialisierung – das gemeinschaftliche Singen im Verein – mit einer öffentlichen Inszenierung der Bedeutung von Musik und Gesang einherging. Nipperdey schreibt daher von einer Spezialisierung *und* Entpartikularisierung des Vereinswesens.[99]

Zehn Jahre nach der gescheiterten Revolution von 1848/49 befand sich das Vereinswesen in einer Phase, die hinsichtlich seiner sozialen und gesellschaftlichen Wirksamkeit sowie seiner öffentlich-politischen Entfaltung als Inkubationszeit beschrieben werden kann. Auffallend ist das nahezu vollständige Fehlen politischer Vereine im engeren Sinne in der Vereinsliste des Adressbuches von 1859, d. h. von Vereinen, die sich unmittelbar mit politischen Fragen der Gesetzgebung, Verfassung und ihrer Beeinflussung sowie der Nominierung von Mandatsträgern und politischem Machterwerb befassten. Dies ist ein deutliches Indiz dafür, dass einerseits insbesondere die öffentliche Repräsentanz liberaler und demokratischer Strömungen nach wir vor desavouiert war und diese sich angesichts einer Atmosphäre staatlicher Restriktion zunächst nicht frei zu entwickeln vermochten,[100] während andererseits bei einem beträchtlichen Teil der Bürger die Massenpolitisierung der Revolutionsjahre und die mit ihr einhergehenden politischen Friktionen innerhalb der stadtbürgerlichen Gesellschaft zu einer reservierten Haltung gegenüber politischen Vereinen im engeren Sinne geführt hat.

In Halle hatten sich im Vormärz – trotz staatlicher Repression – liberale Tendenzen entwickelt. Zunächst wurde in informellen Gruppen (Zusammenkünfte zu sogenannten Festessen) über religiöse, politische und soziale Angelegenheiten durch Vorträge unterrichtet und in den 1840 Jahren unter Umgehung der Zensur auch liberale Forderungen in der Presse lanciert.[101] Vorherrschendes Modell öffentlicher politischer Artikulation wurden zunächst die Bürgerversammlungen, die sich im mitteldeutschen Raum ab 1844 etablierten. Eine solche stand auch in Halle am 6. März 1848 am Anfang der intensivierten politischen Mobilisierung vor dem Hintergrund der Märzereignisse.[102] In den Monaten darauf verstetigte sich die politische Artikulation durch eine Gründungswelle von Vereinen und die verschiedenen politischen Gruppierungen organisierten sich nun im Verein.[103] Am 13. April gründete sich der Konstitutionelle Klub für die liberale und zeitgleich der Volksverein für die demokratische Strömung, wenig später, am 1. Juli, schlossen sich auch die Konservativen im Preußenverein

99 Vgl. *Nipperdey*, Verein als soziale Struktur, S. 190 ff.

100 Siehe auch *Tenfelde*, Entfaltung, S. 69 ff.

101 Vgl. *Freitag/Hänisch*, Stadtbürgertum, S. 115 f.

102 Vgl. ebd., S. 117 ff.; zum Verlauf der Revolution *Tullner*, Die Revolution von 1848/49, v. a. S. 99 ff. Siehe allgemein *Wehler*, Gesellschaftsgeschichte, Bd. 2, S. 703–758, v. a. S. 715 ff. u. 724 ff.; *Stadelmann*, Revolution, S. 48–74; *Lipp*, Politisches Handlungsmuster; *Siemann*, Versammlungsdemokratie.

103 Siehe allgemein *Fenske*, Die politischen Vereine; *Langewiesche*, Parteien.

für constitionelles Königthum nach dem Berliner Vorbild organisatorisch zusammen.[104] Diese politische Aktivierung der Jahre 1848 und 1849 hatte einschneidende Folgen. Der »Aufbruch der Bürger« (Freitag/Hänisch) scheiterte letztlich daran, dass die hallischen Liberalen weiterhin an ihrer königstreuen und monarchischen Gesinnung festhielten, indem sie nicht bereit waren, für eine Monarchie mit einer ausschließlich repräsentativen Funktion des Königs einzutreten und auch noch angesichts der gegenrevolutionären Maßnahmen in den letzten beiden Monaten des Jahres 1848 eine apologetische Haltung gegenüber König Friedrich Wilhelm IV. einnahmen. Zudem entstand eine starke konservative Parteiströmung in Halle.[105] Bereits die Differenzen zwischen Liberalen und Demokraten, die zunächst angesichts des grundlegenden gemeinsamen Veränderungswillens eher randständig erschienen, im weiteren Verlauf 1848 aber vor allem angesichts der radikaleren Positionen der Demokraten virulenter wurden, hatten ein gemeinsames Vorgehen des oppositionellen Lagers erschwert – die Vermengung des politischen und sozialen Konflikts seitens der Demokraten und die daraus resultierenden Ängste liberaler Bürger vor dem »totalen Umsturz« machten eine Kooperation dann nahezu unmöglich.[106] Die politische Fragmentierung blieb nicht auf politische Vereine im engeren Sinne beschränkt.[107] Der kryptopolitische Charakter zahlreicher Vereine transformierte sich in eine offene politische Diskussionskultur und hatte für die entsprechenden Vereine Folgen, die über die Revolutionszeit hinausgingen – sei es, dass wie bei der oben vorgestellten Singakademie das Hauptaugenmerk nach der gescheiterten Revolution wieder vorrangig auf den künstlerisch-ästhetischen Vereinszweck und weniger auf politisch-öffentliche Debatten gelegt wurde, sei es, dass Vereine wie der Handwerker-Bildungsverein zunächst nicht weiter reüssieren konnten, da die »Ungunst der darauf folgenden Zeit, die von 1849–1858 hervortretende politische und sociale Parteiung und Zersplitterung, […] die Theilnahme auch für diesen Verein« erschlaffen ließ oder sei es, dass Vereine wie die Museums-Gesellschaft (Literarisches Institut) allmählich eingingen.[108] Noch lange nach der Revolution sahen sich Vereine veranlasst, explizit ihren nichtpolitischen Charakter zu betonen – sei es aus Bedenken gegen behördliche Maßnahmen, sei es, um für breitere Kreise der Bevölkerung attraktiv zu sein.

Die Revolution 1848/49 in Halle hatte deutlich gemacht, dass im städtischen Bürgertum nach wie vor Bildungsbürger aber auch Handwerker eine maßgebliche Rolle spielten – und weniger die Wirtschaftsbürger. Zwar entstammte die überwiegende Zahl der Wahlmänner für die Wahlen zum Paulskirchen-

104 Vgl. *Freitag/Hänisch*, Stadtbürgertum, S. 119 u. 122f.

105 Vgl. ebd., S. 120f., 127.

106 Vgl. ebd., S. 119ff. Siehe auch *Langewiesche*, Republik.

107 Der politische Charakter von Vereinen ist ohnehin mit einem engen Politikbegriff nicht adäquat zu erfassen, so *Dann*, Anfänge politischer Vereinsbildung, S. 17.

108 *Hagen*, Die Stadt Halle, Bd. 1, S. 607 u. 621, das Zitat S. 607.

und preußischen Parlament dem Wirtschaftsbürgertum,[109] tonangebend im weiteren Verlauf des politischen Konflikts waren jedoch Bildungsbürger, insbesondere Teile der Stadtgeistlichkeit und der Professorenschaft, die mit einer konservativen Grundhaltung Stadtbevölkerung und Studenten zu beeinflussen versuchten.[110] Neben dieser starken konservativen Strömung im hallischen Bildungsbürgertum war es auch ein beträchtlicher Teil der Handwerkerschaft und anderer kleinbürgerlichen Schichten, der insbesondere über seine Mitgliedschaft im gemäßigt konservativen Preußenverein seine politische Gesinnung dokumentierte.[111] Dass die Positionen des liberalen, konstitutionell orientierten Bürgertums sich letztlich nicht durchsetzen konnten, kann auf die wirtschaftliche und soziale Struktur der Stadt Halle zurückgeführt werden, die noch nicht durch ökonomische Modernisierung und Industrialisierung geprägt war. Das Engagement der Handwerker in den Revolutionsjahren verweist darauf, dass die Zeit des Vereinswesens als Konglomerat ausschließlich elitärer sozialer Zirkel endgültig vorbei war.[112] Auch Teile der Arbeiterschaft hatten sich in Halle politisch organisiert. Sie fanden sich im neu gegründeten Arbeiterverein zusammen,

109 Mit den Professoren Duncker und Niemeyer wurde Halle jedoch in beiden Parlamenten von Bildungsbürgern vertreten. Vgl. *Freitag/Hänisch*, Stadtbürgertum, S. 120.

110 Vgl. dazu ausführlich ebd., S. 120, zur Allianz von »Thron und Altar« S. 123ff., zu Studenten und Professoren S. 124ff. und zu den Lichtfreunden S. 118. Die konservative Position der Geistlichen und Professorenschaft, die wesentlich durch eine neupietistische und antirationalistische Theologie geprägt war, wurde ab Mitte der 1840er Jahre durch die Lichtfreunde herausgefordert. Die aufgeladene religiöse Konfliktdimension in Halle war in den Märzforderungen 1848 wesentlich bestimmt durch diese protestantische Protestbewegung. Vgl. *Freitag*, Recht und Freiheit, S. 12ff. Nicht nur in konservativen, auch in liberalen und demokratischen Vereinen waren Bildungsbürger prägend. Vgl. die Lebensläufe in *Arbeitskreis Innenstadt e. V.*, Persönlichkeiten der Revolution 1848/49.

111 Die Auswertung der Mitgliederliste des Vereins bei Freitag/Hänisch belegt einen Anteil von 40,1 % Handwerkern (davon 7,1 % Handwerkermeister), 10,2 % Arbeitern, 7,9 % Militär, 5,2 % Studenten, 5,1 % Halloren und Salinearbeitern und 4,4 % Geschäftsleuten. Vgl. *Freitag/Hänisch*, Stadtbürgertum, S. 123. Hinzu kam die Organisation im Handwerker-Gesamt-Verein als Interessenvertretung sowie im Handwerker-Bildungsverein, der im Juli 1848 200 Mitglieder hatte. Die Kernforderungen der Handwerker waren mit wirtschaftsliberalen Positionen grundlegend nicht vereinbar, da sie vor allem auf eine Abschaffung der Gewerbefreiheit abzielten und eine Zwangsorganisation der Handwerkerschaft sowie eine aktive staatliche Unterstützung reklamierten. Vgl. *Keller*, Handwerksmeister, S. 132 u. 135ff. Siehe auch *Schmiedecke*, Revolution, S. 133ff.

112 Bezeichnend ist jedoch, dass die Organisation, Öffentlichkeitsarbeit und Vorstandstätigkeit – der Preußenverein ist hierfür ein Beispiel – zumeist weiterhin in den Händen der höheren Klassen, in diesem Fall der Bildungsbürger, verblieb. Zudem ist generell anzumerken, dass die politische Mobilisierung und Selbstorganisation weiter Teile der Bevölkerung nicht zwangsläufig mit einer Marginalisierung der Elitenvereine einhergehen muss. Vielmehr ist davon auszugehen, dass politische und wirtschaftliche Eliten des Bürgertums Honoratiorenvereine weiterhin nutzten, um ihre Stellung im städtischen Machtgefüge zu bewahren. Siehe *Hein*, Soziale Konstituierungsfaktoren, S. 179f.

der sich der demokratischen Partei anschloss.[113] Von den politischen Vereinsbestrebungen bestanden nach 1849 zunächst nur die konservativen Organisationen fort,[114] von denen alsbald auch gesellige Vereinigungsgründungen – beispielsweise der Lese- und Unterhaltungs-Gesellschaft – ausgingen.[115]

Nach der gescheiterten Revolution wurde den Preußen in der Verfassung das Recht zugestanden, Vereine zu gründen. Ein Recht, das freilich durch das restriktive preußische Vereinsgesetz von 1850 erheblich eingeschränkt wurde. Die Bereitschaft und das Interesse der Stadtbevölkerung, sich in Vereinen zu organisieren, konnten damit jedoch nicht langfristig beeinträchtigt werden. Zehn Jahre nach dem Ende der Revolution – 1859 – war das Vereinswesen durch sieben Zwecksetzungen *funktional* strukturiert: *Erstens* soziale und wohltätige Zwecke, die bereits im Vormärz einen bedeutenden Teil bürgerlicher Vereinsaktivität ausmachten. Allein 14 Wohltätigkeitsvereine und -anstalten hatten sich im Zeitraum von 1817 bis 1843 gegründet, um – nicht selten mit obrigkeitlichen Institutionen verbunden – auf die Defizite der kommunalen Armenfürsorge zu reagieren, die sich vornehmlich auf arbeitsunfähige Bedürftige (»ordinäre Almosengenossen«) konzentriert hatte, während die Armut der Handarbeiter, Gesellen und Handwerker vernachlässigt worden war.[116] Im Adressbuch von 1859 sind mit dem Frauenverein für Armen- und Krankenpflege, dem Bürger-Rettungs-Institut und dem Wöchnerinnen-Unterstützungsverein die wichtigsten Vereine genannt. Hinzu kamen der Verein zur Erbauung von Familienwohnungen und die Kinderbewahranstalten, die oftmals ein Betätigungsfeld für Frauen, auch auf Vorstandsebene, boten.[117] Die Gründung der Evangelischen Diakonis-

113 Vgl. *Schmiedecke*, Revolution, S. 180–182, demzufolge der Verein am 18.10.1848 gegründet worden war und sich an das Zentralkomitee für die deutschen Arbeiter in Leipzig angliederte. Interesse bestand vor allem an der Idee einer Vereinigung der Arbeiter von Stephan Born. Auf dem Kongress der Demokratischen Partei in Berlin lehnten die hallischen Delegierten allerdings die Forderungen der bürgerlichen Demokraten ab. Dem Verein war nur mäßiger Erfolg beschieden – auch weil der Preußenverein durch seinen Unterstützungsverein zahlreiche Arbeiter für sich gewann. Dennoch hatte der Arbeiterverein noch Anfang 1850 etwa 150 Mitglieder, wurde jedoch im Laufe des Jahres aufgelöst. Einige seiner Mitglieder schlossen sich daraufhin in einer Arbeiterliedertafel zusammen, welche – so mutmaßt Schmiedecke – wohl von behördlicher Seite geschlossen worden ist.

114 Vgl. *Minner*, Besitz und Bildung, S. 49.

115 Vgl. zu dieser 1856 gegründeten Gesellschaft *Hagen*, Die Stadt Halle, Bd. 1, S. 622. Die konservative Haltung war dabei nicht nur bedeutend für die Aufnahme von Neumitgliedern in den Verein, sondern auch für die innere Organisation: In den Statuten wurde festgelegt, »daß ›die Theilnahme von einer gewissen Gleichheit der Gesinnung in Dingen des öffentlichen und gesellschaftlichen Lebens abhängig sein soll‹, weshalb auch hinsichtlich der Verwaltung und Erhaltung der Gesellschaft die Kopfzahlwahlen als ›durch Zufall, Täuschung und Gleichgiltigkeit stets trügerisch und zersetzend‹ prinzipiell ausgeschlossen sind«. Der Vorstand war daher befugt, sich durch Kooptation zu ergänzen; ebd., S. 622f., das Zitat S. 622.

116 Vgl. *Hecht*, Pauperismus, S. 105ff., v.a. die Zusammenstellung von Vereinen auf S. 106.

117 Vgl. Adressbuch der Stadt Halle 1959. Für das 1845 gegründete Bürger-Rettungs-Institut verweist Hecht auf eine Zahl von 555 Mitgliedern bereits ein Jahr nach der Gründung.

senanstalt in Halle 1857, die von Freunden des mit der zeitgenössischen religiösen Strömung der Inneren Mission verbundenen Diakonissenwerkes etabliert und getragen wurde, verdeutlicht, dass Wohltätigkeit, *zweitens*, ein bevorzugtes Tätigkeitsfeld religiöser Selbstorganisation war.[118] Eine enge Verzahnung von Wohltätigkeit und Religion wird auch dadurch offenbar, dass Geistliche im Vorstand der karitativen Vereine der Stadt aktiv waren – beispielsweise im Frauenverein für Armen- und Krankenpflege oder im Wöchnerinnen-Unterstützungsverein.[119] Zum kirchlichen Vereinsmilieu gehörten zudem der Missions-Hilfsverein, der Jünglings-Verein, die Bibelgesellschaft sowie der Gustav-Adolf-Verein für die Provinz Sachsen, der Zweigverein für Halle und der studentische Gustav-Adolf-Verein.

Während der Großteil der wohltätigen und religiösen Vereinigungen darauf abzielte, die Not ärmerer Schichten zu lindern – oftmals verbunden mit dem Bestreben, die »Sittlichkeit« dieser Bevölkerungsgruppen zu heben –, waren es, *drittens*, insbesondere Kassen- und Selbsthilfevereinigungen, die nunmehr quantitativ einen bedeutenden Teil der Vereinslandschaft ausmachten. Grundlegend zu unterscheiden ist zwischen freien Kassen einerseits und ortsstatutarisch etablierten Fabrikarbeiter- und Gesellenkassen andererseits. Letztere nahmen zwar mitunter auch freiwillige Mitglieder auf, waren aber insbesondere durch einen Beitrittszwang der zum jeweiligen Gewerbezweig gehörenden Personengruppen gekennzeichnet – ein Modell, das als Blaupause für die Sozialversicherungsgesetzgebung der 1880er Jahre betrachtet werden kann.[120] Das

Zu den Bewahranstalten vgl. *Hecht*, Pauperismus, S. 106f.; zu den wohltätigen und sozialen Vereinen vgl. die Zusammenstellung bei *Hagen*, Die Stadt Halle, Bd. 1, S. 470ff.; zu Frauenvereinen allgemein *Huber-Sperl*, Frauenvereine und Männervereine, S. 236ff.

118 Vgl. *Hagen*, Die Stadt Halle, Bd. 1, S. 479ff. Siehe auch *Butterweck*, Diakonissenhaus.

119 Siehe Adressbuch 1859, Nachweis IV, Abschnitt XVI., S. 91. Der soziale Protestantismus hatte in der von Johann Hinrich Wichern propagierten Inneren Mission einen öffentlichkeitswirksamen und organisatorischen Ausdruck gefunden. Er verband religiöse und soziale Zwecksetzungen mit dem bürgerlichen Assoziationsmodell. Der entscheidende Gedanke war dabei »Hilfe zur Selbsthilfe«, eine »bürgerliche Besserung« der Unterschichten mit religiös-moralischer Förderung als Integrationsvoraussetzung. Gedacht wurde dabei in den Bahnen der traditionellen Armenpflege und nicht an die soziale Frage als Arbeiterfrage. Vgl. *Kaiser*, Freie Wohlfahrtspflege, S. 61ff. u. *ders.*, Die Bedeutung des religiösen Faktors, S. 282f., das Beispiel des 1848 gegründeten Frauenvereins für Armen- und Krankenpflege bei *Hagen*, Die Stadt Halle, Fünftes Ergänzungsheft, S. 198f.

120 Entscheidend für dieses Modell mit Beitrittszwang, einer spezifischen organisatorischen Gestaltung der Kassen sowie der Festlegung klar definierter Aufsichtsrechte über die Kassen seitens der Kommune waren die Ausführungsbestimmungen der Königlichen Regierung in Merseburg von 1856 zur Gewerbeordnung (1845) und dem Gesetz vom 3. April 1845. Vgl. *Hagen*, Die Stadt Halle, Bd. 1, S. 441f., eine Auflistung der Kassen für die Jahre 1858, 1861 und 1864 unter Angabe der Mitglieder- und Beitragszahlen auf S. 443ff. Aufgrund der obrigkeitlichen Kontrolle und Regulierung war die Selbstverwaltung der Beitragszahler stark limitiert; die Leitung von vier betrieblichen Unterstützungskassen oblag den Fabrikbesitzern selbst. Vgl. Adressbuch 1859, Nachweis IV, S. 92.

Adressbuch listet 1859 13 Unterstützungskassen für Fabrikarbeiter und Gesellen der verschiedenen Gewerbezweige auf. Vorrangiger Zweck dieser Kassen war die Unterstützung der Mitglieder im Krankheitsfall durch Gewährung freier Kur und Verpflegung sowie eines wöchentlich ausgezahlten Krankengeldes.[121] Als freie Unterstützungskassen existierten neben der Bürger-Krankenkasse mehrere Begräbnis- und Sterbekassen wie die Hallische Exequienkasse sowie die Glauchaischen Dreißig- und Achtzig-Taler Begräbniskassen,[122] des Weiteren fünf Sparkassen und -vereine.[123]

Kulturelle Vereine, *viertens*, stellten ebenso wie die wissenschaftlichen und Bildungsvereine, *fünftens*, traditionelle Segmente des Vereinswesens dar, deren Wurzeln mitunter bis in das 18. und den Beginn des 19. Jahrhunderts zurückreichten. Zu ersteren gehörten die bereits erwähnten musikalischen und Gesangvereine (im Adressbuch sind zwölf Vereine nachgewiesen) sowie das Theater-Komitee und der Kunst-Verein,[124] zu letzteren die Naturforschende Gesellschaft und der Naturwissenschaftliche Verein sowie das Museum (Hallesche Lesegesellschaft).[125] Ein zentrales Feld von Selbstorganisation stellten nun auch, *sechstens*, die wirtschaftlichen Vereine dar. Die Organisation in Vereinigungen zur Gewerbeförderung hatte sich ebenfalls bereits im frühen 19. Jahrhundert

121 Einige Kassen erweiterten ihre Leistungen im Laufe der Zeit und zahlten Sterbegelder an Hinterbliebene verstorbener Mitglieder oder Invaliden- und Altersrenten. Siehe z. B. für 1871 *Hagen*, Die Stadt Halle, 4. Ergänzungsheft, S. 58ff. Eine besondere Bedeutung hatten die Knappschaftsvereine, in denen die Berg-, Hütten- und Salinenbeschäftigten organisiert waren und die – gesetzlich reguliert – ihren Mitgliedern umfangreiche Leistungen im Falle von Krankheit, Invalidität und Hinterbliebenenversorgung offerierten. Vgl. *Hagen*, Die Stadt Halle, Bd. 1, S. 429ff. Siehe auch *Lauf*, Die Knappschaft.

122 Das Beispiel der Bürger-Krankenkasse steht für die Unsicherheit freier Unterstützungskassen in der Mitte des 19. Jahrhunderts, denn geringe Mitgliederzahlen konnten schnell zu einer Überforderung im Versicherungsfall führen und das Fehlverhalten Einzelner konnte sie in ihrer Existenz bedrohen: Im August 1854 musste sich die Kasse auflösen, »weil ihr damaliger Rendant das ganze Vermögen der Kasse, ca. 200 Thlr., durchgebracht [...] hatte.« Vormalige Mitglieder gründeten eine neue Vereinigung; *Hagen*, Die Stadt Halle, Bd. 1, S. 428, zu den drei Sterbe- und Begräbniskassen siehe S. 496–500.

123 Das Adressbuch von 1859 listet nur einen Teil der Selbsthilfevereinigungen auf. Vom Hagen nennt weitere Kranken- und Sterbekassen. Vgl. ebd., S. 421 ff. Auch die Iduna-Versicherungsgesellschaft, die im Adressbuch geführt wird, kann – im weiteren Sinne – zum Kreis der Selbsthilfevereinigungen gezählt werden, da sie auf Basis des Gegenseitigkeitsprinzips gegründet wurde. Vgl. zur Geschichte der Iduna v. a. ebd., S. 500–506.

124 Vom Hagen berichtet 1867 über 15 Musik- und Gesangvereine. Vgl. ebd., S. 614ff. Das hallische Schauspielhaus ist durch eine 1836 gegründete Aktiengesellschaft errichtet worden. Vgl. ebd., S. 242–244, 619. Siehe auch *Staude*, Das Stadt-Theater zu Halle.

125 Im Adressbuch 1859 ist der Thüringisch-Sächsische Verein zur Erforschung des vaterländischen Alterthums, gegr. 1819, im Vierten Nachweis, II. Abschnitt (Vereinigte Friedrichs-Universität Halle-Wittenberg) aufgeführt. Zu den Bildungsvereinen können auch das Stenographische Kränzchen nach Gabelsberger und der Stenographische Verein nach Stoltze gezählt werden. Zu den wissenschaftlichen Vereinen siehe *Hagen*, Die Stadt Halle, Bd. 1, S. 595ff. 1862 gründete sich auch ein Juristischer Verein in Halle.

etabliert.[126] Für die ausgehenden 1850er Jahren ist jedoch eine deutliche Veränderung zu konstatieren. *Den* einen Gewerbeverein gab es nicht mehr. Zwar bezweckten der Verein für den Halleschen Handel oder die Polytechnische Gesellschaft nach wie vor die Förderung von Handel und Gewerbe in der Gesamtstadt,[127] wirtschaftliche Tätigkeit drückte sich jedoch einerseits immer mehr und unmittelbar durch das moderne Organisationsinstrument der Aktiengesellschaft[128] aus, und die Existenz einer Vielzahl an Innungen (elf), des Handwerkermeister-Vereins mit seiner Vorschuss-Bank, des Handwerker-Bildungsvereins und der traditionellen Salzwirker-Brüderschaft[129] deuten andererseits darauf hin, dass vor allem die Interessen einzelner Gewerbe, Handwerke oder Berufsgruppen im Fokus von Vereinsaktivitäten standen, die sich – vorerst noch – insbesondere über die Innungen organisierten.[130] Die Grundidee der Selbsthilfe stand bei Organisationen zur konkreten wirtschaftlichen Förderung von Geschäften und Handwerkern im Vordergrund.[131] Schließlich sind, *siebtens*, Vereine anzuführen, die sich ausschließlich oder vorrangig geselligen Zwecken widmeten. Neben den Casino-Gesellschaften, der Montagsgesellschaft

126 Carola Lipp unterstreicht die Bedeutung von wirtschaftlichen Vereinen als außerparlamentarische Interessenvertretungen der Bürger. Sie erzeugten nicht nur maßgebliche Impulse für die weitere ökonomische Entwicklung, sondern generierten als wichtiges Kommunikationsmedium Netzwerkbeziehungen der Bürger. Vgl. *Lipp*, Politisches Handlungsmuster, S. 286f.

127 Der Verein für den Halleschen Handel ging zurück auf das 1826 eingerichtete Komité zur Beförderung des Hallischen Handels, das eine konkrete wirtschaftliche Geschäftstätigkeit zur Förderung der lokalen Ökonomie aufnahm, während die Polytechnische Gesellschaft (1839 gegr.) ein Diskussionsforum, Versuche und Gewerbeausstellungen organisierte. Vgl. *Hagen*, Die Stadt Halle, Bd. 1, S. 366ff., S. 604f. und 2. Bd., S. 338.

128 Tyroler Bergbau-Actiengesellschaft; Sächsisch-Thüringische Actien-Gesellschaft für Braunkohlen-Verwertung; Gewerkschaftliche Braunkohlengrube zu Nietleben.

129 Die Salzwirker-Brüderschaft war nicht nur die älteste bestehende gewerbliche Vereinigung, sondern sie weist zwei markante Charakteristika auf, die über einen Verein hinausgehen: 1. Eine Mitgliedschaft, die stark auf Verwandt- bzw. Nachkommenschaft basiert; sowie 2. ein Zusammengehörigkeitsgefühl, das durch einen spezifischen moralisch-sittlichen Kodex, gemeinsame Feier- und Festaufzüge in spezifischer Kleidung und mit eigenen Fahnen sowie der gemeinschaftlichen Beerdigung der Mitglieder konstituiert wird. Vgl. *Hagen*, Die Stadt Halle, Bd. 1, S. 636–640.

130 Hinzu kommen in den 1850er und 1860er Jahren spezielle Vereine zur Organisation einzelner Berufsstände, bildungsbürgerlicher Berufe und solcher des sog. Neuen Mittelstandes, beispielsweise der Verein der Ärzte im Regierungsbezirk Merseburg (gegr. 1851). Vgl. ebd., S. 600f. 1860 gründete sich ein Verein der praktischen Ärzte in Halle mit ähnlichen Zielen. Zu den Ärztevereinen siehe auch *Huerkamp*, Aufstieg der Ärzte. Zwei Jahre später kam der Hallische Lehrer-Verein hinzu. Die Organisation berufsständischer Interessen erfolgte auch im ländlichen Umland: 1859 gründete sich der Landwirtschaftliche Bauern-Verein des Saalkreises. Vgl. *Hagen*, Die Stadt Halle, Bd. 1, S. 602ff.

131 Weitere Beispiele sind der Allgemeine Vorschuß- und Spar-Verein, die Association der Webermeister, die Schneider-Association und die Schuhmacher-Association. Vgl. ebd., S. 421ff.

und anderen geselligen Clubs sind in diesem Zusammenhang auch die Schützenvereine[132] sowie die Berggesellschaft und Freimaurerloge zu nennen.[133]

Die Vereine wurden getragen von einer sozialen Struktur, die nach wie vor maßgeblich durch Besitz, Bildung und Selbständigkeit geprägt war. Diese Eigenschaften waren grundlegende Voraussetzungen, um einen Vorstandsposten zu bekleiden und somit eine aktive, steuernde und gestaltende Stellung in der städtischen Gesellschaft ausüben zu können . Während 36,5 % der Vorstände dem höheren Bürgertum und 43,3 % dem niederen Bürgertum zugeordnet werden können, ist der Anteil der Unterschicht mit nur 3,7 % äußerst gering geblieben (vgl. PDF 12). Die vier quantitativ dominierenden sozialen Gruppen waren Bildungsbürger (18 %) und Wirtschaftsbürger (12,9 %) aus der übergeordneten Kategorie des höheren Bürgertums sowie der Alte und Neue Mittelstand (27,2 bzw. 12,6 %) in der Kategorie des niederen Bürgertums. Nipperdey sah das Bildungsbürgertum im Verbund mit den liberal orientierten Teilen des Adels als den maßgeblichen Initiator des entstehenden modernen Vereinswesens an.[134] Dies blieb es für die Organisation der Vereinslandschaft ganz wesentlich auch nach der Jahrhundertmitte – und zwar nicht nur in klassisch bildungsbürgerlichen Domänen wie den wissenschaftlichen oder religiösen Vereinen,[135] sondern ebenso in den sozial heterogener zusammengesetzten Gesangvereinen, den wohltätigen und Kassenvereinigungen,[136] bei den exklusiven geselligen Vereinen[137] sowie im Polytechnischen Verein. Wirtschaftsbürger waren vor allem in geselligen Vereinen und sozialen Kassen engagiert oder organisierten über den Verein für den Halleschen Handel wirtschaftliche Unternehmungen auf Vereinsbasis.[138] Ein »Siegeszug der wirtschaftlichen Oberschicht« im Vereinswesen dieser Zeit kann dementsprechend zumindest im bildungsbürgerlich geprägten Halle nicht

132 Vom Hagen stellt neben den Schützengesellschaften die geselligen Vereinen vor, die sich in den 1860er Jahren gründeten. Vgl. ebd., S. 630 ff. Siehe auch *Weißenborn*, Schützenwesen.

133 Zur Freimaurerloge und der Berggesellschaft siehe *Hagen*, Die Stadt Halle, Bd. 1, S. 623 ff. Zu den Freimaurern siehe vor allem *Hoffmann*, Politik der Geselligkeit.

134 Roth hebt dagegen, indem er auf die Ergebnisse der Frankfurter Stadtstudien verweist, die Bedeutung des Wirtschaftsbürgertums hervor. Siehe *Roth*, Verein und bürgerliche Gesellschaft, S. 126.

135 In wissenschaftlichen und Bildungsvereinen besetzten Bildungsbürger 20, in religiösen Vereinen 15 Vorstandsposten.

136 17 Vorstandsposten im Bereich der kulturellen Vereine, neben den Gesangvereinen vor allem im Theater-Comité, 19 in sozialen Vereinen und sechs in Kassen, die oftmals für ärmere Klassen eingerichtet worden waren.

137 Dies gilt vor allem hinsichtlich der Freimaurerloge und der Berggesellschaft.

138 Mit Blick auf die geselligen Vereine (14 Vorstandsposten) waren sie vor allem in Schützenvereinen aktiv. Bei den Unterstützungskassen und der Versicherung Iduna (22 Vorstandsposten) konnten die Wirtschaftsbürger ebenso wie in den sozialen Vereinen (7 Vorstandsposten) ihre ökonomische Expertise einbringen. Kaum oder gar nicht vertreten waren sie hingegen im Bereich der kulturellen (3 Posten), wissenschaftlichen (1 Posten) und der religiösen (kein Posten) Vereine.

pauschal konstatiert werden.[139] Zweifellos wurden wirtschaftliche Eliten – Bankiers, Fabrikbesitzer, Kaufleute oder Direktoren – vor dem Hintergrund der ökonomisch-industriellen Transformation, die auch Halle zunehmend erfasste, für die weitere städtische Entwicklung nicht nur bedeutender, sondern ihnen kam aufgrund ihrer unternehmerischen Initiativen, ihres Kapitals und Knowhows eine Schlüsselrolle zu, die sich organisatorisch in Form von Aktiengesellschaften, der Durchsetzung ökonomischer Prinzipien in Selbsthilfevereinigungen oder der Etablierung von Versicherungsgesellschaften auf Gegenseitigkeit und später der Gesellschaften mit beschränkter Haftung manifestierte. Nicht selten ging damit eine exklusive Vernetzung in den geselligen Vereinen einher.[140] Doch verdeutlicht zugleich die Präsenz von Bildungsbürgern in allen Segmenten des Vereinswesens ihren Anspruch, neben dem Wirtschaftsbürgertum weiterhin eine tragende gesellschaftliche Rolle zu spielen. Dass das städtische Vereinswesen sich bereits in der ersten Jahrhunderthälfte sozial öffnete und Besitz- und Bildungsbürger kein Exklusivrecht auf Vereinsgründungen und -partizipation mehr hatten – eine Entwicklung die sich durch die 1848er Revolution nochmals verstärkte – ist in der Forschung vielfach betont und herausgearbeitet worden.[141] Insbesondere die Aktivität des Alten Mittelstandes – 1859 stellte er von den im Adressbuch verzeichneten Vereinen mit Abstand die meisten Vorstandsmitglieder – zeugte von dieser Tendenz. Seine Angehörigen waren Vorstände in wirtschaftlichen Vereinen und hier insbesondere in den traditionellen Innungen sowie in der Salzwirker-Brüderschaft und den verschiedenen Institutionen des Handwerkermeister-Vereins. Auch wohltätige und Selbsthilfeorganisationen waren Tätigkeitsschwerpunkte.[142] Über starkes Engagement in den Schützenvereinen hatten sie einen großen Anteil an Formen städtischer Geselligkeit und bestimmten über die Gesang- und Musik-

139 Von diesem Siegeszug geht, mit Blick auf die bedeutenderen Vereine der Stadt, *Hein*, Soziale Konstituierungsfaktoren, S. 178 aus. Allerdings ist der Anteil der Wirtschaftsbürger an Vorstandsposten möglicherweise höher zu veranschlagen, als dies auf Basis des Adressbuches von 1859 als Quelle möglich ist, da etliche gesellige Vereine ohne Angabe der Vorstände verzeichnet sind und gerade die exklusiven geselligen Clubs in vielen Städten ein bedeutendes Feld wirtschaftsbürgerlicher Aktivität darstellten. Bereits für die Frühzeit des Vereinswesens in Halle gab es diese geselligen Zirkel, die sogenannten Ressourcen, beispielsweise die Ressourcen-Gesellschaft im Galgthorochen Stadt-Schützengraben von 1797, welche 1804 109 Mitglieder hatte und deren Vorstand sich ausschließlich aus dem Wirtschaftsbürgertum rekrutierte. Vgl. Hallisches Adreß-Verzeichnis 1804, IV: Bürgerliche Corporationen, S. 109. In der Forschung zu anderen Städten ist gezeigt worden, dass in den Elitenvereinen der ersten Jahrhunderthälfte Wirtschaftsbürger tonangebend waren. Vgl. nur *Mettele*, Bürgertum in Köln, S. 163.

140 Siehe auch *Tenfelde*, Entfaltung, v. a. S. 87 ff.

141 Siehe nur *Hein*, Soziale Konstituierungsfaktoren, S. 162 ff. u. 173 ff.

142 Allein im Bürger-Rettungs-Institut gehörten 15 Vorstandsmitglieder dem Alten Mittelstand an. Angehörige des Alten Mittelstandes fungierten als Vorstände der Gesellenkassen sowie der sich etablierenden Sparvereine. Hinzu kamen zwei Vorstandsposten im religiös ge-

vereine das kulturelle Leben der Stadt maßgeblich mit.[143] Der Neue Mittelstand der mittleren Beamten, Lehrer und Angestellten partizipierte vor allem an den unterschiedlichen Kassenvereinigungen und den Gesangvereinen der Stadt.[144] Die Relevanz des sonstigen Mittelstandes, der Arbeiter und unteren Beamten und Angestellten war im Vergleich zu den genannten Gruppen nicht nur äußerst begrenzt, ihr Tätigkeitsspektrum blieb zudem in viel höherem Maße auf bestimmte Vereinstypen beschränkt.[145] Die Vernetzung von Vereinsvorständen der verschiedenen Gruppen, eine gemeinsame Vorstandstätigkeit in Vereinen, war zwischen dem Bildungs- und Wirtschaftsbürgertum, Altem und Neuem Mittelstand in etwa gleich verteilt: In ca. einem Fünftel aller im Adressbuch verzeichneten Vereine interagierten sie mit Angehörigen mindestens einer anderen der genannten Gruppen.[146] Kristallisationspunkte waren dabei vor allem die gemeinsame Tätigkeit in wohltätigen und kulturellen Vereinen sowie der Vorsitz in Selbsthilfevereinigungen. Angehörige der Unterschichten dagegen waren nicht nur quantitativ unter den Vereinsvorständen schwach vertreten, sondern wiesen zudem nur wenige Kontakte zum niederen oder höheren Bürgertum auf.[147]

Wenn der politische Aufbruch der Bürger auch in Halle 1849 ein vorläufiges Ende fand, so ist die Kultur gesellschaftlicher Selbstorganisation doch erheblich verändert worden. Einerseits wurde das Engagement in traditionellen Bereichen des Vereinswesens mit seinen wissenschaftlichen, Bildungs-, Gesang-, Musik-, Schützen-, geselligen und sozialen Vereinen fortgeführt und intensiviert. Andererseits war die Politisierung der Bevölkerung, die sich in der Revolution ja

prägten Jünglingsverein. Selbsthilfeorganisationen stellten für das kleine und mittlere Bürgertum nicht selten den ersten Kontakt zum Organisationsmodell des Vereins her. Vgl. *Lipp*, Politisches Handlungsmuster, S. 288.

143 14 Vorstandsposten in geselligen Vereinen (zumeist in den Schützenvereinen der Stadt), 20 in kulturellen Vereinen (fast ausschließlich in Gesangvereinen).

144 Kassen: 22 Vorstandsposten, kulturelle Vereine: 13. In den anderen Vereinstypen waren sie dagegen deutlich geringer vertreten (Gesellige: 7, Soziale: 4, Religion: 1, Wirtschaft: 5, Wissenschaft/Bildung: 2).

145 3 Arbeiter (zwei davon mit mechanisch-technischen Berufen und Vorstandsfunktionen im Polytechnischen und Naturwissenschaftlichen Verein – eine Zugehörigkeit zu Räumen der Selbstorganisation, die vermuten lässt, dass sie nicht zur Unterschicht gehörten), 5 untere Beamte und Angestellte (vor allem Kassen und Schützenvereine) und 11 Angehörige des sonstigen Mittelstandes (fast ausschließlich auf Innungen und andere Handwerker-Vereine beschränkt).

146 Bildungsbürger und Wirtschaftsbürger in 14, Bildungsbürger und Alter Mittelstand in 14, Bildungsbürger und Neuer Mittelstand in 19 sowie Alter Mittelstand und Neuer Mittelstand, Wirtschaftsbürger und Alter Mittelstand, Wirtschaftsbürger und Neuer Mittelstand in jeweils 15 Vereinen.

147 Der sonstige Mittelstand hatte vor allem in den Innungen der Stadt Kontakte (8) mit Angehörigen des Alten Mittelstandes, Neuer Mittelstand und untere Beamte und Angestellte (ebenfalls 8 Kontakte) vernetzten sich am ehesten in den Kassen- und Selbsthilfevereinigungen.

nicht zuletzt durch Vereinsgründungen oder politische Diskussionen in bereits bestehenden Vereinen artikulierte, unumkehrbar geworden. Zwar vollzog sich die weitere soziopolitische Strukturierung des Vereinswesens zunächst nicht durch sich explizit als »politisch« deklarierende Vereine, sondern durch eine subkutane Latenz, diese sollte in den folgenden Jahrzehnten ihre Wirkung dann jedoch ganz offen entfalten. Das alte Organisationsmodell mit einem polyfunktionalen Bürgerverein, um den herum sich weitere soziale, gewerbliche und Bildungsvereine gruppieren konnten – ergänzt durch die Sänger und Turner mit einer Partizipationsmöglichkeit für weitere soziale Kreise – ist nach 1848/49 durch politische Zerklüftungen und ein wachsendes Teilhabebedürfnis nahezu aller städtischer Gruppierungen endgültig überholt worden.[148] Die Widersprüche zwischen Partikularinteressen und Gemeinwohl, zwischen exklusiver sozialer Gruppenbildung und schichtenübergreifender Vernetzung sowie damit verbunden die Frage der politischen Organisation des »Bürgertums« sind damit deutlicher in den Vordergrund gerückt als zuvor. Für Dieter Hein hat daher die Vereinsentwicklung zwischen 1850 und 1880 einen paradoxen Grundzug: Zum einen habe sich das bürgerliche Prinzip des Vereins vollends durchgesetzt, es könne »nun wirklich von einer bürgerlichen Gesellschaft gesprochen werden«, zum anderen wurde die städtische Bevölkerung durch Vereine jedoch nicht mehr in einem Bürgertum als sozialer Einheit zusammengebunden, sondern ihre integrierende Kraft beschränkte sich auf einzelne Teilgruppen der Gesellschaft.[149] Die von Nipperdey angeführten Eigenschaften der Spezialisierung und Entpartikularisierung im Vereinswesen erzeugten eine Spannung, die weit über die erste Hälfte des 19. Jahrhunderts hinausging. Diese Spannung zwischen vielfältig spezialisierten, heterogenen, teils konfliktiven Vereinsaktivitäten und dem Bezug auf das Gemeinwohl, das Öffentliche sowie die Erfordernisse politischer Organisation sollten im ausgehenden Jahrhundert zu einer der größten Herausforderungen der bürgerlichen Gesellschaft werden.

148 Tenfelde betont zwar eine bemerkenswerte organisatorische Kontinuität zum Vormärz, aber zugleich verweist er auf einen fundamentalen sozialen Wandel des Vereinswesens, den er insbesondere durch die Industrielle Revolution begründet sieht. Vgl. *Tenfelde*, Entfaltung, S. 68ff.

149 *Hein*, Soziale Konstituierungsfaktoren, S. 178. Diese Entwicklung des Vereinswesens spiegelt nach Hein die Transformation der Gesellschaft in Richtung Klassengesellschaft wider.

3. In einem »nie geahnten Maße«: Zahlen und Gründungen von Vereinen im Kaiserreich

In der bisherigen Forschung zu Vereinen ist erstaunlich wenig berücksichtigt worden, dass der eigentliche Boom des Vereinswesens – seine »zahlenmäßige Explosion« (Stefan-Ludwig Hoffmann) –[150] erst in der zweiten Hälfte des 19. Jahrhunderts erfolgte und durch die Gründung des Deutschen Kaiserreichs nochmals forciert wurde.[151] Trotz einer florierenden Vereinslandschaft in der ersten Jahrhunderthälfte und der auch durch die gescheiterte Revolution von 1848/49 und die damit einhergehenden repressiven Maßnahmen durch den Gesetzgeber und die Behörden nicht aufzuhaltenden Begeisterung der Deutschen für Vereine, blieb ihre Zahl auf lokaler Ebene doch einigermaßen überschaubar. Dass in Freiburg im Breisgau, Leipzig und Dresden 1873 etwa 110, 180 bzw. 200 Vereine, in Heidelberg, Darmstadt und Stettin Mitte der 1890er Jahre etwa 230, 260 bzw. 280 Vereine und kurz vor Ausbruch des Ersten Weltkriegs in Karlsruhe und Hamburg etwa 770 bzw. 1.900 Vereine in den Adressbüchern aufgeführt sind, belegt demgegenüber die immense Zunahme der Vereinszahlen im Kaiserreich.[152] Für München nimmt Tenfelde einen Anstieg von etwa 150 Vereinen um die Mitte des 19. Jahrhunderts auf etwa 3.000 im Jahr 1900 an.[153] Umfangreichere Zahlen liegen für Magdeburg vor: 1.904 Vereine, 5.519 Vorstände und 70.011 registrierte Mitglieder konnten für den Zeitraum von 1871 bis 1918 nachgewiesen werden.[154] In Halle an der Saale schließlich ist die Existenz von 1.443 Vereinigungen in der zweiten Hälfte des »langen« 19. Jahrhunderts dokumentiert.[155] Berücksichtigt man die signifikant höheren Einwoh-

150 Vgl. *Hoffmann*, Geselligkeit und Demokratie, S. 61. Hoffmann selbst datiert die explosive Ausweitung des Assoziationswesens mit Blick auf die Entwicklung in verschiedenen europäischen Ländern bereits auf die 1860er Jahre. Siehe S. 61 ff., für das Beispiel der Turn- und Gymnastikbewegung in Deutschland S. 69 f.

151 Das Zitat in der Kapitelüberschrift ist Teil eines bekannten Ausspruchs Max Webers auf dem ersten Soziologentag 1910: »Der heutige Mensch ist ja unzweifelhaft neben vielem anderem ein Vereinsmensch in einem fürchterlichen, nie geahnten Maße.« *Weber*, Geschäftsbericht, S. 53.

152 Siehe die Vereinskapitel der städtischen Adressbücher für die jeweiligen Jahre. Die Zahlen sind hier dahingehend ungenau, dass die dort gelisteten Vereinigungen und Organisationen, wie bereits umfangreich erläutert wurde, mitunter unterschiedlich erhoben worden sind.

153 Vgl. *Tenfelde*, Entfaltung, S. 58. Für Österreich gibt Tenfelde eine Steigerung von 2.234 Vereinen 1856 auf 85.000 im Jahr 1910 (ohne Zweigvereine) an. Solche Gesamtzahlen liegen für Deutschland leider nicht vor.

154 Vgl. *Klitzschmüller*, Magdeburger Gesellschaft, S. 62. Unter Einbeziehung der Mitglieder von Provinzialvereinen steigt die Zahl sogar auf 145.711 Vereinsmitglieder.

155 Berücksichtigt wurden in dieser Zählung alle seit 1859 in den hallischen Adressbüchern geführten Vereine. Es wurde also, wie bei den Vergleichszahlen aus den anderen

nerzahlen Magdeburgs,[156] ist von einem sehr regen Vereinsengagement in der Saalestadt auszugehen. Im Folgenden wird zunächst die grundlegende strukturelle Entwicklung des Vereinswesens am Beispiel Halles nachvollzogen, um darauf aufbauend seine soziale Trägerschaft zu analysieren. Im Fokus der Untersuchung steht damit dezidiert die soziale Struktur *aller* städtischen Vereine in einer Phase, die als diejenige zu kennzeichnen ist, in der es den stärksten Zuwachs an städtischer Selbstorganisation gegeben hat.[157]

Vergleicht man in einem ersten Zugriff die starke Zunahme der Vereinszahlen mit der Bevölkerungsentwicklung wird sehr deutlich, dass der Boom des Vereinswesens nicht lediglich auf eine Vergrößerung der städtischen Population zurückzuführen ist (siehe die Daten in Tab. 2).

Tab. 2: Vereins- und Einwohnerentwicklung 1874–1913

Jahr	Vereine	Wachstumsrate %	Einwohner	Wachstumsrate %	Einwohner pro Verein	Vereine pro tausend Einwohner
1874	75		58.317		777,6	1,3
1888	192	156	90.706	55,5	472,4	2,1
1895	300	56,3	116.305	28,2	387,7	2,6
1903	622	107,3	161.658	39	259,9	3,8
1913	847	36,2	190.921	18,1	225,4	4,4

Von 1874 bis 1913 hatte sich die Zahl der Vereine in Halle von 75 auf 847 erhöht und weist somit eine Wachstumsrate von 1.029 % auf. Die Anzahl der Vereine der Stadt hatte sich in diesem Zeitraum mehr als verelffacht, während sich die Einwohnerzahl mit einer Wachstumsrate von 227 % etwa verdreifacht hat. Die Wachstumsraten für die einzelnen Intervalle zeigen, dass die Werte für Vereine stets deutlich höher sind als für die Einwohnerzahlen. Eine hohe Wachstumsrate bei den Einwohnern korrespondiert mit einer noch höheren Wachstumsrate der Vereine. Am Ende der Kaiserreichszeit ist sowohl das Wachstum der Vereine als auch das der Bevölkerung sichtbar zurückgegangen. Die Zahl der Einwohner pro Verein wie auch – umgekehrt – der Vereine pro Einwohner verdeutlicht, dass im Laufe der Kaiserreichszeit die Dichte an Vereinen in Rela-

Städten, lediglich die Listung der Adressbücher nachvollzogen, eine eigene Filterung wurde nicht vorgenommen. Daher unterscheidet sich dieser Wert mit einer Abweichung nach oben von der unten genannten Zahl.

156 Nach den Eingemeindungen von Neustadt und Buckau hatte Magdeburg 1890 202.234 und 1910 279.629 Einwohner.

157 Vgl. auch die kursorische Zusammenstellung der Zahlen und Entwicklungen für Halle in *Watermann*, Städtischer Liberalismus, S. 204–208.

tion zur Einwohnerschaft erheblich zunimmt. Kamen 1874 etwa 778 Einwohner auf einen Verein (1,3 Vereine pro tausend Einwohner), waren es 1913 nur noch 225 Einwohner (dementsprechend erhöhte sich die Zahl der Vereine pro tausend Einwohner auf 4,4). Diese Werte beinhalten jedoch eine Verzerrung, da hier die Gesamteinwohnerschaft als Berechnungsgrundlage diente, aber Kinder in der Regel keine und Frauen in wesentlich geringerem Maße als Männer – Huber-Sperl schätzt einen Organisationsgrad der Frauen von etwa 9 % am Beginn des 20. Jahrhunderts – Vereinsmitglieder waren.[158] Für 1905 ist der Altersaufbau der hallischen Bevölkerung überliefert, weshalb eine präzisere Beschreibung möglich wird: In diesem Jahr kamen 67 Einwohner auf einen Verein (die Zahl der Vereine pro tausend Einwohner lag bei 14,8).[159] Es ist insgesamt davon auszugehen, dass der Bevölkerungszuwachs einen direkten (positiven) Einfluss auf die Entwicklung der Vereinszahlen gehabt hat. Auch die Neubürger, die im Zuge der Migration in die Städte kamen, schlossen sich Vereinen an oder gründeten neue. Der Vereinsboom kann jedoch nicht allein durch die Zunahme der Einwohnerschaft, dies haben die Zahlen belegt, erklärt werden.

Konkrete Interessen und Motive der Betätigung in Vereinen können entschlüsselt werden, indem die Verteilung der bisher allgemein geschilderten quantitativen Entwicklung auf die verschiedenen Vereinstypen betrachtet wird (vgl. Tab. 3). Wirtschaftliche und berufsständische Vereine (28,7 %) sowie Vereine mit den Zwecksetzungen Geselligkeit, Sport oder Freizeit (23,9 %) stellten bezogen auf den gesamten Betrachtungszeitraum (rechte Spalte der Tabelle) mit Abstand die quantitativ bedeutendsten Vereinstypen dar; gefolgt von den kulturellen Vereinen (14,3 %). Mit 7,7 % und 8,7 % konnten zudem soziale und religiöse Vereine einen beträchtlichen Teil an Vereinsaktivität absorbieren. Alle anderen Vereinstypen weisen Werte unter der 5 %-Marke auf. Wenn man die Entwicklung der fünf genannten Vereinstypen näher betrachtet, fallen signifikante Unterschiede bzw. Tendenzen auf (vgl. Schaubild 1): Die absoluten Zahlen verdeutlichen, dass wirtschaftliche Vereine ab 1888 die größte Zahl an Vereinen stellten und es ab 1895 zu einem weiteren starken Wachstum kam, das bis zum Ende der Kaiserreichszeit anhielt. Eine ähnlich dynamische Entwicklung

158 Vgl. *Huber-Sperl*, Bürgerliche Frauenvereine, S. 50.

159 Zu den demographischen Daten für das Jahr 1905 vgl. *BzSdSH*, Bevölkerung, S. 22. Von der Gesamtbevölkerung (169.916 Personen) wurden abgezogen: weibliche und männliche Kinder und Jugendliche unter 15 Jahren (53.871) sowie die schätzungsweise nicht organisierten 81 % erwachsene Frauen (55.505). Die verbliebenen 60.540 Personen wurden in Relation zu den 898 im Adressbuch geführten Vereinigungen gesetzt. Die Vereinsliste des Buches ist hier nur mit Blick auf Studentenverbindungen, Konsum- und Sparvereine gefiltert worden. Die vergleichsweise hohe Zahl an Vereinen in diesem Jahr verweist darauf, dass es zu Beginn des Jahrhunderts nochmal zu einem deutlichen Wachstumsschub gekommen war.

Tab. 3: Entwicklung der Vereinstypen 1874–1913

Vereinstyp	Jahr										Gesamt	
	1874		1888		1895		1903		1913		1859–1913	
	abs.	%	abs.	%	abs.	%	abs.	%	abs.	%	abs.	%
Wirtschaft	14	*18,7*	51	*26,6*	75	*25*	177	*28,5*	243	*28,7*	326	*28,7*
Soziales	14	*18,7*	24	*12,5*	26	*8,7*	51	*8,2*	64	*7,6*	87	*7,7*
Religion	3	*4*	12	*6,3*	22	*7,3*	54	*8,7*	86	*10,2*	99	*8,7*
Wissen-schaft	7	*9,3*	9	*4,7*	13	*4,3*	27	*4,3*	24	*2,8*	36	*3,2*
Bildung	3	*4*	3	*1,7*	19	*6,3*	33	*5,3*	38	*4,5*	56	*4,9*
Kultur	18	*24*	33	*17,2*	52	*17,3*	89	*14,3*	103	*12,2*	163	*14,3*
Politik	0	*0*	5	*2,6*	12	*4*	20	*3,2*	27	*3,2*	33	*2,9*
Krieger	3	*4*	21	*10,9*	29	*9,7*	45	*7,2*	47	*5,5*	53	*4,7*
Freizeit	12	*16*	32	*16,7*	48	*16*	121	*19,5*	203	*24*	271	*23,9*
Logen	1	*1,3*	2	*1*	4	*1,3*	5	*0,8*	12	*1,4*	12	*1,1*
Gesamt	75	*100*	192	*100*	300	*100*	622	*100*	847	*100*	1.136	*100*

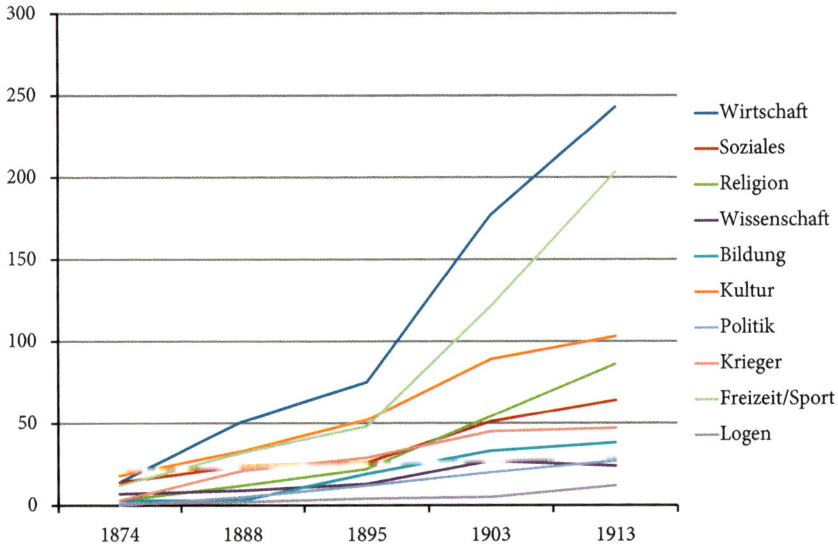

Schaubild 1: Entwicklung der Vereinstypen 1874–1913 (absolute Zahlen)

verzeichneten die Freizeitvereine, die jedoch erst ab der Mitte der 1890er Jahre zum zweithäufigsten Vereinstyp aufgestiegen waren und damit die kulturellen Gesang-, Musik- und Kunstvereine abgelöst hatten, deren – durchaus beachtliche – Steigerung ihrer Vereinszahlen insbesondere nach der Jahrhundertwende merklich hinter den wirtschaftlichen und Freizeitvereinen zurückblieb. Soziale und religiöse Vereine gehörten neben den kulturellen Vereinigungen zu den Traditionssegmenten des Vereinswesens und konnten insbesondere im Fall der religiösen Vereine zwar weiterhin reüssieren, ihre einstige dominante Stellung innerhalb der städtischen Vereinslandschaft hatten sie in quantitativer Hinsicht jedoch verloren. Die Entwicklung der übrigen Vereinstypen – der Krieger-, der politischen und der Bildungsvereine sowie der Logen – war, spätestens seit 1903, nur noch durch schwache Zuwächse gekennzeichnet. Bei den wissenschaftlichen Vereinen kam es sogar zu einem Rückgang der absoluten Zahlen.[160]

Anhand der prozentualen Anteile der einzelnen Vereinstypen an den Gesamtzahlen der jeweiligen Stichjahre lassen sich diese Konjunkturen im Vereinswesen näher veranschaulichen (vgl. Schaubild 2). 1874 hatten wirtschaftliche und soziale Vereine noch einen exakt gleichen Anteil von 18,7 %, nahmen aber in der Folgezeit eine gänzlich gegensätzliche Entwicklung: im Fall der wirtschaftlichen Vereine der Aufstieg zum häufigsten Vereinstypus, im Fall der sozialen Vereine von einem der am meisten verbreiteten Vereinstypen zu einem zwar nach wie vor bedeutsamen Feld von Vereinsaktivität, das jedoch gemessen an den Vereinszahlen an Bedeutung verloren hatte. Dass die quantitative Stärke bzw. Schwäche mit Blick auf die bloße Zahl an Vereinen indes noch nichts über ihre soziale und funktionale Relevanz aussagt, wird gerade mit Blick auf die sozialen und wohltätigen Vereine jedoch noch zu zeigen sein. Auch die Anteile kultureller und wissenschaftlicher Vereine als klassische Teile der Vereinslandschaft haben sich im Verlauf der Kaiserreichszeit sichtbar verringert. Beständig steigend war demgegenüber die Bedeutung der religiösen Vereine, während die Kriegervereine nach einem anfänglich starken Zuwachs deutlich an prozentualer Relevanz verloren.[161] Die augenfälligste Steigerung erfuhren ab 1895 die

160 Daum benennt die Jahre 1840 bis 1849 sowie 1859 bis 1882 als »dynamische Gründungsphasen« der »Naturvereine«, während bis 1910 die Zahl der Neugründungen sichtbar zurückging. Halle gehörte dabei zu einer der Städte mit einer hohen Dichte an Naturvereinen wie etwa des Naturwissenschaftlichen Vereins und der Entomologischen Gesellschaft. Begründet war dies nach Daum durch spezifische Milieufaktoren wie das pietistische Erbe, die Tradition naturkundlicher Lehre (Franckesche Stiftungen) sowie rationalistischer, später freikirchlicher protestantischer Strömungen. Vgl. *Daum*, Wissenschaftspopularisierung, S. 89–103, hier S. 96–98.

161 Der Anstieg der Bildungsvereine ist vor allem auf die in diese Kategorie aufgenommenen Stenographievereine zurückzuführen. Politische Vereine wurden dagegen in den Adressbüchern zunächst gar nicht geführt und stagnierten, gemessen an ihren Anteilen,

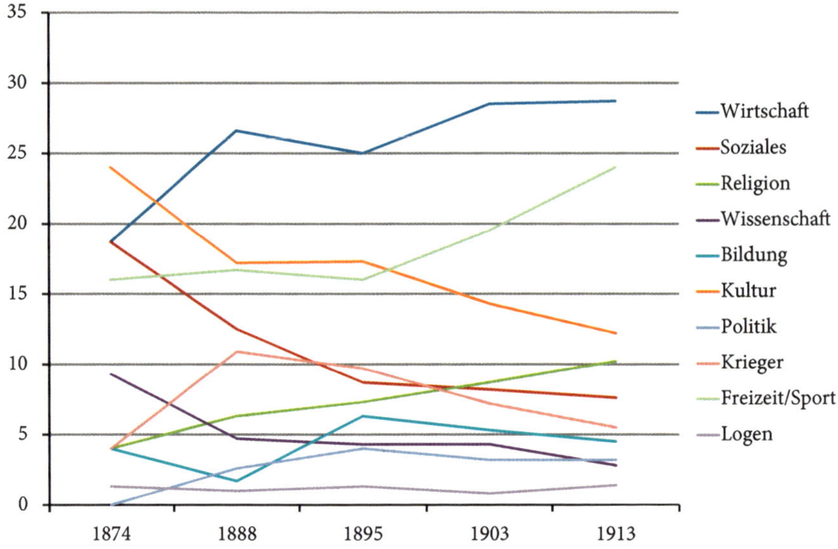

Schaubild 2: Entwicklung der Vereinstypen 1874–1913 (prozentuale Anteile)

Freizeitvereine, die sich nach prozentualen Anteilen zum zweitstärksten Vereinstyp entwickelten.

Die bisherige quantitative Darstellung orientierte sich sowohl hinsichtlich der Gesamtzahlen der Vereine als auch mit Blick auf einzelne Vereinstypen am Ist-Stand der Vereine für die fünf verschiedenen Stichjahre des Kaiserreichs. Doch auch die *Gründungsjahre* der Vereine belegen die Hochphase im Kaiserreich. Konkrete Angaben zur Vereinsgründung liegen für 630 der 1.136 Vereine des Gesamtsamples vor. Für die restlichen Vereine kann die erstmalige Nennung des jeweiligen Vereins im Adressbuch als Ersatz für das fehlende Gründungsjahr herangezogen werden.[162] Auf Basis dieser Daten wurden acht verschiedene Gründungszeiträume gebildet; die Zahl der Vereinsgründungen ist in Tabelle 4 und Schaubild 3 dargestellt.

Es wird ersichtlich, dass eine Vielzahl von Vereinen sich ab 1880 gründeten und die höchsten Werte sogar erst zu Beginn des neuen Jahrhunderts erreicht wurden. Die Beschreibung der Verteilung anhand der Quartile – d.h. anhand des 25%-, des 50%- und des 75%-Quantils – verdeutlicht dies ebenfalls. Bis 1898

ab 1895 bei etwa 3%. Die Logen als besonderer Vereinstypus blieben quantitativ und prozentual marginal.

162 Dadurch entsteht zwangsläufig eine leichte Verzerrung, da sich die Vereinsgründung in der Regel oftmals ein oder sogar mehrere Jahre vor der erstmaligen Nennung im Adressbuch vollzogen hat. Dennoch ist dieses Vorgehen die einzige Möglichkeit, einen Überblick zu den Neugründungen des gesamten städtischen Vereinswesens zu erhalten.

Tab. 4: Gründungszeiträume der Vereine

Zeiträume	**Klassenmitte**	**Häufigkeit**	**%**	**kum. %**
Bis 1849		29	2,55	2,55
1850–1859	1854,5	35	3,08	5,63
1860–1869	1864,5	43	3,79	9,42
1870–1879	1874,5	89	7,83	17,25
1880–1889	1884,5	177	15,58	32,83
1890–1899	1894,5	208	18,31	51,14
1900–1909	1904,5	283	24,91	76,05
1910–1913	1911,5	272	23,94	100
Summe		1.136	100	

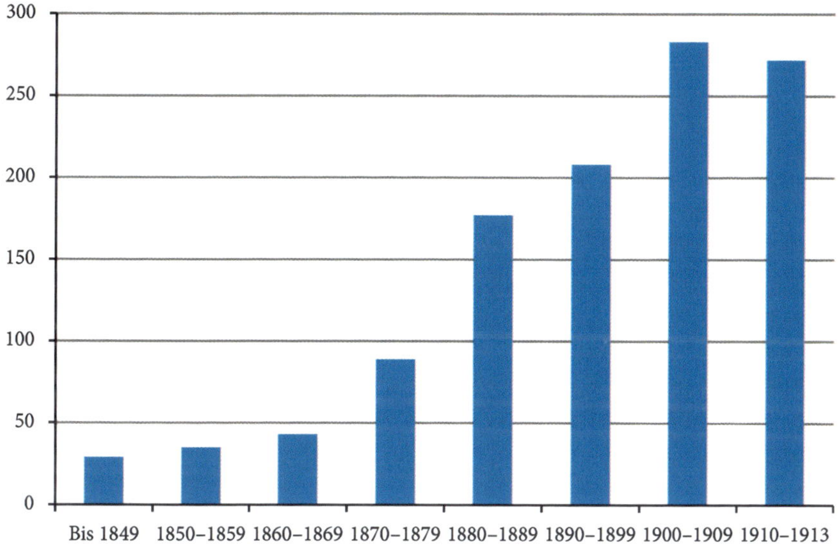

Schaubild 3: Die Gründungszeiträume der Vereine

(50 %-Quantil, zugleich der Median) hatte sich erst die Hälfte aller Vereine des Datensamples gegründet, entsprechend bedeutet dies umgekehrt, dass 50 % der Vereine in den letzten fünfzehn Jahren des Betrachtungszeitraums gegründet worden waren. Bis 1885 wurden ein Viertel (25 %-Quantil) der Vereine, bis 1909 drei Viertel (75 %-Quantil) ins Leben gerufen. Immerhin noch ein Viertel der Vereine wurde zwischen 1908 bis 1913 initiiert. Das Jahr 1896 bildet das arithmetische Mittel der klassierten Daten und ist somit nur unwesentlich vom Median (1898)

Tab. 5: Gründungszeiträume der Vereinstypen

	Bis 1849	1850–1859	1860–1869	1870–1879	1880–1889	1890–1899	1900–1909	1910–1913
Wirtschaft	2	15	7	27	47	45	93	90
Soziales	4	0	7	7	13	13	25	18
Religion	1	2	1	4	17	21	24	29
Wissenschaft	5	0	4	4	7	5	5	6
Bildung	1	3	0	4	5	18	17	8
Kultur	10	7	12	14	35	33	30	22
Politik	0	0	0	1	7	7	8	10
Krieger	0	0	6	8	15	14	7	3
Freizeit	5	8	6	20	29	51	70	82
Logen	1	0	0	0	2	1	4	4
Gesamt	29	35	43	89	177	208	283	272

entfernt.[163] Median und arithmetisches Mittel fokussieren auf unterschiedliche Aspekte einer Verteilung, ersterer auf die mittlere Position der Werte – d. h. jeweils 50 % der Fälle liegen unter- bzw. oberhalb des Medians –, letzterer auf die Zentralität der Werte, wodurch der Schwerpunkt der Verteilung identifiziert werden kann.[164] Beide Mittelwerte verweisen im vorliegenden Fall auf den Gründungsboom der Vereine im Wilhelminischen Kaiserreich um die Jahrhundertwende.

Auch die Entwicklung der Vereinsgründungen kann nach Vereinstypen aufgeschlüsselt werden (vgl. Tab. 5 und Schaubild 4). Die Betrachtung der Neugründungen legt den Fokus auf die Frage, wie stark die Gründungsimpulse der jeweiligen Vereinstypen im Verlauf der Kaiserreichszeit waren. Diesbezüglich ergeben sich signifikante Unterschiede zu der geschilderten Entwicklung der

163 Die Berechnung der Quartile, des Medians und des arithmetischen Mittels für die gruppierten Daten wurde berechnet nach den Formeln bei *Benninghaus*, Deskriptive Statistik, S. 43, 47, 54. Da die Klasse der bis 1849 gegründeten Vereine unabgeschlossen ist, wurde sie bei der Berechnung des arithmetischen Mittels nicht berücksichtigt. Der eigentliche Wert dürfte daher kleiner als 1896 sein. Berechnet man das 5 % getrimmte arithmetische Mittel für die nicht klassierten Daten, d. h. für die konkreten Gründungsjahre, die für 630 Vereinigungen vorliegen, ist 1890 das durchschnittliche Gründungsjahr. Jeweils 5 % der niedrigsten und höchsten Werte wurden dabei nicht berücksichtigt, um die Anfälligkeit gegenüber Extremwerten zu reduzieren. Der Wert für diese Vereine weicht somit gegenüber dem Durchschnittswert der klassierten Daten nach unten ab. Da die Berechnungsgrundlage jedoch die Angaben für nur etwas mehr als die Hälfte aller Vereine des Samples bildete, ist der Wert für die klassierten Daten, d. h. unter Einbeziehung der Daten zu den erstmaligen Nennungen der Vereine im Adressbuch, vorzuziehen.

164 Vgl. ebd., S. 49

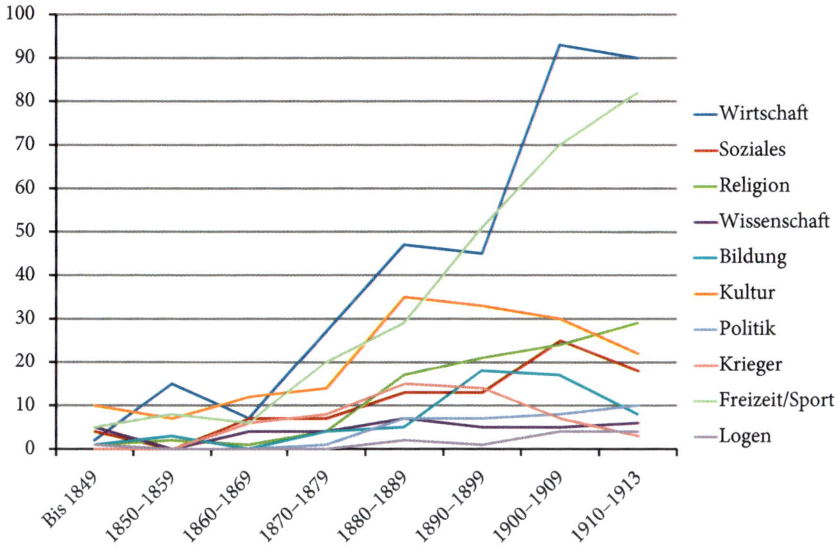

Schaubild 4: Gründungszeiträume der verschiedenen Vereinstypen

Gesamtzahlen für die jeweiligen Stichjahre. Zunächst ist festzuhalten, dass das Jahrzehnt der Reichsgründung und die darauffolgende Periode 1880 bis 1889 für zahlreiche Typen – die wirtschaftlichen, religiösen, kulturellen, Krieger- sowie Freizeit- und Sportvereine – die Bereitschaft zu Neugründungen von Vereinen offenbar ungemein stimuliert hat. Die wirtschaftlichen Vereine verzeichneten nach einem leichten Rückgang ab dem Zeitraum 1890 bis 1899 wieder einen starken Anstieg an Neugründungen; der Rückgang im letzten Zeitintervall deutet jedoch auch für diesen Vereinstyp auf eine gewisse Stagnation hin. Dagegen blieb der Trend zur Gründung von Geselligkeits-, Freizeit- und Sportvereinen und ebenso – jedoch auf deutlich schwächerem Niveau – von religiösen Vereinen bis zum Ende der Kaiserreichszeit ungebrochen. Für die kulturellen und die Kriegervereine dagegen gilt, dass sie ab der Hochphase ihrer Gründungen im Zeitabschnitt von 1880 bis 1889 eine deutlich abnehmende Tendenz an Neugründungen aufwiesen und diese Vereinszwecke augenscheinlich von einem gewissen Grad an Saturiertheit gekennzeichnet waren.[165] Interessant ist schließlich der Verlauf der Neugründungen bei den sozialen und wohltätigen Vereinen, die im späten Kaiserreich für die Jahre 1900 bis 1909 nochmals einen deutlichen, wenn auch vorübergehenden, Anstieg aufweisen konnten.[166]

165 Ähnliches gilt, zeitlich etwas später, für die Bildungsvereine.

166 Der Verlauf bei den übrigen Vereinstypen, den wissenschaftlichen Vereinen und Logen, ist eher als unauffällig zu bezeichnen.

Das Wachstum und die Charakteristika eines städtischen Vereinswesens sind indes nicht nur bestimmt durch neu gegründete Vereine, sondern auch durch die Lebensdauer der Vereine. Wenn Vereine als Interessen- und Zweckgemeinschaften verstanden werden, so ist zu vermuten, dass sich etliche von ihnen bei Erreichung des Zweckes, Erfolglosigkeit bei der Interessenverfolgung oder dem Umstand, dass zeitgenössische Problemlagen und Bedürfnisse obsolet geworden sind, im Laufe der Zeit wieder aufgelöst haben – es stellt sich dementsprechend die Frage nach der *Kontinuität* bzw. *Diskontinuität* von Vereinsaktivitäten. Daher wurden die Gründungsdaten jedes Vereins in Beziehung zu seiner Fortexistenz bzw. zum Ende seines Bestehens gesetzt. Die Resultate für die gesamte Vereinslandschaft der zweiten Hälfte des 19. Jahrhunderts bis zum späten Kaiserreich sind in Tabelle 6 ablesbar.[167] Im rechten Bereich der Tabelle ist die Relation der Zahl an Vereinen, die auch am Ende der Kaiserreichszeit noch bestanden, zur jeweiligen Gesamtzahl von Vereinen in den acht verschiedenen Gründungszeiträumen dokumentiert.

Erstaunlich hoch ist der Anteil von 79,3 % der Vereine, die vor 1849 gegründet wurden und auch am Ende der Kaiserreichszeit noch existierten. Bei diesen handelt es sich um die Traditionsvereine der Stadt,[168] die eine derart beachtliche Dauer ihres Bestandes aufweisen konnten; zugleich ist anzumerken, dass zahlreiche Vereine, die vor 1849 gegründet wurden, sich bereits in der Vormärzzeit oder bis 1860 wieder aufgelöst hatten, weshalb die hohe Prozentzahl keine Aussage über alle Vereine vor 1849 zulässt, sondern nur diejenigen erfasst, die ab 1860 auch in den Adressbüchern geführt wurden. Dass für die übrigen Gründungszeiträume der prozentuale Anteil der Vereine, die bis 1913 bestanden, stetig ansteigt, kann nicht überraschen, da der Abstand zwischen Gründung und dem letzten Stichjahr der Kaiserreichszeit immer geringer wird, die Vereine

167 Wenn hier vom Ende der Vereinstätigkeit die Rede ist, meint dies konkret, dass ein Verein nicht weiter im Vereinsverzeichnis der Adressbücher geführt wurde, was auf die Auflösung des betreffenden Vereins hinweist. In dieser Hinsicht sind die Adressbücher eine präzisere und zuverlässigere Quelle als die Liste eingetragener Vereine bei den Amtsgerichten, bei denen mitunter die Auflösung von Vereinen nicht angezeigt wurde. Eine Schwierigkeit des Abgleichs der Gründungsdaten und der Listung von Vereinen in den Adressbüchern der Jahre 1859, 1865, 1870, 1874, 1880, 1888, 1895, 1903 und 1913 zur Kontrolle der Fortexistenz der Vereine ergibt sich daraus, dass Vereine mitunter ihren Namen wechselten und somit schwerer zu identifizieren waren, dass sie sich auflösten und später wieder neu gründeten oder dass – dies trifft am ehesten auf die frühen Adressbücher zu – sie nicht kontinuierlich erhoben bzw. im Adressbuch in einer anderen Rubrik geführt wurden. Somit ist es möglich, dass bei den ausgewerteten Daten die gleichen Vereine doppelt – und mit abweichenden Gründungs- und Bestandsdaten – verzeichnet wurden. Eine grobe Verzerrung resultiert daraus jedoch nicht, da die Zahl der betreffenden Vereine letztlich als äußerst gering zu veranschlagen ist.

168 Zum Beispiel der Frauenverein für Armen- und Krankenpflege (zugleich 3. Kinder-Bewahr-Anstalt), der Wöchnerinnen-Unterstützungsverein, das Bürger-Rettungs-Institut, der Naturwissenschaftliche Verein, die Vereinigte Berggesellschaft oder der Pfälzer Schießgraben.

Tab. 6: Kontinuität der Vereine

Gründung	Vereine bestehend bis								
	1860–1869	1870–1879	1880–1889	1890–1899	1900–1909	1910–1913	A. Ende Kaiserreich	B. Alle Vereine des Gründungszeitraums	% (A./B.)
Bis 1849			2	1		3	23	29	79,3
1850–1859	12	3			4		16	35	45,7
1860–1869		6	1	3	4	7	22	43	51,2
1870–1879		2	16	7	5	4	55	89	61,8
1880–1889			5	13	16	24	119	177	67,2
1890–1899					18	54	136	208	65,4
1900–1909						80	203	283	71,7
1910–1913							272	272	100

daher – je später ihre Gründung – auf eine geringe Anzahl von Jahren ihres Bestehens zurückblickten. Die Werte für die einzelnen Gründungsperioden des Kaiserreichs von 1870 bis 1909[169] erreichen für die zwischen 1870 und 1879 gegründeten Vereine bereits über 60 %, für die in den nachfolgenden Zeitintervallen gegründeten ergeben sich stets prozentuale Anteile von über 65 % (für den Zeitraum 1880 bis 1889 schon 67,2 %, für 1900 bis 1909 dann über 70 %) an Vereinen, die bis 1913 fortbestanden. Von den 864 bis 1909 gegründeten Vereinen existierten 574 auch noch am Ende der Friedenszeit des Kaiserreichs – ein Anteil von 66,4 %. Auf der anderen Seite bedeutet dies auch, dass sich etwa ein Drittel der Vereine aufgelöst hatte; allein von den 283 Gründungen zwischen 1900 und 1909 existierten 80 bereits 1913 nicht mehr.[170] Eine Charakterisierung des Vereinswesens als Handlungsraum, der insbesondere durch ein hohes Maß an Unbeständigkeit der freiwilligen Zusammenschlüsse gekennzeichnet gewesen ist – mit permanenten Neu- und Konkurrenzgründungen –, wäre jedoch verfehlt. Die hohen Prozentzahlen der dauerhaft bestehenden Vereine lassen es eher zu, das Vereinswesen als Konstante gesellschaftlicher Selbstorganisation

169 Der letzte Zeitraum, 1910–1913, kann hier ausgespart werden, da die entsprechenden Daten ausschließlich auf dem Adressbuch von 1913 beruhen und somit der Anteil zwangsläufig bei 100 % liegen muss.

170 Diese kurze Lebensdauer von Vereinen lässt sich bereits ab der Mitte des Jahrhunderts und dann verstärkt im Kaiserreich konstatieren: Von den 35 Gründungen zwischen 1850 bis 1859, hörten 12 bereits zwischen 1860 und 1869 auf zu bestehen; von den 89 Gründungen zwischen 1870 und 1879 tauchten 18 zwischen 1870 und 1889 nicht mehr in den Vereinslisten der Adressbücher auf; für die folgenden Perioden ergibt sich ein ähnliches Bild, wobei dabei die deutlich steigende Zahl an Neugründungen zu berücksichtigen ist.

zu interpretieren. Grundlegend ist diese Beständigkeit von Vereinsaktivität im Kaiserreich für alle Vereinstypen feststellbar – Werte von unter 50 % der Vereine eines Gründungszeitraums, die bis zum Ende der Kaiserreichszeit bestanden, sind die absolute Ausnahme (vgl. PDF 13).[171] Resultierend aus dem Vergleich der jeweiligen prozentualen Anteile kann ein Wert von über 60 % als hoch, ein Wert von über 70 % des Fortbestehens bis 1913 als sehr hoch interpretiert werden. Sehr hohe Werte wiesen vor allem die religiösen, die politischen sowie die Kriegervereine auf,[172] sowie – etwas schwächer ausgeprägt – die sozialen und wirtschaftlichen Vereine der Stadt.[173] Bezüglich der kulturellen und insbesondere mit Blick auf die geselligen, Freizeit- und Sportvereine ist zwar ebenso eine hohe Kontinuität ersichtlich, aber es sind deutlich stärkere Schwankungen als bei den vorgenannten Typen feststellbar.[174]

Die beschriebenen Daten zu Vereinszahlen im zeitlichen Verlauf, Gründungszeiträumen und Bestehen der Vereine haben durch die analytische Differenzierung nach Typen Hinweise geliefert, wo die Erklärungen für den Boom gesucht werden können. Der Befund, dass sich Vereinsengagement immer mehr in wirtschaftliche und gesellige bzw. Freizeitvereine hineinverlagerte, fügt sich in die Litaneien der Zeitgenossen ein, die ein Zerfasern des Vereinswesens und das Fehlen übergeordneter Gemeinsinns- und Tugendvorstellungen beklagten.[175] Denn in diesen Vereinen wurden vorrangig »partikulare« Interessen verfolgt.[176] Im Vordergrund stand im Falle der wirtschaftlichen Vereine die ökonomische und soziale Förderung der eigenen Klientel. Einige Organisationen wie etwa Mittelstandsvereinigungen verbanden diese Interessen jedoch geschickt mit

171 Für die Zeitintervalle der Gründungen im Kaiserreich und die jeweiligen Vereinstypen trifft dies lediglich auf wissenschaftliche Vereine, die im Zeitintervall 1900 bis 1909 gegründet wurden (40 %) sowie auf Geselligkeits-, Freizeit- und Sportvereine des Gründungszeitraums 1870 bis 1879 (45 %) zu.

172 Religiöse Vereine: 1870 bis 1879 gegründet, Existenz bis Ende des Kaiserreichs 75 %, 1880 bis 1889 gegr. 64,7 %, 1890 bis 1899 gegr. 71,4 %, 1900 bis 1909 gegr. 87,5 %; Kriegervereine weisen noch höhere Werte auf: 1870 bis 1879 gegr. 87,5 %, 1880 bis 1889 gegr. 93,3 %, 1890 bis 1899 gegr. 92,9 % und 1900 bis 1909 71,4 %.

173 Bei den wirtschaftlichen Vereinen zwischen 1870 und 1909 stets Werte von über 60 %, schwankend dagegen die Anteile sozialer Vereine, die 1870 bis 1879 nur einen Wert von 57,1 %, im folgenden Intervall aber von 81,6 % aufwiesen, In den folgenden Zeitabschnitten bis 1909 verblieben sie im hohen 60 %-Bereich. Hohe Werte hatten auch die politischen Vereine, jedoch mit einer abnehmenden Tendenz zum Ende der Kaiserreichszeit (zu berücksichtigen ist diesbezüglich aber die geringe Fallzahl).

174 So bestanden von den 1880 bis 1889 und 1890 bis 1899 gegründeten kulturellen Vereinen »nur« 54,3 bzw. 57,6 % bis 1913, von den 1870 bis 1879 gegründeten geselligen, Freizeit- und Sportvereine existierten lediglich noch 45 % am Ende des Untersuchungszeitraums, von den 1890 bis 1899 gegründeten 58,8 %; eine deutliche Abweichung zu den anderen Bestandsdaten der unterschiedlichen Gründungsperioden dieser Vereine.

175 Vgl. *Hoffmann*, Geselligkeit und Demokratie, S. 86.

176 Vgl. *Watermann*, Städtischer Liberalismus, S. 207 f.

konstruierten Gemeinwohlbezügen, hervorgehoben wurde dann meist die Bedeutung der eigenen Gruppe für die Stabilität des Staates oder der Kommune.[177] Die Partikularität dieser Vereine zeigte sich nicht nur anhand der von ihnen artikulierten Interessen, sondern bereits in der Mitgliederzusammensetzung, die zumeist durch spezifische Aufnahmeregeln (z. B. Angehörigkeit zu einem bestimmten Berufsstand) beeinflusst wurde. Die geselligen und Freizeitvereine waren dagegen zwar durch eine größere soziale Offenheit gekennzeichnet,[178] erfüllten jedoch vorrangig den Zweck der Bedürfnisbefriedigung der eigenen Mitglieder. Unterschieden sich wirtschaftliche und Freizeitvereine funktional dadurch, dass erstere eher instrumentell eigene Interessen mit dem Ziel ökonomischen und sozialen Wandels nach außen organisierten und Freizeitvereine eher expressiv auf die Verwirklichung des Vereinszwecks über eine nach innen gerichtete Vereinsaktivität (bspw. durch die Organisation sportlicher Betätigung) ausgerichtet waren,[179] ist beiden Vereinstypen gemeinsam, dass ihre explosionsartige quantitative Zunahme ohne die grundlegende sozioökonomische Entwicklung im Kaiserreich nicht zu erklären ist.[180]

Die fortschreitende Industrialisierung und Urbanisierung hatten die Städte in ihren sozialen Strukturen tiefgreifend verändert. Dass Halle in der ökonomischen Entwicklung eher Nachzügler war, ist bereits thematisiert worden. In der zweiten Hälfte des 19. Jahrhunderts vollzogen sich aber auch hier der Übergang zur Hochindustrialisierung sowie die Stärkung als zentraler Dienstleistungsstandort. Die damit einhergehende sozialstrukturelle Diversifizierung in verschiedenste Berufsgruppen manifestierte sich in wirtschaftlichen und berufs-

177 Anlässlich der sogenannten Septennatswahlen 1887 stellte beispielsweise ein Handwerker-Comité seinen Aufruf zur Förderung des Handwerks, dessen allgemeiner Niedergang beklagt wird, unter die Parole: »Für Kaiser und Reich, für Freiheit und Ordnung«, nicht ohne dezidiert hervorzuheben: »Zum deutschen Handwerker darf wohl vorzugsweise das Zutrauen gehegt werden, daß er vor allem anderen auf die ihm unentbehrliche Sicherheit des Reiches bedacht [ist]«. SZ, Nr. 18, 2. Beil., 22.01.1887. Zum vermeintlichen Niedergang des Handwerks siehe auch *Lenger*, Handwerker, S. 111 ff., 141 f. Doch insgesamt blieb die Reichweite und der Einfluss mittelständischer Interessen als eigenständiger politischer Kraft vor 1914 begrenzt. Vgl. dazu *Puhle*, Parlament, S. 41. Immer stärker in den Vordergrund rückte in der Kaiserreichszeit der Bezug zur Nation, eigene Interessen wurden nun von weiten Teilen des gewerblichen Mittelstands und des Bürgertums mit »nationalen Bedürfnissen« gleichgesetzt. Vgl. *Winkler*, Mittelstand, S. 174. Zudem wurde versucht, sehr heterogene Gruppen wie die Angestellten in ideologischen Konstrukten, in diesem Fall den so genannten Neuen Mittelstand, zusammenzufassen. Vgl. *Kocka*, Die Angestellten, S. 87.

178 Vgl. *Nathaus*, Organisierte Geselligkeit, S. 125 ff.

179 Vgl. zu dieser Unterscheidung grundlegend *Gordon/Babchuk*, Typology. Dass auch wirtschaftliche Vereine durch Formen gemeinsamer Geselligkeit, Informationsveranstaltungen für die eigenen Mitglieder oder soziale Sicherungssysteme mitunter als expressiv zu kennzeichnen sind, verweist auf den Schematismus dieser Typologie.

180 Der Nexus zwischen Industrialisierung und Vereinsentwicklung ist auch zentraler Fixpunkt von Tenfeldes klassischem Aufsatz. Siehe *Tenfelde*, Entfaltung, hier v. a. S. 77 ff.

ständischen Vereins- und Verbandszusammenschlüssen als reale soziopolitische Einheiten. Gründe dafür waren nicht nur geteilte Erfahrungen in der Arbeits- und Lebenswelt, die Wahrnehmung eigener gruppenspezifischer Interessen sowie eine sich ausprägende Interessenvielfalt, die zur Gründung von Verbänden führte und andererseits wiederum gezielt von diesen forciert und organisationsfähig gemacht wurde, sondern auch, dass die wirtschaftliche Entwicklung der verschiedenen ökonomischen Sektoren zunehmend unterschiedlich verlief und diese Entwicklungsdifferenzen Interessenkonflikte verschärften.[181] Im Zeitalter der Fundamentalpolitisierung wurden Interessen zunehmend gegenüber dem Staat und gegenüber politischen Gegnern artikuliert.[182] Die Interessenpolitik und die zahlreichen Neugründungen von Interessenverbänden waren ganz wesentlich durch einen Wandel von Staatlichkeit bestimmt, in dessen Zuge der Staat nach der vollzogenen Nationalstaatsgründung und der Schaffung zentraler Entscheidungsorgane durch seine regulative Wirtschafts- und Sozialpolitik immer stärker zu einem Adressaten von Vereinen und Verbänden wurde, die sich durch die Schaffung überregionaler, bürokratischer Organisationen und Einflusskanäle an die staatlichen Entscheidungsstrukturen des Kaiserreichs anpassten.[183] Kam es im Reichsgründungsjahrzehnt zu einem ersten Gründungsschub dieser Verbände, waren es vor allem die ökonomischen Schwierigkeiten und die Politisierung der Bevölkerung, die in den 1890er Jahren zu einer zweiten Gründungswelle von Verbänden führte. Diese machten nun durch eine verstärkte öffentliche Agitation von sich Reden, plakativstes Beispiel ist hier sicher der Bund der Landwirte.[184] Eine lokale Verankerung versuchten die überregionalen oder nationalen Verbände durch lokale Filiationen zu gewährleisten. Zudem existierte neben den prominenten großen Interessenverbänden eine Vielzahl lokal oder regional ausgerichteter Organisationen.[185] Hatten sich die Verbände organisatorisch und funktional immer weiter vom ursprünglichen Modell des bürgerlichen Vereins entfernt, behielten sie dadurch doch engen Kontakt zum lokalen Vereinsmilieu bzw. waren durch vielfältige Verbindungen nach wie vor Teil desselben. Die Daten zur Fortexistenz der Vereinigungen haben gezeigt, dass die rasante Zunahme der Zahl wirtschaftlicher und berufsständischer Vereine vor allem ab den 1890er Jahren einherging mit einer dauerhaften Interessenmobilisierung.

181 Siehe grundlegend *Ullmann*, Kaiserreich, S. 95–117, v. a. S. 108–117.

182 Vgl. *Ullmann*, Politik, S. 25–33, v. a. S. 29ff.; *ders.*, Interessenverbände, S. 114f.

183 Vgl. *Ullmann*, Interessenverbände, S. 68ff. Siehe als kursorischen Überblick auch *Kleinfeld*, Interessenverbände, S. 56–61.

184 Vgl. *Ullmann*, Interessenverbände, S. 117; stärker mit dem Fokus auf Parlamentarisierung, Parteien und Interessenverbände *Puhle*, Parlament, v. a. S. 21ff., 33ff. Zum BdL *Puhle*, Bund der Landwirte.

185 Eine Typologie von Interessenverbänden bei *Puhle*, Interessenverbände, S. 120–124.

Geselligkeit und Freizeitgestaltung als Vereinszwecke unterlagen ebenfalls einem tiefgreifenden Wandel, der durch die wirtschaftliche und soziale Transformation bedingt war. Die Migrationsströme zigtausender Menschen, die aus ihren ursprünglichen sozialen Beziehungsnetzen herausfielen, erhöhte langfristig die Nachfrage nach Vereinsgeselligkeit, die durch das Bedürfnis nach sozialem Anschluss in der fremden Umgebung motiviert war. Klaus Nathaus weist zudem darauf hin, dass durch die dem Vereinswesen inhärenten Ausdifferenzierungstendenzen Geselligkeit ein eigener Organisationszweck wurde, der nicht mehr an wirtschaftliche und politische Motivationen angelagert war.[186] Befördert wurde diese Entwicklung durch das Entstehen von Freizeit für breite Bevölkerungsschichten, das auf eine Verkürzung der Arbeitszeiten und dem Bedarf, den Strapazen der Arbeit eine physische und psychische Befriedigung außerhalb der Arbeitswelt entgegenzusetzen, zurückzuführen ist.[187] Vor allem änderte sich die Erlebnisqualität von Freizeit durch kommerzielle Angebote und Massenmedien, ein Verschieben der Sphären des Öffentlichen und Privaten im Zuge der Urbanisierung sowie dem Entstehen einer Massenkultur, die die exklusive bürgerliche Hochkultur sukzessive überformte.[188] Nathaus hat überzeugend dargelegt, dass dieser kulturelle Wandel und das verstärkte Bedürfnis nach Unterhaltung und Geselligkeit zunächst nicht durch kommerzielle Freizeitangebote bestimmt waren, sondern durch eine Aufwertung von Freizeitzwecken in den bestehenden Vereinen einerseits sowie durch den Import geselliger und Freizeitaktivitäten aus dem westeuropäischen Ausland andererseits – man denke etwa an Gesangwettstreite, Brieftaubenwettflüge sowie die englischen Sportarten.[189]

Trotz der beeindruckenden quantitativen Zahlen wäre es verfehlt, die Organisation in Vereinen im Kaiserreich nur auf Interessenvertretung und Freizeitbefriedigung zu reduzieren. Zwar hat der Bereich der sozialen und wohltätigen Vereine seine einstmals vorrangige Stellung im lokalen Vereinswesen eingebüßt, doch der Blick auf die quantitativen Daten verdeutlicht, dass von einem Rück- oder gar Niedergang dieser Vereine kaum die Rede sein kann. Die geschilderten ökonomischen, sozialen und politischen Entwicklungen nach der Reichsgründung beeinflussten auch den Bereich sozialer Vereine fundamental. In einem ganz grundlegenden Sinne wurden im Laufe der Kaiserreichszeit seine Grenzen verändert und fortlaufend verhandelt: Nicht mehr nur klassische Armenunterstützung in Form von Almosen und sittlich-moralischer Erziehung konnten darunter subsummiert werden, sondern im Zuge einer Verwis-

186 Vgl. *Nathaus*, Organisierte Geselligkeit, S. 117.

187 Vgl. *Wheeler*, Organisierter Sport, S. 58 f.

188 Vgl. *Prahl*, Freizeit, S. 99–104, hier v. a. S. 102 ff.

189 Vgl. *Nathaus*, Organisierte Geselligkeit, S. 118–139. Zum Import englischer Sportarten siehe vor allem *Eisenberg*, English Sports u. *dies.*, Fußball.

senschaftlichung und Professionalisierung der städtischen Sozialpolitik auch »soziale Hygiene«, Gesundheitspolitik und die Gestaltung von Städtebau und Stadtentwicklung. Die Regulierung des Sozialen war im Kaiserreich zunehmend durch staatliche Steuerung, man denke an die Sozialversicherungsgesetzgebung der 1880er Jahre, sowie den Aufbau der Leistungsverwaltung in den Kommunen bestimmt.[190] Nicht selten wird in diesem Zusammenhang der »decline of bourgeois control«[191] oder ein »Ende der Selbstregulierung«[192] konstatiert. Insbesondere die Formulierung und Setzung von Normen wurde im Wilhelminischen Kaiserreich zunehmend durch Wissenschaftler, Experten und Technokraten bestimmt. Absorbiert wurde bürgerliches Engagement in Vereinen durch die gesetzliche Regulierung und den Ausbau der kommunalen Verwaltung jedoch nicht. Dies zeigen nicht nur die quantitativen Zahlen, sondern auch die Bandbreite von sozialen und wohltätigen Zwecksetzungen, die nach wie vor in Vereinen organisiert wurden. In der internationalen Diskussion wird bereits seit einigen Jahren betont, dass *Big State* und *Big Society* nicht in einem Gegensatz zueinander stehen und der entstehende Wohlfahrtsstaat nicht im Sinne eines Nullsummenspiels auf Kosten gesellschaftlicher Akteure wuchs, sondern von einem komplexen Zusammenhang zwischen beiden und von gegenseitiger Beeinflussung auszugehen ist, die keineswegs zu einem Ende gesellschaftlicher Selbstorganisation wichtiger sozialer, wohltätiger und kultureller Aufgaben führte.[193] Hervorgehoben wird »[t]he Mixed Economy of Social Welfare«.[194] Diese konkretisierte sich im lokalen Raum, in dem Vereine mit der Verwaltung und anderen relevanten Akteuren in der Armenfürsorge zusammenarbeiteten.[195] Vielfältige Vernetzungen waren ein Signum der sich entwickelnden Wohlfahrtsstruktur.[196]

Ein beträchtlicher Teil der sozialen und wohltätigen Vereine blieb mit Kirchen, Pfarrern und religiösen Vereinen verbunden. Im protestantischen Halle hatte sich um die Kirchengemeinden herum ein dichtes Netz evangelischer Vereine gebildet. Waren die Kirchen beider Konfessionen zwar nicht Vorreiter der

190 Steinmetz schildert anschaulich die Entwicklung der kommunalen Sozialpolitik und den Wandel seit den 1890ern, den er vor allem durch wissenschaftliche Sozialarbeit und proto-korporatistische Züge charakterisiert sieht. Vgl. *Steinmetz*, Regulating the Social, S. 188–214.

191 Ebd., S. 189f.

192 Mit Blick auf die Krankenversicherungsgesetzgebung *Tennstedt*, Hilfs- und Unterstützungskassen, S. 290; siehe auch *ders./Winter*, Einleitung, S. XLV.

193 Mit Blick auf die britische Geschichte vgl. *Thane*, The Big Society and the Big State, S. 428f.

194 *Katz/Sachße*, Mixed Economy; zur deutschen Entwicklung *Sachße*, German Social Welfare; siehe auch die Zusammenfassung des Forschungstandes in *Matter u.a.*, Editorial. Philanthropie und Sozialstaat, S. 5–14.

195 Vgl. *Schallmann*, Armenbehörde. Zu Stiftungen siehe *Werner*, Stiftungen.

196 Vgl. *Matter u.a.*, Editorial.

Vereinsbewegung, so übernahmen sie das Vereinsmodell als zentrales Organisationsinstrument der bürgerlichen Gesellschaft, um das Kirchenvolk zu mobilisieren und der Säkularisierung entgegenzuwirken.[197] Der karitative Vereinszweck war stets ein zentrales Movens religiöser Vereinsgründungen, das ab der Jahrhundertmitte mit Blick auf die evangelischen Vereine durch die Innere Mission geprägt wurde.[198] In der zweiten Hälfte des 19. Jahrhunderts erweiterte sich das Spektrum der protestantischen Vereinstätigkeit erheblich: Neben den traditionellen Traktat-, Bibel- und Missionsgesellschaften sowie den Gustav-Adolf-Vereinen traten wissenschaftliche Vereine, Berufsverbände sowie zahlreiche Gesang- und Musikvereine. Die Entwicklung im Kaiserreich war nicht zuletzt charakterisiert durch eine Politisierung des Protestantismus, die zahlreiche Vereins- und Verbandsgründungen nach sich zog.[199] Die Organisation in kirchlich-religiösen Vereinen war somit ein wesentliches Charakteristikum des Vereinsbooms.

Mit dem quantitativen Wachstum der Zahl von Vereinen der genannten Typen konnte die Entwicklung der politischen, Krieger-, wissenschaftlichen und Bildungsvereine sowie der Logen nicht mithalten. Zwar nahm auch ihre Zahl im Laufe der Kaiserreichszeit zu, dies jedoch weit weniger dynamisch. Logengeselligkeit blieb exklusiv, das Ausdifferenzieren politischer Strömungen oder die Zusammenschlüsse von Wissenschaftlern verschiedener Disziplinen in Vereinen hatten bereits vor der Reichsgründung eingesetzt und entfalteten nicht mehr die Dynamik der wirtschaftlichen Interessenorganisation oder der Vielfältigkeit immer neuer Möglichkeiten der Freizeitgestaltung. Ähnliches gilt auch für die Kriegervereine, die sich in Vereinigungen ehemaliger Soldaten der verschiedenen Waffengattungen bereits frühzeitig zusammengeschlossen hatten, weshalb die für sie relevante Organisationstendenz weniger in der Gründung neuer Vereine, sondern im Aufbau von Verbandsstrukturen lag.[200]

197 Vgl. *Kaiser*, Formierung, S. 267. Er bezieht sich auf *Nipperdey*, Verein als soziale Struktur, S. 178. Zu katholischen Vereinen siehe *Mooser*, Das katholische Milieu. Ihre Zahl blieb in Halle allerdings äußerst marginal.

198 Zu den sozialen Vereinen und Verbänden in der Provinz Sachsen siehe *Pollmann*, Sozialprotestantismus.

199 Vgl. dazu ausführlich *Kaiser*, Formierung, S. 268–279. Zur Rolle der Pfarrer siehe *Janz*, Zwischen Bürgerlichkeit und kirchlichem Milieu.

200 Bereits am 14. April 1873 gründete sich der Deutsche Kriegerbund. Nationale Zentralisierungsbestrebungen gestalteten sich jedoch angesichts der Konkurrenz verschiedener Verbände als schwierig. Erst mit Gründung des Kyffhäuser-Bundes der Deutschen Landeskriegerverbände (10. Mai 1900) wurde auch auf nationaler Ebene ein reichsweit von den einzelnen Kriegerverbänden anerkannter Dachverband geschaffen. Zurück ging diese Einigung auf das gemeinsame Projekt der Kriegervereine, ein Kaiser-Wilhelm-Denkmal auf dem Kyffhäuser zu errichten. Vgl. ausführlich *Zimmermann*, Kriegervereine, S. 132ff.

4. Die soziale Trägerschaft der Vereine

In der Forschung ist hinsichtlich der Entwicklung von Selbstorganisation im Vereinswesen oftmals eine Tendenz hin zu sozialer Demokratisierung konstatiert worden; in dem Sinne, dass in der zweiten Hälfte und vor allem am Ende des 19. Jahrhunderts alle sozialen Gruppen der städtischen Gesellschaft entweder durch Gründungen eigener Organisationen oder durch eine größere soziale Offenheit bestehender Vereinigungen an ihnen teilhaben konnten. Von vornherein wurden dabei in den verschiedenen Forschungsarbeiten zum Vereinswesen vielschichtige Muster sozialer Inklusion und Exklusion betont.[201] Grundlegend ist zunächst die Frage, ob durch eine Analyse der Mitgliedschaften ausgewählter Vereine und einzelner Neugründungen im Vereinsmilieu die Strukturelemente sozialer und gesellschaftlicher Teilhabe erschöpfend untersucht werden können.[202] Die einfache Vereinsmitgliedschaft soll in diesem Zusammenhang in ihrer Bedeutung nicht marginalisiert werden – sie verweist durchaus auf Partizipationschancen und Muster sozialer Zugehörigkeit –, doch die Auswertung von Mitgliedschaften verbleibt zugleich mit Blick auf die tatsächliche Mitwirkung und Tätigkeit des Einzelnen nicht selten unspezifisch. Zudem muss gleichermaßen die Zwecksetzung und Relevanz des jeweiligen Vereins berücksichtigt werden. Die Frage nach der sozialen Demokratisierung des Vereinswesens und nach Teilhabemöglichkeiten kann daher nur beantwortet werden, wenn einerseits die soziale Struktur der *gesamten* Vereinslandschaft vor dem Hintergrund der spezifischen Tätigkeitsprofile der Vereine untersucht wird und der Blick andererseits auch auf den Kern der aktiven Trägerschaft der Vereine gelenkt wird: ihre Vorstände.

201 Die Folgen dieser sozialen Demokratisierung ermöglichten insbesondere der Arbeiterschaft, die zunächst in Vereinen, welche auf soziale Reform sowie moralische »Erziehung« und »Besserung« der Arbeiter unter bürgerlicher Führung abzielten, organisiert waren, über eigene Vereinsgründungen eine gesellige Gegenkultur zu etablieren und den Anspruch auf Bildung, Moral und Tugend zu pluralisieren bzw. eigene Vorstellungen zu entwickeln. Letztlich waren diese Desintegration und Pluralisierung Resultate der sozialen Demokratisierung. Vgl. *Hoffmann*, Geselligkeit und Demokratie, S. 68 ff. Die Grenzen der sozialen Integration hebt auch Nathaus hervor. Zwar hätten die Lokalvereine Arbeiter und Fremde aufgenommen, aber im Gegenzug auf ihre Anpassung und Einordnung in das herrschende Sozialgefüge hingewirkt, vgl. *Nathaus*, Organisierte Geselligkeit, S. 296. Eine eher allgemeine Betrachtung von Vereinen als »Integrations- und Emanzipationsagenturen« bei *Roth*, Verein und bürgerliche Gesellschaft, S. 127 ff.

202 In diesem Zusammenhang hat Nathaus festgestellt: »Wenn man unter Integration nicht nur die gemeinsame Mitgliedschaft, sondern einen Austausch auf Augenhöhe versteht, dann erweist sich der Lokalverein eher als Bremse denn als Motor sozialer Inklusionsprozesse«; *Nathaus*, Organisierte Geselligkeit, S. 296.

Zunächst gilt es theoretisch zu begründen, was die Vorsteher von Vereinen in dieser Hinsicht für eine Untersuchung prädestiniert. Dabei sind verschiedene Gesichtspunkte von Bedeutung. An dieser Stelle ist hervorzuheben, dass Vereinsvorstände als die maßgeblichen *Organisatoren des Vereinsmilieus* angesehen werden können. Wie unter anderem Braun und Hansen mit Blick auf die aktuelle Diskussion über Integrationspotentiale von Vereinen zu Recht betonen, ist die Formel »Mitglied gleich Mitglied« als problematisch anzusehen, denn die daraus in vielen Studien zu Sozialkapital und Zivilgesellschaft abgeleiteten Sozialisationsannahmen könnten nicht einfach auf alle Vereinsmitglieder übertragen und Mitgliedschaftsquoten nicht pauschal als Indikator für Sozialkapital in der Gesellschaft herangezogen werden.[203] Ganz allgemein lassen sich drei Typen von Mitgliedschaft unterscheiden: die formale Vereinsmitgliedschaft, welche lediglich auf die Zugehörigkeit eines Menschen zu einem Verein verweist; die aktive Mitgliedschaft von Personen, die regelmäßig Versammlungen besuchen, sich an Diskussionen beteiligen und partielle Aufgaben übernehmen; sowie schließlich die Mitgliedschaft als Vereinsvorstand. Während für den Historiker Mitgliederlisten bestimmter Vereine durchaus verfügbar sind, aber auf dieser Basis nur für einen Teil der Vereine formale Mitgliedschaften untersucht werden können, ist eine historische Analyse der aktiven (einfachen) Vereinsmitgliedschaft für einzelne Personen durchaus denkbar, systematisch und umfassend für alle oder auch nur einen Großteil der Vereine jedoch unmöglich. Eine Untersuchung der Vereinsvorstände gestattet dagegen die Untersuchung des engeren Kerns der aktiven Mitglieder und ist nicht nur durch die Verfügbarkeit serieller Quellen durchführbar, sondern aufgrund ihrer besonderen Stellung sehr reizvoll.[204] Der Vorstand ist zentraler Bestandteil des organisatorischen Aufbaus des Vereins, so schreibt etwa Gierke im »Genossenschaftsrecht«: »Immer finden sich als Vereinsorgane die Vereinsversammlung und ein bald aus einer Person bestehender bald kollegialistischer Vorstand [...].«[205]

In den juristischen Debatten und gesetzlichen Normierungen am Ende des Jahrhunderts wird an das in der sozialen Praxis entwickelte spezifische organisatorische Design des Vereins angeknüpft und vor allem hinsichtlich des privatrechtlichen Idealvereins die Stellung des Vorstands weitgehend normativ konturiert. Der Vereinsvorstand kann entsprechend der Bestimmungen der §§ 26 ff. BGB als Organ des Vereins angesehen werden: Seine Willenserklärungen sind diejenigen des Vereins, er vertritt ihn gerichtlich und außergerichtlich sowie nach innen gegenüber den Mitgliedern und beruft die Mitgliederversammlung

203 Vgl. *Braun/Hansen*, Integration, S. 64 f.

204 Dabei gilt es hervorzuheben, dass eine Analyse von Vorständen kaum Rückschlüsse auf die Sozialstruktur der Gesamtmitgliedschaft zulässt, sondern sich auf die soziale Struktur und die Beziehungen der Vorstände als einer sehr spezifischen Gruppe im Vereinswesen beziehen muss.

205 *Gierke*, Genossenschaftsrecht, S. 905.

ein.[206] Dabei gilt das Prinzip der Gesamtvertretung: Bei einem aus mehreren Personen bestehenden Vorstand ist hinsichtlich der Beschluss- und Willensbildung die Mitwirkung sämtlicher Vorstandsmitglieder erforderlich, bei der Entscheidungsfindung wird nach dem Majoritätsprinzip verfahren. Die Berufung des Vorstands erfolgt durch das in der Vereinssatzung bezeichnete Organ, ist darin keine Regelung enthalten durch die Mitgliederversammlung. Das bestellende Organ kann die Bestellung jederzeit widerrufen.[207] Mit diesen kursorischen Bemerkungen ist ein juristisches Idealmodell der Stellung des Vorstandes in der Vereinsorganisation umschrieben, in welchem dieser mit umfassenden Rechten und Pflichten ausgestattet wird, zugleich aber vom Willen der Mitgliederversammlung abhängig bleibt. Dieses grundlegende Modell mit den organisatorischen Grundpfeilern Vereinsvorstand und Mitgliederversammlung kann für die Mehrzahl der Vereine als maßgeblich angesehen werden, auch wenn empirisch verschiedene Ausgestaltungen des Organisationsdesigns nachgewiesen werden können, welche auf die historische (Weiter-)Entwicklung des Vereinswesens zurückzuführen sind.[208] Es sind die umfangreichen Kompetenzen, die den Vereinsvorständen übertragen und bewusst von diesen übernommen wurden sowie die Bereitschaft, für eine Zeit von zumeist mehreren Jahren, Aufgaben für den Verein zu übernehmen, die die Grundlagen ihrer Charakterisierung als Organisatoren des Vereinsmilieus bilden.

206 Zwar finden gemäß BGB auf den nichtrechtsfähigen Verein grundsätzlich die Vorschriften zur Gesellschaft Anwendung, gleichwohl ist die Charakterisierung einer Organisation als Verein insbesondere davon abhängig, dass sie abstrakte Organe aufweist, welche die Existenz und Organisation des Vereins unabhängig vom Wechsel seiner Mitglieder macht. Dies muss per definitionem für nichtrechtsfähige wie rechtsfähige Vereine gelten, da ansonsten nicht sinnvoll von einem Verein gesprochen werden kann.

207 Vgl. neben den einschlägigen Artikeln des BGB zu diesen Ausführungen vor allem *Staudinger*, Kommentar, S. 152 ff. und *Delius*, Deutsches Vereinsrecht, S. 37 ff. Das Rechtsverhältnis zwischen Vorstand und Verein wird eingehend problematisiert bei *Bröicher*, Rechtsstellung des mehrgliedrigen Vereinsvorstandes.

208 Mit Bezugnahme auf eine sozialwissenschaftliche Untersuchung zum Vereinswesen in Kassel stellt Annette Zimmer eine organisationsstrukturelle Vereinstypologie vor, in welcher grundlegend zwischen drei Organisationstypen differenziert wird. In diesen drei Modellen von »Verein« ist die organisatorische Ausgestaltung der Beziehungen von Vorstand, Vorsitzenden und Mitgliederversammlung sehr unterschiedlich. Die Bezeichnung der Typen orientiert sich an dem für das jeweilige Modell typischen Vorsitzenden: »Vereinsmeier«, »Lokalmatador« und »Alternativo«. Vgl. *Zimmer*, Vereine, S. 120 ff. Zu den verschiedenen Institutionen eines Vereins in historischer Perspektive siehe nochmals *Gierke*, Genossenschaftsrecht, S. 905.

4.1 Die Sozialstruktur der Vereinsvorstände

Die Gesamtzahl der Vereinsvorstände steigt analog zur Entwicklung der Vereinszahlen von 416 im Jahr 1874 auf 3.064 im Jahr 1913 (vgl. Tab. 7).[209] Bereits 1888 organisierten etwa 1.000 Vorstände die Tätigkeit in den städtischen Vereinen. Längst ging der Kreis derjenigen, die in Vereinen leitend aktiv waren über die »Herren der Stadt«[210] hinaus. Die Daten verdeutlichen, dass Wirtschaftsbürger, Bildungsbürger, Alter und Neuer Mittelstand die vier dominanten Gruppen unter den Vereinsvorständen bildeten. Eine besondere Dynamik lässt sich dabei insbesondere mit Blick auf die Wirtschaftsbürger sowie den Neuen Mittelstand feststellen, die ab 1895 zu den quantitativ stärksten Trägergruppen des Vereinswesens avancierten, womit sich auch im Handlungsfeld des über Vereine organisierten bürgerlichen Engagements der sozialstrukturelle Wandel der Gesamtstadt zu einem Industrie- und Dienstleistungszentrum widerspiegelte. Der Boom der Interessenorganisation führte ganz offenkundig dazu, dass Kaufleute, Fabrikanten, Unternehmer und Banker auf der einen sowie die aufstrebende Gruppe der Angestellten auf der anderen Seite zunehmend den Alten Mittelstand und das Bildungsbürgertum, die über Jahre und Jahrzehnte das öffentliche Leben maßgeblich geprägt hatten, verdrängten. Nach der Jahrhundertwende übertraf der Neue Mittelstand dann auch die Steigerung bei den Wirtschaftsbürgern deutlich. Besonders die prozentualen Anteile belegen insgesamt den deutlichen Rückgang der quantitativen Relevanz von Bildungsbürgern und Altem Mittelstand (siehe auch Schaubild 5).

Eine entscheidende Gewichtung erhält die Analyse der sozialen Trägerschaft jedoch erst durch den Vergleich der Anteile der verschiedenen Gruppen an den Vereinsvorständen in Relation zu ihren Anteilen an der Gesamteinwohnerschaft.[211] Dieser verdeutlicht, dass Bildungs- und Wirtschaftsbürger, Beamte und Neuer Mittelstand stark und der Alte Mittelstand im Sample der Vereinsvorstände leicht überrepräsentiert sind,[212] während der sonstige Mittelstand und die Arbeiter stark unterrepräsentiert sind. Auch nichtselbständige Dienstleister

209 Die tatsächlichen Gesamtzahlen sind noch höher und beinhalten einen Teil von Vorständen, der nicht weiter klassifiziert werden konnte und besonders 1913 sehr hoch ist. In der Regel sind dies nicht in Halle wohnende Vorstände, Frauen und – so ist zu vermuten – Angehörige der Unterschichten. Sie wurden in der Tabelle nicht berücksichtigt; Gesamtzahlen: 1874: 463, 1888: 1.090, 1895: 1.440, 1898: 2.017, 1903: 2.954, 1913: 3.907. Teile der Tabelle wurden zuerst abgedruckt in *Watermann*, Städtischer Liberalismus, S. 213.

210 *Schmuhl*, Herren der Stadt.

211 Siehe die Daten in Tab. 7. Die Sozialstruktur der Einwohnerschaft wurde auf Basis von Stichproben aus den Einwohnerverzeichnissen der Adressbücher für die Jahre 1874, 1895 und 1913 ermittelt.

212 Mit Blick auf den Alten Mittelstand ergibt sich für 1874 die Ausnahme, dass sein Anteil an der Gesamtbevölkerung deutlich höher ist als sein Anteil unter den Vereinsvorständen.

Tab. 7: Sozialstruktur der Vereinsvorstände

	1874			1888		1895			1898		1903		1913		
	Abs.	%	% E.*	Abs.	%	Abs.	%	% E.	Abs.	%	Abs.	%	Abs.	%	% E.
Bildungsbürgertum	92	22,1	4,1	158	15,9	175	13,5	4,2	217	12,4	299	12,2	420	13,7	5
Wirtschaftsbürgertum	99	23,8	11,8	246	24,7	326	25,1	13,2	409	23,3	557	22,7	652	21,3	12,8
Beamte	38	9,1	2,9	68	6,8	69	5,3	2,2	85	4,8	122	5	209	6,8	1,4
Alter Mittelstand	80	19,2	23,3	249	25	249	19,2	17,1	352	20	422	17,2	396	12,9	12
Neuer Mittelstand	60	14,4	9,2	161	16,2	289	22,3	12	377	21,5	547	22,3	779	25,4	14,1
Sonstiger Mittelstand	29	6,8	19,7	72	7,2	122	9,4	22,4	172	9,8	277	11,3	280	9,1	19,3
Arbeiter	5	1,2	18,2	10	1	15	1,2	18,4	46	2,6	100	4,1	107	3,5	20
Nichtselbst. Dienstleistungen				11	1,1	25	1,9	3,7	40	2,3	37	1,5	52	1,7	4,7
Untere Beamte und Angestellte	13	3,1	5,3	19	1,9	22	1,7	5,8	55	3,1	92	3,7	161	5,3	8,4
Sonstige				1	0,1	5	0,4		3	0,18	3	0,12	8	0,26	
Gesamt	415			995		1.297			1.756		2.456		3.064		

* E. = Einwohner

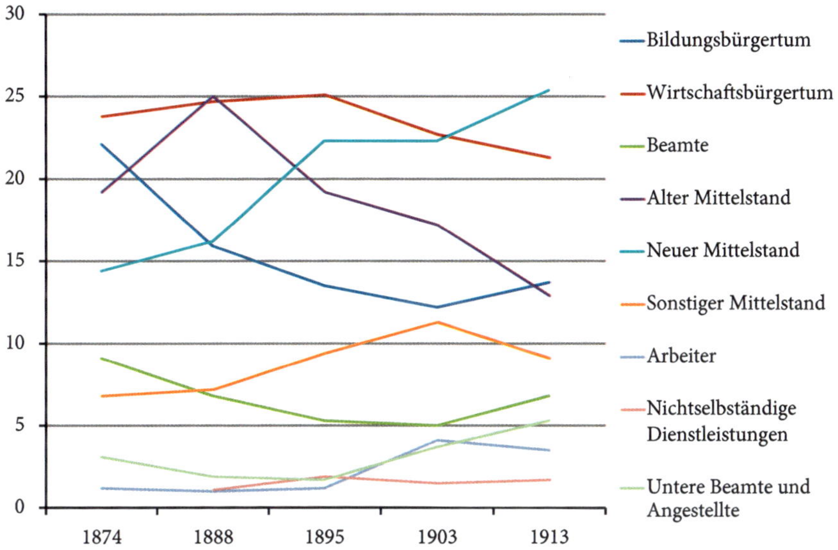

Schaubild 5: Entwicklung der Vorstandszahlen der verschiedenen städtischen Gruppen (prozentual)

und untere Beamte und Angestellte sind gemessen an ihren Bevölkerungsanteilen nur schwach vertreten. Wirtschaftsbürgertum und Neuer Mittelstand hatten für die Jahre 1874, 1895 und 1913 stets einen um etwa zehn Prozentpunkte höheren Anteil an Vereinsvorständen als an Einwohnern.[213] Auffällig sind vor allem die Werte für das Bildungsbürgertum und die höhere Beamtenschaft: Zwar verlieren sie, abgesehen von einem leichten Aufschwung ab 1903, bei einem ausschließlichen Blick auf ihre Anteile unter den Vereinsvorständen (Schaubild 5) an Relevanz, doch liegen ihre Anteilswerte deutlich über dem zahlenmäßigen Gewicht dieser sozialen Gruppen in der Gesamteinwohnerschaft: 1874 waren 22,1 % der Vorstände Bildungsbürger und 9,1 % höhere Beamte, dagegen in der Bevölkerung lediglich 4,1 % bzw. 2,9 %. Ihre Überrepräsentation in Vereinen ist bis 1913 ausgeprägt geblieben (13,7 % der Vorstände und 5 % der Einwohner im Fall der Bildungsbürger, bei den Beamten 6,8 % zu 1,4 %). Eklatant ist demgegenüber das Missverhältnis zwischen den Einwohneranteilen vor allem des sonstigen Mittelstandes und der Arbeiterschaft, aber auch der anderen Gruppen der Unterschicht zu ihren Anteilen an der sozialen Trägerschaft des Vereinswesens. Während durch Industrialisierung und Urbanisierung die Arbeiterschaft zur quantitativ stärksten Gruppe der städtischen Bevölkerung wurde,

213 Beim Neuen Mittelstand ist lediglich der Anteil an den Vereinsvorständen 1874 mit 14,4 % etwas niedriger (aber dennoch deutlich höher als der Einwohneranteil von 9,2 %).

blieb ihre quantitative Relevanz als Vereinsvorstände im gesamten Spektrum der Vereinslandschaft eher marginal. Zu berücksichtigen ist in dieser Hinsicht jedoch, dass die Adressbücher Arbeitervereine nicht selten nur mit der Angabe eines Vorstandes verzeichneten – ihr tatsächlicher Anteil dürfte daher etwas höher liegen.[214] An ihrer Unterrepräsentation im Vereinswesen ändert dies jedoch wenig, denn selbst wenn man beispielsweise für das Jahr 1913 die hypothetische Annahme zugrunde legt, dass der Wert für die Arbeiter um den Faktor 3 größer sein müsste, wäre ihr Anteil an den Vereinsvorständen nicht höher als 9,8 %.[215] Die sich in der Kaiserreichszeit herauskristallisierende Grenze eines hohen Wertes an gesellschaftlicher Partizipation im Vereinswesen verlief demgemäß zwischen dem Neuen und dem sonstigen Mittelstand, mit überproportional hohen Werten für alle sozialen Gruppen oberhalb und einschließlich des Neuen Mittelstandes und einer nur schwachen Vertretung aller sozialen Gruppen unterhalb und einschließlich des sonstigen Mittelstandes.

Angehörige der verschiedenen sozialen Gruppierungen waren in den einzelnen Vereinstypen unterschiedlich stark aktiv (vgl. Tab. 8–10).[216] Das Bildungsbürgertum engagierte sich 1874, 1895 und 1913 am stärksten in sozialen und religiösen Vereinen, die oftmals miteinander verbunden waren – 1913 waren mit 46,6 % fast die Hälfte aller bildungsbürgerlichen Vorstände in einem dieser beiden Vereinstypen aktiv. Wissenschaftliche und kulturelle Vereine gehörten traditionell ebenfalls zum Metier der Bildungsbürger. Trotz dieser Tätigkeitsschwerpunkte waren sie letztlich seit Beginn der Kaiserreichszeit, ähnlich den Wirtschaftsbürgern, in allen Zweigen des Vereinswesens vertreten und verstärkten diese breit gefächerte Präsenz bis 1913 noch.[217] Insbesondere wirtschaftliche Zwecksetzungen sowie Freizeit- und gesellige Aktivitäten wurden vom Wirtschaftsbürgertum getragen, darüber hinaus wiesen Wirtschaftsbürger gegenüber dem Bildungsbürgertum ein stärkeres Engagement in Krieger- sowie den politischen Vereinen der Stadt auf. Interessant ist vor allem die Unterstützung von Wirtschaftsbürgern für soziale und wohltätige Vereine – 1895 waren diese sogar der quantitativ wichtigste Vereinstyp des Wirtschaftsbürgertums. Die Wichtigkeit der Organisation sozialer und wohltätiger Zwecke dokumentiert sich aber nicht nur durch die Trägerschaft der Bildungs- und Wirtschaftsbürger.

214 Mitunter bestand ein Vorstand aber auch nur aus einer Person.

215 Basierend auf der Annahme, dass zumindest alle drei maßgeblichen Vorstandsposten – Vorsitzender, Schriftführer, Kassierer – für jeden Verein angegeben sind. In diesem Fall beträgt die Zahl der Arbeiter unter den Vereinsvorständen 321 (bei einer Gesamtzahl von 3.278 Vorständen).

216 Die Zahlen enthalten auch mögliche mehrfache Funktionen einer Person im Vorstand eines Vereins.

217 Lediglich bei den Krieger- und Bildungsvereinen sowie den Logen sind ihre absoluten Zahlen geringer. Bei den Bildungsvereinen ist jedoch zu berücksichtigen, dass diese vor allem Ausbildungsvereine – in Form der Stenographievereine – waren; die Zahl der Logen war ohnehin im gesamten Vereinsspektrum sehr gering.

Tab. 8: Anzahl Vorstandsposten nach Gruppen und Vereinstypen 1874

	Wirtschaft	Soziales	Religion	Wissenschaft	Bildung	Kultur	Krieger	Freizeit	Logen
Bildungsbürger	15	53	17	21	4	21	1	4	1
Wirtschaftsbürger	39	29	2	3	2	17	2	31	1
Beamte	1	24	2	11		11		5	2
Alter Mittelstand	19	8	3	5	3	33	10	23	
Neuer Mittelstand	25	13	3	6		21	5	10	
Sonstiger Mittelstand	1	4			8	6	6	10	
Arbeiter	1	2		1			1	1	
Untere Beamte und Angestellte	1	1			1	5	4	2	
Nicht Klassifiziert	10	22		2	9	6		5	
Gesamt	112	156	27	49	27	120	29	91	4

Tab. 9: Anzahl Vorstandsposten nach Gruppen und Vereinstypen 1895

	Wirtschaft	Soziales	Religion	Wissenschaft	Bildung	Kultur	Politik	Krieger	Freizeit	Logen
Bildungsbürger	35	93	49	24	1	38	18	3	24	6
Wirtschaftsbürger	64	94	18	9	21	41	48	21	91	10
Beamte	22	44	3	4		12	8	5	5	1
Alter Mittelstand	141	31	5	4	4	53	12	19	39	
Neuer Mittelstand	105	46	6	12	30	54	6	37	53	1
Sonstiger Mittelstand	32	4	2	3		54		9	28	
Arbeiter	1				1	9		3	1	
Nichtselbständige Dienstleistungen	22							3		
Untere Beamte und Angestellte	1		4		2	3		8	4	
Nicht Klassifiziert	17	31	7		19	22	1	33	28	
Gesamt	440	343	94	56	78	286	93	141	273	18

Tab. 10: Anzahl Vorstandsposten nach Gruppen und Vereinstypen 1913

	Wirtschaft	Soziales	Religion	Wissenschaft	Bildung	Kultur	Politik	Krieger	Freizeit	Logen
Bildungsbürger	81	149	178	40	31	79	49	18	64	12
Wirtschaftsbürger	166	124	35	21	49	64	76	90	215	5
Beamte	41	56	18	12	12	9	23	113	29	3
Alter Mittelstand	186	41	13	3	6	77	18	66	76	1
Neuer Mittelstand	335	69	45	16	78	103	56	122	141	5
Sonstiger Mittelstand	107	7	5		7	79	3	18	95	1
Arbeiter	39	2	1	2	4	14		16	36	
Nichtselbständige Dienstleistungen	32					6	1	9	8	
Untere Beamte und Angestellte	65	2	4		4	20		56	29	
Landarbeiter, Soldaten, Invaliden						1			3	
Nicht Klassifiziert	201	68	33	10	60	139	8	142	245	
Gesamt	1.253	518	332	104	251	591	234	650	941	27

Der Bereich Soziales und Wohltätigkeit hatte als einziger sehr hohe oder doch zumindest erhöhte Werte für alle fünf im Vereinsspektrum dominanten Gruppen; ein deutliches Indiz dafür, dass diese Vereine wichtige Vermittlungsebenen im Vereinswesen der Kaiserreichszeit darstellten: Zum einen dahingehend, dass »partikulare«, berufsgruppenbezogene Interessen nach wie vor mit einem Engagement für Belange des Gemeinwesens einhergehen konnten. Ein Ausgleich zwischen spezifischen Einzel- und Gruppeninteressen und einer Orientierung am Gemeinwohl war somit auch am Ende der Kaiserreichszeit nach wie vor stark ausgeprägt. Zum anderen deutet sich damit an, dass eine Vielzahl von Kontakten zwischen den verschiedenen Gruppen des höheren und niederen Bürgertums gerade in sozialen und wohltätigen Vereinen möglich war.

Sowohl für den Alten als auch für den Neuen Mittelstand gilt, dass 1874, 1895 und 1913 die mit Abstand höchste Zahl ihrer Vorstände in wirtschaftlichen Vereinen aktiv war.[218] Während der Alte Mittelstand darüber hinaus vor allem in sozialen, kulturellen, Krieger- und Freizeitvereinen seine bevorzugten Tätig-

218 Beim Alten Mittelstand waren 1874 lediglich die Zahlen für kulturelle und Freizeitvereine höher.

keitsfelder fand, ist demgegenüber für Angehörige des Neuen Mittelstands signifikant, dass sie zwar ähnliche Aktivitätsschwerpunkte bildeten, letztlich bis 1913 aber in allen Vereinstypen – mit hohen Werten auch bei religiösen, politischen und Bildungsvereinen – stark vertreten waren. Die Entwicklung der Vereinsaktivität des Neuen Mittelstandes war daher nicht nur durch ein beeindruckendes quantitatives Wachstum der Vorstandsmitgliederzahl gekennzeichnet, sondern sie durchzog am Ende des Kaiserreichs das gesamte Vereinsspektrum mit seiner breiten Palette an Zwecksetzungen. Auch die höheren Beamten engagierten sich bis 1913 in allen Teilen des Vereinswesens, doch wiesen sie dabei eine stärkere Schwerpunktbildung auf, indem ihre Vorstandstätigkeit vor allem auf berufsständische und soziale Vereine sowie 1913 auf Kriegervereine konzentriert war.

Für die Kriegervereine gilt, dass sie neben den wirtschaftlichen, kulturellen und Freizeitvereinen einen Vereinstyp darstellten, der auch den Unterschichten ein erhöhtes Maß an Partizipation ermöglichte. Während bei den wirtschaftlichen Vereinen oftmals die gesonderte Organisation einzelner Berufsgruppen oder spezifische ökonomische Ziele im Vordergrund standen, sind die drei anderen genannten Vereinstypen potentiell als Segmente des Vereinswesens anzusehen, die ein erhöhtes Maß an sozialer Integration – verstanden als Teilhabe an sozialen Netzwerken – zu versprechen schienen. Dagegen hatten der sonstige Mittelstand, die Arbeiter, die nichtselbständigen Dienstleister sowie die unteren Beamten und Angestellten zu sozialen, religiösen, wissenschaftlichen, politischen Vereinen und den exklusiven Logen der Stadt kaum oder keinen Zugang. Nicht nur gemessen an ihrer geringen Gesamtzahl an Vorständen und ihren marginalen Anteilen im Vergleich zu den anderen Gruppen waren ihre Möglichkeiten der Mitbestimmung daher wesentlich limitierter, sondern ihr Aktionsradius war zudem mit der Beschränkung auf bestimmte Vereinstypen äußerst begrenzt. Auch in diesem Zusammenhang manifestierte sich die oben aufgezeigte Grenze von Partizipation; als aufstrebende Gruppe hatten lediglich Angehörige des Neuen Mittelstands größere Aktivitätsspielräume.

Der Kreis der Vereinsvorstände kann nochmals sinnvoll unterteilt werden, indem der Fokus auf den engsten Kern der Vereinsleitung gelegt wird, auf die drei maßgeblichen Posten vieler Vereine: den Vorsitzenden, den Kassierer und den Schriftführer. Die wichtigste Position im Verein ist die des gewählten Vorsitzenden – mitunter auch Präsident, Leiter, Direktor, Vorsteher oder im Falle der Kriegervereine Hauptmann genannt. Mit Blick auf diese Spitzenpositionen bestätigt die sozialstrukturelle Auswertung grundlegend die bisher aufgezeigte soziale Struktur der Vereinsvorstände (vgl. Tab. 11).[219] Dementsprechend stellten Bildungs- und Wirtschaftsbürger, höhere Beamte sowie Alter und Neuer

219 Bei den Vorsitzendenposten wurden auch die stellvertretenden Vorsitzenden berücksichtigt.

Tab. 11: Spitzenfunktionen der Gruppen 1874, 1895 und 1913

	1874				1895				1913			
	Vorsitz	%	Finanz.	Schriftf.	Vorsitz	%	Finanz.	Schriftf.	Vorsitz	%	Finanz.	Schriftf.
Bildungsbürger	19	26,8	6	8	78	22,2	18	23	193	18,9	32	73
Wirtschaftsbürger	13	18,3	11	3	77	21,9	63	49	173	17	145	111
Beamte	12	16,9	4		27	7,7	4	5	42	4,1	10	9
Alter Mittelstand	3	11,3	12	7	55	15,6	50	37	117	11,5	84	54
Neuer Mittelstand	14	19,7	12	10	58	16,5	46	66	195	19,1	136	170
Sonstiger Mittelstand	1	1,4	3	1	22	6,3	25	20	95	9,3	67	51
Arbeiter				1	4	1,1	3	3	34	3,3	26	12
Nichtselbst. Dienstl.					8	2,3	3	6	14	1,4	7	9
Landarb., Sold., Inv.									1	0,1	1	1
UBA	2	2,8			4	1,1	6	5	32	3,1	38	34
Nicht Klassifiziert	2	2,8	2	3	19	5,4	30	30	124	12,2	142	164
Gesamt	**71**		**50**	**33**	**352**		**248**	**244**	**1.020**		**688**	**688**

Finanz. = Finanzen (Kassierer)
Schriftf. = Schriftführer

Mittelstand das Gros der Vorsitzenden, während der sonstige Mittelstand und die Unterschichtengruppen nur selten den leitenden Posten eines Vereins besetzen konnten. 1874 gehörten insgesamt nur 3 von 71 Vorsitzenden dem gesamten Klassenspektrum unterhalb und einschließlich des sonstigen Mittelstandes an. Gleichwohl konnten der sonstige Mittelstand und die Gruppen der Unterschicht ihre Anteile bis 1913 erheblich steigern, weshalb durchaus konstatiert werden kann, dass die Leitung eines Vereins durch diese Gruppen keine Ausnahme mehr war. Doch die Verteilung ihrer Vorsitzenden auf die verschiedenen Vereinstypen zeigt – nochmals – die begrenzten Wirkungskreise dieser Gruppen, die keineswegs im gesamten Vereinswesen leitende Funktionen besetzen konnten, sondern weitgehend auf die wirtschaftlichen, kulturellen und Freizeitvereine beschränkt waren (vgl. Tab. 12–14).

Bezüglich des Wirtschaftsbürgertums sowie des Alten und Neuen Mittelstandes liegen die prozentualen Anteile an den Vorsitzendenposten nur leicht unter ihren hohen Werten bei allen Vorständen, auffällig sind dagegen die absoluten Zahlen und Anteile der Bildungsbürger und höheren Beamten. Der Anteil der Bildungsbürger ist hinsichtlich der Position als Vereinsvorsitzender im gesamten Untersuchungszeitraum erheblich höher als der Anteil des Bildungsbürgertums an der Gesamtvorstandschaft. Nicht nur diese Werte belegen die kontinuierlich hohe Relevanz des Bildungsbürgertums, sondern auch die Tatsache, dass sie Führungspositionen in allen Vereinstypen innehatten. Auch wenn sie letztlich in den einzelnen Segmenten des Vereinswesens unterschiedlich stark vertreten waren, mit eher geringeren Werten bei wirtschaftlichen, kulturellen und Freizeit- sowie vor allem bei den Kriegervereinen, sind neben ihrer traditionellen Domäne der religiösen und wissenschaftlichen Vereine insbesondere die hohen Werte für die sozialen und politischen Vereinen eindrucksvoll, bei denen sie 1913 um die 40 % aller Vorsitzendenposten besetzten und somit gerade in Vereinstypen eine starke Präsenz aufwiesen, denen im Fall der sozialen Vereine eine hohe kommunikative Vermittlungsfunktion im Bürgertum und im Fall der politischen Vereine eine in hohem Maße öffentliche und gestaltende Rolle in der Stadtpolitik zukam. Von einem Bedeutungsverlust des Bildungsbürgertums in der Kaiserreichszeit kann daher in Halle keineswegs die Rede sein. Unter den Vorsitzenden im Vereinsmilieu war am Ende der Kaiserreichszeit etwa jeder Fünfte Bildungsbürger. Die höheren Beamten hatten 1874 und 1895 sehr hohe Anteile an den Vorsitzenden, 1913 ist dieser Wert dagegen deutlich zurückgegangen. Die hohe Zahl von Beamten unter den Vorsitzenden sozialer Vereine zeigt die enge Verzahnung der städtischen Verwaltung mit selbstorganisierter bürgerlicher Wohltätigkeit, eine Verbindung die 1913 allerdings merklich zurückging zugunsten der Organisation in gesonderten Beamtenvereinen (die im Typus der wirtschaftlichen und berufsständischen Vereine geführt sind).

Neben dem Posten des Vorsitzenden sind insbesondere die Funktionen des Kassierers, oftmals auch Kassenwart oder Schatzmeister genannt, und des

Tab. 12: Verteilung der Vorsitzendenposten 1874

	Wirtschaft	Soziales	Religion	Wissenschaft	Bildung	Kultur	Krieger	Freizeit	Gesamt
Bildungsbürger		3	2	7	2	4		1	19
Wirtschaftsbürger	4				1	2	1	5	13
Beamte		3		5		2		2	12
Alter Mittelstand	1					4	1	2	8
Neuer Mittelstand	6	1				5	1	1	14
Sonstiger Mittelstand						1			1
Untere Beamte und Angestellte	1					1			2
Nicht Klassifiziert	1					1			2
Gesamt	13	7	2	12	3	20	3	11	71

Tab. 13: Verteilung der Vorsitzendenposten 1895

	Wirtschaft	Soziales	Religion	Wissenschaft	Bildung	Kultur	Politik	Krieger	Freizeit	Logen	Gesamt
Bildungsbürger	8	23	16	7	1	7	7		7	2	78
Wirtschaftsbürger	8	13	1	2	5	12	10	8	16	2	77
Beamte	5	12		1		4	1	1	2	1	27
Alter Mittelstand	31	3			1	8	3	5	4		55
Neuer Mittelstand	9	5	2	3	8	8	2	10	11		58
Sonstiger Mittelstand	8			1		10		1	2		22
Arbeiter					1	2			1		4
Nichtselbständige Dienstleistungen	7							1			8
Untere Beamte und Angestellte					1			1	2		4
Nicht Klassifiziert	1	9			2		1	2	4		19
Gesamt	77	65	19	14	19	51	24	29	49	5	352

Tab. 14: Verteilung der Vorsitzendenposten 1913

	Wirtschaft	Soziales	Religion	Wissenschaft	Bildung	Kultur	Politik	Krieger	Freizeit	Logen	Gesamt
Bildungsbürger	12	45	63	9	5	15	16	2	23	3	193
Wirtschaftsbürger	44	22	6	3	7	19	9	12	48	3	173
Beamte	11	8	3	1	3	3	3	2	8		42
Alter Mittelstand	47	14	1		2	14	2	10	27		117
Neuer Mittelstand	67	18	4	5	19	15	5	23	37	2	195
Sonstiger Mittelstand	42	2	1		1	27		1	21		95
Arbeiter	13	1	1		1	5		2	11		34
Nichtselbständige Dienstleistungen	9					1	1	1	2		14
Landarbeiter, Soldaten, Invaliden									1		1
Untere Beamte und Angestellte	14				1	5		6	6		32
Nicht Klassifiziert	30	6	12	1	8	16	1	4	46		124
Gesamt	289	116	91	19	47	120	37	63	230	8	1.020

Schriftführers maßgeblich für die Verwaltung der inneren Angelegenheiten eines Vereins. Bei der erstgenannten Position steht dabei vor allem finanzielles Geschick, ein hohes Verantwortungsbewusstsein und die Rechenschaftspflicht – in Form von Geschäfts- und Kassenberichten gegenüber den Mitgliedern sowie der damit verbundenen jährlichen Entlastung des Vorstandes durch die Mitgliederversammlung – im Vordergrund, während die Schriftführer die Rolle der Dokumentare des Vereinslebens ausfüllen. Mit Blick auf diese Posten ergibt sich ein deutlich abweichendes Bild hinsichtlich ihrer Besetzung, denn die unter den Vorsitzenden so stark vertretenen Bildungsbürger waren in allen drei Stichjahren im Vergleich zu Wirtschaftsbürgern und Neuem Mittelstand, für die Jahre 1874 und 1895 auch in Relation zum Alten Mittelstand, deutlich weniger häufig Kassierer oder Schriftführer. Die Präsenz des sonstigen Mittelstandes und der Unterschichten entspricht in etwa ihren geringen prozentualen Anteilen an der Gesamtzahl der Vereinsvorstände. Versteht man den Verein als »Schule der Selbstorganisation«, in der Bürger erlernen können, ihre Interessen und Belange in einem formalen Rahmen dauerhaft und gemeinsam zu organisieren, dann erhalten die genannten Vorstandsposten eine große Bedeutung. Menschen, die sie bekleiden, sammeln Organisationserfahrungen, die in andere gesellschaftliche Kontexte übertragen werden können. Gerade in dieser Hinsicht ist entscheidend, dass dieses Erlernen von Führungs- und Organisationskompetenzen den Unterschichten weit weniger möglich war als dem Bürgertum. Auf der anderen Seite stellt sich die Frage, ob der Zugang zu den relevanten Posten in einem Verein nicht von vornherein neben einer gewissen Reputation des Bewerbers voraussetzte, dass entsprechende Kompetenzen bereits mitgebracht wurden. Vor diesem Hintergrund sind die hohen Anteile von Wirtschaftsbürgern sowie Altem und Neuem Mittelstand an den beiden maßgeblichen Verwaltungsposten der Vereine ein deutliches Indiz dafür, dass die finanziellen Kompetenzen, die Kaufleute, selbständige Handwerker und viele Angestellte aufgrund ihrer beruflichen Qualifikation erworben haben, diese Gruppen für die entsprechenden Aufgaben ohnehin prädestinierten. Ähnliches gilt auch für den Posten als Schriftführer, der offenkundig sehr häufig – und in diesem Zusammenhang sind auch die Bildungsbürger zu nennen – von Menschen ausgeübt wurden, die entsprechend ihrer Profession im Erstellen und Bearbeiten von Texten ausgebildet wurden. Es kann daher davon ausgegangen werden, dass der Zugang zu den drei wichtigsten Vorstandsämtern nicht nur durch soziale Wertschätzung, sondern auch durch eine außerhalb des Vereinslebens erworbene Eignung strukturiert wurde.

4.2 Einkommensverhältnisse der Vereinsvorstände

Neben der bereits erörterten Relevanz der verschiedenen Klassen in der Vorstandschaft des Vereinswesens, lässt eine Analyse der Einkommens- und Vermögensstruktur der Vorstände Rückschlüsse darauf zu, wie stark die Vermögenden oder weniger Vermögenden auf den entscheidenden Positionen im Vereinsmilieu über- bzw. unterrepräsentiert waren. Quellen, aus denen das Einkommen und die sonstigen Vermögensverhältnisse der Vorstände unmittelbar ablesbar und vergleichbar sind, existieren zwar nicht, aber durch die Wählerliste der Stadt Halle von 1887 sowie die Bürgerrolle bzw. die Liste der stimmfähigen Bürger von 1895[220] lassen sich durch die darin verzeichneten Steuerbeträge Rückschlüsse über Einkommen und Vermögen der Vorstände ziehen.[221] Die beiden

220 Vgl. StA Halle, Wahlbüro, Kap. VII, Nr. 9: Abteilungsliste der wahlberechtigten Bürger der Stadt Halle 1887 und StA Halle, Handschriftenabteilung, B 27, Bd. 38–41.

221 Die Wählerliste von 1887 gliedert die Wählerschaft, gemäß ihrem Steueraufkommen, in drei Abteilungen und verzeichnet jede Person unter Angabe ihrer Wohnadresse, des Vor- und Nachnamens, des Berufs sowie der Steuersumme. In der Bürgerrolle von 1895 ist

Listen verzeichneten jedoch nicht alle Einwohner der Stadt, sondern ausschließlich die Träger des Bürgerrechts. Während eine Bürgerrolle alle Bürger (Inhaber des Bürgerrechts) für ein bestimmtes Jahr auflistete,[222] erfassten Wählerlisten die wahlberechtigten Bürger zu den Kommunalwahlen und Wahlen zum Preußischen Abgeordnetenhaus, die in Preußen beide nach dem Dreiklassenwahlrecht erfolgten und dementsprechend eine Einteilung der Wählerschaft in die drei Steuerabteilungen vornahmen.[223] Die Wählerliste zu den Gemeindewahlen von 1887 und die Bürgerrolle von 1895 umfassten daher grundlegend den gleichen Personenkreis, die Bürger der Stadt Halle; jedoch mit einer wesentlichen Ausnahme: Die Bürgerrolle von 1895 ist deutlich umfangreicher, nicht nur aufgrund der gestiegenen Zahl von Einwohnern mit Bürgerrecht, sondern auch durch die Aufnahme von Personen, die nur ein geringes Einkommen versteuerten und ein Gesamtsteueraufkommen von unter 10 Mark aufwiesen. Ursächlich dafür war eine Änderung des Wahlgesetzes 1893, mit welcher bei der Aufstellung der Wahlabteilungen bei Landtags- und Gemeindewahlen die sogenannten »Drei-Mark-Männer« eingeführt wurden.[224] Aus der Bürgerrolle von 1895 geht

der Personenkreis nach den fünf Stadtbezirken – und innerhalb dieser Bezirke nach den einzelnen Straßen – gegliedert. Zusätzliche Angaben neben Adresse, Namen und Beruf sind vor allem durch die Differenzierung der gesamten Steuerlast einer jeweiligen Person nach ihrer Verteilung auf Staatssteuern (Staatseinkommensteuer und Ergänzungssteuer) sowie die Gemeindesteuern (Gemeindeeinkommensteuer, Gewerbesteuer einschließlich Betriebssteuer, Grundsteuer) verzeichnet. Auch in der Bürgerrolle sind die Personen mit Angabe der Wahlabteilung, zu welcher sie gemäß ihrem Steueraufkommen gehören, gelistet.

222 Vgl. *Kern*, Bürgerbücher, S. 311. Maßgeblich war für Halle die Städteordnung von 1853, in der bestimmt wurde, dass das Bürgerrecht von jedem »selbständige[n] männlichen Preußen [erworben werden kann, D. W.], wenn er 1. Einwohner des Stadtbezirkes ist und zur Stadtgemeinde gehört (§ 3), 2. keine Armenunterstützung aus öffentlichen Mitteln empfangen, 3. die ihn betreffenden Gemeinde-Abgaben gezahlt hat und außerdem 4. entweder a) ein Wohnhaus im Stadtbezirk besitzt (§ 16) oder b) ein stehendes Gewerbe selbständig als Haupterwerbsquelle und in Städten von mehr als 10.000 Einwohnern mit wenigstens 2 Gehilfen selbständig betreibt, oder c. zur (klassifizierten) Einkommensteuer (veranlagt ist), oder d. an Klassensteuer einen Jahres-Betrag von mindestens vier Talern entrichtet (…).« Zitiert nach Bürgerbuch der Stadtgemeinde Halle a.d. Saale, Halle 1909, S. 5 f. Dass Bürgerrollen auch der Aufstellung von Wählerlisten für die Kommunalwahlen dienten, belegt die Bezeichnung der Rolle von 1895: »Namentliche Liste der stimmfähigen Bürger in der Stadt Halle a. S. für das Jahr 1895«. Diese Liste der stimmfähigen Bürger wird, bestimmt durch die §§ 19 und 20 der Städteordnung von 1853, vom Magistrat geführt und jährlich berichtigt. Nur Bürger besaßen das aktive und passive Wahlrecht bei Gemeindewahlen. Vgl. ebd., S. 12 ff. u. 65; *Baron*, Haus- und Grundbesitzer, S. 2 f.

223 Der Wählerkreis differierte hingegen: Bei den Gemeindewahlen berechtigte das städtische Bürgerrecht zur Wahl, bei den Landtagswahlen das preußische Staatsbürgerrecht.

224 Grundsätzlich »werden die Urwähler nach Maßgabe der von ihnen zu entrichtenden direkten Staats-, Gemeinde-, Kreis-, Bezirks- und Provinzialsteuern in drei Abtheilungen getheilt, und zwar in der Art, daß auf jede Abteilung ein Drittteil der Gesammtsumme der Steuerbeträge aller Wähler fällt« und als wesentliches Novum: »Für jede nicht zur Staatseinkommensteuer veranlagte Person ist an Stelle dieser Steuer ein Betrag von drei Mark zum

hervor, dass sie in Halle einen Personenkreis von fast 6.800 Bürgern ausmachten, die ausschließlich in der dritten Abteilung wählten.[225]

Um einen differenzierten Vergleich mit den Vereinsvorständen zu ermöglichen, sind die Bürger der beiden Listen in sechs Steuerklassen auf Grundlage der Summen der individuellen Steuerbeiträge gebildet worden (vgl. Tab. 15 und 16). Vergleicht man zunächst die Verteilung aller in den beiden Listen verzeichneten Bürger, so ist – wenig überraschend – festzustellen, dass die Personen mit dem höchsten Steueraufkommen, gruppiert in den Klassen 1 und 2, in beiden Jahren die geringsten Anteile an der Gesamtbürgerschaft ausmachten.

Während 1887 die größte Personengruppe einen Betrag von 100 bis 500 Mark (dritte Steuerklasse) entrichtete (dies entspricht einem Anteil von 35,7 %, die vierte Steuerklasse 26,7 % sowie die fünfte Steuerklasse 31,9 %)[226] verschoben sich diese Anteile 1895 aufgrund der bereits erwähnten umfangreicheren Einbeziehung der niedrigsten Steuerklasse (unter 10 Mark) deutlich. Letztere umfasste 1895 einen Personenkreis von 7.113 Bürgern und somit 41,6 %. In Addition mit den Bürgern der fünften Steuerklasse machten die beiden untersten Klassen damit 1895 ganze 72,3 % der verzeichneten Bürger aus. Die Anteile der Steuerklassen 3 und 4 hatten sich 1895 deutlich verringert, wohingegen die beiden höchsten Steuerklassen ihre Anteile sogar leicht steigern konnten, letztlich aber doch mit großem Abstand die geringste Anzahl an Bürgern umfassten. Setzt man diese absoluten und prozentualen Werte der Gesamtbürgerschaft in Relation zu den Steuerleistungen aller Vereinsvorstände ergibt sich eine stark abweichende Verteilung. Zunächst ist festzuhalten, dass der Anteil der Vereinsvorstände, die in der Wählerliste und der Bürgerliste geführt wurden, sehr hoch war. Lässt man auswärtige Vorstände und Frauen unberücksichtigt, waren 67,1 % der Vorstände in der Wählerliste 1887 und 77,1 % in der Bürgerliste 1895 verzeichnet.[227] Dass der Anteil 1895 im Vergleich zu 1887 deutlich höher war, ist

Ansatz zu bringen.« Gesetz, betreffend Aenderung des Wahlverfahrens. Vom 29. Juni 1893, in: Gesetz-Sammlung für die Königlichen Preußischen Staaten Nr. 18, S. 103, § 1. In § 5 wird bestimmt, dass die Regelungen des § 1 auch für die Gemeindewahlen in denjenigen Stadt- und Landgemeinden gelten, welche die Einteilung der Wähler in die drei Abteilungen auf Basis der direkten Steuern vornehmen. Vgl. ebd., S. 104.

225 Vgl. zur weiteren Entwicklung hinsichtlich der Bildung von Wahlabteilungen Bürgerbuch der Stadtgemeinde Halle, darin: Gesetz betreffend die Bildung der Wählerabteilungen bei den Gemeindewahlen vom 30. Juni 1900, S. 61–64 und Ortsstatut betr. die Bildung der Wählerabteilungen bei den Gemeindewahlen, S. 64f. Siehe grundlegend zu Debatten über das Gemeindewahlrecht im 19. Jahrhundert und seine Ausgestaltung *Grzywatz*, Stadt, Bürgertum und Staat, hier v. a. S. 892 ff.

226 Die sechste Steuerklasse ist hier nicht berücksichtigt, da ihr nur sechs Personen angehörten. Wie die Aufnahme dieser Personen in die Liste von 1887 zustande kam, konnte nicht geklärt werden.

227 Zugrunde gelegt wurde bei dem Vergleich die Vereinsvorstandsdatenbank von 1888, welche eine Gesamtzahl von 1.090 Vorständen umfasst, von denen 77 Frauen und 79 Auswärtige waren. Unter den auswärtigen Vorständen befanden sich keine Frauen, jedoch zwei Per-

Tab. 15: Steuern/Einkommen der Vorstände 1888

Steuerklasse	Mark	Wählerliste	%	Vorstände	%
1	über 1.000	88	1,5	22	3,5
2	500 bis 1.000	227	4	52	8,3
3	100 bis 500	2.043	35,7	316	50,3
4	50 bis 100	1.529	26,7	124	19,7
5	10 bis 50	1.823	31,9	114	18,2
6	unter 10	6	0,1		
Gesamt		5.716	99,9	628	100

Tab. 16: Steuern/Einkommen der Vorstände 1895

Steuerklasse	Mark	Bürgerliste	%	Vereins-vorstände	%
1	über 1.000	374	2,2	102	10,9
2	500 bis 1.000	407	2,4	78	8,3
3	100 bis 500	2.347	13,7	320	34,2
4	50 bis 100	1.604	9,4	129	13,8
5	10 bis 50	5.243	30,7	244	26
6	unter 10	7.113	41,6	64	6,8
Gesamt		17.088	100	937	100

darauf zurückzuführen, dass die Bürgerrolle nun mehr Menschen erfasste. Der Blick auf die Zahlen für 1895 verdeutlicht, dass der rechtliche Status als Bürger eindeutig positiv mit der Übernahme eines Vorstandspostens im Verein korreliert oder, anders gewendet, Träger des Bürgerrechts unter den Vorständen stark überrepräsentiert waren. 1895 waren weit über zwei Drittel der männlichen, in Halle ansässigen Vereinsvorstände Träger des städtischen Bürgerrechts.

Die Aufteilung der Vereinsvorstände mit Bürgerrecht auf die sechs gebildeten Steuerklassen veranschaulicht, dass sie 1888 in den ersten drei Steuerklassen und 1895 in den ersten vier Steuerklassen deutlich über-, in den unteren beiden Klassen 1888 und 1895 unterrepräsentiert waren. Dabei konnten die

sonen aus Giebichenstein, die auch in der Wählerliste geführt wurden. Abzüglich der Frauen und Auswärtigen ergibt sich dementsprechend eine Vorstandszahl von 936 (628 in der Wählerliste verzeichnet, dies entspricht 67,1 %). Die Vorstandsdatenbank 1895 umfasst ein Sample von 1.440 Personen, darunter 109 Frauen und 119 Auswärtige (von diesen waren zwei weiblich und zwei in der Bürgerliste geführt) und somit 1.216 männliche Vorstände aus Halle (937 waren in der Bürgerrolle verzeichnet, dies entspricht einem Anteil von 77,1 %).

Angehörigen der ersten Steuerklasse ihren Anteil 1895 nochmals erheblich auf 10,9 % steigern (im Vergleich zu 2,2 % aller Bürger in dieser Klasse). Der dritten – mittleren – Steuerklasse gehörten 1888 über die Hälfte aller Vorstände an (aber nur 35,7 % der in der Wählerliste geführten Bürger). Ihr Anteil verringerte sich 1895, dennoch blieb sie die quantitativ und prozentual stärkste Klasse unter den Vorständen.[228] Zwar stieg der Anteil der Vereinsvorstände in der fünften Steuerklasse bis 1895, doch sie blieben, gemessen am Anteil aller Personen dieser Klasse in der Bürgerrolle, unterrepräsentiert. Am größten ist die Diskrepanz zwischen Bürgern, die 1895 nur unter 10 Mark versteuerten und in der Bürgerliste 41,6 % aller dort verzeichneten Personen umfassten, bei den Vereinsvorständen jedoch lediglich 6,8 % der Personen.

Die dargelegte Steuerverteilung der Vereinsvorstände kann in zweierlei Hinsicht spezifiziert werden: Erstens hinsichtlich ihrer Verteilung auf die einzelnen Gruppen der Stadt sowie, zweitens, mit Bezug auf die verschiedenen Vereinstypen. Vereinsvorstände der beiden höchsten Steuerklassen gehörten sowohl 1888 als auch 1895 fast ausschließlich dem Bildungs- und Wirtschaftsbürgertum, den Beamten und dem Alten Mittelstand an (vgl. PDF 14 und15).[229] Die größte Zahl der Personen dieser vier Gruppen war in beiden Jahren in der mittleren Steuerklasse 3. Für alle anderen Gruppen gilt hinsichtlich der zu beobachtenden Häufigkeitsverteilung, dass sie ihre größten quantitativen Anteile in Klassen unterhalb der dritten Steuerklasse aufwiesen. Demgegenüber waren Vorstände aus dem Bildungsbürgertum und der höheren Beamten in beiden Jahren in den zwei (1888) bzw. drei (1895) untersten Steuerklassen nur gering vertreten – von den höheren Beamten war 1895 sogar kein einziger Vorstand diesen Klassen zugehörig. Auffällig hoch war die Zahl der Bildungsbürger in den ersten beiden Steuerklassen, welche für beide Jahre den Werten der Wirtschaftsbürger sehr nahe waren.[230] Zwar war die Bandbreite an möglichen

228 Auch hier ist der Rückgang des Anteils dieser Klasse auf den erweiterten Personenkreis der Bürgerrolle von 1895 zurückzuführen. Der hohe Anteil der Vereinsvorstände in der ersten Steuerklasse 1895 wird damit im Übrigen noch eindrucksvoller.

229 Der dargestellten quantitativen Verteilung wurden die Vorstandsposten und ihre Steuerleistung zugrunde gelegt, d.h. die Gesamtzahl der Vorstandsposten, wodurch Vorstände, die mehr als einen Vorstandsposten ausübten, auch mehrfach berücksichtigt wurden. Damit wird ihre tatsächliche (höhere) Relevanz im Vereinswesen adäquat gewichtet.

230 Mit Blick auf die zweite Steuerklasse übertrafen 1888 die Bildungsbürger hinsichtlich ihrer Anzahl die Wirtschaftsbürger sogar, während hingegen 1895 letztere in dieser Steuerklasse deutlich überwogen. Zwar wiesen die höchsten Steuerbeträge bzw. größten Einkommen und Vermögen Bankiers, Fabrikanten und Großkaufleute aus dem Wirtschaftsbürgertum auf, doch wird ebenso ersichtlich, dass vor allem die freien Berufe – Ärzte, Architekten, Bauherren, Rechtsanwälte – im Bildungsbürgertum nach wie vor sehr hohe Einkommen erzielen konnten. Darauf, und ebenso auf die gravierenden Einkommensunterschiede innerhalb des Bildungsbürgertums, die sich auch in der Verteilung ihrer Steuern bzgl. der Vereinsvorstände ablesen lässt, macht in seiner Untersuchung der gesamten städtischen So-

Einkommen der Bildungsbürger ebenfalls sehr groß – bei den höheren Beamten, wenn man die Verteilung auf die Steuerklassen betrachtet hingegen deutlich niedriger –,[231] doch insbesondere bei den Wirtschaftsbürgern und in noch höherem Maße beim Alten Mittelstand konnten die Unterschiede beträchtlich sein. Mit Blick auf den Neuen sowie den sonstigen Mittelstand ist festzuhalten, dass durch die Ausweitung des Personenkreises in der Bürgerliste 1895 die Zahl ihrer Vereinsvorstände in den beiden bzw. den drei unteren Steuerklassen signifikant gestiegen ist. Die Vermutung liegt nahe, dass ihre Anteile in den genannten Steuerklassen somit auch 1888 wesentlich höher waren.

Die Relation zwischen Vorstandsposten, Steueraufkommen sowie Vereinstyp zeigt spezifische Verteilungsmuster der verschiedenen Steuer- bzw. Einkommensgruppen auf die einzelnen Vereinstypen (vgl. PDF 16 und 17). 1895 war diese Verteilung bei den wirtschaftlichen Vereinen (Typ 1) eher ausgewogen, mit dem höchsten Wert in der mittleren Steuerklasse, hohen Zahlen in den niedrigeren Steuerklassen und etwas geringeren in den oberen. Dagegen ist 1888 eine merkliche Diskrepanz wahrnehmbar, denn in diesem Jahr überwog die Zahl an Vorständen aus den niedrigen Steuerklassen die höheren ganz deutlich – nur zwei Vorstandsposten wurden von Personen aus der höchsten, 14 aus der zweithöchsten Steuerklasse bekleidet. Ursächlich hierfür ist, dass es in dieser Zeit in Halle kaum Vereine zur wirtschaftlichen Organisation von Großkaufleuten, Fabrikanten, Industriellen oder Arbeitgebervereinigungen gab. Wirtschaftliche und berufsständische Interessenorganisation wurde vor allem wahrgenommen in den Handwerker- und Gewerbevereinen sowie Innungen des Alten, später dann immer häufiger von den Angestellten und Lehrervereinen des Neuen Mittelstandes sowie weit weniger ausgeprägt bei Beamten (in eigenen Beamtenvereinen) sowie dem sonstigen Mittelstand, der häufig in den Vereinigungen des Alten Mittelstandes engagiert war. Die Angehörigen dieser Klassen in den wirtschaftlichen und berufsständischen Vereinen gehörten 1888 zum überwiegenden Teil der mittleren Steuergruppe 3 an, im Fall des Alten Mittelstandes auch den unteren beiden Steuergruppen, während sich 1895 in den drei unteren Gruppen zudem verstärkt Angehörige des Neuen Mittelstandes fanden.[232] Der Boom dieser Vereine, der sich im weiteren Verlauf der 1890er Jahre noch

zialstruktur Breslaus auch Manfred Hettling aufmerksam. Zudem nimmt er ebenso Bezug auf die günstigen Einkommenschancen der höheren Beamten. Vgl. *Hettling*, Politische Bürgerlichkeit, S. 42ff. Auch Universitätsprofessoren und Oberprediger fanden sich, vor allem 1895, in der obersten Steuerklasse. Die weitaus größte Zahl der Akademiker und Geistlichen waren indes in der mittleren Steuerklasse und etwas weniger stark in der zweithöchsten Steuerklasse angesiedelt.

231 Dies wird nicht nur hinsichtlich der Steuersummen, sondern bzgl. der Staats- und Gemeindeeinkommensteuer deutlich, die aus der Bürgerrolle 1895 ablesbar sind.

232 Das Engagement von Personen der unteren Steuerklassen aus den Gruppen des höheren Bürgertums war für beide Jahre deutlich schwächer ausgeprägt.

steigerte, hat die skizzierte Entwicklung intensiviert, wobei auch die Zahlen für die oberen Steuerklassen durch Vereinsgründungen der Spitzen des Wirtschaftsbürgertums gestiegen sein dürften. Insgesamt zeigt sich hinsichtlich der wirtschaftlichen Vereine, dass, wie oben bereits ausführlich dargelegt, alle Klassen der städtischen Gesellschaft – vom Wirtschaftsbürgertum über die mittelständischen Gruppen bis hin zu den Arbeitern – ein sehr hohes Maß an Selbstorganisation zeigten, um für die eigenen materiellen und beruflichen Interessen einzutreten und auch Angehörige aller Steuergruppen in relevantem Maße in diesem Vereinstyp vertreten waren, dass aber ebenso gerade dieser Typus geschlossene Kreise konstituierte. Denn der Zweckzusammenschluss war hinsichtlich der Mitgliedschaft fast immer durch gemeinsame Berufs- und Standeszugehörigkeit strukturiert.

Eine Verteilung der Steuergruppen mit einem leichten Übergewicht der unteren Steuerklassen 1895 weisen die geselligen, Freizeit- und Sportvereine auf. Auch hier gilt, dass grundlegend Personen aller Klassen und Steuergruppen an diesem Vereinstyp partizipierten. Wie bei den wirtschaftlichen Vereinen gab es dabei zahlreiche Vereine, die von vornherein auf einen bestimmten Personenkreis begrenzt waren: beispielsweise der gesellige Kaufmännische Verein, der Kaufmännische Ruderclub, der Hallesche Lehrer-Turnverein oder der Bürobeamtenverein »Einigkeit«. Bei anderen Vereinen dagegen lassen die hohen oder niedrigen Steuern bzw. Einkommen auf Exklusivität bzw. soziale Offenheit schließen. Diese kann, wie hervorgehoben, hier nur bzgl. des Zugangs zu Vorstandsämtern, nicht aber in jedem Fall für die gesamte Vereinsmitgliedschaft des betreffenden Vereins oder gar Vereinstypus, beleuchtet werden. In den Vorständen der städtischen Schützenvereine der Stadt fanden sich überwiegend gut oder am besten verdienende Wirtschaftsbürger und Angehörige des Alten Mittelstandes zusammen – dies galt erst recht bei repräsentativen Anlässen wie dem Mitteldeutschen Bundesschießen 1888 in Halle, für welches ein eigenes Komitee gebildet wurde. Ähnliches ist für exklusive gesellige Zirkel wie die Vereinigte Berggesellschaft zu konstatieren, wobei in diesen auch schlechter verdienende Bildungsbürger zu Vorstand und Mitgliedschaft des Vereins gehörten – ein Indiz dafür, dass Einkommen und Vermögen per se (Vorstands-)Mitgliedschaften nicht strukturierten, sondern die Vorstandswahl eher durch die soziale Wertschätzung von Personen und Gruppen der städtischen Gesellschaft bedingt war. Die Sportvereine der Stadt, die insbesondere nach der Jahrhundertwende starken Zulauf und eine steigende Zahl von Neugründungen aufwiesen, boten offenere Zugangsmöglichkeiten, auch mit Blick auf die Mitgliedschaften der Vereine, für schlechter verdienende Angehörige der Unterschicht – insbesondere in den zahlreichen Turn-, Athletik- und Fußballvereinen der Stadt. Doch auch im Sportbereich gab es Vereine, die schon aufgrund der materiellen Anforderungen zur Ausübung des Sports exklusiver waren, beispielsweise der Hallesche Reit-Verein.

Eine starke Diskrepanz zwischen den höheren und niedrigeren Steuergruppen und ihrer Verteilung auf Vorstandsposten gab es vor allem bei den sozialen, religiösen und politischen Vereinen sowie Logen dahingehend, dass Personen der oberen deutlich stärker als Personen der unteren Steuerklassen vertreten waren. Obwohl 1895 mehr Personen mit niedrigen Einkommen in der Bürgerliste aufgenommen wurden und somit für einen Abgleich mit den Vereinsvorständen zur Verfügung standen, hatte sich dieses Muster noch verstärkt. Dabei waren in religiösen und sozialen Vereinen Angehörige des Bildungsbürgertums aus der mittleren und zweithöchsten Steuerklasse, Wirtschaftsbürger und höhere Beamte der mittleren Steuerklasse vor allem in den sozialen Vereinen der Stadt sehr stark vertreten. Das Vorstandsengagement in sozialen und religiösen Vereinen aller anderen Gruppen, der mittelständischen wie der Unterschichten, war dagegen auch von ihren Angehörigen in der mittleren Steuerklasse merklich schwächer ausgeprägt.[233]

Vorstandstätigkeit in politischen Vereinen war vorwiegend Angehörigen der ersten drei Steuerklassen vorbehalten, während die unteren beiden bzw. drei Klassen nur marginal vertreten waren. Dies gilt sowohl für die verschiedenen liberalen und konservativen Parteivereine als auch für die kommunalen Wahlbezirks- und Bürgervereine.[234] Die Zahl von Angehörigen der ersten beiden Steuerklassen hatte sich bis 1895 nochmals sichtbar gesteigert – die höchsten Steuerleistungen erbrachten dabei Wirtschafts- und Bildungsbürger, die hinsichtlich ihrer Zahl die Vorstände der Vereine eindeutig dominierten, während Personen aus dem Alten Mittelstand zumeist der mittleren Steuerklasse angehörten. Auch Beamte in Vorständen politischer Vereine waren, wenngleich weniger stark, in der ersten Steuerklasse angesiedelt.[235] Ein noch höheres Maß an Exklusivität kennzeichnete die Freimaurerlogen, deren Vorstände fast ausschließlich durch Wirtschafts- und Bildungsbürger aus den höchsten Steuerklassen besetzt waren – Angehörige der unteren Steuergruppen finden sich dagegen in beiden Jahren keine.

Gegenüber diesen Vereinen bzw. Vereinstypen, in denen die Bekleidung von Vorstandsposten weitestgehend den Hoch- bzw. Höchstbesteuerten, den Ver-

233 Die wissenschaftlichen Vereine weisen eine sowohl 1888 als auch 1895 zwar durchaus ausgewogene Verteilung der Personen auf die einzelnen Steuerklassen auf, aber mit einem leichten Übergewicht der ersten beiden Klassen. Eine dominierende Rolle spielten hier vor allem Bildungsbürger aller Steuerklassen. Die sieben Personen der ersten Steuerklasse 1888, die auf diesen Vereinstyp entfielen, entstammten ausnahmslos dem Bildungsbürgertum.

234 Der Sozialdemokratische Verein ist in beiden Jahren nicht im Adressbuch geführt worden.

235 Dies traf 1895 vor allem auf den Nationalliberalen Verein zu, dessen Vorstand drei Beamte zählte, zwei von ihnen aus der ersten, einer aus der zweiten Steuerklasse. In beiden Jahren waren der Neue und sonstige Mittelstand in den Vorständen der politischen Vereine kaum vertreten – die Vorstände dieser Gruppen gehörten bis auf wenige Ausnahmen der mittleren Steuerklasse an.

mögenden und Besserverdienenden vorbehalten war, gab es mit den kulturellen, den Bildungs- bzw. Ausbildungs- sowie den Kriegervereinen jedoch auch Vereinstypen, zu deren Vorstandschaft Personen der unteren Steuerklassen nicht nur Zugang hatten, sondern in denen sie quantitativ sogar stärker als die oberen beiden Klassen vertreten waren. Zwar engagierten sich hier 1888 und 1895 auch Personen der beiden höchsten Steuerklassen, die sich ausschließlich aus dem Wirtschafts- und Bildungsbürgertum, dem Alten Mittelstand sowie einigen Beamten aus der zweithöchsten Steuergruppe rekrutierten, doch beschränkte sich ihre Vorstandstätigkeit ausschließlich auf einzelne Vereine – zu nennen sind in diesem Zusammenhang vor allem der Kunst- und Kunstgewerbeverein, die Singakademie und die Photographische Gesellschaft. Insbesondere die Musik- und Gesangvereine der Stadt kennzeichneten sich durch eine Vielzahl von Vorständen, die zu nicht geringen Teilen in der mittleren Steuerklasse verortet waren, vor allem aber in den unteren beiden. Ähnliches ist mit Blick auf die Kriegervereine zu konstatieren: Die wenigen Angehörigen der ersten beiden Steuerklassen waren fast gänzlich Ehrenmitglieder, mitunter auch Ehrenvorsitzende der Vereine und verliehen ihnen dadurch Reputation und repräsentativen Glanz nach außen –[236] nicht selten waren diese Ehrenmitglieder, die auch in der mittleren Steuergruppe zu finden waren, Offiziere mit hohen Dienstgraden. Vor allem aber bot das Kriegervereinswesen Personen des Alten, Neuen und sonstigen Mittelstandes, den nichtselbständigen Dienstleistern, den unteren Beamten und Angestellten und auch einigen Arbeitern in den unteren Steuerklassen Partizipationsmöglichkeiten bis hin zur Ausübung des Vorsitzendenpostens oder seines Stellvertreters.[237] Schließlich sind die (Aus)Bildungsvereine zu thematisieren, deren ganz überwiegende Zahl Stenographievereine waren, die insbesondere die Aneignung einer (zusätzlichen) beruflichen Qualifikation zum Zweck hatten und ihren Mitgliedern dadurch Zugangsmöglichkeiten zu kaufmännischen Berufen oder den Aufstieg in die Schicht der Angestellten offerierten bzw. eine Verbesserung bereits erlernter Fähigkeiten ermöglichten. Ihre Vorstände rekrutierten sich daher vornehmlich aus dem Wirtschaftsbürgertum und Neuem Mittelstand, aus Kaufleuten, Lehrern, Sekretären oder Buchhaltern der unteren Steuerklassen, welche bereits über stenographische Fähigkeiten verfügten und diese den Vereinsmitgliedern zur Verfügung stellten.

236 Bildungsbürger, die 1895 in den Vorständen des Kriegervereinswesens im Adressbuch aufgeführt wurden, waren ausschließlich Ehrenmitglieder.

237 Dies galt jedoch hauptsächlich für Angehörige des Alten und Neuen Mittelstandes, aber auch für Wirtschaftsbürger der mittleren oder unteren Steuerklassen.

4.3 Die Hausbesitzer im Vereinswesen

Hausbesitz ist in seiner sozioökonomischen Entwicklung und politischen Bedeutung in der Bürgertumsforschung bisher eher randständig behandelt und auch als Kriterium in sozialstrukturellen Beschreibungen vernachlässigt worden.[238] In einer zeitgenössischen Studie hat Alfred Baron den Stellenwert von Hausbesitz für die städtische Gesellschaft des 19. Jahrhunderts problematisiert.[239] An seine Überlegungen kann angeknüpft werden, um die Relevanz des Engagements von Hausbesitzern in Vereinen allgemein und ihrer Organisation in einem sehr spezifischen Interessenverband im Besonderen zu beleuchten. Ausgangspunkt der Studie Barons ist das sogenannte Hausbesitzerprivileg in den preußischen Kommunen. Gemäß § 16 der Städteordnung für die östlichen Provinzen von 1853 musste die Hälfte der von der Bürgerschaft zu wählenden Stadtverordnetenversammlung aus Hausbesitzern bestehen.[240] Diese Bestimmung hatte ihren Ursprung in der Städteverordnung von 1808 und sollte Bürgersinn und Gemeingeist in der städtischen Selbstverwaltung verankern:[241] »Man tötet [...], wenn man den Eigentümer von aller Teilnahme an der Verwaltung entfernt, den Gemeingeist und den Geist der Monarchie, man nährt den Unwillen gegen die Regierung«, denn der Hausbesitzer habe »Kenntnisse, die ihm sein Verhältnis zu seinem Gute und seinen Mitbürgern verschafft«, er habe »Wünsche um Besserungen«, die vor allem auf die Abstellung von Missständen abzielten und er besitze »Muße und Kräfte«, die er dem Staat unter entsprechenden Bedingungen zur Verfügung stellen könne.[242] Ging die politisch-rechtliche Sonderstellung des Hausbesitzers bis in das Mittelalter zurück, wurde ihm zudem auch im 19. Jahrhundert ein höherer sozialer Status, der auf die Selbständigkeit des Hausbesitzers und das spezifische Merkmal des Hauseigentums zurückzuführen ist, zugewiesen: »[I]n dem eigenen Haus [steckt] ein Stück vom Charakter des Menschen«.[243] Trotz zunehmender Kritik an dieser idealistischen Sichtweise wurde in gesetzlichen Regelungen der 1850er Jahre das Hausbesitzerprivileg konserviert, indem vor allem die hohen

238 Ausnahmen sind u. a.: *Neumeier*, München um 1900, insbesondere S. 303 ff.; *Roth*, Stadt und Bürgertum in Frankfurt, S. 127 ff., 357 ff.; *Hettling*, Politische Bürgerlichkeit, S. 46 f. Für einen nichtdeutschen Kontext siehe beispielsweise *Petrov*, Hausbesitzer in der Sozialstruktur Moskaus.

239 Vgl. *Baron*, Haus- und Grundbesitzer.

240 Dies galt mit Ausnahme von Hannover, Rügen und Hohenzollern in der gesamten preußischen Monarchie. Vgl. ebd., S. 4 u. 15.

241 Die Städteordnung von 1808 hatte ursprünglich sogar bestimmt, dass mindestens zwei Drittel aller Stadtverordneten Hausbesitzer sein müssen.

242 So Freiherr vom Stein in seiner Nassauer Denkschrift zitiert nach ebd., S. 15.

243 Vgl. ebd., S. 5 ff., das Zitat S. 8.

fiskalischen Lasten, die an Grundbesitz geknüpft waren, als Argument angeführt wurden.[244]

Diese rechtlich-politische Konstellation kontrastiert Baron nun mit der ökonomischen und sozialen Relevanz der Haus- und Grundbesitzer in den preußischen Städten und kommt zu folgenden Ergebnissen: Erstens weist er mit Zahlen für das Jahr 1908 nach, dass die tatsächliche Zahl der Hausbesitzer unter den Stadtverordneten in allen preußischen Städten die gesetzliche Vorgabe weit übertrifft und bei 79 % liegt.[245] In den Großstädten, habe sich, zweitens, der Anteil der Hausbesitzer an allen Haushaltungen, im Vergleich zu der Situation am Anfang des 19. Jahrhunderts, dagegen sehr stark verringert – dies gilt erst Recht für den Hausbesitzeranteil an der gesamten Einwohnerschaft.[246] Die von Hausbesitzern zu leistenden fiskalischen Lasten, sonstigen Gebühren und Abgaben, die Baron umfangreich diskutiert,[247] lassen aus seiner Sicht, drittens, durchaus den Schluss zu, dass der von ihnen zu tragende, sehr hohe Anteil an den Gemeindeabgaben, unabhängig davon ob es sich um Groß-, Mittel- oder Kleinstädte handelt, ein Argument für ihre politischen Vorrechte darstellen.[248] In seinem abschließenden Resümee differenziert Baron dagegen deutlich zwischen den Klein- und Mittelstädten, für die er das Hausbesitzerprivileg nach wie vor als gerechtfertigt ansieht, und den Großstädten, für die er eine Reform anrät. Gerade in den Großstädten sei der Anteil der Hausbesitzer an der Gesamteinwohnerschaft zu gering, vor allem habe sich jedoch der Charakter und die Rolle des Hausbesitzers deutlich gewandelt: Er besitzt nun mehrere Häuser und ist nicht mehr in seinem erlernten Beruf oder bisher ausgeübten Gewerbe tätig, sondern ein reiner Verwalter seiner Häuser geworden; er wohnt nicht selten in einem Vorort oder einer anderen Stadt; der häufige Wechsel der Eigentümerschaft von Häusern und Grundstücken wird die Regel – die Verbindung des Hausbesitzers zur Gemeinde ist nach Baron mithin verloren gegangen.[249]

Grundsätzlich ist zu fragen, ob die sozioökonomischen Implikationen der Entwicklung von Hausbesitz im Kaiserreich, wie sie Baron in seinen Schlussfolgerungen vornehmlich am Beispiel Berlins untersucht, auch auf andere Städte

244 Vgl. ebd. S. 16 ff. Die Stellung der Haus- und Grundbesitzer wurde zudem durch das 1850 eingeführte Dreiklassenwahlrecht gestärkt, da die zur Grundsteuer veranlagten Hausbesitzer oftmals in eine höhere Abteilung eingestuft wurden, als dies ihre sonstigen Einkommens- und Vermögensverhältnisse zuließen.

245 Halle: 65,2 % (von 66 Stadtverordneten 43 Hausbesitzer).

246 In Halle liegen die Anteile im Vergleich mit der Mehrzahl der anderen preußischen Großstädte etwas höher: 12,8 % der Haushaltungen stellen Hausbesitzer, 2,9 % der Einwohner sind Hausbesitzer. Von den Stimmberechtigten sind 20 % Hausbesitzer. Vgl. grundlegend zu den Anteilen der Hausbesitzer an Stadtverordneten, Haushaltungen, Einwohner- und Wählerschaft *Baron*, Haus- und Grundbesitzer, S. 28 ff.

247 Siehe dazu ebd., S. 65 ff.

248 Vgl. ebd., S. 105.

249 Vgl. ebd., S. 122 ff.

zutreffen. Für Halle ist dies in mehrfacher Hinsicht zu bezweifeln, wie Daten aus den Jahren 1895 und 1910 verdeutlichen. Die Akkumulation von Hausbesitz, d. h. der Besitz mehrerer Häuser durch einen Eigentümer, war noch in der Mitte der Kaiserreichszeit, 1895, eher die Ausnahme. Von den 3.439 Hausbesitzern besaßen 82,8 % nur ein einziges Haus, lediglich 17,2 % zwei oder mehr Häuser. Die Anteile von Hausbesitzern mit mindestens drei (5,4 %), vier (2,6 %), fünf (1,5 %) oder acht Häusern (0,5 %) war noch geringer, mehr als zehn Häuser besaßen nur 0,3 % der Hausbesitzer.[250] 1910 hatten sich diese Werte nicht gravierend verändert: 85,8 % der physischen Personen waren Einzeleigentümer, 12,1 % besaßen 2–3, 1,3 % 4–5, 0,6 % 6–10 und 0,2 % mehr als 10 Grundstücke.[251] Die Zahl der auswärtigen, nicht in Halle wohnenden Besitzer betrug 1895 lediglich 4,7 %, stieg jedoch unter den physischen Eigentümern bis 1910 auf 7,5 %.[252] Die ganz überwiegende Zahl der Eigentümer wohnte nicht nur in Halle, sondern auch im eigenen Haus. 1895 gab es 89 % Eigenheimbewohner,[253] 1910 fast unverändert 89,2 %.[254] Auch die Anzahl der Mietparteien pro Hausbesitzer, die anhand der Stichprobe für 1895 aufgeschlüsselt werden kann, liefert interessante Rückschlüsse: Zehn Hausbesitzer hatten keine, 34 ein bis drei, 57 vier bis zehn, 23 zehn bis 15, und 12 fünfzehn bis fünfzig Mietparteien.[255] Dass Akkumulation von Hausbesitz im Kaiserreich eher die Ausnahme war, haben die Zahlen von Häusern pro Hausbesitzer verdeutlicht. Barons Annahme eines zerstörten

250 Grundlage für diese Berechnung ist eine Datenbank der Hausbesitzer von 1895, die auf Basis des Straßen- und Häuserverzeichnisses im hallischen Adressbuch von 1895 erstellt wurde, vgl. dort Zweiter Nachweis, S. 290 ff. In diesem Verzeichnis sind alle Häuser mit Angabe ihrer Besitzer und Verwalter dokumentiert. Die Gesamtzahl der Hausbesitzer umfasste dabei auch einige Institutionen, Genossenschaften, Geschäfte, Aktiengesellschaften und Erbengemeinschaften, die jedoch nur einen äußerst geringen Anteil ausmachten; die weitaus meisten Hausbesitzer waren natürliche Personen. Ein Haus besaßen 2.848, zwei Häuser 591, drei 185, vier 89, fünf 51, acht 16 und zehn 9 Hausbesitzer.

251 Vgl. *BzSdSH*, Grundstücks- und Gebäudeaufnahme, S. 28 f. Zu beachten ist bei den Vergleichsjahren 1895 und 1910, dass 1895 die Mindestzahl an Grund- und Hausbesitz zugrunde gelegt wurde, d. h. die Besitzer mit mindestens zwei Häusern können unter Umständen auch fünf oder zehn ihr Eigen nennen, während 1910 für die einzelnen Klassen eine Obergrenze festgelegt wurde. Ein Mehrbesitz von Häusern war 1910 vor allem bei öffentlichen und privaten juristischen Personen zu verzeichnen, wie die Statistiker der *BzSdSH* ausführlich nachweisen.

252 Der Wert für 1910 wird in den BzSdSH als ungünstig erachtet, da er in den ausgewählten Vergleichsstädten Königsberg und Kiel niedriger lag. Vgl. ebd., S. 26.

253 Berücksichtigt werden hier nur die physischen Personen. Für 1895 wurde zur näheren Bestimmung von Hausbesitz, Eigentümern und Mietern eine Stichprobe von 136 Besitzern aus der Gesamtdatenbank (jeder fünfundzwanzigste Eigentümer) entnommen. Von diesen wohnten 121 in ihrem eigenen Haus.

254 Vgl. für 1910 *BzSdSH*, Grundstücks- und Gebäudeaufnahme, S. 27.

255 Ein Hausbesitzer wies sogar über 50 Mieter auf, es handelt sich um den Ökonomen Fuß, der es auf eine Zahl von 222 Mietern brachte und mit dem Besitz von 23 Immobilien auch der absolute Spitzenreiter im Gesamtsample der Hausbesitzer von 1895 war.

Bandes zwischen Mietern und Besitzern bzw. Vermietern durch die Vorstellung eines im Vorort oder in segregierten, zumeist gehobenen Stadtvierteln lebenden Hausbesitzers, lässt sich für Halle ebenfalls nicht aufrechterhalten. Nur ca. 17 % aller Hausbesitzer der Stichprobe von 1895 lebten tatsächlich allein oder hatten einen auswärtigen Wohnsitz.[256] Der ganz überwiegende Teil der Hausbesitzer wohnte mit seinen Mietern zusammen,[257] und dies in der Regel nicht in Vororten oder auswärts, sondern im innerstädtischen Bereich.[258] Es ist daher davon auszugehen, dass *face-to-face*-Beziehungen zwischen Vermietern und Mietern Normalität blieben.

Ausgehend von diesen Befunden kann die soziopolitische Verortung der Hausbesitzer in der städtischen Gesellschaft zunächst hinsichtlich ihrer Vorstandstätigkeit in der gesamten Vereinslandschaft nachvollzogen werden. Die Anteile von Hausbesitzern an der Gesamtzahl der Vereinsvorstände betrug sowohl 1874 als auch 1895 etwa ein Fünftel (24 bzw. 23,3 %) und sank bis 1913 auf 15,4 % (vgl. Tab. 17). Im Vergleich zu den Anteilen der Hausbesitzer an der städtischen Bevölkerung wird deutlich, dass sie im Vereinswesen sehr stark überrepräsentiert waren. Ihr Anteil an der städtischen Gesamtbevölkerung betrug 1895 nur 2,8 %.[259] Die rege Vorstandstätigkeit der Hausbesitzer in den städtischen Vereinen zeigt daher, dass die pauschale These eines zunehmenden Rückzugs der Hausbesitzer auf die Häuserverwaltung sowie eine Distanzierung von der städtischen Gesellschaft und Gemeinwohlbelangen kaum aufrechtzuhalten ist. Durch das Aktivitätsprofil der Hausbesitzer im Vereinsmilieu kann das Muster der von ihnen verfolgten Interessen aufgeschlüsselt werden. Für alle drei hier zugrunde gelegten Stichjahre blieben die Interessenschwerpunkte der Hausbesitzer im Wesentlichen gleich: Sie sind vor allem in wirtschaftlichen, sozialen, politischen, kulturellen und Freizeitvereinen aktiv. Ein überdurchschnittlich starkes Engagement in den eher Partikularinteressen organisierenden wirtschaftlichen Vereinen ist für die Hausbesitzer nicht feststellbar. Die wirtschaftliche Vereinstätigkeit des hausbesitzenden Alten Mittelstandes[260] konzentrierte sich vor allem auf seine althergebrachten Organisationsformen, den

256 Dies entspricht 23 Hausbesitzern (16,9 %).

257 Auf 106 Hausbesitzer trifft dies zu, fünf wohnten in einem nicht in ihrem Besitz befindlichen Haus mit anderen Mietparteien zusammen. Bei drei Besitzern in der Stichprobe handelte es sich um Institutionen und Geschäfte. Die soziale Struktur der Hausbewohner in Relation zum jeweiligen, oftmals im gleichen Haus lebenden Eigentümer kann nicht aufgeschlüsselt werden.

258 Eine weitere Abstufung und Zuordnung der Wohnlage der Hausbesitzer gemäß dem durchaus unterschiedlichen sozialen Charakter der einzelnen städtischen Viertel, ist hier nicht möglich gewesen.

259 1895 3.229 physische Hausbesitzer bei einer Bevölkerung von 116.304 (2,8 %).

260 Der Alte Mittelstand hatte unter den Hausbesitzern im Vereinswesen 1874 einen Anteil von 28,8 %, 1895 von 34,3 % und 1913 25,4 %; die Wirtschaftsbürger wiesen für die einzelnen Jahre einen Anteil von jeweils 29,7 %, 35,8 % und 34,9 % auf.

Tab. 17: Hausbesitzer im Vereinswesen

Jahr	Anzahl Hausbesitzer unter Vorständen	alle Vorstände	%	Vereinstyp	Anzahl Vorstandsposten	%
1874	111	463	24	Wirtschaft	26	18,1
				Soziales	36	25
				Religion	9	6,3
				Wissenschaft	10	6,9
				Bildung	2	1,4
				Kultur	22	15,3
				Krieger	6	4,2
				Freizeit/Sport	31	21,5
				Logen	2	1,4
				Gesamt	144	
1895	335	1.440	23,3	Wirtschaft	121	25,1
				Soziales	108	22,4
				Religion	21	4,4
				Wissenschaft	18	3,7
				Bildung	3	0,6
				Kultur	44	9,1
				Politik	52	10,8
				Krieger	35	7,3
				Freizeit/Sport	74	15,4
				Logen	6	1,2
				Gesamt	482	
1913	602	3.907	15,4	Wirtschaft	232	25,7
				Soziales	140	15,5
				Religion	53	5,9
				Wissenschaft	25	2,8
				Bildung	34	3,8
				Kultur	94	10,4
				Politik	82	9,1
				Krieger	80	8,9
				Freizeit/Sport	152	16,8
				Logen	11	1,2
				Gesamt	903	

Handwerkermeisterverein sowie die Innungen, wobei der Höhepunkt dieser Betätigung 1895 festzustellen war, als 69 ihrer Vorstandsfunktionen im Bereich der wirtschaftlichen Vereine auf die genannten Vereinigungen entfielen. Hinzu kamen der Verein der Kolonialwarenhändler und Gewerbevereine, an denen sich der Alte Mittelstand beteiligte. Während sich das hausbesitzende Wirtschaftsbürgertum bereits 1874 vorrangig in den kaufmännischen Vereinen organisierte, verstärkte sich 1895 und vor allem 1913 ihr Engagement in auf Handel, Industrie und Gewerbe ausgerichteten Vereinen, die nun oftmals in Verbandsform organisiert wurden. Beispiele sind der Verein für Getreide- und Produktenhandel, der Deutsche Braunkohlenindustrieverein oder der Hansa-Bund. Die höheren Beamten und der Neue Mittelstand schlossen sich nun zunehmend in eigenen Beamten- und berufsständischen Vereinen und Verbänden zusammen.[261] Anhand ihres wirtschaftlichen Tätigkeitsprofils und der spezifischen Zielstellung der Vereine wird somit keine Kongruenz, sondern eine ausgeprägte Disparität der wirtschaftlichen und berufsständischen Interessen der Hausbesitzer offenbar.

Neben ökonomisch motivierter Vereinstätigkeit trat von Anfang an eine starke Beteiligung an den sozialen und wohltätigen Vereinen der Stadt. Entsprach der Hausbesitzeranteil 1874 fast genau dem Anteil aller Vorstände an diesem Vereinstyp, übertrafen ihre Anteile 1895 und 1913 deutlich den Wert für alle Vorstände.[262] Was oben bereits mit Blick auf das höhere und niedere Bürgertum insgesamt hervorgehoben wurde, lässt sich in erhöhtem Maße für die Hausbesitzer feststellen: Partikulare Interessenorganisation wurde verbunden mit sozialem und wohltätigem Engagement. Stark partizipierten Hausbesitzer auch an den politischen Vereinen der Stadt.[263] Insbesondere ihre Beteiligung an den lokalpolitisch relevanten Vereinen war herausragend: Für 1895 und 1913 gehörten jeweils zehn Hausbesitzer dem Vorstand des Vereins der Liberalen an,[264] die Zahl der Hausbesitzenden im Nationalliberalen Verein sank im Vergleich dieser Jahre von 11 auf 3 Vorstände, unter den Konservativen waren 1895 sieben,[265] 1913 sechs Vorstände Hausbesitzer – vor allem unter den mit den liberalen Parteien stark verbandelten kommunalen Wahl- und Bürgervereinen waren die Hausbesitzer mit 18 Vorständen 1895 und 43 Vorständen 1913 aktiv. Die hohe Affinität der Hausbesitzer zur Lokalpolitik wird an dieser Stelle daher besonders deutlich.

261 Neuer Mittelstand: 1874 mit einem Anteil von 6,3 %, 1895 9 % und 1913 13,8 % Hausbesitzern; Beamte mit 9 %, 3,9 % und 4,7 %.

262 1874 waren 25 % aller Hausbesitzer und 25,4 % der Vorstände insgesamt in sozialen Vereinen aktiv, 1895 22,4 % der Hausbesitzer und 18,8 % aller Vorstände, 1913 15,5 % der Hausbesitzer und 10,6 % aller Vorstände.

263 Anteile von Vorstandsposten an politischen Vereinen unter den Hausbesitzern: 1895 10,8 % (Anteil an diesem Vereinstyp unter allen Vorständen 5,1 %), 1913 9,1 % (alle Vorstände 4,7 %).

264 Hinzu kam 1913 ein Bezirksvorstand der Fortschrittlichen Volkspartei.

265 Als Konservative wurden hier sowohl Vorstandsmitglieder des Konservativen Vereins als auch der Ordnungspartei (Freikonservative) gezählt.

Mit dem Haus- und Grundbesitzerverein existierte eine Vereinigung, welche die ökonomischen und lokalpolitischen Interessen der Hausbesitzer selbst vertrat. Allein auf Basis einer numerischen, sozialen und finanziellen Relevanz der Hausbesitzer in der Stadt kann nicht einfach eine (Interessen-)Identität der Hausbesitzer – Baron spricht gar von einer »Hausbesitzergemeinde« innerhalb der städtischen Bürger- und Einwohnerschaft –[266] angenommen werden. Diese wurde vielmehr maßgeblich im 1885 gegründeten Haus- und Grundbesitzerverein hergestellt und kommunalpolitisch artikuliert. In der Vereins-, Verbands- und Parteienforschung ist die Rolle dieser überall in Deutschland entstehenden Vereine bisher nahezu völlig vernachlässigt worden. Zwar schlossen sich auch die Haus- und Grundbesitzervereine wie so viele andere Vereine und Verbände zu einem nationalen Dachverband zusammen,[267] doch ihr Beispiel zeigt, dass Interessenverbände gerade auf lokaler Ebene erheblichen Einfluss entfalten konnten. Vor dem Hintergrund des grundlegenden Wandels und des Wachstums der Städte, dem Städtebau und dem Entstehen einer kommunalen Leistungsverwaltung kam ihnen eine maßgebliche Bedeutung zu, die nicht nur durch die finanzielle Belastung der Hausbesitzer, sondern auch durch ihre besondere rechtlich abgesicherte Stellung in der Stadtpolitik begründet war.[268]

In den neuen Statuten des hallischen Vereins wird 1900 in § 1 zunächst der althergebrachte Zweck bestätigt: »[S]eine Mitglieder in ihren Interessen, soweit sie in ihrem in der Stadt Halle a. S. belegenen Haus- und Grundbesitz beruhen, zu fördern und zu schützen.« Erreicht werden soll dies insbesondere durch »Besprechung haus- und grundbesitzlicher Angelegenheiten in den Vereinsversammlungen«, durch »belehrende Vorträge über die verschiedensten, den städtischen Haus- und Grundbesitz berührende Fragen«, »durch Führung einer ständigen Geschäftstelle« sowie »durch Halten eines Vereinsblattes«.[269] Die In-

266 Siehe *Baron*, Haus- und Grundbesitzer, S. 3.

267 So war der hallische Verein 1891 Mitglied des Central-Verbandes städtischer Haus- und Grundbesitzer-Vereine Deutschlands, 1910 darüber hinaus Mitglied des Preussischen Landes-Verbandes der Haus- und Grundbesitzer-Vereine und des Provinzial-Verbandes der Haus- und Grundbesitzer-Vereine der Provinz Sachsen. Vgl. Geschäfts-Ordnung 1891 und Jahres-Bericht 1910.

268 Zumal trotz der überregionalen und nationalen Verbandsbildung der Hausbesitzervereine der Fokus ihrer Interessenformierung sich vornehmlich auf den lokalen Kontext konzentrierte. So setzte sich der Jahres-Bericht des hallischen Vereins 1910 zwar mit Belangen der Reichspolitik auseinander, unter anderem mit der Reichsfinanzreform sowie der geplanten Reichswertzuwachssteuer, deutlich wird jedoch zugleich, dass sich der Zentralverband bisher kaum durch eine gezielte Öffentlichkeitsarbeit und Interessenpolitik hervorgetan hatte. Vgl. Jahres-Bericht 1910, S. 3 ff., das Zitat S. 6. Resultierend aus dem Mobilisierungserfolg im Protest gegen die neue Steuer, die letztlich jedoch nicht verhindert werden konnte, erwuchs »eine neue ausgezeichnete Kampforganisation, die ausgesprochen politischen Charakter tragen soll«, der Deutsche Hausbesitzerbund, der gemäß seinen Statuten ganz deutlich den Charakter einer politischen Interessenorganisation hatte; *Baron*, Haus- und Grundbesitzer, S. 137, Anm. 2.

269 Satzungen des Haus- und Grundbesitzer-Vereins zu Halle a. S., Halle 1900.

teressen der Hausbesitzer sollten durch den Verein nicht nur gefördert und geschützt werden, sondern das gemeinsame Interesse wurde durch »Besprechung« und »belehrende Vorträge« hier überhaupt erst zusammengeführt und geformt. Im Kern handelte sich dabei um materielle und ökonomische Interessen, die direkt an den Hausbesitz geknüpft waren: eine angemessene Höhe der Mieten, günstige Hypothekenkredite, eine Entlastung von Beiträgen und Steuern bzw. keine zusätzliche finanzielle Belastung der Hausbesitzer.[270] Insbesondere dieser letzte Punkt ist es, der die Vormachtstellung der Hausbesitzer in den Stadtparlamenten so umstritten machte, da sie die »Allgemeinheit der Kommunalangelegenheiten« berührte: »Fragen, die ja die erste Existenzbedingung für die Einwohner sind, […] die Anlage und die Ausgestaltung der Verkehrsmittel oder die sonstigen mannigfachen Einrichtungen vorwiegend kultureller und hygienischer Art«.[271] Mit den hausbesitzenden Stadtverordneten sind die maßgeblichen Entscheider über die Angelegenheiten zugleich diejenigen, die insbesondere von Infrastrukturprojekten die größten Kosten zu befürchten hatten. Es kann daher nicht überraschen, dass Richard Robert Rive, ab 1906 Oberbürgermeister, in seinen Erinnerungen ebenso wie Erich Neuss in seiner Abhandlung über die »Hallische Stadtverwaltung 1906–1931« das Hausbesitzerprivileg der Städteordnung kritisierten. Rive monierte, dass in der Stadtverordnetenversammlung »scharfe Wächter« der »privaten Bürgerinteressen« vorherrschten, die eine einflussreiche Koalition bildeten: »Aus der Vernunft der alten Städteordnung war im Punkte der Hausbesitzerrechte Unsinn geworden, und die Zweckmäßigkeit ihres Gebots hatten die veränderten Zeitverhältnisse in das Vorrecht einer bestimmten Bürgerklasse verkehrt.«[272] Insbesondere kritisierte er die mangelnde soziale Einstellung der Hausbesitzer, denn

»[d]ass in der Großstadt die soziale Frage untrennbar von der kommunalen ist und das eigentliche Großstadtproblem in sich trägt, wollte man nicht Wort haben. Eine Verwaltungspolitik aufzunehmen, die gleichmäßig allen Bevölkerungsklassen diente, die die durch das zunehmende Proletariat hervorgerufenen Notwendigkeiten nicht aus dem Auge ließ und in der gleichzeitigen Förderung der Arbeiterwohlfahrt das Gedeihen des Stadtganzen sah, lag außerhalb der Blickweite der an letzter Stelle bestimmenden Männer.«[273]

270 Vgl. beispielsweise den Jahres Bericht des Haus- und Grundbesitzer-Vereins Halle a. S. von 1910, S. 3 ff. Die starke materielle Ausrichtung des Vereins wird auch mit Blick auf die mit ihm verbundenen Einrichtungen deutlich: Neben dem Wohnungs-Nachweis zur Regulierung der Wohnungsnachfrage seitens der Mieter waren dies vor allem die Hausbesitzerbank sowie die Haftpflichtversicherungsanstalt der Hausbesitzer zu Halle a. S. und Umgegend. Der Verein offerierte seinen Mitgliedern somit auch konkrete ökonomische Anreize zum Beitritt. Vgl. Jahres-Bericht 1910, S. 9 ff.

271 *Baron*, Haus- und Grundbesitzer, S. 64.

272 *Rive*, Lebenserinnerungen, S. 82 f., das Zitat S. 83. Siehe auch *Neuss*, Hallische Stadtverwaltung.

273 *Rive*, Lebenserinnerungen, S. 88 f., das Zitat S. 89.

Entscheidend hervorzuheben ist an dieser Stelle die spezifische Organisation von Lokalpolitik im Kaiserreich. Sowohl Rive als auch Neuss rekurrieren in diesem Zusammenhang vor allem auf die Stadtverordneten, unter denen neben den Hausbesitzern, Bauleuten und Maurermeistern vor allem das aufstrebende Wirtschaftsbürgertum dominierte, wobei letzteres oftmals mit den Hausbesitzern votierte.[274] Diese Stadtverordneten gingen aus den Gemeindewahlen nach dem Dreiklassenwahlrecht hervor. In den Wahlkämpfen, bei der politischen Entscheidungsfindung und der Öffentlichkeitsarbeit spielten die kommunalen Vereine eine wesentliche Rolle. Neuss berichtet, dass den drei Wahlabteilungen drei Vereinigungen entsprachen: die nach dem Wahllokal benannte Stadt-Hamburg-Partei, in der sich die Hochfinanz und die Spitzen des Wirtschaftsbürgertums zusammenfanden, die nach dem Versammlungstag benannte Freitags-Partei der zweiten Abteilung sowie die kommunalen Wahlvereine der dritten Abteilung. Bedeutungsvolle Gemeindeangelegenheiten seien zudem im Bürgerverein für städtische Interessen erörtert worden.[275] Rive spricht zudem davon, dass die »Maurermeister und sonstige Männer vom Bau« der Stadtverordnetenversammlung »sich mit Vertretern des Haus- und Grundbesitzes in einer Vereinigung zusammengefunden und auch Angehörige des Kleinbürgertums für sich gewonnen« hätten.[276] Er wird zwar nicht expressis verbis genannt, aber es liegt nahe, dass Rive sich an dieser Stelle auf den Haus- und Grundbesitzerverein bezieht. Die genannte Gruppe von Vereinen bestimmte im Wesentlichen die Kommunalpolitik.

Lokalpolitik vollzog sich damit – außer im Falle der Stadt-Hamburg-Partei – nicht mehr ausschließlich in exklusiven Kreisen, die sich in den noblen Etablissements der Stadt trafen, sondern setzte eine geschickte Vernetzung in den Vereinen und eine breitere Einbindung der (hausbesitzenden) Bevölkerung voraus, um erfolgreich Wahlen zu bestreiten und Politik umzusetzen. Zwar waren bei den Dreiklassenwahlen zur Stadtverordnetenversammlung erhebliche Teile der städtischen Einwohnerschaft benachteiligt, die Hausbesitzer aber blieben von diesem Wahlrecht bevorzugt und konnten nicht nur in der dritten, sondern auch in der zweiten Abteilung den Ausgang der Wahlen maßgeblich beeinflussen. Die Formierung dieser Wähler im Haus- und Grundbesitzerverein bzw. den -vereinen erhielt somit große Bedeutung.[277] Der hallische Hauptverein wies einen beachtlichen Organisationsgrad auf und mobilisierte 1891 745 Mitglieder, darunter neben dem Großteil physischer Personen auch einige In-

274 Vgl. ebd., S. 95f.; *Neuss*, Hallische Stadtverwaltung, S. 13ff.

275 Vgl. *Neuss*, Hallische Stadtverwaltung, S. 18.

276 *Rive*, Lebenserinnerungen, S. 92.

277 Neben dem Hauptverein wurden im Adressbuch von 1913 der Haus- und Grundbesitzerverein Halle-Nord sowie der Haus- und Grundbesitzerverein Halle-Trotha geführt, wobei für den ersteren dieser beiden Vereine bereits das Jahr 1879 als Gründungjahr angegeben ist.

stitutionen, Fabriken und Geschäfte.[278] Zwar liegt für dieses Jahr die Gesamtzahl der städtischen Hausbesitzer nicht vor, doch wenn die Hausbesitzerzahl von 1895 als Referenz herangezogen wird (3.439), kann in einer groben Schätzung davon ausgegangen werden, dass der Verein in dieser Zeit etwa ein Viertel bis ein Drittel aller Hausbesitzer der Stadt als Mitglieder zählte. Bis 1910 hatte der Organisationsgrad eine immense Steigerung erfahren – der Verein erfasste nun sogar 65,3 % aller städtischen Hauseigentümer (3.318 physische Personen als Mitglieder bei 5.079 physischen Personen als Hausbesitzer insgesamt).[279] Die Organisation des Vereins war des Weiteren in hohem Maße durch politisch aktive Personen geprägt: In der Vereinsleitung 1910 waren von 19 Personen elf Stadtverordnete und 9 Liberale (sieben von ihnen zugleich Stadtverordnete). Bereits für frühere Jahre der Kaiserreichszeit lässt sich die Beteiligung politisch Aktiver am Vereinsvorstand – wenn auch weniger stark ausgeprägt – feststellen. So saßen 1888 vier Mitglieder des liberalen Bündnisses von 1885 im Vereinsvorstand, 1891 zwei Mitglieder des nationalliberal-konservativen Kartells und ein Vertreter des Handwerkerwahlkomitees. Auch in den kommunalen Wahlbezirks-Vereinen waren Hausbesitzer allgemein und das liberale Bürgertum der Stadt stark vertreten, wodurch weitere vielfältige personale Kontakte und Einflusskanäle hergestellt werden konnten. Von den einfachen Mitgliedern im Haus- und Grundbesitzerverein konnten 20 dem Spektrum führender Liberaler, 19 dem des konservativen Bürgertums zugeordnet werden.[280] War somit der Vorstand eindeutig liberal dominiert, war die Mitgliedschaft des Vereins geprägt von Anhängern der verschiedenen politischen Vereine und organisierte Personen, die ansonsten, wie die oben skizzierten Partizipationsmuster von Hausbesitzern im Vereinswesen aufgezeigt haben, ganz unterschiedlichen ökonomischen und berufsständischen Interessen nachgingen: In ihm fanden sich das liberal gesinnte Wirtschaftsbürgertum, die an Handwerksschutz und Privilegierung der Innungen interessierten Angehörigen des Alten Mittelstandes, Bauherren und Maurermeister ebenso zusammen wie die »kleinen« Eigenheim-

278 Diese Zahl geht aus der Geschäfts-Ordnung des Haus- und Grundbesitzervereins von 1891 hervor, die auch ein Mitgliederverzeichnis enthält.

279 Vgl. Jahres-Bericht des Haus- und Grundbesitzervereins Halle a. S. 1910. Das darin überlieferte Mitgliederverzeichnis umfasst 3.318 physische Personen, einbezogen wurden dabei auch die 61 Erbengemeinschaften, die 37 Geschwister sowie die 128 auswärtigen Hausbesitzer, da in der Zusammenstellung aller Hausbesitzer der Stadt in den BzSdSH entsprechend verfahren wurde, vgl. *BzSdSH*, Grundstücks- und Gebäudeaufnahme, S. 23.

Mitglied im Verein waren zudem 165 Geschäfte und Unternehmen sowie drei nichtkommerzielle Rechtspersonen (die Freimaurerloge zu den drei Degen, die Baptistengemeinde sowie die Feuer-Societät) und vier auswärtige Körperschaften.

280 Liberale: Sechs Linksliberale, sieben Nationalliberale, sieben Angehörige des Wahlbündnisses der Vereinigten Liberalen; Konservative: sechs Freikonservative, sechs Deutschkonservative und sieben Vertreter des konservativ-freikonservativen Wahlkartells.

besitzer. Das im Verein organisierte, direkt an den Hausbesitz geknüpfte ökonomische und politische Interesse lag damit quer zu den außerhalb des Vereins von vielen Personen verfolgte vermeintliche Klasseninteresse. Entsprechend äußert sich Neuss über die Haltung der hausbesitzenden und vielfach im Haus- und Grundbesitzerverein organisierten Stadtverordneten:

»Dieser im Stadtverordnetenkollegium also absolut überwiegende Bestandteil trat in den allermeisten Fällen als eine geschlossene Phalanx gleicher Interessen auf und nur selten wurde sie durch spezielle politische Überzeugung oder gar Klassenbewusstsein in ihrem auf die Art der Beschlüsse bestimmenden Einfluss geschwächt. In der Regel bestand eine bewundernswerte Einhelligkeit hinsichtlich der Bewilligung finanzieller Mittel, gleichgültig welche kommunalpolitische Verwendung sie finden sollten, und die vornehmsten Beweggründe zu solcher Einstellung wurzelten in dem Bestreben, jegliches Anwachsen der Steuerlast, an deren Aufbringung eben auch der Hausbesitzer teilzunehmen hatte, zu vermeiden.«[281]

Die ausführliche Vorstellung der hallischen Hausbesitzer, ihrer Partizipation am städtischen Vereinswesen sowie die Einzigartigkeit des Haus- und Grundbesitzervereins ist insbesondere durch diese Eigentümlichkeit begründet gewesen: Ein in der städtischen Sozialstruktur angelegtes Element, Hausbesitz, ist ganz konkret interessen- und handlungsleitend geworden. Ausschlaggebend dafür waren die grundlegende ökonomische Situation der Hausbesitzer, rechtliche Rahmenbedingungen sowie insbesondere der lokale Haus- und Grundbesitzerverein, der sich wiederum nicht offen als politische Interessenorganisation gerierte, sondern Teil eines Vereinsnetzwerkes war, durch das letztlich die Interessen der Hausbesitzer und die von ihnen favorisierten Kandidaten für das Stadtparlament in das wichtigste Vertretungsorgan der Kommunalpolitik getragen wurden.

4.4 Frauen im Vereinswesen

Die soziale Trägerschaft der Vereine war auch durch Geschlechtszugehörigkeit strukturiert – ein Blick auf die quantitative Entwicklung der Vereins- und Vorstandszahlen verdeutlicht dies: 1874 gab es lediglich fünf Frauenvereine, ein Anteil von nur 6,7 % aller Vereine, der in den Stichjahren 1888, 1895 und 1903 sogar auf etwa 4 bis 5 % sank und erst am Ende der Kaiserreichszeit, 1913, wieder auf 6,5 % anstieg.[282] Dieser prozentuale Rückgang ist vor allem mit dem

281 *Neuss*, Hallische Stadtverwaltung, S. 15.

282 Zugrunde gelegt wurden an dieser Stelle nur Frauenvereine, d. h. solche, die eine ausschließliche oder überwiegende weibliche Mitgliedschaft aufwiesen und sich explizit als Vereinigung von Frauen verstanden. Daneben gab es, wie unten thematisiert wird, weitere

Boom der gesamten städtischen Vereinslandschaft zu erklären. Die absolute Zahl der Frauenvereine stieg von fünf Vereinen zu Beginn des Kaiserreichs auf zwölf 1895 bis auf immerhin 54 im Jahr 1913. Im Vergleich zu anderen Städten war das hallische Frauenvereinswesen in der Mitte der Kaiserreichszeit eher schwach, ab der Jahrhundertmitte und vor allem gegen Ende des Kaiserreichs relativ stark ausgeprägt.[283] Angesichts der im Vergleich zu den übrigen Männer-Vereinen nur geringen Zahl an Frauenvereinen überrascht es nicht, dass auch die Zahl weiblicher Vereinsvorstände niedrig war und blieb: 12 % aller Vorstände waren 1874 weiblich. Dieser Wert sank im weiteren Verlauf, ablesbar an den weiteren Stichjahren, deutlich unter die 10 %-Marke und erreichte auch 1913 nicht mehr als etwa 9 %. Basierend auf diesen quantitativen Befunden lässt sich das Vereinswesen der Kaiserreichszeit als eindeutig männlich dominiert interpretieren. Doch: ein Blick, der an dieser Stelle ausschließlich auf die quantitativen Daten zur Vereinsstruktur gerichtet ist und darauf aufbauend ein, hinsichtlich der Entwicklung von Frauenvereinen, defätistisches Urteil fällt, mithin die Geschichte weiblichen bürgergesellschaftlichen Engagements als defizitär auffasst, verkennt die Potentiale, Möglichkeiten und Leistungen weiblicher Vereinstätigkeit nicht nur im Kaiserreich, sondern auch für das gesamte 19. Jahrhundert.

Grundlegend hatte das Organisationsmodell und Handlungsinstrument »Verein« für Frauen eine sehr große Bedeutung, denn in ihm konnten sie aktiv und öffentlich für ihnen wichtig erscheinende Anliegen eintreten, an sozialen Bewegungen teilhaben oder, mit Blick auf Frauenbewegungen, diese initiieren, auf die öffentliche Meinung einwirken, soziale Verbindungen und Netzwerke knüpfen, kulturelle Werte und Normen sowie Denk- und Verhaltensweisen beeinflussen und potentiell die Imagination von Weiblichkeit verändern.[284] Unabhängig vom konkreten Charakter oder der Ausprägung des einzelnen Frauenvereins – als konfessionell oder überkonfessionell, angebunden an andere Institutionen

Betätigungsmöglichkeiten für Frauen, beispielsweise gemischte Chors oder Damenabteilungen in Sportvereinen. Gleichwohl waren diese gemischtgeschlechtlichen Vereine eher die Ausnahme.

283 Huber-Sperl schätzt für Großstädte mit über einer halben Million Einwohnern am Beginn des 20. Jahrhunderts eine Zahl von bis zu 100 Vereinen, für große Städte (etwa 120.000 bis 250.000 Einwohner) war die Existenz von 20 bis 70 Frauenvereinen die Regel. Der Vergleich mit Kassel und Chemnitz, die Huber-Sperl eingehender betrachtet, zeigt, dass Halle noch 1888, legt man das Adressbuch zugrunde, lediglich acht Frauenvereine aufwies (dies entspricht 0,88 Vereinen pro 10.000 Einwohner) und damit deutlich hinter den anderen beiden Städten zurücklag. Am Ende der Kaiserreichszeit erreichte Halle zwar nicht die hohen Werte Kassels, überflügelte mit 2,88 Vereinen pro 10.000 Einwohner 1913 Chemnitz jedoch deutlich (bereits 1903 hatte sich der hallische Wert auf 1,92 Vereine pro 10.000 Einwohner erhöht). Vgl. *Huber-Sperl*, Bürgerliche Frauenvereine, S. 46 f.

284 Vgl. ebd., S. 41.

und Vereine oder unabhängig, konservativ, liberal oder radikal –[285] bestand die Relevanz des Vereins darin, dass Frauen – wenn auch begrenzt – in den Bereich der Öffentlichkeit eintreten konnten, von dem sie ansonsten weitgehend ausgeschlossen blieben.[286] Bürgerliche Frauen bewegten sich in einem Spannungsverhältnis von »Gleichheit« und »Differenz«: Gleichheit mit Männern in sozialer Hinsicht durch die Abgrenzung gegenüber anderen, insbesondere nichtbürgerlichen Schichten; und Differenz zu den Männern durch eine klare Geschlechterhierarchie.[287] Aufgrund dieser sozialen Konstruktion von Geschlecht war es folgerichtig, dass Vereinsgründungen durch Frauen oder die Partizipation von Frauen an Männervereinen als Herausforderungen der klassischen Rollenverteilung des bürgerlichen Familienmodells wahrgenommen wurden, lange Zeit desavouiert waren, auf erbitterte gesellschaftliche Vorbehalte stießen und auch gesetzliche Maßnahmen zeitigten, die die Entwicklung des Frauenvereinswesens erheblich behinderten.

Frauenvereine kennzeichneten sich vor diesem Hintergrund durch spezifische Merkmale: Rita Huber-Sperl nennt mit dem instrumentellen Charakter, dem Einsatz für andere sowie der Konzentration auf praktische Arbeit drei zentrale Eigenschaften. Der Verein war für Frauen in erster Linie Instrument, um gesellschaftliche Gestaltungsmöglichkeiten zu erhalten, ihre Aktivitäten wiesen eine starke Außenorientierung auf und bezogen sich zumeist auf das lokale Umfeld, die Nachbarschaft, die kirchliche Gemeinde oder die städtische Kommune. Dies implizierte einen Einsatz für andere, der dem Rollenverständnis der Frau im bürgerlichen Geschlechterentwurf und überkommenen Vorstellungen von der »Natur« der Frau entsprach. Folglich standen in Vereinen »weibliche« Fähigkeiten im Erziehen, Pflegen, Kleiden oder Beraten im Vordergrund. Umgesetzt wurden die Vereinsziele in praktischer Arbeit (sammeln, sparen, verteilen), die von den Frauen ein hohes Maß an persönlichem Einsatz erforderte und berufsähnliche Tätigkeiten ermöglichte.[288] Zugleich resultierten diese Charakteristika nicht nur aus eigenen Interessen, Erwartungen und Rollenvorstellungen, sondern ebenso aus einem gesellschaftlichen Umfeld, in dem die Gründung von Frauenvereinen – ganz im Gegensatz zu den männlichen Initiativen – der Rechtfertigung bedurften. Ein Vereinszusammenschluss von Frauen mit dem Ziel der zweckfreien Geselligkeit, der Gestaltung von Freizeit oder Erholung war unter diesen Bedingungen ebenso wenig möglich wie ein of-

285 Vgl. grundlegend zu den Charakteristika von Frauenvereinen *Huber-Sperl*, Einleitung, S. 14ff., hier S. 15.

286 Vgl. *Huber-Sperl*, Bürgerliche Frauenvereine, S. 41f. Siehe auch *Hausen*, Öffentlichkeit und Privatheit; *dies.*, Polarisierung der Geschlechtscharaktere; *Studer*, Familialisierung und Individualisierung.

287 Vgl. *Heinsohn*, Gleichheit, S. 235.

288 Vgl. zur Beschreibung der drei Merkmale ausführlich *Huber-Sperl*, Frauenvereine und Männervereine, S. 219f.

fenes Eintreten für politische Ziele.[289] Diese Kennzeichen weiblicher Vereinsaktivität blieben im gesamten 19. Jahrhundert bestimmend bzw. steckten das Feld weiblichen Engagements ab.[290]

Viele der in den 1820er und 1830er Jahren in allen großen Städten entstehenden wohltätigen Frauenvereine wurden vom liberalen, gemeinwohlorientierten Wirtschafts- und Bildungsbürgertum initiiert und ihre Trägerinnen waren in der Regel verheiratete Frauen mittleren Alters, deren Männer angesehene Bürger der Stadt waren.[291] Unterstützung von Armen, Kindern, Wöchnerinnen und Witwen, die Einrichtung von Kinderbewahranstalten, Näh- und Dienstbotenschulen oder Suppenküchen gehörten zu ihren zentralen Betätigungsfeldern.[292] Mit Blick auf Halle an der Saale sind in diesem Zusammenhang vor allem der 1842 gegründete Frauenverein zur Unterstützung bedürftiger Wöchnerinnen (Wöchnerinnen-Unterstützungsverein) sowie der Frauenverein für Armen- und Krankenpflege, 1848 gegründet, zu nennen, die auch noch am Ende der Kaiserreichszeit existierten und somit eindrücklicher Beleg der Möglichkeit dauerhaften weiblichen Engagements waren.[293] Bei beiden Vereinsgründungen kam die besondere Stellung des Bildungsbürgertums in der protestantischen Universitätsstadt Halle zur Geltung. Zwar werden sie in der Hagenschen Chronik nicht als explizit religiös motivierte Vereinsinitiativen dargestellt, doch bereits ihre Vorstandszusammensetzung zeigt die enge Bindung an die städtische Geistlichkeit und Professorenschaft. Im Laufe der Zeit haben die Geistlichen dann im Frauenverein für Armen- und Krankenpflege die »geistliche Fürsorge« der Bedürftigen übernommen.[294] Ersichtlich wird damit zudem, dass die eigentliche Leitung des Vereins Männern oblag. Auch im Wöchnerinnen-Unterstützungsverein besetzten Männer den Vorsitzendenposten, der übrige Vorstand wurde

289 Vgl. *Heinsohn*, Gleichheit, S. 235.

290 Zu Recht hat Huber-Sperl hervorgehoben, dass die Eingruppierung von Frauenvereinen in eine an Interessen und Tätigkeitsfeldern orientierte Typologie des (männlichen) Vereinswesens den ihnen verfügbaren Handlungsalternativen und ihrer politischen Kultur nicht gerecht wird. Vgl. *Huber-Sperl*, Bürgerliche Frauenvereine, S. 51 ff., hier v. a. S. 53 f. Während Heinsohn grundlegend zwei historische Entwicklungsphasen im 19. Jahrhundert mit einem Wendepunkt um 1890, bis zu welchem insbesondere soziale und wohltätige Frauenvereine gegründet wurden, unterscheidet, bietet Huber-Sperl eine feingliederige Phaseneinteilung an. Siehe ebd., S. 55 ff.; *Heinsohn*, Gleichheit, S. 212.

291 Vgl. *Huber-Sperl*, Bürgerliche Frauenvereine, S. 60. Habermas schildert die Bahnen traditioneller Wohltätigkeit, die Rolle der Frauen sowie christlicher Motive am Beispiel ausgewählter Biographien; siehe *Habermas*, Frauen und Männer, S. 172 ff. u. 214 ff.

292 Vgl. *Huber-Sperl*, Bürgerliche Frauenvereine, S. 60.

293 Bereits 1849 etablierte der Frauenverein für Armen- und Krankenpflege eine weitere Kinderbewahranstalt sowie eine Nachhilfeschule für ältere Jungen und mehrere Flickschulen für Mädchen in der Stadt. Konkreter Anlass war die grassierende Choleraepidemie in der Stadt – der Verein wollte die dadurch steigende Zahl von Waisenkindern in die Bewahranstalt aufnehmen. Vgl. *Hagen*, Die Stadt Halle, Bd. 1, S. 482 f.

294 Vgl. ebd., S. 481 f.

aber von Frauen, vornehmlich den Ehefrauen von Geistlichen, gebildet.[295] Nicht nur in Halle kennzeichneten die Gründungen der ausgehenden 1840er Jahre den Beginn einer stärkeren Konfessionalisierung des Vereinswesens, mit der die Kirchen versuchten, Frauen an ihre Gemeinden zu binden.[296]

Sowohl die Revolution 1848/49 als auch die darauffolgende Reaktion bedeuteten hinsichtlich der Bestrebungen von Frauen, auch unmittelbar politisch partizipieren zu dürfen, eine große Ernüchterung. Zwar war die stumme Präsenz von Frauen auf politischen Versammlungen im revolutionären Deutschland möglich, nicht jedoch eine Mitgliedschaft in den politischen Männervereinen – unabhängig von der politischen Einstellung der Frauen.[297] Nach der Revolution wurde der Ausschluss von Frauen aus dem politischen Leben verfassungsrechtlich bzw. gesetzlich zementiert. Zahlreiche Bundesstaaten erließen Gesetze, die die Mitgliedschaft von Frauen in politischen Vereinen explizit verboten. Im restriktiven preußischen Vereinsgesetz von 1850 wurde auch ihre Beteiligung an politischen Versammlungen untersagt. Bis zur reichseinheitlichen öffentlichrechtlichen Reglementierung des Vereinswesens im Reichsvereinsgesetz von 1908 blieben diese Bestimmungen de facto gültig und behinderten – auch wenn es erfolgreiche Versuche gab, sie zu umgehen – die Entwicklung des Frauenvereinswesens maßgeblich.[298] Hinzu kamen Wahlrechtssysteme in den Einzelstaaten und später im Reich, die nur Männern das Wahlrecht verliehen und ein städtisches Bürgerrecht und Gemeindewahlrecht, das ebenfalls Männern vorbehalten blieb. Dieser rechtliche Ausschluss vom Wahlrecht hat die Betätigung von Frauen in politischen Vereinen zusätzlich diskreditiert – ihre Beteiligung in den kommunalen Wahl-, Bürger- und Parteivereinen als nicht stimmfähige Einwohnerinnen der Gemeinde, des Bundesstaates oder des Reichs erschien überflüssig, da sie allenfalls eine zuhörende und beratende Rolle hätten spielen können, die aber ebenfalls nicht erwünscht war.[299]

295 Vgl. ebd., S. 484.

296 In Halle kamen alsbald die Frauenvereine zur Gustav-Adolf-Stiftung sowie die Kooperation weiblicher Vereinstätigkeit mit den Diakonissenhäusern hinzu. Vgl. *Hagen*, Die Stadt Halle, 3. Ergänzungsheft, S. 47; *Huber-Sperl*, Bürgerliche Frauenvereine, S. 61 f.

297 Vgl. *Huber-Sperl*, Bürgerliche Frauenvereine, S. 63.

298 Es kann daher nicht überraschen, dass das neue Reichsvereinsgesetz enthusiastisch begrüßt wurde. Der Sozialdemokratische Verein hielt einen Tag vor Inkrafttreten des Gesetzes eine Versammlung ab, bei der ganz bewusst Frauen zugegen waren und von der Polizei des Saales verwiesen wurden. Die Versammlung wurde daraufhin bis nach Mitternacht verzögert. Nun traten die Genossinnen wieder ein und wurden mit »brausenden Hochrufen« empfangen. Vgl. Sozialdemokratische Partei für Halle und den Saalkreis, Durch Kampf zum Sieg! Jubiläumsschrift, Halle um 1914, S. 163 f.

299 Für Hamburg hebt Heinsohn hervor, dass insbesondere die Knüpfung des Bürgerstatus an Einkommen und Geschlecht – und weniger das Vereinsrecht – Frauen von den einflussreichen politischen Interessenorganisationen der Stadt ausschloss. Vgl. *Heinsohn*, Gleichheit, S. 239 f. Für Preußen ist davon auszugehen, dass beides, die Vereinsgesetzgebung wie das Wahlrecht, die Ausgrenzung von Frauen aus dem engeren Bereich des Politischen befördert hat.

In den 1860er Jahren kamen lediglich der Verein zur Erhaltung von Freibetten für arme Kranke[300] sowie der hallische Zweigverein des Vaterländischen Frauenvereins als neue Vereinigungen von Frauen hinzu. Letzterer, 1868 gegründet und an den Berliner Hauptverein angeschlossen, offerierte Frauen die Möglichkeit, ihre patriotische Gesinnung auszudrücken. In Kriegszeiten bezweckte der Verein unter Leitung des Preußischen Vereins zur Pflege im Felde verwundeter oder erkrankter Krieger Einrichtungen zur Versorgung von Verwundeten und Kranken zu unterstützen, in Friedenszeiten bei der »Linderung außerordentlicher Nothstände« zu helfen.[301] Kennzeichnend für diese Vereine, die zwischen 1859 und 1871 im gesamten Gebiet des späteren Deutschen Reichs entstanden, war vor allem der Führungsanspruch von Männern, die über entsprechendes militärisches und medizinisches Know how verfügten, und von den Frauen nicht in Frage gestellt wurde.[302] Der Kreis der ordentlichen und außerordentlichen Mitglieder blieb indes begrenzt.[303] Bis zum Ende der Kaiserreichszeit bildeten soziale und wohltätige Zwecksetzungen im Frauenvereinswesen Hauptmotivationen für Frauen, einen Verein zu gründen bzw. sich einem solchen anzuschließen.[304] 1888 verfolgten sieben der acht Frauenvereine ausschließlich oder unter anderem wohltätige Zwecke (fünf von ihnen mit religiösen Bezügen oder angebunden an die kirchlichen Gemeindestrukturen), 1895 stagnierte die Zahl der wohltätigen Vereine zunächst bei sieben von zwölf Vereinen insgesamt, um 1903 auf 13 von 30 und 1913 auf 26 von 54 Vereinen anzusteigen.

Die Hochphase der Frauenvereine, in den deutschen Städten allgemein in den 1890er Jahren einsetzend, in Halle vor allem am Beginn des 20. Jahrhunderts,

300 Der Verein kooperierte mit der Diakonissenanstalt und hatte zum Ziel, Freibetten für Bedürftige in der Anstalt zu finanzieren. Vgl. *Hagen*, Die Stadt Halle, 5. Ergänzungsheft, S. 206.

301 Vgl. *Hagen*, Die Stadt Halle, 2. Ergänzungsheft, S. 57f.; *ders.*, Die Stadt Halle, 4. Ergänzungsheft, S. 78f.

302 Vgl. *Huber-Sperl*, Bürgerliche Frauenvereine, S. 65. Huber-Sperl betont vielmehr, dass im Verein das patriotisch aufgeladene Konzept der »sozialen Mütterlichkeit« im Vordergrund stand und nicht, wie im Vergleich zu ersten »frauenpolitischen« Vereinen – 1865 war in Leipzig der Allgemeine Deutsche Frauenverein gegründet worden – emanzipatorische Forderungen.
Initiiert wurde der Vaterländische Frauenverein in Halle von Frauen des Luisenordens, Gabriele von Jena, Mathilde von Voß, Emma Heller und Mathilde Tholuck. Dies drückt zugleich die spezifische, elitäre Prägung dieser Gründungsmitgliederinnen aus: eine Adelige, die Frau des Oberbürgermeisters sowie mit Mathilde Tholuck eine bekannte Persönlichkeit aus dem protestantischen Milieu der Stadt. Vgl. *Hagen*, Die Stadt Halle, 2. Ergänzungsheft, S. 57.

303 1968 waren es 28 ordentliche und 73 außerordentliche Mitglieder, gut zehn Jahre später, 1879, 55 ordentliche und 118 außerordentliche Mitglieder sowie 66 Wohltäter. Vgl. *Hagen*, Die Stadt Halle, 2. Ergänzungsheft, S. 58 u. 5. Ergänzungsheft, S. 203.

304 Die Adressbücher der 1860er und auch noch der 1870er Jahre listeten vor allem die dauerhaften, bekannten Vereine der Stadt auf.

war erheblich getragen von kommunalen Vereinsgründungen im sozialen Bereich, durch die auf die sozialen Probleme der sich verändernden und industrialisierenden Großstadt mit einem Angebot an Fürsorgeleistungen reagiert wurde.[305] Dabei deutet bereits die Verquickung karitativer und religiöser Zwecke, die auf eine lange Tradition zurückblicken konnte, an, dass das protestantische Milieu der Stadt ein wichtiger Motor für weibliche Partizipation in Halle blieb. 1903 und 1913 lässt sich für zehn bzw. 18 der sozialen Frauenvereine eine Beziehung zu Kirchen, oftmals auch ersichtlich an der Zusammensetzung der Vorstände, oder ein religiöser Bezug nachweisen. Im neuen Jahrhundert kam es zu etlichen Neugründungen religiöser Vereine im engeren Sinne, von denen 1903 sieben, 1913 dann 15 existierten.[306] Huber-Sperl spricht in diesem Kontext von einer Konfessionalisierung und »Organisationsoffensive« der Kirchen.[307]

In den 1890ern und um 1900 wurden zudem, dies war eine neue Entwicklung, zahlreiche Stenographievereine gegründet. Nachdem Jahrzehnte zuvor erste Männervereine wie etwa der Stenographische Verein nach Stolze's System (1858) entstanden waren, bedienten sich nun Frauen dieser Form von (Aus-)Bildungsvereinen in eigenen, separaten Vereinen: etwa dem Halleschen Stenotachygraphen-Damen-Verein (1890), dem Ältesten Damen-Stenographen-Verein, Gabelsberger'scher (1897) oder dem Lehrerinnenverein für Gabelsberger'sche Stenographie, der ab 1903 im Adressbuch geführt wurde.[308] Zugleich deutete sich mit dem Entstehen dieser selbstorganisierten Bildungs- und Qualifizierungseinrichtungen ein grundlegender Wandel des Vereinsengagements von Frauen an, der bereits Mitte der 1860er Jahre mit der Gründung des Allgemeinen Deutschen Frauenvereins einen ersten Ausdruck gefunden hatte: Die Organisation und Vertretung von Fraueninteressen trat in den Vordergrund. In dieser Hinsicht gewannen Frauenbildungsvereine zunehmend an Bedeutung. Sie initiierten Projekte und Einrichtungen zur Förderung von Mädchen und Frauen; der Hallesche Frauenbildungsverein als Ortsgruppe des Allgemeinen Deutschen

305 Vgl. *Huber-Sperl*, Bürgerliche Frauenvereine, S. 66f. u. *Heinsohn*, Gleichheit, S. 241ff.

306 Zu konfessionell-religiös geprägten Frauenvereinen und -bewegungen vgl. allgemein *Kaufmann*, Aufbruch; *Baumann*, Frauenemanzipation; *Schernthander*, Katholische Frauenbewegung u. *Kaplan*, Jüdische Frauenbewegung.

307 Vgl. *Huber-Sperl*, Bürgerliche Frauenvereine, S. 67. Im protestantischen Halle beschränkte sich dies weitgehend auf evangelische Vereine, katholische gab es kaum. Erst im Adressbuch von 1913 ist mit dem Katholischen Mädchen-Schutzverein ein solcher aufgelistet. Katholische Männer- und Gesangvereine hatten sich demgegenüber bereits früher etabliert. So finden sich im Adressbuch von 1888 ein Katholischer Männer-Verein, ein Gesellen-Verein sowie der Kirchengesangverein Caecilia. Trotz des Vorhandenseins einer jüdischen Gemeinde und einiger, weniger jüdischer Vereine, ließen sich Frauenvereine unter ihnen nicht nachweisen.

308 Gemeinsame Berufszugehörigkeit konnte auch zur Gründung gemischter Vereine führen, wie etwa im Verband der nach Gabelsberger stenographierenden Lehrer und Lehrerinnen der Provinz Sachsen und des Herzogtums Anhalt. Dies blieb aber die Ausnahme.

Frauenvereins, 1900 gegründet, ist ein Beispiel.[309] Heinsohn betont insbesondere die nach außen gerichtete Wirkungsabsicht dieser Vereine. Im Gegensatz zu den älteren sozialen Frauenvereinen wurde die eigene Tätigkeit nicht mehr bloß als Beitrag bürgerlicher Wohltätigkeit verstanden, die im Verein straff und hierarchisch organisiert wurde, sondern der instrumentelle Charakter verquickte sich mit einem expressiven Grundzug. Es ging um die Wahrung von Fraueninteressen und die Verbesserung ihrer gesellschaftlichen Position durch das Schaffen eines demokratischen Vereinslebens und der Herstellung eines gemeinsamen Bewusstseins von Problemlagen. Determinante dieser Vereinsgründungen war, dass Frauen für Frauen eintraten und dergestalt expressiv auf die eigenen Mitglieder *und* instrumentell für andere zu wirken.[310]

In den Stenographievereinen sollten durch Ausbildung die beruflichen Chancen der Frauen verbessert werden. Grundsätzlich korrespondierte dies mit einem Wandel des Arbeitsmarktes, der Frauen neue Erwerbsmöglichkeiten bot. In der Folge entstanden zunehmend Berufsvereinigungen von Frauen und solche, die explizit auf das Erwerbsleben von Frauen ausgerichtet waren. Dies waren anfangs, auch in Halle, vor allem Lehrerinnen-, Hebammen- und Angestelltenvereine. Einige dieser Vereine hatten dabei besonders in den 1890ern Gemeinsamkeiten mit den sozialen Frauenvereinen. Leistungen wie materielle Unterstützung, Obdach, Versicherung oder Stellenvermittlung wurden Mitgliedern wie auch Nicht-Mitgliedern zur Verfügung gestellt. Sie orientierten sich damit eng am Modell bürgerlicher Sozialreform, nach welchem sozialer Not durch Hilfsleistungen sowie einer eigenständigen weiblichen Angestellten- und Arbeitnehmerorganisation begegnet werden sollte.[311] Noch 1913 existierte mit dem Verein Erholungsheim für erwerbende Frauen und Mädchen (e. V.) eine entsprechende Organisation, deren Zweck auf »Hebung der Sittlichkeit durch Förderung des geistigen und leiblichen Wohles der erwerbenden Frauen u. Mädchen« gerichtet war.[312] Die Berufsvereine von Frauen am Beginn des 20. Jahrhunderts kennzeichneten sich jedoch in überwiegender Zahl dadurch, dass erwerbstätige Frauen für Frauen im gleichen Beruf oder aus der gleichen Schicht selbstorganisiert tätig wurden: etwa im Kaufmännischen Verein für weibliche Angestellte oder im

309 Die bürgerliche Frauenbewegung war seit ihren Anfängen vor allem eine Frauenbildungsbewegung, mittels welcher *im Rahmen* des bürgerlichen Gesellschaftsmodells die Position der Frauen gestärkt werden sollte. Diese Grundausrichtung bewirkte eine Distanz zur sozialistischen Frauenbewegung und erzeugte auch kritische Stimmen in den eigenen Reihen, die auf die politische Gleichberechtigung der Frauen abzielten. Der pädagogische Impetus und Bildungsgedanke spiegelte sich nicht nur in den Statuten des ADF wider, sondern ebenso in der vielfach gewählten Bezeichnung »Frauenbildungsverein«. Vgl. *Schaser*, Lebensgemeinschaft, S. 33 f. Siehe allgemein *Bussemer*, Frauenemanzipation u. *dies.*, Bürgerliche Frauenbewegung.

310 Vgl. *Heinsohn*, Gleichheit, S. 243.

311 Vgl. ebd., S. 244 u. *dies.*, Politik und Geschlecht.

312 Hallisches Adressbuch 1913, Teil 4, S. 77.

Verein der Beamtinnen der Post und Telegraphie.[313] Hinzu kamen einerseits berufsständische Vereinigungen und Verbände, die sowohl Männer als auch Frauen als Mitglieder aufnahmen, sowie die Gewerkschaften unterschiedlicher politischer und konfessioneller Couleur, die mitunter ebenfalls Frauen organisierten – wenn auch deutlich weniger häufig als männliche Arbeiter.[314]

Die gemeinsame Organisation von Frauen und Männern im Verein, die im Kaiserreich – wenn auch in begrenztem Umfang – häufiger vorzufinden war, stellte ein Novum dar, hatten sich doch Frauen über weite Strecken im 19. Jahrhundert in separaten Vereinigungen zusammengefunden, weil sie aus den Männervereinen ausgeschlossen worden waren, um dergestalt das männliche Monopol auf Repräsentanz und Artikulation in der »bürgerlichen Öffentlichkeit« zumindest partiell aufzubrechen.[315] Generell ist jedoch festzustellen, dass das Modell einer distinkten Organisation von Frauen und Männern erhebliche Beharrungskraft zeigte. Zum einen können in diesem Zusammenhang die Gesang- und Musikvereine der Stadt angeführt werden, in denen gemischte Chöre und Ensembles – wohl auch wegen der stimmlichen Klangvielfalt – ebenso wie gesonderte Männer- und Damenabteilungen innerhalb eines Vereins durchaus üblich waren. Insgesamt überwogen aber auch hier die rein männlichen Vereine.[316] Dies galt zum anderen erst recht für den Bereich der geselligen,

313 Dabei nahm ein Teil dieser Berufsvereine von Frauen durch das Angebot von Arbeitsvermittlungen die innovative Funktion einer Regulierung des Arbeitsmarktes von Frauen wahr. Vgl. *Heinsohn*, Gleichheit, S. 245. Dem Kaufmännischen Verband beispielsweise kam die Rolle einer Interessenvertretung, Förderorganisation und einer Dienstleistungsorganisation für seine Mitglieder zu. Seine Zwecksetzung beinhaltete die »Hebung der wirtschaftlichen Lage und des gesellschaftlichen Ansehens der weiblichen kaufm. Angestellten«, die »Behandlung von Fach- und Standesfragen«, die »Stellenvermittl. für In- und Ausland« sowie unentgeltlichen »Rat und Auskunft«; Hallisches Adressbuch 1913, Teil 4, S. 82. Siehe auch *Mayer*, Frauenarbeit.

314 In Halle waren dies 1913 z. B. der Verband der Lagerhalter und Lagerhalterinnen Deutschlands; der Verein der deutschen Kaufleute, Berlin, unabhängige Organisation f. Handlungsgehilfen u. Gehilfinnen; die Buch- und Steindruckerei-Hilfsarbeiter und Arbeiterinnen-Gewerkschaft; die Handlungsgehilfen und Gehilfinnen-Gewerkschaft im sozialdemokratischen Gewerkschaftskartell; der gewerkschaftlich organisierte Verein erwerbender evangelischer Frauen und Mädchen Deutschlands und die lokalen Gewerkvereine der Heimarbeiterinnen Deutschlands.

315 Vgl. *Huber-Sperl*, Einleitung, S. 13. Dass jedoch auch ein Teil dieser Frauenvereine unter männlicher Kuratel stand, ist oben bereits verdeutlicht worden.

316 1913 gab es mit dem Damengesangszirkel vom 27. Nov. 1898 (»Maiglöckchen«) nur einen einzigen Gesangverein, der im Adressbuch explizit als Frauenverein ausgewiesen ist. Lediglich 18 von 591 Vorständen der kulturellen Vereine waren weiblich. Zudem konzentrierte sich ihre Vorstandstätigkeit auf wenige Vereine, neben dem angeführten Damengesangszirkel hatten sie Vorstandsposten in der Hallischen und der Robert-Franz-Singakademie, in der Gesellschaft zur Pflege des Gesangs Halle-Nord, dem Halleschen Akademischen Gemischten Chor und dem Kirchen-Gesang-Verein zu Glaucha. Im Bereich der Kunst- und Theatervereine waren sie nur im Theatralischen Verein »Aurelia« als Ehrenmitglieder im Vorstand zugelassen.

Freizeit- und Sportvereine. Auch im Kaiserreich war die Organisation zweckfreier Geselligkeit oder von Freizeitaktivitäten eine fast ausschließlich männliche Domäne.[317] Mit Blick auf die Sportvereinslandschaft setzte erst am Ende der Kaiserreichszeit eine Entwicklung ein, die dazu führte, vermehrt weibliche Mitglieder aufzunehmen. Letztlich blieb jedoch, wie die statistische Erfassung der hallischen Sportvereine von 1910 bis 1912 dokumentiert, der Hauptteil der aktiven Mitglieder männlich (90,6 %) und in nur fünf Sportarten waren Frauen überhaupt vertreten: in einigen Turnvereinen, in zwei Rudervereinen, in einem Radfahrerverein, im Tennisklub sowie beim Wandern.[318]

Obwohl es Frauen somit im »langen« 19. Jahrhundert gelungen war, selbstbewusst und gegen erhebliche Widerstände, ihren Platz im öffentlichen Raum sukzessive auszuweiten, waren ihre Partizipationsmöglichkeiten nach wie vor deutlich enger umrissen als die der Männer. Zudem weisen die sozialstrukturellen Daten der weiblichen Vereinsvorstände auf soziale Exklusionsmechanismen hin, die mit einem Blick auf die Verteilung der Vorstände auf die sozioökonomischen Gruppen der Bevölkerung nochmals signifikant höhere Diskrepanzen aufweist als die oben ausführlich erörterten Unterschiede der sozialstrukturellen Zusammensetzung aller Vereinsvorstände (siehe Tab. 18.). Grundsätzlich

317 Von den 941 Vorständen aller Vereine aus dem Bereich Geselligkeit, Freizeit und Sport waren nur vier weiblich: im Cercle francais die Ansprechpartnerin des Vereins, der Damen und Herren als Mitglieder hatte; die Ortsleiterin des Mädchen-Wandervogels sowie die Leiterinnen der Damenabteilungen im Jahnschen Turnverein und im Turnverein »Guts Muts«. Eigene Frauenvereine zur Organisation geselligen Zusammenseins oder zu Freizeit- und Sportaktivitäten (abgesehen von den Damenabteilungen der Sportvereine und dem Mädchen-Wandervogel) sind in den Adressbüchern nicht dokumentiert.

318 Vgl. *BzSdSH*, Sportvereine in Halle, S. 47 f. Zu Turnvereinen: Im Vergleich zum Männer- und Jungenturnen hat sich Frauenturnen in Deutschland erst spät etabliert. 79,7 % aller weiblichen Sportvereinsmitglieder waren in Turnvereinen, vor allem in der Altersklasse von 15–20 Jahren. In einigen Vereinen, wie dem Kaufmännischen Turnverein, dem Männer-Turnverein (sic!) und dem Turnverein Jahn waren immerhin fast 30 % der aktiven Mitglieder weiblich. Es wurden somit keine eigenen Frauenturnvereine, sondern an Männervereine angeschlossene Frauenabteilungen gegründet. Ein deutliches Zeichen der zunehmenden Akzeptanz von Turnerinnen stellte der Beschluss der Deutschen Turnerschaft dar, selbständige Frauenvereine mit gleichen Rechten und Pflichten wie ihre männlichen Pendants aufzunehmen (bis 1910 hatten sie nicht einmal Stimmrecht); vgl. ebd., S. 21 f. Zum Radsport: Einige Radfahrvereine hatten, bei insgesamt niedrigen Gesamtmitgliederzahlen, wenige weibliche Mitglieder – zum Zeitpunkt der statistischen Erfassung war dies der Klub hallescher Einzelfahrer; vgl. ebd., S. 39 f. Rudersport: Noch 1910 gab es keine weiblichen aktiven Mitglieder, zwei der Vereine, der Hallesche Ruderklub sowie der Ruderklub Nelson haben jedoch eigene Damenabteilungen gegründet; vgl. ebd., S 31. Zum Tennis: Auffällig hoch war die Zahl weiblicher Mitglieder im einzigen Tennisklub der Stadt; er hatte 47 männliche und 45 weibliche Mitglieder. Angesichts der hohen Mitgliedsbeiträge des Vereins ist davon auszugehen, dass diese aus den besser betuchten Kreisen der städtischen Gesellschaft stammten; vgl. ebd., S. 43. Schwimmsport: Für die generell in Halle nur schwach vertretenen Schwimmvereine sind keine weiblichen Mitglieder nachgewiesen; vgl. ebd., S. 41 f. Zu nennen ist schließlich auch der, 1913 im Adressbuch gelistete, Mädchen-Wandervogel.

Tab. 18: Frauen im Vereinswesen

	1874		1888		1895		1903		1913	
	Abs.	%	Abs.	%	Abs.	%	Abs.	%	Abs.	%
Bildungsbürgertum	20	40	26	33,8	22	20,2	31	19,3	63	22,7
Wirtschaftsbürgertum	2	4	11	14,3	28	25,7	31	19,3	47	17
Beamte	6	12	4	5,2	8	7,3	3	1,9	16	5,8
Alter Mittelstand	1	2	4	5,2	6	5,5	6	3,7	2	0,7
Neuer Mittelstand	1	2	11	14,3	14	12,8	11	6,8	31	11,2
Sonstiger Mittelstand	1	2	1	1,3	2	1,8			3	1,1
Arbeiter									3	1,1
Nichtselbständige Dienstleistungen									3	1,1
Untere Beamte und Angestellte					1	0,9				
Nicht Klassifiziert	19	38	20	26	28	25,7	79	49	109	39,4
Gesamt	50		77		109		161		277	

belegen die Daten, dass weibliche Vorstandstätigkeit vor allem eine Angelegenheit für Frauen aus den besseren Kreisen der städtischen Gesellschaft war – für die Frau des Oberbürgermeisters, des Superintendenten oder Professors, des Fabrikanten oder Großkaufmanns.[319]

Dementsprechend stark vertreten waren in allen fünf Stichjahren Frauen aus dem Bildungs- und Wirtschaftsbürgertum sowie Ehefrauen höherer Beamter.[320] Das Engagement von Frauen verweist abermalig auf die Stärke des Bildungsbürgertums in der städtischen Gesellschaft, die sich 1874 durch einen sehr hohen Wert (40 % aller weiblichen Vorstände) ausdrückte, welcher in der Folgezeit zwar zurückging, aber hoch blieb. Entgegengesetzt verlief die Entwicklung weiblicher Vorstandsaktivität von Frauen aus dem Wirtschaftsbürgertum, die

319 Dies lässt sich auch anhand der Einkommens- bzw. Steuerhöhe der Ehemänner festmachen: Von den 77 weiblichen Vereinsvorständen 1888 konnte für 25 das Steueraufkommen des Gatten festgestellt werden, die meisten entstammten der mittleren (100–500 Mark), drei der zweithöchsten (500–1.000 Mark), drei der höchsten (über 1.000 Mark) und drei der vierten (50–100 Mark) Steuergruppe. Das Übergewicht von Frauen aus den höchsten beiden Steuergruppen hatte sich 1895 deutlich verstärkt – 21 von 42 in der Bürgerrolle verzeichneten Ehegatten gehörten ihnen an (17 waren in der mittleren, einer in der vierten, drei in der fünften, 10–50 Mark, angesiedelt).

320 Dies entspricht dem Befund, dass trotz des Postulats einer standesübergreifenden Vereinigung von Frauen, solche aus kleinbürgerlichen oder Unterschichten den »Damen«-Vereinen zumeist nicht beitraten oder eigene Vereine gründeten. Vgl. *Huber-Sperl*, Einleitung, S. 15.

zunächst äußerst schwach, dann sehr stark das weibliche Vereinsleben bestimmten.[321] Frauen aus dem Alten und Neuen Mittelstand waren dagegen, gemessen an den absoluten Zahlen aller Vorstände aus diesen beiden Klassen, im Vereinsleben nur in geringer Zahl vertreten.[322] Jedoch ist mit Blick auf den Neuen Mittelstand zumindest feststellbar, dass die absoluten Zahlen weiblicher Vereinsvorstände bis 1913 stiegen und sie nach Wirtschafts- und Bildungsbürgern den dritten Platz besetzten.[323] Betrachtet man die Werte für Frauen aus unteren Klassen, so zeigt sich, dass diese kaum oder allenfalls marginal im Vereinsmilieu vertreten waren.[324] Eine Einschränkung ist an dieser Stelle vorzunehmen: Zwar ist auch angesichts der Befunde der Forschungen zum Frauenvereinswesen davon auszugehen, dass grosso modo die soziale Trägerschaft – hier mit Blick auf die Vorstände – adäquat beschrieben ist, doch zugleich zeigt die Tabelle, dass die Zahlen für Frauen, die nicht einer bestimmten Klasse zugeordneten werden konnten, mithin ohne Angabe des Berufes im Adressbuch verzeichnet oder der Ehegattenberuf nicht festgestellt werden konnte, sehr hoch ist.[325]

Da es lange Zeit keineswegs selbstverständlich war, dass Frauen am Vorstand von Vereinen partizipierten – dies gilt auch für die Frauenvereine selbst –, verdeutlichen die Daten, dass von bürgerlichen Frauen besetzte Vorstandsposten in bestimmten Segmenten des Vereinswesens zur Normalität wurden. Waren in der Vergangenheit des Weiteren zumeist ein oder wenige Männer hinzugezogen worden, die das Amt des Kassierers, Schriftführers oder des Vorsitzenden wahrnehmen sollten, um dadurch die Reputation des Vereins zu erhöhen und organisatorische Hilfe zu erhalten, ist in dieser Hinsicht um 1900 eine deutliche Veränderung festzustellen (siehe Tab. 19).[326] Im Laufe der Kaiserreichszeit und vor allem zu Beginn des 20. Jahrhunderts lässt sich anhand der Daten aufzeigen, dass das Ausüben von Spitzenfunktionen durch Frauen in bestimmten Nischen des Vereinswesens anerkannt bzw. von diesen selbstbewusst reklamiert wurde und sie damit langfristig die Akzeptanz für weibliches Vereinsengagement weiter erhöhten. Dies war am Beginn des Untersuchungszeitraums noch

321 Die absoluten Zahlen für Beamtengattinnen waren zwar niedrig – dies jedoch aufgrund der auch deutlich geringeren Zahlen von Beamten sowohl an der Gesamteinwohner- als auch Gesamtvorstandschaft aller Vereine.

322 Sie hatten 1888 und 1895 ebenfalls vor allem Ehemänner in der mittleren Steuerklasse und kamen somit aus einem Haushalt mit einem deutlich über dem Durchschnitt liegenden Steueraufkommen.

323 Ein erheblicher Teil von Frauen aus dem Neuen Mittelstand ging zudem einem eigenen Beruf – zumeist als Lehrerin – nach und organisierte sich in entsprechenden Vereinen.

324 Die Frauen aus dem sonstigen Mittelstand, die in der Tabelle angeführt werden, sind Hebammen, die sich in einer eigenen berufsständischen Vereinigung organisiert haben.

325 Ursächlich dafür ist vor allem, dass viele Frauen nur mit Vornamenskürzel und Nachnamen im Adressbuch verzeichnet wurden und somit eine genauere Identifizierung (des Ehemanns) erschwert bzw. unmöglich ist.

326 Vgl. *Huber-Sperl*, Einleitung, S. 14 f.

Tab. 19: Frauen in Spitzenfunktionen (nach Vereinstypen)

Jahr	Vereinstypen	Vorstands-funktionen	Vorsitz	Kassiererin	Schrift-führerin
1874	Soziales	63	1	0	0
1895	Wirtschaft	9	4	2	3
	Soziales	133	4	0	0
	Religion	6	1	1	0
	Bildung	2	0	2	0
	Kultur	2	1	1	0
	Gesamt	152	10	6	3
1913	Wirtschaft	42	11	12	8
	Soziales	171	24	5	10
	Religion	46	20	3	2
	Wissenschaft	1	1	0	0
	Bildung	42	9	12	9
	Kultur	18	2	2	0
	Politik	6	0	0	1
	Freizeit/ Sport	4	3	0	0
	Gesamt	330	70	34	30

Bemerkung: Vorsitz meint hier auch Stellvertretende Vorsitzende und Vorsteherin; sowie Geschäftsführerin; auch Leiterin, leitende Funktionen wie Abteilungsleiterin

anders: 1874 bekleidete nur eine Frau eine der drei leitenden Funktionen eines Vereins, 1895 dagegen 19 (von 152 Vorstandsposten, die von Frauen bekleidet wurden) und 1913 sogar 134 Frauen (von 330). Insgesamt spiegelte ihre Verteilung auf die verschiedenen Vereinstypen die oben dargelegten Felder weiblicher Selbstorganisation mit hohen Zahlen besonders in sozialen, religiösen, wirtschaftlichen bzw. berufsständischen sowie Bildungsvereinen wider. Dabei war die Zahl der Frauen in Vorsitzendenfunktion deutlich höher als in Kassiererin- oder Schriftführerin-Funktion, was darauf hindeutet, dass zumindest in einem Teil der Vereine Männer für diese wichtigen Posten nach wie hinzugezogen wurden.[327]

327 Eine Ausnahme stellten die Bildungsvereine 1913 dar, worunter vor allem die Stenographievereine fallen. Zu vermuten ist, dass angesichts der in diesen Vereinen angestrebten und erreichten Qualifizierung für kaufmännische Berufe und Angestelltentätigkeiten der Anspruch erhoben wurde, die Kassen- sowie Schriftführung im Verein selbst zu übernehmen.

Abschließend ist die Frage zu diskutieren, inwieweit die Frauenvereine, unabhängig von ihrer spezifischen – emanzipatorischen, liberalen, konservativen oder nationalen Ausrichtung – als Teil oder Ausdruck einer Frauenbewegung oder mehrerer Frauenbewegungen verstanden werden können. Huber-Sperl betont, dass die Antwort auf diese Frage nach wie vor umstritten sei, da sie letztlich von der jeweiligen Definition von Frauenbewegung abhängig ist. Ein Konsens sei hier bisher nicht erzielt worden.[328] Ute Gerhard bietet folgendes Verständnis von Frauenbewegung an:

»alle kollektiven, in Gruppen, Organisationen und Netzwerken organisierten Bestrebungen […], die Frauen in allen Lebensbereichen, in Staat, Gesellschaft und Kultur sowie in der Privatsphäre gleiche Rechte und Anerkennung sowie gleiche Teilhabe an gesellschaftlichen und ökonomischen Ressourcen und politischer Macht verschaffen. Damit sind Frauenbewegungen als politische wie auch als kulturelle Bewegungen gekennzeichnet, mit deren Zielsetzungen es ums Ganze gesellschaftlicher und politischer Verhältnisse geht, aber auch um die Veränderung der Lebensweise, kultureller Praktiken und Normen im Geschlechterverhältnis, die der Selbstbestimmung und Rechtsgleichheit im öffentlichen und privaten Leben entgegenstehen.«[329]

Maßgeblich für diese weite Definition ist eine emanzipatorische Zielausrichtung der betreffenden Vereine und Netzwerke. Wichtigster Knoten- und Ausgangspunkt einer erfolgreichen Vernetzung derartiger Bestrebungen im bürgerlichen Lager wurde der Allgemeine Deutsche Frauenverein (gegr. 1865) – mit eigener Zeitschrift, den »Neuen Bahnen«, sowie einer regen Publikations- und Petitionstätigkeit –, der stark auf Frauenbildung und Erwerbsmöglichkeiten für Frauen als soziale Notwendigkeiten fokussierte, dabei ausdrücklich männliche Einflussnahme ablehnte und den Prinzipien der Selbsthilfe und Selbstbestimmung folgte.[330] Dass die öffentliche Wirkung dieses bereits vor der Reichsgründung gelungenen Versuchs, einen Frauenverein für ganz Deutschland zu etablieren, jedoch auch nicht überschätzt werden darf, zeigt sich darin, dass ein hallischer Ableger des Vereins erst 1900 und somit ein Vierteljahrhundert nach der Gründung des Hauptvereins ins Leben gerufen wurde. Andere, explizit nicht-emanzipatorische Gründungen wie die des Vaterländischen Frauenvereins waren hinsichtlich der Mobilisierung von Frauen zunächst viel erfolgreicher.[331] Die bereits thematisierte Steigerung der Zahl der Frauenvereine in den

328 Vgl. *Huber-Sperl*, Einleitung, S. 13f.

329 *Gerhard*, Frauenbewegung, S. 188f., zur Geschichte der »alten« Frauenbewegung ab 1848 S. 191ff.; siehe allgemein zu Frauenbewegungen in historischer Perspektive auch *dies.*, Unerhört; *Wischermann*, Frauenbewegungen.

330 In dieser Grundausrichtung – und weniger in der Forderung nach politischer Gleichberechtigung – lag das emanzipatorische Potential des Zusammenschlusses. Vgl. *Gerhard*, Frauenbewegung, S. 193.

331 Vgl. ebd.

1890ern, in Halle vor allem ab 1900, ging einher mit einer Hochphase der bürgerlichen Frauenbewegung, die durch neue politische, wirtschaftliche und soziale Gelegenheitsstrukturen – der Entlassung Bismarcks, der industriekapitalistischen Entwicklung mit Erwerbsmöglichkeiten für Frauen, dem Aufheben des Sozialistengesetzes und neuer sozialpolitischer Konzepte – bedingt war und zu einer Erneuerung bzw. Weiterentwicklung von Konzepten und Netzwerken seitens der engagierten Frauen führte.[332] Den maßgeblichen konzeptionellen Referenzrahmen formulierte Helene Lange, indem sie die Forderung nach Bildung als »Eigenrecht« der Frau mit der Partizipation an gesellschaftlicher Gestaltung verband und eine Vorstellung »organisierter Mütterlichkeit« hervorhob, deren Kern in dem Betonen von Geschlechterdifferenz lag, welche nun Bezugspunkt für gesellschaftspolitische Forderungen wurde.[333] Das Organisationsnetz von Frauenvereinen, die auf die neue Situation der Frauen im ausgehenden 19. Jahrhundert und ihr Selbstverständnis reagierten, dehnte sich deutlich über den Allgemeinen Deutschen Frauenverein hinausgehend aus. Eine Vielzahl dieser neu entstehenden Vereine schlossen sich 1894 im Bund Deutscher Frauen zusammen, dem in Halle neben dem Frauenbildungsverein der Gewerkschaftlich organisierte Verein erwerbender evangelischer Frauen und Mädchen, der Hallesche Hausfrauenbund, der Lehrerinnenverein sowie der Rechtsschutzverein für Frauen – bis auf den Lehrerinnenverein alle im neuen Jahrhundert gegründet – angehörten.[334] Dass die bürgerliche Frauenbewegung in Halle sich im ersten Jahrzehnt des Jahrhunderts schnell in der Öffentlichkeit etablierte, veranschaulicht Andrea Hauser an zwei Beispielen: Einerseits die öffentlichkeitswirksame Organisation der Generalversammlung des ADF, verbunden mit dem Allgemeinen Deutschen Frauentag 1905 in Halle und dem Empfang des Vereins durch den Oberbürgermeister im Rathaussaal, andererseits die konzertierte Aktion von Vereinen des BDF sowie des Deutsch Evangelischen Frauenbundes – ebenfalls Teil des BDF und später maßgeblich für dessen konservativere Ausrichtung verantwortlich – zur Schaffung einer hauptberuflichen Wohnungsinspektion in Halle, die von einer Frau geleitet werden sollte. Forderungen, die letztlich zum ersten kommunalpolitischen Erfolg der bürgerlichen Frauenbewegung in Halle führten – mit dem Einsetzen der ersten verbeamteten Wohnungspflegerin in Preußen.[335]

332 Vgl. ebd., S. 194f.

333 Vgl. ebd., S. 195.

334 Vgl. *Hauser*, Halle wird Großstadt, S. 168. Zum Spektrum der bürgerlichen Frauenvereine können auch Vereine wie der Kaufmännische Verein für weibliche Angestellte gezählt werden.

335 Vgl. ebd., S. 171 u. 150ff. Charakteristisch ist dabei die Argumentation der Frauenvereine, welche Wohnungsinspektion und -pflege als explizit weibliches Berufsfeld verstanden und die Geschlechterdifferenz dabei stark betonten. So hieß es in den »Neuen Bahnen« 1910: »In dieser Weise ausgestaltet, wird der Beruf einer Wohnungsinspektorin etwas

Die sozialdemokratische Frauenbewegung grenzte sich, gemäß ihres eigenen Selbstverständnisses, scharf von der bürgerlichen ab und war von vornherein sehr stark an die politische Arbeiterbewegung und die Sozialdemokratische Partei angelehnt: »Von Anfang an war sie nur ein Glied der Gesamtbewegung« wie es in der sozialdemokratischen Jubiläumsschrift von 1914 heißt.[336] Ihre Anfänge in Halle gehen mit der Gründung eines eigenen Frauenvereins auf das Jahr 1890 zurück. Das Ziel der sozialdemokratischen Frauen war dabei, so postuliert es die hallische Jubiläumsschrift und wurde in Reden von Wortführerinnen wie Clara Zetkin deutlich, die Gleichberechtigung von Frauen durch den Umsturz der kapitalistischen bzw. die Errichtung einer sozialistischen Gesellschaftsordnung zu erreichen. Sollten die Frauen nach Aufhebung der Sozialistengesetze auf größere Partizipationsmöglichkeiten gehofft haben, wurden sie durch die rigide Polizeipraxis bei der Umsetzung des preußischen Vereinsgesetzes alsbald jäh enttäuscht. Diese führte nicht nur zur Auflösung des Vereins und massiver Behinderungen neuer Organisationsversuche, sondern ebenso zum Auflösen von Gewerkschaftsversammlungen, wenn auch nur eine Frau zugegen war.[337] Festere Organisationsstrukturen konnten sich daher nicht etablieren – sie beschränkten sich bis in das 20. Jahrhundert hinein auf Lese- und Diskussionsrunden sowie der Abhaltung sporadischer Versammlungen, die von einer durch die Genossinnen gewählten Vertrauensperson einberufen wurden. Mitunter war die Resonanz auf derartige Veranstaltungen aber äußerst gering. Als Organisationsgrundlage diente, laut Jubiläumsschrift, die Zeitschrift »Gleichheit«. Fortschritte für die Partizipation von Arbeiterinnen wurden offenbar ab 1906 erzielt – erkennbar durch eine gestiegene Zahl an Veranstaltungen, die »Gleichheit« wurde nun von 285 Frauen gelesen und der Arbeiterbildungsverein richtete eine Frauenabteilung ein – und insbesondere

ganz anderes als die von Männern durchgeführte Wohnungsaufsicht. Es ist ein Frauenberuf eigenster Art, in dem die Frau mit ihrer ganzen weiblichen Persönlichkeit wirken kann, wo sie nicht in Konkurrenz mit dem Manne tritt.« Zitiert nach ebd., S. 150. Vgl. zum Deutsch-Evangelischen Frauenbund und weiteren verbandlichen Ausprägungen von Frauenorganisationen, dem Verband Fortschrittlicher Frauenvereine als linker Flügel der bürgerlichen Frauenbewegung, dem Katholischen Frauenbund Deutschlands und dem Jüdischen Frauenbund, die in Halle jedoch keine nachweisbare Rolle gespielt haben, *Gerhard*, Frauenbewegung, S. 197.

336 Vgl. zu den folgenden Ausführungen Sozialdemokratische Partei in Halle und dem Saalkreis, Durch Kampf zum Sieg! Jubiläumsschrift, Halle um 1914, S. 161 ff., das Zitat S. 161. Dabei hatte es gerade in den Anfängen der Frauenbewegung in Deutschland durchaus Kooperationen zwischen Arbeiterinnen und bürgerlichen Frauenvereinen gegeben, im Laufe der 1870er trennten sich jedoch ihre Wege. Auch in den später gegründeten BDF wurden die sozialdemokratischen Arbeiterinnenvereine nicht einbezogen. Vgl. *Gerhard*, Frauenbewegung, S. 193 f. u. 196.

337 Demgegenüber waren die behördlichen Repressionen, denen sich der ADF ausgesetzt sah, deutlich schwächer. Vgl. *Gerhard*, Frauenbewegung, S, 193.

seit 1908 durch den Erlass des Reichsvereinsgesetzes. Symptomatisch war, dass in der Folge die meisten »Gleichheit«-Leserinnen dem Sozialdemokratischen Verein beitraten (1909 hatte dieser 543 weibliche Mitglieder) und die Vertrauensperson der Frauen in beratender Funktion zu Vorstandssitzungen hinzugezogen wurde. Damit war die »proletarische« Frauenbewegung völlig in die Partei integriert worden: »Die allgemeinen Bildungs- und Aufklärungsarbeiten wurden vom Sozialdemokratischen Verein geleistet, so daß sich nur in gewissen Frauenangelegenheiten und Frauenfragen besondere Versammlungen oder Zusammenkünfte nötig machten.«[338] In dieser Hinsicht kann zum einen der fundamentale Unterschied zur bürgerlichen Frauenbewegung in Halle hervorgehoben werden, die sich von vornherein auf eine Mehrzahl von Vereinen und Vernetzungen zwischen ihnen stützte und keine parteipolitische Verbindung – allenfalls indirekt durch politisch aktive Ehemänner – bestand, zum anderen entstand damit ein Modell weiblich-sozialdemokratischer Partizipation, welches sowohl Vorteile als auch Nachteile mit sich brachte. Konnten die Arbeiterinnen fortan von den Ressourcen der Partei, der finanziellen Ausstattung und den Räumlichkeiten – 1911 fand beispielsweise im Volkspark ein Frauentag statt – profitieren, drohten ihre Interessen angesichts politischer oder wirtschaftlicher Konflikte im Umfeld der Gesamtpartei marginalisiert zu werden. Dies dokumentiert letztlich auch der in der Jubiläumsschrift subtil zum Ausdruck kommende Tenor der männlichen Genossen, bei welchen der sozialistische Kampf im Vordergrund stand. Bzgl. der Bestrebungen von Frauen heißt es lapidar: »Mit der Einführung von Kinderspaziergängen, Unterhaltungsspielen und Handarbeitsunterricht für die Mädchen erweiterten die Genossinnen ihre Betätigung und hatten damit befriedigendes geleistet.«[339]

Hinsichtlich der öffentlichkeitswirksamen Inszenierung und sogar erster politischer Erfolge schien die bürgerliche Frauenbewegung, die sich auf organisatorischer Ebene erst im 20. Jahrhundert durchgesetzt hat, somit erfolgreicher. Der Rahmen der bürgerlichen und sozialdemokratischen Frauenbewegung ist hier mit dem Verweis auf ihre verschiedenen Organisationen skizzenhaft abgesteckt worden. Er verdeutlicht jedoch auch, dass weibliches Engagement im Verein deutlich über diese Bewegungen hinausging – es fand in den am Ende der Kaiserreichszeit vielen anderen sozialen, religiösen, wirtschaftlichen und Bildungsvereinen der Stadt ebenso einen Platz. Frauen in diesen Vereinen folgten mitunter konservativen Vorstellungen, hatten keine emanzipatorischen Ansprüche oder wollten einfach durch Mitgliedschaft in einem Stenographieverein ihre beruflichen Chancen verbessern ohne weitergehende gesellschaftliche oder politische Ziele zu verfolgen. Einig hatten sie unabhängig davon jedoch eines: Sie alle engagierten sich selbstorganisiert und haben sich – wenn auch unter-

338 Jubiläumsschrift, S. 164.
339 Ebd., S. 166.

schiedlich stark – Mitsprache und Teilhabe an der Gestaltung von Gesellschaft, die sich über Vereine vollzieht, verschafft. Trotz der nach wie vor existierenden Begrenzung auf bestimmte Tätigkeitsfelder und Vereinszwecke sowie eine spezifische soziale Trägerschaft war dies ein Erfolg, der angesichts der massiven Widerstände in der ersten Hälfte des Jahrhunderts und darüber hinaus nicht selbstverständlich war.

V. Vernetzung im Vereinswesen

Im vorherigen Teil dieser Untersuchung wurde mit Blick auf die soziale Struktur des lokalen Vereinswesens deutlich, dass sie durch Klassenzugehörigkeit, Einkommen und Geschlecht determiniert war. Muster *sozialer Klassenbildung* werden sichtbar, wenn die von Menschen in Vereinen realisierten Kontakte, ihre Netzwerke im Vereinswesen, analysiert werden. Diese Beziehungen sind, so die grundlegende Annahme, gekennzeichnet und begründet durch eine spezifische »Privilegierung in der sozialen Schätzung« (Max Weber),[1] die jedoch keineswegs per se mit Sympathie, Zuneigung oder Freundschaft gleichzusetzen ist, sondern auf einer affektuellen Einschätzung basiert: auf sozialer Akzeptanz, die Zugehörigkeiten konstituiert, indem Beziehungen überhaupt eingegangen werden. Der Andere bzw. die Andere wird als Interaktionspartner – als Vorstandsmitglied oder einfaches Vereinsmitglied – akzeptiert.[2] Die auf Basis des umfangreichen Datenmaterials in der vorliegenden Studie durchführbare Auswertung von Netzwerken der Vereinsvorstände bzw. Personen mit wichtigen Funktionen im Verein untersucht Beziehungen, die als *strong ties* aufzufassen sind.[3] Dieser Charakterisierung liegt die Überlegung zugrunde, dass aus der gemeinsamen Vertretung des Vereins nach innen und außen sowie der Übernahme von Verpflichtungen und Aufgaben, die gemeinsam zu bewältigen sind, enge bzw. starke Beziehungen resultieren. Insbesondere diese Beziehungsqualität ist es, die eine Netzwerkanalyse von Vereinsvorständen in der gesamten städtischen Vereinslandschaft attraktiv macht.

1 *Weber*, Wirtschaft und Gesellschaft, S. 179 f.

2 Diese Kennzeichnung einer Beziehungsqualität als »sozial geschätzt« ist hinsichtlich ihres analytischen Erklärungsanspruchs bescheidener, aber zugleich evidenter als das »soziale Vertrauen«, das in der Putnam folgenden Sozialkapitalforschung im Mittelpunkt steht. Vgl. *Braun/Hansen*, Integration, S. 63 f. Wichtige theoretische Probleme sind in diesem Zusammenhang nicht gelöst worden; soziales Vertrauen ist ein weitgehend amorpher Bestandteil des Sozialkapitalkonzepts geblieben. So betonen Braun und Hansen beispielsweise die Kontextgebundenheit von sozialem Vertrauen, dessen Entstehen von sozialen *face-to-face*-Kontakten abhängig sei. Mit Cohen verweisen sie darauf, dass Vertrauen dann aber auch in partikularistische, lokalistische, intolerante und exklusive soziale Netze imprägniert sein könne, welche eben nicht »generalisiertes Vertrauen«, sondern Misstrauen gegenüber den Exkludierten erzeuge. Vgl. ebd., S. 68 u. *Cohen*, Trust, Voluntary Association and Workable Democracy, S. 221.

3 Die Unterscheidung zwischen *strong ties* und *weak ties* geht auf eine Studie von Mark Granovetter zu Netzwerken von Arbeitssuchenden zurück, die als Klassiker der Netzwerkforschung gilt. Vgl. *Granovetter*, The Strength of Weak Ties.

Menschen übernehmen zudem mitunter Vorstandsposten in mehreren Vereinen. Diese *interlocking directorates* sind vor allem in wirtschaftshistorischen und sozialwissenschaftlichen Arbeiten untersucht worden, um durch eine Analyse der Beziehungsmuster von »überlappenden Vorstandsmitgliedschaften« herauszuarbeiten, inwieweit derartige personelle Verflechtungen das Sozialkapital (im Bourdieuschen Sinne) von Personen bzw. Personengruppen steigerten, Organisationen miteinander verbunden wurden oder die Bildung und Stabilität von gesellschaftlichen und Unternehmensstrukturen auf sie zurückzuführen sind. Dabei werden, mit unterschiedlichen theoretischen Bezügen, unter anderem die Kooperationspotentiale, die Schaffung von Kommunikationskanälen und Informationsaustausch oder die Erhöhung von Vertrauen erwartet bzw. untersucht.[4] Die Überlegungen zu *interlocking directorates* lassen sich konstruktiv auf den vorliegenden Kontext beziehen. Drei Ebenen können in diesem Zusammenhang unterschieden werden: Zunächst eine soziale Ebene, denn soziale Schätzung im oben dargelegten Sinne kennzeichnet nicht nur Beziehungen innerhalb eines Vereins, sondern liegt dem Vereinsnetzwerk als solchem zugrunde; eine Analyse der Vernetzung von Vorständen im Vereinswesen kann derartige Muster sozialer Schätzung (und ihrer Grenzen) für die gesamte Vereinslandschaft offenlegen.[5] Diese Netzwerkbildung verweist, zweitens, auf die strukturelle Ebene der bürgerlichen Gesellschaft. Wenn Vereine als maßgebliche Institutionen dieser Gesellschaft betrachtet werden, als ihr Strukturprinzip, dann setzt dies Verbindungen zwischen ihnen voraus. Dass personelle Vernetzung dabei eine wichtige Rolle spielt, ist offenkundig, denn durch sie wird dauerhafte Kommunikation, Informationsfluss und vereinsübergreifendes Handeln ermöglicht.[6] Drittens schließlich offerieren diese sozialen Beziehungen den Akteuren mitunter Ressourcen, die ihre Handlungschancen und -optionen erhöhen und somit einen persönlichen Nutzen generieren. Auf dieser Ebene rücken vor allem die »Herren der Stadt« (Hans-Walter Schmuhl) in den Mittelpunkt, die gezielt gesellschaftliche Schlüsselpositionen besetzten und dadurch eine erhebliche Machtfülle im städtischen Kontext geltend machen konn-

4 Siehe in wirtschaftshistorischer Perspektive *Krenn*, Strukturbildung in der Krise, mit Verweisen auf den Forschungsstand zu *interlocking directorates* v. a. die Seiten 121 ff.; *Marx*, Die Mischung macht's. Mit Blick auf die soziale und politische Integration von Migranten siehe *Fennema/Tillie*, Civic Communities; *dies.*, Civic Community, politische Partizipation und politisches Vertrauen; *Berger/Koopmans*, Bürgerschaft, ethnische Netzwerke und die politische Integration.

5 Ähnlich argumentieren Fennema und Tillie, die in ihrem Konzept weiterhin – aber in kritischer Auseinandersetzung mit Putnam – an »Vertrauen« als entscheidendes Charakteristikum gesellschaftlicher Bindungen festhalten und, ähnlich wie Cohen, davon ausgehen, dass Vertrauen sich nicht automatisch auf größere gesellschaftliche Zusammenhänge überträgt, sondern von sozialer Vernetzung abhängig ist. Vgl. *Fennema/Tillie*, Civic Communities, S. 6 f.

6 Vgl. *Fennema/Tillie*, Civic Community, politische Partizipation und politisches Vertrauen, S. 48.

ten.[7] Um reduktionistische Fehlschlüsse zu vermeiden, sind diese analytischen Ebenen strikt zu trennen, denn die Verflechtungen der *interlocking directorates* resultieren aus einem komplexen Geflecht von emotionalen Bindungen, individuellen Entscheidungen und Organisationsinteressen – in diesem Sinne erscheint »[d]as Netzwerk als Ganzes [...] vielmehr als ein Emergenzphänomen aus der Summe vieler Einzelentscheidungen und damit weder geplant noch in seiner letzten Ausprägung intendiert«[8]. Auch wenn es nicht möglich erscheint, diese Komplexität der Entstehung des Netzwerks in toto zu entschlüsseln, so kann über den Zugriff auf Vereinsvorstände als *interlocking directorates* eine Untersuchung sozialer und struktureller Zusammenhänge der bürgerlichen Gesellschaft auf unterschiedlichen analytischen Ebenen erfolgen, die ohne netzwerkanalytische Perspektive nur unterstellt werden könnten und Metapher bleiben würden.

Zunächst werden im Folgenden die Vereinsnetzwerke visualisiert, um anhand der erstellten Netzwerkkarten eine erste Inspektion ihrer grundlegenden Struktur vorzunehmen. Wie Katja Mayer betont, ist eine Netzwerkvisualisierung ein Hypotheseninstrument: »Als Exploratorium dient sie dem Spurensuchen und der Mustererkennung in den sozialen Landkarten.«[9] Die in den Visualisierungen ausgemachten bzw. vermuteten strukturellen Muster sozialer Klassenbildung werden einerseits im zweiten Kapitel auf die Häufigkeiten und Häufigkeitsverteilungen der Kontakte zwischen den verschiedenen städtischen Gruppen geprüft, andererseits wird aufgezeigt, in welchen Teilen des Vereinswesens diese besonders häufig Beziehungen herstellten. Daran anschließend stellt sich, drittens, die Frage nach der Zentralität von Akteuren und inwieweit *interlocking directorates* durch ihre mehrfachen Mitgliedschaften die verschiedenen Segmente des Vereinswesens miteinander verbanden und dergestalt einen Beitrag zur sozialen Integration der lokalen Gesellschaft leisteten. Schließlich werden in einem vierten Kapitel Netzwerke politisch aktiver Hallenser in den Blick genommen, um zu untersuchen, ob die politische Konstellation der Stadt im Kaiserreich auch hinsichtlich der Vereinsnetzwerke als Gegensatz politischer Lager beschrieben werden kann.

7 Vgl. *Schmuhl*, Herren der Stadt, S. 11.

8 *Krenn*, Strukturbildung in der Krise, S. 130 f.

9 *Mayer*, Netzwerkvisualisierungen, S. 146. Düring und Kerschbaumer weisen darauf hin, dass Visualisierungen sowohl bei der »explorativen Analyse« als auch bei der konfirmativen Überprüfung von Annahmen eine wichtige Rolle spielen. Dieser Nutzen von grafischen Darstellungsmitteln könne nicht nur auf Netzwerkkarten bezogen werden, sondern habe eine lange Tradition, wie die gerade in sozialgeschichtlichen Arbeiten vielfach verwendeten Tabellen, deren grafisch-geometrischer Aufbau und Visualisierungscharakteristika nur selten reflektiert werden, zeigten. Vgl. *Düring/Kerschbaumer*, Quantifizierung und Visualisierung, S. 40.

1. Vereinsnetzwerke: Verflechtung und Ausdifferenzierung

In diesem Kapitel wird die Vernetzung im Vereinswesen durch Visualisierungen für verschiedene Stichjahre der Kaiserreichszeit in seiner Gesamtstruktur veranschaulicht und beschrieben. In den Netzwerkkarten 1–5 (PDF 20–24) sind für die Stichjahre 1874, 1888, 1895, 1903 und 1913 die jeweiligen Vereinsnetzwerke als *two-mode*-Gesamtnetzwerke visualisiert.[10] Für jedes Jahr wurde das Gesamtnetzwerk zudem in einer gesonderten Darstellung in seine einzelnen Komponenten zerlegt (vgl. Netzwerkkarten 1a–5a; PDF 25–29). Den zwei verschiedenen Arten von Knoten im Netz entsprechen unterschiedliche Formgebungen – Vereine sind als Kästchen, Vorstandspersonen als Kreise gezeichnet. Ihre Füllung ist zudem farblich gestaltet: Jedem Vereinstyp und jeder Vorstandsklasse ist eine eigene Farbe zugeordnet worden (siehe die Legenden PDF 18 und 19).

Die Betrachtung der Gesamtnetzwerke vermittelt erste Eindrücke der grundlegenden Struktur und erlaubt die Formulierung von Hypothesen zu den sozialen Konturen der Netzwerke: Im Vergleich der Gesamtnetzwerke 1874–1913 (Netzwerkkarten 1–5; PDF 20–24) wird, *erstens*, eine Entwicklung von Netzwerkbeziehungen offenbar, die grundsätzlich durch eine sich immer deutlicher ausprägende Ambivalenz von Verdichtung und Ausdifferenzierung charakterisiert ist. Das Vereinsnetzwerk von 1874 (Netzwerkkarte 1; PDF 20) besticht noch durch Übersichtlichkeit und besteht im Grunde aus einem größeren und einem etwas kleineren Teilnetzwerk sowie weiteren kleinen und unverbundenen Elementen (Vereinen). Bereits 1888 (Netzwerkkarte 2; PDF 21) hat sich diese, hier zunächst ganz basal beschriebene Struktur, verändert: Um ein Zentrum mit verdichteten Netzwerkbeziehungen zeichnet sich ein Ring weniger oder gar nicht vernetzter Vereine ab. In den Stichjahren 1895, 1903 und 1913 (Netzwerkkarten 3–5; PDF 22–24) hat sich dieser Trend verstärkt, indem ein zunehmend dichter besiedeltes Zentrum von einem Ring nicht oder nur schwach verbundener Vereine umschlossen wird, der sich 1913 (Netzwerkkarte 5; PDF 24) nahezu geschlossen hat. Damit deutet sich an, dass es einerseits eine große Zahl von Vereinen und spezifischen Vereinssegmenten gab, die sich über die in ihnen tätigen Vorstände und Funktionsträger immer stärker vernetzten und andererseits eine ebenfalls wachsende Zahl von Vereinen,

10 An dieser Stelle sei bzgl. der Netzwerkvisualisierungen einerseits nochmals auf die Ausführungen im Anhang »Daten und Methoden« verwiesen sowie andererseits darauf, dass die in der Printfassung des Buches gedruckten Netzwerkkarten einer ersten Ansicht dienen, die PDF-Versionen der Netzwerke aber genauere Eindrücke vermitteln. Einige Visualisierungen sowie die Legenden mit der farblichen Bedeutung der Knoten sind zudem nur in der PDF-Datei zu finden.

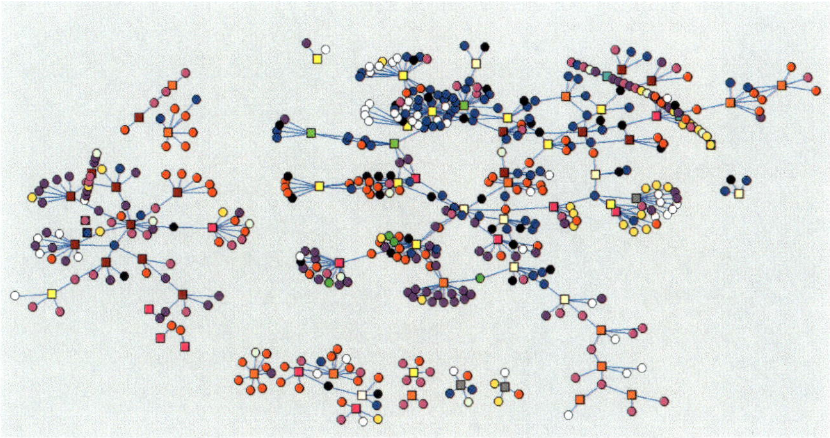

Netzwerkkarte 1: *Two-mode*-Netzwerk des Vereinswesens 1874

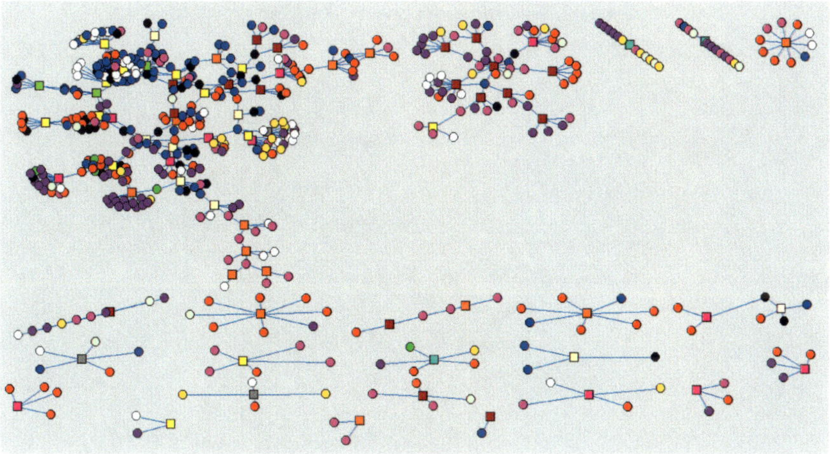

Netzwerkkarte 1a: *Two-mode*-Netzwerk des Vereinswesens 1874 – Komponenten

die nicht nur wenig – dann wären sie eher an der Peripherie des innerhalb des Rings befindlichen Netzwerkes situiert –, sondern gar nicht mit anderen Vereinen verbunden waren.

Ein Blick auf die Komponenten des Netzwerks belegt diese Entwicklung. Große Gesamtnetzwerke sind nicht selten fragmentiert, sie bestehen aus mehreren Teilnetzwerken, deren Knoten innerhalb dieser Netzwerkteile unterschiedlich stark oder schwach verbunden sein können. Mitunter sind diese Teilnetzwerke überhaupt nicht an das Gesamtnetzwerk bzw. an andere Teilnetzwerke

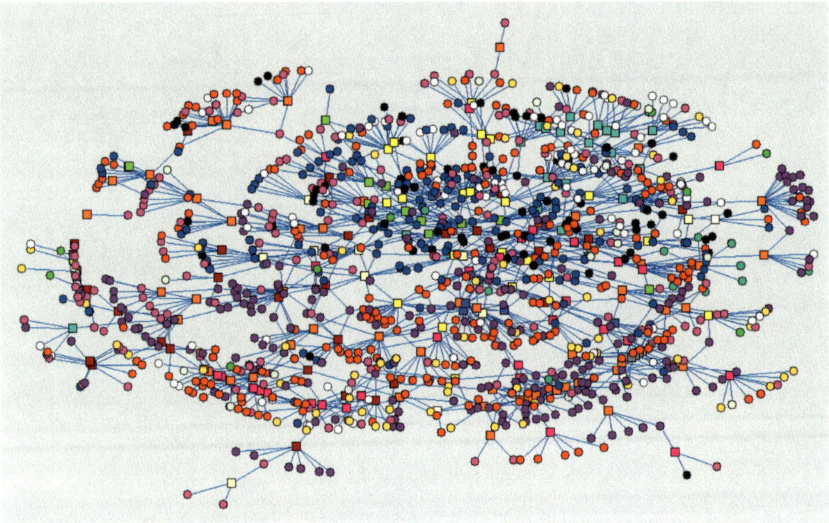

Netzwerkkarte 2: *Two-mode*-Netzwerk des Vereinswesens 1888

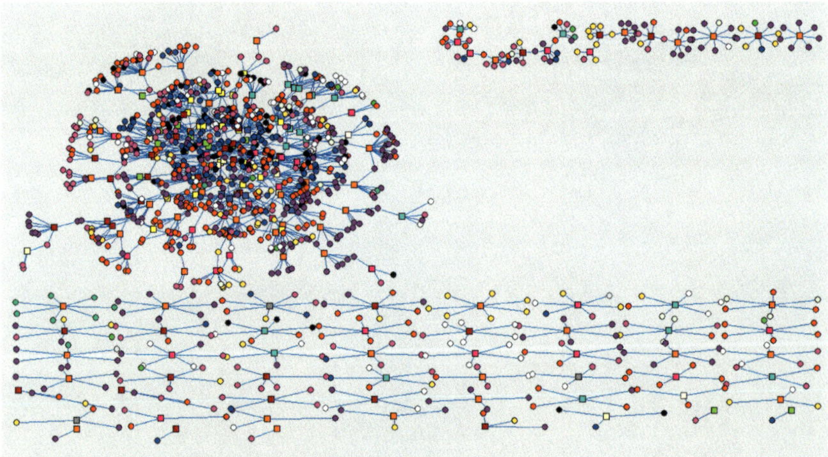

Netzwerkkarte 2a: *Two-mode*-Netzwerk des Vereinswesens 1888 – Komponenten

angebunden. Die untereinander stark oder schwach verbundenen Teile eines Netzwerkes heißen Komponenten (*components*).[11] Die Netzwerkvisualisierungen nach Komponenten veranschaulichen den Trend einer intensivierten Verflechtung eines Teils des Vereinswesens bei gleichzeitiger Ausdifferenzierung und

11 Vgl. *Nooy u. a.*, Exploratory Social Network Anaylsis, S. 77 ff.

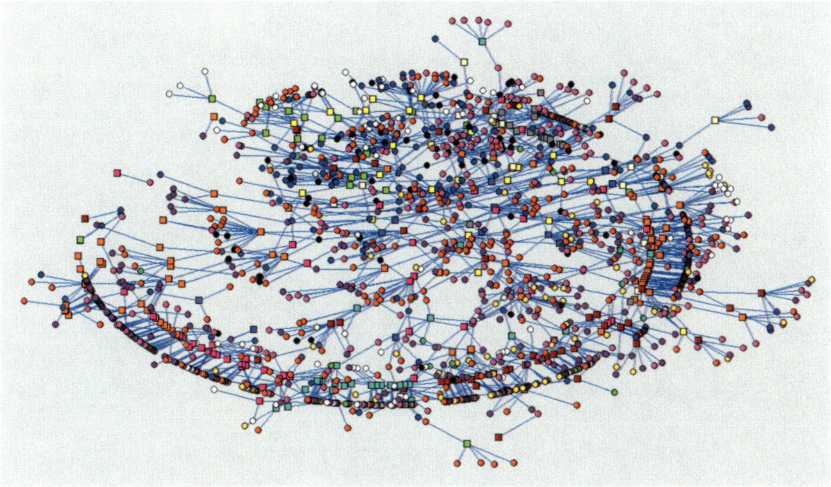

Netzwerkkarte 3: *Two-mode*-Netzwerk des Vereinswesens 1895

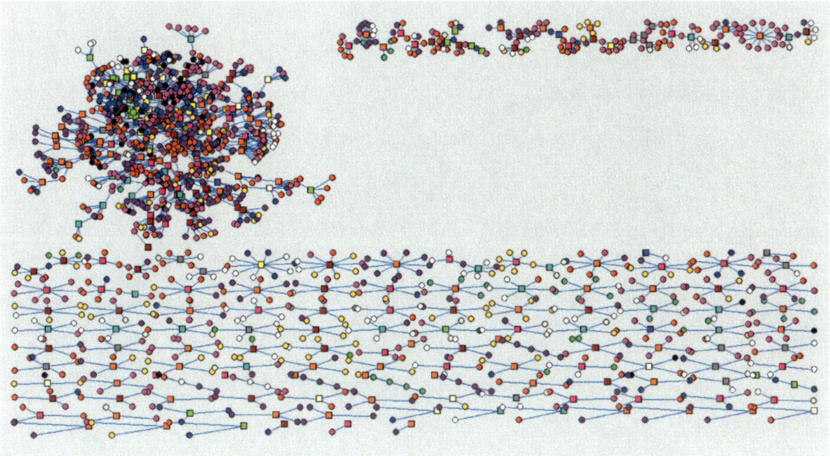

Netzwerkkarte 3a: *Two-mode*-Netzwerk des Vereinswesens 1895 – Komponenten

Isolation bestimmter Vereine bzw. Segmente. Die voneinander isolierten Komponenten (vgl. Netzwerkkarten 1a–5a; PDF 25–29) sind 1874 gekennzeichnet durch ein noch relativ kleines, in den weiteren Stichjahren stetig größer und dichter werdendes Hauptnetzwerk – in den Abbildungen bzw. Visualisierungen links oben dargestellt – sowie aus Komponenten, die nur schwach (rechts oben) oder sehr schwach bzw. gar nicht (in den Darstellungen im unteren Bildbereich) verbunden sind. Die Zahl dieser zumeist nicht oder, in einigen Fällen, nur durch

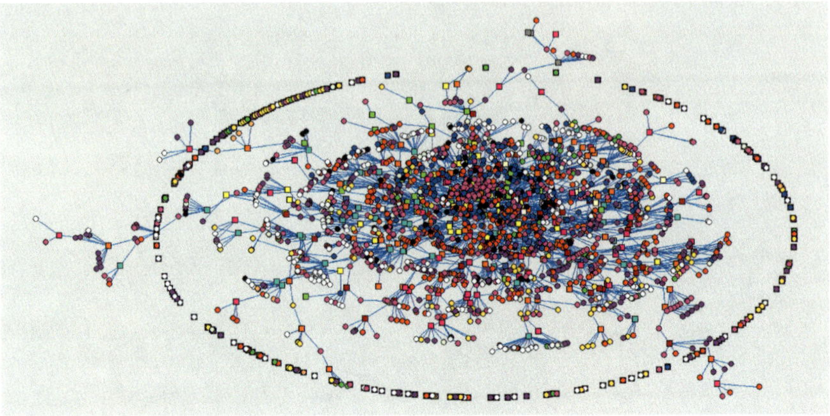

Netzwerkkarte 4: *Two-mode*-Netzwerk des Vereinswesens 1903

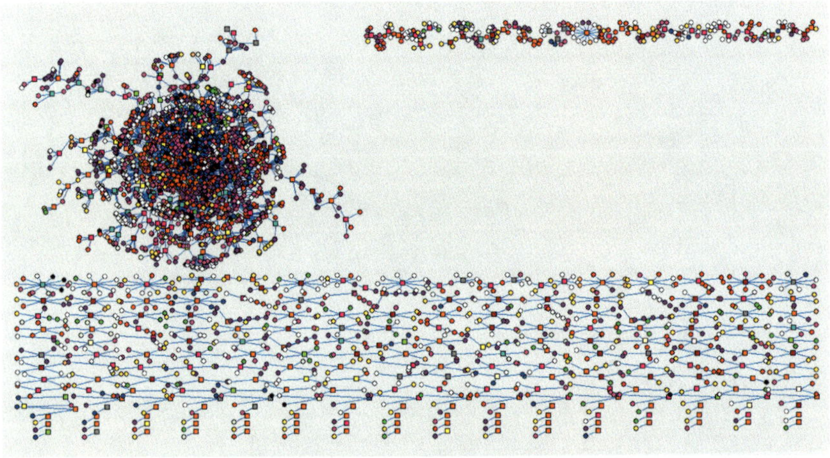

Netzwerkkarte 4a: *Two-mode*-Netzwerk des Vereinswesens 1903 – Komponenten

eine Person verbundenen Vereine nimmt dabei über die Jahre 1888, 1895 und 1903 bis 1913 erheblich zu: von 23 im Jahr 1874 über 66 (1888), 155 (1895) und 271 (1903) auf 400 im Jahr 1913; waren 1874 und 1888 nur etwa ein Drittel der Vereine (31,1 % bzw. 34,7 %) nicht Teil des Hauptnetzwerkes, erhöhte sich dieser Wert in der mittleren und späten Kaiserreichszeit auf um die 50 % (1895: 52 %, 1903: 44,7 %, 1913: 48,9 %).

Die hier aufgezeigte Entwicklung führt zu der für die Erforschung von Netzwerken grundlegenden Frage nach der Kohäsion des Gesamtnetzwerkes, die oftmals basierend auf dem Konzept der Dichte (*density*) angegeben wird. Dieses

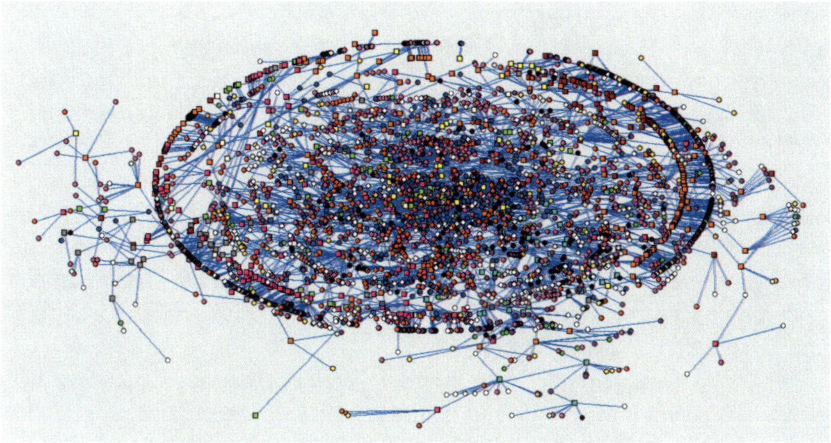

Netzwerkkarte 5: *Two-mode*-Netzwerk des Vereinswesens 1913

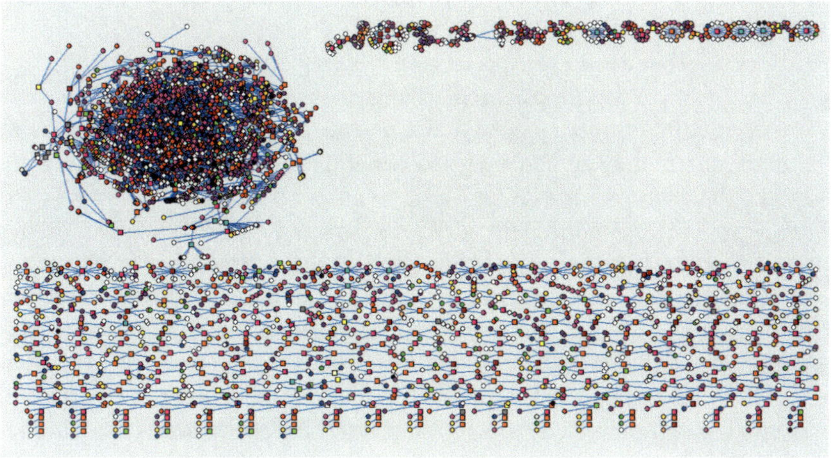

Netzwerkkarte 5a: *Two-mode*-Netzwerk des Vereinswesens 1913 – Komponenten

beruht auf dem Gedanken, dass ein Netzwerk mit vielen realisierten Beziehungen zwischen den Akteuren eine dichtere Struktur aufweist als ein Netzwerk mit wenigen Beziehungen. Die Maßzahl der Dichte gibt den prozentualen Wert der realisierten Beziehungen in Relation zu allen im Netzwerk möglichen Beziehungslinien an.[12] Hier wird die Dichte nicht für die *two-mode*-Netzwerke, sondern für *one-mode*-Netzwerke ermittelt, da sich die Berechnung für die beiden

12 Vgl. *Nooy u. a.*, Exploratory Social Network Analysis, S. 73.

unterschiedlichen Netzwerktypen – *one-mode* und *two-mode* – grundsätzlich unterscheidet.[13] Jedes *two-mode*-Netzwerk kann in zwei *one-mode*-Netzwerke konvertiert werden. Enthält das *two-mode*-Netzwerk Vereine und Vorstände, sind im *one-mode*-Netzwerk der Vereine nur die Vereine dargestellt. Deren Verbindungslinien basieren zwar auf den Mehrfachmitgliedschaften der Vorstände, diese selbst sind aber als Knotenpunkte nicht mehr im Netzwerk sichtbar. Demgegenüber enthält das *one-mode*-Netzwerk der Vorstände nur die Vereinsvorstände, d. h. alle Personen, die zuvor nur mittelbar, durch ihre Linie zum jeweiligen Vereinsknoten und über diesen mit anderen in Beziehung standen, wodurch sie als gemeinsamer Vorstand dieses Vereins auszumachen waren, sind nun direkt miteinander verbunden.

Die Dichte der *one-mode*-Netzwerke der *Vereine* nimmt im diachronen Vergleich – von 0.0314 im Jahr 1874 (d. h. 3,14 % aller möglichen Beziehungen wurden tatsächlich realisiert) auf 0.0189 (1888), 0.0079 (1895), 0.0054 (1903) bis auf 0.0043 im Jahr 1913 – ebenso ab wie die Dichte im *one-mode*-Netzwerk der *Vorstände*, welche sich von 0.0257 im Jahr 1874 auf 0.0035 für das Jahr 1913 reduziert.[14] Diese mathematisch präzise Berechnung belegt daher eine deutlich abnehmende Vernetzungsdichte, die erwähnte große Zahl nicht an das Hauptnetzwerk angebundener Vereine scheint dies zu bestätigen. Doch ist die Angabe der Dichte in diesem diachronen Vergleich irreführend, da sie das soziale Phänomen der Vernetzung nicht adäquat erfasst. Denn die Dichte in einem Netzwerk ist unmittelbar abhängig von seiner Größe und je höher die Zahl der Akteure (Knoten) in einem Netz ist, desto größer ist die Zahl der möglichen Verbindungen. Doch ein Akteur, gleich ob Vorstand oder Verein, kann immer nur eine begrenzte Zahl von Verbindungen eingehen, so dass die Dichte mit zunehmender Größe des Netzwerkes zwangsläufig abnimmt.[15] Sinnvoll lässt sich das Maß der Dichte daher nur in einem synchronen Vergleich von Vereinsnetzwerken mit einer in etwa gleich großen Zahl von Akteuren angeben. Da jedoch andere Vereinsstudien zur Kaiserreichszeit nicht netzwerkanalytisch arbeiten, stehen Vergleichsnetzwerke, anhand derer die hallischen Werte eingeordnet werden könnten, nicht zur Verfügung.

Um die Kohäsion in den Netzwerken zu untersuchen, ist es daher angemessener, die Zahl der Verbindungslinien auszuwerten, die ein Knoten aufweist (*degree*).[16] Ein Netzwerk ist engmaschiger, wenn der *degree*-Wert der Knoten hoch ist, weshalb durch den *average degree* aller Knoten ein Maß zur Verfügung

13 Dies liegt darin begründet, dass in einem *one-mode*-Netzwerk alle Knoten miteinander verbunden sein können – die Zahl der möglichen Linien also deutlich höher ist als in *two-mode*-Netzwerken, in denen Knoten des einen Typs (Vereine) nur mit Knoten des anderen Typs (Vorstände) verbunden sein können. Vgl. ebd., S. 119 f.

14 1888: 0.0106, 1895: 0.0077, 1903: 0.0040.

15 Siehe auch *Nooy u. a.*, Exploratory Social Network Analysis, S. 73 f.

16 Vgl. ebd., S. 74.

steht, das gegenüber der Berechnung der Dichte unabhängig von der Netzwerkgröße ist.[17] Dieser *average-degree*-Wert steigt in den *one-mode*-Netzwerken der Vereine von 2,32 (d. h. durchschnittlich hatte ein Verein 2,32 Beziehungen) im Jahr 1874 auf 3,58 (1888), geht am Ende des 19. Jahrhunderts zurück auf 2,36 (1895) und steigt nach der Jahrhundertwende wieder deutlich auf 3,29 (1903) bzw. 3,55 (1913). Die Vernetzung der Vereine in den *one*-mode-Netzwerken ist ein Indikator für vereinsübergreifende Verbindungen, da es nur Beziehungen erfasst, die Vereine – durch mehrfache Vorstandsmitgliedschaften – mit anderen Vereinen herstellen. Mit Blick auf die Stärke dieser Vereinsvernetzungen ist zwar kein kontinuierlicher Verlauf festzustellen, aber es wird offenkundig, dass trotz der zunehmenden Komplexität des Vereinswesens keine abnehmende Tendenz zu verzeichnen ist, sondern vielmehr die steigenden Werte für 1903 und 1913 darauf hinweisen, dass das Eingehen von Verbindungen zwischen Vereinen nach wie vor ein typisches strukturelles Merkmal war; eine Charakterisierung, die allerdings nur für bestimmte Bereiche des Vereinswesens plausibel ist – für andere dagegen nicht.

Auch die Vernetzungen der *Vorstände* in den *one-mode*-Netzwerken der Personen beinhalten die über einen Verein hinausgehenden Beziehungen. Zu berücksichtigen ist jedoch, dass in ihren *average-degree*-Wert ebenso die *degrees* von Vorständen isolierter Vereine eingehen.[18] Somit enthält die Messung der Vorstandsvernetzung sowohl Verbindungswerte aus Binnenbeziehungen als auch aus externen Beziehungen. Im zeitlichen Vergleich der *one-mode*-Netzwerke der Vorstände weist der *average-degree*-Wert eine erstaunliche Konstanz auf: Er beträgt für die Stichjahre 1874 bis 1903 stets 11–12,[19] erst 1913 steigt er deutlich auf 13,74 an. Zur Interpretation sind die Zahlen der Vorstände pro Verein, die in den Adressbüchern der jeweiligen Stichjahre verzeichnet sind, zu berücksichtigen, denn auf ihrer Basis können Aussagen über die Entwicklung der *average-degree*-Werte der Vorstände angemessen eingeordnet werden. Steigt die Zahl der im Adressbuch angegebenen Vorstände pro Verein im diachronen Vergleich der Stichjahre beträchtlich an, so wäre die Steigerung des *average-degree* wesentlich darauf zurückzuführen.[20] Doch das Gegenteil ist der Fall: 1874 und 1888 beträgt der durchschnittliche Wert von im Adressbuch geführten Vorständen pro Verein 7,3 bzw. 7,1, für die Jahre 1895 und 1905 jeweils 5,8 und für

17 Vgl. ebd.

18 Als Beispiel: Verein X ist isoliert und hat sieben Vereinsvorstände – dann wäre der *degree*-Wert im *one-mode*-Netzwerke der Vereine 0, weil der Verein keine Beziehungen zu anderen Vereinen hat, während er im *one-mode*-Netzwerk der Vorstände für alle sieben Vorstände 6 betragen würde.

19 1874: 11,86; 1888: 11,58; 1895: 11; 1903: 11,86.

20 Da auch die Beziehungen von Vorständen isolierter Vereine in diesen *degree*-Wert eingehen, würden bei einer steigenden Zahl von verzeichneten Vorständen pro Verein in den Adressbüchern kaum Rückschlüsse über eine gestiegene Dichte des Netzwerkes möglich sein.

1913 5,6.[21] Daher ist der steigende *average-degree* am Ende der Kaiserreichszeit nicht lediglich durch eine veränderte Dokumentation von Vorstandsdaten in der Quelle Adressbuch selbst zu erklären, sondern durch eine tatsächlich gestiegene Vernetzung eines Teils der Vorstände.

Die Parallelstruktur von intensivierter Vernetzung bei gleichzeitig zunehmender Isolation bestimmter Vereine und ihrer Vorstände ist somit nicht nur bei Betrachtung der Visualisierungen, sondern auch hinsichtlich der Maßzahlen ersichtlich: Die steigenden *average-degree*-Werte in den *one-mode*-Netzwerken belegen eine zunehmende Verflechtungsdichte. Berücksichtigt man in diesem Zusammenhang jedoch die im Gegensatz zu den beiden ersten Stichjahren nun deutlich erhöhten Zahlen gar nicht vernetzter Vereine, ist offenkundig, dass insbesondere im *Haupt*netzwerk der verbundenen Vereine und Vorstände die Konnektivität erheblich zunahm, während an dessen Peripherie sich immer mehr Vereine ansammelten, die weitgehend oder sogar völlig isoliert waren.[22] Die Farbgebung der Knoten in den Netzwerkkarten weist darauf hin, dass es bestimmte Teile im Vereinswesen waren, die Beziehungen zueinander eingingen, während andere abseits der dichten Netzwerkstrukturen verblieben.

Aufgeworfen ist damit, *zweitens*, die Frage nach Mustern der Verdichtung der Vereinsnetzwerke. Kooperations- und Informationspotentiale können insbesondere Vereine und Vorstände nutzen, die sich im dicht vernetzten Zentrum des Netzwerkes befinden. Für die *two-mode*-Vereinsnetzwerke aller Stichjahre fällt in diesem Zusammenhang auf, dass im Zentrum jedes Netzwerkes – anfangs, im eher locker verbundenen Netzwerk von 1874 noch weniger, dann sich stärker manifestierend – die sozialen bzw. wohltätigen (*Yellow*) sowie die religiösen Vereine (*Lime Green*) angesiedelt sind, während Vereine anderen Typs mehr oder weniger stark in diesem Netzwerkzentrum verortet waren (vgl. Netzwerkkarten 1–5; PDF 20–24). Dies weist zum einen auf die Verbindungen zwischen sozialen und religiösen Vereinen, zum anderen auf ihre Bedeutung als maßgebliches Gravitationszentrum für Beziehungen im Vereinsmilieu hin. Die Vereinfachung der Netzwerkstruktur vom *two-mode-* zum *one*-mode-Netzwerk der Vereine ermöglicht es, Veränderungen deutlicher zu erkennen (vgl. für die Jahre 1874, 1895 und 1913 die Netzwerkkarten 6–8; für alle fünf Stichjahre PDF 30–34).

1874 ist der Kern des Vereinswesens im Wesentlichen durch Vereinstypen bestimmt, die bereits vor der Kaiserreichszeit eine zentrale Position einnahmen (Netzwerkkarte 6; PDF 30): Neben den sozialen und wenigen religiösen Vereinen

21 Zurückzuführen ist dies sicherlich auf die enorm gestiegenen Vereinszahlen insgesamt. Für die Redaktionen der Adressbücher wurde diese hohe Zahl zu einem Darstellungs- und Platzproblem, weshalb tendenziell nur noch die wichtigsten Vorstandsposten verzeichnet wurden.

22 Der *average-degree*-Wert im *one-mode*-Netzwerk der Vereine erhöht sich trotz der immer größer werdenden Zahl an isolierten Vereinen; im Umkehrschluss bedeutet dies, dass die Vernetzungshäufigkeit der Vereine im Hauptnetzwerk stark zugenommen hat.

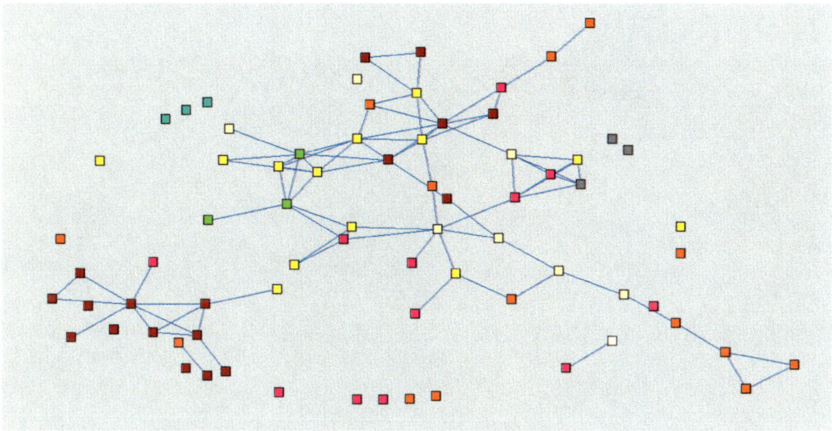

Netzwerkkarte 6: *One-Mode*-Netzwerk der Vereine 1874

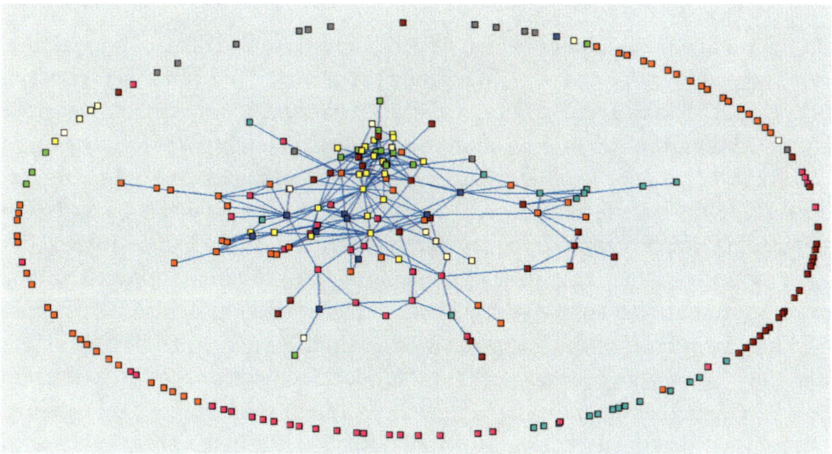

Netzwerkkarte 7: *One-Mode*-Netzwerk der Vereine 1895

waren dies die kulturellen (Farbe: *Maroon*) sowie die wissenschaftlichen Vereine (*Light Yellow*). Zudem lassen sich einige Schützenvereine (diese gehören zum Typus der geselligen, Freizeit- und Sportvereine, Farbe: *Wild Strawberry*) und wirtschaftliche Vereine (*Orange*) am Rand und zum Teil im Zentrum des größeren Netzwerkes finden. Das kleinere Netzwerk (in der Darstellung links unten) wird fast ausschließlich von Gesangvereinen (*Maroon*) gebildet. Gemessen an dieser Ausgangslage von 1874 können für die Stichjahre von 1888 bis 1913 (Netzwerkkarten 7, 8; PDF 31–34) folgende Entwicklungen festgestellt werden: Die sozialen und religiösen Vereine verbleiben nicht nur im Zentrum der Netzwerke, sondern

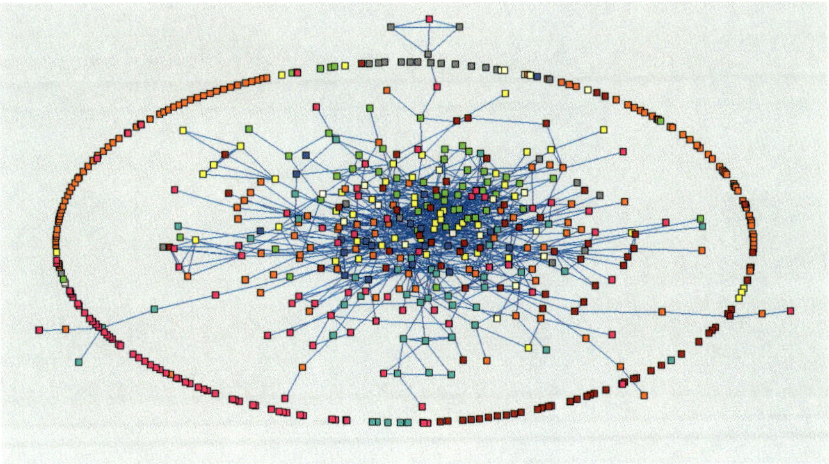

Netzwerkkarte 8: *One-Mode*-Netzwerk der Vereine 1913

immer mehr Vereine dieser beiden Typen sind im Netzwerkkern mit vielfältigen Verbindungen platziert, während nur ein geringer Teil von ihnen schwach oder gar nicht verbunden ist. Dies wird in allen Netzwerken ersichtlich, wenn der äußere Ring mit den nicht angebundenen Vereinen betrachtet wird, auf welchem nur sehr wenige gelbe (soziale/wohltätige Vereine) und hellgrüne (religiöse Vereine) Kästchen angesiedelt sind. Anschaulich illustriert wird dies auch durch die in einzelne Komponenten zerlegten *one-mode*-Netzwerke (PDF 35–39) und der Ansammlung nicht verbundener Vereine im jeweils unteren Bildbereich. 1888 (PDF 36) finden sich beispielsweise kein einziger sozialer und nur zwei religiöse Vereine, die nicht Teil des Hauptnetzwerkes sind. Bis 1913 (PDF 39) hatte sich die Zahl dieser Vereine zwar leicht erhöht, doch gemessen an der Gesamtzahl von Vereinen, die diesen beiden Typen zuzuordnen sind, blieb sie sehr gering. Die zentrale Stellung der sozialen und religiösen Vereine in den Netzwerken wird auch durch »Manipulationen« der Netzwerke ersichtlich: Entfernt man Vereine dieser Typen aus den Netzwerken, zeigen einerseits die Visualisierungen (PDF 40–42) vor allem für 1874 und 1895 »entkernte« Netzwerke; 1913 ist das Hauptnetzwerk zwar weniger dicht, andere Vereine verschiedenen Typs beherrschen nun jedoch stärker das Zentrum: politische, Krieger-, bestimmte wirtschaftliche und gesellige bzw. Freizeitvereine. Andererseits belegen auch die Maßzahlen zur Kohäsion die Wichtigkeit der sozialen und religiösen Vereine für das Gesamtnetzwerk: Ohne sie sinkt der *average degree* 1874 von 2,32 für das Gesamtnetzwerk auf 1,52, für 1895 von 2,36 auf 1,18 und 1913 von 3,29 auf 1,8.

Die quantitativ starke Zunahme der wirtschaftlichen sowie geselligen, Freizeit- und Sportvereine – beide steigen im Kaiserreich, wie oben dargelegt, zu den am meisten verbreiteten Vereinstypen auf – korrespondierte dagegen nicht mit einer zentralen Stellung dieser Vereine in den Netzwerken. Zwar finden sich für alle Stichjahre, so auch am Ende des Untersuchungszeitraums, Vereine beiden Typs im Hauptnetzwerk, zumeist um sein Zentrum herum gruppiert, doch ist eine sehr hohe Zahl zugleich überhaupt nicht an das Netzwerk angebunden (darauf verweist die farbliche Struktur der nicht verbundenen Kästchen im unteren Darstellungsteil der Visualisierung der Netzwerkkomponenten, die von den Farben *Orange* für die wirtschaftlichen und *Wild Strawberry* für die geselligen, Freizeit- und Sportvereine geprägt ist; vgl. PDF 35–39). Während bei den wirtschaftlichen Vereinen die Zahl und der Anteil nicht in das Hauptnetzwerk integrierter Vereine sogar noch zunimmt – von 57,3 % im Jahr 1895 auf 62,6 % 1913 –, verringert sich der Anteil nicht integrierter geselliger, Freizeit- und Sportvereine von 62,5 % auf 49,4 %, bleibt damit jedoch immer noch sehr hoch. Entfernt man die Knoten von Vereinen dieser Typen aus den Netzwerken, steigert sich der *average degree*-Wert im Falle einer »Löschung« der wirtschaftlichen Vereine 1895 auf 2,43 und 1913 sogar auf 4,08; im Falle der Nichtberücksichtigung der geselligen, Freizeit- und Sportvereine sind die Auswirkungen 1895 geringer, 1913 erhöht sich der Wert jedoch auf 3,93. Vereine beiden Typs sind daher keine tragenden Säulen der Vorstandsvernetzung – im Gegenteil: Die Dichte des Netzwerks steigt, wenn beide Typen aus diesem entfernt werden.

Politische Vereine im engeren Sinne – 1874 nicht im Adressbuch geführt und somit auch nicht im Netzwerk vertreten – waren ab 1888 sukzessive immer stärker im Zentrum des Vereinsnetzwerkes (vgl. PDF 30–34; Farbe der Kästchen: *Cadet Blue*) und kaum ohne Anschluss an das Hauptnetzwerk (vgl. die in Komponenten zerlegten Netzwerke; PDF 36–39) zu finden. Eine Vergrößerung des Netzwerkzentrums (vgl. *screenshots* PDF 44, 45) zeigt, dass alle relevanten politischen Vereine der Stadt, wenn auch nicht direkt im Kern, so doch um diesen herum angesiedelt sind.[23] Mehrfache (Vorstands-)Mitgliedschaften waren für ihre Vorstände offenkundig selbstverständlich, eher unüblich war demgegenüber die Isolation eines politischen Vereins.[24]

23 1895 finden sich relativ zentral die Allgemeine Ordnungspartei (v73), der nationalliberale (v75), der konservative (v74) und liberale Verein (v76), der Bürger-Verein für städtische Interessen (v78), der II., IV. und V. Kommunale Wahlbezirksverein (v80, 82 und 83) sowie der Kommunale Verein Süd und West (v84); 1913 der konservative (v575), nationalliberale (v576) und liberale Verein (v582), der Partei-Ausschuss der Konservativen in der Provinz Sachsen (v577), der Reichsverband gegen die Sozialdemokratie (v579 u. 580), der Bezirksverband der Fortschrittlichen Volkspartei (v573), der Verein der nationalliberalen Jugend (v583), der Hallesche Bürgerverein (v588), der Kommunale Verein Ost (v589), die Kommunalen Wahlbezirksvereine I.–V. (v590–594), der Allgemeine Bürgerverein für städtische Interessen (v585) sowie mit dem Deutschen Flottenverein (v896), dem Alldeutschen Verband (v891) und dem Deutschen Ostmarkenverein (v908) nun auch nationale Verbände.

24 Der einzige politische Verein (als solcher ist er auch im Adressbuch geführt), welcher 1913 überhaupt keine Verbindung zu einem anderen Verein aufweist, ist im protestantischen Halle bezeichnenderweise der Volksverein für das katholische Deutschland.

Wissenschaftliche und kulturelle Vereine gehörten 1874 zum Traditionsbestand des Vereinswesens. Ersteren kam zwar rein quantitativ im Vergleich zu den anderen Vereinstypen nur eine marginale Bedeutung zu, hinsichtlich ihrer Vernetzung blieben sie jedoch zentral im Netzwerk positioniert. 1874 war nur ein wissenschaftlicher Verein ohne Beziehung zu anderen Vereinen; 1895 hatte sich diese Zahl auf etwa ein Drittel erhöht. 1913 waren jedoch nur 16,7 % ohne Netzwerkanbindung. Typisches Muster ist, dass vor allem die renommierten und bekannten wissenschaftlichen Vereine in der gesamten Kaiserreichszeit direkt im Zentrum des Netzwerkes oder in seiner unmittelbaren Umgebung situiert waren. Dies trifft etwa auf den Verein für Erdkunde (1874: v68, 1895: v39, 1913: v877), die Naturforschende Gesellschaft (1874: v65, 1895: v37, 1913: v873), den Naturwissenschaftlichen Verein (1874: v66, 1895: v38, 1913: v874) (vgl. PDF 43–45) sowie den Polytechnischen Verein 1874 und 1895 (v75 bzw. v42) und den Sächsisch-Thüringischen Altertumsverein 1874 und 1913 (v67 bzw. v876) zu.[25] Diese dauerhafte Präsenz diverser wissenschaftlicher Organisationen im Kern der Netzwerke ist bereits ein Hinweis auf gut vernetzte Bildungsbürger, die wissenschaftliche mit sozialer, politischer, religiöser und kultureller Vereinszugehörigkeit kombinierten und darüber eine hohe Konnektivität bestimmter Wissenschaftsvereinigungen herbeiführten. Auch bei den kulturellen Vereinen waren es in der Stadt sehr bekannte und traditionsreiche Vereine wie die Sing-Akademie (1874: v113, 1895: v 53, 1913: v167), der Kunst-Verein (1874: v83, 1895: v51) oder beispielsweise der Kunstgewerbe-Verein (1895: v52) und der Lauchstädter Theaterverein (1913: v842), die nahe des Netzwerkkerns positioniert waren. Der Anteil aller kulturellen Vereine, die keine Beziehungen eingingen, war jedoch mit 53,8 % 1895 und 38 % 1913 relativ hoch. Neben der Vernetzung der renommierten Kulturvereine gab es insbesondere mit Blick auf die Gesang- und Musikvereine zwei andere Muster, die sich in der Kaiserreichszeit verfestigten: Einerseits kirchliche Gesangvereine, die im expandierenden religiösen Vereinsmilieu im ausgehenden Kaiserreich Anbindung an den Netzwerkkern fanden (1913 beispielsweise der Domkirchenchor, v123; oder der Gesangverein der Johannesgemeinde, v125), andererseits die sich bereits 1874 abzeichnende Bildung von Teilnetzwerken der Gesangvereine, die untereinander verbunden, darüber hinausgehend aber kaum Kontakte aufwiesen (1874 beispielsweise das Teilnetzwerk von v116, 117, 118, 120, 122, 123, 124, 125, siehe PDF 43, oder das Teilnetzwerk 1913, PDF 46). Die Kriegervereine (*Cyan*) schließlich, 1874 noch ohne jeden Kontakt zum Hauptnetzwerk, finden 1888 einen stärkeren Anschluss; einige

25 Daneben gab es in den verschiedenen Stichjahren stets weitere wissenschaftliche Vereine, die im Hauptnetzwerk platziert waren. 1913 beispielsweise der Verein für neue Philologie (v879), der Deutsche Notarverein (v869), die Entomologische Gesellschaft (v705), der Allgemeine Deutsche Sprachverein (v874), die Literarische Gesellschaft (v872) und die Numismatische Gesellschaft (v875).

von ihnen sind nun im Zentrum angesiedelt. Doch die Stichjahre 1895, 1903 und 1913 zeigen, dass sie zwar im Vergleich zur Anfangszeit mehr Kontakte aufwiesen, aber doch letztlich an der Peripherie abseits des eigentlichen Netzwerkkerns verbleiben (vgl. PDF 30–34).

Beziehungen zwischen Vereinen des gleichen Typs sind, *drittens*, nicht nur mit Blick auf die kulturellen Vereine schon 1874 festzustellen, sondern ebenso hinsichtlich der sozialen, religiösen und wissenschaftlichen Vereine. Die Verbindungen zwischen Vereinen eines Typs können sehr engmaschig (wie etwa in allen Netzwerken zwischen sozialen Vereinen, zwischen religiösen Vereinen; und zwischen diesen beiden Vereinstypen) sein. Mitunter sichert erst die Beziehung eines Vereins zu einem oder mehreren anderen Vereinen des gleichen Typs die Anbindung an das Netzwerk (so ist beispielsweise der Ornithologische Central-Verein, v69, nur durch seine Verbindung zum Naturwissenschaftlichen Verein, v66, mit dem Netzwerk verbunden; vgl. PDF 43). Dieses Muster von Konnektivität kann auch für die im Laufe der Kaiserreichszeit hinzukommenden bzw. quantitativ stärker vertretenen Vereinstypen sichtbar gemacht werden. Die Visualisierungen der *one-mode*-Netzwerke der Vereine für 1903 und 1913 veranschaulichen dies (PDF 47, 48) – in Erinnerung gerufen sei diesbezüglich, dass Vereine im Netzwerk nicht aufgrund ihrer Partition (Vereinstyp), sondern aufgrund ihrer Beziehungen im Netz platziert werden. Abseits der bereits ausführlich thematisierten sozialen und religiösen Vereine im Netzwerkzentrum kann man erkennen, dass 1903 (PDF 47) die Kriegervereine (*Cyan*) unterhalb des Kerns enger verbunden sind (1913, PDF 48, finden sie sich oberhalb des Kerns), die geselligen, Freizeit- und Sportvereine (*Wild Strawberry*) 1903 links, 1913 rechts unterhalb des Zentrums. Verbundene wirtschaftliche Vereine (*Orange*) finden sich für beide Jahre vorrangig links vom Zentrum (1913 auch unterhalb) und die kulturellen Vereine in beiden Jahren eher rechts vom Zentrum. Anhand der genannten Beispiele ist an dieser Stelle auf eine Tendenz der stärkeren Vernetzung zwischen Vereinen gleichen Typs hingewiesen, ohne dabei einseitige Verbindungsmuster überbetonen zu wollen. Die Frage, ob sich Vereine des gleichen Typs stärker miteinander verbunden haben oder ob Kontakte zu anderen Segmenten des Vereinswesens gesucht wurden, ist im Zusammenhang mit der Frage nach dem integrativen Potential des Vereinswesens wichtig, denn hier zeigt sich, ob die Selbstorganisation innerhalb der Vereinslandschaft zunehmend völlig disparate Vereinszweige ausbildete oder ob weiterhin personale Verbindungen bestanden. Anhand statistischer Daten wird diese, auf Basis der bisher vorgestellten Visualisierungen der Gesamtnetzwerke nicht eindeutig zu beantwortende Frage eingehender analysiert.

Die in diesem Kapitel vorgenommene Vorstellung der Vereinsnetzwerke lässt, *viertens*, trotz der zunehmenden Komplexität der *two-mode*-Netzwerke, erste Einblicke zu, welche Personen einer bestimmten Klasse (gruppiert nach ihrer Klassenlage) welche Positionen in den Netzwerken einnehmen – sind sie zentral, peripher oder kaum verbunden? – und ob Personen der gleichen Klassenlage Beziehungen miteinander oder mit anderen Klassen eingehen (vgl. im Folgenden PDF 20–24). Gerade durch die farbliche Darstellung der Vorstandsknoten (vgl. PDF 19) sind derartige Muster der Positionen einzelner Gruppen im Netz sowie der Verdichtung ihrer Beziehungen in ihren Grundzügen zu erkennen. Für alle Stichjahre ist ersichtlich, dass Angehörige des höheren Bürgertums, die Bildungsbürger (*Blue*), die Wirtschaftsbürger (*Red*) sowie die höheren Beamten (*Black*), zumeist im Zentrum des jeweiligen Netzwerkes eingezeichnet sind.[26] Die stets sehr zentrale Positionierung des Bildungsbürgertums ist darauf zurückzuführen, dass sie die Schwerpunkte ihres Vereinsengagements in den sozialen, insbesondere auch den religiösen, den wissenschaftlichen, aber auch den politischen Vereinen der Stadt hatten und diese über ihre mehrfachen Vorstandsmitgliedschaften eng aneinander banden. Zudem zeichneten sich die Bildungsbürger durch eine enge Verbindung untereinander aus, die in einer vergleichbaren Dichte für kaum eine andere Klasse in den Visualisierungen offenbar wird – häufig findet man die Bildungsbürger, auch wenn einzelne von ihnen im Netz verstreut sind, in blauen Trauben in Zentrumsnähe, die wiederum mit einigen anderen Farbkreisen, d. h. mit Personen anderer Klassenlage, versetzt sein konnten.

Bemerkenswert ist zudem die Vernetzung der höheren Beamten. Bei ihnen ist zu berücksichtigen, dass sie im Vergleich zu den Bildungs- und Wirtschaftsbürgern sowie dem Alten und Neuen Mittelstand sowohl in der Einwohnerschaft als auch unter den Vereinsvorständen quantitativ mit deutlich weniger Personen vertreten waren, zugleich aber nahezu alle Vorstände der Beamten nicht nur im Hauptnetzwerk, sondern in dessen Kern oder nahe am Zentrum zu finden sind. Typisch für sie ist weiterhin, dass sie weniger stark untereinander, sondern eher mit anderen Gruppen, vor allem den Wirtschafts- und Bildungsbürgern, ab 1895 dann zunehmend mit dem Neuen Mittelstand (*Magenta*) Beziehungen eingingen.[27] Die hohe Anbindung von Bildungsbürgern und höheren Beamten an das Hauptnetzwerk wird ebenfalls bei Betrachtung der in Komponenten zerlegten *one-mode*-Netzwerke der Vorstände für die Stichjahre 1895, 1903 und 1913 (PDF 49–51) deutlich. Unter den nicht oder nur schwach verbundenen Elementen (jeweils rechts oben bzw. unterhalb des Hauptnetzwerkes) finden sich nur wenige blaue (Bildungsbürger) und sehr wenige schwarze (Beamte) Punkte. Dies unterscheidet sie von allen anderen Klassen im städtischen Vereinswesen.

26 Eine Sonderrolle nimmt hier das Netzwerk von 1874 dahingehend ein, dass sich ein verdichtetes Netzwerkzentrum erst in Ansätzen herausgebildet hat. Doch auch in diesem Stichjahr sind die genannten Gruppen ganz überwiegend Teil des Hauptnetzwerkes.

27 Visuell wird dies beispielsweise 1913 an der Traube aus schwarzen und magentafarbenen Knoten oberhalb des Netzwerkzentrums deutlich (vgl. PDF 24).

Die Präsenz der Wirtschaftsbürger in den Netzwerken der Vereinslandschaft weist demgegenüber Verteilungen auf, deren Muster erheblich fragmentierter sind. Zwar war ein Teil von ihnen in allen Stichjahren zentral im Netzwerk angesiedelt, doch 1874, 1888 und verstärkt 1895 lassen sich abseitige Verdichtungen wirtschaftsbürgerlicher Beziehungen feststellen, die 1903 und 1913 über das ganze Netzwerk ausstreuen (vgl. PDF 20–24). Von vornherein sind gerade für die Wirtschaftsbürger außerhalb des Netzwerkkerns häufige Kontakte zunächst zu Angehörigen des Alten Mittelstandes (*Purple*), in der Folge immer stärker auch zu denen des Neuen Mittelstandes vor allem in den wirtschaftlichen, kulturellen und geselligen, Freizeit- und Sportvereinen auszumachen. Alle drei genannten Gruppen sind dabei sichtbar häufiger als Bildungsbürger und höhere Beamte nicht an das Hauptnetzwerk angebunden (vgl. PDF 49–51). Ihre Verteilung spiegelt die soziale Komponente des oben diskutierten Befunds einer zunehmenden Netzwerkverdichtung bei gleichzeitiger Ausdifferenzierung und Isolation von immer mehr Vereinen.

Die Gruppen des Alten und des Neuen Mittelstands unterliefen mit Blick auf ihre Vernetzungsmuster eine andere Entwicklung als die Gruppen des höheren Bürgertums. Besonders stark ist der Alte Mittelstand in keinem der Netzwerke (vgl. PDF 20–24) im Zentrum vertreten, vielmehr – dies veranschaulichen vor allem die Netzwerke für 1888, 1895 und 1903 – an der Peripherie des Netzwerkzentrums unterhalb des eigentlichen Kerns. Dem Neuen Mittelstand gelang es demgegenüber 1888 bereits in Ansätzen – und in der Folge verstärkt – Positionen im Netzwerkzentrum einzunehmen und Verbindungen zu den Gruppen des höheren Bürgertums einzugehen. Gerade die Visualisierungen für die beiden letzten Stichjahre des Untersuchungszeitraums, 1903 und 1913, zeigen jedoch ebenso die breite Streuung des Neuen Mittelstandes im Vereinswesen, sowohl in sozialer Hinsicht mit Blick auf die Beziehungen zu anderen Gruppen, als auch hinsichtlich der Mitgliedschaft in ganz verschiedenen Typen des Vereinswesens.

Im Wilhelminischen Kaiserreich war das eigentliche Hauptnetzwerk in den *two-mode*-Visualisierungen bestimmt durch Angehörige des höheren Bürgertums sowie des Alten und Neuen Mittelstandes. Dabei besetzten Angehörige des höheren Bürgertums in hohem Maße den Netzwerkkern, zunehmend mit höherer Beteiligung von Personen aus dem Neuen Mittelstand. Dagegen sind der sonstige Mittelstand (*Dandelion*) sowie Gruppen der Unterschicht (Arbeiter, *Forest Green*; untere Beamte und Angestellte, *Light Green*; nichtselbständige Dienstleister, *Teal Blue*; sowie Landarbeiter, Soldaten, Invaliden, *Tan*) kaum wahrnehmbar. Es ist oben bereits herausgestellt worden, dass sich ihre Vorstandszahlen erst im Laufe der Kaiserreichszeit erhöhten. Betrachtet man die Visualisierungen der *two-mode*-Netzwerke für 1895, 1903 und 1913 (vgl. PDF 22–24) sind die genannten Unterschichtengruppen jedoch kaum sichtbar. Einzig Personen des sonstigen Mittelstandes sind an der Peripherie der Netzwerkkerne, oftmals in Beziehung zu Angehörigen des Alten oder Neuen Mittelstandes, zu finden. Ein Blick auf die Komponenten der *one-mode*-Netzwerke der Vorstände (vgl. PDF 49–51) verdeutlicht, dass die Unterschichten und auch Personen des sonstigen Mittelstandes in sehr hohem Maße gar nicht Teil des Hauptnetzwerkes waren und isoliert blieben.[28] Sie bildeten somit innerhalb des Vereinswesens eher geschlossene Kreise mit einem geringen Grad an soziale Gruppen und Vereine übergreifender Verflechtung.

Auf Basis statistischer Analysen und durch ausgewählte Netzwerkvisualisierungen werden nachfolgend zunächst zwei Aspekte eingehender thematisiert: Einerseits die zuletzt erörterte Verbindung der verschiedenen Gruppen in Vereinen, die Muster sozialer Klassenbildung, andererseits die Verdichtungen der Beziehungen in den verschiedenen Kontakträumen des Vereinswesens.

2. Soziale Klassenbildung im Vereinswesen – Statistische Befunde

In diesem Abschnitt wird untersucht, welche Personen mit einer spezifischen Klassenlage (der über die Berufsklassifikation bestimmte Status) Beziehungen mit anderen Personen der gleichen oder einer differenten Klassenlage eingingen. Im Fokus stehen somit die Vernetzungsmuster der verschiedenen Bevölkerungskreise der Stadt und grundlegend die Frage, inwieweit die Klassenzugehörigkeit der Personen (gemäß der Klassenlage) auch mit einer Verbindung zu Menschen der gleichen Klassenlage korrespondierte (soziale Klasse).

2.1 Beziehungsstrukturen

Vernetzten sich Personen der einzelnen Teilgruppen in konkret fassbaren sozialen Beziehungen untereinander und mit welchen anderen Teilgruppen verbanden sie sich? Wie starr oder wie volatil waren die Grenzen »des Bürgertums«? Diesen Fragen wird im Folgenden nachgegangen. Zunächst wird dargelegt, in welcher Häufigkeit sich die einzelnen Gruppen in den Vereinen unter- und miteinander vernetzt haben. Die entsprechenden Werte sind für die Stichjahre 1874, 1895 und 1913 in Matrizen dokumentiert worden (vgl. Tab. 20–22).[29]

28 Dabei gilt zu beachten, dass die zahlreichen, wie aufgezogene Perlenketten aussehenden, Vereinsvorstände – anders als es die Visualisierung vielleicht suggeriert – *nicht* miteinander verbunden sind. Beziehungen haben dort nur die Vorstände desselben Vereins. Zu sehen sind somit dutzende nicht in Verbindung stehende Gruppen von Vereinsvorständen isolierter Vereine.

29 In den Matrizen sind in der Spalte »Gesamt« die Kontaktzahlen der jeweiligen Gruppen zu nicht-klassifizierbaren Personen enthalten.

Tab. 20: Kontakte zwischen den Gruppen 1874

	Bibü	Wibü	Beamte	Alter Mittelst.	Neuer Mittelst.	Sonstiger Mittelst.	Arbeiter	UBA	Gesamt
Bibü	686	163	206	67	92	32	7	16	**1.536**
Wibü	163	344	112	149	60	36	24	22	**973**
Beamte	206	112	72	39	28	7	8	10	**538**
Alter Mittelst.	67	149	39	370	78	76	33	35	**895**
Neuer Mittelst.	92	60	28	78	92	30	2	22	**444**
Sonstiger Mittelst.	32	36	7	76	30	46	4	13	**282**
Arbeiter	7	24	8	33	2	4	2	1	**82**
UBA	16	22	10	35	22	13	1	4	**127**

Zwei Bezugspunkte der Gruppen können unterschieden werden: Erstens enthalten die grau unterlegten Tabellenfelder der Matrizen jeweils die Kontaktwerte für *Beziehungen zu Personen der gleichen gesellschaftlichen Teilgruppe*. Diese Messwerte der gruppeninternen Beziehungshäufigkeit verweisen auf ein grundlegendes Strukturelement sozialer Beziehungen in den Vereinen der Kaiserreichszeit: Gruppen des höheren und niederen Bürgertums erzielen hier, d.h. in den Beziehungen zwischen Personen der gleichen Teilgruppen, abgesehen von einigen augenfälligen Ausnahmen in allen Stichjahren den höchsten Kontaktwert. Sowohl für das Bildungs- als auch für das Wirtschaftsbürgertum sind dementsprechend die prozentualen Anteile ihrer gruppeninternen Kontakte – in Relation zu der Gesamtzahl ihrer Beziehungen (rechte Spalte in den Tabellen) – hoch. 1874 sind 44,7 % aller Beziehungen der Bildungsbürger solche zwischen Bildungsbürger und Bildungsbürger (abs.: 686), 1895 32,6 % (1.002) und 1913 36,2 % (2.744). Die analogen Werte für Beziehungen der Wirtschaftsbürger untereinander betragen 35,4 % (344), 39,3 % (1.528) und 33,6 % (3.004). Einerseits kann daher konstatiert werden, dass Kontakte dieser beiden Gruppen in Vereinen im Vergleich zu Kontakten mit anderen Gruppen besonders oft gruppenintern eingegangen wurden, andererseits, dies geht ebenso aus den Zahlen und der leicht abnehmenden Tendenz gruppeninterner Vernetzung hervor, sind im Kaiserreich darüber hinaus stets und mit zunehmender Häufigkeit Kontakte zu anderen Gruppen geknüpft worden. Einen Sonderfall innerhalb des höheren Bürgertums stellen erneut die höheren Beamten dar. Die Vernetzung zwischen den höheren Beamten wies in keinem Stichjahr die höchste Kontakthäufigkeit auf. Wie bereits anhand der Netzwerkvisualisierungen angedeutet

Tab. 21: Kontakte zwischen den Gruppen 1895

	Bibü	Wibü	Beamte	Alter Mittelst.	Neuer Mittelst.	Sonstiger Mittelst.	Arbeiter	Nichtselbst. Dienstl.	UBA	Gesamt
Bibü	1.002	728	369	173	495	54	3		6	**3.069**
Wibü	728	1.528	314	508	463	82	3	1	21	**3.887**
Beamte	369	314	256	54	386	11				**1.489**
Alter Mittelst.	173	508	54	870	227	147	6	15	17	**2.140**
Neuer Mittelst.	495	463	386	227	1.286	116	9	8	23	**3.193**
Sonstiger Mittelst.	54	82	11	147	116	282	20		19	**795**
Arbeiter	3	3		6	9	20	6		1	**66**
Nicht-selbst. Dienstl.		1		15	8			72		**110**
UBA	6	21		17	23	19	1		6	**104**

Tab. 22: Kontakte zwischen den Gruppen 1913

	Bibü	Wibü	Beamte	Alter Mittelst.	Neuer Mittelst.	Sonstiger Mittelst.	Arbeiter	Nichtselbst. Dienstl.	UBA	Gesamt
Bibü	2.744	1.469	786	314	1.242	101	26	9	88	**7.582**
Wibü	1.469	3.004	907	634	1.355	202	39	25	115	**8.934**
Beamte	786	907	1.322	311	1.568	85	63	33	211	**5.857**
Alter Mittelst.	314	634	311	982	534	203	70	34	129	**4.057**
Neuer Mittelst.	1.242	1.355	1.568	534	6.054	251	145	68	440	**13.734**
Sonstiger Mittelst.	101	202	85	203	251	408	94	21	60	**1.908**
Arbeiter	26	39	63	70	145	94	88	4	73	**831**
Nicht-selbst. Dienstl.	9	25	33	34	68	21	4	108	27	**462**
UBA	88	115	211	129	440	60	73	27	385	**1.800**

wurde, waren die Beamten eher Teil heterogen zusammengesetzter Vorstände. Auch wenn gruppeninterne Vernetzung der Beamten aufgrund der Gründungen von Beamtenorganisationen am Ende der Kaiserreichszeit häufiger wurde, blieb das typische Vereinsengagement eines höheren Beamten geprägt durch Kontakte, die vorrangig zu anderen Gruppen, 1895 und 1913 insbesondere zu Angehörigen des Neuen Mittelstandes, geknüpft wurden.

Zwar ist auch für die Gruppen des niederen Bürgertums die Stärke gruppeninterner Vernetzung feststellbar, allerdings mit einem zwischen dem Alten und Neuen Mittelstand deutlich divergierendem Verlauf: War die Binnenverflechtung bei Vorständen aus dem Alten Mittelstand zu Beginn und Mitte der Kaiserreichszeit mit über 40 % aller Kontakte vergleichsweise sehr hoch, reduzierte sie sich zum Ende der Kaiserreichszeit erheblich; mit Blick auf die Gesamtheit der Beziehungen des Alten Mittelstandes blieb der Wert für gruppeninterne Vernetzung dennoch am höchsten.[30] Eine diametral entgegengesetzte Entwicklung kennzeichnet die Vernetzung des Neuen Mittelstandes: 20,7 % aller Kontakte von Angehörigen des Neuen Mittelstandes wurden 1874 untereinander geknüpft (genauso viele allerdings zu Bildungsbürgern), dagegen 40,3 % und sogar 50 % – einer der höchsten Werte für alle Gruppen und Stichjahre – im Jahr 1913. Bei der Interpretation dieser Daten ist zum einen ein im Falle des Neuen Mittelstandes immens erhöhtes Maß an Vergemeinschaftung und Vergesellschaftung in den zahlreich im Laufe der Kaiserreichszeit entstehenden berufsständischen Interessorganisationen für seine Angehörigen zu berücksichtigen, zum anderen schließen die hier vorgestellten Daten nicht aus, dass Angestellte, Techniker oder Ingenieure sich in weiteren Untergruppen im Rahmen des Neuen Mittelstandes miteinander verbunden haben, mithin sich innerhalb der Gruppe des Neuen Mittelstandes weitere Teilgruppen sozial konstituierten, was noch zu diskutieren sein wird. Der stärkste Bezugspunkt des sonstigen Mittelstandes war 1874 der Alte Mittelstand (27 % aller Kontakte), wohingegen seine gruppeninternen Verbindungen nur einen Wert von 16,3 % aufwiesen. Im weiteren Verlauf steigerte sich dieser Wert deutlich auf 35,5 %, sank jedoch am Ende der Kaiserreichszeit wieder sichtbar (auf 21,4 %). Die Ausprägung gruppeninterner Häufigkeiten ist für die unteren Beamten und Angestellten 1874 und 1895 äußerst gering, typischerweise pflegten sie Kontakte zu

30 1874: 41.3 %, abs.: 370; 1895: 40,7 %, abs.: 870; 1913: 24,2 %, abs.: 982. Das deutliche Absinken am Ende der Kaiserreichszeit ist möglicherweise durch das gleichzeitig starke Ansteigen der Kontakte des Alten Mittelstandes zu nicht-klassifizierbaren Personen (von 5,4 % 1874 auf 20,1 % 1913) zu erklären. Berücksichtigt man, dass insbesondere in wirtschaftlichen Vereinen der Anteil nicht klassifizierter Personen (i. d. R. aufgrund fehlender Berufsangabe) besonders hoch war und Handwerker sich in diesem Vereinstyp oftmals in eigenen Interessenorganisationen zusammenfanden, kann vermutet werden, dass der Wert für Binnenbeziehungen innerhalb des Alten Mittelstandes höher sein müsste als der tatsächlich belegbare und dokumentierte Wert in der Tabelle.

Angehörigen anderer Gruppen. 1913 hatte sich die Häufigkeit ihrer Binnenvernetzung allerdings sichtbar erhöht (auch wenn sie von der Häufigkeit der Kontakte zum Neuen Mittelstand nach wie vor übertroffen wurde). Dagegen stiegen die nichtselbständigen Dienstleister – 1874 gar nicht im Netzwerk – 1895 mit einem vergleichsweise sehr hohen Wert gruppeninterner Verflechtung ein, der auch 1913 hoch blieb. Die Häufigkeit von Vorstandsverbindungen unter Arbeitern schließlich war für alle Stichjahre, trotz leichter Steigerungen, schwach. Mit Ausnahme der höheren Beamten und Arbeiter entwickelte sich gruppeninterne Vernetzung somit zu einem typischen Verflechtungsmuster der Kaiserreichszeit. War dies bei den Bildungs- und Wirtschaftsbürgern sowie dem Alten Mittelstand bereits zu Beginn des Untersuchungszeitraums angelegt, prägte sich dieses Merkmal sozialer Struktur insbesondere mit Blick auf den Neuen Mittelstand, aber auch hinsichtlich des sonstigen Mittelstandes, der Gruppen der unteren Beamten und Angestellten sowie der nichtselbständigen Dienstleister immer stärker aus. In dieser Hinsicht sind die bisher vorgestellten Vernetzungsmuster ein Beleg dafür, dass es sich bei den in dieser Arbeit diskutierten gesellschaftlichen Teilgruppen nicht um bloße wissenschaftliche Konstrukte handelt, sondern diese sich in den Konturen sozialer Partizipation in Netzwerken wiederfinden lassen.

Zugleich legen jedoch, zweitens, die Kontaktmuster *zwischen* den verschiedenen gesellschaftlichen Teilgruppen eine wesentlich feingliedrigere Beziehungsstruktur des Vereinswesens mit vielfältigen sozialen Bezugspunkten offen und werfen die Frage auf, inwieweit die analytische Trennung zwischen höherem und niederem Bürgertum sowie der Unterschicht anhand der ausgewerteten sozialen Beziehungen sinnvoll aufrechterhalten werden kann. Grundlegend behalten diese Eingruppierungen ihren Wert, um – in der hier genutzten Klassifikation auf Basis der Berufszugehörigkeit – beispielsweise Zugangs- und Teilhabechancen am Vereinswesen untersuchen zu können. Versteht man Klassenbildung jedoch weitergehend als soziale Zugehörigkeit in konkreten Beziehungsnetzwerken dann wird schnell ersichtlich, dass die starre Einteilung gesellschaftlicher Großgruppen die soziale Realität nicht erschöpfend abbildet und dies auch gar nicht zu leisten imstande sein kann. Denn hypothetisch ist nicht davon auszugehen, dass in der sich ausdifferenzierenden städtischen Gesellschaft am Ende des 19. Jahrhunderts in ihrer Beziehungsstruktur völlig homogene gesellschaftliche Teilgruppen und Großformationen vorzufinden sind. Unter Berücksichtigung dieser Einschränkung ist durchaus festzustellen, dass die Formation des höheren Bürgertums in den Vereinsnetzwerken einem nachweisbaren sozialen Zusammenhang entspricht. Dies lässt sich zunächst an der Zahl aller Kontakte, die zwischen und innerhalb der Teilgruppen des höheren Bürgertums realisiert wurden, in Relation zu allen Kontakten dieser drei Teilgruppen veranschaulichen: 1874 waren 67,7 %, 1895 66,4 % und 1913 60 % aller Kontakte der Gruppen des höheren Bürgertums solche innerhalb des höheren Bürgertums. Insbesondere die oftmals als Kerngruppen des Bürgertums aufgefassten Bildungs- und Wirtschaftsbürger wiesen nicht nur – wie dargelegt – innerhalb der eigenen Teilgruppierung die höchste Kontakthäufigkeit auf, sondern erzielten hinsichtlich der Verteilung der Beziehungshäufigkeiten mit Blick auf die jeweils andere Gruppe für alle drei Stichjahre stets die zweithöchsten Häufigkeitswerte.[31] Die Anteile der Beziehungen von Bildungsbürgern zu Wirtschaftsbürgern, gemessen an allen Kontakten der Bildungsbürger, lagen dabei 1895 und 1913 geringfügig höher als der entsprechende Anteil von Kontakten der Wirtschaftsbürger zu Bildungsbürgern in Relation zu ihrer Gesamtzahl an Beziehungen.[32] In der Reichsgründungszeit – 1874 – war dies noch umgekehrt: Bildungsbürger vernetzten sich in sehr hohem Maße vor allem untereinander und – in absoluten und relativen Zahlen deutlich geringer – mit höheren Beamten und nur am dritthäufigsten mit Wirtschaftsbürgern, während letztere einen stärkeren sozialen Bezug zu den Bildungsbürgern hatten. Der Beziehungsstruktur der Bildungsbürger in Vereinen war in dieser Hinsicht ein Grundzug imprägniert, der auch anhand der Daten für 1895 und abgeschwächter für 1913 noch sichtbar ist: Ihre sozialen Bezugspunkte, gemessen an der Häufigkeit ihrer Kontakte, blieben in allen Jahren die Wirtschaftsbürger und höheren Beamten sowie, zunächst noch etwas schwächer, dann immer stärker ausgebildet, der Neue Mittelstand. Demgegenüber war das Beziehungsportfolio des Wirtschaftsbürgertums vielfältiger. Auch seine Kontaktzahlen zu Bildungsbürgern und höheren Beamten waren in den drei Stichjahren relativ hoch und ebenso intensivierten sich seine Beziehungen zum Neuen Mittelstand, doch zugleich knüpfte es – wenn auch am Ende des Untersuchungszeitraums etwas schwächer ausgeprägt – zahlreiche Kontakte zum Alten Mittelstand. Die Beziehungshäufigkeit zum sonstigen Mittelstand sowie zu den Unterschichten war zwar erheblich geringer, jedoch gerade im Vergleich mit den entsprechenden Kontakten der Bildungsbürger zu diesen Gruppen sichtbar höher.[33] Erst am Ende der Kaiserreichszeit hatten sich die Kontaktdaten von Bildungsbürgern und Wirtschaftsbürgern zu den anderen gesellschaftlichen Gruppen

31 Die einzige Ausnahme bildet das Jahr 1874, als Bildungsbürger häufiger Kontakte zu Beamten hatten.

32 Dieser Befund zu den Beziehungen zwischen Bildungs- und Wirtschaftsbürgern ist nicht nur anhand der absoluten Daten in den Tabellen ablesbar, sondern auch auf Basis der prozentualen Werte. Bildungsbürgerliche Kontakthäufigkeit zu Wirtschaftsbürgern in Relation zu allen von ihnen eingegangenen Beziehungen 1874: 10,6 %, 1895: 23,7 %, 1913: 19,4 %; die entsprechenden relativen Werte für die Beziehungen von Wirtschafts- zu Bildungsbürgern sind 1874: 16,8 %, 1895: 18,7 %, 1913: 16,4 %.

33 Dass die Kontakte zu sonstigem Mittelstand und Unterschichten eher marginal verblieben, kann indes nicht überraschen, da diese – wie umfangreich dargelegt – nur in erheblich geringerem Maße überhaupt unter den Vereinsvorständen der Kaiserreichszeit vertreten waren.

weitgehend angenähert.[34] Die grundlegend abweichende Beziehungsstruktur der höheren Beamten ist bereits angesprochen worden, doch waren auch sie in hohem Maße in die Beziehungsnetze der Bildungs- und Wirtschaftsbürger eingebunden. Dabei war vor allem die Kontakthäufigkeit zu ersteren 1874 und 1895 hoch (1874 waren 38,3 % aller Kontakte der Beamten solche zu Bildungsbürgern, 1895 24,8 %; zu Wirtschaftsbürgern 20,8 % bzw. 21,1 %), sie reduzierte sich jedoch 1913 merklich (13,4 % zu Bildungs-, 15,9 % zu Wirtschaftsbürgern). Immer öfter wurden dagegen in der ausgehenden Kaiserreichszeit Kontakte zum Neuen Mittelstand hergestellt. Bildete sich dieser soziale Bezugspunkt auch bei Bildungs- und Wirtschaftsbürgern aus, so wurde er durch die Beziehungshäufigkeit der höheren Beamten zum Neuen Mittelstand bei weitem übertroffen.

Diese Verflechtungsmuster zwischen den Teilgruppen im Vereinswesen sind ebenfalls in Visualisierungen darstellbar. Die *one-mode*-Netzwerke der Vereinsvorstände können zu diesem Zweck dahingehend manipuliert werden, dass alle Knoten einer bestimmten Personengruppe bzw. Partition auf einen einzigen Knoten als Repräsentanten der jeweiligen Gruppe »geschrumpft« (*shrinking*) werden. Die Beziehungen zwischen diesen komprimierten Knoten können zudem mit Blick auf ihre Häufigkeit adäquat durch die Dicke der Verbindungslinien veranschaulicht werden (vgl. die Netzwerkkarten 9–11; PDF 52–54). In den jeweiligen Grafiken sind die Knoten aller relevanten Gruppen des Vereinswesens kreisförmig dergestalt angeordnet, dass diejenigen des höheren Bürgertums (rot, blau und schwarz) das linke, die Gruppen des niederen Bürgertums (*Purple*, *Magenta*, *Dandelion*) das mittlere und die Unterschichten (*Forest Green*, *Teal Blue* und *Light Green*) das rechte Spektrum der kreisförmigen Anordnung bilden.

Diese Netzwerkbilder verdeutlichen den sozialen Zusammenhang der Gruppen des höheren Bürgertums, veranschaulicht durch die dicken Beziehungslinien zwischen den entsprechenden Knoten im linken Spektrum der Netzwerkkarten. Ebenso ersichtlich wird indes, dass keine statischen, unüberbrückbaren Grenzen zwischen höherem und niederem Bürgertum bestanden. Kontakte zum Alten Mittelstand, vor allem hergestellt durch die Wirtschaftsbürger, blieben durchaus gängig. Insbesondere aber wurden in zunehmender Häufigkeit 1895 und 1913 – und dies gilt für alle Gruppen des höheren Bürgertums – soziale Verflechtungen mit dem Neuen Mittelstand eingegangen. Zugleich zeigen die Visualisierungen, dass die soziale Kohärenz zwischen den Gruppen des niederen Bürgertums wesentlich schwächer ausgeprägt war. Wichtigster Adressat von Kontakten des Alten Mittelstandes war in allen drei Stichjahren das

34 Dies verdeutlichen insbesondere die prozentualen Werte für Bildungs- und Wirtschaftsbürger in Relation zu allen von ihnen eingegangenen Beziehungen; Kontakte mit Beamten bei Bildungsbürgern 10,4 %, bei Wirtschaftsbürgern 10,2 %, mit Altem Mittelstand bei Bildungsbürgern 4,1 %, bei Wirtschaftsbürgern 7,1 %, mit Neuem Mittelstand Bibü 16,4 %, Wibü 15,2 %, mit sonstigem Mittelstand Bibü 1,3 %, Wibü 2,7 %, mit Arbeitern Bibü 0,3 %, Wibü 0,4 %, mit unteren Beamten und Angestellten Bibü 1,2 %, Wibü 1,3 %.

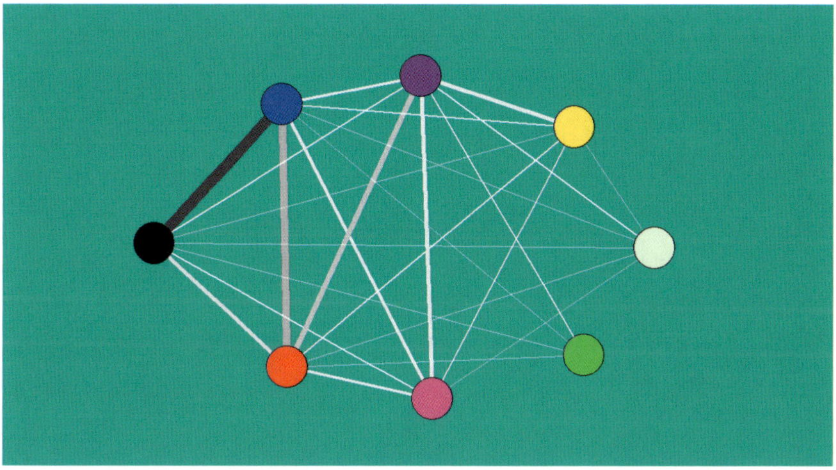

Netzwerkkarte 9: Beziehungsstrukturen im Vereinswesen 1874

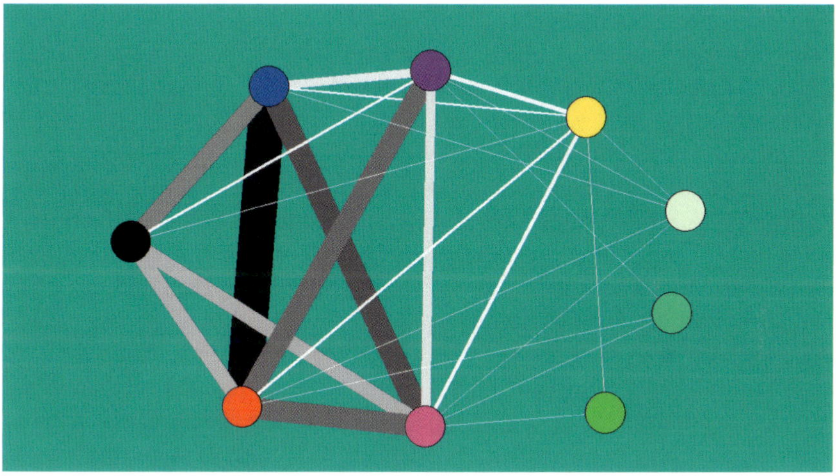

Netzwerkkarte 10: Beziehungsstrukturen im Vereinswesen 1895

Wirtschaftsbürgertum[35] und – wenn auch weniger augenfällig – das Bildungsbürgertum und die höhere Beamtenschaft. Neben seinem hohen Grad an gruppeninterner Vernetzung waren für den Neuen Mittelstand alle drei Gruppen des

35 1874 waren 16,6 %, 1895 23,7 % und 1913 15,6 % aller Beziehungen des Alten Mittelstandes solche mit Wirtschaftsbürgern – umgekehrt war die quantitative Bedeutung von Kontakten der Wirtschaftsbürger mit dem Alten Mittelstand schwächer: 1874 unterhielten 15,3 %, 1895 13,1 % und 1913 nur noch 7,1 % der Wirtschaftsbürger Kontakte zum Alten Mittelstand.

Netzwerkkarte 11: Beziehungsstrukturen im Vereinswesen 1913

höheren Bürgertums als Bezugspunkte maßgeblich.[36] Verbindungen zwischen Altem und Neuem Mittelstand bestanden zwar 1874 und 1895 durchaus, ein herausragender quantitativer Stellenwert lässt sich in dieser Hinsicht jedoch nicht festmachen – insbesondere die Beziehungen zum Alten Mittelstand gemessen an der Gesamtzahl der Kontakte des Neuen Mittelstandes verloren dramatisch an Bedeutung; von 17,6 % aller Kontakte 1874 sank der Wert auf nur noch 3,9 % 1913.[37] Vergleicht man die Entwicklung des Kontaktgeflechts in den Netzwerkbildern, wird ersichtlich, dass der Neue Mittelstand im Vergleich zu früheren Jahren zu einer der am besten vernetzten Gruppe unter den Vereinsvorständen geworden ist.

»Nach unten« hatte vor allem der Alte Mittelstand Kontakte zum sonstigen Mittelstand, die für letzteren von größerer Bedeutung waren als für ersteren (gemessen an den prozentualen Anteilen an den Gesamtkontaktwerten der beiden Gruppen),[38] sowie der Neue Mittelstand zu unteren Beamten und An-

36 Prozentuale Verteilung der Beziehungen des Neuen Mittelstandes zum höheren Bürgertum: mit Bildungsbürgern 1874 20,7 %, 1895 15,5 %, 1913 9 %; mit Wirtschaftsbürgern 1874 13,5 %, 1895 14,5 %, 1913 9,9 % und mit Beamten 1874 6,3 %, 1895 12,1 %, 1913 11,4 %. Auf Basis der absoluten Zahlen wird diesbezüglich besonders die stark ansteigende Kontakthäufigkeit zu Beamten ersichtlich: 1874 nur 28 Kontakte, 1895 386 und 1913 1.568.

37 Demgegenüber verweisen die prozentualen Werte für den Alten Mittelstand auf eine leicht steigende Tendenz: 1874 waren 8,7 %, 1895 10,6 % und 1913 13,2 % seiner Kontakte solche zum Neuen Mittelstand.

38 1874 machten die Kontakte zum sonstigen Mittelstand 8,5 %, 1895 6,9 % und 1913 5 % aller Beziehungen des Alten Mittelstandes aus; umgekehrt dagegen beim sonstigen Mittelstand 27 %, 18,5 % und 10,6 %.

gestellten. Die Vernetzungsmuster und relationalen Bezugspunkte der in der vorliegenden Arbeit als Unterschicht klassifizierten Gruppen – Arbeiter, untere Beamte und Angestellte sowie nichtselbständige Dienstleister –[39] sind im Vergleich zu den anderen sozialen Formationen des höheren und niederen Bürgertums nochmals disparater. Zeichnen sich mit Blick auf das höhere Bürgertum durchaus nachvollziehbare Konturen seines sozialen Zusammenhanges in den Vereinsnetzwerken ab, war das niedere Bürgertum dahingehend deutlich weniger kohärent und hinsichtlich des Alten und Neuen Mittelstandes mit unterschiedlichen Kontakthäufigkeiten eher mit den Gruppen des höheren Bürgertums verbunden. Demgegenüber manifestierte sich die Existenz einer Unterschicht mit dichten Beziehungsnetzen im Vereinswesen, gemessen am statistischen Datenmaterial und in den Netzwerkbildern, kaum. Dies gilt sowohl für die Messwerte gruppeninterner Vernetzung als auch mit Blick auf Kontakte zu anderen Gruppen. Betrachtet man zunächst die Kontakte von Arbeitern ist für 1874 zu berücksichtigen, dass nur fünf Vorstände im Datensample Arbeiter – drei Mechaniker, ein Maschinenbauer und ein Handarbeiter – sind, welche unter anderem im Bürger-Rettungs-Institut, im Naturwissenschaftlichen Verein und in der Neumarkt-Schützengilde Vorstandsmitglied waren. Sie waren somit einerseits Mitglied sehr renommierter und traditionsreicher Vereine der Stadt, völlig undurchlässig waren Grenzen sozialer Schätzung dementsprechend nicht, andererseits hatten sie, bis auf eine Ausnahme, auch keinen Vorstandsposten in mehr als einem Verein inne, ihr Engagement blieb also begrenzt. Angesichts der genannten Vereine überrascht es nicht, dass die meisten Kontakte zum Alten Mittelstand, den Wirtschaftsbürgern und – etwas weniger häufig – zu Bildungsbürgern und Beamten bestanden. 1895, allerdings vor dem Hintergrund eines Absinkens der Gesamtzahl an Kontakten, bildete der sonstige Mittelstand den Hauptbezugspunkt, Kontakte zum Wirtschafts- und Bildungsbürgertum waren nun deutlich seltener. Für das letzte Stichjahr des Kaiserreichs blieb der Kontakt zum sonstigen Mittelstand häufig, wurde jetzt aber von Beziehungen zum Neuen Mittelstand übertroffen. Etwas weniger ausgeprägt waren Kontakte zum Alten Mittelstand, gestiegen ist die Zahl der Kontakte zu den unteren Beamten und Angestellten. Auch die Beziehungen der unteren Beamten und Angestellten zu anderen Gruppen waren 1874 noch relativ breit gestreut, häuften sich in den beiden folgenden Stichjahren aber vor allem zum Neuen Mittelstand und 1913 insbesondere zu den höheren Beamten. Nichtselbständige Dienstleister hatten 1895 Kontakte zum Alten wie zum Neuen Mittelstand, 1913 geringfügig stärker auch zu Beamten und Wirtschaftsbürgern sowie zu unteren Beamten und Angestellten. Hinsichtlich der Netzwerke der Unterschichtengruppen ist auf zwei

39 Zu nennen ist in diesem Zusammenhang auch die Gruppe der Landarbeiter, Soldaten und Invaliden, die im Folgenden aber nicht berücksichtigt wird, da sie hinsichtlich der Vernetzungen im Vereinswesen quantitativ nahezu keine Rolle spielen.

statistische Besonderheiten zu verweisen: Erstens sind ihre Kontaktzahlen 1874 und auch 1895 noch so gering, dass wenige Kontakte zu markanten statistischen Auffälligkeiten führen können (beispielsweise 40,2 % aller Kontakte der Arbeiter 1874 zum Alten Mittelstand), zweitens konnten gerade für 1913, als die Zahl der Unterschichtsangehörigen mit Vorstandsposten und ihrer Kontakte deutlich angestiegen war, eine beträchtliche Zahl ihrer Kontakte nicht genauer bestimmt werden, da sie zu Personen bestanden, die nicht klassifizierbar waren. Es kann daher nur vermutet werden, dass die Beziehungshäufigkeit zwischen den einzelnen Unterschichtsgruppen höher war, als nachgewiesen werden kann.[40]

2.2 Kontaktfelder

Die im vorherigen Abschnitt untersuchten Beziehungen der verschiedenen gesellschaftlichen Teilgruppen in den Netzwerken wurden in bestimmten Segmenten des Vereinswesens häufiger hergestellt als in anderen. Dadurch ist die Struktur der Netzwerke bestimmt. Die unterschiedenen Vereinstypen können in diesem Zusammenhang als Kontaktfelder begriffen werden, in denen Beziehungen im Rahmen differenter Handlungskontexte realisiert wurden. Für die drei Stichjahre 1874, 1895 und 1913 wurden die Kontakte der einzelnen Gruppen, die sie in den verschiedenen Vereinstypen sowohl untereinander als auch mit anderen Gruppen eingingen, in umfangreichen Tabellen erfasst. Auf Basis dieser nuanciert gegliederten Beziehungsdaten wird eine präzise Analyse der Kontaktfelder in Vereinen möglich (vgl. die Daten in PDF 55–57 für die folgenden Ausführungen).

Soziale und wohltätige Vereine als »Kitt« des Bürgertums im protestantischen Halle

In seiner umfangreichen und überzeugenden Längsschnittanalyse hat Marcus Gräser die Entwicklung der bürgerlichen Sozialreform und den Prozess des *Welfare State Building* in Deutschland und den USA untersucht und ein neues Interpretationsangebot für die Herausbildung und Persistenz sozialer und wohltätiger Vereine vorgestellt. Ihre kontinuierliche Relevanz liege darin, dass sie ein Integrations- und Selbstverständigungsmedium, ein Instrument der Eigenwahrnehmung und Selbstkontrolle des Bürgertums darstellten. Über die praktizierte Armenunterstützung seien soziale Begegnungen herbeigeführt worden, durch welche sich der Arme erst als Armer, der Bürger als Bürger zu begreifen begann. Vor dem Hintergrund der »Integrationskrise« des Bürgertums, der Spannungen zwischen altem Stadtbürgertum und neu aufstrebenden Bildungs-

40 1913 bestehen 27,3 % aller Kontakte der Arbeiter zu Personen, die nicht klassifizierbar waren, bei den Nichtselbständigen Dienstleistern sogar 28,6 % aller Kontakte, bei den unteren Beamten und Angestellten 15 %.

und Wirtschaftsbürgern habe sich, so Gräser, vermittels der Vereinsarbeit ein Diskussionsforum für gemeinbürgerliche Lebensführungsideale entwickelt. Die Konstitution des Bürgertums sei ein dauerhafter Vorgang geblieben, der vor allem in »daily routines and social networks« seinen Ausdruck fand.[41]

Die Analyse der Beziehungen in sozialen und wohltätigen Vereinen zeigt, dass sie für die Integration des städtischen Bürgertums weiterhin eine herausragende Rolle spielten. Zunächst ist festzuhalten, dass in der Kaiserreichszeit – wenn auch in der Tendenz deutlich abnehmend – ein erhebliches Maß der im Vereinswesen geknüpften Beziehungen in den sozialen Vereinen verortet war. So wurden 1874 42,7 % aller Beziehungen im Bereich der sozialen Vereine gepflegt, 1895 36,7 %, 1913 dann jedoch nur noch 14 %. Die für die ersten beiden Stichjahre sehr hohen Werte sind zum Teil dadurch zu erklären, dass die Adressbücher gerade für die sozialen Vereine die Vorstände sehr umfangreich verzeichneten.[42] Einer der Gründe dafür war, dass in diesen Vereinen eine Vielzahl von Funktionen bzw. Posten offeriert wurde.[43] Zudem lässt sich vermuten, dass sowohl in der Perspektive der Adressbuchredakteure als auch der Vereine selbst ein Interesse daran bestand, dieses ehrenamtliche, gemeinwohlorientierte Engagement durch eine namentliche Nennung zu honorieren. Dass der Anteil der in sozialen und wohltätigen Vereinen geknüpften Beziehungen am Ende der Kaiserreichszeit sank, lag nicht zuletzt daran, dass andere Vereinstypen – dies ist bei der Analyse der Vereinsentwicklung bereits hervorgehoben worden – an Relevanz gewannen. Für das höhere Bürgertum blieben die sozialen Vereine jedoch der wichtigste soziale Kontaktraum im städtischen Vereinswesen. Hier stellten Bildungs- und Wirtschaftsbürgertum sowie höhere Beamte in der gesamten Kaiserreichszeit nicht nur die meisten ihrer Beziehungen her,[44] sondern knüpften in hohem und sehr hohem Maße Kontakte zu anderen Angehörigen der gleichen Gruppe[45] oder zu anderen Gruppen des höheren Bürgertums.

41 Vgl. zu diesem Abschnitt *Gräser*, Wohlfahrtsgesellschaft, S. 61 ff., das Zitat S. 65.

42 1874 waren in den Adressbüchern für alle Vereine durchschnittlich 7,3 Vorstände pro Verein verzeichnet, bei den sozialen Vereinen waren indes durchschnittlich 10,1 Vorstände angegeben; 1895 betrug dieser Durchschnittswert für alle Vereine 5,8, für die sozialen 11,1; 1913 für alle Vereine 5,6 und für die sozialen 7,7.

43 Siehe zum Beispiel die zahlreichen Posten des Vereins gegen Armennot und Bettelei, die im Adressbuch von 1913 aufgelistet werden.

44 Kontakte von Bildungsbürgern in sozialen Vereinen in Relation zu allen Beziehungen der Bildungsbürger: 1874 65,5 %, 1895 54,1 %, 1913 26,7 % (immer noch der höchste Kontaktwert der Bildungsbürger im Vergleich zu ihren Kontakten in anderen Vereinssegmenten); die entsprechenden Werte für Wirtschaftsbürger: 1874 44,6 %, 1895 47 %, 1913 22,1 % (höchster Wert der Wirtschaftsbürger 1913); Beamte: 1874 59,7 %, 1895 42,6 %, 1913 11,7 % (nur noch dritthöchster Wert der Beamten).

45 Von allen Kontakten zwischen Bildungsbürgern und Bildungsbürgern entfielen auf den Bereich der sozialen Vereine: 1874 70 %, 1895 51,5 %, 1913 25,2 %; bei Beziehungen zwischen Wirtschaftsbürgern und Wirtschaftsbürgern: 1874 38,4 %, 1895 41,4 %, 1913 19,4 %; bei Beziehungen zwischen Beamten und Beamten: 1874 61,1 %, 1895 32,8 %, 1913 7,1 %.

Doch auch hinsichtlich der Gruppen des höheren Bürgertums ist unübersehbar, dass sozialen Vereinen in ihrem Beziehungsportfolio am Ende der Kaiserreichszeit eine deutlich geringere Bedeutung zukam, als dies noch 1895 der Fall war. Sowohl die absoluten Kontaktzahlen als auch die prozentualen Werte für Beziehungen des höheren Bürgertums hatten sich bis 1913 halbiert – im Falle der Beamten umfassten sie sogar nur noch 12 % ihrer Beziehungen. Die Aufnahme von Beziehungen in anderen Vereinstypen war auch für sie wichtiger geworden. Dies gilt für alle bürgerlichen Teilgruppen vor allem bezüglich der zunehmenden Relevanz von wirtschaftlichen und berufsständischen Vereinen, in denen Bildungsbürger 1913 17,3 %, Wirtschaftsbürger 16,8 % und Beamte 23 % ihrer Beziehungen realisierten. Bei den Bildungsbürgern kamen insbesondere hohe Kontaktwerte in religiösen Vereinen (21,1 %), bei Wirtschaftsbürgern in Krieger- (14,4 %), politischen (13,6 %) und geselligen Vereinen (15,6 %) und bei den Beamten ebenfalls in Kriegervereinen (42,6 %) hinzu.

Auch wenn somit in steigendem Maße Kontakte in anderen Vereinssegmenten, gemessen an der Häufigkeit der Kontakte, an Bedeutung gewannen, blieb doch der Stellenwert der sozialen und wohltätigen Vereine als »Kitt« des Bürgertums relevant. Dies wird ersichtlich, wenn man sich die Beziehungshäufigkeit zwischen den verschiedenen Gruppen des Bürgertums vergegenwärtigt. Bildungsbürger kamen in keinem anderen Bereich des Vereinswesens so oft mit Wirtschaftsbürgern und höheren Beamten zusammen. Auch Wirtschaftsbürger hatten hier ihren höchsten Kontaktwert zu Bildungsbürgern, den zweithöchsten zu Beamten; die Beamten den höchsten zu Bildungsbürgern und den zweithöchsten zu Wirtschaftsbürgern (vgl. die Kontakthäufigkeiten in PDF 55–57). Die Beziehungsdaten für 1913 belegen zugleich, dass diese Vereine auch als Kontakt- und Kommunikationsräume zwischen Bildungs- und Wirtschaftsbürgern und dem Alten und Neuen Mittelstand wichtig waren – für die Beamten hatte der soziale Bezug zu den mittelständischen Gruppen hier jedoch allenfalls eine marginale Bedeutung. Der sonstige Mittelstand und die Unterschichten waren von diesen Netzwerken weitgehend ausgeschlossen.

War somit der soziale und wohltätige Vereinssektor vor allem ein Raum häufiger Beziehungen zwischen Gruppen des höheren und Teilen des niederen Bürgertums, kennzeichneten sich die religiösen Vereine durch eine sehr begrenzte Beziehungsreichweite. Sie waren vor allem Metier des Bildungsbürgertums. Dass soziale und religiöse Vereine als Kontakträume an dieser Stelle zusammen diskutiert werden, ist plausibel, denn zwischen diesen Vereinstypen bestanden zahlreiche Verbindungen. Sowohl vor der Reichsgründung als auch in der gesamten Kaiserreichszeit besetzten Geistliche zahlreiche Vorstandsposten in sozialen Vereinen. Am Ende der Kaiserreichszeit hatte sich zudem die Zahl der Vorstände, die über eine gemeinsame Vorstandsmitgliedschaft Verbindungen zwischen diesen beiden Vereinsbereichen herstellten, deutlich vermehrt. Abseits der Bildungsbürger fanden andere gesellschaftliche Gruppen kaum Zugang zu den Kontaktkreisen in den religiösen Vereinen. Auf Bildungsbürger entfielen 1874 65,7 % der Beziehungen, 1895 58,3 %, 1913 63 %.[46] Die Kontaktwerte für Wirtschaftsbürger, höhere Beamte und Alten sowie Neuen Mittelstand blieben indessen in der Kaiserreichszeit niedrig,[47] vor allem in Relation zu der Gesamtzahl von Beziehungen dieser Gruppen in der städtischen Vereinslandschaft.[48] Der soziale Hauptbezugspunkt aller Gruppen in religiösen Vereinsvorständen war zudem wiederum stets das Bildungsbürgertum.[49] Es bestanden daher auch zwischen den Formationen des höheren Bürgertums nur limitierte Kontaktmöglichkeiten, der sonstige Mittelstand und die Unterschichten hatten, wie schon im Fall der sozialen Vereine, kaum oder keinen Zugang zum Kontaktraum religiöser Vorstandstätigkeit.[50]

Religiöse Motive von Vereinstätigkeit und Kontakte in religiösen bzw. konfessionell ausgerichteten Vereinen waren keineswegs nur auf den engeren Bereich der religiösen Vereine mit dem Bildungsbürgertum als Träger beschränkt. Gerade das am Beginn dieses Abschnitts diskutierte breite Engagement mit dichten Kontaktfeldern zwischen unterschiedlichen Gruppen des Bürgertums in den sozialen und wohltätigen Vereinen indiziert das Gegenteil. Denn soziales Vereinsengagement war nicht selten kirchlich initiiert und religiös motiviert. Für etwa ein Drittel der 65 sozialen Vereine ließen sich 1913 kirchlich-religiöse Zwecke oder Motive in der Vereinstätigkeit feststellen.[51] Es bestanden daher einerseits in den sozialen und Wohltätigkeitsvereinen mit religiös-kirchlicher Ausrichtung Kontaktfelder zwischen den unterschiedlichen Gruppen des höheren und niederen Bürgertums, wie sie im gesamten Bereich der sozialen Vereine existierten, und über Geistliche mit mehrfacher Vorstandsmitgliedschaft waren sie zudem an den religiösen Vereinssektor angebunden. Andererseits ist

46 Dies bedeutet indes nicht, dass Bildungsbürger nur oder hauptsächlich in religiösen Vereinen aktiv waren. 1874 machte ihr Vereinsengagement in diesen, gemessen an allen Kontakten der Bildungsbürger, lediglich 10,1 % und 1895 8,4 % aus. Erst 1913 war dieser Wert deutlich auf 21,1 % gestiegen.

47 Der Anteil von Kontakten der Wirtschaftsbürger an allen Beziehungen in religiösen Vereinen lag 1874 bei nur 3 %, 1895 dann bei 21,8 % und 1913 bei 9,1 %. Die entsprechenden Werte für die anderen Gruppen waren: Beamte 9,3 %, 3,9 %, 9,9 %; Alter Mittelstand 8,1 %, 6,3 %, 3,7 %; Neuer Mittelstand 14 %, 5 %, 11,4 %.

48 Wirtschaftsbürger: 0,7 % (1874), 2,5 % (1895), 2,6 % (1913); Beamte: 4,1 %, 1,1 %, 4,3 %; Alter Mittelstand: 2,1 %, 1,3 %, 2,3 %; Neuer Mittelstand: 7,4 %, 0,7 %, 2,1 %.

49 Bildungsbürger stellten den Hauptteil des Vorstands in den meisten Vereinen und besetzten zudem oftmals die wichtigsten Vorstandsposten. Eine Ausnahme waren die jüdischen Vereinigungen, der Zentralverein deutscher Staatsbürger jüdischen Glaubens und der Verein der Barmherzigen Brüder, in denen Wirtschaftsbürger dominierten.

50 Die einzige nennenswerte Ausnahme stellten die unteren Beamten und Angestellten dar. Kontakte in religiösen Vereinen machten 1895 sogar 15,4 % aller ihrer Kontakte im Vereinswesen aus, 1913 dagegen nur noch 3,1 % (ihr Anteil an allen Kontakten im religiösen Vereinsbereich betrug 1895 jedoch lediglich 3,6 %, 1913 2,2 %).

51 19 von 65 Vereinen (zuvor waren es 1874 vier von 14 und 1895 sieben von 26 Vereinen).

auch durch Beziehungen in kirchlichen Gesang- und Musikvereinen (Typ: kulturelle Vereine) religiöse Orientierung und Kirchenzugehörigkeit im protestantischen Halle ein Faktor, der einen wichtigen Rahmen für die Konstituierung spezifischer bürgerlicher Kontaktfelder bildete. Vor allem das Fehlen großer religiöser oder konfessioneller Minderheiten führte in Halle dazu, dass das konfessionelle *Cleavage* kaum milieubildend wirkte und die Grenzen von Beziehungsräumen zwischen Menschen strukturierte. Eine Gliederung dieser Räume vollzog sich daher eher auf Basis von Gemeindezugehörigkeit und durch »Alter« und/oder »Geschlecht«, da im Laufe der Kaiserreichszeit jede protestantische Gemeinde ein Netz an eigenen Jugend-, Männer-, Frauen-, Missions- und karitativen Vereinen offerierte – in der Regel mit dem Gemeindepfarrer als Organisator dieser protestantischen Lebenswelt.[52] Stellte Konfessionszugehörigkeit und Religiosität im Vereinswesen Halles dementsprechend ein verbindendes Element dar, das sich in den Beziehungen der Menschen in sozialen und kulturellen Vereinen vielfältig manifestierte, waren es vor allem ökonomischer Status und Berufszugehörigkeit, die (neue) Grenzen in der Kontaktwelt der Vereine konstituierten.

Wirtschaftliche und berufsständische Vereine

Wenn als Grundzug der Beziehungsstruktur sozialer Vereine die häufige Vernetzung zwischen den einzelnen Gruppen des höheren Bürgertums unter Anschluss von Teilen des niederen Bügertums konstatiert werden kann – und in diesem Sinne ein starkes *social bridging* zwischen den einzelnen Gruppen des Bürgertums (jedoch unter Ausschluss der Unterschichten) –, so sind die Kontakte, die in den wirtschaftlichen und berufsständischen Vereinen bestanden, eher durch *social bonding* – Beziehungen, die vornehmlich gruppenintern realisiert wurden – charakterisiert.[53] Diese hohen gruppeninternen Kontaktwerte sind in allen drei Stichjahren für das Wirtschaftsbürgertum und den Alten Mittelstand sowie ab 1895 für den Neuen, den sonstigen Mittelstand und die nichtselbständigen Dienstleister dokumentiert, 1913 auch für das Bildungsbürgertum sowie die unteren Beamten und Angestellten.[54] Hintergrund dieser Ent-

52 Zwar gab es vereinzelte katholische Vereine wie den Bonifacius-Sammel-Verein, den Katholischen Verein vom Hl. Vinzenz, den Katholischen Gesellen-Verein, den Katholischen Jünglings-Verein oder den Katholischen Männer-Verein, jüdische Vereine wie den Verein der Barmherzigen Brüder und den Zentralverein deutscher Staatsbürger jüdischen Glaubens, weiterhin Zusammenschlüsse wie den Deutschen Monistenbund und den Bund für buddhistisches Leben, die gerade im Falle der Katholiken und Juden starke Bezugs- und Treffpunkte für Gläubige in der Diaspora darstellen konnten, konfessionell segregierte Milieus, die auch politische Relevanz hatten, entstanden daraus im Gegensatz zu anderen deutschen Städten jedoch nicht.

53 Diese Begrifflichkeit wurde entlehnt von *Putnam/Goss*, Einleitung, S. 28ff.

54 Letztere knüpften 1913 im Bereich der wirtschaftlichen Vereine zwar 205 Kontakte untereinander, aber noch mehr – 215 – zum Neuen Mittelstand.

wicklung ist die Hausse der wirtschaftlichen und berufsständischen Vereine im Kaiserreich. Der Boom der wirtschaftlichen Interessenorganisation führte zu einer steigenden Zahl von Vereinsgründungen, die Mitgliedschaften durch gemeinsame Berufszugehörigkeit (oder Branchenzugehörigkeit) definierten. Oftmals wurde eine solche auch statutarisch festgelegt und zur Eintrittsbarriere in den Verein. Die weitgehend sozioökonomisch homogenisierten Mitgliedschaften der Vereine, die sich nach der Reichsgründung oftmals auch als nationale Verbände zusammenschlossen, basierten auf einem hohen Maß an gemeinsamen Interessen. Konflikte sollten weitgehend externalisiert werden.[55]

1874 war die Zahl der wirtschaftlichen Interessenorganisationen auf lokaler Ebene – sei es als ausschließlich lokal oder regional ausgerichteter Verein bzw. Verband, sei es als lokaler Ableger einer nationalen Organisation – noch sehr überschaubar. Abgesehen vom Alten Mittelstand und dem Wirtschaftsbürgertum fielen diese Vereine mit Blick auf die Häufigkeit von Beziehungen für die anderen Gruppen kaum ins Gewicht.[56] Während 1895 die gruppeninternen Kontaktwerte für das Wirtschaftsbürgertum hoch blieben, steigerten sie sich im Falle des Alten Mittelstandes nochmals.[57] Erstmals von signifikanter Bedeutung waren wirtschaftliche Vereine als Beziehungsraum nun für den Neuen Mittelstand, indiziert durch eine hohe gruppeninterne Kontakthäufigkeit sowie – was noch zu thematisieren sein wird – durch relativ starke Beziehungen zu Bildungsbürgern und höheren Beamten.[58] Vice versa bildete für diese beiden Gruppen der Neue Mittelstand einen starken sozialen Bezugspunkt – mit weit höheren Kontaktwerten gegenüber der jeweiligen gruppeninternen Verbindungshäufigkeit von Bildungsbürgern und Beamten, die dennoch im Falle der Bildungsbürger immerhin einen Wert von 29,2 %, bei den Beamten von 24,1 % aufwies (in Relation zur Gesamtzahl ihrer Kontakte im wirtschaftlichen Bereich). Das Muster gruppeninterner Vernetzung ist nun auch für Teile des

55 Es gab jedoch auch Beispiele von Verbänden, in denen divergierende Interessen den Erfolg der Verbandstätigkeit beeinträchtigten. Dies traf bezeichnenderweise auf solche zu, die eine größere Bandbreite verschiedener Gruppen für sich gewinnen wollten, z. B. den Hansa-Bund; vgl. *Mielke*, Hansa-Bund.

56 Angehörige des Alten Mittelstandes realisierten 75 % ihrer Gesamtzahl an Kontakten in wirtschaftlichen Vereinen untereinander und 42,2 % aller von ihnen im Vereinswesen untereinander geknüpften Beziehungen in Vereinen dieses Typs (die entsprechenden prozentualen Werte für das Wirtschaftsbürgertum betrugen 58,6 bzw. 39,5 %).

57 51,5 % aller Kontakte der Wirtschaftsbürger im wirtschaftlichen Vereinsbereich waren solche zwischen Wirtschaftsbürgern und Wirtschaftsbürgern (17 % aller ihrer gruppeninternen Kontakte im Vereinswesen); die äquivalenten Werte für den Alten Mittelstand waren 76,2 % bzw. 71,5 %).

58 58,3 % der vom Neuen Mittelstand in diesem Bereich eingegangenen Beziehungen waren solche zu anderen Angehörigen des Neuen Mittelstandes (65,5 % aller gruppeninternen Kontakte des Neuen Mittelstandes im gesamten Vereinswesen), 12,4 % zu Bildungsbürgern und 18,1 % zu höheren Beamten (dagegen nur 4,1 % zu Wirtschaftsbürgern).

niederen Bürgertums und der Unterschichten nachweisbar.[59] 1913 war schließlich eine soziale Struktur voll ausgeprägt, nach welcher Beziehungen in wirtschaftlichen und berufsständischen Vereinen typischerweise gruppenintern aufgenommen wurden – mit der Ausnahme der höheren Beamten sowie der unteren Beamten und Angestellten, die in diesem Vereinstyp am häufigsten Beziehungen zum Neuen Mittelstand eingingen (68,5 % bzw. 36,3 %).

Im Folgenden soll anhand des Stichjahres 1913 unter eingehender Thematisierung der Beziehungsmuster des Neuen Mittelstandes – dessen Werte am auffälligsten sind – diese Struktur näher diskutiert werden. Neben dem Alten Mittelstand wies 1913 vor allem der Neue Mittelstand sehr hohe Werte gruppeninterner Beziehungen auf (50,6 % seiner Beziehungen in wirtschaftlichen Vereinen ging der Alte Mittelstand untereinander ein, beim Neuen Mittelstand lag der entsprechende Wert sogar bei 68,3 %). An dieser Stelle gilt es jedoch, das Knüpfen von Beziehungen »untereinander« zu problematisieren, denn bisher wurde eine analytisch bestimmte Formation wie der Neue Mittelstand en bloc untersucht. Es wurde also gefragt, welche Personen, die aufgrund ihrer Klassenlage dem Neuen Mittelstand zugeordnet werden konnten, mit welchen anderen Personen Beziehungen eingingen. Und in der Tat resultierten aus dieser Analyse Befunde, die einen über Kontakte fassbaren sozialen Zusammenhang als Neuer Mittelstand plausibel machen, so auch der an dieser Stelle diskutierte hohe Wert gruppeninterner Vernetzung in wirtschaftlichen und berufsständischen Vereinen. Doch zugleich müssen, gerade in Bezug auf den Neuen Mittelstand, Vernetzungsmuster seiner Teilgruppen – der Lehrer, der mittleren Angestellten und Beamten, der Techniker und der Vorarbeiter – in den Blick genommen werden.[60]

Ein hohes Maß an sozialer Bindung entlang berufsständischer Grenzen wiesen vor allem Lehrer und Lehrerinnen sowie die mittleren Beamten auf. Während erstere sich im Halleschen Lehrerverein sowie im Lehrerinnen-Verein zusammenfanden – und dementsprechend mit dem Geschlecht ein weiteres Distinktionskriterium organisationsrelevant wurde –,[61] sind 1895 und 1913 zahlreiche Vereine hinzugekommen, die explizit Beamte als Zielgruppe mobilisierten. Mittlere Beamte stellten 1913 ausschließlich oder zu einem ganz überwiegen-

59 66,7 % der Beziehungen von Angehörigen des sonstigen Mittelstandes wurden in wirtschaftlichen Vereinen untereinander geknüpft, damit 91,2 % ihrer gruppeninternen Kontakte im gesamten Vereinswesen (die äquivalenten Werte für die nichtselbständigen Dienstleister betragen 71,4 % bzw. 97,2 %). Für Arbeiter sowie untere Beamte und Angestellte war der wirtschaftliche Vereinsbereich dagegen, gemessen an den hier genutzten Daten, nach wie vor nicht von Bedeutung.

60 Kocka hat mit Blick auf die Angestellten konstatiert, dass eine eigentliche Konstituierung als gesamtgesellschaftliche Gruppe erst im Zuge der Auseinandersetzungen um die Angestelltenversicherung erfolgte. Vgl. *Kocka*, Die Angestellten, S. 86.

61 Neben dem Merkmal »Geschlecht« konnte auch die Konfessionszugehörigkeit von Bedeutung sein, wie das Beispiel des Vereins für katholische Kaufleute und Beamte als Zweigverein der Katholisch-kaufmännischen Vereinigung Deutschlands zeigt.

den Teil den Vorstand etwa im Bund geprüfter Sekretäre und Obersekretäre der Reichspost und -telegraphenverwaltung, im Eisenbahn-Assistenten-Verband, im Eisenbahn-Fahrbeamten-Verein, im Eisenbahn-Praktikanten-Verein, im Eisenbahn-Supernumerar-Verein, im Halleschen Beamten-Verein, im Ortsverband der Gemeindebeamten, im Post- und Telegraphen-Beamten-Verein, im Verband der Gemeindebeamten der Provinz Sachsen, im Verband Technischer Sekretäre der Preuß. Hess. Staats- und Reichseisenbahnen, im Verein mittlerer Staatseisenbahn-Beamten, in der Vereinigung der Eisenbahn-Bureau-Beamten der Eisenbahn-Direktion Halle a. S., im Zweigverein Naumburg a. S. (Sitz Halle a. S.) des Verbandes der Gerichts-Sekretäre und -Assistenten oder im Zentralverband pensionierter deutscher Reichs-, Staats- und Gemeindebeamten, sowie Lehrer. Dass diesbezüglich Vereine von Beamten der Eisenbahn und Post die größte Zahl stellten, mag angesichts der Rolle der Stadt Halle als Eisenbahnknotenpunkt kaum überraschen. Dies gilt ebenso für die, jedoch weniger zahlreichen Vereine der unteren Beamten.[62] Mit dem Preußischen Beamten-Verein sowie dem Eisenbahn-Verein existierten auch zwei Vereine, welche die unterschiedlichen Gruppen der unteren, mittleren und höheren Beamten zusammenführten. Gesonderte Organisationen der höheren Beamten gab es im Vereinswesen nicht, in diesen beiden wichtigen Großvereinen hatten sie jedoch die entscheidenden Positionen – u. a. den Posten des Vorsitzenden – inne.[63] Die ausführliche Auflistung der Beamtenvereine verdeutlicht auch auf der Ebene gesellschaftlicher Selbstorganisation die distinguierte Bedeutung, die dem Beamtenstatus zukam und sich immer ausgeprägter in bewusster, exklusiver Vereinszusammengehörigkeit manifestierte. Nicht nur der Beamtenstatus strukturierte den Charakter dieser Vereinigungen, sondern besonders die Gruppe der mittleren Beamten war hier nochmals sehr spezifisch nach den verschiedenen Beamtengruppen der Staats- und Gemeindeverwaltung gesellschaftlich segregiert – Beziehungen in diesem Bereich waren damit entlang formal festgelegter Grenzen konturiert.

Gegenüber der letztlich bis zur Kodifizierung des Angestelltenversicherungsgesetzes von 1911 weitgehend amorphen Gruppe der Angestellten, die sich in ihrer Selbstwahrnehmung – wie die auch am Ende der Kaiserreichszeit noch übliche (Selbst-)Bezeichnung »Privatbeamter« verdeutlicht –[64] gerne an den privilegierten Beamten orientierten, brachte dies ein hohes Maß an sozialer Abschließung im Bereich der Interessenorganisation mit sich. Berufsständische oder branchenspezifische Distinktion kennzeichnete jedoch auch die Vereine der Angestellten aus den Bereichen des Industrie-, Handels-, Versicherungs- und

62 Genannt seien die Ober-Postschaffner-Vereinigung für den Oberpostdirektionsbezirk Halle (Saale), der Verband der unteren Post- und Telegraphenbeamten, der Verein Hallescher Lokomotivführer und der Verein deutscher Eisenbahn-Wagenwärter.

63 Einen Sonderfall stellte der Beamten-Verein Glückauf dar. In diesem Verein für Gruben- und Fabrikbeamte fanden sich verschiedene Beamten- und Angestelltengruppen.

64 Vgl. *Kocka*, Die Angestellten, S. 75.

Bankensektors selbst. Vorherrschend waren lange Zeit nicht übergreifende Angestelltenorganisationen, sondern berufsständische Vereinigungen, die ab der Mitte des 19. Jahrhunderts als »Harmonieverbände« entstanden. Der Verein für Handlungs-Commis von 1858, der ursprünglich das Angebot einer preiswerten Stellenvermittlung zum Ziel hatte und auch 1913 noch existierte, ist für diesen Typus ein Beispiel. Auch nach den Gründungswellen der 1880er Jahre bestimmten berufsständische Vereine oder Verbände – wie der Leipziger Verband Deutscher Handlungsgehilfen (1891) oder der Deutschnationale Handlungsgehilfen-Verband (1893) – das Feld. Sie richteten sich ausdrücklich an Angestellte im kaufmännischen Bereich.[65] Dass in Deutschland die Strukturen des Bildungssystems hochgradig auf die Selbstwahrnehmung und den sozialen Status sowie auf gesellschaftliche Ausdifferenzierungsprozesse und die Ausgestaltung von Selbstorganisation wirkten, wird besonders deutlich am Beispiel der technischen Berufe und der Organisationen von Technikern und Ingenieuren.[66] Auch wenn spezifische, an Berufsständen und Branchen orientierte Vereine in der gesamten Kaiserreichszeit dominierend blieben, entstanden ebenso Vereine wie der Deutsche Privatbeamtenverein, die sich bewusst als übergreifende Angestelltenverbände verstanden, sowie – vergleichsweise spät – Verbände wie der Zentralverband der Handlungsgehilfen und Handlungsgehilfinnen Deutschlands, der Allgemeine Verband der Deutschen Bankbeamten oder der Bund der technisch-industriellen Beamten, die gewerkschaftliche Strategien verfolg-

65 Vgl. *Schulz*, Die Angestellten seit dem 19. Jahrhundert, S. 24 ff. Filiationen dieser Verbände entstanden in der Kaiserreichszeit auch in Halle. Hinzu kamen z. B. der Verein der deutschen Kaufleute oder der Kaufmännische Verband für weibliche Angestellte. Ähnlich spezialisierte berufsständisch orientierte oder bestimmte Gruppen von Angestellten organisierende Vereine gründeten sich für Beschäftigte in anderen Wirtschaftszweigen: bspw. der Bund der Versicherungs-Vertreter Deutschlands, der Verband Deutscher Bücherrevisoren, der Verein der Hotel- und Restaurant-Angestellten, der Werkmeister-Verein, der Deutsche Faktoren-Bund oder der Verein der staatlich geprüften Desinfektoren. Im Landwirtschaftlichen Beamten-Verein und im wirtschaftlichen Verband der landwirtschaftlichen Genossenschaften der Provinz Sachsen und der angrenzenden Staaten waren verschiedene Beamten- und Angestelltengruppen im Vorstand stark vertreten.

66 Vgl. *Kocka*, Die Angestellten, S. 90 ff.; zu Organisationen der Techniker und Ingenieure siehe v. a. *Lundgreen/Grelon*, Ingenieure. In Halle bestanden 1913 Organisationen des Deutschen Techniker-Verbandes, der Thüringer Bezirksverein deutscher Ingenieure und der Tiefbohrtechnische Verein. Die Deutsche Gesellschaft für Mechanik und Optik hatte sich, über ihre ursprüngliche Zielgruppe – Mechaniker und Optiker – hinausgehend, alsbald anderen Berufsgruppen wie Chemikern oder Mineralogen geöffnet, da diese an dem Hauptzweck des Vereins, den Bau wissenschaftlicher Präzisionsinstrumente in Deutschland zu forcieren, originär interessiert waren. Vgl. hierzu *Zaun*, Instrumente, S. 187 ff., v. a. S. 197 ff. Die Chemiker selbst hatten sich im Verein deutscher Chemiker berufsständisch in einem wissenschaftlichen Zusammenschluss mit zahlreichen Zweigvereinen organisiert. Schließlich ist der Sächsisch-Thüringische Dampfkessel-Revisions-Verein anzuführen, der Technikern und Ingenieuren weniger als unmittelbare Interessenvertretung diente, sondern mit dem sie als Prüfer von Dampfkesselanlagen öffentliche Aufgaben übernahmen.

ten.[67] Diese übergreifenden, zwischen den einzelnen Teilgruppen vermittelnden Organisationen waren jedoch Ausnahme. Hinter den hohen Werten gruppeninterner Vernetzung des Neuen Mittelstandes im Bereich der wirtschaftlichen und berufsständischen Interessenorganisation verbirgt sich daher ganz überwiegend eine in hohem Maße segregierte Organisationslandschaft von Interessen der Lehrer, der mittleren Beamten sowie der verschiedenen Angestelltengruppen.

Derartige Zerklüftungen, z. T. auch Frontstellungen, mögen im Fall des Neuen Mittelstandes stark ausgeprägt gewesen sein, indes waren sie kein Alleinstellungsmerkmal. Im Rahmen des Alten Mittelstandes gab es 1913 erste Arbeitgeberschutzverbände,[68] denen sich Handwerksmeister und Dienstleister anschlossen, Vereine und Verbände, die selbständige Dienstleistungen[69] oder die Belange von Wirten[70] organisierten sowie natürlich die traditionellen Innungen, die im Verlauf der Kaiserreichszeit wieder mehr Privilegien geltend machen konnten. Gerade im Bereich der Handwerkszusammenschlüsse des Alten Mittelstandes existierten neben den gewerkspezifischen Vereinen und Innungen auch Zusammenschlüsse wie der Handwerkermeisterverein oder der Innungsausschuss, welche eine vermittelnde Position einnahmen bzw. beanspruchten. Gleiches galt mit Blick auf die Händler für den Gewerbeverein.

Wenn man die anderen Gruppen und ihr Engagement in wirtschaftlichen und/oder berufsständischen Vereinen betrachtet, fallen zunächst ebenfalls die eher geschlossenen, exklusiven Vereine ins Auge, deren Mitgliedschaft an einen spezifischen ökonomischen, beruflichen oder Bildungsstatus gebunden war. Sie organisierten bestimmte wirtschaftsbürgerliche (Fabrikanten, Kaufmänner, leitende Angestellte)[71] oder bildungsbürgerliche (freie Berufe wie Ärzte in Ärzte-

67 Vgl. *Schulz*, Die Angestellten seit dem 19. Jahrhundert, S. 25ff. Für Büroangestellte existierte ab 1910 eine Gewerkschaft mit Zugehörigkeit zum Halleschen Gewerkschaftskartell, die jedoch Ende 1910 nur 23, 1914 lediglich 47 Mitglieder hatte, was in der sozialdemokratischen Jubiläumsschrift darauf zurückgeführt wird, dass die Büroangestellten nur wenig Einsicht in die Notwendigkeit gewerkschaftlicher Organisation hätten; vgl. Durch Kampf zum Sieg, S. 211 Vorformen bzw. frühe gewerkschaftliche Bestrebungen stellten auch der Deutsche Gruben- und Fabrik-Beamten-Verband oder der Bund deutscher Telegraphen-Arbeiter, Vorarbeiter und Handwerker (aus diesem gingen die späteren Postgewerkschaften hervor) dar.

68 Z. B. der Arbeitgeberverband für das Maler- und Lackierergewerbe.

69 Z. B. der Deutsche Drogistenverband, der Droschkenführer-Verband oder die Freie Vereinigung selbst. Barbiere, Friseure und Perückenmacher.

70 Verband der freien Gast- u. Schankwirte Deutschlands, Genfer Verband der Hotel- u. Restaurant-Angestellten in Deutschland.

71 Unter anderem der Arbeitgeber-Schutzverband für das Deutsche Holz-Gewerbe, der Arbeitgeber-Verband für das Handel- und Transportgewerbe, der Verband der Feilenindustriellen, Feilenhauer und Schleifer für Mitteldeutschland, der Verband der Metall-Industriellen, der Verein der Mineralwasserfabrikanten, der Verein sächsischer Malzfabrikanten, die Vereinigung der Großhändler in Kolonialwaren, der Deutsche Bankbeamten-Verein (in diesem fanden sich vor allem leitende Angestellte im Vorstand), der Hallesche Verein für Getreide- und Produktenhandel oder der Kaufmännische Verein.

vereinigungen)[72] Gruppen. Im Falle der Angehörigen des sonstigen Mittelstandes verdeutlichen die Vernetzungsmuster in wirtschaftlichen Vereinen seine Stellung zwischen niederem Bürgertum und Unterschicht. Ein großer Teil dieser Gruppe organisierte sich bzw. übte eine Vorstandsfunktion in Gewerkschaften und Gewerkvereinen aus, woraus insbesondere Kontakte zu Arbeitern, seltener auch zu Angehörigen des Alten Mittelstandes resultierten. Hohe gruppeninterne Kontaktwerte des sonstigen Mittelstandes finden sich in berufsständischen Vereinigungen von Handwerken, die sich in der Berufsklassifikation nicht genauer spezifizieren ließen, z. B. im Gärtner-Verein. Für die Arbeiter waren naturgemäß die Gewerkschaften und Gewerkvereine ein bedeutendes Betätigungsfeld, das sich aber in den Zahlen der Tabellen kaum widerspiegelt.[73] Der empirische Wert ihrer gruppeninternen Verbindungen liegt 1913 bei nur 34 Kontakten. Diese sehr niedrige Zahl ist dadurch bedingt, dass in den Adressbüchern insbesondere die Gewerkschaften zumeist nur mit einem Vorstand verzeichnet sind. Gerade über den Zusammenschluss der sogenannten freien Gewerkschaften im sozialdemokratischen Gewerkschaftskartell sind jedoch enge Beziehungen zwischen den einzelnen gewerkschaftlichen Zusammenschlüssen auf Vorstandsebene entstanden. Gleiches gilt für die Koordination unter den Hirsch-Dunckerschen Gewerkvereinen.[74] Sehr deutlich zeigt sich im aufbereiteten Datenmaterial dagegen die berufsständische Abschließung in sozialen Kreisen der nichtselbständigen Dienstleister – insbesondere im gastronomischen Bereich (Verein Hallescher Gastwirtsgehilfen, Verein der Hotel- und Restaurant-Angestellten, Verein Hallescher Tafeldecker und Lohnkellner).

Interessenorganisation ging daher, dies sei zusammenfassend nochmals herausgestellt, mit der an berufsständischen und ökonomischen Grenzen ausgerichteten sozialen Abschließung der verschiedenen Teilgruppen, aber auch – und insbesondere am Beispiel des Neuen Mittelstandes diskutiert – ihrer einzelnen Bestandteile (Berufsgruppen) einher. Vermittelnde Instanzen wie allgemeine wirtschaftliche Vereine als potentielle Diskussionsforen der verschiedenen Gruppen standen kaum noch zur Verfügung, hatten massiv an Bedeutung verloren oder fungierten als exklusiver Treffpunkt der ökonomischen Eliten der Stadt.[75] 1913 hatte diese durch wirtschaftliche, soziale und politische Transformationsprozesse begründete Entwicklung, die insbesondere seit den 1890ern durch eine immense Ausdehnung des Marktes organisierter Interessen gekennzeichnet war, zu einem sehr hohen Maß an sozialer Differenzierung geführt.

72 Z. B. der Verein der Ärzte, der Architekten- und Ingenieur-Verein, der Bund Deutscher Architekten oder die Rechtskonsulenten-Innung.

73 Vgl. für Halle *Kügler*, Arbeiterschaft, S. 64 ff.

74 Z. B. im Mitteldeutschen Ausbreitungsverband deutscher Gewerkvereine (H.-D.).

75 Zu Elitenvereinen siehe auch die Ergebnisse der Frankfurter Bürgertumsforschung.

Kriegervereine – Netzwerke der »kleinen Leute«?

Diese Bezeichnung der Vereinsmitglieder hat Thomas Rohkrämer in seiner Interpretation des Kriegervereinswesens als »Militarismus der ›kleinen Leute‹« explizit zur Abgrenzung von Deutungen der Vereine als kleinbürgerliches Phänomen gewählt, da ihre sozialstrukturelle Zusammensetzung – wie er anhand von Daten des Deutschen Kriegerbundes belegt – durch einen hohen Arbeiteranteil, der in den Industriestädten bis zu 30 % der Mitgliedschaft betrug, gekennzeichnet war. Neben Kleinbürgern seien somit vor allem Arbeiter an den Gründungen beteiligt und Mitglieder der Kriegervereine gewesen, was zeige, dass ein Teil der Arbeiterschaft für nationalistisch-militaristisches Gedankengut offen war und abseits der sozialdemokratischen Arbeiterbewegung stand.[76] Dieses spezifische sozialstrukturelle Profil der Vereine kann mit Blick auf die gesamten Mitgliedschaften der hallischen Kriegervereine aufgrund fehlender Quellen nicht falsifiziert werden. Doch gerade der in dieser Arbeit gewählte Zugriff auf die Sozialstruktur der Vorstände kann Aufschluss darüber geben, ob in diesem Vereinssegment »kleinbürgerliche« Gruppen und Unterschichten abseits der einfachen Vereinsmitgliedschaft die Möglichkeit hatten, in leitender Funktion Kontakte untereinander und mit anderen Gruppen knüpfen zu können.

Für die Gruppen des höheren Bürgertums war das Kriegervereinswesen 1874 mit Blick auf die Beziehungen der Vorstände nahezu ohne Bedeutung,[77] dagegen entfielen 93,3 % aller Beziehungen in Kriegervereinen auf die Angehörigen des niederen Bürgertums und die Unterschichten. Mit 36,3 % wies der Alte Mittelstand den höchsten Wert auf. Insbesondere hinsichtlich des sonstigen Mittelstandes sowie der unteren Beamten und Angestellten sind sowohl der Stellenwert der Kontakte in Kriegervereinen in Relation zu ihren Beziehungen in allen Vereinen als auch ihre sozialen Bezugspunkte interessant. Denn für die unteren Beamten und Angestellten machten Beziehungen in diesem Teil des Vereinswesens 34,6 %, für den sonstigen Mittelstand 20,9 % all ihrer Kontakte aus. Als Kontaktfeld hatte das Kriegervereinswesen für sie daher einen bedeutenden Stellenwert. Zudem konnten diese, in der gesamten Vereinslandschaft der Reichsgründungszeit nur schwach vertretenen Gruppen gerade unter den »Kriegern« Verbindungen zu allen Gruppen des niederen Bürgertums (im Falle der unteren Beamten und Angestellten) und zum Alten Mittelstand (im Falle des sonstigen Mittelstandes) herstellen. Für sie resultierte daraus ein integra-

76 Vgl. *Rohkrämer*, Militarismus, S. 34 ff. Die Bezeichnung »kleine Leute« soll, so Rohkrämer, die Gemeinsamkeit eines niedrigen Sozialprestiges und begrenzter finanzieller Mittel der Mitglieder herausstellen. Insbesondere Adel, Akademiker, Landwirte und Angestellte seien in den Vereinen unterrepräsentiert gewesen. Wie Rohkrämer jedoch selbst einräumt, sind präzise Aussagen über Beruf und Einkommen auf Basis der Statistik des Kriegerbundes von 1911 kaum möglich.

77 Die höheren Beamten hatten sogar keinen einzigen Kontakt im Rahmen dieses Vereinstyps.

tives Moment der Teilhabe an sozialen Kreisen, die sie in keinem anderen Vereinssegment zu erreichen vermochten. Der Arbeiteranteil an diesen Kontakträumen blieb indes noch unbedeutend.

Der Zugang zur Vorstandsmitgliedschaft war auch Personen mit einem niedrigen Einkommen in weit höherem Maße möglich, als dies in der gesamten Vereinslandschaft der Fall war. Dies belegen die verfügbaren Einkommens- bzw. Steuerdaten für die Jahre 1888 und 1895. 1888 gehörten fast 40 % aller Kriegervereinsvorstände der Steuerklasse 5 (10–50 Mark) an, und somit nahezu doppelt so viele wie mit Blick auf alle städtischen Vereinsvorstände (18,2 %).[78] Diese überproportionale Repräsentanz von Personen mit niedrigem Einkommen bzw. geringem Vermögen wird auch 1895 anhand der Werte für die neu enthaltene Steuerklasse 6 (unter 10 Mark), der 12,5 % der Kriegervereinsvorstände angehörten (dagegen nur 6,8 % aller Vorstände) sowie ihrem nach wie vor hohen Anteil in der Steuerklasse 5 (34,1 %; dagegen nur 26 % aller Vorstände) ersichtlich. Die drei höchsten Steuerklassen blieben schwach vertreten.[79] Eine größere soziale Offenheit der Kriegervereine wird somit, über die gängigen Befunde zur Vereinsmitgliedschaft hinausgehend, auch auf Ebene der Vorstände deutlich. Dass eine solche Entwicklung vor der Jahrhundertwende noch nicht selbstverständlich war, verdeutlichen gerade die Daten zum finanziellen Status der Vereinsvorstände in ihrer Gesamtheit. Die Teilhabe an den Beziehungen in Vereinen, die durch eine formelle (die statutarischen Festlegungen und die aus dem Status eines Vorstandes mit spezifischen Rechten und Pflichten sich speisende gemeinsame Arbeit und Besorgung der Vereinsangelegenheiten) wie eine informelle (Zugehörigkeitsgefühle, soziale Schätzung) Komponente charakterisiert war, blieb gerade den Unterschichten mit niedrigem Einkommen lange ver-

78 Von den Kriegervereinsvorständen gehörten der Steuerklasse 1: 3 % (alle Vorstände 3,5 %), der Steuerklasse 2: 7,6 % (8,3 %), der Steuerklasse 3: 33,3 % (50,3 %), der Steuerklasse 4: 16,7 % (19,7 %), der Steuerklasse 5: 39,4 % (18,2 %) an. Während somit, abgesehen von der erwähnten Steuerklasse 5, die Werte für die Klassen 1, 2 und 4 annähernd der Verteilung aller Vorstände im Vereinswesen entsprachen, fällt beim Vergleich zwischen den Werten für die Steuerklasse 3 eine große Diskrepanz auf. 1888 war diese »mittlere« Steuerklasse mit Abstand die quantitativ bedeutendste. Da aber auch sie Personen mit relativ hohem Einkommen (Steuern zwischen 100 bis 500 Mark) umfasst, indiziert der signifikant niedrigere Wert für die Kriegervereinsvorstände ebenfalls eine wesentlich geringere Beteiligung von Personen mit hohem Einkommen an diesem Vereinstyp.

79 Steuerklassen 1: 1,1 % (10,9 % aller Vorstände); 2: 7,8 % (8,3 %); 3: 21,6 % (34,2 %); 4: 22,7 % (13,8 %); 5: 34,1 % (26 %); 6: 12,5 % (6,8 %). Analog zu den Werten für 1888 war die Zahl der Kriegervereinsvorstände in Steuerklasse 3 im Vergleich zu allen Vorständen erneut niedrig. Angehörige der im Text diskutierten Gruppen sonstiger Mittelstand sowie untere Beamte und Angestellte verteilten sich ausschließlich auf die niederen Steuerklassen. Gleiches gilt für Vorstandspersonen aus dem Neuen Mittelstand, denn von diesen ließen sich nur zwei Personen der Steuerklassen 3 (100 bis 500 Mark) zuordnen, alle anderen waren in niedrigeren Steuerklassen situiert.

wehrt. Besonders vor diesem Hintergrund nehmen die Kriegervereine eine untypische Rolle im Vereinswesen ein, da in ihnen ein solcher Zugang möglich war.

Dieser Grundzug bleibt auch 1895 und 1913 bestehen. Die Interpretation dieser Daten bedarf jedoch einer Relativierung, welche die in den Quellen verzeichneten Angaben problematisiert. Denn, wie schon an anderer Stelle hervorgehoben, führten die Adressbücher die Vorstände der einzelnen Vereine nicht immer im gleichen Umfang. Für die Kriegervereine trifft dieser Umstand in außergewöhnlichem Maße zu, denn während 1895 durchschnittlich nur 4,9 Vorstände pro Kriegerverein gelistet wurden, waren es 1913 13,3. Zwei Erklärungen gibt es für diese ungewöhnlich hohe Zunahme: Erstens konnten die Vereine selbst durch umfangreiche Angaben den von ihnen beanspruchten Stellenwert prätentiös zur Schau stellen. Zweitens waren die lokalen Vereine, auch wenn ihr Binnenleben demokratisch verfasst gewesen sein mag, keineswegs völlig autonom, sondern konfrontiert mit staatlichen und verbandlichen Regulierungstechniken, die insbesondere darauf ausgerichtet waren, die Bestrebungen der zur Massenbewegung avancierten Kriegervereine im Sinne ihrer staatstreuen Ausrichtung zu kanalisieren. Von staatlicher Seite beinhaltete dies beispielsweise die Ausstattung mit spezifischen Privilegien wie der Verleihung von Fahnen und Abzeichen; im Falle verbandlicher Steuerung kann in diesem Zusammenhang das 1891 vom Deutschen Kriegerbund in die Satzung aufgenommene Mitgliedschaftsverbot für Sozialdemokraten genannt werden.[80] Dieser Steuerungsintention entsprach das Werben sowohl der Landesregierung als auch des Deutschen Kriegerbundes für den Beitritt vor allem von Beamten und beurlaubten Offizieren sowie angesehenen Persönlichkeiten des städtischen Bürgertums.[81] Ein Resultat dieser Bemühungen war, dass unter den 112 Beamten in den Vorständen des hallischen Kriegervereinswesens 1913 100 Offiziere (ohne Adelsprädikat) waren, von denen lediglich vier aktive bzw. operative Vorstandsfunktionen ausübten, da ihnen in der Regel Ehrenmitgliedschaften bzw. -vorstandsmitgliedschaften angetragen wurden.[82] Bildungsbürger, die traditionell schwach in den Kriegervereinen vertreten waren, konnten 1913 ebenfalls 14 Ehrenmitgliedschaften aufweisen (bei 18 bildungsbürgerlichen Vorständen insgesamt). Dagegen gab es 1895 insgesamt nur acht Ehrenposten, die sämtlich auf Beamte, Bildungs- und Wirtschaftsbürger entfielen. Die Bedeutung dieser Ehrenmitgliedschaften kann jedoch nicht nur auf eine rein repräsentative Funktion reduziert werden, denn vor allem die hier stark vertretenen Offiziersränge symbolisierten eine staatstreue Gesinnung, die wiederum eine große Wirkung auf Selbstverständnis und Binnenleben der Vereine und ihrer Mitglieder gehabt hat.[83] Dieses Zurschau-

80 Vgl. *Rohkrämer*, Militarismus, S. 28 u. 41.
81 Vgl. ebd., S. 34ff.
82 Z. B. Ehrenvorsitzender oder Ehrenausschussmitglied.
83 Siehe auch *Rohkrämer*, Militarismus, S. 36.

stellen von staatlicher Ehrung und Loyalität zum Staat erklärt die »aufgeblähten« Vorstandslisten der Kriegervereine 1913. Aus der Vielzahl der dokumentierten Vorstände ergibt sich zum einen die immens hohe Kontaktzahl (8.671) im Kriegervereinswesen insgesamt – nur im Bereich der wirtschaftlichen und berufsständischen Vereine sind mehr Kontakte überliefert –, zum anderen entsteht mit Blick auf höhere Beamte und Bildungsbürger eine gewisse »Verzerrung«, da sie vornehmlich Ehrenmitgliedschaften inne hatten, wodurch die vor allem im Fall der Beamten enorm hohen Werte hinsichtlich ihrer Bedeutung in Kontakträumen der aktiven Vorstände, die für das Alltagsgeschäft der Vereine verantwortlich sind, relativiert wird. Doch die ausführliche Nennung der operativen Vorstandschaften erlaubt zugleich die präzise Auswertung der Kontakte des niederen Bürgertums und der Unterschichten. Mit Blick auf das Beziehungsportfolio der Angehörigen des Alten Mittelstandes (27,3 % aller Beziehungen im Vereinswesen in Kriegervereinen), der Arbeiter (38,5 %), der unteren Beamten und Angestellten (45,6 %) und der nichtselbständigen Dienstleister (32,7 %) hatten Kontakte in Kriegervereinen im Stichjahr 1913 erhebliche Relevanz. Einen sozialen Fixpunkt für alle Gruppen bildeten dabei sowohl die Wirtschaftsbürger als auch die Beamten (Offiziere) in ihrer Funktion als Ehrenmitglieder.[84] Neben diesen Bezügen zum höheren Bürgertum war das Kontaktgeflecht innerhalb des niederen Bürgertums, der Unterschichten und zwischen diesen beiden Formationen breit gefächert: Hohe bzw. höchste Kontaktwerte (im Vergleich zu Beziehungen in anderen Vereinstypen) bestanden zwischen Angehörigen des Alten und Neuen Mittelstandes, beide mittelständischen Gruppen hatten Beziehungen zu Arbeitern sowie zu unteren Beamten und Angestellten, Angehörige des Neuen Mittelstandes auch zu denen des sonstigen Mittelstandes und zu den nichtselbständigen Dienstleistern, die unteren Beamten und Angestellten zu Arbeitern und zu nichtselbständigen Dienstleistern. Im Gegensatz zu den eher durch *social bonding* und Interessenorganisation gekennzeichneten wirtschaftlichen und berufsständischen Vereinen und den sozialen Vereinen als Integrationsmedien des höheren und niederen Bürgertums, gab es in diesem Vereinssegment eine integrative gruppen- und formationsübergreifende Vernetzung, die auch die Unterschichten einbezog.

Abschließend sei der spezifische Charakter der Kriegervereine hervorgehoben.[85] Hier konservierten zunächst die »wirklichen Krieger« – bevor im Laufe

84 Zwar wurde die Ehrenmitgliedschaft vor allem Offizieren zuteil, aber auch unter den Wirtschaftsbürgern im Kriegervereinswesen fanden sich zahlreiche Ehrenmitglieder und Ehrenvorstände. Die Beziehungsart zu diesen beiden Gruppen war damit weniger durch alltägliche Vereinsarbeit definiert, aber doch durch ein Gefühl gemeinsamer Zugehörigkeit, selbst wenn dieses nur auf einer einseitigen Wahrnehmung beruht haben sollte. Bildungsbürger blieben, auch wenn sich die absolute Zahl ihrer Kontakte erhöht hatte, unterrepräsentiert und waren für die Kontaktnetze von geringer Bedeutung.

85 Vgl. grundlegend *Zimmermann*, Kriegervereine.

der Kaiserreichszeit in zahlreichen Vereinen auch Nichtkombattanten aufgenommen wurden – ihre Soldatenerlebnisse und begründeten damit eine besondere Form von Geselligkeit, die sich aus Erfahrungen und Erinnerungen der Kriegsteilnahme sowie aus einem expliziten Bezug zur Nation und zum, erst durch den Kriegseinsatz entstandenen, Reich speiste. Bewahrung von Erinnerung und Verdienst waren daher zentrale Bausteine im Selbstverständnis der Vereine, das nach innen gelebt und nach außen artikuliert wurde. Getragen wurde es, wie dargelegt, auch auf der operativen Vorstandsebene, in hohem Maße von Angehörigen des niederen Bürgertums und der Unterschichten, die somit durch die Klammer eines gemeinsamen positiven Bezugs zu Reich und Nation in einem explizit als politisch zu wertenden Kontaktraum soziale Teilhabe fanden.[86] Mit dieser politischen Implikation ging jedoch das Postulat einher, alle »Reichsfeinde« von diesen Räumen auszuschließen. Hinsichtlich der sozialen Beschaffenheit und Positionsbestimmungen in den Kontaktfeldern bedeutete dies, dass vor allem mit Blick auf die Unterschichten eine strikte Trennlinie, die die Anhänger der sozialdemokratischen Arbeiterbewegung ausschloss, eingezogen wurde und durch verschiedene regulative Steuerungsmodi von verbandlicher und staatlicher Seite die freie Entfaltung der sozialen Partizipationsmöglichkeiten in den Vereinen kontrolliert und durch Beteiligung von Offizieren eingehegt wurde.

Kultur und Geselligkeit

Der Boom von Geselligkeit und der zahlreichen neuen Freizeitvereine im Wilhelminischen Kaiserreich erzeugte ein sozialintegratives Potential im Vereinswesen, das bei der Untersuchung der Beziehungen in kulturellen sowie in geselligen, Sport- und Freizeitvereinen ebenso offenbar wird wie die sozialen Grenzen dieser Geselligkeit. Im kulturellen Bereich der Gesang- und Musikvereine war Geselligkeit ein Bestandteil des Vereinslebens, aber doch den eigentlichen Vereinszielen klar untergeordnet. Insbesondere die Beschäftigung und Förderung von Kunst und Kultur konstituierte in der ersten Hälfte und der Mitte des Jahrhunderts Räume bürgerlicher Exklusivität, die dem Anspruch der städtischen Honoratiorenschaft Rechnung trugen, in diesen Bereichen federführend tätig zu sein. Auch in der Kaiserreichszeit finden sich derartig exklusive

86 Entgegen der oftmals durch die Vereine und ihre Vertreter getätigten Behauptung und auch statutarisch festgelegten Bestimmung, die auf den »unpolitischen« Charakter der Vereine abhoben. »Unpolitisch« meinte vor allem das Fernhalten jeglicher Form von Parteipolitik. Ihre systemstützende Ausrichtung und Zugehörigkeit zum nationalen Lager hatte demgegenüber eine für den Bestand des Kaiserreichs wichtige politische Qualität. Anstatt einer etwaigen politischen Sozialisation betont Nathaus dagegen vor allem konkrete, aus der Vereinsmitgliedschaft resultierende Vorteile wie beispielsweise Unterstützungsangebote sowie die Kontaktmöglichkeit zwischen Arbeitern und Bürgern im Vereinsleben als Grund für den Erfolg und die Langlebigkeit der Vereine. Vgl. *Nathaus*, Organisierte Geselligkeit, S. 11 ff. u. 113 ff.

Kreise. Dies galt für den Kunst-, den Kunstgewerbeverein, die Photographische Gesellschaft, für die Förderung der Theaterkultur durch die Theateraktiengesellschaft 1874, den Lauchstädter-Theater-Verein 1913 oder für die Pflege von Literatur und Räsonnement im Leseverein und im Verein Literaria. In letzteren waren vor allem Bildungsbürger zu finden. Doch nicht nur in diesen Kulturvereinen konnten elitäre Vereinszirkel im Kaiserreich bewahrt werden. Gleiches gilt auch für Vereine bzw. Klubs, die ausschließlich der reinen Geselligkeit verpflichtet waren und auf eine lange Tradition zurückblicken konnten sowie für einige der neu entstehenden Freizeit- und Sportvereine.[87] Ein Monopol auf Kunst und Kultur oder auf zweckfreie Geselligkeit hatte das höhere Bürgertum im Kaiserreich jedoch längst nicht mehr. Dies dokumentieren die zahlreichen Vereinsgründungen und die soziale Zusammensetzung ihrer Vorstände. Im Vorstand des Dramatischen Vereins Dilettantenbühne und des Theatralischen Vereins »Neuer Verein Euterpe« arbeiteten Angehörige des Alten und Neuen Mittelstandes zusammen, im Dramatischen Verein sowie in den theatralischen Vereinen Deutsche Bühne und Euterpia waren sie neben Wirtschaftsbürgern 1895 im Vorstand aktiv. Ähnliches galt 1913 für den Burg-Theater-Klub, die Dramatische Abteilung Hallescher Dilettanten, die theatralischen Vereine Aurelia, Dasmania, Schiller, Thalia und Vilja. Die gestiegene soziale Relevanz des Neuen Mittelstandes drückt sich in diesem Zusammenhang darin aus, dass insbesondere Lehrer im illustren Vorstand der Photographischen Gesellschaft, im Richard-Wagner-Verein oder im Dürerbund zu finden waren. Traditionell offener und geselliger als die Kunst- und Theatervereine, und quantitativ auch wesentlich stärker verbreitet, waren die städtischen Gesang- und Musikvereine.[88] Im Kaiserreich stellten sie nach wie vor die bei weitem größte Zahl der kulturellen Vereine – 1895 über 40, 1913 über 80 Vereine und Verbände. Die gerade im Vergleich zu den exklusiven bürgerlichen Vereinen größere soziale Offenheit, die sich insbesondere über einen hohen Anteil von Angehörigen des Alten Mittelstandes an Vereinsvorständen manifestierte, war bereits Kennzeichen dieser Vereine im Vormärz. Wesentlich für die schichtenübergreifende Offenheit war die Idee des Gesangvereins als »Männerbund«, der sich durch Gleichheit, Freiheit und Gemeinschaft konstituierte. Ein »Korporationsgeist«, der sich

87 Ein Beispiel für die Organisation dieser exklusiven Geselligkeit war die Vereinigte Berggesellschaft; siehe *Hagen*, Die Stadt Halle, Bd. 1, S. 626 ff. Auch bei den Sportvereinen ist davon auszugehen, dass durch hohe Mitgliedsbeiträge die Zusammensetzung der Mitgliedschaft gesteuert wurde. Dies galt vor allem für die Reitervereine und den Tennisklub. Zudem wiesen drei der Rudervereine hohe Beiträge auf. Vgl. *BzSdSH*, Sportvereine, S. 54 f.

88 Dabei waren Diskussionen um die inhaltliche Ausgestaltung des Vereinslebens und die Außenwirkung auch in der zweiten Hälfte des 19. Jahrhunderts an der Tagesordnung. Grundlegend wurde über die Bedeutung des »Korporationsgeistes«, der musikalischen Qualität der Sänger und Musiker sowie einer etwaigen politischen Ausrichtung der Vereine gestritten. Vgl. *Moeller/Timm-Hartmann*, Stadt des Singens, S. 148 ff.

nicht nur durch zumeist basisdemokratische Verfahren innerhalb der Vereine, sondern durch Symbole und Zeichen auch nach außen artikulierte.[89]

Für den Boom der neuen Geselligkeits- und Freizeitvereine ab den 1890er Jahren liefert vor allem das Entstehen einer »Populärkultur« die Erklärung. Der Wettstreit im Singen, Schießen, Turnen und in neuen Sportarten wie Fußball führte dazu, dass individuelle Leistung zur Grundlage für den sozialen Status werden konnte.[90] Das Bedürfnis nach Unterhaltung und Amüsement wurde in einer breiten Palette von Vereinen bedient und befriedigt. Halle bildete hier, wie oben bereits dargelegt, keine Ausnahme. Das Datensample von 1913 belegt dies: Von der Canaria' Halle a. S., Verein für Liebhaber und Züchter edler Kanarienvögel über den Amateur-Photographen-Verein, den Bäcker-Kraft-Sport-Klub Felsenfest, den Briefmarken-Sammler-Klub Hallensia, den Fahrenden Gesellen, den Ersten Schreber-Verein Halle-Süd, den Geselligkeits-Verein Floria, den Halleschen Angler-Verein 1907, den Halleschen Fußball-Club von 1896, den Kegelklub Fidele Spatzen, den Lotterie-Verein Glück, den Rauch-Klub Virginia, den Verein bayerischer Landsleute, den Vergnügungs-Klub Allemania bis hin zum Wintersportverein Halle-Heide (Rodelklub) – um nur einige Beispiele anzuführen –, wurde nahezu jedes erdenkliche Sport-, Unterhaltungs- und Geselligkeitsvergnügen organisiert.

Welche Beziehungsmuster kennzeichnen die »alten« kulturellen Vereine und die neu entstandenen geselligen und Freizeitvereine? Einerseits waren 1874 41,9 %, 1895 37 % und 1913 36,4 % aller Beziehungen in kulturellen Vereinen solche mit einer Beteiligung von Angehörigen des höheren Bürgertums, deutlich über 50 % für alle drei Jahre mit einer Partizipation des Mittelstandes.[91] Berücksichtigt man zudem, dass Teile des sonstigen Mittelstandes eher den Unterschichtskreisen zugehörig waren und Vorstände, die den Unterschichtengruppen zugeordnet wurden, einen steigenden Kontaktanteil – von 5,5 % 1874 über 4,2 % 1895 auf 7,9 % 1913 – aufweisen, wird deutlich, dass auch die Unterschichten in begrenztem Umfang an den Vorstandsnetzen partizipieren konnten. Die Daten für gesellige und Freizeitvereine belegen ähnlich hohe Kontaktwerte für den Mittelstand jedoch mit einem Rückgang seines Anteils bis 1913, der insbesondere auf eine stärkere Teilhabe der Unterschichten zurückzuführen ist. Zudem sind die Werte des höheren Bürgertums im Vergleich mit den kulturellen Vereinen deutlich höher und in der Kaiserreichszeit sogar merklich ansteigend.[92]

89 Vgl. speziell zu den hallischen Vereinen, ebd., S. 134 ff.; zu den oftmals gemischten Mitgliedschaften der Gesangvereine *Klenke*, Der singende deutsche Mann, S. 10 ff. Siehe auch *Staudinger*, Individuum und Gemeinschaft.

90 Vgl. *Nathaus*, Organisierte Geselligkeit, S. 117 ff., v. a. 127 f.

91 Alter, Neuer und sonstiger Mittelstand zusammen 1874 52,6 %, 1895 58,8 % und 1913 55,8 %.

92 Höheres Bürgertum: 1874 40,9 %, 1895 43,4 %, 1913 50,2 %; niederes Bürgertum: 1874 52,9 %, 1895 54,4 %, 1913 41 %; Unterschicht: 1874 6,3 %, 1895 2,3 %, 1913 8,8 %.

Beide Vereinsbereiche – sowohl die kulturellen als auch die geselligen und Freizeitvereine – stellten somit grundlegend Kontakträume dar, die im Vergleich zu sozialen, religiösen und politischen Vereinen in wesentlich höherem Maße Zugang zu und Partizipation an sozialen Beziehungen ermöglichten. Indes: Die schichtenübergreifende Zusammensetzung ist insbesondere auf die Beteiligung der verschiedenen Formationen des Mittelstandes zurückzuführen, wogegen die Unterschichten, trotz leicht steigender Kontaktwerte, nach wie vor stark unterrepräsentiert waren.

Nicht nur der vergleichsweise hohe Anteil der mittelständischen Gruppen an den Beziehungen in kulturellen Vereinen verweist auf die Bedeutung, die dieser Vereinsbereich für sie hatte, sondern auch die Beziehungsmuster, welche die soziale Struktur dieser Kontakträume prägten. Dies wird im Folgenden durch zwei anteilige Kontaktwerte belegt: Erstens der Anteil der Beziehungen einer Gruppe, beispielsweise des Alten Mittelstandes, im kulturellen Vereinsbereich zu einer anderen Gruppe, z.B. den Neuen Mittelstand, in Relation zu allen Kontakten des Alten Mittelstandes in kulturellen Vereinen sowie, zweitens, der anteilige Wert der Beziehungen zwischen diesen zwei Gruppen im kulturellen Vereinssektor in Relation zu allen Beziehungen, die sie im Vereinswesen zueinander hatten. Während der erste Wert Aufschluss darüber gibt, wie stark die Bindungen zwischen zwei Gruppen im Bereich der kulturellen Vereine selbst waren, verweist der zweite Wert auf die Relevanz des kulturellen Vereinswesens für diese Beziehung innerhalb der gesamten Vereinslandschaft.

Vor allem 1874, aber auch für das Stichjahr 1895 waren häufige Kontakte zwischen den verschiedenen mittelständischen Gruppen im kulturellen Vereinswesen typisch: 1874 waren 19,6 % aller Kontakte von Angehörigen des Alten Mittelstandes solche zu Angehörigen des Neuen Mittelstandes und – umgekehrt – 30,3 % der Kontakte des Neuen Mittelstandes Beziehungen zum Alten Mittelstand. Insbesondere der sonstige Mittelstand fand hier Anbindung an die anderen mittelständischen Gruppen; mit 46,3 % seiner Beziehungen zum Alten und 19,5 % zum Neuen Mittelstand. Die Komplexität der Beziehungen wird jedoch darin ersichtlich, dass umgekehrt Kontakte zum sonstigen Mittelstand im Falle des Alten lediglich 10,3 %, im Falle des Neuen nur 6,7 % ihrer Beziehungen ausmachte. 1895 bewegten sich die Anteile der Beziehungshäufigkeiten zwischen allen mittelständischen Gruppen in etwa zwischen 15 und 20 %. Betrachtet man dagegen den Anteil der jeweiligen Gruppenbeziehung im kulturellen Vereinssektor in Relation zur Gesamtzahl der Gruppenbeziehung im städtischen Vereinswesen blieben die Werte hoch: So wurden 1895 24,7 % aller Beziehungen zwischen Altem Mittelstand und Neuem Mittelstand in kulturellen Vereinen realisiert (1874 46,2 %), zwischen Altem Mittelstand und sonstigem Mittelstand 29,9 % (1874 25 %), zwischen Neuem Mittelstand und sonstigem Mittelstand 41,4 % (1874 26,7 %). Die Bedeutung des kulturellen Vereinswesens für die Beziehungen zwischen Altem und Neuem Mittelstand verringerten sich jedoch bis 1913 deutlich auf 10,7 %, während sie zwischen diesen beiden Gruppen und dem sonstigen Mittelstand noch höher lagen (bei 32 bzw. 18,7 %). Schwächte sich somit die Kontakthäufigkeit zwischen den mittelständischen Gruppen am Ende der Kaiserreichszeit sichtbar ab, wird ebenso offenbar, dass im gesamten Untersuchungszeitraum gerade für den sonstigen Mittelstand – einer Gruppe, die zwischen niederem Bürgertum und Unterschicht changierte – sich in kulturellen Vereinen Kontaktmöglichkeiten boten, die ihm in anderen Vereinsbereichen kaum offeriert wurden. Dies galt auch für Kontakte zum höheren Bürgertum einerseits – 25,9 % aller Beziehungen zwischen sonstigem Mittelstand und Bildungsbürgertum bestanden 1895 in kulturellen Vereinen (1913: 22,8 %), 30,5 % aller Beziehungen zum Wirtschaftsbürgertum (1913: 14,4 %) –; und zur Arbeiterschaft mit 75 % aller Beziehungen 1895 (1913: 20,2 %) andererseits.[93] Ähnliches ist für die geselligen und Freizeitvereine, in denen Personen des sonstigen Mittelstandes vergleichsweise hohe Werte zum höheren Bürgertum sowie zum niederen Bürgertum – und hier vor allem zum Neuen Mittelstand – knüpfen konnten, zu konstatieren.[94] Kontakte zu den Unterschichten waren in diesen Vereinen jedoch kaum vorhanden, einzig zur Arbeiterschaft erhöhte sich der Wert bis 1913 sichtbar. Zwischen Angehörigen des Alten und Neuen Mittelstandes waren Beziehungen in geselligen und Freizeitvereinen – im Vergleich mit den kulturellen Vereinen – in absoluten und relativen Werten weniger häufig.[95]

Die Verflechtung der Gruppen des höheren Bürgertums untereinander war in kulturellen und in Freizeitvereinen sowohl mit Blick auf ihre Kontakte in anderen Vereinsbereichen als auch im Vergleich zu den Beziehungswerten der mittelständischen Gruppen nicht sehr ausgeprägt.[96] Gleiches gilt für Beziehun-

93 Zu berücksichtigen ist dabei jedoch die eher geringe absolute Zahl an Kontakten zwischen Angehörigen des sonstigen Mittelstandes und den genannten Gruppen sowohl in kulturellen Vereinen als auch im gesamten Vereinswesen.

94 Anteil der Kontakte von Angehörigen des sonstigen Mittelstandes zu anderen Gruppen in Freizeitvereinen in Relation zu allen Kontakten zu der jeweiligen Gruppe im Vereinswesen: Bildungsbürger 1874 34,4 %, 1895 37 %, 1913 21,9 %; Wirtschaftsbürger 1874 50 %, 1895 31,7 %, 1913 29,2 %; Alter Mittelstand 1874 6,6 %, 1895 37,4 %, 1913 16,7 %; Neuer Mittelstand 1874 36,7 %, 1895 40,5 %, 1913 24,3 %. Gerade 1874 liegen den anteiligen Werten aber eher geringe absolute Kontaktwerte zugrunde.

95 Relativer Wert ihrer Kontakte in Freizeitvereinen zu allen Beziehungen zwischen ihnen im Vereinswesen: 1874 17,9 %, 1895 22,5 %, 1913 6,6 %. Auch die Anteile von Kontakten der mittelständischen Gruppen an den Beziehungen im Bereich der geselligen und Freizeitvereine war geringer als bei den kulturellen Vereinen. Alter Mittelstand 1874 30,1 %, 1895 17,4 %, 1913 8,7 %; Neuer Mittelstand 1874 10,8 %, 1895 und 1913 20 %; sonstiger Mittelstand 1874 12 %, 1895 17 %, 1913 12,3 %.

96 Kulturelle Vereine: Beziehungen zwischen Bildungs- und Wirtschaftsbürgern in Relation zu ihren Kontaktwerten im gesamten Vereinswesen 1874 9,2 %, 1895 3,8 %, 1913 5,2 %; in geselligen und Freizeitvereinen: 1874 3,1 %, 1895 7 %, 1913 9,6 %. Höhere Beamte waren in Kontaktkreisen der kulturellen und vor allem der Freizeitvereine, dies belegen insbesondere die absoluten Zahlen in den Tabellen, nur schwach vertreten. Ihre Beziehungswerte in

gen zwischen den Gruppen des höheren Bürgertums und dem Alten und Neuen Mittelstand und wird insbesondere ersichtlich, wenn man sich die absoluten Werte für alle Stichjahre der Kaiserreichszeit, die in den Tabellen dargelegt sind, vergegenwärtigt. Zwar belegen diese einerseits, dass Kontakte zwischen höherem und niederem Bürgertum durchaus geknüpft wurden, ohne jedoch, andererseits, im Vergleich mit anderen Vereinstypen einen herausragenden Stellenwert hinsichtlich der Häufigkeit von Kontakten beanspruchen zu können.

Vor diesem Hintergrund rücken die *Grenzen sozialer Offenheit* und Integration in den Blick. Eine Durchmischung der sozialen Vorstandskreise ist nur in Ansätzen zu erkennen. Dies zeigt sich vor allem, wenn die soziale Struktur der kulturellen und geselligen Vereine mit dem Beziehungsgeflecht der Kriegervereine verglichen wird. Gerade die Unterschichten – die Arbeiter, unteren Beamten/Angestellten und nichtselbständigen Dienstleister – hatten in letzteren vielfältige Kontakte und deutlich höhere Beziehungswerte zu den Gruppen des niederen Bürgertums und – mit Ausnahme der Bildungsbürger – des höheren Bürgertums. Der Status als »Krieger« oder vormaliger Soldat führte in diesen Vereinen offenbar zu einem egalitären Denken, durch das sich die Akzeptanz von Angehörigen der Unterschichten als Vereinsvorstände erklären lässt. Auf diese soziale Offenheit verweist als Indikator der gruppeninterne Kontaktwert – die Beziehungen innerhalb einer Teilgruppe –, der im Falle der Kriegervereine, wie vor allem die Daten für 1913 veranschaulichen, bei den meisten Gruppen eher niedrig, bei kulturellen und Freizeitvereinen hingegen eher hoch war.[97]

Die begrenzte soziale Offenheit in kulturellen wie in geselligen und Freizeitvereinen ging einher mit Trennlinien, die diese Kontakträume auch am Ende der Kaiserreichszeit nach wie vor strukturierten. Bürgerliche Exklusivität von Vereinen bezieht sich auf den *sozialen Status* einer Person, der wie oben thematisiert, für den Zugang zu mehreren Vereinen konstitutiv war und auf die soziale Beziehungsstruktur wirkte.[98] Doch abgesehen von diesen wenigen »Eli-

Relation zu den Werten für alle Vereine: in kulturellen Vereinen Kontakte zum Bildungsbürgertum 1874 10,2 %, 1895 7,9 %, 1913 4,7 %, zum Wirtschaftsbürgertum 1874 9,8 %, 1895 3,8 %, 1913 1 %, in Freizeitvereinen zum Bildungsbürgertum 1874 0 %, 1895 1,6 %, 1913 3,8 %, zum Wirtschaftsbürgertum 1874 14,3 %, 1895 2,9 %, 1913 6,5 %.

97 Für die einzelnen Gruppen war dies jedoch unterschiedlich ausgeprägt: In Kriegervereinen hatten Bildungs- und Wirtschaftsbürger, Alter und sonstiger Mittelstand, Arbeiter und nichtselbständige Dienstleister vergleichsweise niedrige gruppeninterne Kontaktwerte, Beamte, untere Beamte und Angestellte sowie der Neue Mittelstand dagegen hohe. Hohe Werte in kulturellen Vereinen: Bildungsbürger, Alter und Neuer Mittelstand, sonstiger Mittelstand, untere Beamte und Angestellte; niedrige Werte: Wirtschaftsbürger und höhere Beamte. Hohe Werte in geselligen und Freizeitvereinen: Wirtschaftsbürger, Beamte, Neuer Mittelstand, sonstiger Mittelstand; niedrige Werte: Bildungsbürger, Alter Mittelstand, Arbeiter, untere Beamte und Angestellte.

98 Zu diesen geschlossenen Geselligkeitskreisen gehören auch die Freimaurerlogen. Die in den Tabellen verzeichneten Daten belegen, dass 1874 ausschließlich Angehörige des höheren

tenvereinen« verdeutlichen nicht nur die gruppeninternen Kontaktdaten eine Tendenz zur Schließung sozialer Kreise,[99] die zumindest Teilen des kulturellen und geselligen Vereinswesens inhärent war. Mehrere Trennlinien kamen hinzu:

In einigen Vereinen wurde eine Trennlinie direkt im Statut festgeschrieben und bereits über den Vereinsnamen nach außen kommuniziert. Abgezielt wurde in diesen Vereinen auf die Geselligkeit und Freizeitbetätigung einer geschlossenen, klar definierten Personengruppe. So spielte die ausdrückliche *berufsständische Organisation* von Kultur- und Freizeitvereinen nach wie vor eine Rolle, auch wenn sie quantitativ im gesamten Spektrum der kulturellen und geselligen Vereine eher von marginaler Bedeutung war (jeweils neun Vereine in beiden Vereinstypen waren auf einen bestimmten Berufsstand ausgerichtet, hinzu kamen in den kulturellen vier, in den geselligen und Freizeitvereinen sieben Arbeitervereine). Beispiele hierfür sind der Bäckerinnungs-Gesangverein sowie der Buchdrucker-Orchesterverein oder der Bäcker-Kraft-Sport-Klub Felsenfest.[100] Im Wilhelminischen Kaiserreich erfolgte zudem eine *politische Aufladung* im Zuge der Herausforderung durch die sozialdemokratische Arbeiterbewegung, die sich alsbald auch auf das Feld der vereinsorganisierten Geselligkeit und Freizeitbetätigung erstreckte.[101] Bestimmte Bevölkerungsschichten hatten des Weiteren mitunter besondere *Vorlieben der Freizeitgestaltung*, beispielsweise für bestimmte Sportarten.[102] Trennend wirkte auch die *Geschlechtszugehörigkeit*: Das männer-

Bürgertums Kontakte knüpften, 1895 kamen einige wenige Personen des Neuen Mittelstandes, 1913 des Alten und sonstigen Mittelstandes hinzu. Vgl. zur Geselligkeit in Freimaurerlogen grundlegend *Hoffmann*, Freundschaft und Logengeselligkeit; *ders.*, Politik der Geselligkeit.

99 Mit der oftmals betonten »sozialen Demokratisierung« ging, wie Hein und Roth betonen, keineswegs ein Ende der Elitenvereine einher. Im Gegenteil: Viele schotteten sich in ihrer Exklusivität in den einflussreichsten städtischen Vereinen noch weiter ab und definierten jeweils spezifische Kriterien des Zugangs zu diesen illustren Kreisen. Sie bestanden mitunter bis weit nach 1900. Vgl. *Hein*, Soziale Konstituierungsfaktoren, S. 176–181; *Roth*, Verein und bürgerliche Gesellschaft, S. 132.

100 Zu berücksichtigen ist dabei, dass hier nur Organisationen gezählt wurden, die ganz formal eine solche berufsständische Mitgliedschaft festgelegt haben. Darüber hinaus kann vermutet werden, dass auch in einigen anderen Vereinen, bei denen dies jedoch nicht aus dem Vereinsnamen oder den Statuten hervorgeht, eine dergestalt geschlossene Mitgliedschaft bestand.

101 Dass man die Relevanz der politischen Arbeitervereine in den Bereichen Kultur und Freizeit und ihre Attraktivität für die Arbeiterschaft jedoch nicht überwerten sollte, betont *Nathaus*, Organisierte Geselligkeit, S. 129f.

102 Dies hat Christiane Eisenberg in ihrer Arbeit zu den Einflüssen der *english sports* auf die deutsche Gesellschaft umfangreich dargelegt. Mit dem Reitsport, Tennis und Fußball unterscheidet sie drei Disziplinen, die von unterschiedlichen sozialen Gruppen betrieben wurden. Ihr Resümee bzgl. der bürgerlichen Qualität der Sportbewegung lautet, dass die Grenzen hin zu Menschen, deren Bürgerqualität eher zur Disposition stand (z.B. Angestellte) deutlich überschritten wurden. Die Grenze des »bürgerlichen Sports« verlief – im Gegensatz zu England – oberhalb der Arbeiterschaft. Vgl. zu diesen Ausführungen *Eisenberg*, English Sports, S. 209–214. Siehe auch *dies.*, Fußball.

bündische Prinzip vieler Gesangvereine ist bereits hervorgehoben worden und die Beteiligung von Frauen an Gesang- und Musikvereinen war auch in der Kaiserreichszeit noch sehr limitiert. Im Adressbuch von 1913 finden sich lediglich sechs Vereine, die sich explizit als gemischte Chöre auswiesen[103] und nach wie vor mit dem Damengesangszirkel vom 27. Jan. 1897 (»Maiglöckchen«) nur ein einziger reiner Frauenverein. In einigen Vereinen bestanden indes eigene Damenabteilungen und somit Möglichkeiten weiblicher Teilnahme.[104] In den später gegründeten Sportvereinen war das Einrichten von gesonderten Damenabteilungen möglich. Generell galt bis zum Ende der Kaiserreichszeit: Geselligkeit und Freizeitaktivität auf Vereinsbasis war eine ganz überwiegend männliche Domäne. Wollten Frauen den Bereich des Privaten verlassen und sich über Vereine öffentlich organisieren, bedurfte dies nach wie vor einer höheren Legitimation gegenüber der männlich geprägten Stadtgesellschaft. Zweckfreie Geselligkeit für Frauen war gesellschaftlich weitgehend nicht toleriert. *Religion bzw. Konfession* konnte eine Trennlinie darstellen bzw. organisationsrelevant werden. Blieb diese zwar im Bereich der geselligen und Freizeitvereine nahezu bedeutungslos,[105] existierte im kulturellen Vereinsraum ein festes Segment an kirchlichen Gesang- und Musikvereinen, wodurch sich auch der relativ hohe Kontaktanteil der Bildungsbürger in kulturellen Vereinen erklärt, denn zumeist besetzten vornehmlich oder ausschließlich Geistliche die Vorstände dieser Vereine. Schließlich wurde teilweise auch die regionale oder nationale Herkunft in *landsmannschaftlichen* Zusammenschlüssen zur maßgeblichen Zugangsberechtigung.

Während in der jüngeren Forschung demgegenüber weniger diese trennenden, sondern mit Blick auf Gesamtmitgliedschaften die integrativen Momente von Vereinsgeselligkeit herausgestellt wurden,[106] eröffnet der hier gewählte Zugriff auf Vereinsvorstände eine andere Perspektive. Weniger »organisierte Geselligkeit« per se, sondern die Organisatoren der Geselligkeit stehen im Fokus. Die Untersuchung der Vorstandskontakte hat verdeutlicht, dass soziale Beziehungen auf der Ebene der Organisatoren des Vereinsmilieus auch in den Bereichen von Kultur und Geselligkeit durch Grenzen gekennzeichnet waren, die einerseits bestimmten Gruppen ein höheres Maß an Gestaltung und Führung erlaubten und andererseits diese Gruppen in spezifischer Weise zusammenführten oder trennten. Gerade in diesem Zusammenhang war der schichtenübergreifende Charakter der Vereine sichtbar limitiert, indem das höhere und vor allem

103 Eine Motivation dürfte dabei die größere stimmliche Vielfalt und ein entsprechend größeres Liederrepertoire sein, das die Vereine dadurch bedienen konnten.

104 Vgl. *Moeller/Timm-Hartmann*, Stadt des Singens, S. 137f. Die Autorinnen verweisen auch auf die Aufnahme von Frauen in den Arbeitergesangverein »Vorwärts« 1893, welche allerdings zur Spaltung führte. 1910 gründete sich eine Frauenabteilung aus dem Freien Gemischten Chor heraus. 1911 trat der Damenchor Halle-Cröllwitz in Erscheinung.

105 Es gab jedoch einzelne Ausnahmen wie den Polnisch-Katholischen Verein St. Franziskus.

106 Vgl. *Nathaus*, Organisierte Geselligkeit; *Hoffmann*, Geselligkeit und Demokratie.

das niedere Bürgertum an den sozialen Netzen partizipierten, die Unterschichten dagegen zwar mehr als in anderen Vereinstypen Zugang zu den Vorstandsnetzwerken hatten, aber diese Beteiligung kaum ihren Anteilen an der Gesamtmitgliedschaft in den zahlreichen Vereinen entsprochen haben dürfte.[107]

3. Zentralität und Interlocking Directorates

Gesellschaftlichen Einfluss geltend machen zu können, hängt grundlegend davon ab, inwieweit eine Person Zugang zu Information und Kommunikation hat. Mit Blick auf Vereinsnetzwerke stellt sich daher einerseits die Frage, welcher Akteur eine Vielzahl von Beziehungen zu anderen Personen im Netzwerk hat und dergestalt potentiell ein Mehr an Informationen und Ressourcen erhält sowie nach seiner Position im Netzwerk, durch die er möglicherweise schneller als andere an wichtige Informationen gelangen kann. Andererseits ist davon auszugehen, dass eine Vorstandsmitgliedschaft in bestimmten Typen von Vereinen die Teilhabe an der Kommunikation gesellschaftlich und politisch relevanter Themen und damit verbundener Informations- und Einflussmöglichkeiten erhöht. So wird das Vorstandsmitglied in einem wirtschaftlichen Verein eher Informationen zu wichtigen Infrastrukturprojekten der Stadt oder in einem karitativen Verein zur städtischen Sozialpolitik erhalten als das Mitglied eines Schachklubs.[108] Der Zugang zu relevanten Informationen wird wahrscheinlicher, wenn eine Person in mehreren dieser Vereine einen Vorstandsposten innehat. Diesen Fragen nach möglichen Informations- und Kommunikationsvorteilen von Vereinsvorständen wird im Folgenden mit der Untersuchung der Zentralität von Akteuren und ihrer Rolle als *interlocking directorates* nachgegangen.

Als Zentralitätswerte werden in der Netzwerkforschung vor allem die *Degree*-Zentralität und die *Betweenness*-Zentralität herangezogen. Ihrer Auswertung wurden die *One-Mode*-Netzwerke der Vereinsvorstände zugrunde gelegt.[109] Der *Degree* eines Akteurs ist nichts anderes als die Zahl seiner direkten Beziehungen zu anderen Akteuren. Hinter Aussagen über die *Degree*-Zentralität steht der Gedanke, dass ein Akteur zentraler ist, wenn er viele Beziehungen im Netzwerk

107 Zumal zu berücksichtigen ist, dass Angehörige der Unterschichten vor allem in solchen Vereinen Vorstand waren, die nicht schichtübergreifend waren, sondern Unterschichten mobilisierten.

108 Es ist davon auszugehen, dass auch in geselligen oder Freizeitvereinen wichtige Informationen gehandelt werden können und gerade in informelleren und lockeren Vereinszirkeln bestimmte Informationen möglicherweise sogar bevorzugt geteilt werden. Doch ein höheres Maß an direktem Zugang zu gesellschaftlich oder stadtpolitisch relevanten Informationen ist eher in den Vereinen zu erwarten, die sich mit der Gestaltung der städtischen Gesellschaft oder der Beeinflussung der sozialen und politischen Umwelt auch in ihrer konkreten Vereinsarbeit beschäftigen.

109 Siehe auch *Stark*, Netzwerkberechnungen, S. 161 f.

hat. Für die drei Stichjahre 1874, 1895 und 1913 wurden die *Degree*-Werte der verschiedenen Gruppen der Stadtgesellschaft erfasst und in Tabellen dargestellt (für 1874 und 1895 siehe PDF 58 und 59, für 1913 Tabelle 23). 1913 hatten beispielsweise 92 Bildungsbürger 6 bis 10 Beziehungen in Vereinen.

Aufgrund der hohen Zahl unverbundener oder schwach verbundener Vereine überrascht nicht, dass in allen Stichjahren die Zahl der Vereinsvorstände in den ersten drei *Degree*-Gruppen mit einer Zahl von Beziehungen zwischen 0 und 20 am höchsten ist. Vorstände mit diesen *Degree*-Werten hatten nur Kontakte in einem oder wenigen anderen Vereinen. Dagegen kann davon ausgegangen werden, dass Vorstände mit einem *Degree* über 20 zumeist in mehreren Vereinen aktiv waren und dadurch mehr Beziehungen hatten. Hier ist ein deutliches Strukturmuster für alle drei Stichjahre feststellbar: Viele Beziehungen hatten vor allem Angehörige des höheren Bürgertums sowie der Neue Mittelstand (1895 und 1913) und – jedoch deutlich weniger häufig im Vergleich zu den vorgenannten Gruppen – der Alte Mittelstand. Wie gut vernetzt eine Gruppe ist, lässt sich vor allem zeigen, wenn man die in den Tabellen veranschaulichte Häufigkeit der *Degree*-Zentralitätswerte für die Gruppen in Relation zur Gesamtzahl von Vorständen der jeweiligen Gruppe setzt. 1913 hatten zum Beispiel 127 Bildungsbürger einen *Degree*-Wert von über 20. Bei einer Gesamtzahl von 420 Vorständen, die dem Bildungsbürgertum zugeordnet werden konnten, bedeutet dies, dass sich 30 % ihrer Vorstände durch einen relativ hohen *Degree*-Wert kennzeichneten. Besonders gut vernetzten sich die höheren Beamten mit einem entsprechenden Wert von 58 %. Die Werte für die anderen Gruppen sind, auch für die Stichjahre 1874 und 1895, deutlich geringer.[110] Die absoluten Zahlen in Tabelle 23 zeigen, dass 1913 insbesondere ein sehr hoher *Degree*-Wert von über 40 von Angehörigen der Unterschicht oder dem sonstigen Mittelstand kaum erreicht wurde. Auch der Alte Mittelstand hat nur wenige Vorstände mit sehr hohen *Degree*-Werten.

Mit der *Betweenness*-Zentralität wird dagegen gemessen, welcher Akteur Informationen schneller als andere erhalten kann: »Dafür wird geschaut, inwiefern ein Knoten auf den kürzesten Pfaden zwischen anderen Knoten liegt. […] Mathematisch berechnet sich die Betweenness eines Knotens A als die Anzahl der kürzesten Pfade zwischen allen anderen Knoten im Netzwerk, die über A laufen müssen.«[111] Hat ein Akteur einen *Betweenness*-Wert von über Null, verfügt er über zusätzliches Informationspotential, da der *Betweenness*-Wert potentielle Vermittlungs- und Kontrollchancen der Kommunikation indiziert.[112] In Tabelle 24 sind die dichotomisierten *Betweenness*-Zentralitätswerte der Gruppen für die drei Stichjahre dargestellt.

110 1913 sind es nur die Wirtschaftsbürger (21,6 %) sowie der Neue Mittelstand (24,6 %), deren Vorstände ebenfalls zu über 20 % einen *Degree*-Wert von über 20 aufweisen.

111 *Fuhse*, Soziale Netzwerke, S. 62 f.

112 Vgl. *Stark*, Netzwerkberechnungen, S. 160, 162.

Tab. 23: *Degree*-Zentralität 1913

	Degree								
	0 bis 5	6 bis 10	11 bis 20	21 bis 30	31 bis 40	41 bis 50	51 bis 100	über 100	Gesamt
Bibü	127	92	74	37	43	15	29	3	420
Wibü	219	149	143	59	54	12	15	1	652
Beamte	25	22	40	64	22	7	27	2	209
Alter Mittelst.	180	94	65	34	17	1	5		396
Neuer Mittelst.	243	194	150	60	50	5	74	3	779
Sonstiger Mittelst.	170	67	25	8	8	1	1		280
Arbeiter	65	22	7	10	2		1		107
Nichtselbst. Dienstleister	25	10	14	1	2				52
UBA	74	38	19	18	9	1	2		161
Gesamt	1.128	688	537	291	207	42	154	9	3.056

Tab. 24: *Betweenness*-Zentralität 1874, 1895 und 1913

	Betweenness					
	1874		1895		1913	
	Null	über Null	Null	über Null	Null	über Null
Bibü	69	23	121	54	308	112
Wibü	86	13	277	49	547	105
Beamte	28	10	51	18	160	49
Alter Mittelst.	72	8	212	37	336	60
Neuer Mittelst.	53	7	255	34	673	106
Sonstiger Mittelst.	28	1	114	8	257	23
Arbeiter	4	1	15		104	3
Nichtselbst. Dienstleister			25		51	1
UBA	12	1	22		152	9
Gesamt	352	64	1.092	200	2.588	468

Betrachtet man zunächst die absoluten Zahlen, kann festgestellt werden, dass in allen drei Stichjahren die Bildungsbürger am häufigsten dieses zusätzliche Informationspotential hatten; gefolgt von den Wirtschaftsbürgern, die 1913 jedoch vom Neuen Mittelstand übertroffen wurden. Deutlich geringer waren die absoluten Zahlen für den Alten Mittelstand sowie 1874 und 1895 für den Neuen Mittelstand. Sehr niedrig blieben die Zahlen wiederum für die Unterschichten und den sonstigen Mittelstand. Die Beamten hatten zwar 1895 und 1913 im Vergleich mit Bildungs- und Wirtschaftsbürgertum sowie Altem und Neuem Mittelstand weniger Vorstände mit Informationspotential, zu berücksichtigen ist jedoch ihre geringere Zahl an Vorständen im Datensample. 1874 hatten 26,3, 1895 26 und 1913 23,4 % ihrer Vorstände einen Zentralitätswert über Null. Abgesehen von den Bildungsbürgern war der entsprechende Anteil für die anderen Gruppen deutlich niedriger.

Versteht man die verschiedenen Zentralitätswerte – *Degree* und *Betweenness* – als Indikatoren für mögliche Kommunikations- und Informationsvorteile, wird ersichtlich, dass diese im Vereinsnetzwerk vor allem für die Gruppen des höheren Bürgertums sowie, am Ende der Kaiserreichszeit, für den Neuen Mittelstand bestanden, während der Alte Mittelstand in dieser Hinsicht schwächere Werte aufwies und vor allem sonstiger Mittelstand und Unterschichten geringere Informationspotentiale hatten. Besonders gut vernetzten sich die Vorstände der Bildungsbürger und höhere Beamte mit Blick auf die Gesamtzahl ihrer Vorstände.

Die gesellschaftlichen Gestaltungsmöglichkeiten von Vorständen sind neben der Integration in soziale Kommunikationsnetze auch davon abhängig, inwieweit sie das Potential besitzen, sich über einen Verein hinausgehend zu vernetzen und dadurch einzelne Vereine und die verschiedenen Segmente des Vereinswesens miteinander zu verbinden. *Interlocking directorates* können durch diese Verbindungen ihre Kommunikations- und Informationskanäle erweitern. Je diversifizierter ihre Vernetzungsmuster dabei sind, umso größer – so die grundlegende Annahme – sind ihre Einflusspotentiale im Netzwerk, da sie eine größere Anzahl von Menschen verschiedener sozialer Kreise und in verschiedenen gesellschaftlichen Handlungsfeldern erreichen können. Ein Blick auf die Gesamtzahl der Vorstände, die in mehr als einem Verein eine Vorstandstätigkeit ausübten, veranschaulicht, dass ihre Quote für die drei Stichjahre 1874, 1895 und 1913 sehr konstant bleibt: Etwa jeder sechste Vorstand im Vereinswesen gehörte in mindestens zwei Vereinen dem Führungszirkel an (vgl. Tab. 25).

Im Folgenden werden die Muster des *interlocking* im Vereinswesen beleuchtet: Angehörige welcher Gruppen verbanden Vereine miteinander und Vereine welchen Typs wurden durch die Doppelmitgliedschaften vernetzt? Inwieweit wurden die verschiedenen gesellschaftlichen Teilbereiche, die sich im ausdifferenzierten Vereinswesen wiederfinden, in der Kaiserreichszeit über personelle Verflechtungen überhaupt noch verbunden? Eine Analyse der mehrfachen Vor-

Tab. 25: Mehrfachmitgliedschaften von Vorständen in Vereinen

	Vorstände mit Mehrfachmitgliedschaft	Vorstände gesamt	Quote
1874	68	416	6,1
1895	218	1.297	6,0
1913	503	3.064	6,1

standsmitgliedschaft und ihrer Verteilung auf die verschiedenen Gruppen der städtischen Gesellschaft (vgl. Tab. 26–28) verdeutlicht nicht nur, dass die Gruppierungen des höheren Bürgertums sowie des Alten und Neuen Mittelstandes über alle drei Stichjahre hinweg auch in dieser Hinsicht eine im Vergleich zum sonstigen Mittelstand und den Unterschichten deutlich höhere Relevanz im Vereinswesen hatten, sondern verweist auch auf unterschiedliche Vernetzungsstärken der Bildungs- und Wirtschaftsbürger, der höheren Beamten sowie der Angehörigen des Alten und Neuen Mittelstandes.

Erneut sind es die Bildungsbürger, denen eine herausragende Bedeutung zukommt. Wie oben aufgezeigt, waren sie unter allen Vorständen, gemessen an ihren Einwohneranteilen, zwar stets überproportional vertreten und stellten 1874 nach den Wirtschaftsbürgern die meisten Vorstände. 1895 wurden sie mit Blick auf die Vorstandszahlen dann jedoch deutlich nicht nur vom Wirtschaftsbürgertum, sondern auch vom Alten und Neuen Mittelstand übertroffen. Dagegen stellten sie nicht nur 1874 die meisten *interlocking directorates* und wurden 1895 in dieser Hinsicht nur von den Wirtschaftsbürgern übertroffen, sondern hatten 1913 erneut die Spitzenposition bei mehrfachen Vorstandsmitgliedschaften inne. Zudem – dabei sei hier nur auf das Stichjahr 1913 verwiesen – hatten sie den höchsten Anteil an Vorständen, die in mehr als zwei Vereinen Vorstand waren: 39 von ihnen waren in drei Vereinen, sieben in vier, neun in fünf, einer in sechs, vier in sieben, zwei in neun und zwei sogar in über neun Vereinen Vorstandsmitglied. Der Anteil von *interlocking directorates*, gemessen an der Gesamtzahl bildungsbürgerlicher Vereinsvorstände, liegt für die drei Stichjahre stets nahe der 30 %-Marke.[113] Ähnlich hohe Werte ergeben sich nur für die höheren Beamten[114] und auch unter ihnen gibt es 1913, trotz der geringeren Zahl ihrer Vorstände, etliche Vorstände, die mehr als zwei Vorstandsposten bekleiden; zehn von ihnen hatten fünf oder mehr als fünf Vorstandsämter inne. Die Werte für das Wirtschaftsbürgertum und den Alten und Neuen Mittelstand verblieben dagegen in Relation zur Gesamtzahl ihrer Vorstände in der gesamten

113 1874: 26,1 %, 1895: 30,9 %, 1913: 27,9 %.
114 1874: 26,3 %, 1895: 29 %, 1913: 21,5 %.

Tab. 26: Verteilung der Zahl von Mehrfachmitgliedschaften 1874

	II	III	IV	V	Gesamt
Bildungsbürger	19	2	2	1	24
Wirtschaftsbürger	13				13
Beamte	6	3	1		10
Alter Mittelstand	7	1			8
Neuer Mittelstand	7	1			8
Sonstiger Mittelstand	3				3
Arbeiter	1				1
UBA	1				1
Gesamt	57	7	3	1	68

Kaiserreichszeit nur bei etwa 15 %.[115] Insbesondere die hohe Zahl an Vorständen aus dem Neuen Mittelstand korrespondierte dementsprechend nicht mit einem ähnlich hohen Wert unter den *interlocking directorates*. Dennoch hatten 1913 immerhin 115 Vorstände, die dem Neuen Mittelstand zugerechnet werden können, mehrere Vorstandsposten, blieben allerdings zum überwiegenden Teil (92) auf Posten in zwei Vereinen beschränkt. Auch mit Blick auf die Verteilung der *interlocking directorates* auf die verschiedenen Gruppen wird ersichtlich, dass eine deutliche Trennlinie in der Häufigkeit von Mehrfachmitgliedschaften im Vereinswesen zwischen dem höheren und dem Alten/Neuen Mittelstand auf der einen und den Unterschichten auf der anderen Seite verläuft. Letztere sind sowohl 1874 als auch 1895 entweder gar nicht oder nur sehr schwach unter den *interlocking directorates* vertreten. Bis 1913 hat sich dieser Befund kaum verändert. Mit nur 8,6 % (abs.: 24) seiner Vorstände waren Doppelmitgliedschaften auch beim sonstigen Mittelstand eher selten, eine Vorstandsmitgliedschaft in mehr als zwei Vereinen hatten nur vier Angehörige. Versteht man Mehrfachmitgliedschaften als Indikator für die Einflussmöglichkeiten in der städtischen Gesellschaft, wird mit Blick auf die Gesamtstruktur des Vereinswesens offenbar, dass Vorstände aus den Gruppen des höheren Bürgertums sowie des Alten und vor allem des Neuen Mittelstandes auch am Ende der Kaiserreichszeit potentiell wesentlich mehr Bedeutung geltend machen konnten.

Aufschlussreich mit Blick auf die *interlocking directorates* ist jedoch nicht nur die dargelegte Häufigkeitsverteilung auf die einzelnen Klassen, sondern ebenso der Umstand, dass sich die Vorstände mit mehr als einem Vorstandsposten analytisch in zwei Gruppen unterscheiden lassen: in *Vermittler* und *univariante Interessenmanager*. Letztere engagieren sich mit ihrer Profession und ihren

115 Im Falle des sonstigen Mittelstandes für die Jahre 1895 mit 5,7 % und 1913 mit 8,6 % sogar bei deutlich unter 10 %.

Tab. 27: Verteilung der Zahl von Mehrfachmitgliedschaften 1895

	II	III	IV	V	VI	VII	VIII	Gesamt
Bildungsbürger	37	8	3	3	2		1	54
Wirtschaftsbürger	43	11	3					57
Beamte	14	4	2					20
Alter Mittelst.	31	6	2					39
Neuer Mittelst.	35	4						39
Sonstiger Mittelst.	6	1						7
Nicht Klassifiziert	2							2
Gesamt	168	34	10	3	2		1	218

Tab. 28: Verteilung der Zahl von Mehrfachmitgliedschaften 1913

	II	III	IV	V	VI	VII	VIII	IX	IX+	Gesamt
Bildungsbürger	53	39	7	9	1	4		2	2	117
Wirtschaftsbürger	73	18	7		3				1	102
Beamte	23	9	3	6	1		1	2		45
Alter Mittelstand	45	10	4							59
Neuer Mittelstand	92	15	4	3	1					115
Sonstiger Mittelstand	20	4								24
Arbeiter	3	1								4
Nichtselbst. Dienstleister	1									1
Untere Beamte/ Angestellte	8	1								9
Nicht Klassifiziert	24	2	1							27
Gesamt	342	99	26	18	6	4	1	4	3	503

Interessen in *einem* spezifischen Vereinstyp und leisteten, nicht selten durch fachspezifisches Know-how oder alltags- und lebensweltliche Erfahrungen einen erheblichen Beitrag zur Binnenintegration eines spezifischen Vereinssegments. Diese Rolle füllte der Pfarrer aus, der in drei verschiedenen religiösen Vereinen, etwa einem Jungfrauen-, einem Missions- oder dem Gustav-Adolf-Verein tätig war und die in diesen Vereinen unterschiedlich akzentuierten religiösen Zwecksetzungen miteinander verband;[116] der Gesanglehrer, der seine Profession und

116 Mit Blick auf katholische Priester spricht Blaschke von »Milieumanagern«; *Blaschke*, Kolonialisierung.

Leidenschaft diversen Gesang- und Musikvereinen zur Verfügung stellte; der Kriegsveteran, der in den einzelnen Verästelungen des Kriegervereinswesens beheimatet war; der Sportbegeisterte und -geschulte (beispielsweise der Turn- oder Sportlehrer), der sich in mehreren Sport- und Freizeitvereinen engagierte; der Kaufmann, Handwerker oder Beamte, der für die Interessen seines Gewerbes oder seines Berufsstandes eintrat und daher gleich mehreren entsprechenden Interessenorganisationen angehörte. Auch der *Vermittler* kann durchaus einen Schwerpunkt in einem Bereich des Vereinswesens aufweisen, er ist jedoch dadurch gekennzeichnet, verschiedene Segmente des Vereinsmilieus miteinander zu verbinden. Während der univariante Interessenmanager somit im Grunde für die Ausdifferenzierung des Vereinswesens steht, die sich nun auch in der Ausbildung typeneigener Interessenmanager und entsprechender Anforderungen an eine solche Rolle widerspiegelt, ist der Vermittler maßgeblich für eine gesamtgesellschaftliche Integration, indem er diverse gesellschaftliche Interessen und Zwecksetzungen in seiner Person bündelt und, zumindest potentiell, der zunehmenden Ausdifferenzierung und Spezialisierung durch seine übergreifende Tätigkeit ein verbindendes Element entgegensetzt.

Für die drei hier zugrunde gelegten Stichjahre der Kaiserreichszeit ist zunächst festzuhalten, dass die Zahl aller Vermittler im Vereinswesen die Zahl aller univarianten Interessenmanager etwa in einem Verhältnis von 2:1 übertrifft (vgl. Tab. 29). In den drei Stichjahren ist bei jeder Gruppe die Zahl der Broker höher als die Zahl der univarianten Interessenmanager.[117]

Die Zahl der Vermittler, gemessen an der Gesamtzahl aller Vorstände, bleibt ähnlich konstant wie der oben vorgestellte Wert aller Mehrfachmitgliedschaften in seiner Entwicklung – er liegt für alle drei Stichjahre bei etwa 11 %.[118] Der Vermittler steht für Flexibilität und vielseitiges Vereinsengagement. Vor diesem Hintergrund indiziert die Konstanz der Häufigkeit dieses Typs im Vereinswesen, dass die festgestellten Ausdifferenzierungsprozesse die Zahl der vermittelnden Positionen in den Vereinsnetzwerken nicht zwangsläufig verringerten. Bei einer genaueren Betrachtung und einem Vergleich der drei Stichjahre lassen sich unterschiedliche Entwicklungsmuster genauer aufschlüsseln. 1874 lagen die Zahlen der beiden Typen für alle Gruppen noch relativ nahe beieinander – einzig beim Bildungsbürgertum war der Vermittler-Wert doppelt so hoch. Dies änderte sich 1895 und insbesondere 1913 mit Blick vor allem auf das Bildungs- aber auch auf das Wirtschaftsbürgertum deutlich, indem der Broker-Wert die Zahl der univarianten Interessenmanager nun ganz erheblich übertraf. Zusammen stellten Bildungs- und Wirtschaftsbürgertum am Ende der Kaiserreichszeit fast die Hälfte aller Vermittler im Vereinswesen (49,7 %).

117 Einzig beim Neuen Mittelstand ist sie 1874 gleich hoch.
118 1874: 10,8 %; 1895: 11 %; 1913: 11 %.

Tab. 29: Verteilung der Zahlen von Vermittlern und univarianten Interessenmanagern 1874–1913

	1874		1895		1913	
	Vermittler	UI	Vermittler	UI	Vermittler	UI
Bildungsbürger	16	8	40	14	92	25
Wirtschaftsbürger	8	5	38	19	75	27
Beamte	8	2	14	6	27	18
Alter Mittelst.	5	3	22	17	35	24
Neuer Mittelst.	4	4	22	17	69	46
Sonstiger Mittelst.	3		5	2	15	9
Arbeiter	1				3	1
Nichtselbst. Dienst.						1
UBA		1			7	2
Nicht Klassifiziert			1	1	13	14
Gesamt	45	23	142	76	336	167

Welche Vereine wurden durch die Vereinsvorstände verbunden? Im Folgenden werden zur Beantwortung dieser Frage die in Matrizen verzeichneten Verbindungsdaten der Vereine diskutiert. Die Tabellen 30 bis 32 beinhalten die Häufigkeitsverteilungen der Verbindungen zwischen den verschiedenen Vereinstypen, die Gesamtzahl der Verbindungen, die auf einen Vereinstyp entfallen sowie die Gesamtzahl aller Vereine dieses Typs. Enthalten sind in dieser Auswertung sowohl die Beziehungen, die über Vermittler realisiert wurden, als auch solche der univarianten Interessenmanager (letztere finden sich in den Matrizen in den grau unterlegten Feldern, da sie per definitionem ausschließlich Vereine des gleichen Typs miteinander verbanden).[119]

In einer ersten Annäherung, die die Gesamtentwicklung in der Kaiserreichszeit in den Blick nimmt, lässt sich erkennen, dass Leerstellen in den Matrizen, die 1874 und 1895 noch bestanden, bis 1913 nahezu verschwunden sind. Mit anderen Worten: Fast jeder Vereinszeck in der vielfältigen Vereinslandschaft wurde mit jedem anderem verbunden. Mit Blick auf die Trägerschaft dieser Kontakte zwischen Vereinen ist für 1913 festzustellen, dass insbesondere die Gruppen des höheren Bürgertums sowie Angehörige des Neuen Mittelstandes

119 In der Zählung ist die Verbindung von mehreren Vorständen des gleichen Vereins, die alle zugleich Verbindung zu einem bestimmten anderen Verein hatten, als eine Verbindung gezählt worden. Als Beispiel: Hat wirtschaftlicher Verein X drei Vorstände, von denen zwei auch gleichzeitig in sozialem Verein Y Vorstand waren, so ist dies als eine Verbindung zwischen wirtschaftlichem und wohltätigem Verein (und nicht als zwei Verbindungen) gezählt worden. Verein X hat Kontakt zu Verein Y.

Tab. 30: Vereinsverbindungen 1874

	Wirtschaft	Soziales	Religion	Wissenschaft	Bildung	Kultur	Krieger	Freizeit	Logen
Wirtschaft	5	5	1	4		2		2	
Soziales	5	10	5	4	1	6		7	
Religion	1	5	2	1		1		2	
Wissenschaft	4	4	1	3	1	2		4	
Bildung		1		1		1		1	
Kultur	2	6	1	2	1	7		2	
Krieger									
Freizeit	2	7	2	4	1	2			1
Logen								1	
Verbindungen Gesamt	19	38	12	19	4	22		19	
Vereine gesamt	14	14	3	7	3	18	3	12	1

Tab. 31: Vereinsverbindungen 1895

	Wirtschaft	Soziales	Religion	Wissenschaft	Bildung	Kultur	Politik	Krieger	Freizeit	Logen
Wirtschaft	15	19	2	1	1	9	12	1	11	
Soziales	19	20	9	4		13	15	1	15	1
Religion	2	9	7	2	1	9		1		1
Wissenschaft	1	4	2	4		1	1		4	
Bildung	1		1		7			1		
Kultur	9	13	9	1		13		3	8	
Politik	12	15		1			1	2	13	1
Krieger	1	1	1		1	3	2	4	7	1
Freizeit	11	15		4		8	13	7	5	1
Logen		1	1				1	1	1	
Verbindungen Gesamt	71	97	32	17	8	56	45	21	64	4
Vereine Gesamt	75	26	22	13	19	52	12	29	48	4

Tab. 32: Vereinsverbindungen 1913

	Wirtschaft	Soziales	Religion	Wissenschaft	Bildung	Kultur	Politik	Krieger	Freizeit	Logen
Wirtschaft	48	24	11	4	7	21	26	17	54	4
Soziales	24	16	43	13	20	22	19	14	31	2
Religion	11	43	19	7	7	24	6	8	4	1
Wissenschaft	4	13	7	1	2	8	8	6	7	1
Bildung	7	20	7	2	15	11	2	4	7	1
Kultur	21	22	24	8	11	20	4	4	14	1
Politik	26	19	6	8	2	4	6	5	20	1
Krieger	17	14	8	6	4	4	5	21	15	
Freizeit	54	31	4	7	7	14	20	15	21	3
Logen	4	2	1	1	1	1	1		3	1
Verbindungen Gesamt	216	194	130	57	76	129	97	94	176	15
Vereine Gesamt	243	64	86	24	38	103	27	47	203	12

nahezu jede mögliche Vereinsverbindung – mit unterschiedlicher Häufigkeit der realisierten Verbindungen – eingegangen sind. Bei allen anderen Gruppen sind in erheblich höherem Maße Leerstellen geblieben und das Vereinsengagement ihrer *interlocking directorates* war dementsprechend deutlich enger auf bestimmte Vereinstypen bezogen.

Präzisiert man diese sehr allgemeinen Betrachtungen, ergeben sich vielfältige Differenzierungen: Bis auf wenige Ausnahmen entfiel ein hoher Kontaktwert der verschiedenen anderen Vereinstypen für alle Stichjahre auf Beziehungen zum Bereich der sozialen und wohltätigen Vereine. Dies galt dementsprechend keineswegs nur für die religiösen Vereine – bei denen diese Verbindung vermutet werden konnte – sondern ebenso für die wirtschaftlichen und berufsständischen, die geselligen und die Freizeitvereine, die wissenschaftlichen und politischen sowie 1913 auch für die Kriegervereine. Somit stellten die sozialen und wohltätigen Vereine nicht nur einen »Kitt« in der sozialen Vernetzung des Bürgertums her, wie oben argumentiert wurde, sondern sie bildeten dadurch auch in der gesellschaftlichen Gesamtstruktur einen höchst integrativen Bezugspunkt. Realisiert wurden diese Beziehungen der sozialen und wohltätigen Vereine insbesondere durch Bildungsbürger – sie stellten vor allem Verbindungen zu religiösen, kulturellen und politischen, aber auch zu berufsständischen Vereinen her –,[120] durch Wirtschaftsbürger – die 1874 Kontakte zu anderen sozialen Vereinen, später auch zu religiösen und politischen und 1913 in hohem Maße auch zu Bildungs- und besonders häufig zu geselligen und Freizeitvereinen realisierten –, sowie die höheren Beamten – bei ihnen 1874 jedoch noch eher schwach ausgeprägt, 1895 dann vor allem durch ihre Mehrfachmitgliedschaften in sozialen Vereinen (univariante Interessenmanager) und 1913 schließlich durch relativ gleichmäßig verteilte Kontakte zwischen sozialen Vereinen und allen anderen Vereinstypen. Ab 1895 bildeten soziale und wohltätige Vereine auch für den Alten und Neuen Mittelstand einen größeren Teil ihrer vereinsübergreifenden Beziehungen, allerdings mit dem Unterschied, dass vor allem Kontakte zu wirtschaftlichen und berufsständischen Vereinen bestanden. Die Unterschichten und der sonstige Mittelstand hatten an den Verbindungen der sozialen und wohltätigen Vereine keinen oder einen nur sehr geringen Anteil.

Die Vernetzungen des religiösen Vereinssektors waren wesentlich spezifischer bzw. enger begrenzt. In allen drei Stichjahren und insbesondere 1913 bestanden zahlreiche Verbindungen zu sozialen und wohltätigen Vereinen und ab 1895 zu kulturellen Vereinen (hier vor allem zu kirchlichen Gesang- und Musikvereinen).[121] Diese Verbindungen wurden 1874 fast ausschließlich und auch in den Stichjahren 1895 und 1913 vornehmlich von Bildungsbürgern, Geistlichen, hergestellt, die dadurch ihrer Rolle als Manager protestantischer Milieustrukturen gerecht wurden und zugleich einen Teil der privaten Wohltätigkeit in einen protestantischen Bezugsrahmen kleideten.

Besondere Schwerpunktsetzungen sind auch bei den Kontakten der politischen Vereine auszumachen – drei gesellschaftliche Hauptbezüge werden diesbezüglich offenbar: Sehr häufige Verbindungen zu wirtschaftlichen und berufsständischen, zu sozialen und wohltätigen Vereinen sowie schließlich zu geselligen und Freizeitvereinen. Die Verbindungen zu wirtschaftlichen und sozialen Vereinen kann erklärt werden durch die Anforderungen für politisch aktive Bürger. Es entsprach dem Selbstverständnis der liberalen wie der konservativen Honoratiorenschaft des höheren Bürgertums, verschiedensten wirtschaftlichen und berufsständischen Vereinen anzugehören, die einerseits mit Formen wirtschaftlicher Interessenvertretung auch politisch agierten, dabei aber andererseits nicht zwangsläufig Ziele im Sinne einer liberalen oder konservativen »Parteilinie« verfolgten.[122] Soziales Engagement, Wohltätigkeit und der Bezug auf Gemeinwohl-

120 Bildungsbürger stellten 1874 vor allem die Verbindung zu anderen sozialen und zu religiösen, weniger häufig auch zu wirtschaftlichen und kulturellen Vereinen her; 1895 zu religiösen, politischen und wirtschaftlichen bzw. berufsständischen Vereinen, 1913 zu religiösen und kulturellen.

121 Da ein Teil der sozialen Vereine direkt mit bestimmten Kirchengemeinden verbunden war, überraschen diese Werte nicht. Ähnliches ist hinsichtlich der Gesang- und Musikvereine festzustellen.

122 Vgl. etwa *Hettling*, Politische Bürgerlichkeit, S. 188ff.

orientierung äußern sich in den häufigen Verbindungen der politischen Vereine zu den sozialen Vereinen. Für Lokalpolitiker, die Vorstände politischer Vereine und Stadtverordnete war dies Voraussetzung für Reputation im städtischen Raum sowie Ausdruck der Vorstellung, durch Selbstorganisation soziale Missstände zu beseitigen oder zu lindern. Realisiert wurden diese Verbindungen der politischen Vereine zu den genannten anderen Vereinstypen vor allem durch Angehörige des höheren Bürgertums, zunehmend auch durch den Neuen Mittelstand, partiell durch den Alten Mittelstand.

Neben den bereits erwähnten Verbindungen zu sozialen und wohltätigen sowie zu politischen Vereinen knüpften Vorstände wirtschaftlicher und berufsständischer Vereine 1913 auch in höherem Maße Beziehungen zu kulturellen und Kriegervereinen bzw. waren in diesen Vorstandsmitglied. Auffällig ist jedoch sowohl für das Stichjahr 1895 und vor allem für 1913 die hohe Zahl an Verbindungen zwischen wirtschaftlichen und berufsständischen Vereinen untereinander sowie zu geselligen und Freizeitvereinen. Diese wurden – wie auch die anderen Verbindungen der wirtschaftlichen und berufsständischen Vereine – weniger durch Wirtschaftsbürger, sondern vor allem durch Angehörige des Alten und Neuen Mittelstandes hergestellt.[123] Bereits im vorherigen Kapitel wurde eine Tendenz zu sozialer Abschließung der Vorstände in wirtschaftlichen Vereinen konstatiert. Verbindungen von Vereinen mit einer klaren berufsständischen Ausrichtung und/oder spezifischen ökonomischen Interessen werden daher zwar nicht nur, aber doch sehr häufig mit wirtschaftlichen Vereinen ähnlichen Zuschnitts geschlossen. So organisierten sich Handwerksmeister jeweils in verschiedenen Innungen und zugleich im Handwerkermeisterverein, Angestellte und Lehrer des Neuen Mittelstandes entsprechend in diversen Angestellten- und Lehrervereinen. Darüber hinaus war bei diesen Gruppen die Kombination einer Vorstandstätigkeit im wirtschaftlichen oder berufsständischen Verein mit einer solchen in einem geselligen und Freizeitverein beliebt. Ein Engagement im Bereich Geselligkeit und Freizeit verbanden sie dagegen kaum mit Vorstandstätigkeit in weiteren Vereinstypen.[124] Hier deutet sich somit eine Verengung des durch Angehörige des Alten und Neuen Mittelstandes hergestellten *interlocking* im Vereinswesen an, die auch dadurch gekennzeichnet ist, dass bei den meisten der von diesen Gruppen getragenen Verbindungen die wirtschaftlichen und berufsständischen Vereine einen Teil der Verbindung darstellten. Neben der häufigen Verknüpfung von wirtschaftlicher Selbstorganisation und Freizeit/Geselligkeit war das charakteristische Beziehungsmerkmal des Alten

123 Dies gilt, etwas weniger stark ausgeprägt, auch für die Angehörigen des sonstigen Mittelstandes.

124 Ein ähnliches Beziehungsmuster ist für diese Gruppen 1913 auch anhand der Verbindungen von wirtschaftlichen und kulturellen Vereinen auszumachen (und hier vor allem in Gesang- und Musikvereinen, die ebenfalls zumeist eine stark gesellige Komponente aufwiesen).

und Neuen Mittelstandes daher die klare Ausrichtung auf den Bereich der wirtschaftlichen und berufsständischen Vereinstätigkeit, die mit dem Engagement in anderen Vereinsbereichen verbunden wurde. Abseits der Verbindungen mit Bezug zu wirtschaftlichen und berufsständischen Vereinen war der Alte Mittelstand im Vergleich mit dem Neuen Mittelstand, der mit Blick auf die Häufigkeitsverteilung seiner Mehrfachmitgliedschaften auch die kulturellen, Krieger- und politischen Vereine stärker miteinbezog (wenn auch nicht so häufig wie die wirtschaftlichen und berufsständischen Vereine), sichtbar schwächer vertreten.

Für die geselligen und Freizeitvereine schließlich ist insbesondere anhand der Daten für 1913 ersichtlich, dass sie Bestandteil der vereinsübergreifenden Beziehungsnetze aller städtischer Gruppen waren. Hervorzuheben sind dabei insbesondere die Wirtschaftsbürger, die nicht nur die meisten Verbindungen von geselligen und Freizeitvereinen zu anderen Vereinstypen herstellten, sondern für die der Bereich Freizeit und Geselligkeit, gemessen an der Häufigkeit, wichtigster Teil ihrer vereinsübergreifenden Beziehungen war.

Mit der Analyse von Verbindungen, die *interlocking directorates* zwischen verschiedenen Segmenten des Vereinswesens herstellten, wurde das Augenmerk nochmals darauf gerichtet, dass die Art der Vereinstypen, die über Beziehungen miteinander kombiniert wurden, mit Blick auf Partizipationspotentiale in der Gesellschaft eine große Rolle spielen kann. Gerade die Kombination der Vorstandsmitgliedschaft in verschiedenen außenorientierten und an gesellschaftlicher Gestaltung oder dem sozialen Umfeld ausgerichteten Vereinen von Angehörigen des höheren, aber auch Teilen des niederen Bürgertums verdeutlicht, dass die Möglichkeiten der Teilhabe auch in diesem Sinne sehr unterschiedlich auf die einzelnen Gruppen der Stadtgesellschaft verteilt waren. Den Abschluss dieses empirischen Teils bildet, daran anschließend, die Betrachtung der Vernetzungsmuster (partei-)politisch aktiver Bürger und der Frage, inwieweit sie für die Beschaffenheit und Existenz eines bürgerlich-nationales Lagers in der Stadt Halle von Bedeutung waren.

4. Politische Konstellationen im Vereinswesen

»Meine Herren, rufen sie nicht Bravo! Morgen schon beschuldigt man sie, sie gingen mit den Vaterlandsverrätern Arm in Arm […], morgen wirft man ihnen das sozialdemokratische Bündnis vor, morgen sagt man ihnen sie hingen von unserer Gnade ab. (…) Wir bekämpfen die freisinnige Partei und ihr wirthschaftliches Programm nach wie vor und eine Kluft ist zwischen uns, die sich schwerlich wird überbrücken lassen.«[125] Allzu stürmisch und euphorisch müssen dem sozialdemokratischen Redner die Beifallsbekundungen und »Bravo«-Rufe in der

125 SZ Nr. 50, 01.03.1887, 1. Beil.

linksliberalen Wählerversammlung vorgekommen sein, kurz nachdem die Einigung zwischen Freisinnigen und Sozialdemokraten auf ein Stichwahlbündnis bei den Reichstagswahlen 1887 öffentlich besiegelt worden war. Trotz seiner Mahnung hob er hervor, dass es bei dieser Wahl darum gehe, »die Wogen der Reaktion [...] zurückzudrängen«.[126] In der linksliberal orientierten Saale-Zeitung schaltete das prominente hallische SPD-Mitglied Wilhelm Hasenclever, auch im Namen des in der Hauptwahl unterlegenen sozialdemokratischen Kandidaten Max Kayser, eine Anzeige, in welcher er explizit zur Wahl des freisinnigen Kandidaten Alexander Meyer aufrief.[127] Meyer siegte mit 14.341 Stimmen gegen 12.448 Stimmen für den nationalliberal-konservativen Kartellkandidaten in der Stichwahl. Dass die sozialdemokratische Wählerschaft der ausgegebenen Stichwahlparole gefolgt ist, zeigt sich deutlich an den Ergebnissen für die Stadt Halle selbst. Während der Kartellkandidat im Vergleich zur Hauptwahl nur etwa 200 Stimmen hinzugewann, erreichte Meyer fast eine Verdoppelung seiner Stimmenzahl, die ohne massive sozialdemokratische Wählerunterstützung nicht zu erklären ist. Dieser Befund wird durch einen Blick auf die stärksten SPD-Wahlbezirke bei der Hauptwahl (über 200 Stimmen) bekräftigt. In diesen waren die Stimmengewinne für Meyer bei der Stichwahl am größten (vgl. PDF 60).

20 Jahre nach Meyers Wahlerfolg bei den politisch aufgeheizten »Septennatswahlen« bewegte ein anderes politisches Ereignis die Stadt: die feierliche Eröffnung des neuen »Volksparks« in der Burgstraße 27 durch die Sozialdemokratische Partei. Bereits in den Nachmittagsstunden trafen die ersten Festbesucher ein und als um halb neun Uhr abends das Programm begann, drängten sich etwa 4.000 Personen im Saal und auf den Galerien, 2.000 im unteren Restaurationssaal und über 1.000 sollen angesichts der ausgereizten Zuschauerkapazitäten bereits wieder nach Hause gegangen sein.[128] Der neue »Volkspark« sollte der politischen Arbeiterbewegung und den Gewerkschaften künftig als ein für Großveranstaltungen, Sitzungen, Ausstellungen und Vereinsaktivitäten geeigneter Versammlungsort dienen, nachdem insbesondere bei größeren Kundgebungen bisher nur schwer entsprechende Lokalitäten ausfindig gemacht werden konnten, da Wirten und Pächtern behördliche Sanktionen drohten, wenn sie der SPD ihre Gaststätten und Versammlungsorte zur Verfügung stellten.[129] Die Errichtung des »Volksparks« stellte eine Herausforderung an das Bürgertum der Stadt Halle dar: Diese drückte sich einerseits in der auffallenden Architektur des durch Jugendstilelemente geprägten Gebäudes mit seinen eindrucksvollen Schweifgiebeln und Türmen aus, weshalb der »Volkspark«, vom architektonischen Gesichtspunkt betrachtet, der – auf der gegenüberliegenden Straßenseite gelegenen – Lehmann-

126 Ebd.
127 Vgl. SZ Nr. 49, 27.02.1887, 1. Beil.
128 Vgl. VB Nr. 163, 16.07.1907, Beil.
129 Vgl. *Kügler*, Volkspark, S. 224f.

schen Villa in keiner Weise nachstand.[130] Der Garten des »Volksparks« war offen stehend angelegt, um jedem Gleichgesinnten Zutritt zu gewähren, während der Garten der Villa Lehmann umzäunt war und großbürgerliche Exklusivität veranschaulichte.[131] Herausfordernd war andererseits auch die Nähe des in der sozialdemokratischen Hochburg Giebichenstein gelegenen »Volksparks« zum gehobenen bürgerlichen Mühlwegviertel, wodurch gleichermaßen die nach wie vor bestehende Nähe zwischen Arbeitern und Bürgern in der Topographie der Stadt zum Ausdruck kam. In den Bereichen Kultur und Bildung wollte die Sozialdemokratie zum Bürgertum aufschließen, weshalb eigene Bildungs- und Erziehungsideale verfolgt wurden, die beispielsweise mit Theaterveranstaltungen, wissenschaftlichen Vorträgen und Bücherverleih im »Volkspark« umgesetzt werden sollten. Bei diesem Kultur- und Bildungsanspruch wurden bürgerliche Kulturnormen und -vorstellungen adaptiert.[132]

Nachdem die Feierlichkeiten zur Einweihung des »Volksparks« mit dem Spiel des Einzugsmarsches aus der Wagner-Oper »Tannhäuser« begonnen hatten, hielt der Volksblattredakteur Adolf Thiele eine Festrede, in der er auf ein Buch des ehemaligen britischen Premierministers Benjamin Disraeli mit dem Titel »Sybil. Or The Two Nations« Bezug nahm, um die Beziehung zweier Nationen zu verdeutlichen,

> »die dieselbe Sprache reden, in demselben Lande wohnen, täglich miteinander in nächste Berührung kommen, sich sehen und hören, miteinander sprechen und den gleichen Gesetzen unterstehen, die sich aber trotzdem nicht mehr verstehen (...)«.[133]

Die Spaltung zwischen politischer Arbeiterschaft und Bürgertum, die Thiele hier mit zwei »Nationen« gleichsetzte, habe sich im Laufe der Jahre zunehmend dramatisiert und sei unüberbrückbar geworden:

130 Die Bankiersfamilie Lehmann zählte zu den wirtschaftlich erfolgreichsten und angesehensten der Stadt. Es gelang Heinrich Franz Lehmann, das Bankhaus, welches Vater und Großvater aufgebaut hatten, zu einer letzten großen Blüte zu führen, weshalb er für die Entwicklung der hallischen Wirtschaft eine bedeutende Rolle spielte. Seine gesellschaftliche Reputation ging zum einen auf zahlreiche Stiftungen an die Stadt Halle, das archäologische Institut und die medizinische Fakultät der Universität, aber auch auf seine Beteiligung am Wiederaufbau des Goethetheaters in Bad Lauchstädt, zum anderen auf die von ihm im Laufe der Jahre bekleideten Vorstandsposten in wichtigen Vereinen und seine politische Aktivität – er gehörte der »Allgemeinen Ordnungspartei« (Freikonservative) und der Stadtverordnetenversammlung an – zurück. Zum Wirken Lehmanns als Mäzen siehe *Löhr*, Heinrich Franz Lehmann. Der wirtschaftlichen und gesellschaftlichen Bedeutung der Familie entsprach die auf einem Felsen erbaute Villa in der Burgstraße im Stil der italienischen Hochrenaissance mit barocken Elementen, die von einem beträchtlichen Anwesen, geprägt durch Statuen, Palmen- und Gewächshäusern, Springbrunnen und Ruinenarchitektur, umgeben war. Vgl. *Ludwig*, Villa Lehmann, S. 52 ff.

131 Vgl. *Kügler*, Volkspark, S. 226 ff.

132 Vgl. ebd.

133 Adolf Thiele, Festrede zur Eröffnung des Volksparks, VB Nr. 163, 16.07.1907, Beil.

»Niemand kann beiden Lagern zugleich mehr dienen. Nur ein entweder – oder gibt es noch. Entweder der Mensch steht auf der Seite der Arbeit, die um ihre Rechte, um ihr Leben kämpft, oder er steht auf der Seite der klassenstaatlichen Gewalten, der klassenstaatlichen Regierung, des Kapitalismus, der unser Staatswesen charakterisiert und dem auch die gekrönten Fürsten untertan sind (...).«[134]

Beide Episoden aus der hallischen Stadtgeschichte verdeutlichen anschaulich den politischen Wandel der Stadt in den zwanzig Jahren zwischen 1887 und 1907. War 1887 ein Bündnis zwischen Linksliberalen und Sozialdemokraten – wenn auch von beiden Seiten nicht ursprünglich angestrebt – möglich, hatte sich die Stimmungslage 1907 grundlegend geändert, indem sich zwei unversöhnliche Lager ohne Kompromissmöglichkeit gegenüberstanden: das bürgerliche auf der einen, das sozialdemokratische Lager auf der anderen Seite.

Karl Rohe hat den Begriff des »politischen Lagers« analytisch definiert und in ein Modell überführt, mit welchem er die politische Konfliktkonstellation im Deutschen Reich adäquat untersuchen konnte.[135] Im Gegensatz zum Milieu sei der Zusammenhalt eines politischen Lagers, so Rohe, vor allem durch Abgrenzung gegen andere begründet. Dieses Gegenüber sei entscheidend für die Konstitution eines Lagers, während ein Milieu sich aus sich selbst heraus tragen könne und eher auf positive Gemeinsamkeiten angewiesen sei.[136] Lager seien jedoch mehr als bloße Zweckkoalitionen zur Verfolgung materieller Interessen, denn ein politisches Lager stelle »ein historisch-kulturelles Gebilde [dar, D. W.], das nicht zuletzt in historischen Erinnerungen und Mentalitäten sowie in den damit verknüpften Emotionen und Aversionen tief verwurzelt ist«.[137] Die politisch-kulturellen Verwerfungslinien, die Lagergrenzen manifestierten, seien schwer zu überwinden, wobei sich Wählerbewegungen innerhalb eines Lagers zwischen den verschiedenen Parteien in durchaus großem Umfang vollziehen

134 Ebd.

135 *Rohe*, Wahlen und Wählertraditionen.

136 Das Milieukonzept ist vor allem durch den ungemein einflussreichen Aufsatz von *Lepsius*, Parteiensystem und Sozialstruktur, geprägt worden, in dem dieser die »verspätete« Demokratisierung Deutschlands sowie die von ihm konstatierte bemerkenswerte Stabilität des deutschen Parteiensystems zwischen 1871 und 1928 zu erklären versuchte. Diese Stabilität sei vor allem dadurch begründet, dass die Parteien auf vier hochgradig segregierte »sozialmoralische Milieus« (liberal, konservativ, katholisch und sozialdemokratisch) verpflichtet blieben und die subkulturelle Überformung von Konflikten die Demokratisierung Deutschlands be- bzw. verhindert habe. Das Milieukonzept ist vielfach genutzt, aber auch kritisiert worden. Siehe z. B. *Eley*, Deutscher Sonderweg, S. 15 ff.; *Weichlein*, Sozialmilieus, S. 21 f.; *ders.*, Wahlkämpfe, S. 76 ff.; *Ritter*, Parteien und Gesellschaft, S. 49 f.; *Henning*, Das sozialmoralische Milieu, S. 151. Zusammenfassungen der Forschungsergebnisse bei *Frie*, Kaiserreich, S. 94–108 und *Wirsching*, Weimarer Republik, S. 89–94. Rohe fasst Milieus als kulturell überformte Lebensweise und kulturelle Lebensführung auf; vgl. *Rohe*, Wahlanalyse, S. 357.

137 *Rohe*, Wahlen und Wählertraditionen, S. 22.

könnten, dagegen kaum über die Lagergrenzen hinaus.[138] Rohe unterscheidet ein sozialistisches, ein katholisches und ein nationales Lager. Letzteres umfasst sowohl Konservative wie auch Liberale.[139] Insbesondere die Außenseiterstellung von Zentrum und SPD seit Ende der 1870er Jahre ist für Rohe der Beleg einer neuen lagermäßigen Gruppierung des deutschen Parteiensystems.[140] Er geht von gewissen Affinitäten zwischen liberalen und konservativen Wählerschichten aus und auf diese Weise gelingt es ihm, Wählerbewegungen und Wahlergebnisse sowie Phänomene des Parteiensystems zu erfassen, die jenseits der Erklärungskraft des Milieuansatzes liegen. Die Konfliktlinie zwischen nationalem Lager und »reichsfeindlichen« Lagern wird als konstitutiv für den Lagergegensatz angesehen, wohingegen traditionelle Konflikte wie liberal versus konservativ *innerhalb* des nationalen Lagers ausgetragen wurden. In »Wahlen und Wählertraditionen« belegt Rohe vor allem anhand umfangreicher Analysen des Wahlverhaltens die Herausbildung von drei klar abgegrenzten politischen Lagern.

Auch für die Stadt Halle kann eine solche Entwicklung konstatiert werden: Angesichts des Fehlens einer relevanten katholischen Minderheit im protestantischen Halle entstand ein bipolarer Gegensatz zwischen national-bürgerlichem und sozialistischem Lager. Hatte Karl Rohe das Reichsgründungsjahrzehnt als »Inkubationszeit« für die Ausprägung des Lagersystems bezeichnet, lag die eigentliche Wegscheide im Jahr 1890, als die Sozialdemokraten nach Aufhebung des Sozialistengesetzes große Wahlsiege, so auch in Halle, feierten. Bis dahin – dies belegt das linksliberal-sozialdemokratische Stichwahlbündnis in Halle – waren taktische Allianzen zwischen Teilen des bürgerlichen Lagers und der politischen Arbeiterbewegung keineswegs ausgeschlossen.[141]

So plausibel es ist, diesen durch moralisch aufgeladene, erinnerungskulturell und mental begründete Grenzen bestimmten Lagergegensatz anhand von Wahlkämpfen und -bündnissen zu untersuchen, können diese die Beschaffen-

138 Vgl. ebd.
139 Vgl. ebd., S. 92ff.
140 Vgl. ebd., S. 96f.
141 Die Offenheit der Lagergrenzen bis 1890 wird auch durch das Verhalten der Linksliberalen in Folge des erstmaligen Einzugs der Sozialdemokraten in eine Reichstagsstichwahl in Halle, in der diese sich mit einem nationalliberal-konservativen Kartellkandidaten konfrontiert sahen, belegt. Denn die halleschen Linksliberalen empfahlen ihren Anhängern in dieser Situation keinesfalls ein Stichwahlvotum zugunsten des Kandidaten der bürgerlichen Kartellparteien, sondern stellten die Wahl frei, was letztlich der Sozialdemokratie zugutekommen musste. Dagegen hatten die Kartellparteien eindringlich zur Wahlhilfe für den bürgerlichen Kandidaten aufgerufen und gewarnt, Wahlenthaltung oder Unterstützung der Sozialdemokratie sei »Verrat am Bürgertum«. Zwar hatte es auch innerhalb der linksliberalen Partei Kontroversen über den eingeschlagenen Kurs gegeben, doch einige prominente Linksliberale plädierten sogar für eine Wahlunterstützung der Sozialdemokratie und zumindest ein Teil der Anhänger hat der SPD auch aktiv zum Stichwahlsieg verholfen. Vgl. HallZ Nr. 45, 22.02.1890, 2. Ausg.; SZ Nr. 49, 27.02.1890; HallZ Nr. 57, 08.03.1890, 1. Ausg.; *Reibel*, Handbuch der Reichstagswahlen, S. 513f.

heit des bürgerlich-nationalen Lagers m. E. nicht ausreichend erklären. Es ist vielversprechend, sich bei der Untersuchung politischer Lager (wieder) der ursprünglichen Stärke der Milieuansätze, die in ihrem Fokus auf gesellschaftliche Strukturdimensionen zur Erklärung politischer Konstellationen lag, zu besinnen.[142] Zwar ist ein politisches Lager, nach Rohe, als »ein weniger integriertes kulturelles Gebilde«[143] im Vergleich zum Milieu aufzufassen, doch es ist anzunehmen, dass auch politische Lager eine lebensweltliche Fundierung hatten, bei welcher dem Verein bzw. dem Vereinswesen und seinen Kontaktnetzwerken eine wichtige Bedeutung zukam.[144] In diesem Kapitel wird daher danach gefragt, welche politischen Akteure im städtischen Vereinswesen aktiv waren und in welchen Handlungsräumen sie sich engagierten. Wenn der Fokus dabei vor allem auf die Eliten der lokalen Parteivereine gerichtet ist, wird der Bedeutung (lokaler) politischer Eliten für die Integration politischer Lager Rechnung getragen, die gerade durch die Herstellung von Kontakten zu einfachen Vereinsmitgliedern bzw. potentiellen Wählern zu sehen sein dürfte.[145] Schließlich wird untersucht, in welchen Vereinen die politischen Vertreter der unterschiedlichen Parteiströmungen gemeinsam agierten, denn gerade die Zugehörigkeit sowohl von Liberalen als auch von Konservativen zu einem bürgerlich-nationalen Lager ist ein wesentliches Charakteristikum des Lageransatzes – ganz im Gegensatz zum Milieukonzept.[146]

142 Vgl. *Watermann*, Städtischer Liberalismus, S. 217f. In der bisherigen Forschung ist die Einbeziehung gesellschaftlicher Strukturen bei der Untersuchung lokaler politischer Kulturen mit dem Lagermodell von Rohe kaum erfolgt. Eine Ausnahme stellt die Studie von *Barsickow*, Politische Lager, dar.

143 *Rohe*, Wahlen und Wählertraditionen, S. 22.

144 Hettling plädiert dafür, in eine Analyse politischer Lager nicht nur politische Organisationen, sondern auch die Entwicklung und Ausbildung von Vereinsnetzwerken miteinzubeziehen, welche für den dauerhaften Erfolg des Liberalismus, wie er für Breslau nachweist, maßgeblich blieben. Vgl. *Hettling*, Von der Hochburg zur Wagenburg, S. 256, das Zitat S. 263. Die Bedeutung gemeinsamer lebensweltlicher Erfahrungen und Kontakte innerhalb des lokalen Vereinsmilieus für die Konstitution des bürgerlich-nationalen Lagers hebt auch Jürgen Schmidt am Beispiel Erfurts hervor: »Das Netz an Vereinen [...] lag engmaschig über den verschiedenen politischen Interessengruppen des bürgerlich-nationalen Lagers (...)«, *Schmidt*, Begrenzte Spielräume, S. 281. In Studien, die dezidiert dem Milieukonzept folgen, konzentrierte sich die Analyse, trotz differenter Operationalisierungen, ohnehin zumeist sehr stark auf das lokale Vereinswesen. Siehe aus der Literaturfülle nur *Bösch*, Das konservative Milieu; *Matthiesen*, Konservatives Milieu; *Blaschke/Kuhlemann*, Religion im Kaiserreich; siehe auch die Unterscheidung von vier Milieudimensionen bei *Mallmann*, Kommunisten, S. 14. Insbesondere auf der institutionellen Ebene haben Vereine dabei als Akteure der Vermittlung und Integration des Milieus eine entscheidende Bedeutung; vgl. *Weichlein*, Sozialmilieus.

145 Zur Rolle von Eliten im Lagerkonzept vgl. *Rohe*, Wahlen und Wählertraditionen, S. 24ff.

146 Die Frage, ob separierte konservative und liberale Milieus unterschieden werden können, wie im ursprünglichen Konzept von Lepsius unterstellt, ist umstritten geblieben; siehe u. a. *Lösche/Walter*, Katholiken, Konservative und Liberale.

4.1 Politische Akteure und Vereinsengagement

Bei der Untersuchung der sozialen Basis politischer Parteien bzw. Vereine in der Kaiserreichszeit stößt man zunächst auf ein Quellenproblem: Parteimitgliederlisten sind zumeist weder für die bürgerlichen politischen Vereine noch für die SPD überliefert. Insbesondere Wahlmänner- und Stadtverordnetenlisten sowie Listen der Vorstände politischer Vereine und öffentlicher Unterstützer von Wahlaufrufen lassen jedoch die Analyse eines spezifischen Teils der Parteianhängerschaft zu.[147] Diese Listen sind somit kein Ersatz für fehlende Gesamtmitgliederlisten – denn von der Sozialstruktur der Wahlmänner, Stadtverordneten oder Partei- bzw. Vereinsvorstände kann nicht auf die sozialstrukturelle Zusammensetzung aller Mitglieder geschlossen werden –, aber ihre Auswertung erlaubt, gerade im Hinblick auf Vereinsengagement, einen wichtigen Einblick in die Partizipationsmuster dieser politischen Aktivanhängerschaft. In diesem Zusammenhang ist zu berücksichtigen, dass sich Wahlmänner, Stadtverordnete und Parteivorstände hinsichtlich ihrer konkreten politischen Rollen und Funktionen unterscheiden: Die Wahlmänner wählten bei den preußischen Landtagswahlen im Kollegium den Abgeordneten bzw. die Abgeordneten des Wahlkreises. Sie selbst sind durch Wahlen in den einzelnen Urwahlbezirken der Stadt für diese Aufgabe bestimmt worden. Die Logik des Dreiklassenwahlrechts bedingte,[148] dass die Wahlmänner von unterschiedlichen und unterschiedlich großen Teilen der Bevölkerung gewählt wurden – unter der Maßgabe, dass sie in ihrem Wahlbezirk wohnhaft waren, aber selbst nicht der sie wählenden Wahlabteilung angehören mussten, wodurch gewährleistet werden sollte, dass sie einen Querschnitt der gesamten Bevölkerung darstellten.[149] Die politische Handlung eines Wahlmannes war zum einen *situativ* – sie erschöpfte sich in der Abgeordnetenwahl und begründete keine darüber hinausgehenden Verpflichtungen –,[150] andererseits angesichts der Inszenierung der Abgeordnetenwahl als »politisches Fest« voraussetzungsvoll und aufwendig,[151] weshalb die Wahlmänner als mobilisierbarer, aktiver Teil der Parteianhängerschaft interpretiert werden können.[152]

147 Der Vorschlag, die Landtagswahlmänner als einen Teil der sozialen Basis bürgerlicher Parteien zu untersuchen, zuerst bei *Hettling*, Politische Bürgerlichkeit, S. 54ff.

148 Siehe grundlegend zum preußischen Dreiklassenwahlrecht die Arbeiten von *Kühne*, Dreiklassenwahlrecht und Wahlkultur; *ders.*, Handbuch der Wahlen zum preußischen Abgeordnetenhaus und *ders.*, Entwicklungstendenzen der preußischen Wahlkultur.

149 Vgl. *Hettling*, Politische Bürgerlichkeit, S. 54.

150 Abgesehen von der mitunter, im Falle des Ausscheidens eines gewählten Abgeordneten, notwendigen Teilnahme an einer Ersatzwahl.

151 Vgl. *Kühne*, Dreiklassenwahlrecht und Wahlkultur, S. 141ff.

152 Vgl. *Hettling*, Politische Bürgerlichkeit, S. 54; *Kühne*, Dreiklassenwahlrecht und Wahlkultur, S. 141ff.; *ders.*, Handbuch der Wahlen zum Preußischen Abgeordnetenhaus, S. 17ff., 22f. Die Abgeordnetenwahlen (und auch die Urwahlen) waren vor allem aufgrund

Auch wenn sich im Kaiserreich die bürgerlichen Parteien allenfalls in Ansätzen zu Massenparteien mit bürokratischem Apparat im modernen Sinne entwickelten, sind die Aufgaben für die prominenten Parteivertreter und die Vorstände der politischen Vereine doch im Zuge der Erfordernisse zunehmend intensiver geführter Wahlkämpfe und dem damit verbundenen Organisationsaufwand umfangreicher geworden. Nichts veranschaulicht diesen Wandel deutlicher als die Abkehr von ad hoc, anlässlich einer bevorstehenden Wahl gebildeten Komitees hin zu einer *dauerhaften* Vereinsorganisation.[153] Für die Stadtverordneten als Repräsentanten der Bürgerschaft schließlich war die beständige Mitwirkung an der städtischen Selbstverwaltung und somit eine permanente Beschäftigung mit den maßgeblichen politischen Angelegenheiten der Stadt Pflicht.[154]

Insbesondere mit Blick auf die Wahlmänner stellt sich die Frage, inwieweit sie ihre situative, eng begrenzte Aufgabe der Abgeordnetenwahl mit einem dauerhaften gesellschaftlichen Engagement in den verschiedenen Vereinen der Stadt verbanden. Auch wenn die Durchführung des Wahlaktes bei den Landtagswahlen ihren ursprünglichen Zweck einer der Wahl vorangehenden intensiven politischen Diskussion und Debatte über die geeigneten Kandidaten seitens der Wahlmänner in der Kaiserreichszeit weitgehend verlor, verstanden die Wahlmänner – selbst wenn sie der Minderheitenpartei angehörten und ihre Wahlbeteiligung für den Ausgang der Wahl völlig irrelevant war – das ihnen übertragene Mandat als politische und gesellschaftliche Verpflichtung.[155] Sie gehörten, ihrem Selbstverständnis nach, einem illustren Kreis von Personen an, der über die Abgeordnetenwahl die politische und gesellschaftliche Gestaltung des Landes beeinflussen konnte. Die zahlreichen – nicht nur politischen – Vereine boten ihnen darüber hinaus Gelegenheit, ihr gesellschaftliches Engagement zu verstetigen. Dass Engagement im Vereinswesen ein Bestandteil der gesellschaftlichen Partizipation der Wahlmänner war, verdeutlichen die Daten in Tabelle 33.[156]

des aufwendigen Prozedere sehr zeitaufwendig. Die Wahl des/der Abgeordneten wurde im Laufe der Kaiserreichszeit immer mehr zum reinen Ritual. Berieten sich die Wahlmänner in der Reichsgründungszeit noch vor der Abgeordnetenwahl in ihren Parteifraktionen über Kandidaten und Wahlkompromisse, entwickelte sich das Prozedere immer mehr dahingehend, dass die eigentlichen Kandidaten- und Wahlentscheidungen bereits vor der Urwahl durch Wahlkomitees getroffen wurden und somit durch die Wahlmänner nur noch bestätigt werden mussten. Dabei ist zu berücksichtigen, dass zwischen den Komitees der politischen Vereine und den Wahlmännern häufig große personale Überschneidungen bestanden.

153 Vgl. dazu ausführlich *Nipperdey*, Die Organisation der bürgerlichen Parteien vor 1918, S. 42 ff. und 74 ff. Siehe auch *Grießmer*, Massenverbände, S. 29 ff.

154 Dabei konnten Personen auch alle drei Funktionen – Wahlmann, Parteivorstand und Stadtverordneter – innehaben.

155 Vgl. *Kühne*, Dreiklassenwahlrecht und Wahlkultur, S. 151 ff. Darüber hinaus beinhaltete das Zusammentreffen der Wahlmänner auch gesellige Unterhaltungsmöglichkeiten, die einen Teil der Wahlmänner zum Verbleib motiviert haben dürften.

156 Die Daten der Tabelle wurden erstellt durch einen Abgleich der Vereinsdatenbanken für die Jahre 1874, 1888, 1895, 1903 und 1913 mit den Wahlmännerlisten des gleichen Jahres

Tab. 33: Wahlmänner als Vereinsvorstände 1874–1913

	1874	1888	1895	1903	1913
Wahlm. als Vereinsvorstand	67	77	93	193	178
Wahlm. Ges.	226	252	372	586	672
%	29,6	30,6	25	32,9	26,4
Partei					
Vereinigte Liberale	64	2		171	148
Linksliberal		21	35		
NLK		49	51		
Konservative	3			12	16
Sozialdemokraten				9	9
Nicht bestimmbar		5	7		5
Klasse					
Bildungsbürger	11	12	15	27	29
Wirtschaftsbürger	30	26	39	84	76
Beamte	2	13	9	8	11
Alter Mittelstand	13	21	19	34	19
Neuer Mittelstand	5	4	7	23	30
Sonstiger Mittelstand	4	1	2	8	8
Arbeiter	1			3	1
UBA			1		3
Nichtselbst. Dienstl.				2	
NK	1		1	4	1

Dies galt sowohl hinsichtlich der Wahlmänner insgesamt als auch mit Blick auf die Anhänger verschiedener Parteien und Wahlbündnisse. So blieb der Anteil der Wahlmänner, die einen oder mehrere Vorstandsposten in den städtischen Vereinen bekleideten, abgesehen von kleinen Abweichungen, stabil

oder, falls in den betreffenden Stichjahren keine Wahl stattgefunden hatte, mit den Listen der zeitlich zum jeweiligen Stichjahr am nächsten gelegenen Wahl. Die Wahlmännerlisten wurden in der hallischen Lokalpresse veröffentlicht: SZ Nr. 246 Beilage, 21.10.1876 (insgesamt waren 228 Wahlmänner in 38 Bezirken zu wählen; zwei Wahlmänner fehlen in der Liste der SZ, da in Bezirk 37 die Wähler der ersten Klasse nicht anwesend waren); Nr. 255, 30.10.1888, 2. Beil.; Nr. 512, 31.10.1893; Nr. 499, 24.10.1893; Nr. 519, 4.11.1893. Die Wahlmännerliste der Saale-Zeitung 1903 umfasst 57 der 62 städtischen Urwahlbezirke und gibt auch den Berufsstand der Personen an. Ein Nachtrag der fehlenden fünf Bezirke in späteren Ausgaben erfolgte jedoch nicht. Über eine Liste der Urwahlbezirke mit entsprechenden Angaben zu Straßen sowie über die amtliche Liste der Wahlmänner, ohne Angabe der Parteizugehörigkeit, konnten die Wahlmännerdaten zusätzlich verifiziert werden; Nr. 532, 12.11.1903; Nr. 533, 13.11.1903; GZ Nr. 272, 20.11.1903; Nr. 225, 17.05.1913.

zwischen 25 und 33 %, d. h. bei einem Viertel bis einem Drittel. Dieser Wert war erheblich höher als der Anteil aller Personen der männlichen Bevölkerung (über 20 Jahre), die einen Vereinsvorstandsposten innehatten – 1903 waren dies geschätzt lediglich etwa 6 %.[157] Nicht belegt, aber vermutet werden kann, dass ein wechselseitiger Zusammenhang zwischen der Tätigkeit als Wahlmann und dem Ausüben eines Vereinsvorstandspostens bestand. Einerseits könnten die Wahlmänner in dieser Interpretation von ihrer ohnehin vorhandenen gesellschaftlichen Reputation – diese ist letztlich eine Grundvoraussetzung, um überhaupt als Wahlmann nominiert und gewählt zu werden – bei den Vorstandswahlen in Vereinen profitiert haben, andererseits kann gerade das Vereinsengagement durch Besetzung der prestigeträchtigen Vorstandsposten diese gesellschaftliche Reputation nochmals befördert oder überhaupt erst begründet haben. Grundlegend zeigen die Daten die Bereitschaft der Wahlmänner, kontinuierlich gesellschaftlich tätig zu sein und ihre Partizipation an gesellschaftlicher Gestaltung nicht nur auf einen punktuellen Wahlakt zu beschränken – zumal die Zahl der im Vereinswesen aktiven Wahlmänner mit Blick auf die einfache Vereinsmitgliedschaft noch deutlich höher gewesen sein dürfte.

Diese Partizipationsbereitschaft gilt für die Wahlmänner aller bürgerlichen »Parteien«, wenn auch mit unterschiedlicher Häufigkeit.[158] Die Parteizugehörigkeit (linksliberal, nationalliberal, konservativ, freikonservativ, sozialdemokratisch) kann nicht immer aufgeschlüsselt werden, da die Parteien bei den Landtagswahlen zumeist als Koalitionen gegeneinander antraten. Grundsätzlich waren in der Kaiserreichszeit in Halle mit Blick auf die bürgerlichen Parteien nur zwei verschiedene Bündniskonstellationen üblich bzw. möglich: ein gemeinsames Bündnis der liberalen Parteien (»Vereinigte Liberale«) gegen die Konservativen (Deutsch- und Freikonservative) oder ein nationalliberal-konservatives »Kartellbündnis« gegen die Linksliberalen. Die Nationalliberalen waren dementsprechend die Partei mit wechselnden Bündniszugehörigkeiten – was im Übrigen der Grund dafür ist, dass sie im gesamten Untersuchungszeitraum nicht als nationalliberale Wahlmänner identifiziert werden konnten, da sie entweder in den »Vereinigten Liberalen« oder im »Kartell« aufgingen.[159] Dennoch ist gerade für die Nationalliberalen ein sehr hohes Maß an Engage-

157 Dieser Anteil stellt nur einen ungefähren Wert dar, denn für das Stichjahr 1903 liegt keine Aufschlüsselung der männlichen Bevölkerung nach ihrem Alter vor. Diese Daten zur Altersstruktur wurden daher den *BzSdSH*, Bevölkerung, S. 21, die Zahlen aus dem Jahr 1905 nutzen, entnommen. Zieht man die Altersgruppen der 0 bis 20-Jährigen von den 82.349 männlichen Einwohnern 1905 ab, verbleiben 45.965. Gemessen an den 2.671 männlichen, in Halle sesshaften Vereinsvorständen 1903, entspricht dies einem Anteil von 5,8 %.

158 Vgl. die Daten und Ausführungen zu liberalen Vereinsvorständen bei *Watermann*, Städtischer Liberalismus, S. 216 ff.

159 Die Lokalpresse listete die Wahlmänner, die einem solchen Wahlbündnis angehörten, nicht mit Angabe ihrer Partei- sondern mit Nennung ihrer Bündniszugehörigkeit.

ment im Vereinswesen zu vermuten, denn die Werte für die »Vereinigten Liberalen« sowie das »Kartell« sind in allen Stichjahren vergleichsweise hoch (64 von 218 Liberalen waren 1874 Vereinsvorstände, d.h. 29,4%; 49 von 104 Kartellwahlmännern 1888, 47,1%; 51 von 144 Kartellwahlmännern 1895, 35,4%; 171 von 462 Liberalen 1903, 37%; 148 von 498 Liberalen 1913, 29,7%), während die Werte für die Linksliberalen 1888 und 1895 – also in Stichjahren, in denen sie einem nationalliberal-konservativen Kartell gegenüberstanden – erheblich geringer waren (nur 21 von 148 Linksliberalen 1888 waren Vereinsvorstände, 14,2%; 35 von 198 Linksliberalen 1895, 17,8%). Die hohen Werte von Wahlmännern der jeweiligen Parteibündnisse mit Beteiligung der Nationalliberalen sind daher auf letztere zurückzuführen. Dagegen scheinen die absoluten Zahlen der Konservativen für die Stichjahre, in denen sie gegen ein liberales Bündnis antraten – 1874, 1903 und 1913 – eher eine geringe Partizipation am Vereinswesen zu indizieren. Berücksichtigt man jedoch, dass sie nur einen sehr kleinen Teil aller Wahlmänner stellten (1874: 8, 1903: 38, 1913: 31), bekommen ihre Werte ein anderes Gewicht (konservative Wahlmänner als Vereinsvorstand in Relation zu allen konservativen Wahlmännern 1874: 37,5%, 1903: 31,6%, 1913: 51,6%). Insbesondere die prominenten Konservativen Halles vernetzten sich häufig im Vereinswesen.[160] Für die Sozialdemokraten, die 1898 in Halle erstmals an den Landtagswahlen teilnahmen und trotz des sie stark benachteiligenden Dreiklassenwahlrechts 1903 immerhin 75, 1913 128 Wahlmänner stellten, blieben die Werte sehr niedrig – in den beiden genannten Jahren hatten jeweils nur neun Wahlmänner einen Vereinsvorstandsposten inne.[161]

Wie die Daten in Tabelle 34 verdeutlichen, waren die Stadtverordneten im Vergleich zu den Wahlmännern in einem noch höheren Maße im Vereinswesen aktiv.[162] In den Stichjahren lag der Anteil von Stadtverordneten, die Vorstandsfunktionen in Vereinen wahrnahmen immer bei um die 60%, 1895 sogar bei über 70%. Diese hohen Werte sind nicht nur auf die Reputation und Bekanntheit der Stadtverordneten, über deren Aktivitäten kontinuierlich in der Lokalpresse

160 Dies wird dadurch belegt, dass beispielsweise 1913 von den 16 konservativen Wahlmännern sechs den konservativen Wahlaufruf zur Reichstagswahl 1912 und/oder zur Landtagswahl 1913 unterzeichnet hatten, was zeigt, dass sie zum engsten Zirkel der Führung des konservativen Vereins gehörten. Die Personendaten sind den Wahlaufrufen aus der Presse entnommen und mit den Datenbanken der Wahlmänner und Vereinsvorstände abgeglichen worden; vgl. HallZ Nr. 575, 08.12.1911, 2. Beil., Erste Ausgabe; Nr. 185, 22.04.1913.

161 Nochmals soll an dieser Stelle jedoch darauf verwiesen werden, dass gerade die sozialdemokratischen oder der SPD nahestehenden Vereine häufig nur mit der Nennung weniger Vorstände (zumeist nur des Vorsitzenden) in den Adressbüchern verzeichnet waren. Es kann daher vermutet werden, dass sozialdemokratische Wahlmänner häufiger als Vorstände tätig waren, als die überlieferten Daten zeigen.

162 Der Abgleich mit den Vereinsdatenbanken erfolgte auf Basis der in den Adressbüchern für die jeweiligen Stichjahre verzeichneten Listen der Stadtverordneten.

Tab. 34: Stadtverordnete als Vereinsvorstände

	1874	1888	1895	1903	1913
Anzahl	29	27	37	35	41
Stadtverordnete ges.	45	45	52	62	66
%	64,4	60	71,2	56,5	62,1
Partei					
Liberal	16	2		19	15
Linksliberal		8	4		2
Nationalliberal		2			1
Konservativ				1	5
Freikons.					3
Deutschkons.					1
NLK		4	6		
Sozialdemokraten					1
Klasse					
Bildungsbürger	10	2	8	8	9
Wirtschaftsbürger	13	16	17	19	14
Beamte	2	1	2	2	4
Alter Mittelstand	4	6	7	5	4
Neuer Mittelstand				1	7
Sonstiger Mittelstand		2	2		
Untere Beamte/Ang.					1
NK			1		2

berichtet wurde, zurückzuführen, auch wenn sie ihre Wahl zum Vereinsvorstand erheblich begünstigt haben dürften – denn die Beteiligung von Stadtverordneten in Vereinsvorständen verliehen den Vereinen zusätzliches Gewicht und gesellschaftliche Anerkennung –, sondern Einfluss im Vereinswesen war für die Stadtverordneten von großer Wichtigkeit, um die eigenen gesellschaftlichen und politischen Vorstellungen in der Stadtverordnetenversammlung um- und durchsetzen zu können. Die Macht von wirtschaftlichen Interessengruppen, die sich in Vereinen organisierten, konnte ebenso beträchtlichen Einfluss auf die Lokalpolitik begründen, wie etwa wohltätige Vereine, die soziale Missstände anprangerten und zum Beispiel die Wohnungsfrage auf die politische Agenda setzten. Dabei veranschaulicht gerade die Geschichte der Haus- und Grundbesitzervereine im Kaiserreich, dass sich die in ihnen aktiven Stadtverordneten über diese Vereine eine große Unterstützerschaft und dadurch letztlich maßgeblichen Einfluss auf die Stadtpolitik sichern konnten. Allgemein lässt sich konstatieren: War Vereinsengagement für die mobilisierbare Anhängerschaft der Parteien (Wahlmänner) üblich, so war es für die Stadtverordneten geradezu typisch und selbstverständlich. Hinsichtlich der Parteizugehörigkeit der Stadtverordneten wird ersichtlich, dass Halle auch auf Ebene der Kommunalpolitik eine liberal dominierte Stadt blieb.[163]

Hatte die umfangreiche Analyse aller Vereinsvorstände der Stadt bereits gezeigt, dass mit Blick auf die Klassenzugehörigkeit die Angehörigen des höheren Bürgertums überproportional vertreten waren – auch hinsichtlich der Spitzenfunktionen in den Vereinen – und ebenso Teile des niederen Bürgertums (im Laufe der Kaiserreichszeit zunehmend vor allem der Neuen Mittelstand) partizipieren konnten, während die Unterschichten allenfalls begrenzte Teilhabemöglichkeiten hatten, trifft dieser Befund auf die aktive politische Anhängerschaft, die Vorstandsposten in den Vereinen bekleideten, noch in gesteigertem Maße zu. Sowohl mit Blick auf die Wahlmänner als auch bei den Stadtverordneten waren es die Gruppen des höheren Bürgertums, die in Relation zu ihrer quantitativen Stärke in der gesamten Einwohnerschaft, einen sehr hohen Anteil stellten. Insbesondere die Wirtschaftsbürger, die ganz überwiegend den liberalen Parteien angehörten, ragten dabei heraus und stellten für alle Jahre bei Wahlmännern und Stadtverordneten die größte Gruppe. Bei den Wahlmännern hatten auch der Alte und am Ende der Kaiserreichszeit der Neue Mittelstand die Möglichkeit zur Teilhabe, wohingegen mit Blick auf die Stadtverordneten ihre Anteile sehr viel schwächer waren.

4.2 Tätigkeitsfelder der politischen Akteure

Die Tätigkeitsfelder der politischen Akteure im Vereinswesen können einerseits mit dem Fokus auf die Wahlmänner und Stadtverordneten aufgeschlüsselt werden, andererseits wurde für zwei Stichjahre – 1888 und 1913 – ein Datensample zusammengestellt, das neben den beiden genannten Gruppen auch die Vorstände der politischen Vereine sowie ihre prominenten Unterstützer (beispielsweise die Unterzeichner von Wahlaufrufen) umfasst, wodurch ein differenzierter Überblick ermöglicht wird.[164] Die Wahlmänner wiesen in ihren

163 Da die Zusammensetzung der Stadtverordnetenversammlung durch das Dreiklassenwahlrecht bestimmt war, wurden die Sozialdemokraten wie bei den Landtagswahlen erheblich benachteiligt. Die Reichstagswahlergebnisse mit den Erfolgen der SPD ab 1890 belegen dagegen die Entwicklung Halles zu einer »roten« Hochburg.

164 Zusätzlich zu den Wahlmänner- und Stadtverordnetenlisten wurden die Daten der politischen Vorstände aus der Lokalpresse erhoben; Unterstützerlisten von Wahlaufrufen (Parteivorstände): SZ Nr. 25, 30.01.1887, 3. Beil. (Kartell); SZ Nr. 31, 06.02.1887, 4. Beil. (LL); SZ Nr. 68, 23.03.1887, 3. Beil. (NL); SZ Nr. 242, 14.10.1888, 2. Beil. (Kartell); SZ Nr. 243, 16.10.1888, 5. Beil. (LL); SZ Nr. 578, 09.12.1911, 5. Beibl. (LL); SZ Nr. 602, 23.12.1911 (NL); HallZ Nr. 575, 08.12.1911, 2. Beil., Erste Ausgabe (K); HallZ Nr. 185, 22.04.1913 (DK);

Mustern der Partizipation an Vereinen in den Stichjahren 1874, 1895 und 1913 spezifische Schwerpunkte auf (vgl. PDF 61–63).[165] Bewegte sich die Partizipation der liberalen Wahlmänner 1874 noch eher in Bahnen der traditionellen Selbstorganisationsräume der Wohltätigkeit und Kultur, wobei auch wirtschaftliche Vereine bereits von Wahlmännern geleitet wurden (ebenso gesellige/Freizeitvereine, hier aber eher die tradierten Formen von Geselligkeit, beispielsweise in Schützenvereinen), war der Bereich der wirtschaftlichen Vereine in den Stichjahren 1895 und 1913 ihr häufigstes Betätigungsfeld. An den geselligen und Freizeitvereinen partizipierten sie nicht mit gleichbleibender Kontinuität, wie die schwachen Zahlen 1895 und der wiederum starke Anstieg 1913 verdeutlichen. Ihre Partizipationsstruktur kennzeichnet sich im Laufe der Kaiserreichszeit zunehmend durch drei Schwerpunkte: Politik, Wirtschaft, Soziales bzw. Wohltätigkeit (1913 auch Geselligkeit und Freizeit). Dass politische Vereine im engeren Sinne – d.h. beispielsweise der Verein der Liberalen oder der Konservative Verein – Vorstände hatten, die oftmals zugleich Wahlmann waren, ist sicher nicht überraschend. Von großer Bedeutung war zudem ihre Beteiligung an den Kommunalen Wahlbezirksvereinen, in denen Lokalpolitik debattiert und die Stadtverordnetenwahlen organisiert wurden. Dies offenbart Grundzüge des bürgerlichen Politikverständnisses im Kaiserreich, da insbesondere mit Blick auf die Kommunalpolitik die bürgerlichen Parteien keine Organisationsstrukturen aufbauten, die vergleichbar zu heutigen Parteien wären, sondern ein Netz an städtischen Vereinen zur Politikgestaltung und -durchsetzung nutzten. Während der Verein der Liberalen in erster Linie die Land- und Reichstagswahlen zu organisieren hatte, wurde Lokalpolitik unter anderem in den Kommunalen Wahlbezirksvereinen betrieben, in denen die Liberalen zwar stark vertreten und oftmals tonangebend waren, die jedoch keinesfalls einfach als Ableger der liberalen (Partei-)Vereine aufgefasst werden können, sondern Teil eines umfassenden Vereinsnetzes waren, in denen sich Liberale platzierten.[166] Zu diesen Vereinsnetzen gehörten am Ende der Kaiserreichszeit bedeutende wirtschaftliche Vereine der Stadt: unter anderem die Haus- und Grundbesitzervereine, der Verein für Getreide- und Produktenhandel, der Arbeitgeber-Schutzverband für das deutsche Holz-Gewerbe, der Arbeitgeber-Verband für das Handel- und Transportgewerbe, der Handwerkermeister-Verein

SZ Nr. 216, 10.05.1913, 2. Beibl. (FK); SZ Nr. 222, 15.05.1913 (VL). Für die Sozialdemokraten konnten auf Basis der Auswertung der Jubiläumsschrift »Durch Kampf zum Sieg« und der Angaben zu sozialdemokratischen Vereinen in den Adressbüchern 416 Sozialdemokraten für die Zeit ab 1865 ermittelt werden; hinzu kamen die sozialdemokratischen Wahlmänner.

165 Gezählt wurden alle Vorstandsposten, die Wahlmänner in den Vereinen bekleideten.

166 Die auffällig geringen Werte für konservative Wahlmänner in politischen Vereinen 1913 resultieren vor allem aus dieser Dominanz der Liberalen in den Kommunalen Wahlbezirksvereinen.

oder der Verband der Metall-Industriellen.[167] In einem Großteil dieser Vereine hatten liberale Wahlmänner den Posten des Vorsitzenden oder des stellvertretenden Vorsitzenden inne. Die Betätigung der Liberalen in wirtschaftlichen Vereinen fand daher in hohem Maße in einem politiknahen Vereinssegment statt, das lokalpolitische Einfluss-, Informations- und Kommunikationskanäle bereitstellte. Zugleich zeigte sich auch mit Blick auf die Liberalen, dass Verbände nicht nur, aber insbesondere bei der überregionalen und nationalen Interessenpolitik immer wichtiger wurden – davon zeugte z. B. die Vorstandsbeteiligung am Hansa-Bund oder dem Deutschen Flottenverein.

Während die Partizipation an wirtschaftlichen oder berufsständischen Vereinen seitens der konservativen Wahlmänner für alle drei Stichjahre auffällig gering war,[168] wiesen die Vorstände und öffentlichen Unterstützer der konservativen politischen Vereine, d. h. der engere Führungszirkel, hier ein deutlich höheres Maß an Aktivität auf. In diesem Zusammenhang ist jedoch ein markanter Unterschied zu den Liberalen festzustellen, denn die Konservativen waren vornehmlich in den berufsständischen Vereinigungen und dort vor allem in den diversen Beamtenvereinen der Stadt tätig.[169] Für die wenigen Sozialdemokraten im Wahlmänner-Datensample bildete das Engagement in Gewerkschaften das wichtigste Feld ihrer Vorstandstätigkeit.[170] Erweitert man den Blick auf alle sozialdemokratischen Akteure des Datensamples am Ende der Kaiserreichszeit, wird diese starke ökonomisch-materielle Orientierung der Sozialdemokraten im Vereinsmilieu ebenfalls sichtbar: Von den 96 sozialdemokratischen Vorständen im Vereinswesen 1913 waren 60 in wirtschaftlichen und berufsständischen Vereinen aktiv. Neben den genannten Gewerkschaften waren dies unter anderem der Verband der Lagerhalter und Lagerhalterinnen Deutschlands, der Deutsche Faktoren-Bund, der Verband der freien Gast- u. Schankwirte Deutschlands oder der Zentral-Verband der Fleischer u. Berufsgenossen Deutschlands.

In den sozialen, wohltätigen und gemeinwohlorientierten bürgerlichen Vereinen der Stadt besetzten Wahlmänner – liberale wie konservative – insbesondere in traditionsreichen Organisationen wie dem Bürger-Rettungs-Institut

167 Hinzu kamen Vorstandsfunktionen in bedeutenden berufsständischen Vereinen wie dem Preußischen Beamten Verein in Halle. Vgl. die Analyse der Tätigkeitsfelder von Liberalen bei *Watermann*, Städtischer Liberalismus, S. 218 ff.

168 Für 1895 kann dies jedoch nicht präzise bestimmt werden, da in diesem Jahr ein nationalliberal-konservatives Kartellbündnis bei den Landtagswahlen angetreten ist.

169 Hinzu kamen, aber in deutlich begrenztem Umfang, Vorstandsmitgliedschaften etwa im Vaterländischen Arbeiterverein, im Christlich-nationalen Gewerkschaftskartell oder im Verband der landwirtschaftlichen Genossenschaften der Provinz Sachsen und der angrenzenden Staaten.

170 Sieben von elf Vorstandsposten, die von sozialdemokratischen Wahlmännern bekleidet wurden, entfielen auf die Gewerkschaften sowie jeweils zwei auf kulturelle und gesellige Vereine, die der sozialdemokratischen Arbeiterbewegung nahestanden.

und dem Halleschen Verschönerungsverein oder in Vereinen wie dem Verein für Volkswohl, der Halleschen Waisenhausstiftung sowie dem Verein gegen Armennot und Bettelei zentrale Positionen. Vor allem für die Stadtverordneten hatte die Betätigung in den wohltätigen Vereinen eine im Vergleich zu den Wahlmännern, gemessen an der Zahl ihrer Vorstandsposten, nochmals gesteigerte Relevanz. Grundlegend wiesen sie in ihrem Vereinsengagement die gleichen Schwerpunkte wie die Wahlmänner auf, jedoch mit deutlich differenten Akzentuierungen. So steigerte sich zwar auch bei ihnen die Zahl der Vorstandsämter in wirtschaftlichen und berufsständischen Vereinen, wurde aber bis 1903 deutlich von der Teilhabe an den sozialen und wohltätigen Vereinen übertroffen. Während sie zudem zahlreiche Vorstandsposten in den politischen Vereinen im engeren Sinne akkumulierten, blieb die Zahl der Stadtverordneten im Bereich Geselligkeit/Freizeit in der gesamten Kaiserreichszeit deutlich geringer.[171] 1903 entfielen auf 35 Stadtverordnete, die im Vereinswesen aktiv waren, 20 Vorstandsposten auf soziale und wohltätige sowie die gleiche Anzahl auf politische Vereine, dagegen nur 11 auf wirtschaftliche und berufsständische Vereine – bis 1913 hat sich dieses Bild mit Blick auf letztere verändert, da nun erstmals die wirtschaftlichen und berufsständischen Vereine, gemessen an der Zahl der Vorstandsposten, die sozialen und wohltätigen Vereine übertrafen.

Einflussmöglichkeiten im Vereinswesen waren auch dadurch bedingt, dass eine Person Vorstandsposten in mehreren Vereinen ausüben konnte. In dieser Hinsicht steigerten sowohl die Wahlmänner als auch die Stadtverordneten ihre vereinsübergreifende Vernetzung. Während die Wahlmänner 1874 in 1,2 Vereinen als Vorstand aktiv waren und sich diese Zahl 1895 auf 1,4 und 1913 auf 1,6 Vereine erhöhte, verzeichneten die Stadtverordneten mit einer Tätigkeit in 1,6 Vereinen 1874, 1,9 Vereinen 1895 und 2,3 Vereinen 1913 sichtbar höhere Werte.[172] Die herausgehobene Stellung der Stadtverordneten auf Ebene der Kommunalpolitik korrespondierte daher mit einem stärkeren Engagement in der städtischen Vereinslandschaft. Diese mehrfachen Vorstandsmitgliedschaften verteilten sich auf die einzelnen Personen sehr ungleichmäßig: Hatten beispielsweise zahlreiche Wahlmänner 1913 lediglich einen Vorstandsposten inne, konnten einzelne Persönlichkeiten wie der Bankier Heinrich Franz Lehmann (Freikonservativer) 21 Posten, die Bankiersfamilie Steckner (Emil, Kurt und Rudolf; Angehörige der Vereinigten Liberalen, Emil Steckner nationalliberal)

171 Doch sagen diese Daten zur Gesamtstruktur der Vereine prinzipiell noch nichts über die Relevanz einzelner Vereine aus. Nur vier Stadtverordnete waren 1913 in geselligen und Freizeitvereinen aktiv; alle als Vorsitzende des jeweiligen Vereins. Darunter befanden sich sehr exklusive Vereine wie der Reiter-Verein und Fürstental-Klub und der Vorsitz in der Halleschen Turnerschaft.

172 Der Wert für alle Vorstände im städtischen Vereinswesen lag 1913 bei 1,3 Vorstandsposten pro Vereinsvorstand.

zusammen 14 Posten und die Stadträte Gressler, Uber (beide linksliberal) und Engelcke (Vereinigte Liberale) jeweils fünf Posten auf sich vereinigen. Auch wenn eine derartige Agglomeration von Vorstandsämtern in verschiedenen Vereinen keineswegs der Regelfall war, ließe sich diese Liste noch fortsetzen.

Eine Analyse der Mehrfachmitgliedschaften der Gesamtgruppe von Wahlmännern, Stadtverordneten, Parteivorständen und prominenten Unterstützern für das Jahr 1913 (362 Liberale, 187 Konservative) kann aufzeigen, in welchen Feldern des Vereinswesens sie Netzwerkverbindungen herstellten (vgl. PDF 64, 65).[173] Die politische Konstellation 1913 erlaubt es, zwischen Liberalen und Konservativen klar zu differenzieren. Interessant ist zunächst vor allem der Gesamtwert an Verbindungen, die zu den verschiedenen Vereinstypen eingegangen wurden. Für Liberale und Konservative haben die sozialen und wohltätigen Vereine den höchsten Kontaktwert (mit 167 bzw. 213 Verbindungen), d.h. die meisten Verbindungen, die sie im Netzwerk des Vereinswesens mit ihren Mehrfachmitgliedschaften eingingen, schlossen soziale und wohltätige Vereine ein. Dies entspricht der oben vorgestellten Interpretation des sozialen und wohltätigen Vereinsbereichs als »Kitt des Bürgertums«, da auch die politischen Akteure in ihrer Vernetzung gerade diesen Vereinssektor miteinbezogen. Sowohl Liberale als auch Konservative waren einerseits Mitglied in mehreren sozialen Vereinen, andererseits kombinierten sie ihre Zugehörigkeit zu sozialen Vereinen auf je eigene Weise mit anderen Vereinszwecken: die Liberalen vor allem mit wirtschaftlichen, religiösen, politischen, geselligen/Freizeit- und Bildungsvereinen, die Konservativen mit religiösen, wissenschaftlichen, Bildungs-, Kultur- und Kriegervereinen (wohingegen Verbindungen von sozialem mit wirtschaftlichem, politischem oder geselligem Engagement bei ihnen kaum eine Rolle spielten).

Dies verweist auf Partizipationsfelder der Konservativen, die hinsichtlich der Wahlmänner und Stadtverordneten im Vergleich zu allen politisch Aktiven noch nicht deutlich hervorgetreten sind: dem religiösen Vereinssektor und dem Kriegervereinswesen. Als idealtypische Vorstände in diesen Vereinsbereichen können einerseits konservative Geistliche wie Superintendent August Wächtler oder Archidiakonus Grüneisen als protestantische Milieuorganisatoren, die mit zahlreichen Mehrfachmitgliedschaften Verbindungen zwischen religiösen, sozialen, kulturellen und Bildungsvereinen herstellten, betrachtet werden, andererseits Offiziere wie Major von Riedenau, der in neun Kriegervereinen Mitglied war und hohen Anteil an der Verbindung zwischen den Kriegervereinen hatte. Wenn der Blick auf die Vernetzungsmuster, die über einen Verein hinausgehen, gelenkt wird, wird bei den Konservativen daher ersichtlich, dass ihr Partizipationsprofil zwar nicht nur, aber doch in hohem Maße durch die Verbindungen zwischen sozialen und religiösen Vereinen sowie der Teilhabe am

173 Gezählt wurde jede Verbindung einer Person, die diese durch ihre Vorstandsmitgliedschaft in zwei Vereinen herstellte und Vereine welchen Typs sie damit verband.

Kriegervereinswesen bestimmt war. Insbesondere wirtschaftliche, politische und gesellige bzw. Freizeitvereine waren dagegen kaum in ihre Netzwerke integriert. Zudem ist hervorzuheben, dass sie angesichts ihrer deutlich geringeren Zahl an Vereinsvorständen mit Blick auf die von ihnen hergestellten Kontakte die Liberalen weit überflügelten. Konservative Honoratioren waren daher im Vergleich mit den Liberalen erstaunlich gut vernetzt.

Letztere wiesen auch ein deutlich anderes Netzwerkprofil auf: Neben den sozialen Vereinen waren wirtschaftliche, politische sowie gesellige und Freizeitvereine fester Bestandteil vieler liberaler Netzwerke. Bestandteile ihrer Netzwerke waren somit nicht nur soziale und wohltätige Vereine, die ähnlich wie bei den Konservativen – wenn auch deutlich schwächer ausgeprägt – mit religiösem Vereinsengagement verbunden waren, sondern vor allem politiknahe oder politische Tätigkeitsfelder (kommunalpolitische Vereine, wirtschaftliche Interessenverbände sowie auch in diesem Zusammenhang soziale und gemeinwohlorientierte Vereine), die miteinander verknüpft wurden, aber auch die Kombinationen zwischen wirtschaftlichen und geselligen Vereinen.

4.3 Kontakträume politisch Aktiver im Vereinswesen

Die Vorstandstätigkeit der politischen Akteure kann auch dahingehend in den Blick genommen werden, welche gemeinsamen Kontakträume von Liberalen und Konservativen im Vereinswesen auszumachen sind. Die Stichjahre 1888 und 1913 bieten sich aus zwei Gründen dafür an: Erstens sind damit zwei Jahre aus verschiedenen Zeitabschnitten der Kaiserreichszeit erfasst worden, zweitens waren die politischen Konstellationen in diesen beiden Jahren grundlegend verschieden. Während das politische Klima sowohl bei den Landtags- als auch den Reichstagswahlkämpfen 1887 und 1888 von heftigen Auseinandersetzungen zwischen den Linksliberalen und einem Kartell aus Nationalliberalen und Konservativen geprägt war und mit dem Auftreten des Handwerkermeister-Komitees ein zusätzlicher Player die politische Bühne betrat, der das Kartell unterstützte, standen sich 1913 ein liberales Bündnis und die konservativen Parteien gegenüber.

In zwei Tabellen für die jeweiligen Stichjahre (vgl. PDF 66, 67) werden alle Vereine der Stadt aufgelistet, in denen mindestens zwei Personen Vorstand waren, die zugleich eine bestimmte Parteipräferenz aufwiesen. Dies ermöglicht, sowohl Kontakträume zwischen Angehörigen der gleichen Partei bzw. der gleichen Parteikoalition als auch solche zwischen Anhängern unterschiedlicher Parteien und Koalitionen ausfindig zu machen.[174]

174 Bestimmte politische Vereine, wie beispielsweise der »Verein der Liberalen«, sind von der Analyse ausgenommen worden, da dieser Verein selbstverständlich nur von Liberalen besetzt war.

Mit Blick auf die gesamte Beziehungsstruktur der politischen Akteure 1888 kann festgestellt werden, dass das nationalliberal-konservative Kartellbündnis zum einen eine entsprechende gesellschaftliche Verankerung im Vereinswesen hatte. In 43 Vereinen agierten Angehörige des Kartells (Personen, die als nationalliberal, nationalliberal-konservativ, konservativ, als Unterstützer der Heeresvorlage oder des Handwerkermeister-Komitees bestimmt werden konnten) zusammen als Vereinsvorstände unter Ausschluss der Linksliberalen.[175] Zum anderen waren jedoch in 24 Vereinen Anhänger der verschiedenen politischen Koalitionen unter Einschluss der Linksliberalen gemeinsam tätig. 1913 zeigt sich ein ähnliches Bild unter anderen Vorzeichen: In 42 Vereinen sind ausschließlich Anhänger der Vereinigten Liberalen, in zehn ausschließlich konservative Parteigänger zu finden, während in 49 Vereinen Kontakte zwischen Liberalen und Konservativen bestanden. Strikt ausgeschlossen von diesen Kontakträumen waren dagegen die Sozialdemokraten, die in 19 Vereinen »unter sich« blieben.[176] Die gesellschaftlichen Vernetzungsmuster der bürgerlichen Parteien bzw. Koalitionen waren somit in beiden Jahren dadurch gekennzeichnet, dass sowohl zahlreiche Vereine existierten, in denen sie getrennt vom jeweiligen politischen Gegner partizipierten *als auch* eine Vielzahl von Organisationen, in denen gemeinsames Handeln möglich war. 1913 bestand in etwa ein Gleichgewicht zwischen den separierten Vereinigungen (nur Liberale oder nur Konservative) und gemeinsamer Vorstandstätigkeit (Liberale und Konservative).

Insbesondere das Feld der wirtschaftlichen und berufsständischen Vereine war in beiden Jahren der Vereinsbereich, in dem Anhänger der Parteien zumeist getrennt in Vorständen aktiv waren. Dies traf 1888 mit Blick auf Unterstützer des Handwerkerwahlkomitees insbesondere auf die zahlreichen Innungen und Handwerksvereinigungen der Stadt zu. In diesen hatten sie darüber hinausgehend auch Beziehungen zu Nationalliberalen und anderen Anhängern des Kartells, seltener auch zu Linksliberalen (in der Bäcker-, Böttcher- und Buchbinderinnung). Im Deutschen Braunkohlen-Industrie-Verein saßen vor allem Nationalliberale im Vorstand, im Preußischen Beamten-Verein prägten Konservative, im Kaufmännischen Verein Linksliberale die Vorstandszusammensetzung. Dass wirtschaftliche Interessen nicht zwangsläufig zu einer Trennung von Anhängern unterschiedlicher politischer Strömungen führen mussten, verdeutlicht der Haus- und Grundbesitzerverein, in denen Kartellangehörige ebenso wie Linksliberale im Vorstand tätig waren. Auch 1913 sind die wirtschaftlichen und berufsständischen Vereine jedoch eher durch getrennte Vorstandszuge-

175 Angehörige der Linksliberalen waren dagegen nur in einem Verein mit anderen Liberalen gemeinsam und ausschließlich, d. h. ohne Anhänger des Kartells, als Vorstände aktiv.

176 In nur einem einzigen Verein der Stadt war ein Sozialdemokrat gemeinsam mit einem Anhänger des bürgerlich-nationalen Lagers aktiv. Vgl. *Watermann*, Städtischer Liberalismus, S. 222.

hörigkeiten der politisch Aktiven gekennzeichnet. So waren in zwölf Vereinen nur Liberale gemeinsam in einem Vorstand, in zwei Vereinen nur Konservative und wiederum in zwölf Organisationen, den Gewerkschaften, nur Sozialdemokraten. In neun Vereinen waren Liberale und Konservative aktiv, beispielsweise im Eisenbahn-Verein oder im Verein der Kolonialwarenhändler.

Gemeinsames Vereinsengagement war in beiden Stichjahren vor allem in sozialen und wohltätigen sowie geselligen und Freizeitvereinen häufig.[177] In sozialen und wohltätigen Vereinen waren daher nicht nur Angehörige der Gruppen des höheren Bürgertums und Teile des niederen Bürgertums aktiv, sondern ebenfalls und damit überlappend die Anhänger der unterschiedlichen bürgerlichen politischen Vereine und Parteibündnisse. Gesellige und Freizeitvereine boten vielfältige Möglichkeiten für gemeinsame Vorstandstätigkeit: In der Berggesellschaft, der Halleschen Turnerschaft, im Eis-Klub, im Reiter-Verein oder in der Stadtschützen-Gesellschaft oblag 1913 die Leitung Liberalen und Konservativen. Auch im Kriegervereinswesen war gemeinsame Vorstandstätigkeit üblich (1913 in sieben Vereinen).

Abschließend soll auf spezifische Unterschiede der vereinsbasierten Organisation von bürgerlich-nationalem und sozialdemokratischem Lager hingewiesen werden. Mit Blick auf lokale Vereinsstrukturen der Kaiserreichszeit ist fraglich, ob die Sozialdemokratie als Milieu charakterisiert werden kann, das Menschen von der »Wiege bis zur Bahre« organisierte.[178] Zum einen existierten zwar auch in Halle sozialdemokratische »Vorfeldorganisationen« der Arbeiterkultur- und sportbewegung wie etwa der Arbeiter-Sängerbund oder der Arbeiter-Radfahrer-Verein Solidarität, aber ein breit gefächertes und verästeltes Vereinsnetzwerk, das dem bürgerlichen vergleichbar wäre, ist nicht auszumachen.[179] Zweitens lag die Motivation einer Vereinsmitgliedschaft bei vielen Arbeitern anscheinend vor allem auf materiellen Interessen – auf der Organisation in Gewerkschaften und Konsumvereinen.[180] Drittens war die Sozialdemokratische Partei immer noch eher ein allgemeiner Verein, der anderweitige Organisationsbestrebungen absorbierte und zur politischen Auseinandersetzung einen

177 Vgl. zu diesem Abschnitt *Watermann*, Städtischer Liberalismus, S. 218. Soziale Vereine: 1888 acht Vereine mit Kartell- und linksliberalen Vorständen, 1913 12 Vereine mit liberalen und konservativen Vorständen; gesellige/Freizeitvereine: 1888 fünf, 1913 acht Vereine mit gemeinsamer Vorstandszugehörigkeit von Anhängern der unterschiedlichen Parteikoalitionen.

178 Vgl. zu diesem Abschnitt ebd., S. 219. Siehe auch die Kontroverse zwischen *Lösche/Walter*, Organisationskultur und *Wunderer*, Niedergang.

179 Zu berücksichtigen ist dabei indes, dass sich sozialdemokratische Organisationen möglicherweise bewusst nicht ins Adressbuch haben eintragen lassen.

180 So auch *Schmidt*, Begrenzte Spielräume, S. 128. In der Jubiläumsschrift der Sozialdemokratischen Partei werden die Partei, Gewerkschaften und Konsumvereine vorgestellt. Bis auf Vereine als Tarnorganisationen zur Zeit der Sozialistengesetze und den Arbeiterbildungsverein werden andere Vereine nicht erwähnt.

Parteiapparat aufbaute,[181] der sich von der Organisation der bürgerlichen Parteien erheblich unterschied. Die Partei fungierte als Kristallisationskern eines Milieus ohne weitverzweigtes Vereinsnetz. Gesellige Vereine innerhalb des sozialdemokratischen Milieus waren offenbar wenig formalisiert und dauerhaft.[182] Vergleicht man die Ausbildung der sozialdemokratischen Parteiorganisation mit den bürgerlichen Parteien, so kennzeichnete sich insbesondere der städtische Liberalismus durch ein Vergesellschaftungsmodell, das durch das Ideal des selbständigen, in einem Netz vielfältiger Vereine aktiven Bürgers bestimmt war.[183]

181 Dies zeigt sich beispielsweise daran, dass die Aktivitäten der sozialdemokratischen Frauenbewegung nicht etwa in eigenen Vereinsgründungen wurzelten, sondern in die Partei integriert wurden. Andererseits versuchte die Partei selbst Geselligkeitsbedürfnisse zu befriedigen, indem im neu errichteten Volkspark dazu entsprechende Räumlichkeiten geschaffen wurden. Vgl. *Kügler*, Volkspark.

182 Dass es zur Gründung von geselligen Vereinen kam, verdeutlicht die Position des Sozialdemokraten Wilhelm Swienty in der Diskussion über den Stand der Parteiorganisation, »wobei sich die wie ›Pilze aus dem Boden geschossenen Vergnügungsvereine‹ der Partei nicht etwa als unentbehrliche Organisationsform, sondern vielmehr als schädlich für die sozialistische Arbeiterbewegung in der gegenwärtigen Kampfsituation erwiesen« hätten, VB 28.08.1900. Zudem ist in der Forschung das lange distanzierte Verhältnis der SPD zur Arbeiterkulturbewegung oftmals betont worden; siehe nur *Ritter/Tenfelde*, Arbeiter im Deutschen Kaiserreich, S. 821 ff.

183 Vgl. *Hettling*, Partei ohne Parteibeamte, S. 109 ff.

VI. Schlussbetrachtung

Das Vereinswesen als soziale Struktur wurde in der vorliegenden Arbeit mit einem netzwerkanalytischen Ansatz untersucht, um der Frage nachzugehen, welche sozialintegrativen Muster die städtische Vereinslandschaft im Deutschen Kaiserreich kennzeichneten. Im Kaiserreich kam es zu einem bis dahin ungeahnten Ausmaß an Neugründungen von Vereinen, die unterschiedlichste Zwecksetzungen verfolgten und dergestalt sowohl als Indikator wie auch als Antriebskraft gesellschaftlicher Ausdifferenzierung verstanden werden können. Am Beispiel der Stadt Halle an der Saale wurde vor diesem Hintergrund einerseits analysiert, inwieweit die unterschiedlichen Gruppen der Stadtbevölkerung im Netzwerk der Vereine Beziehungen miteinander eingingen und als soziale Klassen verstanden werden können. Andererseits wurde gefragt, welche Potentiale gesellschaftlicher Teilhabe sich in den Strukturen der Netzwerke ablesen lassen. Grundsätzlich wurden, über die Stadt Halle hinausgehend, das Verständnis von »Verein« als Forschungsgegenstand problematisiert und die Begriffsgeschichte des Vereins in der Kaiserreichszeit nachvollzogen. In der folgenden Schlussbetrachtung werden wichtige Ergebnisse der Studie und Perspektiven für die Forschung diskutiert.

Begriffsgeschichte »des Vereins«: In der Reichsgründungszeit war das Begriffsfeld von »Verein« noch weit gesteckt. Dies verdeutlichten die Sortierungen und Einordnungen von Vereinigungen in den städtischen Adressbüchern. Hier fanden sich in den entsprechenden Rubriken Gesellschaften, Korporationen, Institute, Anstalten, Innungen, Aktiengesellschaften, Genossenschaften, Gewerkschaften oder Krankenkassen neben Turnvereinen, politischen Vereinen, Gesangvereinen oder Kriegervereinen, um nur einige zu nennen. Hinzu kam, dass auch für das »Vereinskapitel« selbst in den Adressbüchern verschiedene Bezeichnungen gewählt wurden. Um die Mitte des 19. Jahrhunderts, damals noch normativ aufgeladen, wurde die »Association« als Schlüssel einer fortschrittlichen gesellschaftlichen Entwicklung gesehen. Jedweder Zusammenschluss von Menschen, bis hin zum Staat, wurde mitunter als »Verein« begriffen. Zwar wurden auch in dieser Zeit bereits bestimmte Vereinstypen und Zwecksetzungen unterschieden und in der Forschung, hier ist vor allem Wolfgang Hardtwig zu nennen, sind begriffliche Ausdifferenzierungsprozesse vor der Reichsgründung herausgearbeitet worden, aber die Systematisierungen der Adressbücher, die ja in erster Linie als Handreichungen und Orientierungsangebote für Menschen in ihrer alltäglichen, städtischen Umwelt zu verstehen sind, zeigten, wie fluide das Begriffsfeld noch zu Beginn der Kaiserreichszeit war. Einen weitgehenden Abschluss fand die Begriffsprägung nicht mit der Reichsgründung, sondern zu Beginn des 20. Jahrhunderts. Daran hatte die intensive rechtliche Regulierung insbesondere wirtschaftlicher Organisationen einen erheblichen Anteil. Juristische Begriffsbestimmungen wurden nicht bruchstücklos in die Kategorisierungen der Adressbücher übertragen, leiteten jedoch, wie gesehen, langfristig die begriffliche Strukturierung an. Am Ende der Kaiserreichszeit hatte sich in den Adressbüchern allmählich ein Begriffsverständnis herausgeschält, das mit »Verein« den nichtwirtschaftlichen (ohne Geschäftsbetrieb u. Gewinnstreben), mitgliederorientierten und sich selbst Regeln setzenden Idealverein meinte. Dem Nachzeichnen dieser Begriffsgeschichte des Vereins lag zunächst der Gedanke zugrunde, die Quelle Adressbuch, aus denen die sozialstrukturellen Daten zu Vereinen gewonnen wurden, ernst zu nehmen. Es ging darum, ihre Systematisierungsangebote zu problematisieren, denn die in den »Vereinskapiteln« der Bücher aufgelisteten Organisationen konnten angesichts ihrer Heterogenität und der Veränderung ihrer Einsortierung im Laufe der Zeit nicht umstandslos in ein Datensample der Vereine überführt werden. Darüber hinausgehend wurde deutlich, dass Fragen und Aspekte der Begriffsgeschichte, auch mit Blick auf den Verein, nach wie vor einen großen Reiz haben, der vor allem darin besteht, zentrale Begriffe der politisch-sozialen Ordnung angemessen im zeitgenössischen Sprachgebrauch zu historisieren. Für die weitere Forschung ergeben sich daraus gewinnbringende Perspektiven, indem einerseits nach anderen relevanten soziopolitischen Leitbegriffen wie »Öffentlichkeit«, »Zivilgesellschaft« oder »Demokratie« in Bezug auf ihre Entwicklung im langen Bogen und auch hinsichtlich der begrifflichen Mischungsverhältnisse zum »Verein« befragt sowie andererseits dabei auch internationale Vergleiche einbezogen werden.[1]

Soziale Klassenbildung: In diesem Buch wurde der Frage nachgegangen, inwieweit sich anhand von Beziehungsmustern im Vereinswesen soziale Klassen beschreiben lassen, mithin die sozialstrukturelle Klassifizierung der Vereinsvorstände nach ihrer jeweiligen Klassenlage mit ihren Vernetzungsmustern im Vereinswesen konvergierten. Die »alte« Frage nach dem Zusammenhang von Bürgertum konnte in diesem Zusammenhang dahingehend beantwortet werden, dass die Gruppen, die nach ihrer Klassenlage dem höheren Bürgertum zugeordnet werden konnten – das Bildungsbürgertum, das Wirtschaftsbürgertum sowie die höheren Beamten – tatsächlich am häufigsten zu den jeweils anderen beiden Gruppen des höheren Bürgertums Beziehungen hatten, und als jeweilige Teilgruppe – mit Ausnahme der höheren Beamten – auch innerhalb dieser Teilgruppe, gemessen an der Häufigkeit von Kontakten, stark verbunden waren. Neben Angehörigen des Alten Mittelstandes waren zunehmend insbeson-

1 Ähnlich *Hoffmann*, Geselligkeit und Demokratie, S. 110 u 115.

dere die des Neuen Mittelstandes Teil dieser sozialen Kreise und bildeten auch jeweils eigene Beziehungsmuster aus, während die Unterschichten weitgehend von den Beziehungsnetzen der Vereinsvorstände ausgeschlossen blieben.

Dieses hier grosso modo skizzierte Strukturmuster ist bei genauerer Betrachtung durch spezifische Verdichtungen der Kontakthäufigkeiten in den verschiedenen Vereinstypen gekennzeichnet gewesen. So vernetzten sich die Gruppen des höheren Bürgertums besonders in den wohltätigen Vereinen der Stadt, die in dieser Hinsicht auch am Ende des Kaiserreichs das »Kitt« des Bürgertums im Vereinswesen darstellten. Verbunden mit diesen Beziehungsnetzen waren die religiösen Vereine, deren Vorstände vornehmlich von Geistlichen getragen wurden. Die politischen Vereine der Stadt im engeren Sinne kennzeichneten sich durch häufige Kontakte der Gruppen des höheren Bürgertums und verstärkt auch der Angehörigen des Neuen Mittelstandes. Grundlegend anders gestalteten sich die Beziehungsmuster in wirtschaftlichen Vereinen. Besonders typisch war in diesen vor allem die gruppeninterne Vernetzung der Vorstände, d.h. Kontakte bestanden vor allem zu Angehörigen der eigenen Gruppe. Als Erklärung dafür ist die steigende Zahl berufsgruppenbezogener Vereine und Verbände anzuführen, die auf die Interessenorganisation der eigenen Klientel abzielten. Organisierten sich Angehörige aus allen Bevölkerungsteilen in wirtschaftlichen Vereinen, so ist ein ähnlicher Befund für den Bereich der Geselligkeit, des Sports und der Freizeitgestaltung festzustellen, der in begrenztem Maße Kontakte zwischen den städtischen Teilgruppen ermöglichte. Die größten Partizipationschancen für Angehörige der Unterschicht ergaben sich in den Vorständen von Kriegervereinen. Sozialintegrative Zusammenhänge im Sinne eines Teil-Seins an den Netzwerken der Vereinsvorstände waren insgesamt jedoch in hohem Maße geprägt durch die Vernetzungen der Angehörigen des höheren und niederen Bürgertums. Dies schloss nicht aus, dass sich einzelne Teile der genannten Großgruppen wiederum in gesonderten Vereinen organisierten. Mit Blick auf den Neuen Mittelstand wurde dies in Bezug auf die Gründungen von Vereinen und Verbänden der Angestellten und Lehrer thematisiert. Ähnliches ließ sich mit Verweis auf die feingliedrig, nach dem jeweiligen Status separierten Beamtenorganisationen zeigen. Auch elitäre Vereinszirkel des höheren Bürgertums waren am Ende der Kaiserreichszeit nicht verschwunden. Soziale Klassenbildung geht demzufolge nicht einfach in der Feststellung einer Konstitution von Großgruppen auf. Ihre Analyse kann aber grundlegende Muster sozialer Schätzung in der städtischen Sozialstruktur und Spielräume innerhalb und zwischen diesen Formationen offenlegen.

Daran anschließend ergeben sich zahlreiche Anknüpfungspunkte für die weitere Forschung. Die Untersuchung der Muster sozialer Klassenbildung offeriert eine Perspektive, die mit Blick auf soziale Formationen nicht bei den Klassifizierungen der Forscher stehen bleibt, sondern diese anhand der »Gegenfolie« tatsächlich eingegangener Beziehungen misst und überprüft. Mit den

Netzwerken der Vereinsvorstände wurde in dieser Hinsicht ein Ausschnitt sozialer Klassenbildung untersucht. Weitere Beziehungs- und Kontakträume sind zu berücksichtigen, die Netzwerkstrukturen hervorbringen können, die von den hier aufgezeigten möglicherweise abweichen.[2] Zu denken ist an Kontakte am Arbeitsplatz, in der Nachbarschaft oder an Verwandtschaftsbeziehungen und Konnubium.[3]

Bürgertum im Kaiserreich: Der Niedergang oder die Krise des Bürgertums um 1900 ist in der Forschung häufig diskutiert worden. Auch mit Blick auf das Vereinswesen ist bei zeitgenössischen Beobachtern die Wahrnehmung von Zerfall oder Zersplitterung des einstmals vorrangig bürgerlichen Organisationsinstruments deutlich vernehmbar. Und in der Tat: die Ergebnisse dieser Arbeit haben hinsichtlich der Strukturen der Vereinslandschaft und der Vernetzungsmuster der Vereinsvorstände aufgezeigt, dass zum einen die ungemeine Heterogenität der Vereinszwecke, die von den unterschiedlichen Teilen der Stadtbevölkerung getragen wurden, eine Zerfaserung in kleinteilige Bestandteile gesellschaftlicher Selbstorganisation zur Folge hatte, die zum anderen über personale Verbindungen zwischen den Vereinen nur noch in Ansätzen aufgefangen bzw. vermittelt werden konnte. Das alte Modell einer Vereinswelt mit einigen wenigen allgemeinen Vereinen, in der häufig durch Mehrfachmitgliedschaften von Bürgern auch die sich anlagernden Spezialvereine integriert werden konnten, schien sich endgültig überholt zu haben. Doch: gerade der Blick auf die Vereinsvorstände hat gezeigt, dass die Leitung der Vereine nach wie vor in hohem Maße von den Wirtschafts- und Bildungsbürgern sowie den höheren Beamten getragen wurde, die gemessen an ihren Bevölkerungsanteilen unter den Vorständen deutlich überrepräsentiert waren. Nicht nur in einigen elitären Zirkeln und exklusiven Vereinen, wie in der Forschung hervorgehoben wurde, organisierte sich das höhere Bürgertum oder – negativ konnotiert – zog es sich zurück, sondern dieser Befund ist allenfalls für die besonders illustren Kreise der Stadtgesellschaft plausibel. Vielmehr war es gerade ein Kennzeichen der viel-

2 Ist in dieser Arbeit aufgezeigt worden, dass die Grenzen zwischen den Gruppen der Stadt, insbesondere zwischen Teilen des höheren und niederen Bürgertums, durchaus offen blieben, weist Tieke in seiner ambitionierten Studie zu Delitzsch nach, dass in dieser Kleinstadt nicht sinnvoll von verschiedenen sozialen Klassen ausgegangen werden kann. Vgl. *Tieke*, Kritik eines Geschichtsbildes.

3 Hier sei nochmals die exzellente Studie von *Schmidt*, Begrenzte Spielräume, angeführt; zur Patenwahl als Indikator für Klassenbildung *Zwahr*, Konstituierung; konzeptionelle Überlegungen zum Begriff »soziale Klasse« mit Blick auf die Arbeitergeschichte bei *Mooser*, Arbeiterleben; *ders.*, Ländliche Klassengesellschaft; als neuere Studien zu familialen Netzwerken *Fertig*, Familie, verwandtschaftliche Netzwerke und Klassenbildung sowie *Sabean*, Kinship in Neckarhausen; eher mit dem Fokus auf innerbetriebliche Arbeits- und Herrschaftsprozesse *Welskopp*, Ein modernes Klassenkonzept; *ders.*, Klasse als Befindlichkeit.

schichtigen Vereinslandschaft, dass Bürger (und immer öfter auch Bürgerinnen) in der ganzen Breite des durch unterschiedlichste Zwecksetzungen bestimmten Vereinswesens, wenn auch mit einer unterschiedlichen Verteilung der Häufigkeiten, führende Positionen einnahmen. Sie waren es, die am häufigsten über mehrfache Vorstandsmitgliedschaften Vereine verschiedenen Typs miteinander verbanden und insbesondere zwischen außenorientierten wirtschaftlichen, wohltätigen oder politischen Vereinen im engeren Sinne diese Verknüpfungen herstellten. Teile des höheren Bürgertums wiesen daher mehr Informations- und Kommunikationspotentiale auf als Angehörige der Unterschichten und des niederen Bürgertums, auch wenn sie diese nicht mehr in allen Bereichen des fragmentierten Vereinswesens geltend machen konnten. Dies galt insbesondere für Bürger mit politischen Funktionen wie Wahlmännern und Stadtverordneten. Ein Spezifikum der Stadt Halle ist sicher in der starken Stellung des Bildungsbürgertums im Vereinswesen zu sehen. Die protestantische Tradition der Stadt spiegelte sich trotz der umwälzenden ökonomischen, sozialen und politischen Veränderungen durch sein Vereinsengagement auch am Ende der Kaiserreichszeit in der sozialstrukturellen Zusammensetzung der Vereinslandschaft wider. Die hohe Zahl an Vorständen aus dem Wirtschaftsbürgertum sowie dem Neuen Mittelstand veranschaulicht dagegen, dass sich auch der Wandel der Stadt zum Industrie- und Dienstleistungsstandort niederschlug.

Die Arbeiterschaft blieb in dieser Hinsicht eigentümlich abwesend. Dies kann auf ihre fehlende Überlieferung in den Quellen zurückgeführt werden, da zum einen unter der am Ende der Kaiserreichszeit steigenden Zahl an nicht zu klassifizierenden Vorständen etliche Arbeiter gewesen sein dürften, zum anderen gerade die sozialdemokratische Arbeiterschaft nach wie vor dem bürgerlichen Medium Adressbuch skeptisch gegenüberstand und Vereinsdaten nur spärlich übermittelte. Als Erklärung reicht dies jedoch m. E. nicht aus. Es ist überzeugender, mit Hinweis auf Ergebnisse der Forschung, anzunehmen, dass die Arbeiterschaft einem anderen Vergemeinschaftungs- und Vernetzungsmodell folgte als das Bürgertum. Zu nennen sind hier informellere Formen von Geselligkeit, die sich nicht in dauerhaften Vereinsgründungen niederschlugen. Arbeiter waren zudem Mitglieder in den bürgerlichen Vereinen der Stadt, doch übten sie in diesen keine leitenden Funktionen aus. Klaus Nathaus hat in seiner Untersuchung »Organisierter(r) Geselligkeit« darauf hingewiesen, dass städtische Honoratioren in den geselligen Vereinen des Kaiserreichs nach wie vor ihre lokale Herrschaft sicherten bzw. diese Vereine gezielt als Herrschaftsinstrumente nutzten.[4] Im vorliegenden Buch standen demgegenüber nicht Machttechniken im Mittelpunkt und der Kreis der Vereinsvorstände beschränkte sich keineswegs nur auf Honoratioren, doch die Befunde mit Blick auf die sozialstrukturellen Muster

4 Vgl. *Nathaus*, Organisierte Geselligkeit, S. 140ff.

der Vorstandszugehörigkeit und auf die Möglichkeiten, über einen Verein hinausgehende Teilhabemöglichkeiten geltend machen zu können, weist auch in dieser Studie darauf hin, dass in Halle das höhere Bürgertum in der Stadtgesellschaft weit mehr Kommunikations-, Informations- und Einflusschancen hatte als andere Gruppen. Schließlich ist insbesondere mit Blick auf die politische Organisation der Arbeiterschaft herausgestellt worden, dass diese eher auf die SPD sowie auf die Gewerkschaften und somit auf zentrale Fixpunkte konzentriert war, während sich das bürgerliche Vernetzungsmodell durch vielseitige Vereinsmitgliedschaften kennzeichnete, auch wenn dieses Modell anscheinend vor dem Hintergrund der immer weiter fortschreitenden Ausdifferenzierung seine Grenzen erreichte.

Versteht man Bürgerlichkeit, wie eingangs dargelegt, als kulturelles Orientierungssystem, in dem unterschiedliche, auch gegensätzliche, Eigenschaftspaare vermittelt werden, so ließ sich fragen, inwieweit sich dies im ausgehenden 19. Jahrhundert noch in den Mehrfachmitgliedschaften der Vereinsvorstände widerspiegelte. Nun sind zwar Vereinsvorstände als spezifischer Teil der Vereinsmitgliedschaften zu begreifen, aber gerade der selbstbewusste Anspruch der Bürger in leitender Funktion verschiedene Zweckorientierungen, die immer auch mit Wertorientierungen verbunden sind, in ihrer Person zu bündeln, war lange Zeit ein Kennzeichen des lokalen Vereinswesens. Insbesondere die Verbindung von Eigeninteresse und Gemeinwohl, der Einsatz für partikulare Zwecke oder für die sozialen und politischen Belange der Stadt, ist in dieser Hinsicht ein neuralgisches Gegensatzpaar. Dass dieses auch um 1900 durch Angehörige des höheren Bürgertums noch vielfach miteinander verbunden wurde, ist aufgezeigt worden. Doch gerade die Mannigfaltigkeit der Interessenorganisation sowie der Befriedigung von geselligen und Freizeitbedürfnissen konnte – die hohe Zahl unverbundener Vereine hat dies belegt – kaum noch über mehrfache Vorstandsmitgliedschaften mit wohltätigen oder politischen Vereinen in der Person des Bürgers als Vereinsvorstand gebündelt werden. Aus diesen Befunden kann nicht geschlossen werden, dass es solche Verbindungen nicht unterhalb der Vorstandsebene weiterhin gab, aber es deutet erkennbar auf die Grenzen der gesellschaftlichen Integration über *interlocking directorates* hin. Mit Blick auf das Vereinswesen, unter anderem die Massenmobilisierung in entsprechenden Verbänden verdeutlicht dies, offerierte demgegenüber zunehmend Nationalismus eine integrative Klammer, die auch angesichts der kaum zu vermittelnden Interessendisparität im Vereinswesen attraktiv wurde.

Politische Lagerbildung: Die Wahlerfolge und die Mobilisierung der politischen Arbeiterbewegung stellten das städtische Bürgertum vor eine immense Herausforderung. In der Milieu- und Wahlforschung ist mit unterschiedlichen konzeptionellen und methodischen Zugängen die Verbindung von Sozialstruktur, Wahlverhalten und politischem System untersucht worden. Vereine und Vereinsmitgliedschaften sind, so wurde in der vorliegenden Arbeit argumentiert, dabei einzubeziehen. Die Analyse der Vernetzung von Vorständen zeigte, dass von einem separierten liberalen oder konservativen Milieu in Halle nicht, oder allenfalls in Ansätzen, gesprochen werden kann. In zahlreichen Vereinen waren Liberale wie Konservative gleichermaßen im Vorstand vertreten, im mächtigen Haus- und Grundbesitzerverein ließ sich dies auch für die einfache Vereinsmitgliedschaft nachweisen. Kontakte zwischen den verschiedenen politischen Strömungen des städtischen Bürgertums können daher als Normalität angesehen werden. Ausgeschlossen aus diesen sozialen Kreisen waren demgegenüber Sozialdemokraten. In Halle entwickelte sich im Wilhelminischen Kaiserreich eine besonders starke Konfrontation zwischen einem bürgerlich-nationalen Lager und einem zum linken Parteiflügel zählenden sozialdemokratischen Lager, die durch den Übertritt der hallischen SPD zur USPD während des Weltkrieges und durch die teils bürgerkriegsähnlichen Auseinandersetzungen der Weimarer Zeit nochmals verschärft wurde.[5] Bereits im ausgehenden Kaiserreich zeigte sich, dass die Grenzen zwischen den politischen Lagern oder, um nochmals Volksblattredakteur Thiele zu zitieren, zwischen den zwei »Nationen«, zunehmend unüberwindbar gewesen sind. Diese Lagerkonfrontation lässt sich nicht nur auf gemeinsame Erinnerungen und Mentalitäten, die Karl Rohe herausstellt, sowie auf eine zunehmend schrille Wahlagitation zurückführen, sondern auch auf gemeinsame oder getrennte Vereinszugehörigkeit. Dass Massenvereine und -verbände eine wesentliche Stütze des nationalen Lagers waren und die Ausgrenzung der als »Reichsfeinde« diffamierten Sozialdemokraten durch ihre Agitation vorantrieben, ist in der Forschung vielfach untersucht worden. Gerade im Bereich der Lokalpolitik war dies demgegenüber lange Zeit aufgrund der restriktiven Wahlrechtssysteme gar nicht notwendig. So gelang es auch in Halle bis zum Ende des Kaiserreichs, auf politischer Ebene die Stadt als »Bollwerk des Bürgertums« zu sichern. Für die weitere Forschung bietet es sich jedoch an, neben dem Verweis auf das Dreiklassenwahlrecht, zur Erklärung der politischen Machtstellung des Bürgertums auch andere Faktoren miteinzubeziehen. Bei der Mobilisierung der eigenen Klientel, für den Informations- und Kommunikationsfluss, aber auch für die konkrete Um- und Durchsetzung eigener politischer Zielvorstellungen, etwa bei der Realisierung städtebaulicher Projekte, spielten die Verflechtungen zwischen Vereinen und der in ihnen handelnden Personen eine wesentliche Rolle.[6]

5 Siehe dazu *Schmuhl*, Halle in der Weimarer Republik und im Nationalsozialismus; *Schumann*, Politische Gewalt. Bereits in der Kaiserreichszeit war es im Zuge der Wahlrechtsdemonstrationen zu teils blutigen Auseinandersetzungen gekommen. Siehe *Kügler*, Wahlrechtsdemonstrationen, S. 94f., 97ff.

6 Vgl. *Roth*, Verein und bürgerliche Gesellschaft, S. 132ff.

Zivilgesellschaft und Demokratisierung: In vielen jüngeren sozialwissenschaftlichen Studien zur Zivilgesellschaft hat Alexis de Tocqueville neue Prominenz erlangt, indem auf den Zusammenhang zwischen der Beschaffenheit des Vereinswesens und dem Erhalt einer demokratischen Gesellschaft, den Tocqueville in seiner berühmten Studie »Über die Demokratie in Amerika« konstatierte, rekurriert wird.[7] Der Verein hat durch die Rezeption und Aufnahme der Überlegungen Tocquevilles eine immense Aufwertung erfahren, da ihm das Potential zugesprochen wird, Bindungslosigkeit und Egoismus überwinden zu können und Vereinsmitgliedern einen sozialen Raum zu offerieren, der ihnen das Erlernen von Verhaltens- und Handlungskompetenzen sowie von Werten ermöglicht, die für die Funktionsfähigkeit einer Demokratie als unverzichtbar angesehen werden. Aktuelle wissenschaftliche Diskussionen um »Bürgerkompetenzen« und »Sozialkapital« deuten den Verein daher als »Schule der Demokratie«.[8] Die empirische Evidenz für die Vermutung dieser spezifischen Sozialisationsfunktion und ihrer positiven Auswirkung auf gesamtgesellschaftliche Demokratisierung ist bisher jedoch kaum erbracht worden.[9] Stefan-Ludwig Hoffmann betont in seiner Synthese einer Geschichte geselliger Vereine von 1750–1914 in transnationaler Perspektive die sich im 19. Jahrhundert ausprägende Pluralität von Moral- und Tugendvorstellungen in den Vereinen, die mit der Ausdehnung des Vereinsprinzips auf alle gesellschaftlichen Gruppen zusammenhing: »Die zunehmende Konkurrenz von geselligen Vereinen und der mit ihnen verknüpften politisch-moralischen Ideen und die daraus resultierenden Konflikte innerhalb der geselligen Gesellschaften waren nicht Zeichen des Niedergangs des Assoziationswesens, sondern seiner Demokratisierung.«[10] Jeder (und zunehmend auch jede) kann seine (bzw. ihre) Interessen und Bedürfnisse organisieren und artikulieren – auch gegeneinander. Im Zusammenhang mit diesem Pluralismus ist jedoch zu fragen, welche vermittelnden Institutionen heterogene Interessen, Ideen und Moralvorstellungen kanalisierten und ob diese Vielfalt in der Gesellschaft akzeptiert wurde. Gerade die zunehmende Rechtssicherheit für Vereine, man denke etwa an das Reichsvereinsgesetz von 1908, war ein wichtiges Kennzeichen einer staatlichen Gewährleistung des Interessen-

7 Vgl. *Tocqueville*, Über die Demokratie in Amerika, S. 249 ff. Siehe auch seine Thesen über den Zustand der Vereinzelung von Individuen in der Demokratie und die Gefahren einer demokratischen Gesellschaft, welche keine Formen von Geselligkeit entwickelt in: *ders.*, Der alte Staat und die Revolution, S. 15.Insbesondere Arbeiten, die dem Sozialkapitalkonzept von Robert Putnam folgen, schließen hier an. Vgl. grundlegend *Putnam*, Making Democracy Work; *ders.*, Bowling Alone; *ders./Gamm*, The Growth of Voluntary Associations. In den Geschichtswissenschaften mit Bezug auf Tocqueville *Hoffmann*, Geselligkeit und Demokratie.

8 Vgl. ausführlich *Braun*, Soziale und politische Integration, S. 4498 f.

9 Das Konzept ist daher vielfach, insbesondere mit Verweisen auf historische Beispiele, kritisiert worden. Vgl. etwa *Berman*, Civil Society; *Roth*, Die dunklen Seiten der Zivilgesellschaft; *Nathaus*, Organisierte Geselligkeit, S. 13 f.

10 *Hoffmann*, Geselligkeit und Demokratie, S. 103 ff., das Zitat S. 102.

pluralismus, während die in diesem Buch ausgewerteten Adressbücher durch ihre umfangreiche Dokumentation von Vereinen verdeutlichen, dass in diesen wichtigen Medien um 1900 vom Vegetarierverein über den Monistenbund bis zum sozialdemokratischen Verein die dauerhaft bestehenden Vereine erfasst wurden und die Adressbücher dergestalt eine Öffentlichkeit konstituierten, die auch mit Blick auf Vereine Transparenz erzeugte und dadurch, trotz der skeptischen Blicke eines Teils des liberalen Bürgertums auf die Entwicklung des Vereinswesens, die ganz basale Akzeptanz gesellschaftlicher Selbstorganisation in all ihrer Heterogenität veranschaulichte. Die Annahme einer sozialen Demokratisierung dieser Vielfalt gesellschaftlicher Selbstorganisation im Sinne der Mitgliedschaft breiter Bevölkerungskreise in Vereinen ist kaum in Abrede zu stellen. Doch die in der vorliegenden Studie vorgenommene Sozialstrukturanalyse der Vereinsvorstände verdeutlicht ihre Grenzen. Zum einen, da die Formel »Regieren und regiert werden«, Wählen und als Vorstand gewählt werden, in Vereinen keinesfalls alle Bevölkerungsschichten einschloss. Versteht man den Verein weniger als »Schule der Demokratie«, sondern eher als »Schule der Organisation« schmälerte die weitgehend fehlende Möglichkeit, wichtige organisatorische Funktionen zu übernehmen und ihre Ausführung zu erlernen, die Schulung in Selbstorganisation für die betroffenen Gruppen erheblich. Die Vermittlung von Interessenpluralität war zudem in früheren Phasen der Vereinsentwicklung gerade durch vielfältige personale Vernetzungen der Bürger möglich. Diese »Kreuzung sozialer Kreise« (Georg Simmel) unterlag jedoch auch im Kaiserreich – dies wurde mit Blick auf die Vereinsvorstände aufgezeigt – klaren sozialen Grenzen. Befunde einer sozialen Demokratisierung und die Bedeutung der Pluralisierung im Vereinswesen sind vor diesem Hintergrund wenn auch nicht zu bestreiten, so doch zu relativieren.

Konzepte und Begriffe wie »Zivilgesellschaft«, »Bürgergesellschaft« und »Dritter Sektor« gilt es, dies sei abschließend hervorgehoben, kritisch in den Blick zu nehmen, denn allzu oft verschwinden in wissenschaftlichen und publizistischen Debatten die relevanten Akteure hinter einem Kollektivsingular, der zum Teil vorschnell auch als Kollektivsubjekt verstanden wird. Insbesondere mit der Diskussion des Untersuchungsgegenstandes »Verein« in diesem Buch wurde ein Verständnis von Verein für die weitere Forschung angeboten, das auf die Spannungsfelder der Organisation abhebt und dafür sensibilisiert, dass es »den Verein«, dem man einfach auf Basis der Annahme feststehender Charakteristika gesellschaftliche Sozialisationsfunktionen zuschreiben kann, nicht gibt.[11] Ausgangspunkt dieser Studie waren nicht spezifische Sozialisationserwartungen an »den Verein«, sondern die Überlegung, dass Vereine Menschen zunächst ein-

11 Eine anregende Perspektive auf Vereine als Organisationen offeriert auch Nathaus, indem er den Fokus auf ihre Ressourcen bzw. deren Mobilisierung legt. Siehe *Nathaus*, Organisierte Geselligkeit.

mal zusammenbringen und – mit Blick auf die Vorstände – in gemeinsamer Arbeit zusammenführen, wodurch Muster der In- und Exklusion sichtbar wurden. Intendiert war mit der Dekonstruktion eines statischen Verständnisses von »Verein« nicht die Resignation und Kapitulation angesichts der vielfältigen Ausprägungen der aufgezeigten Spannungsfelder, sondern die Anregung an die künftige Forschung, diese zur Grundlage einer Analyse der Transformationen der Vereine zu nehmen. Neben diesem Blick auf die Organisation ist es für das Konzept Zivilgesellschaft gewinnbringend, möchte man denn weiter mit ihm arbeiten, auch angesichts der hier thematisierten Interessenpluralität Zivilgesellschaft als Netzwerk zu verstehen, »das in vielen Verästelungen sowohl sozial als auch mit Blick auf Vorstellungen von Gemeinwohl zerfasert, ja auch unverbunden oder gegensätzlich bestehen kann«[12].

Die Vernetzung der Welt: Seit Jahren ist der Begriff »Netzwerk«, forciert durch die Entwicklung des Internets und sozialer Medien, in aller Munde. In der Geschichtswissenschaft hat sich mittlerweile die Historische Netzwerkanalyse etabliert und eine immer größere Zahl an Studien wird veröffentlicht, die Kreditnetzwerke, verwandtschaftliche Netzwerke, Korrespondenznetzwerke u. v. m. untersuchen.[13] Vereinsnetzwerke sind jedoch bisher eher selten in den Blick genommen worden.[14] Dabei ist der Aspekt der Netzwerkbildung ein zentrales Charakteristikum des Vereinswesens.[15] In diesem Buch ist, wie ich hoffe, der große Mehrwert von Netzwerkvisualisierungen auch für eine Analyse der sozialen Struktur der Vereine deutlich geworden. Eine in den Quellen angelegte Beziehungsstruktur von tausenden Menschen konnte in Netzwerkkarten erfasst und auf ihrer Basis inspiziert werden. In diesem Vorzug der Erzeugung von Netzwerkbildern liegt freilich auch die Gefahr, vorschnell anzunehmen, auf diese Weise hätte man die soziale Matrix der Welt entschlüsselt. Jede Visualisierung muss berücksichtigen, dass sie einen spezifischen Ausschnitt sozialer Beziehungen zeigt, dass diese Beziehungen eine näher zu bestimmende Qualität haben und dass die auf Basis der Algorithmen erzeugten Karten mit all ihren Verdichtungen auch hinsichtlich von etwaigen Lücken im Datensample reflektiert werden müssen. Für die Ergebnisse ist diese Reflexion der Bilder und

12 *Heise/Watermann*, Vereinsforschung in der Erweiterung, S. 31.

13 Siehe die Bibliographie auf http://historicalnetworkresearch.org.

14 In diesem Zusammenhang wurde vor allem mit verschiedenen Konzepten von Sozialkapital gearbeitet; vgl. etwa *Bekkers u. a.*, Social Networks of Participants in Voluntary Associations; *Magee*, Civic Participation and Social Capital; *Savage/Blokland*, Networked Urbanism, S. 147–236. In deutschen Arbeiten, die Vereine thematisieren, wurde der Begriff »Netzwerk« eher metaphorisch verwendet; siehe *Mettele*, Bürgertum in Köln, S. 159, 166, 293; *Schulz*, Vormundschaft und Protektion, S. 642; *Kill*, Münster, S. 47, 155; *Wischermann*, Frauenbewegungen, S. 89 ff.

15 Vgl. *Roth*, Verein und bürgerliche Gesellschaft, S. 132 ff.

der statistischen Auswertung maßgeblich. So bildeten die in dieser Studie ausgewerteten Netzwerke der Vereinsvorstände zunächst, und dies ist durchaus ein Vorteil, stark formalisierte Beziehungen ab. Bei einer Auswertung der Vernetzung einfacher Mitgliedschaften, die schnell bereits für einen einzigen Verein in die hunderte oder tausende gehen und angesichts der Tatsache, dass es auch passive Mitglieder gab, wäre es gar nicht möglich gewesen zu falsifizieren, ob Beziehungen zwischen zwei Personen überhaupt bestanden.

Über Muster sozialer Klassenbildung hinausgehende Handlungs-, Informations- und Kommunikationsvorteile der Menschen im Netzwerk können nicht umstandslos aus diesen Beziehungen abgeleitet werden. Vielmehr bildete das Netzwerk in dieser Hinsicht eine Struktur von Potentialen und Möglichkeiten. Menschen mit vielen Kontakten in verschiedensten Vereinen hatten ein größeres Potential, gemeinsam zu handeln und kommunikativ eingebunden zu sein. Ob und wie dieses jedoch auch genutzt wurde, musste offenbleiben, d.h. die Verdichtungen und die Zentralität von Akteuren, die in den Netzwerkkarten erkennbar sind, können nicht automatisch gleichgesetzt werden mit einer realen Machtposition in der städtischen Gesellschaft.

Daraus ergeben sich Anschlussmöglichkeiten für eine weitere Erforschung von Vereinsnetzwerken. Im Zusammenhang mit sozialer Klassenbildung sind weitere Stadtstudien wünschenswert, die einen Vergleich und eine Einordnung der Befunde dieses Buches ermöglichen. Zu erwarten ist in dieser Hinsicht, dass soziale Netzwerkstrukturen in Städten anderen Typs, etwa Kleinstädten, Verwaltungs- und Residenzstädten grundlegend von den mit Blick auf Halle aufgezeigten Mustern abweichen können. In dieser Hinsicht ist auch zu fragen, ob spezifische Konfliktlinien, die in Halle keine Rolle spielten, z.B. das konfessionelle *Cleavage*, einen Einfluss auf die Netzwerkstruktur hatten. Vermutet werden kann weiterhin, dass in einer dörflich-ländlichen Umwelt im Vergleich zu städtischen Vernetzungsmustern grundlegend differente Beziehungsstrukturen in Vereinen sichtbar werden und Verbindungen in Vereinen möglicherweise einen geringeren Stellenwert als etwa Nachbarschaftsbeziehungen hatten.

Nicht nur, wenn man über Niedergang oder Beharrung des Bürgertums diskutiert und Vereinsnetzwerke in dieser Hinsicht untersucht, erscheint es reizvoll, die Beziehungen einzelner Bürger gezielt in den Fokus zu rücken. Eine Analyse so genannter ego-zentrierter Netzwerke kann aufzeigen, inwieweit Beziehungen im Netzwerk eine konkrete Ressource im Sinne von Sozialkapital (nach Bourdieu) und eine Stütze für die eigene Machtposition in der Stadtgesellschaft darstellten. Auch hinsichtlich der Organisation von Gruppen oder Bewegungen ist die Bedeutung von lokalen, regionalen oder nationalen Vereinsnetzwerken als »Organisationsstruktur und Bewegungsressource« mitunter von erheblicher Relevanz.[16] Damit ist auch der Zusammenhang von Struktur und Handlung

16 *Wippermann*, Frauenbewegungen, S. 89ff.

angesprochen. Wenn Vereine ein konkretes städtebauliches Vorhaben vorantrieben, eine Demonstration planten, ein Stadtfest veranstalteten, eine Denkmalserrichtung initiierten, eine Wahlkampagne unterstützten und politische Entscheidungsprozesse beeinflussten, dann beruhte die Durchführung sehr oft auf Kommunikation, Informationsaustausch und Koordination im Netzwerk.

Anhang: Daten und Methoden

Vereine

Das Datensample: Der Anspruch der vorliegenden Arbeit besteht darin, Strukturen und Netzwerkbeziehungen *aller* Vereine einer deutschen Großstadt zu untersuchen. Zur Erstellung des Datensamples wurden die städtischen Adressbücher als maßgebliche Quelle genutzt.[1] Zumindest für die hallischen Bücher gilt mit Blick auf die Kaiserreichszeit, geprüft durch einen Abgleich mit anderen Quellen, dass das Vereinswesen nahezu vollständig in ihnen dokumentiert wurde.[2] Allenfalls Vereine, die nur sehr kurzweilig oder als informelle gesellige Zirkel bestanden, wurden nicht aufgeführt.[3] Eine weitere Einschränkung ist jedoch zu berücksichtigen: Gerade die Vereine der politischen Arbeiterbewegung und Gewerkschaften sind zum Teil erst relativ spät in das Adressbuch aufgenommen worden und ihre Vorstände sind mitunter nur mit der Angabe einer oder weniger Personen verzeichnet.[4]

Auf Basis der Adressbuchangaben sind für die Durchführung der quantitativen Analyse umfangreiche Datenbanken entstanden, gepflegt und kodiert worden. Für einzelne Stichjahre wurden zunächst alle Vereine, die im entsprechenden Verzeichnis der Adressbücher geführt wurden, jeweils in eine Tabelle mit ihrem Namen sowie allen weiteren, aus den Adressbüchern sowie ergänzenden

1 Ein zentrales Vereinsregister für einen Einzelstaat oder das gesamte Deutsche Reich existierte nicht, während das Register der eingetragenen Vereine einer Stadt einerseits nur die rechtsfähigen Vereine erfasste und andererseits nicht laufend aktualisiert wurde, weshalb etliche »Karteileichen« ebenfalls geführt wurden.

2 Für die Bücher der Jahrhundertmitte gilt dies weit weniger. Noch im Adressbuch von 1859 werden einige Vereine nicht genannt. Darauf weisen die Gründungsangaben dieser Vereine in späteren Büchern und anderen Quellen hin. Vgl. zum Beispiel die Angaben in *Hagen*, Die Stadt Halle, Bd. 1, v. a. S. 470 ff. Siehe auch die fünf Ergänzungshefte zu diesem Buch. Während in den frühen Adressbüchern für die Nichtberücksichtigung von Vereinigungen spezifische Auswahlkriterien wie der Bekanntheitsgrad von Organisationen oder politische Gründe ausschlaggebend gewesen sein dürften, sind gerade in den Büchern am Ende der Kaiserreichszeit kaum Beispiele bekannt, die nicht aufgenommen wurden.

3 Aber auch diese nur kurz bestehenden Vereine oder Komitees sind zum Teil in den Adressbüchern der Kaiserreichszeit erfasst worden, so z. B. das Komitee zum XI. Mitteldeutschen Bundesschießen zu Halle a. S. 1888; siehe Adressbuch 1888, S. 385.

4 Dies kann mit einer Reserviertheit gegenüber dem »bürgerlichen« Medium Adressbuch begründet werden. Die wichtigsten sozialdemokratischen Vereine, Verbände und Gewerkschaften wurden jedoch im Wilhelminischen Kaiserreich von den Büchern erfasst.

Quellen, etwa Vereinsstatuten und -berichten oder Darstellungen in Stadtchroniken, gewonnenen Informationen eingetragen. Neben dem Vereinstitel sind Vereinszweck, Gründungsjahr, Adresse des Vereinslokals und Mitgliederzahl erfasst worden. Die Jahre 1859, 1874, 1888, 1895, 1898, 1903 und 1913 wurden als Stichjahre ausgewählt,[5] um auf ihrer Basis die Vereinsentwicklung in der Kaiserreichszeit möglichst dicht analysieren zu können.

Die in einem ersten Zugriff aus den jeweiligen »Vereinskapiteln« der Adressbücher gewonnenen Daten sind mit Blick auf die Zahl der darin überlieferten Organisationen in der folgenden Tabelle veranschaulicht:[6]

Tab. 35: Zahl der in den Adressbüchern gelisteten Vereine/Organisationen

Jahr	Zahl der Vereine/Organisationen
1859	85
1874	129
1888	321
1895	267
1898	338
1903	592
1913	922

Offenkundig wird die kontinuierliche Steigerung der Zahl von Vereinigungen im Untersuchungszeitraum durch den Rückgang zwischen den Jahren 1888 und 1895 sowie dem nur leichten Anstieg der Vereinszahl von 1898 durchbrochen. Ursächlich dafür ist die Form der Erhebung und Systematisierung von Vereinigungen in den Adressbüchern selbst, welche sich, vereinfachend ausgedrückt, in den ersten Stichjahren an einem eher breiter angelegten Begriffsverständnis von »Verein« orientierten, um ab den 1890ern zunehmend auf den nichtwirtschaftlichen Idealverein zu fokussieren. Dies wurde im Teil »Die Vermessung der bürgerlichen Gesellschaft« ausführlich dargelegt. Eine adäquate Untersuchung der Vereinsentwicklung und der Vergleich verschiedener Stichjahre sind daher nur möglich, wenn diese aus den Kategorisierungen der Adressbücher erwachsenen »Verzerrungen« bedacht werden. Das bedeutet vor allem: Einerseits diejenigen Organi-

5 Das Jahr 1859 wurde erhoben, um den Zustand des hallischen Vereinswesens vor der Reichsgründung bestimmen zu können.

6 Adressbuch 1859: »Oeffentliche Institute, Vereine, Gesellschaften, Kassen, etc.«, IV. Nachweis, S. 91–96; Adressbücher 1874 und 1888: »Institute, Gesellschaften, Vereine und Anstalten zu wissenschaftlichen, gewerblichen, geselligen, gemeinnützigen und mildthätigen Zwecken«, AB 1874, Vierter Nachweis, S. 96–107, AB 1888, Vierter Nachweis, S. 364–391; ab 1895 »Vereine«, AB 1895, Sechster Nachweis, S. 500–516, AB 1898, Anhang, I. Theil, S. 599–625, AB 1903, Anhang, I. Theil, S. 54–99, AB 1913, Teil IV., S. 68–106.

sationen und Vereinigungen aus dem Sample zu entfernen, die dem in der Arbeit zugrunde gelegten Verständnis von »Verein« nicht entsprechen, d. h. eine Filterung vorzunehmen; und andererseits Vereine, die für die Untersuchung relevant sind, aber gerade nicht im entsprechenden Verzeichnis der Adressbücher geführt wurden, in das Datensample aufzunehmen.[7]

Filterung des Datensamples: Grundlegend ist in dieser Arbeit zur Analyse vielfältiger Vernetzungsmuster ein weites Verständnis von Verein zugrunde gelegt worden. Der Verein ist demnach ein relativ dauerhafter Zusammenschluss mehrerer Menschen zur Erreichung eines gemeinsamen Zweckes, der formal auf Freiwilligkeit beruht und die Mitbestimmung der Mitglieder ermöglicht. Es wurde umfangreich dargelegt, dass »der Verein« weniger durch Wesensmerkmale, sondern vielmehr durch Spannungsfelder gekennzeichnet ist (siehe »Untersuchungsgegenstand: Vereine«). Versteht man die Merkmale, um die herum sich diese Spannungsfelder entfalten, als ein idealtypisches Modell, so fungiert dieses als eine Art »Abstandsmesser«, der erlaubt, Veränderungen des Vereinswesens sichtbar und analysierbar zu machen. Der Idealtypus ist somit gerade ein Instrument zur Untersuchung der Vielfalt an Vereinigungsformen. Trotz des weiten Begriffsverständnisses ist es sinnvoll, bestimmte Vereinigungen von der Analyse auszuschließen, da sie eine gänzlich differente Logik des organisatorischen Aufbaus und hinsichtlich der Binnenstruktur von Organisation aufweisen und auch durch andere Motivationen und Ziele ihrer Initiatoren und Mitglieder gekennzeichnet sind. Dies betrifft folgende Vereinigungsformen:

Erstens wirtschaftliche Vereine, deren organisatorischer Aufbau sich an der Realisierung unmittelbarer materieller Interessen, der Führung eines Geschäfts, eines Betriebs oder einer Kasse als Hauptzweck sowie durch Gewinnorientierung oder ökonomische Subsistenzsicherung kennzeichnet. Das Spektrum wirtschaftlicher Vereine ist, man vergegenwärtige sich nochmals die Existenz diverser Organisationsformen wie Gewerkschaften des Bergrechts, Gesellschaften mit beschränkter Haftung, diverser Kranken- und Sterbekassen oder Erwerbs- und Wirtschaftsgenossenschaften weit gesteckt und beinhaltet mit den genannten Vereinigungen Zusammenschlüsse, die entsprechend ihrer jeweiligen Zwecke sehr unterschiedlich aufgebaut sind. Gemeinsam ist ihnen, und dies trennt sie vom bürgerlichen Verein, dass die »Vereinsmitgliedschaft« – als Aktionär, Gesellschafter, Kassenmitglied oder Genosse – wesentlich durch finanzielle Anteile, Beiträge, Einlagen oder Investitionen begründet wird, die in die Vereinigung eingebracht werden, um eine materielle Besserstellung oder Absicherung zu erreichen: sei es durch das direkte Gewinnstreben mittels Beteiligung an einer Aktiengesellschaft, sei es durch gemeinschaftliche Selbsthilfe

7 Dies wurde in der Regel dadurch ermöglicht, dass die meisten Vereinigungen in anderen Kapiteln der Adressbücher aufgeführt wurden und die Daten dort entnommen werden konnten.

in Genossenschaften zur Verbesserung der Marktposition oder der Deckung grundlegender Lebensbedürfnisse, sei es in Sozialkassen zur Absicherung von Lebensrisiken. Die Motivation zur Mitgliedschaft und der Vereinigungszweck sind im Kern an diesem materiellen (Eigen-)Interesse ausgerichtet. Die Ausgestaltung der Mitgliedschaftsrolle, der Führung und Verwaltung der jeweiligen Vereinigung ist dadurch maßgeblich bestimmt und zudem durch staatliche Regulierung hinsichtlich des grundlegenden Organisationsaufbaus, der Haftungsverpflichtungen oder garantierter Mindestleistungen überformt worden, wodurch ein wesentliches Element der Vereinsautonomie, die freie Satzungsgebung durch die Mitglieder, erheblich eingeschränkt wurde.

Zweitens sind Anstalten, zumeist zu Erziehungs-, Bildungs- und sozialen Zwecken errichtet, vom Vereinswesen zu trennen. Zwar waren Vereine mitunter ihre Träger, aber idealtypisch folgt die Anstalt einer vom Verein differenten institutionellen Logik, die sich durch ein hierarchisches Über- und Unterordnungsverhältnis kennzeichnet: einen Vorstand, der sich oftmals durch Kooptation oder Berufung zusammensetzt und dem nicht Vereinsmitglieder mit definierten Mitbestimmungsrechten, sondern Anstaltsangehörige, die an eine vom Vorstand oder anderen Instanzen dekretierte Ordnung gebunden sind, gegenüberstehen.

Stiftungen, die zum Teil zu Beginn der Kaiserreichszeit in den Adressbüchern zusammen mit Vereinen gelistet wurden, stellen, drittens, den Vorgang der Stiftung eines Vermögens für einen bestimmten Zweck sowie die rechtlich abgesicherte Institution, die aus der Vermögensübertragung hervorging, dar. Die Umsetzung des Stiftungszwecks wurde dabei mitunter durch einen Vereinszusammenschluss gewährleistet, in der Regel jedoch oblag sie einer Stiftungsverwaltung, die über die Verwendung der Gelder entschied und gesonderte Anstalten zu seiner Realisierung schaffen konnte.[8]

Eine besondere Form von Vereinigung waren, viertens, die Studentenverbindungen: die Corps, Burschen- und Landsmannschaften, studentischen Turner- und Sängerschaften. Grundsätzlich basierten sie zwar ebenfalls auf dem Gedanken der Freiwilligkeit und Selbstbestimmung (Mitgliederversammlung war das »Convent«), aber die markanten Züge dieser studentischen Organisationen verweisen mit dem »Lebensbundprinzip«, einer strikten, das gesamte Verbindungsleben kennzeichnenden hierarchischen Ordnung (»Fuchs«, »Bursche«, »Inaktiver«, »Alter Herr«) sowie – bei einem Teil der Verbindungen – der Mensuren und der Pflicht zu »unbedingter Satisfaktion« auf ihren Anspruch, das

8 Sowohl hinsichtlich der Anstalten als auch der Stiftungen sind lediglich Vereine im Sample verblieben, die untrennbar mit ihnen verbunden waren – zum Beispiel der Frauenverein für Armen- und Krankenpflege (zugleich dritte Kinderbewahranstalt). Zum Stiften im 19. Jahrhundert siehe *Adam*, Stiften in deutschen Bürgerstädten. Begriffliche Präzisierungen bei *Werner*, Stiftungsstadt, S. 7 ff.

Leben ihrer Mitglieder umfangreich zu regulieren und sie auf diese Weise, gemäß dem für sie maßgeblichen normativen Leitbild, zu »Männern« zu erziehen, die in lebenslanger Treue und Freundschaft verbunden sind. Als informeller Verhaltenskatalog fungierte dabei das »Comment«, auf welches Mitglieder verpflichtet und nach welchem sie unterwiesen wurden. Die soziale Einbindung von Studenten fern ihrer Heimat, der Vertretungsanspruch gegenüber der Universität, die Lösung interner Konflikte durch eine eigene Gerichtsbarkeit oder die Repräsentation der Studentenschaft bei Feierlichkeiten mögen wichtige Funktionen der Verbindungen gewesen sein, entscheidend war jedoch ihr Charakter als »Erziehungsgemeinschaft« und »Männerbund«.[9] Vereine verfolgen keinen derart weitgehenden Regelungs- und Erziehungsanspruch, sondern gestalten einen, an einem wechselnden Mitgliederbestand orientierten organisatorischen Binnenaufbau mit Rechten und Pflichten von Mitgliedern, über welche diese stets neu befinden können und die darauf ausgerichtet sind, einen mehr oder weniger begrenzten Zweck durch den Vereinszusammenschluss zu realisieren.[10] Dabei konnten Übergänge zwischen Vereinen und Verbindungen jedoch mitunter fließend sein bzw. ursprünglich als akademische Vereine gegründete studentische Organisationen bildeten im Laufe der Zeit unter dem Einfluss der Entwicklungen im studentischen Milieu »korporatistische« Züge aus und wurden zu Verbindungen.[11]

Fünftens schließlich sind die Innungen zu nennen, die einen Sonderfall darstellen. In dieser Arbeit wurde pragmatisch verfahren, indem »normale« Innungen im Vereinssample belassen wurden, während »Zwangsinnungen«, die per definitionem das für einen Verein grundlegende Merkmal der Freiwilligkeit nicht erfüllen, unberücksichtigt blieben. Dies entspricht auch dem Vereinsverständnis der Zeit – Innungen wurden überwiegend bis zum Ende der Kaiserreichzeit im Vereinsteil des Adressbuches gelistet.

Vereinstypologie: Das Bonmot über den Versuch, einen Pudding an die Wand zu nageln, ist – zugegeben – wenig originell, da es selbst in wissenschaftlichen Debatten als Ausdruck eines scheinbar unmöglichen Unterfangens bereits Eingang gefunden hat.[12] Und dennoch: auch der Forscher zum Vereinswesen fühlt sich

9 Vgl. zu den hier skizzierten Strukturen, Merkmalen und Funktionen des studentischen Verbindungswesens im Allgemeinen sowie mit Blick auf Halle vor allem *Lehmann*, Hallenser Corps, S. 13–19. Siehe auch *Kampe*, Studenten, S. 111–124.

10 Bereits die Bezeichnung »Verbindung« drückt dagegen den engen Zusammenhalt der studentischen Korporationen aus.

11 Vgl. *Lehmann*, Hallenser Corps, S. 19. Vgl. zum hallischen Verbindungswesen insgesamt und den Entwicklungen von Vereinen zu studentischen Korporationen bzw. Verbindungen *Reinus*, Halle in der Gegenwart, S. 129–168 und *König*, Aus zwei Jahrhunderten, S. 82 ff., S. 243 ff.

12 Siehe bspw. *Brumlik*, Zivile Gesellschaft.

bei der Entwicklung einer angemessenen Typologie daran erinnert. So formuliert Sahner in diesem Zusammenhang: »Ein befriedigendes Kategoriensystem gibt es nicht und kann es nicht geben. Man kann nur versuchen, die Defizite zu reduzieren.«[13] Um signifikante Entwicklungen und Veränderungen des Vereinswesens über einen längeren Zeitraum veranschaulichen zu können, bedarf es eines Ordnungssystems, das eine strukturierte Analyse ermöglicht und Komplexität reduziert. Gerade das Faszinosum der Vereine – die durchaus gängige Verknüpfung von verschiedenen Zwecken, Motiven und Interessen in nur einem Verein sowie die organisatorische Vielfalt des Vereinswesens – führt mit Blick auf eine Systematisierung zu Litaneien der Forscher, die damit konfrontiert sind, dass eine eindeutige Zuordnung der Vereine oftmals schwierig, mitunter sogar undurchführbar ist: »Die Typologie fällt daher entweder viel zu differenziert oder aber zu einfach aus.«[14] Eine allgemein verbindliche und anerkannte Vereinstypologie existiert folglich nicht. Letztlich ist jede Typologie als analytisches Hilfsmittel zu begreifen, zu problematisieren und anhand ihrer Tauglichkeit für die empirische Arbeit zu bewerten. Die klassifikatorische Herausforderung für den Historiker, der das gesamte städtische Vereinswesen untersucht, klingt zunächst banal: Jeder (!) Verein muss einem Typ zugeordnet werden und die typologische Differenzierung muss die Operationalisierung der Fragestellung vereinfachen.

In der vorliegenden Arbeit wird die Bildung von Vereinstypen basierend auf den Zwecksetzungen der Vereine vorgenommen. Allgemein orientieren sich Typologien, die auf Vereinszwecke rekurrieren, an den von den Vereinen selbst proklamierten Zwecksetzungen und Tätigkeitsbeschreibungen. Bereits um die Mitte des 19. Jahrhunderts gab es erste Typisierungsversuche. Hatte das Rotteck-Welckersche Staatslexikon noch verschiedenste Kriterien wie Zweck, Rechtsform, Organisationsgrad oder Verhältnis zum Staat angeführt, setzte sich allmählich der Vereinigungszweck als maßgebliches Kriterium bei der Typenbildung durch. Beispiele dafür sind die Unterscheidungen zwischen Vereinen, die Lorenz von Stein oder Karl Brater vornahmen.[15] Im »Genossenschaftsrecht« entwirft Otto von Gierke eine sehr ausdifferenzierte Vereinstypologie. Gierke lebt in einer Zeit, in der »die Richtung der modernen Association auf Vereinzelung und Präcisirung sich in besonders ausgeprägter Weise geltend macht«, weshalb Vereine sich für Gierke »vornehmlich nach ihren Zwecken beziehungsweise ihren Hauptzwecken in verschiedene Klassen theilen« lassen.[16] Damit schuf

13 *Sahner*, Vereine und Verbände, S. 61.

14 *Zimmer*, Vereine, S. 71. Siehe auch *dies.*, Zivilgesellschaft konkret, S. 95; *Alemann/Heinze*, Vereine und Verbände, S. 16.

15 Vgl. dazu *Tenfelde*, Entfaltung, S. 83f.

16 Beide Zitate *Gierke*, Genossenschaftsrecht, S. 893. Dass Vereine unter Umständen verschiedene Zwecke kombinieren, war ihm dabei durchaus bewusst.

Gierke 1868, kurz vor der Reichsgründung, ein typlogisches Ordnungssystem, mit dem das Vereinswesen seiner Zeit adäquat strukturiert werden konnte. Dass ein Zugriff auf das Vereinswesen entlang einer Gruppierung von Zwecken nicht nur analytisch gängig war (bzw. ist),[17] sondern auch der Systematisierung der Vereinslandschaft im städtischen Alltag entsprach, ist in den Adressbüchern hinsichtlich ihrer Ordnungsvorstellungen dahingehend dokumentiert, dass im entsprechenden Verzeichnis der Bücher verschiedene Gruppen von Vereinen nach Zwecken gebildet wurden. Typologien, die mit dem Kriterium »Vereinszweck« operieren, haben den Vorzug, einerseits eine nachvollziehbare Ordnung der Vielfalt des Vereinswesens anzubieten, andererseits kann auf ihrer Basis die Entwicklung der Vereine nach wie vor präzise analysiert und zudem die inhaltliche Ausrichtung der Vereinstätigkeit konsequent an den von den Vereinen selbst postulierten Zwecksetzungen festgemacht werden.[18]

Bei der Erstellung der Typologie ist somit ein pragmatischer Ansatz gewählt worden; die Vereine sind in zehn unterschiedliche Gruppen eingeordnet worden (vgl. Tab. 36). Durch diese Gruppierung der Vereine nach Hauptzwecken ist es gegenüber einer zu feingliedrigen Differenzierung – Gierke unterschied immerhin 12 Zwecke mit Untertypen bereits vor der Kaiserreichszeit, das Adressbuch von 1913 dann 33 Gruppen – möglich, Grundzüge der Vereinsentwicklung anschaulich zu analysieren. Das grundlegende Problem einer eindeutigen Zuordnung von Vereinen ist auch mit einer Typologie nach Zwecken in Einzelfällen nicht

17 In historischen Arbeiten sind reflektierte Vereinstypologien bisher kaum zur Anwendung gekommen. Prominente Autoren wie Nipperdey und Tenfelde haben zwar verschiedene Gattungen von Vereinen in ihren wegweisenden Aufsätzen diskutiert, aber keine eigentliche, kohärente Typenbildung vorgenommen; vgl. *Nipperdey*, Verein als soziale Struktur, S. 174ff.; *Tenfelde*, Entfaltung, S. 58ff., S. 83ff. Zahlreiche Historiker konzentrieren sich in ihren Arbeiten auf einen bestimmten Vereinstyp und sind somit von der Aufgabe einer umfassenden Typenbildung entledigt, während Arbeiten, die den Fokus auf die gesamte (städtische) Vereinslandschaft legen, ihre Typenbildung nicht problematisieren. In der Regel legen auch sie Zwecke als entscheidendes Kriterium der Kategorisierung zugrunde. Siehe etwa *Motschmann*, Berliner Vereine, S. V–X, XV; *Jungmann*, Einbecker Vereine, S. 11 und *Klitzschmüller*, Magdeburger Gesellschaft, S. 55ff.; eine Einteilung der Vereine nach politischen Lagern bei *Barsickow*, Politische Lager.

18 Insbesondere in den Sozialwissenschaften sind Typisierungen nach Tätigkeitsbereichen und Handlungsfeldern üblich. Vgl. etwa *Raschke*, Vereine und Verbände, S. 40ff. u. 73ff.; *Alemann*, Organisierte Interessen; *ders./Heinze*, Vereine und Verbände, S. 18f. Kritisch gegenüber diesem Ansatz ist *Sahner*, Vereine und Verbände, S. 56ff. Siehe auch *Bentem*, Dritter-Sektor-Organisationen, S. 148ff. Einer der unbestrittenen Vorzüge der Typologien nach Tätigkeitsbereichen liegt darin, dass nur wenige Tätigkeits- bzw. Handlungsfelder unterschieden werden und somit Übersichtlichkeit gewährleistet ist. Der große Nachteil ist jedoch, dass die Komplexität des Vereinswesens dadurch sehr stark reduziert wird und Entwicklungen spezifischer Vereinsgruppen, die in den gebildeten Tätigkeitsfeldern aufgehen, aus dem Blick geraten. Viele Vereine sind den gebildeten Typen zudem nur schwer zuzuordnen, man denke beispielsweise an historisch relevante Vereinigungen wie die Kriegervereine.

Tab. 36: Vereinstypen

	Vereinstyp	Beispiele
1	Wirtschaft	Werkmeister-Verein, Schlosser-Innung, Zentral-Verband der Staats-, Gemeinde-, Verkehrs-, Hilfs- und sonstiger Industrie-Arbeiter Deutschlands, Vereinigung der Großhändler in Kolonialwaren und verwandten Geschäftszweigen, Verein mittlerer Staatseisenbahn-Beamten, Verband deutscher Handlungsgehilfen
2	Soziales/ Wohltätigkeit	Wöchnerinnen-Unterstützungsverein, Verein Gesundheitspflege, Verein für Volkswohl, Bürger-Rettungs-Institut, Deutscher Verein gegen den Missbrauch geistiger Getränke
3	Religion	Jungfrauen-Verein der Mariengemeinde, Evangelischer Kirchbau-Verein, Evangelischer Bund, Volkskirchlich-soziale Vereinigung, Katholischer Gesellen-Verein
4	Wissenschaft	Deutsche Morgenländische Gesellschaft, Naturforschende Gesellschaft, Naturwissenschaftlicher Verein für Sachsen und Thüringen, Juristischer Verein
5	Bildung/ Ausbildung	Gabelsbergerscher Stenographen-Verein, Volksbildungs-Verein, Preußischer Verein für das mittlere Schulwesen
6	Kultur	Robert Franz-Singakademie, Liedertafel Eintracht, Arbeiter-Sängerchor, Orchestermusik-Verein, Lauchstädter-Theater-Verein, Burg-Theater-Klub, Künstler-Verein auf dem Pflug
7	Politik	I. Kommunaler Wahlbezirks-Verein, Reichsverband gegen die Sozialdemokratie, Konservativer Verein
8	Krieger	Deutscher Kriegerbund, Verein ehem. 10. Husaren, Marine-Verein, Krieger-Begräbnis-Verein
9	Freizeit/ Geselligkeit/ Sport	I. Turn- und Athletik-Klub Adler, Verein bayerischer Landsleute, Hallescher Fußballklub Britannia, Kegelklub Courant, Vivarium Verein für Aquarien- und Terrarienkunde, Rauch-Klub Virginia
10	Logen	Freimaurerloge zu den drei Degen, Thomasius-Loge

endgültig zu lösen, von Mehrfachzuordnungen wurde jedoch abgesehen. Sie sind wenig praktikabel und führen eher zu einer Verzerrung von Ergebnissen.[19]

Typ 1, Vereine mit wirtschaftlichen und/oder berufsständischen Zwecksetzungen, ist weit gesteckt und umfasst alle Vereine, deren Zwecksetzung auf das ökonomische Distributionssystem, den Arbeitsmarkt oder einen Berufsstand

19 Siehe auch *Bentem*, Dritter-Sektor-Organisationen, S. 164. Gleichwohl wurden zusätzliche und Nebenzwecke der Vereine ebenfalls erhoben. Sie konnten bei der Untersuchung der Tätigkeiten und Entwicklungen einzelner Typen miteinbezogen werden. Zudem wurden Angaben zur spezifischen Organisationsstruktur (beispielsweise die Organisation als Verband) und zur geographischen Ausdehnung der Vereine (lokal, regional, national) erhoben.

ausgerichtet ist: unter anderem Arbeitgebervertretungen, Innungen, Gewerkschaften oder berufsständische Vereinigungen. Soziale und wohltätige Zwecke (Typ 2) wurden im 19. Jahrhundert vor allem mit spezifischen Gemeinwohlvorstellungen begründet, die nicht ausschließlich, aber doch sehr stark von Motiven der Fürsorge und der Erziehung ärmerer Schichten bestimmt waren und daher nicht selten in den Bahnen der traditionellen bürgerlichen Wohltätigkeit verblieben. Zu den religiösen Vereinen (Typ 3), die mitunter auch karitative Zwecke verfolgten, gehören solche, die unmittelbar für die Religion und/oder die Kirche wirken wollten. Einen wissenschaftlichen Zweck (Typ 4) erfüllten Vereine, die einen wissenschaftlich-intellektuellen Diskurs innerhalb des Vereins pflegten, in der Regel Zusammenschlüsse von Gelehrten darstellten und mitunter über Fachpublikationen eine Außenwirkung in der akademischen Welt erreichen wollten, zum Teil aber auch auf den praktisch-gesellschaftlichen Nutzen der Wissenschaft ausgerichtet waren. Somit konnte bei einem Teil von ihnen durchaus ein Bildungsanspruch enthalten sein, während Bildungsvereine im engeren Sinne (Typ 5) in einer eigenen Kategorie zusammengefasst sind. Hierunter fallen auch die sich in der Kaiserreichszeit verbreitenden Stenographievereine, deren Zweck in stenographischer (Berufs-)Ausbildung bestand. Als kulturelle Zwecksetzungen (Typ 6) werden solche verstanden, die sich der Hochkultur – Musik, Kunst und Theater – widmeten. Der Typus der politischen Vereine (Typ 7) orientiert sich an einem engen Politikverständnis, d. h. dem Ziel des politischen Machterwerbs auf lokaler und staatlicher Ebene oder der Beeinflussung staatlicher Gesetzgebung und Verwaltung. Sowohl Kriegervereine (Typ 8) als auch Logen (Typ 10) werden als Kategorien sui generis verstanden. Ihr Zweck wird von Gierke mit der Fokussierung auf »Sitte und Sittlichkeit« und zwar »in den Beziehungen der Mitglieder untereinander« angegeben.[20] »Freizeit, Sport und Geselligkeit« stellt schließlich eine weit gefasste Kategorie von Vereinen dar, die sich primär auf die Organisation von zweckfreier Geselligkeit und von Freizeitaktivitäten konzentrierten (Typ 9).

Die Funktionalität von Vereinen für ihre Mitglieder ist in einer oft zitierten[21] und bereits 1959 von den amerikanischen Soziologen C. Wayne Gordon und Nicholas Babchuk vorgestellten Typologie berücksichtigt worden, die ebenfalls an den von Vereinen postulierten Zwecksetzungen bzw. Zielen – »their stated objectives« – ansetzt.[22] Diesbezüglich differenzieren sie grundlegend zwischen expressiven und instrumentellen Vereinen. Erstere

»perform a function primarily for the individual participants through activities confined and self-contained *within* [eigene Hervorhebung, D. W.] the organization itself.

20 Vgl. *Gierke*, Genossenschaftsrecht, S. 901 f.

21 Siehe nur *Zimmer*, Vereine, S. 70 f.; *Meier*, Mitarbeit im Sport, S. 19 f.; *Horch*, Ressourcenzusammensetzung, S. 101; *Braun/Hansen*, Integration, S. 65.

22 Vgl. *Gordon/Babchuk*, Typology, S. 22–29, v. a. S. 25–29.

More specifically they provide the opportunity for carrying on activities, such as recreation, of direct interests to the participants or help to provide satisfactions of personal fellowship.«[23]

Ausgerichtet seien diese expressiven Organisationen weniger auf Zielverwirklichung in der Zukunft, sondern auf Befriedigung von Interessen und Bedürfnissen der Mitglieder in der Gegenwart.[24] Im Gegensatz dazu korrespondiert die Hauptfunktion instrumenteller Vereine mit Aktivitäten, die *außerhalb* des Binnenlebens der Organisation stattfinden:

»It [die Hauptfunktion/Orientierung des Vereins, D. W.] seeks to maintain a condition or to bring about change which transcends its immediate membership.«[25]

Die Identifikation des Mitglieds mit dem instrumentellen Verein und dem Gruppenzusammenhang leitet sich dementsprechend vor allem aus der Verpflichtung auf Ziele ab, die nicht unmittelbar der eigenen Bedürfnisbefriedigung dienen.[26] Einen dritten Typus bilden schließlich die instrumentell-expressiven Vereine, welche – »self-consciously« – beide Funktionen erfüllen. Ihre Mitglieder identifizieren sich mit der Organisation wegen der offerierten Geselligkeit, Kameradschaft sowie der innerhalb des Vereins durch gemeinsame Aktivitäten befriedigten Bedürfnisse *und* der spezifischen Interessen- und Zweckverfolgung, die außerhalb des Vereins liegt.[27] Die Stärke der Gordon-Babchuk-Typologie ist dadurch begründet, dass das Hauptaugenmerk auf die Funktionen der Vereine für ihre Mitglieder gelegt wird. Dadurch wird ersichtlich, dass Integrationsmuster und Teilhabemöglichkeiten von Menschen im Vereinswesen in hohem Maße davon abhängen, welchem Typus bzw. welchen Typen sie angehören – Verein ist eben nicht gleich Verein.[28] Dennoch ist die Typologie in der Forschung vielfach aufgrund ihrer sehr schematischen, vereinfachenden Gegenüberstellung instrumenteller und expressiver Vereine, ihrer mangelhaften theoretischen Unterfütterung sowie einer diffusen Adaption in empirischen Arbeiten, die gerade aus der weitgehenden Offenheit des klassifikatorischen Konzepts resultiert, kritisiert worden.[29] Grundproblem ist vor allem die eindeutige Zuordnung von Vereinen, ihre Klassifizierung als expressive oder instrumentelle Vereine – Gordon/Babchuk selbst sprachen bereits ausdrücklich von

23 Ebd., S. 27.
24 Vgl. ebd., S. 27. Siehe auch S. 25 f.
25 Ebd., S. 28.
26 Vgl. ebd.
27 Vgl. ebd.
28 Darauf verweisen beispielsweise *Braun/Hansen*, Integration, S. 65.
29 Einen anschaulichen Überblick über Kritik und Diskussion der Typologie, vor allem bezogen auf den angloamerikanischen Forschungskontext, bietet *Lu*, Dimensions, S. 22 ff.

einer »oversimplification« und kreierten daher den Typus der instrumentell-expressiven Vereine. Die grundlegende Schwierigkeit blieb jedoch bestehen, denn verschiedene Beispiele zeigten,

»that because an organization can be both instrumental and expressive, depending on many subjective judgements and organizational contexts, different people can evaluate different types for the same organization«[30].

Teilt die Gordon-Babchuk-Typologie das Zuordnungsproblem mit jedem anderen Klassifizierungsangebot, so scheint es doch gerade angesichts des geringen Grades an Ausdifferenzierung – mit nur drei Ausprägungen – in ihrem Fall besonders evident zu sein. Doch auch wenn es dementsprechend problematisch ist, ihren Ansatz in eine kohärente Typologie zu überführen, können zumindest die *Tendenzen* der funktionellen Ausrichtungen von Vereinen auf seiner Basis diskutiert werden.

Personen/Vereinsvorstände/Klassifikation

Die in den städtischen Adressbüchern erfassten Vereine sind mit umfangreichen Personendaten verzeichnet worden. In der Regel wurden zu jedem Verein die Vorstände mit ihrem Beruf und ihrem Wohnort sowie den von ihnen bekleideten Vereinsposten angegeben. Die wichtigsten Vereinsposten waren neben dem Vorsitzenden bzw. stellvertretenden Vorsitzenden die Posten des Kassenwarts und Schriftführers. Doch nicht jeder Verein musste diese Posten aufweisen. Es ist zwar aus pragmatischen Gründen sinnvoll, jemanden zu benennen, der die Kasse führt oder die Schriftführung übernimmt, aber ob diese Funktionen auch einem als solchem titulierten Vereinsamt zugeordnet waren, konnte unterschiedlich geregelt sein. Kassenwart und Schriftführer mussten auch nicht zwingend dem Vorstand angehören, sondern konnten durch die Satzung den Status eigenständiger Vereinsorgane erhalten. Ebenso ist auch denkbar, gerade bei kleineren Vereinen, dass mehrere Funktionen von einer Person übernommen wurden. Wenn daher in dieser Untersuchung von »Vorstand« oder »Vorständen« die Rede ist, stellt dies eine Vereinfachung dar: Vorstand im Sinne dieser Arbeit meint die Person (ein Vorstand bestehend aus nur einer Person ist möglich) bzw. Personen, die nominell den Vorstand konstituierten sowie weitere Vereinsämter, die ebenfalls im Adressbuch aufgelistet wurden und wichtige organisatorische Funktionen im Verein wahrnahmen.

Nach der Filterung des Datensamples der Vereine (siehe oben) verblieben in den separat erstellten Datenbanken der Vereinsvorstände und Personen mit Ver-

30 Ebd., S. 29. Siehe auch *Zimmer*, Vereine, S. 72; *Emmerich*, Freiwilligenarbeit, S. 38.

einsamt für die untersuchten sieben Stichjahre 12.227 Personen, die unter Vergabe einer ID aufgenommen wurden. In relationalen Datenbanken (Microsoft Access) wurden vier Tabellen verknüpft: Die Tabelle der Vorstände, der Vereine, der Posten sowie eine Tabelle als Zusammenführung, in denen die Vorstände mit ihrem jeweiligen Posten im Verein erfasst sind. Diese Datenbankstruktur ermöglichte die Zählung und Auswertung von Kontakten im Vereinswesen.

Durch den Abgleich der Personendaten mit dem Einwohnerverzeichnis der Adressbücher für das jeweilige Stichjahr und weiterer Quellen wie etwa Steuerlisten, Wahlmänner-, Stadtverordneten- und Wahlunterstützerlisten konnten die Angaben falsifiziert und um wichtige Daten etwa zum Einkommen und zur politischen Tätigkeit ergänzt werden. Die Daten umfassen, falls verfügbar, für jede Person: Vorname, Name, Berufsangabe(n),[31] Titel, Geschlecht, Steueraufkommen, Hausbesitz, Tätigkeit als Wahlmann, Tätigkeit als Stadtverordneter, Parteizugehörigkeit, Konfessions- bzw. Religionszugehörigkeit, Adresse, verliehene Orden.

Um diese umfangreichen Datenbanken hinsichtlich der Sozialstruktur der Personen gezielt auswerten zu können, wurde mit einer Berufsklassifikation gearbeitet, die Manfred Hettling entwickelt hat. Die folgenden Ausführungen zu diesem Modell wurden weitgehend aus seinem Buch »Politische Bürgerlichkeit« übernommen und um Modifikationen ergänzt, die im Laufe der letzten Jahre vorgenommen wurden:[32]

Für die Klassifikation der einzelnen Berufe wurden übergreifende Kategorien gewählt, die möglichst zeitunabhängig verstanden werden können.[33] Bürgertum wird unterschieden in einerseits »höheres Bürgertum« (Wirtschafts- und Bildungsbürger, höhere Beamte), andererseits in »niederes Bürgertum« (Alter, Neuer und sonstiger Mittelstand). Damit werden innerbürgerliche Transformierungen besser erfassbar. Hierfür wurden die neutralen Bezeichnungen höheres/niederes Bürgertum gewählt, um zeitspezifische Ausdrücke wie »Kleinbürgertum« zu vermeiden. Durch die gesonderte Einteilung der Beamten innerhalb der Formation des höheren Bürgertums soll keineswegs impliziert werden,

31 Bei weiblichen Vereinsvorständen wurde, falls sie keinem Beruf nachgingen, die Berufsangabe des Ehemannes geprüft und die Klassifikation auf Basis seiner Berufszugehörigkeit vorgenommen.

32 *Hettling*, Politische Bürgerlichkeit, S. 352–358.

33 Klassifiziert wurde in der Regel nach den Schichtungsanalysen von *Lundgreen u. a.*, Bildungschancen; *Schüren*, Soziale Mobilität; *Triebel*, Klassen; *Molle*, Wörterbuch; nach den Angaben in der Statistik des Deutschen Reiches. Letztere diente vor allem zur Einordnung der Beamtenbezeichnungen, sonst wurden die dortigen Einstufungen nur z. T. übernommen, da sie sich vielfach an der Stellung im Betrieb orientierten und deshalb z. B. sehr unterschiedliche Qualitäten von Berufen jeweils als »leitend« (= a) einstuften. Hier kam es demgegenüber darauf an, möglichst in sich vergleichbare und analoge Gruppen von Berufen zu bilden.

dass diese als eigenständige Sozialformation von den Bildungsbürgern zu trennen wären. Vom höheren und niederen Bürgertum getrennt wurden die »Unterschichten«. Da die bloßen Berufsbezeichnungen in den zur Verfügung stehenden Quellen sehr oft keine detaillierten Angaben enthalten, wurde darauf verzichtet, die Art der Tätigkeit (etwa Branchen) systematisch zu erfassen. Mit dem »Adel« wurde eine Sondergruppe gebildet, um theoretisch die Bedeutung einer Hofgesellschaft im städtischen Rahmen besser erfassen zu können. Empirisch spielten Adel und Hofangehörige (ebenso Bauern) in Halle keine Rolle, sie fielen statistisch nicht ins Gewicht. Als letzte Großgruppe ist die Rubrik »Sonstige« zu verstehen. Hier sind alle Bezeichnungen gesammelt, die eine soziale Positionierung nicht eindeutig zulassen, weil die Bezeichnung sich allein auf das Alter (Schüler), den Familienstand (Witwe), Ehrenämter (Gerichtsschöffe), rechtliche Stellungen (Bürger, Einwohner) und solche für die keine Angaben vorlagen bezieht.[34]

Die Zahlen vor den einzelnen Berufsbezeichnungen und -gruppen geben den internen Codierungsschlüssel an. Die gebildeten Teilgruppen ermöglichen sowohl eine detaillierte Gliederung der städtischen Sozialstruktur als auch die Aggregierung zu umfassenderen Bezeichnungen wie z. B. »Alter Mittelstand« oder »höheres Bürgertum«. Die dabei zugrunde gelegten Annahmen und Vorgehensweisen sollen hier offengelegt werden. Die dreiziffrigen Zahlen ermöglichen eine einfache Orientierung. Die erste Ziffer bezeichnet die Großgruppe (1 = höheres Bürgertum, 2 = niederes Bürgertum, 3 = Unterschicht, 4 = Adel/Hof,[35] 5 = Sonstige). Die ersten beiden Ziffern führen zu eine feineren Gliederung (11 = Wirtschaftsbürger, 12 = Bildungsbürger, ... 21 = Alter Mittelstand, ...). Schließlich benennt jede dreiziffrige Zahl eine Teilgruppe gesondert.[36]

34 Die Gliederung erfolgte dabei in Anlehnung und – auf das Bürgertum hin konzentrierter – Umformulierung der in der Literatur zugänglichen Schichtungsmodelle, vor allem von *Schüren*, Soziale Mobilität; *Lundgreen u. a.*, Bildungschancen und *Triebel*, Zwei Klassen.

35 Die Kategorie »Adel/Hof« stellt in der hierarchischen Abfolge der sozialen Binnengliederung sicherlich nicht den vierten Rang dar. Da sie aber empirisch für die Stadt Halle nahezu bedeutungslos ist, wurde sie hier nachrangig aufgelistet.

36 Das mehrdimensionale Klassifizierungssystem gliedert Berufsangaben nach den aus diesen erschließbaren Hinweisen auf Besitz, Marktchancen und Arbeitssituationen. Daher wird analog zu den international verbreiteten Verfahren nach Besitz, Bildung und Tätigkeit klassifiziert. Eine Übernahme von HISCO erscheint – auf Grund der Übersetzungsfrage der zahlreichen Bezeichnungen und auch auf Grund des nach nationalem Bezug durchaus unterschiedlichen Kontextes beruflicher Tätigkeiten – zu aufwendig und undifferenziert. Sowohl die international verbreiteten Strukturierungen (etwa *Erikson/Goldthorpe*, Class Mobility), an denen sich auch die Mobilitätsforschung (siehe z. B. *Breen*, Social Mobility) ausrichtet, als auch die in Deutschland bekanntesten Verfahren (*Schüren*, Soziale Mobilität) gliedern Berufsangaben nach Besitz, Bildung und Tätigkeit und bilden darauf bezogene vertikal strukturierte Gruppen. Um auch für bürgerliche Teilgruppen eine differenzierte Analyse vornehmen zu können, war jedoch eine deutliche Erweiterung notwendig.

1. Höheres Bürgertum

11. Wirtschaftsbürger

111 Selbständige Kaufleute mit der Berufsbezeichnung »Kaufmann«, d.h. Personen, für die *nur* die Angabe »Kaufmann« angegeben ist. Das generelle Problem dabei ist: Verbirgt sich hinter der Bezeichnung »Kaufmann« ein selbständiger oder unselbständiger »Kaufmann«? In Breslau beispielsweise sind es, geprüft durch einen Abgleich mit Steuerlisten (Versteuerung von Gewerbeeinkommen), 1876 noch zu rund 80 % selbständige Kaufleute, 1906 dann nur noch rund 50 %. Für jene Samples, bei denen keine Steuerlisten vorliegen, muss man also berücksichtigen, dass hier auch ein Anteil von Unselbständigen miterfasst wird.

112 Kaufleute. Idealtypisch wurde dabei unterschieden zwischen Kaufmann und Krämer. Der *Kaufmann* ist überlokal handelnd, nicht primär bestimmt durch Kundenkontakt; die Bezeichnungen »-kaufmann« und »Großhändler« – »Grundstückshändler«, »Patenthändler« – wurden generell hier eingeordnet. Im Unterschied ist der *Krämer* mehr im Lokalen tätig. Seine Tätigkeit ist stärker bestimmt durch einen direkten Kundenkontakt, er handelt mit Dingen/Gegenständen; die Berufsbezeichnung »-händler« wurde generell hier eingeordnet. Wie bei den »Kaufleuten« ist hier die Feststellung von Selbständigkeit und Einkommenshöhe ebenfalls schwierig.

113 Fabrikanten und Unternehmer, auch Produzenten. Bestimmend für die Einordnung ist eine gewerbliche, produzierende Tätigkeit. Getrennt davon wurden die gehobenen Dienstleistungen (z. B. Spediteur, Mühlenbesitzer). Ebenfalls herausgenommen wurden marginale Tätigkeiten wie z. B. Strohhutproduzent. Probleme bereiten Berufe wie »Wurstfabrikant«, »Zigarrenfabrikant«: z. T. erfasst man damit Gewerbetreibende bzw. »Fabrikanten« mit Einkommen von unter 2.000 Mark. Es gibt in diesen Berufen jedoch immer wieder Personen mit sehr viel höherem Einkommen. In dieser Arbeit umfasst die Kategorie »Unternehmer« nicht nur industrielle Unternehmer, sondern auch viele Gewerbe, die nicht eindeutig zuzuordnen sind. Innerhalb jedes Berufes finden sich sehr große Einkommensunterschiede wieder. Beispiele dafür sind etwa »Brauereibesitzer« oder »Brennereibesitzer«.

114 Bankiers. Nach Möglichkeit wurden nur Eigentümer bzw. Teilhaber von Banken erfasst. Mitaufgenommen wurden Bezeichnungen wie »Bankdirektor«, »Bankpräsident«, da man davon ausgehen kann – wie sich auch in der Studie zu Breslau gezeigt hat –, dass es oft Mitbesitzer waren. Dagegen wurden »Bankvorsteher«, »Sparkassenvorsteher« in die Gruppe der Leitenden Angestellten eingeordnet.

115 Gehobene Dienstleistungen. Spediteure, Mühlenbesitzer, Anstaltsbesitzer, Hoteliers etc. Kriterien waren die Beschäftigung von Angestellten bzw. Arbeitern, aber auch die Differenz zu dem eher dem Handwerk gleichzustellendem einfachen selbständigen Dienstleistungsgewerbe.

116 Leitende Angestellte. Vor allem Direktoren, Prokuristen, Geschäftsführer. Man kann sicher nicht immer exakt trennen zwischen Angestellten, Beamten (etwa im Bergbau) und Eigentümern.

117 Privatiers. Privatier, Kommerzienrat, auch »Villenbesitzer«. Tendenziell ist das eine Restkategorie, die zahlenmäßig eher gering bleibt.

118 Gutsbesitzer.[37] Gutsbesitzer, Rittergutsbesitzer, etc. »Bauern« wurden dem Alten Mittelstand zugeordnet.

12. Bildungsbürger

121 Pfarrer, höhere Kirchenbeamte. Es wurde nicht nach Konfessionen unterschieden, Protestanten, Katholiken und Juden sind zusammengefasst worden. Ebenfalls wurde nicht nach dem Rang unterschieden, vom Diakon über den fürstlichen Rat bis zum Bischof wurden alle Berufe einheitlich kategorisiert. Dem liegt die Annahme zugrunde, dass die religiöse Stellung und kirchliche Funktion für die soziale Position wichtiger sind als der Hierarchie- oder Statusunterschied.

122 Professoren, Privatgelehrte, Gymnasiallehrer. Ab Oberrealschullehrer aufwärts; auch alle Rektoren, Schuldirektoren. Realschullehrer und alle Positionen darunter finden sich in der Kategorie »Lehrer« und damit im Mittelstand. Frauen in Lehrerberufen wurden ebenfalls bei den »Lehrern« eingeordnet.

123 Freie Berufe. Im Wesentlichen Arzt und Rechtsanwalt, daneben Apotheker und Architekt.

124 Ingenieure. Die akademisch gebildeten Ingenieure werden zum Bildungsbürgertum gezählt, die Techniker zum Mittelstand.

125 Schriftsteller, Journalisten, Künstler. Hiervon getrennt wurden »Musiker« – diese hatten in der Regel ein sehr geringes Einkommen, was darauf hinweist, dass es v. a. eine proletarische Existenzform war. Was auch bedeutet, dass man Musik nicht per se als »bürgerliche« Kunst- oder Ausdrucksform deuten sollte. Deshalb wurden diese den »nichtselbständigen Dienstleistungen« zugeordnet. Hier eingeordnet wurden jedoch Bezeichnungen wie »Hofmusiker«, »Hofopernsänger«. »Schriftsteller« wurden unabhängig vom Verdienst in diese Teilkategorie des Bildungsbürgertums eingeordnet, weil anzunehmen ist, dass die schriftliche Ausdrucksform als dominant »bürgerlich« anzusehen ist und überdies hohes Prestige genoss.

126 Studenten, Gymnasiasten. Trotz geringen Einkommens und tendenziell unselbständiger Stellung zum Bildungsbürgertum klassifiziert.

127 Akademiker ohne weitere Angabe.

13. Beamte

Unter Beamte werden hier nur *höhere* Beamte verstanden, in der Regel von der Position »Rat« ab aufwärts; zusätzlich auch Offiziere. Aufgrund der oft nur spärlichen Angaben ist die Trennung in Verwaltungs-, Justizbeamte etc. oft ungenau. Eingeordnet

37 Da es in dieser Arbeit v. a. um Probleme der städtischen Sozialstruktur geht, erscheint es gerechtfertigt, die wenigen auftretenden agrarischen Berufsbezeichnungen in die Rubrik »Wirtschaftsbürgertum«, die vor allem nach Besitz oder Verfügungsgewalt über Produktionsmittel fragt, miteinzuordnen.

wurde nach der Klassifikation der Reichsstatistik. Allgemeines Kriterium war die akademische Ausbildung des Beamten, z. T. wurden von der Reichsstatistik aber auch Inspektoren und Kommissare in die Kategorie, die hier »höhere Beamte« genannt wird, mitaufgenommen.[38]

131 Verwaltungsbeamte, Regierungsbeamte, Finanzbeamte.

132 Justizbeamte.

133 Kommunalbeamte.

134 Hofbeamte.

135 Sonstige Beamte. Vor allem aus Eisenbahn, Post, Erziehungswesen, nicht genau einzuordnende Bezeichnungen, wie z. B. »Rat«.

136 Offiziere.

2. Niederes Bürgertum

21. Alter Mittelstand

211 Handwerksmeister.[39] Berufsbezeichnungen mit dem Zusatz »-meister«, außerdem auch jene mit der Hinzufügung »Hof-« bzw. »Königlich-« ohne den Zusatz »-meister«. I. d. R. nur Ausbildungsberufe. Vereinzelt auch Sonderfälle, wie z. B. Juwelier (hier erwies sich als generelles Problem die Einordnung von gewerblichen, selbständigen Tätigkeiten, die nicht in den klassischen Rubriken wie Handwerk, Dienstleistung, Unternehmer aufgehen, aber auch mit der Produktion – im weitesten Sinne – oder Verarbeitung von Gütern beschäftigt sind. Ein analoges Problem stellten Berufe dar wie »Kunstmüller«. Teilweise ist gerade die Abgrenzung zur Kategorie »Vorarbeiter« schwierig. Dort wurden jene »-meister« eingeordnet, die kein selbständiges Gewerbe ausübten, sondern *nur* als industriell Tätige beschäftigt waren, z. B. »Stellmachermeister«. Es gibt einen relativ hohen Anteil von Handwerksmeistern, die kein selbständiges Gewerbe versteuerten, sondern abhängig beschäftigt waren.

212 Händler, Krämer.

213 Wirte.

214 Selbständige Dienstleistungen.

215 Bauern, Kleinbauern.

38 Vgl. *Engel*, Preis der Arbeit.

39 Wenn nur allgemeine Bezeichnungen wie Tischler, Bäcker, Fuhrmann vorlagen, wurde die entsprechende Person als unselbständiger Handwerker bzw. Dienstleister eingruppiert. Abgleiche mit Angaben zur Gewerbesteuer in Steuerlisten hat jedoch ermöglicht, einen Teil dieser Gruppe trotz der nicht vorhandenen Bezeichnung »Meister« als selbständige Handwerker auszumachen und – vice versa – zu überprüfen, wie viele Handwerksmeister wirklich noch ein selbständiges Gewerbe ausüben oder nur in abhängiger Beschäftigung tätig sind.

216 Hausbesitzer, Erbsaß. Hausbesitzer wurden dem Alten Mittelstand zugeordnet, da sie ganz überwiegend ein Einkommen hatten, dass das hier übliche Maß nicht überschritt; außerdem gehörten sie um die Jahrhundertwende zu einer der aktivsten Gruppen des Alten Mittelstandes.

217 Selbständiges Gewerbe (nicht Handwerk; z. B. Bergbau, Kunstgewerbe wie Porzellanmaler etc.).

22. Neuer Mittelstand

Die Unterscheidung Beamte/Angestellte ist ebenso schwierig wie die Trennung von mittleren und unteren Beamten/Angestellten, wenn man nur eine allgemeine Berufsbezeichnung hat und keine weiteren Angaben. In diesen Kategorien konnten Unterscheidungen nur mit einer großen Fehlerquote vorgenommen werden, da die Angaben meist zu ungenau und zu knapp waren, um festzustellen, wer der Arbeitgeber war. Bei der Differenz »mittlere/untere« Beamte/Angestellte wurde generell die Klassifikation in der Reichsstatistik zugrunde gelegt.

Im Bereich von Eisenbahn/post etc. wurden manuell Tätige in die Kategorien »Arbeiter« etc. eingestuft, untere Beamte meint damit für diese Sparten i. d. R. Büroarbeiten.

221 Lehrer.

222 Mittlere Beamte. Die Unterscheidung in mittlere und untere Beamte nach der Reichsstatistik. Generell: Sekretär, Revisor, Rendant, Kontrolleur, Kassierer, Expedient, Expeditor, Buchhalter, Assistent, Supernumerar, Vorsteher. Zum Teil: Inspektor, Kommissar.

223 Mittlere Angestellte. Generell: Sekretär, Inspektor, Revisor, Rendant, Kontrolleur, Kassierer, Expeditor, Expedient.

224 Unselbständige Kaufleute mit der Berufsbezeichnung »Kaufmann«.

225 Unteroffiziere.

226 Techniker.

227 Vorarbeiter.

228 Mittlere Kirchenbeamte (ohne akademische Ausbildung wie z. B. Kantor).

23. Sonstiger Mittelstand

Die Gruppe des »Sonstigen Mittelstandes« stellt per definitionem eine »Restkategorie« dar. Problematisch sind in diesem Zusammenhang vor allem die Handwerker ohne weitere Angabe, bei denen aufgrund der Berufsangabe nicht geklärt ist, ob sie zu selbständigen oder zu den unselbständigen Handwerkern gehörten. Daher changiert diese Gruppe zwischen dem niederen Bürgertum und den Unterschichten.[40]

40 Für einen Teil dieser Gruppe konnte aufgrund von Gewerbesteuerangaben eine genauere Verortung vorgenommen werden. Letztlich liefert auch die in dieser Arbeit vorgenommene Netzwerkanalyse von Vereinsvorständen Hinweise, zu welchen sozialen Kreisen die »Handwerker ohne Angabe« zu zählen sind.

231 Handwerker ohne weitere Angabe.

232 Mittlere freie Berufe (z. B. Hebamme, Accoucheur, Steuermann, Kapitän).

233 Gehobene Dienstboten (z. B. Hausmann, Gouvernante, Gesellschafterin, Demoiselle etc.).

3. Unterschichten

31. Untere Beamte und Angestellte

311 Untere Beamte. Generell: Bote, Diener, Exekutor, Gehilfe, Helfer, Pedell, Portier, Schaffner, Wächter, Wart. Zum Teil: Aufseher.

312 Untere Angestellte

32. Arbeiter. Nicht nur industriell Tätige; hier wurden etwa auch manuell Tätige im Baubereich aufgenommen. Am ehesten ließe es sich verallgemeinern als – i. d. R. – »manuell tätige, abhängig Beschäftigte«. Probleme bereiten Bezeichnungen wie »Körbler« (hier als Arbeiter aufgenommen), aber auch »Billardbauer«, »Billetdrucker«, bei denen nicht feststellbar ist, ob es eine abhängige Beschäftigung oder eine eher unternehmerische Position bezeichnet. In der Regel wurden derartige Berufe *ohne* den Zusatz oder die Ergänzung »-fabrikant« als »Arbeiter« eingeordnet. Dadurch können im Einzelfall sicher falsche Nominationen entstanden sein – bei jenen Gewerbetätigkeiten, die meist nicht als »-fabrikant« bezeichnet wurden. Auch Tagelöhner wurden in diese Kategorie aufgenommen.

33. Nicht selbständige Handwerker. Auch Gesellen, Lehrlinge usw.

34. Nicht selbständige Dienstleistungen, häusliche Dienste.

35. Landarbeiter, Soldaten, Invaliden. Auch Almosenempfänger.

4. Adel/Hof

41. Hofverwaltung

411 Allgemeine Verwaltungsfunktionen am Hof (z. B. Hofrat).

412 Spezielle Hoffunktionen (z. B. Mundschenk, Marschall, Stallmeister).

413 Mittleres Hofpersonal.

414 Niedere Hofbedienstete (z. B. fürstl. Kutscher, Kammerdiener, Kammerlakai etc.).

42. Landsässiger Adel

43. Ritterschaft

44. Standesherren

45. Offiziere (mit Adelsprädikat)

46. Adel ohne spezielle Funktions- oder Berufsangabe

5. Sonstige

51. Witwen ohne Berufsangabe des Mannes

52. Schüler (falls nicht eindeutig als Angehörige höherer Bildungsanstalten zuzuordnen)

53. Rentner ohne frühere Berufsangabe

54. Nicht einzuordnen oder keine Angabe[41]

Netzwerke

Die Soziale Netzwerkanalyse mit ihrem vielfältigen methodischen Instrumentarium ist für die Analyse der sozialen Beziehungen der Vereinsvorstände in besonderem Maße geeignet, denn »the *main goal* of social network analysis is detecting and interpreting patterns of social ties among actors«.[42] Das formale Netzwerkkonzept basiert auf der mathematischen Graphentheorie: »A graph is a set of vertices and a set of lines between pairs of vertices.«[43] Ein Knoten (*vertex*) ist dabei die kleinste Einheit im Netzwerk, über Linien kann er mit anderen Knoten verbunden sein und durch diese Beziehungen der Knoten zueinander entsteht die spezifische Gestalt des Graphen. Doch geht ein Netzwerk darüber hinaus, denn »[it] consists of a graph and *additional information* [Hervorhebung D. W.] on the vertices or the lines of the graph«.[44] Diese zusätzlichen Informationen können bei Knoten die Namen von Akteuren (des Vereinsvorstandes oder des Vereins) sein, hinzukommen können Attribute wie Schicht-

41 In den Samples der Vereinsvorstände hat diese Gruppe eine nicht unbeträchtliche Größe. Zum Teil ist dies auf tatsächlich fehlende Berufsangaben von Vorständen zurückzuführen, darunter wiederum etliche auswärtige Vereinsmitglieder (auch Ehrenmitglieder), welche für das städtische Sozialgefüge von geringerer Relevanz waren; zum Teil auch Frauen ohne Erwerbstätigkeit (beispielsweise Fräulein). Letztere sind in die Untersuchung im Kapitel zu weiblicher Partizipation am Vereinswesen explizit miteinbezogen worden. Frauen, bei denen die Berufsangabe des Ehemanns verfügbar war, wurden auf deren Basis klassifiziert.

42 *Nooy u. a.*, Exploratory Social Network Analysis, S. 5. Als Einführungen in die Netzwerkanalyse seien hier nur genannt: *Jansen*, Netzwerkanalyse; *Fuhse*, Soziale Netzwerke; zur Historischen Netzwerkanalyse *Düring u. a.*, Handbuch Historische Netzwerkforschung. Eine umfangreiche, fortlaufend aktualisierte Bibliographie findet sich auf der Internetseite http://historicalnetworkresearch.org (*Düring*, Historical Network Research).

43 *Nooy u. a.*, Exploratory Social Network Analysis, S. 7.

44 Ebd., S. 8.

zugehörigkeit, Geschlecht oder politische Orientierung, während Linien im Netzwerk eine spezifische Bedeutung bzw. Gewichtung erhalten können, aber nicht müssen (*line values*, die ausdrücken, wie stark oder schwach eine Beziehung ist). Der vielleicht größte Vorzug im methodischen Arsenal der Netzwerkanalyse besteht in der Visualisierung von Netzwerken, denn »[t]he human eye is trained in pattern recognition«.[45] Gleichwohl sollte man davor gefeit sein, in eine »naive Bildergläubigkeit« zu verfallen.[46] Die Produktion der Netzwerkkarten muss im Forschungsprozess reflektiert und die Eigensinnigkeit der Visualisierungen mitbedacht werden.[47] Auch für Netzwerkvisualisierungen gilt, dass diese keine Ergebnisse sui generis hervorbringen.[48] Vielmehr eignen sich Visualisierungen zur Generierung oder aber zur Überprüfung von Hypothesen im Forschungsprozess, der grundlegend von einer forschungsleitenden Fragestellung bestimmt ist. Die für die vorliegende Untersuchung maßgebliche Fragestellung zielt auf Muster sozialer Klassenbildung in der Stadt, indiziert durch gemeinsame Vorstandszugehörigkeit in Vereinen. Gibt es einen real fassbaren, d.h. anhand von konkret nachweisbaren Beziehungen überprüfbaren Zusammenhang der Sozialformationen?

In den hallischen Adressbüchern sind die für eine Netzwerkanalyse benötigten Daten enthalten, indem im Verzeichnis der Vereine alle relevanten städtischen Vereine mit ihren Vorständen bzw. den Personen mit wichtigen Vereinsämtern verzeichnet sind. In dieser Hinsicht bietet die Quelle Adressbuch einen Vorteil für die Netzwerkanalyse, da sie dergestalt alle Daten eines vom Forscher klar definierten Gesamtnetzwerkes – das der Vereinsvorstände – offeriert. Dies erleichtert die Analyse. Die aus den Adressbüchern gewonnenen Daten konnten mittels eines Softwaretools aus den erstellten Vereins- und Personendatenbanken direkt in die Netzwerksoftware Pajek überführt werden,[49] die als *Freeware* zur Verfügung steht und zu den gängigen Netzwerkanalyseprogrammen zählt.[50] Die bereits in der Quelle ablesbaren Organisations- und Personendaten ermöglichen es, sogenannte *two-mode*-Netzwerke zu erstellen. In einem *two-mode*-Netzwerk gibt es zwei grundlegend verschiedene Arten von Knoten – hier Vereine und Vereinsvorstände –, wobei diese niemals mit Knoten der gleichen Art verbunden sind, sondern solche des einen Typs (z.B. der Kommunale Ver-

45 Ebd., S. 17. Die Erläuterungen zum netzwerkanalytischen Instrumentarium in diesem Abschnitt sind angelehnt an die Ausführungen von *Nooy u.a.* in ihrem Handbuch zum Arbeiten mit dem Programm Pajek.

46 Vgl. *Düring/Kerschbaumer*, Quantifizierung und Visualisierung, S. 39.

47 Vgl. *Mayer*, Netzwerkvisualisierungen, S. 144.

48 *Düring/Keyserlingk*, Netzwerkanalyse in den Geschichtswissenschaften, S. 347f.

49 *Pfeffer*, How to Convert Excel Datasets into Pajek Format.

50 http://mrvar.fdv.uni-lj.si/pajek/; als Handbuch wurde vor allem gearbeitet mit *Nooy u.a.*, Exploratory Social Network Analysis; siehe auch *Mrvar/Batagelj*, Analysis and Visualization of Large Networks.

ein Halle a. S.-Ost) ausschließlich mit denen des anderen Typs (den Vereinsvorständen) durch Linien im Netzwerk zusammengeführt werden.[51] Es war jedoch möglich und für die weitere Analyse sinnvoll, diese *two-mode*-Netzwerke auch in *one-mode*-Netzwerke zu transformieren, die nur eine Sorte von Knoten enthalten, entweder ein Netzwerk der Vereinsvorstände, die über ihre gemeinsame Tätigkeit in den Vereinen (welche dann jedoch nicht mehr als Knoten im Netzwerk dargestellt sind) verbunden sind, oder als Netzwerk der Vereine, die durch die Mehrfachmitgliedschaften der Vorstände (die in diesem Fall als Knoten im Netz nicht mehr sichtbar sind) in Beziehung zueinander stehen.

Für die Untersuchung sozialer Klassenbildung war die Clusterbildung der Knoten – das Erstellen von Partitionen – von großer Bedeutung. Bestimmte Merkmalsträger wurden jeweils einer Partition zugeordnet und im Netzwerk dadurch etwa als Bildungsbürger oder Wirtschaftsbürger erkennbar. Durch die Kanten wurden Muster ihrer Vernetzung sichtbar. Große Gruppierungen können auf diese Weise nicht nur über ihre Attribute, sondern auch über ihre Beziehungen erfasst werden und die attributive Zuordnung von Personen zu Teil- bzw. Großgruppen kann dahingehend geprüft werden, ob sie mit einer Verflechtung dieser Merkmalsträger im Netzwerk korrespondiert. Bei den in dieser Arbeit untersuchten Vereins- und Vorstandsnetzwerken handelt es sich um einfache, nicht-direkte Graphen, die ausschließlich aus Kanten bestehen und weder Bögen noch Schleifen oder *multiple lines* enthalten. Abseits dieser formalen Definition der Linien sind die Kanten in dieser Studie als *strong ties* charakterisiert worden, denn die gemeinsame Vorstandstätigkeit in einem Verein setzt eine dauerhafte gemeinsame Arbeit und Verantwortung voraus.

Die Visualisierung der Vereinsnetzwerke diente als heuristisches Hilfsmittel, um Hypothesen zu generieren und zu überprüfen. Nicht nur durch »Manipulationen« der Visualisierungen – z. B. der Extrahierung oder »Schrumpfung« (*shrinking*) einzelner Merkmalsträger (Partitionen) – konnten die Netzwerke eingehender inspiziert und vermuteten sozialen Zusammenhängen weiter nachgegangen werden, sondern die in Pajek zur Verfügung stehenden *energy commands* zum Zeichnen der Netzwerke (»Kamada-Kawai« und »Fruchterman Reingold«) konnten genutzt werden, um verschiedene Eindrücke und Perspektiven zu gewinnen.[52] Angesichts der Größe der Vereinsnetzwerke sind in der Print- und online-Version dieses Buches die Visualisierungen ausgewählt worden, anhand derer Strukturmuster am deutlichsten erkennbar waren.[53] In diesem Zusammenhang ist auch das jeweilige Auswurf- bzw. Dateiformat von

51 Siehe auch *Nooy u. a.*, Exploratory Social Network Analysis, S. 118 ff.

52 Vgl. zu diesem Abschnitt ebd., S. 17 ff. Mit Blick auf die in Pajek nutzbaren *energy commands* heben sie hervor, dass »[b]oth commands move vertices to locations that minimize the variation in line length«; ebd., S. 20.

53 Auf ein manuelles Verschieben der Knoten wurde verzichtet.

erheblicher Bedeutung. Die in der Druckfassung abgebildeten Netzwerke entstammen Bitmap-Dateien und sind letztlich nichts anderes als *Screenshots* der in Pajek gezeichneten Netzwerke. Die meisten Netzwerkvisualisierungen in der PDF-Datei sind im Encapsulated PostScript-Format (EPS), das eine höhere Qualität ermöglicht, erstellt und anschließend in eine PDF-Datei konvertiert worden. Dabei kann die Ausgabe des Netzwerkes als EPS wiederum auf unterschiedliche Weise erfolgen: Mit der Clip-Ausgabe und der *What You See Is What You Get*-Ausgabe (WYSIWYG). Während in letzterer mitunter Knoten, die außerhalb des *draw screens* im Programm liegen, nicht abgebildet sind und das ausgegebene Format oftmals nicht dem A4-Papierformat entspricht, passt das Clip-Format die Grenzen der Zeichnung an und enthält alle Knoten. Daraus resultiert eine unterschiedliche Form der Darstellung, die im clip-Format zu stärker komprimierten, im WYSIWYG-Format zu weitläufigeren Netzwerken führt. In dieser Arbeit sind die Netzwerke zumeist im clip-Format erstellt worden.[54]

Die explorative Spurensuche und Annäherung an die Vereinsnetzwerke über das Zeichnen von Netzwerkkarten ist ein erster Schritt zum Verständnis der sozialen Zusammenhänge im Vereinswesen. Visualisierungen bergen allerdings einerseits die Gefahr, dass angesichts der Komplexität eines Netzwerkes mit tausenden von Knoten und Verbindungslinien Grenzen der kognitiven Erfassung erreicht werden und andererseits der Beobachter bzw. die Beobachterin möglicherweise Verbindungen und Verdichtungen ausmacht, die keine reale Entsprechung haben und daraus die falschen Rückschlüsse zieht. Daher wurden die Kontakte zwischen den Vereinsvorständen in einem zweiten Schritt statistisch ausgewertet. Es wurde dabei auf die in der Sozialen Netzwerkanalyse üblicherweise verwendeten Zentralitätswerte zurückgegriffen[55] und zur Untersuchung der Fragestellung nach sozialer Klassenbildung wurden die Kontakte zwischen den verschiedenen Gruppen – unter Berücksichtigung der Frage, in und zwischen welchen Vereinstypen diese Kontakte realisiert wurden – ausgezählt. Auf diese Weise konnten Häufigkeitsverteilungen der Kontakte zwischen den Gruppen der Vereinsvorstände einerseits sowie Verdichtungen in verschiedenen Vereinstypen andererseits beschrieben werden.

54 Vgl. *Nooy u. a.*, Exploratory Social Network Analysis, S. 383 ff.
55 Siehe etwa *Stark*, Netzwerkberechnungen, S. 160 ff.; *Fuhse*, Soziale Netzwerke, S. 59–64.

Verzeichnis der Tabellen, Schaubilder und Netzwerkkarten

Tabellen

Schaubilder

Netzwerkkarten

Abkürzungen

ADF	Allgemeiner Deutscher Frauenverein
ADHGB	Allgemeines Deutsches Handelsgesetzbuch
AfS	Archiv für Sozialgeschichte
AJS	American Journal of Sociology
AM	Alter Mittelstand
APuZ	Aus Politik und Zeitgeschichte
Arb	Arbeiter
BDF	Bund Deutscher Frauen
Bea	Höhere Beamte
BGB	Bürgerliches Gesetzbuch
Bibü	Bildungsbürgertum
BJfS	Berliner Journal für Soziologie
BzSdSH	Beiträge zur Statistik der Stadt Halle
DK	Deutschkonservativ
FJSB	Forschungsjournal Soziale Bewegungen
FK	Freikonservativ
GG	Geschichte und Gesellschaft
GGr	Geschichtliche Grundbegriffe
GmbH	Gesellschaft mit beschränkter Haftung
GStA PK	Geheimes Staatsarchiv Preußischer Kulturbesitz
GWU	Geschichte in Wissenschaft und Unterricht
GZ	Generalanzeiger
HallZ	Hallesche Zeitung: Landeszeitung für d. Provinz Sachsen, Anhalt u. Thüringen (Vorg.: Hallische Zeitung: Hallischer Courier; polit. u. literar. Bl. für Stadt und Land)
HGB	Handelsgesetzbuch
HZ	Historische Zeitschrift
JbW	Jahrbuch für Wirtschaftsgeschichte
LL	Linksliberal
NK	Nicht klassifiziert
NL	Nationalliberal
NLK	Nationalliberal-konservativ (»Kartell«)
NM	Neuer Mittelstand
RGZ	Reichsgericht in Zivilsachen
SMdSH	Statistische Monatsberichte der Stadt Halle
StAH	Stadtarchiv Halle
SZ	Saale-Zeitung
UBA	Untere Beamte und Angestellte
VB	Volksblatt
VL	Vereinigte Liberale
VSWG	Vierteljahrschrift für Sozial- und Wirtschaftsgeschichte
Wibü	Wirtschaftsbürgertum
ZfGS	Zeitschrift für die gesamte Staatswissenschaft

Quellen- und Literaturverzeichnis

Adressbücher

Augsburg 1859: Adreßbuch der Königlichen Kreishauptstadt Augsburg 1859, Augsburg: Verlag der B. Schmid'schen Buchhandlung.

Augsburg 1866: Adreßbuch der Königlichen Kreishauptstadt Augsburg. Nach amtlichen Quellen zusammengestellt 1866, Augsburg: Verlag der B. Schmid'schen Buchhandlung.

Bautzen 1870: Adreßbuch für die Stadt Bautzen und Umgegend auf das Jahr 1870. Redigirt von Hermann Florenz, Bautzen: Druck und Verlag von E. M. Monse.

Bautzen 1895: Adreßbuch der Stadt Bautzen. Mit Plan. Nebst einem Anhange, enthaltend ortspolizeiliche Bestimmungen etc., sowie einem Geschäfts-Anzeiger. Ausgegeben Ende Juli 1895, Bautzen: Druck und Verlag von E. M. Monse.

Bautzen 1913: Adreßbuch für Bautzen 1913/14, Bautzen: Druck und Verlag von E. M. Monse.

Bayreuth 1866: Hausnummern-Büchlein des Stadtbezirks Bayreuth mit Stadtplan und einem Wegweiser in alphabetischer Ordnung, Bayreuth: Verlag von Carl Gießel.

Bayreuth 1895: Adreß- und Geschäfts-Handbuch der kgl. bayer. Kreishauptstadt Bayreuth 1895 mit einem Stadtplane, Bayreuth: Druck und Verlag der Emil Mühl'schen Buchdruckerei.

Bayreuth 1913/14: Adressbuch der K. Kreishauptstadt Bayreuth für 1913/14. Gefertigt von den Magistratsoffizianten Burnickel, Thaumüller und Vogel, Bayreuth: Druck und Verlag von Emil Mühl.

Berlin 1860: Allgemeiner Wohnungs-Anzeiger nebst Adreß- und Geschäftshandbuch für Berlin, dessen Umgebung und Charlottenburg auf das Jahr 1860. Aus amtlichen Quellen zusammengestellt durch J. A. Bünger, Berlin: Druck und Verlag von A. W. Hayn.

Berlin 1873: Berliner Adreß-Buch für das Jahr 1873. Hg. unter Mitwirkung von Dr. jur. H. Schwabe. Chef des statistischen Bureau der Stadt Berlin, Berlin: Druck und Verlag des Druckschriften-Verlags-Comtoir.

Berlin 1895: Berliner Adreßbuch für das Jahr 1895. Unter Benutzung amtlicher Quellen hg. von W. und S. Loewenthal, 2. Bde., Berlin: Druck und Verlag von W. und S. Loewenthal.

Berlin 1913: Berliner Adreßbuch 1913. Unter Benutzung amtlicher Quellen, 2. Bde., Druck und Verlag: August Scherl, Deutsche Adreßbuch-Gesellschaft m.b.H.

Bonn 1863: Bonner Kalender und Adreß-Buch auf das Jahr 1863. Mit Genehmigung der kgl. Kalender-Deputation in Berlin. Druck und Verlag von P. Neusser.

Bonn 1872: Adress-Buch der Stadt Bonn 1872. Druck und Verlag von P. Neusser.

Bonn 1895: Adress-Buch der Stadt Bonn und der umliegenden Gemeinden 1895, Bonn: Druck und Verlag des General-Anzeigers für Bonn und Umgegend.

Bonn 1912/13: Adressbuch der Stadt Bonn (Bonner Adressbuch) einschließlich der eingemeindeten Vororte Poppelsdorf, Kessenich, Dottendorf, Endenich, Dransdorf und Grau-Rheindorf sowie der Gemeinden Beuel, Vilich-Rheindorf, Schwarz-Rheindorf, Vilich. Juli 1912 bis Juli 1913, Druck und Verlag von J. F. Carthaus.

Chemnitz 1873: Adreßbuch der Fabrik- und Handelsstadt Chemnitz für das Jahr 1873. Bearbeitet im Polizeiamte des Rathes der Stadt Chemnitz, Chemnitz: In Commission bei Eduard Focke.

Chemnitz 1898: Adreßbuch der Fabrik- und Handelsstadt Chemnitz für das Jahr 1898. Hg. vom Polizeiamte der Stadt Chemnitz, Chemnitz: Druck von J. C. F. Pickenhahn u. Sohn.

Darmstadt 1865: Adreß-Buch der Haupt- und Residenzstadt Darmstadt nebst Bessungen 1865, Darmstadt: Druck und Verlag der Hofbuchdruckerei von E. Bekker.

Darmstadt 1871: Adreß-Buch der Haupt- und Residenzstadt Darmstadt nebst Bessungen 1871, Darmstadt: Druck und Verlag der E. Bekker'schen Hofbuchdruckerei.

Darmstadt 1895: Adressbuch der Haupt- und Residenzstadt Darmstadt einschließlich der mit Darmstadt seit dem 1. April 1888 vereinigten vormaligen Gemeinde Bessungen für 1895, Darmstadt: Verlag von Arnold Bergsträßer.

Darmstadt 1913: Adressbuch der Haupt- und Residenzstadt Darmstadt einschließlich der mit Darmstadt seit dem 1. April 1888 vereinigten vormaligen Gemeinde Bessungen für 1913. Bearb. und hg. von dem Büro des Großherzoglichen Polizeiamtes, Darmstadt: Verlag von Arnold Bergsträßers Hofbuchhandlung.

Detmold 1871: Adreß-Buch der Stadt Detmold 1871. Zusammengestellt von F. Böger, Detmold: Druck und Verlag von F. Böger.

Detmold 1894: Adreßbuch der Residenzstadt Detmold 1894, Detmold: Verlag der Hinrichs'-schen Hofbuchhandlung.

Detmold 1914: Adreßbuch der Fürstlichen Residenzstadt Detmold 1914. Detmold: Meyersche Hofbuchhandlung.

Dresden 1860: Adress- und Geschäfts-Handbuch der Königlichen Haupt- und Residenzstadt Dresden für das Jahr 1860. Bearb. durch das Einwohneramt der Königlichen Polizeidirection, Dresden: Druck Liepsch und Reichhardt.

Dresden 1873: Adreß- und Geschäfts-Handbuch der Königlichen Haupt- und Residenzstadt Dresden für das Jahr 1873. Bearb. durch das Einwohneramt der Königlichen Polizeidirection, Dresden: Druck von E. Blochmann u. Sohn.

Dresden 1895: Adreßbuch. Wohnungs- und Geschäfts-Handbuch der Königlichen Residenz- und Hauptstadt Dresden für das Jahr 1895. Bearbeitet mit Unterstützung der Königlichen Polizeidirektion sowie anderer Königlicher und Städtischer Behörden, Dresden: Buchdruckerei von Arthur Schönfeld.

Dresden 1913: Adreßbuch für Dresden und seine Vororte 1913. Bearb. und hg. von der unter Verwaltung des Rates zu Dresden stehenden Buchdruckerei der Dr. Güntzschen Stiftung, 2. Bde., Dresden: Verlag der Buchdruckerei der Dr. Güntzschen Stiftung.

Erlangen 1866: Adreßbuch der k. Universitätsstadt Erlangen 1866, Erlangen: Druck und Verlag von A. Junge.

Freiburg 1860: Freiburger Adreß-Kalender für das Schaltjahr 1860, zugleich statistisches Handbuch des Großherzoglich Badischen Oberrhein Kreises, Freiburg i. B.: Druck und Verlag von Franz Xaver Wangler.

Freiburg 1873: Freiburger Adreß-Kalender für das Jahr 1873. Nach amtlichen Materialien. Freiburg i.B.: Verlag und Druck von F. J. Scheuble.

Freiburg 1895: Adreßbuch der Stadt Freiburg für das Jahr 1895, Freiburg i.B.: Druck und Verlag von D. Lauber.

Freiburg 1913: Adreßbuch der Hauptstadt Freiburg im Breisgau einschließlich der eingemeindeten Vororte Betzenhausen, Günterstal, Haslach und Zähringen für das Jahr 1913. Bearb. nach Original-Aufnahmen und amtlichen Quellen von H. M. Muth, Freiburg: Freiburger Druck- und Verlags-Gesellschaft m.b.H.

Göttingen 1872: Allgemeines Adreß-Buch für Göttingen 1872, Göttingen: Vandenhoeck und Ruprecht's Verlag.

Halle 1804: Hallisches Adreß-Verzeichniß, aller jetzt lebenden und in öffentlichen Aemtern stehenden geistlichen und weltlichen Personen auf das Jahr 1804, Halle.

Halle 1859: Wohnungs-Anzeiger für die Gesammtstadt Halle a. d. S. auf das Jahr 1859, Halle: Verlag von Hermann Berner.

Halle 1860: Wohnungs-Anzeiger für die Gesammtstadt Halle a. d. S. auf das Jahr 1860. Hg. von Hermann Berner unter Mitwirkung des Kgl. Polizei Secretair F. Dieß, Halle: Verlag von Hermann Berner.

Halle 1873: Adreß-Buch und Wohnungs-Anzeiger für die Gesammtstadt Halle a. d. Saale und Giebichenstein nebst statistischen und topographischen Notizen aus dem Saalekreise auf das Jahr 1873, hg. von Hermann Pöhnitzsch, Halle: Druck und Verlag von Otto Hendel.

Halle 1874: Adreß-Buch und Wohnungs-Anzeiger für die Gesammtstadt Halle a. d. Saale und Giebichenstein nebst statistischen und topographischen Notizen aus dem Saalkreise für das Jahr 1874, hg. von Hermann Pöhnitzsch, Halle: Druck und Verlag von Otto Hendel.

Halle 1888: Adreß-Buch und Wohnungs-Anzeiger für die Gesammtstadt Halle a. d. Saale und Giebichenstein nebst statistischen und topographischen Notizen aus dem Saalkreise für das Jahr 1888, hg. von Hermann Pöhnitzsch, Halle: Druck und Verlag von Otto Hendel.

Halle 1895: Adreß-Buch für die Stadt Halle a. d. Saale mit Giebichenstein, Trotha und Cröllwitz auf das Jahr 1895. Bearb. von Paul Trautmann, Polizei-Sekretär, Halle: Druck und Verlag von Otto Hendel.

Halle 1898: Hallesches Adreßbuch mit dem Einwohner-Verzeichniß der Vororte Giebichenstein, Cröllwitz, Trotha, Böllberg und Diemitz für 1898, bearb. u. hg., unterstützt durch officielle Angaben von Behörden und Collegien von W. Kutschbach, Halle: Druck und Verlag von W. Kutschbach.

Halle 1903: Hallesches Adreßbuch mit dem Verzeichnis der Einwohner von Ammendorf, Beesen, Böllberg, Diemitz und Radewell für 1903, bearb. u. hg., unterstützt durch officielle Angaben von Behörden und Collegien, von W. Kutschbach, Halle: Druck und Verlag von W. Kutschbach.

Halle 1905: Neues Adreßbuch für Halle a. S. und Umgegend 1905. Unter Benutzung amtlicher Quellen, Halle: August Scherl, Deutsche Adreßbuch-Gesellschaft m.b.H.

Halle 1913: Adreßbuch für Halle a. S. und Umgegend 1913. Unter Benutzung amtlicher Quellen, Halle: August Scherl, Deutsche Adreßbuch-Gesellschaft m.b.H.

Hamburg 1860: Hamburgisches Adressbuch für 1860, Hamburg: Verlegt und gedruckt von Hermann's Erben.

Hamburg 1873: Hamburgisches Adressbuch für 1873, Hamburg: Verlegt und gedruckt von Hermann's Erben.

Hamburg 1895: Hamburger Adress-Buch für 1895, Hamburg: Verlegt und gedruckt von Hermann's Erben.

Hamburg 1913: Hamburger Adressbuch 1913, Hamburg: Druck und Verlag Hermanns' Erben.

Heidelberg 1860/61: Adreß-Buch der Stadt Heidelberg für 1860 und 1861 von C. F. Prahl, Heidelberg: Universitäts-Buchhandlung von Pangel und Schmitt.

Heidelberg 1872/73: Einwohner-Verzeichniß der Stadt Heidelberg nebst Angabe ihrer Wohnung und Beschäftigung in alphabetischer Ordnung für 1872 und 1873. Aufgestellt im November 1871 von C. F. Prahl, Heidelberg: Verlag von C. F. Prahl.

Heidelberg 1895: Adreßbuch der Stadt Heidelberg nebst den Stadtteilen Neuenheim und Schlierbach für das Jahr 1895. Zusammengestellt im Auftrage des Stadtrates, Heidelberg: Druck und Verlag von J. Hörning.

Heidelberg 1913: Adreßbuch der Stadt Heidelberg nebst den Stadtteilen Neuenheim, Schlierbach und Handschuhsheim sowie dem angrenzenden Teile der Gemeinde Rohrbach für das Jahr 1913. Zusammengestellt im Auftrage des Stadtrates, Heidelberg: Druck und Verlag der Universitäts-Buchdruckerei J. Hörning.

Karlsruhe 1862: Adreßkalender für die Residenzstadt Carlsruhe. Nach dem Stand vom Monat März von 1862, hg. von Polizei-Inspector Carl Reichard und Polizei-Commissär Eduard Baumann, Karlsruhe: Verlag der Chr. Fr. Müller'schen Hofbuchhandlung.

Karlsruhe 1873: Adress-Buch für die Haupt- und Residenz-Stadt Carlsruhe 1873. Bearb. nach Original-Aufnahmen und amtlichem Material, Karlsruhe: Verlag von A. Bielefeld's Hofbuchhandlung.

Karlsruhe 1895: Adress-Buch für die Haupt- und Residenz-Stadt Karlsruhe mit teilweiser Berücksichtigung der Nachbarstädte Durlach und Ettlingen 1895. Bearb. nach Original-Aufnahmen und amtlichem Material, Karlsruhe: J. Bielefeld's Verlag.

Karlsruhe 1913: Adressbuch der Haupt- und Residenzstadt Karlsruhe einschließlich der Vororte Beiertheim, Daxlanden, Grünwinkel, Rindheim und Rüppurr und der Nachbarstadt Durlach 1913. Bearb. nach Original-Aufnahmen und amtlichem Material, Karlsruhe: G. Braunsche Hofbuchdruckerei.

Koblenz 1863: Adreß-Buch der Stadt Coblenz für 1863. Hg. von F.C. Hell, Königl. Polizei-Sekretair, Koblenz: Gedruckt von J. F. Reinhaus.

Koblenz 1873: Adreßbuch der Stadt Coblenz 1873. Redigiert und hg. von Brockhaus, Königlicher Polizei-Inspector und Theiß, Stadtsecretair, Koblenz: Buchdruckerei von H. Hildenbrandt.

Koblenz 1894/95: Adreßbuch der Stadt Coblenz mit den eingemeindeten Vororten Coblenz-Lützel und Coblenz-Neuendorf, der Stadt Ehrenbreitstein und der Gemeinde Pfaffendorf 1894/95. Hg. von Theiß, Stadt-Secretair a.D., Koblenz: Selbstverlag des Herausgebers, Buchdruckerei von Heinrich L. Scheid.

Koblenz 1913/14: Adreßbuch 1913/14 der Residenzstadt Coblenz mit Coblenz-Lützel, Coblenz-Neuendorf und Coblenz-Moselweiß. Nach amtlichen Quellen bearb., Koblenz: Redaktion und Verlag Görres-Druckerei und Krabben'sche Buchdruckerei.

Leipzig 1860: Leipziger Adreß-Buch für 1860. Unterstützt durch officielle Angaben Königlicher und Städtischer Behörden und Collegien, Leipzig: Druck und Verlag von Alexander Edelmann.

Leipzig 1873: Leipziger Adreß-Buch für 1873. Unterstützt durch officielle Angaben Königlicher und Städtischer Behörden und Collegien, Leipzig: Druck und Verlag von Alexander Edelmann.

Leipzig 1895: Leipziger Adreß-Buch für 1895. Unterstützt durch officielle Angaben Königlicher und Städtischer Behörden und Collegien, Leipzig: Druck und Verlag von Alexander Edelmann.

Leipzig 1913: Leipziger Adreßbuch 1913. Unter Benutzung amtlicher Quellen, Leipzig: August Scherl, Deutsche Adreßbuch-Gesellschaft m.b.H.

Stettin 1874: Adreß- und Geschäfts-Handbuch für Stettin 1874. Amtliche Ausgabe, Stettin: Verlag von Friedrich Nagel.

Stettin 1897: Adreß- und Geschäfts- Handbuch für Stettin, die Stadt Grabow, die Ortschaften Bollinchen, Bredow, Frauendorf, Gotzlow und Züllchow für 1897. Nach amtlichen Quellen zusammengestellt, Stettin: Verlag von Friedrich Nagel.

Stettin 1913: Adreßbuch für Stettin und Umgebung 1913. Unter Benutzung amtlicher Quellen, Stettin: August Scherl, Deutsche Adreßbuch-Gesellschaft m.b.H.

Trier 1914: Adreß- und Geschäfts-Handbuch der Stadt Trier nebst eingemeindeten Vororten: Feyen, Heiligkreuz, St. Mathias, St. Medard, Pallien sowie der Gemeinden Euren und Kürenz. Nach amtlichem Material bearb., Trier: Verlag der Fr. Lintzschen Buchhandlung.

Ulm 1865: Adreßbuch für die Königl. Württemb. Kreishauptstadt und Bundesfestung Ulm und die Königl. Bayerische Stadt Neu-Ulm, Neu-Ulm: Druck und Verlag der J. W. Helb'schen Buch- und Kunsthandlung.

Lexika/Lexikonartikel

Brockhaus [6]1824, Bd. 4 = Allgemeine Deutsche Real-Encyclopädie für die gebildeten Stände. Conversations-Lexicon. In zehn Bänden, Bd. 4: G und H, Leipzig [6]1824.
Brockhaus [6]1824, Bd. 5 = Allgemeine Deutsche Real-Encyclopädie für die gebildeten Stände. Conversations-Lexicon. In zehn Bänden, Bd. 5: J bis L, Leipzig [6]1824.
Brockhaus [6]1824, Bd. 10 = Allgemeine deutsche Real-Encyclopädie für die gebildeten Stände. Conversations-Lexicon. In zehn Bänden, Bd. 10: T bis Z, Leipzig [6]1824.
Brockhaus [8]1834, Bd. 5 = Allgemeine Deutsche Real-Encyclopädie für die gebildeten Stände. Conversations-Lexikon. In zwölf Bänden, Bd. 5: H bis Iz, Leipzig [8]1834.
Brockhaus 1838, Bd. 1= Conversations-Lexikon der Gegenwart. In vier Bänden, Bd. 1: A bis E, Leipzig 1838.
Brockhaus 1841, Bd. 4 = Conversations-Lexikon der Gegenwart. In vier Bänden, Bd. 4, Abt. 2: T bis Z, Leipzig 1841.
Brockhaus [11]1864, Bd. 1 = Conversations-Lexicon. Allgemeine deutsche Real-Encyklopädie für die gebildeten Stände, Bd. 1: A bis Arad, Leipzig [11]1864.
Brockhaus [11]1866, Bd. 8 = Conversations-Lexicon. Allgemeine deutsche Real-Encyklopädie für die gebildeten Stände, Bd. 8, Leipzig [11]1866.
Brockhaus [11]1867, Bd. 10 = Conversations-Lexicon. Allgemeine deutsche Real-Encyklopädie für die gebildeten Stände, Bd. 10: Mauguion bis Occident, Leipzig [11]1867.
Brockhaus [11]1868, Bd. 15 = Conversations-Lexicon. Allgemeine deutsche Real-Encyklopädie für die gebildeten Stände, Bd. 15: Venen bis Wolle, Leipzig [11]1868.
Brockhaus [12]1875, Bd. 1 = Conversations-Lexicon. Allgemeine deutsche Real-Encyklopädie, Bd. 1: A bis Appert, Leipzig [12]1875.
Brockhaus [12]1877, Bd. 7 = Conversations-Lexicon. Allgemeine deutsche Real-Encyklopädie, Bd. 7: Gallas bis Harthen, Leipzig [12]1877.
Brockhaus [12]1877, Bd. 8 = Conversations-Lexicon. Allgemeine deutsche Real-Encyklopädie, Bd. 8: Hartig-Karlisten, Leipzig [12]1877.
Brockhaus [12]1878, Bd. 10 = Conversations-Lexikon. Allgemeine deutsche Real-Encyklopädie, Bd. 10: Maffei bis Nordalbinger, Leipzig [12]1878.
Brockhaus [12]1879, Bd. 15 = Conversations-Lexikon. Allgemeine deutsche Real-Encyklopädie, Bd. 15: Vegesack bis Zwornik, Leipzig [12]1879.
Brockhaus [14]1892, Bd. 1 = Brockhaus' Konversations-Lexikon. In sechzehn Bänden, Bd. 1: A–Astrabad, Leipzig [14]1892.
Brockhaus [14]1892, Bd. 2 = Brockhaus' Konversations-Lexikon. In sechzehn Bänden, Bd. 2: Astrachan–Bilk, Leipzig [14]1892.
Brockhaus [14]1892, Bd. 5 = Brockhaus' Konversations-Lexikon. In sechzehn Bänden, Bd. 5: Deutsche Legion–Elektrodiagnostik, Leipzig [14]1892.
Brockhaus [14]1893, Bd. 6 = Brockhaus' Konversations-Lexikon. In sechzehn Bänden, Bd. 6: Elektrodynamik–Forum, [14]Leipzig 1893.
Brockhaus [14]1894, Bd. 7 = Brockhaus' Konversations-Lexikon. In sechzehn Bänden, Bd. 7: Foscari–Gilboa, Leipzig [14]1894.
Brockhaus [14]1894, Bd. 9 = Brockhaus' Konversations-Lexikon. In sechzehn Bänden, Bd. 9: Heldburg–Juxta, Leipzig [14]1894.
Brockhaus [14]1894, Bd. 10 = Brockhaus' Konversations-Lexikon. In sechzehn Bänden, Bd. 10: K–Lebensversicherung, Leipzig [14]1894.
Brockhaus [14]1895, Bd. 16 = Brockhaus' Konversations-Lexikon. In sechzehn Bänden, Bd. 16: Turkestan–Zz, Leipzig [14]1895.
Brockhaus [14]1908, Bd. 1 = Brockhaus' Konversations-Lexikon. In sechzehn Bänden, Bd. 1: A–Athelm, Leipzig [14]1908.

Brockhaus ^{14}1908, Bd. 9 = Brockhaus' Konversations-Lexikon. In sechzehn Bänden, Bd. 9: Hencke–Juxta, Leipzig ^{14}1908.

Brockhaus ^{14}1908, Bd. 10 = Brockhaus' Konversations-Lexikon, Bd. 10: K–Lech, Leipzig ^{14}1908.

Brockhaus ^{14}1908, Bd. 16 = Brockhaus' Konversations-Lexikon, Bd. 16: Turkestan–Zz, Leipzig ^{14}1908.

Brockhaus ^{15}1929, Bd. 3 = Der Große Brockhaus. Handbuch des Wissens in zwanzig Bänden, Bd. 3: Ble–Che, Leipzig ^{15}1929.

Brockhaus ^{15}1934, Bd. 19 = Der Große Brockhaus. Handbuch des Wissens in zwanzig Bänden, Bd. 19: Tou–Wam, Leipzig ^{15}1934.

Brockhaus ^{9}2000 = Brockhaus in einem Band, Leipzig ^{9}2000.

Gothein, E., Gesellschaft und Gesellschaftswissenschaft, in: *Handwörterbuch der Staatswissenschaften*, S. 838–844.

Handwörterbuch der Staatswissenschaften 1892, Bd. 3 = Conrad, Johannes u. a. (Hg.), Handwörterbuch der Staatswissenschaften, Bd. 3: Edelmetalle–Gewerkschaft, Jena 1892.

Lexis, W., Gelehrte Gesellschaften, in: *Handwörterbuch der Staatswissenschaften*, S. 757–760.

Meyer 1842, 1. Abth., Bd. 3 = Das große Conversations-Lexicon für die gebildeten Stände. In Verbindung mit Staatsmännern, Gelehrten, Künstlern und Technikern hg. von J. Meyer, 1. Abth., Bd. 3: Angoracamelotte–Aristonymus, Hildburghausen 1842.

Meyer 1843, 1. Abth., Bd. 4 = Das große Conversations-Lexicon für die gebildeten Stände. In Verbindung mit Staatsmännern, Gelehrten, Künstlern und Technikern hg. von J. Meyer, 1. Abth., Bd. 4: Aristophanes–Astronomie, Hildburghausen 1843.

Meyer 1848, 1. Abth., Bd. 12 = Das große Conversations-Lexicon für die gebildeten Stände. In Verbindung mit Staatsmännern, Gelehrten, Künstlern und Technikern hg. von J. Meyer, 1. Abth., Bd. 12: Gebärmutterhämorrhoiden–Glasendorf, Hildburghausen 1848.

Meyer 1850, 1. Abth., Bd. 16 = Das große Conversations-Lexicon für die gebildeten Stände. In Verbindung mit Staatsmännern, Gelehrten, Künstlern und Technikern hg. von J. Meyer, 1. Abth., Bd. 16: Hügel–Johann (Geogr.), Hildburghausen 1850.

Meyer 1852, Bd. 13 = Das große Conversations-Lexicon für die gebildeten Stände. In Verbindung mit Staatsmännern, Gelehrten, Künstlern und Technikern hg. von J. Meyer, 2. Abth., Bd. 13: Ungarn–Vico, Hildburghausen 1852.

Meyer ^{3}1874, Bd. 1 = Meyers Konversations-Lexikon. Eine Encyklopädie des allgemeinen Wissens, Bd. 1: A–Asiatische Türkei, Leipzig ^{3}1874.

Meyer ^{3}1874, Bd. 3 = Meyers Konversations-Lexikon. Eine Encyklopädie des allgemeinen Wissens, Bd. 3: Berlin–Bureja, Leipzig ^{3}1874.

Meyer ^{3}1876, Bd. 7 = Meyers Konversations-Lexikon. Eine Encyklopädie des allgemeinen Wissens, Bd. 7: Frankreich–Gotthelf, Leipzig ^{3}1876.

Meyer ^{3}1878, Bd. 15 = Meyers Konversations-Lexikon. Eine Encyklopädie des allgemeinen Wissens, Bd. 15: Tasmania–Zz, Leipzig ^{3}1878.

Meyer ^{4}1890, Bd. 16 = Meyers Konversations-Lexikon. Eine Encyklopädie des allgemeinen Wissens. Mit geographischen Karten, naturwissenschaftlichen und technologischen Abbildungen, Bd. 16: Ural–Zz, Leipzig ^{4}1890.

Meyer ^{6}1903, Bd. 1 = Meyers Konversations-Lexikon. Eine Encyklopädie des allgemeinen Wissens, Bd. 1: A bis Astigmatismus, Leipzig ^{6}1903.

Meyer ^{6}1907, Bd. 7 = Meyers Großes Konversations-Lexikon. Ein Nachschlagewerk des allgemeinen Wissens, Bd. 7: Franzensbad bis Glashaus, Leipzig ^{6}1907.

Meyer ^{6}1908, Bd. 9 = Meyers Großes Konversations-Lexikon. Ein Nachschlagewerk des allgemeinen Wissens, Bd. 9: Hautgewebe bis Jonicus, Leipzig ^{6}1908.

Meyer ^{6}1908, Bd. 11 = Meyers Großes Konversations-Lexikon. Ein Nachschlagewerk des allgemeinen Wissens, Bd. 11: Kimpolung–Kyzikos, Leipzig ^{6}1908.

Meyer ^{6}1909, Bd. 20 = Meyers Großes Konversations-Lexikon. Ein Nachschlagewerk des allgemeinen Wissens, Bd. 20: Veda bis Zz, Leipzig ^{6}1909.

Rintelen, B., Corporationen und Genossenschaften, in: *Staatslexikon der Görres-Gesellschaft*, S. 1578–1595.

Rotteck-Welckersches-Staatslexikon [3]1856, Bd. 1 = Welcker, Karl Theodor (Hg.), Das Staats-Lexikon. Encyklopädie der sämmtlichen Staatswissenschaften für alle Stände. In Verbindung mit vielen der angesehensten Publicisten Deutschlands herausgegeben von Karl von Rotteck und Karl Welcker, Bd. 1, Leipzig [3]1856.

Rotteck-Welckersches-Staatslexikon [3]1863, Bd. 8 = Welcker, Karl Theodor (Hg.), Das Staats-Lexikon. Encyklopädie der sämmtlichen Staatswissenschaften für alle Stände. In Verbindung mit vielen der angesehensten Publicisten Deutschlands herausgegeben von Karl von Rotteck und Karl Welcker, Bd. 8, Leipzig [3]1863.

Staatslexikon der Görres-Gesellschaft 1889, Bd. 1 = Bruder, Adolf/Bachem, Julius (Hg.), Staatslexikon, hg. im Auftrage der Görres-Gesellschaft zur Pflege der Wissenschaft im katholischen Deutschland durch Dr. Adolf Huber, Bd. 1: Aargau bis Corpus iuris, Freiburg im Breisgau 1889.

Welcker, Karl Theodor, Artikel »Association«, in: *Rotteck-Welckersches-Staatslexikon*, Bd. 1, S. 758–787.

Gesetze/Gesetzbücher/Statuten

Bürgerliches Gesetzbuch.

Entscheidungen des Reichsgerichts in Zivilsachen 60 (1905), 95 (1919), 143 (1934).

Gesetz-Sammlung für die Königlichen Preußischen Staaten 1843.

Gesetz, betreffend den Orden der Gesellschaft Jesu vom 4. Juli 1872.

Gesetz gegen die gemeingefährlichen Bestrebungen der Sozialdemokratie vom 21. Oktober 1878.

Grotefend, G. A. (Hg.), Preussisch-deutsche Gesetzessammlung 1806–1904, Bd. III: Versicherungswesen, Gewerbe, Gewerbegerichte, Bergbau, Düsseldorf [4]1904.

Handelsgesetzbuch von 1897.

Kranken- und Begräbniskasse des Kaufmännischen Vereins zu Halle (Saale), Satzung, Halle 1917 (ULB Halle).

Verfassungsurkunde für den Preußischen Staat vom 5. Dezember 1848.

Verfassungs-Urkunde für den Preußischen Staat vom 31. Januar 1850.

Verfassung des Deutschen Reiches vom 28. März 1849.

Verordnung über die Verhütung eines die gesetzliche Freiheit und Ordnung gefährdenden Missbrauchs des Versammlungs- und Vereinigungsrechtes. Vom 11. März 1850.

Ungedruckte Quellen

GStPK, Rep. 89, Nr. 12840.

GStA PK, I. HA. Rep. 90 A Staatsministerium jüngere Registratur, Nr. 2257–2265.

StAH, Wahlbüro, Kap. VII, Nr. 9: Abteilungsliste der wahlberechtigten Bürger der Stadt Halle 1887.

StAH, Handschriftenabteilung, B 27.

Zeitungen

GZ Nr. 272, 1903; Nr. 225, 1903.
HallZ Nr. 45, 1890; Nr. 57, 1890; Nr. 575, 1911; Nr. 185, 1913.
SZ Nr. 246, 1876; Nr. 18, 1887; Nr. 25, 1887; Nr. 31, 1887; Nr. 49, 1887; Nr. 50, 1887; Nr. 68, 1887; Nr. 242, 1888; Nr. 243, 1888; Nr. 255, 1888; Nr. 49, 1890; Nr. 499, 512, 519, 1893; Nr. 532, 533, 1903; Nr. 578, 1911; Nr. 602, 1911; Nr. 216, 1913; Nr. 222, 1913.
SMdSH 4 (1910), 4, 5, 8, 9 (1911), 7 (1913), 6 (1914), 12 (1914).
VB Nr. 163, 1907.

Sekundärliteratur und sonstige gedruckte Quellen

Adam, Frane/Roncevic, Borut, Social Capital. Recent Debates and Research Trends, in: Social Science Information 42 (2003), S. 155–183.
Adam, Thomas, Stiften in deutschen Bürgerstädten vor dem Ersten Weltkrieg: Das Beispiel Leipzig, in: GG 33 (2007), S. 46–72.
Agricola, Sigurd, Vereinswesen in Deutschland. Eine Expertise im Auftrag des Bundesministeriums für Familie, Senioren, Frauen und Jugend, Stuttgart 1997.
Albrecht, Carsten, Das Spannungsverhältnis zwischen dem privaten und dem öffentlichen Vereinsrecht in der Vergangenheit und Gegenwart: dargestellt am Erwerb der Rechtsfähigkeit, München 1989.
Alemann, Ulrich von, Organisierte Interessen in der Bundesrepublik, Opladen 1987.
–/Heinze, Rolf G., Vereine und Verbände: Eine Orientierungskarte der Verbändelandschaft in Land und Bund, in: Verein der Freunde Nordrhein-Westfalens e. V. (Hg.), Vereine und Verbände in Nordrhein-Westfalen. Ein Hand- und Lesebuch Jahrgang 1990, Neuss 1990, S. 15–23.
Allendorf, Hans, Der Zuzug in die Städte, seine Gestaltung und Bedeutung für die Gegenwart. Ein Beitrag zur Statistik der Binnenwanderungen mit besonderer Berücksichtigung der Zuzugsverhältnisse der Stadt Halle a. S. im Jahre 1899, Halle 1901.
Arbeitskreis Innenstadt e. V. (Hg.), Persönlichkeiten der Revolution 1848/49 in Beiträgen Werner Piechockis, Sonderheft der Halleschen Blätter 2002.
Ayaß, Wolfgang, Regulierte Selbstregulierung in den Berufsgenossenschaften der gesetzlichen Unfallversicherung, in: *Collin u. a.*, Interventions- und Sozialstaat, S. 123–143.
Bär, Fred G., Die Schranken der inneren Vereinsautonomie – historisch-dogmatische Überlegungen zu einem Vereinsgesetz, Berlin 1996.
Bär, Monika u. a. (Hg.), Fundraising im Non-Profit-Sektor. Marktbearbeitung von Ansprache bis Zuwendung, Wiesbaden 2010.
Baron, Alfred, Der Haus- und Grundbesitzer in Preussens Städten einst und jetzt (unter Berücksichtigung von Steins Städteordnung), Jena 1911.
Barsickow, Heinz-Joachim, Politische Lager und Reichstagswahlen im Raum Herne vor dem Ersten Weltkrieg, Bochum 2004.
Bauerkämper, Arnd (Hg.), Die Praxis der Zivilgesellschaft. Akteure, Handeln und Strukturen im internationalen Vergleich, Frankfurt am Main 2003.
Baumann, Ursula, Protestantismus und Frauenemanzipation in Deutschland 1850 bis 1920, Frankfurt am Main 1992.
Bausinger, Hermann, Bürgerlichkeit und Kultur, in: *Kocka*, Bürger und Bürgerlichkeit, S. 121–142.
Bayer, Walter/Habersack, Matthias (Hg.), Aktienrecht im Wandel, Bd. 1: Entwicklung des Aktienrechts, Tübingen 2007.

Bazille, Wilhelm/Hieber, Johannes, Das Vereinsgesetz vom 19. April 1908 an Hand der Begründung des Entwurfs, der Verhandlungen in Kommission und Reichstag, sowie der bisher ergangenen Entscheidungen der einzelstaatlichen Verwaltungsgerichte, des Reichs- und Kammergerichts für die Praxis erläutert, Stuttgart 1908.

BzSdSH, Die Bevölkerung der Stadt Halle a. S. und ihre Entwicklung, Heft 3, Halle 1908.

–, Die Betriebszählung in Halle a. S. nach den Ergebnissen der Berufs- und Betriebszählung vom 12. Juni 1907, Heft 11, Halle 1910.

–, Statistische Jahresübersichten für Halle a. S. 1911, Heft 20, Halle 1912.

–, Die Sportvereine in Halle und die Sportanlagen in Halle 1910–1912, Heft 21, Halle 1913.

–, Die Grundstücks- und Gebäudeaufnahme in Halle vom 1. November 1910, Heft 23, Halle 1913.

–, Die Dienstbotenerhebung in Halle (April 1912 bis März 1913), Heft 29, Halle 1914.

–, Die Erwerbstätigen der Stadt Halle während des Krieges. Mit besonderer Berücksichtigung der erwerbstätigen Frauen dargestellt nach den Ergebnissen der Volkszählung vom 1. Dezember 1916, Heft 33, Halle 1921.

Bekkers, René u. a., Social Networks of Participants in Voluntary Associations, in: *Lin/Erickson*, S. 185–205.

Benninghaus, Hans, Deskriptive Statistik. Eine Einführung für Sozialwissenschaftler, Wiesbaden [11]2007.

Bentem, Neil van, Vereine, eingetragene Vereine, Dritter-Sektor-Organisationen. Eine empirische Analyse des lokalen Dritten Sektors, Münster 2006.

Berger, Maria/Koopmans, Ruud, Bürgerschaft, ethnische Netzwerke und die politische Integration von Türken in Amsterdam und Berlin, in: FJSB 17 (2004), Heft 1, S. 70–79.

Berman, Sheri, Civil Society and the Collapse of the Weimar Republic, in: World Politics 49 (1997), S. 401–429.

Bermeo, Nancy/Nord, Philip (Hg.), Civil Society before Democracy. Lessons from Nineteenth-Century Europe, Lanham 2000.

Bernhard, Stefan, Netzwerkanalyse und Feldtheorie. Grundriss einer Integration im Rahmen von Bourdieus Sozialtheorie, in: *Stegbauer*, Netzwerkanalyse, S. 121–130.

Best, Heinrich (Hg.), Vereine in Deutschland. Vom Geheimbund zur freien gesellschaftlichen Organisation, Bonn 1993.

Biefang, Andreas, Politisches Bürgertum in Deutschland 1857–1868. Nationale Organisationen und Eliten, Düsseldorf 1994.

Blanke, Bernhard/Schridde, Henning, Bürgerengagement und aktivierender Staat, in: APuZ 24–25 (1999), S. 3–12.

Blaschke, Olaf/Kuhlemann, Frank-Michael (Hg.), Religion im Kaiserreich: Milieus, Mentalitäten, Krisen, Gütersloh 1996.

Blaschke, Olaf, Die Kolonialisierung der Laienwelt. Priester als Milieumanager und die Kanäle klerikaler Kuratel, in: *ders./Kuhlemann*, S. 93–135.

Bösch, Frank, Das konservative Milieu. Vereinskultur und lokale Sammlungspolitik in ost- und westdeutschen Regionen 1900–1960, Göttingen 2002.

Bohle, Hans Hartwig u. a., Anomie in der modernen Gesellschaft. Bestandsaufnahme und Kritik eines klassischen Ansatzes soziologischer Analyse, in: *Heitmeyer*, Was treibt die Gesellschaft auseinander, S. 29–65.

Borggrefe, Carmen u. a., Der Sportverein als Organisation, in: Apelt, Maja/Tacke, Veronika (Hg.), Handbuch Organisationstypen, Wiesbaden 2012, S. 307–325.

Bourdieu, Pierre, Ökonomisches Kapital, kulturelles Kapital, soziales Kapital, in: Kreckel, Reinhard (Hg.), Soziale Ungleichheiten, Göttingen 1983, S. 183–198.

–, Sozialer Raum und »Klassen«. Lecon sur la lecon: 2 Vorlesungen, Frankfurt am Main [3]1995.

–, Wie eine soziale Klasse entsteht, in: ders., Der Tote packt den Lebenden. Schriften zu Politik & Kultur 2, Hamburg 1997 (hg. von Margareta Steinrücke), S. 102–129.

–, Die feinen Unterschiede. Kritik der gesellschaftlichen Urteilskraft, 20. Nachdr., Frankfurt am Main 2010.
Braun, Sebastian/Nagel, Michael, Soziales Kapital und die assoziative Lebenswelt in Deutschland. Soziale und politische Orientierungen von Mitgliedern freiwilliger Vereinigungen in vergleichender Perspektive, in: Baur, Jürgen/Braun, Sebastian (Hg.), Integrationsleistungen von Sportvereinen als Freiwilligenorganisationen, Aachen 2003, S. 517–546.
Braun, Sebastian/Hansen, Stefan, Soziale und politische Integration durch Vereine?, in: FJSB 17 (2004), Heft 1, S. 62–69.
Braun, Sebastian, Soziale und politische Integration durch Vereine? Theoretische Ansätze und empirische Ergebnisse, in: Rehberg, Karl-Siegbert (Hg.), Soziale Ungleichheit, kulturelle Unterschiede. Verhandlungen des 32. Kongresses der Deutschen Gesellschaft für Soziologie in München, Frankfurt am Main 2006, S. 4498–4508.
–, Assoziative Lebenswelt, bindendes Sozialkapital und Wahlgemeinschaften des Geschmacks, in: FJSB 22 (2009), Heft 3, S. 76–87.
Breen, Richard (Hg.), Social Mobility in Europe, New York 2004.
Briese, Olaf, Freiwillige Feuerwehren im 19. Jahrhundert. Erfolge – Misserfolge – Behinderungen, Halle 2015.
Brodosz, André u.a., Versuch über die Grenzen eines selbstreflexiven Umgangs mit dem ehernen Gesetz der Oligarchie – ein Vergleich zwischen Greenpeace Deutschland und den Grünen, in: Bluhm, Harald/Krause, Skadi (Hg.), Robert Michels' *Soziologie des Parteiwesens*. Oligarchien und Eliten – die Kehrseiten moderner Demokratie, Wiesbaden 2012, S. 278–292.
Broicher, Wilhelm, Die Rechtsstellung des mehrgliedrigen Vereinsvorstandes eines rechtsfähigen Vereins nach B. G. B., in: Archiv für bürgerliches Recht 24 (1904), S. 192–237.
Brülls, Holger/Dietzsch, Thomas, Architekturführer Halle an der Saale, Berlin 2000.
Brumlik, Micha, Was heißt Zivile Gesellschaft? Versuch, den Pudding an die Wand zu nageln, in: Blätter für deutsche und internationale Politik 36 (1991), S. 987–997.
Buchner, Thomas, Arbeitsvermittlung zwischen Kaiserreich und Weimarer Republik. (Selbst-)Regulierung als Marktkonstruktion, in: *Collin u. a.*, Interventions- und Sozialstaat, S. 217–238.
Buchstein, Hubertus, Bürgergesellschaft – Eine Ressource der Demokratie? in: Breit, Gotthard/ Schiele, Siegfried (Hg.), Demokratie-Lernen als Aufgabe der politischen Bildung, Bonn 2002, S. 198–222.
Budäus, Dietrich/Finger, Stefanie, Stand und Perspektiven der Verwaltungsreform in Deutschland, in: Die Verwaltung 32 (1999), S. 313–343.
Budde, Gunilla, Auf dem Weg ins Bürgerleben. Kindheit und Erziehung in deutschen und englischen Bürgerfamilien 1840–1914, Göttingen 1994.
Budde, Gunilla u. a. (Hg.), Bürgertum nach dem bürgerlichen Zeitalter: Leitbilder und Praxis nach 1945, Göttingen 2010.
Bude, Heinz u.a. (Hg.), Bürgerlichkeit ohne Bürgertum: in welchem Land leben wir?, München 2010.
Bülow, Joachim von, Das Vereinsrecht des Bürgerlichen Gesetzbuches, Berlin 1902.
Bürgerbuch der Stadtgemeinde Halle a. d. Saale, Halle 1909.
Bussemer, Herrad-Ulrike, Frauenemanzipation und Bildungsbürgertum. Sozialgeschichte der Frauenbewegung in der Reichsgründungszeit, Weinheim 1985.
–, Bürgerliche Frauenbewegung und männliches Bildungsbürgertum 1860–1880, in: Frevert, Ute (Hg.), Bürgerinnen und Bürger. Geschlechterverhältnisse im 19. Jahrhundert, Göttingen 1988, S. 190–205.
Butterweck, Christel, Das Diakonissenhaus zu Halle an der Saale, in: Kranich, Sebastian u. a. (Hg.), Diakonissen-Unternehmer-Pfarrer. Sozialer Protestantismus in Mitteldeutschland im 19. Jahrhundert, Leipzig 2009, S. 47–58.

Cohen, Jean L., Trust, Voluntary Association and Workable Democracy. The Contemporary American Discourse of Civil Society, in: Warren, Mark E. (Hg.), Democracy and Trust, Cambridge 1999, S. 208–248.

Collin, Peter u. a. (Hg.), Selbstregulierung im 19. Jahrhundert – zwischen Autonomie und staatlichen Steuerungsansprüchen, Frankfurt am Main 2011.

Collin, Peter u. a. (Hg.), Regulierte Selbstregulierung im frühen Interventions- und Sozialstaat, Frankfurt am Main 2012.

Collin, Peter u. a. (Hg.), Regulierte Selbstregulierung in der westlichen Welt des späten 19. und frühen 20. Jahrhunderts, Frankfurt am Main 2014.

Collin, Peter, »Gesellschaftliche Selbstregulierung« und »Regulierte Selbstregulierung« – ertragreiche Analysekategorien für eine (rechts-) historische Perspektive?, in: *ders.*, Selbstregulierung im 19. Jahrhundert, S. 3–31.

–, Regulierte Selbstregulierung – normative Ordnung eines deutschen Sonderweges, in: *ders. u. a.*, Regulierte Selbstregulierung in der westlichen Welt, S. 3–25.

Conze, Werner/Kocka, Jürgen (Hg.), Bildungssystem und Professionalisierung in internationalen Vergleichen. Bildungsbürgertum im 19. Jahrhundert, Teil 1, Stuttgart [2]1992.

Dalchow, Irmtraud, Die Industrie- und Handelskammer in Halle-Dessau. 150 Jahre Kammergeschichte in Mitteldeutschland (1844–1994), Halle 1995.

Dann, Otto (Hg.), Vereinswesen und bürgerliche Gesellschaft in Deutschland, München 1984.

–, Die Anfänge politischer Vereinsbildung in Deutschland (1976/2002), in: *Reinalter*, S. 11–47.

Daum, Andreas W., Wissenschaftspopularisierung im 19. Jahrhundert. Bürgerliche Kultur, naturwissenschaftliche Bildung und die deutsche Öffentlichkeit, 1848–1914, München 1998.

Delius, Hans, Deutsches Vereinsrecht und Versammlungsrecht in privat- und öffentlichrechtlicher Beziehung unter besonderer Berücksichtigung des preußischen Rechts, Berlin 1908.

Deth, Jan W. van/Zmerli, Sonja, Introduction. Civicness, Equality, and Democracy – A »Dark Side« of Social Capital?, in: American Behavioral Scientist 53 (2010), S. 631–639.

Die Franckeschen Stiftungen zu Halle a. S. in ihrer gegenwärtigen Gestalt, hg. von der Buchhandlung des Waisenhauses in Halle a. S., Halle 1901.

Döcker, Ulrike, Die Ordnung der bürgerlichen Welt. Verhaltensideale und soziale Praktiken im 19. Jahrhundert, Frankfurt am Main 1994.

Dolgner, Angela, Stadtumbau und Universität im 19. und frühen 20. Jahrhundert, in: *Freitag/Minner*, Geschichte der Stadt Halle, Bd. 2, S. 148–158.

Düding, Dieter, Organisierter gesellschaftlicher Nationalismus in Deutschland (1808–1847). Bedeutung und Funktion der Turner- und Sängervereine für die deutsche Nationalbewegung, München 1984.

–, Die deutsche Nationalbewegung des 19. Jahrhunderts als Vereinsbewegung. Anmerkungen zur Struktur und Phänomenologie zwischen Befreiungskriegszeitalter und Reichsgründung, in: GWU 42 (1991), S. 601–624.

Dülmen, Richard van, Die Gesellschaft der Aufklärer. Zur bürgerlichen Emanzipation und aufklärerischen Kultur in Deutschland, Frankfurt am Main 1996.

Düring, Marten/Eumann, Ulrich, Historische Netzwerkforschung. Ein neuer Ansatz in den Geschichtswissenschaften, in: GG 39 (2013), S. 369–390.

Düring, Marten/Keyserlingk, Linda von, Netzwerkanalyse in den Geschichtswissenschaften. Historische Netzwerkanalyse als Methode für die Erforschung von Historischen Prozessen, in: Schützeichel, Rainer/Jordan, Stefan (Hg.), Prozesse: Formen, Dynamiken, Erklärungen, Wiesbaden 2015, S. 337–350.

Düring, Marten u. a. (Hg.), Handbuch Historische Netzwerkforschung. Grundlagen und Anwendungen, Berlin 2016.

Düring, Marten/Kerschbaumer, Florian, Quantifizierung und Visualisierung. Anknüpfungspunkte in den Geschichtswissenschaften, in: *Düring u. a.*, Handbuch Historische Netzwerkforschung, S. 31–43.

Düring, Marten, Historical Network Research, http://historicalnetworkresearch.org.

Eisenberg, Christiane, Arbeiter, Bürger und »bürgerlicher Verein« 1820–1870. Deutschland und England im Vergleich, in: Kocka, Jürgen (Hg.), Bürgertum im 19. Jahrhundert. Deutschland im europäischen Vergleich, Bd. 2, München 1988, S. 187–218.

–, Fußball in Deutschland 1890–1914, in: GG 20 (1994), S. 181–210.

–, »English Sports« und deutsche Bürger. Eine Gesellschaftsgeschichte 1800–1939, Hamburg 1996.

Eley, Geoff, Deutscher Sonderweg und englisches Vorbild, in: ders./Blackbourn, David (Hg.), Mythen deutscher Geschichtsschreibung. Die gescheiterte Revolution von 1848, Frankfurt am Main 1980, S. 7–71.

Emmerich, Johannes, Die Vielfalt der Freiwilligenarbeit. Eine Analyse kultureller und sozialstruktureller Bedingungen der Übernahme und Gestaltung von freiwilligem Engagement, Münster 2012.

Engel, Ernst, Der Preis der Arbeit. Zwei Vorlesungen, Berlin 1866.

Erikson, Robert/Goldthorpe, John H., The Constant Flux. A Study of Class Mobility in Industrial Societies, Oxford 1992.

Eyll, Klara van, Stadtadressbücher als Quelle für die wirtschafts- und sozialhistorische Forschung – das Beispiel Köln, in: Zeitschrift für Unternehmensgeschichte 24 (1979), H. 3, S. 12–36.

Farny, Dieter (Hg.), Handwörterbuch der Versicherung: HDV, Karlsruhe 1988.

Fennema, Meindert/Tillie, Jean, Civic Communities in a Multicultural Democracy. Ethnic Networks in Amsterdam, in: Behr, Hartmut/Schmidt, Siegmar (Hg.), Multikulturelle Demokratien im Vergleich. Institutionen als Regulativ kultureller Vielfalt?, Wiesbaden 2001, S. 198–220.

–, Civic Community, politische Partizipation und politisches Vertrauen. Ethnische Minderheiten in den Niederlanden, in: FJSB 14 (2001), Heft 1, S. 42–58.

Fenske, Hans, Die politischen Vereine in der Revolution 1848/49, in: *Reinalter*, S. 297–315.

Fertig, Christine, Familie, verwandtschaftliche Netzwerke und Klassenbildung im ländlichen Westfalen (1750–1874), Stuttgart 2012.

Foerster, Cornelia, Der Preß- und Vaterlandsverein von 1832/33. Sozialstruktur und Organisationsformen der bürgerlichen Bewegung in der Zeit des Hambacher Festes, Trier 1982.

Frantz, Christiane/Martens, Kerstin, Nichtregierungsorganisationen (NGOs), Wiesbaden 2006.

Freitag, Werner/Puhle, Matthias (Hg.), Freiheit, Bürger, Revolution. Die Region Sachsen-Anhalt 1847–1849, Bielefeld 1998.

Freitag, Werner, Recht und Freiheit – Bürgertum und Revolution in der Region Sachsen-Anhalt 1845–49, in: *ders./Puhle*, S. 9–49.

Freitag, Werner/Minner, Katrin (Hg.), Geschichte der Stadt Halle, Bd. 2: Halle im 19. und 20. Jahrhundert, Halle 2006.

Freitag, Werner/Hänisch, Ria, Stadtbürgertum zwischen Liberalismus und konservativem Aufbruch – die Revolution in Halle 1848/49, in: *Freitag/Minner*, Geschichte der Stadt Halle, Bd. 2, S. 115–129.

Frevert, Ute, Krankheit als politisches Problem 1770–1880, Göttingen 1984.

Fricke, Kurt, »Gott bewahre die Stadt ferner aus Gnaden fuer allem Feuer-Schaden und andern Unglueck!« Zur Geschichte des Feuerlöschwesens in Halle (Saale) bis 1900, in: Jahrbuch für hallische Stadtgeschichte (2014), S. 11–53.

Frie, Ewald, Das Deutsche Kaiserreich, Darmstadt 2004.

Fritzsche, Peter, Reading Berlin 1900, Cambridge, Mass. 1996.

Fröhlich, Sigrid, Die Soziale Sicherung bei Zünften und Gesellenverbänden. Darstellung, Analyse, Vergleich, Berlin 1976.
Fuhse, Jan Arendt, Soziale Netzwerke. Konzepte und Forschungsmethoden, Konstanz 2016.
Gabriel, Oscar W., Sozialkapital und Demokratie. Zivilgesellschaftliche Ressourcen im Vergleich, Wien 2002.
Gall, Lothar, Liberalismus und bürgerliche Gesellschaft. Zu Charakter und Entwicklung der liberalen Bewegung in Deutschland, in: ders. (Hg.), Liberalismus, Köln 1976, S. 162–186.
– (Hg.), Vom alten zum neuen Bürgertum: die mitteleuropäische Stadt im Umbruch 1780–1820, München 1991.
– (Hg.), Stadt und Bürgertum im Übergang von der traditionalen zur modernen Gesellschaft, München 1993.
Gall, Lothar/Langewiesche, Dieter (Hg.), Liberalismus und Region. Zur Geschichte des deutschen Liberalismus im 19. Jahrhundert, München 1995.
Gamm, Gerald/Putnam, Robert, The Growth of Voluntary Associations in America, 1840–1940, in: Journal of Interdisciplinary History 29 (1999), S. 511–557.
Gamper, Markus/Reschke, Linda (Hg.), Knoten und Kanten. Soziale Netzwerkanalyse in Wirtschafts- und Migrationsforschung, Bielefeld 2010.
Gamper, Markus u. a. (Hg.), Knoten und Kanten III. Soziale Netzwerkanalyse in Geschichts- und Politikforschung, Bielefeld 2015.
Genzmer, E./Förtsch, O., Führer durch Halle a. d. S. und seine staatlichen und städtischen Einrichtungen und Anstalten, Halle 1901.
Gerhard, Ute, Unerhört. Die Geschichte der deutschen Frauenbewegung, Reinbek 1990.
–, Frauenbewegung, in: *Roth/Rucht*, S. 188–217.
Gerstengarbe, Sybille u. a., Die Leopoldina. Die Deutsche Akademie der Naturforscher zwischen Kaiserreich und früher DDR, Berlin 2016.
Geschäfts-Ordnung des Haus- und Grundbesitzervereins Halle a. S. von 1891.
Gesellschaft zur Beförderung gemeinnütziger Thätigkeit (Hg.), Nachrichten von der Lübeckischen Gesellschaft zur Beförderung gemeinnütziger Thätigkeit, Lübeck 1799.
Gierke, Otto von, Das deutsche Genossenschaftsrecht, Bd. 1: Rechtsgeschichte der deutschen Genossenschaft (1868), Darmstadt 1954.
–, Die Genossenschaftstheorie und die deutsche Rechtsprechung, 3. Nachdr. der Ausgabe Berlin (1887), Hildesheim 1997.
–, Das Wesen der menschlichen Verbände. Rede bei Antritt des Rektorats, Berlin 1902.
Godefroid, Annette, Das Berliner Krankenkassenwesen im 19. Jahrhundert. Von der »Auflage« zur AOK, in: Mende, Hans-Jürgen (Hg.), Neue Streifzüge in die Berliner Kulturgeschichte, Berlin 1995, S. 87–108.
Gordon, Wayne C./Babchuk, Nicholas, A Typology of Voluntary Associations, in: American Sociological Review 24 (1959), S. 22–29.
Gosden, P. H. J. H., Self-Help. Voluntary Associations in the 19th Century, London 1973.
Gosewinkel, Dieter u. a. (Hg.), Zivilgesellschaft – national und transnational, Berlin 2004.
Gräser, Marcus, Wohlfahrtsgesellschaft und Wohlfahrtsstaat: bürgerliche Sozialreform und Welfare State Building in den USA und in Deutschland 1880–1940, Göttingen 2009.
Granovetter, Mark, The Strength of Weak Ties, in: AJS 78 (1973), S. 1360–1380.
–, Economic Action and Social Structure: The Problem of Embeddedness, in: AJS 91 (1985), S. 481–510.
Grant, Ruth W., Ethics and Incentives. A Political Approach, in: The American Political Science Review 100 (2006), S. 29–39.
Grießmer, Axel, Massenverbände und Massenparteien im wilhelminischen Reich. Zum Wandel der Wahlkultur 1903–1912, Düsseldorf 2000.
Grzywatz, Berthold, Stadt, Bürgertum und Staat im 19. Jahrhundert. Selbstverwaltung, Partizipation und Repräsentation in Berlin und Preußen 1806 bis 1918, Berlin 2003.

Gürtler, Christian, Vereine und nationale Bewegung in Breslau 1830–1871, Frankfurt am Main 2003.
Habermas, Jürgen, Strukturwandel der Öffentlichkeit. Untersuchungen zu einer Kategorie der bürgerlichen Gesellschaft, Frankfurt am Main 1990.
–, Faktizität und Geltung. Beiträge zur Diskurstheorie des Rechts und des demokratischen Rechtsstaats, Frankfurt am Main [5]1997.
Habermas, Rebekka, Frauen und Männer des Bürgertums. Eine Familiengeschichte (1750–1850), Göttingen 2000.
Hachenburg, Max, Kommentar zum Gesetz betreffend die Gesellschaften mit beschränkter Haftung, Bd. 1, Berlin [5]1926.
Hackmann, Jörg/Roth, Klaus (Hg.), Zivilgesellschaft im östlichen und südöstlichen Europa in Geschichte und Gegenwart, München 2011.
Hackmann, Jörg (Hg.), Vereinskultur und Zivilgesellschaft in Nordosteuropa. Regionale Spezifik und europäische Zusammenhänge, Wien 2012.
Hadding, Walther, Verein (§§ 21–79), in: Siebert, Wolfgang (Hg.), Bürgerliches Gesetzbuch mit Einführungsgesetzen und Nebengesetzen. Kommentar zum Bürgerlichen Gesetzbuch - BGB (begr. von Hans Theodor Soergel), Bd. 1: Allgemeiner Teil (§§ 1–240), Stuttgart [12]1988.
Hänlein, Andreas u. a., Quellensammlung zur Geschichte der deutschen Sozialpolitik, Abt. 2: Von der Kaiserlichen Sozialbotschaft bis zu den Februarerlassen Wilhelms II. (1881–1890), Bd. 5: Die gesetzliche Krankenversicherung und die eingeschriebenen Hilfskassen, Mainz 2009.
Hagen, Carl Hugo vom, Die Stadt Halle. Nach amtlichen Quellen historisch-topographisch-statistisch dargestellt, Bd. 1, Halle 1867.
–, Die Stadt Halle. Nach amtlichen Quellen historisch-topographisch-statistisch dargestellt. Erstes Ergänzungsheft: Das Jahr 1866, Halle 1868.
–, Die Stadt Halle. Nach amtlichen Quellen historisch-topographisch-statistisch dargestellt. Zweites Ergänzungsheft: Die Jahre 1867 und 1868, Halle 1870.
–, Die Stadt Halle. Nach amtlichen Quellen historisch-topographisch-statistisch dargestellt. Drittes Ergänzungsheft: Die Jahre 1869 und 1870, Halle 1872.
–, Die Stadt Halle. Nach amtlichen Quellen historisch-topographisch-statistisch dargestellt. Viertes Ergänzungsheft: Das Jahr 1871, Halle 1873.
–, Die Stadt Halle. Nach amtlichen Quellen historisch-topographisch-statistisch dargestellt. Fünftes Ergänzungsheft: Die Jahre 1872–1. April 1879, Halle 1880.
Hardtwig, Wolfgang, Verein. Gesellschaft, Geheimgesellschaft, Assoziation, Genossenschaft, Gewerkschaft, in: GGr, Bd. 6, Stuttgart 1990, S. 789–829.
–, Genossenschaft, Sekte, Verein: Geschichte der freien Vereinigung in Deutschland, Bd. 1: Vom Spätmittelalter bis zur Französischen Revolution, München 1997.
Hausen, Karin, Die Polarisierung der »Geschlechtscharaktere« – Eine Spiegelung der Dissoziation von Erwerbs- und Familienleben, in: Conze, Werner (Hg.), Sozialgeschichte der Familie in der Neuzeit Europas, Stuttgart 1976, S. 363–393.
–, Öffentlichkeit und Privatheit. Gesellschaftspolitische Konstruktionen und die Geschichte der Geschlechterbeziehungen, in: dies./Wunder, Heide (Hg.), Frauengeschichte – Geschlechtergeschichte, Frankfurt am Main 1992, S. 81–88.
Hauser, Andrea, Halle wird Großstadt. Stadtplanung, Großstadtleben und Raumerfahrung in Halle a. d. Saale 1870 bis 1914, Halle 2006.
–, Aspekte der Urbanisierung Halles 1870–1914, in: *Freitag/Minner*, Geschichte der Stadt Halle, Bd. 2, S. 26–42.
Heberle, Rudolf/Meyer, Fritz, Die Großstädte im Strome der Binnenwanderung. Wirtschafts- und bevölkerungswissenschaftliche Untersuchungen über Wanderung und Mobilität in deutschen Städten, Leipzig 1937.

Hecht, Michael, Pauperismus, Armenfürsorge und sozialer Protest in Halle in der ersten Hälfte des 19. Jahrhunderts, in: *Freitag/Minner*, Geschichte der Stadt Halle, Bd. 2, S. 100–114.

Hein, Dieter, Soziale Konstituierungsfaktoren des Bürgertums, in: *Gall*, Stadt und Bürgertum, S. 151–181.

Hein, Dieter/Schulz, Andreas (Hg.), Bürgerkultur im 19. Jahrhundert. Bildung, Kunst und Lebenswelt, München 1996.

–, Einleitung, in: ebd., S. 9–16.

Heine, Anselma, Mein Rundgang. Erinnerungen, Stuttgart 1926.

Heinsohn, Kirsten, Politik und Geschlecht. Zur politischen Kultur bürgerlicher Frauenvereine in Hamburg, Hamburg 1997.

–, Gleichheit und Differenz im Bürgertum: Frauenvereine in Hamburg, in: *Huber-Sperl*, S. 233–252.

Heise, Robert/Watermann, Daniel, Vereinsforschung in der Erweiterung. Historische und sozialwissenschaftliche Perspektiven, in: GG 43 (2017), S. 5–31.

Heitmeyer, Wilhelm (Hg.), Was treibt die Gesellschaft auseinander? Bundesrepublik Deutschland: Auf dem Weg von der Konsens- zur Konfliktgesellschaft, Bd. 1, Frankfurt am Main 1997.

–, Was hält die Gesellschaft zusammen? Bundesrepublik Deutschland: Auf dem Weg von der Konsens- zur Konfliktgesellschaft, Bd. 2, Frankfurt am Main 1997.

–, Einleitung: Sind individualisierte und ethnisch-kulturell vielfältige Gesellschaften noch integrierbar?, in: ebd., S. 9–20.

Henning, Eike, Das sozialmoralische Milieu und seine Ausgestaltung vor Ort. Die historische Wahlanalyse kleiner Gemeinden und Stimmbezirke, in: Best, Heinrich (Hg.), Politik und Milieu. Wahl- und Elitenforschung im historischen und interkulturellen Vergleich, St. Katharinen 1989, S. 119–154.

Hertzberg, Gustav Friedrich, August Hermann Francke und sein Hallisches Waisenhaus. Mit Abbildungen und einem Plane der Franckeschen Stiftungen, Nachdr., Halle 1898.

Hettling, Manfred, Von der Hochburg zur Wagenburg. Liberalismus in Breslau von den 1860er Jahren bis 1918, in: *Gall/Langewiesche*, S. 253–276.

–, Politische Bürgerlichkeit. Der Bürger zwischen Individualität und Vergesellschaftung in Deutschland und der Schweiz von 1860 bis 1918, Göttingen 1999.

–, Partei ohne Parteibeamte. Parteisekretäre im Linksliberalismus von 1900 bis 1933, in: Dowe, Dieter u. a. (Hg.), Parteien im Wandel. Vom Kaiserreich zur Weimarer Republik. Rekrutierung – Qualifizierung – Karrieren, München 1999, S. 109–134.

–, Bürgerliche Kultur – Bürgerlichkeit als kulturelles System, in: *Lundgreen*, Sozial- und Kulturgeschichte, S. 319–339.

–, »Bürgerlichkeit« und Zivilgesellschaft. Die Aktualität einer Tradition, in: *Jessen u. a.*, S. 45–63.

–, Die Kleinstadt und das Geistesleben. Individuum und Gesellschaft um 1800, in: Hahn, Hans-Werner/Hein, Dieter (Hg.), Bürgerliche Werte um 1800. Entwurf-Vermittlung-Rezeption, Köln 2005, S. 273–290.

–, Eine anstrengende Affäre. Die Sozialgeschichte und das Bürgertum, in: *Torp/Müller*, S. 219–232.

–, »Gemeinsinn«. Motivationale Voraussetzungen für Selbstmobilisierung in der bürgerlichen Gesellschaft, in: *Collin u. a.*, Selbstregulierung im 19. Jahrhundert, S. 33–62.

Hettling, Manfred/Nolte, Paul (Hg.), Bürgerliche Feste. Symbolische Formen politischen Handelns im 19. Jahrhundert, Göttingen 1993.

Hettling, Manfred/Hoffmann, Stefan-Ludwig (Hg.), Der bürgerliche Wertehimmel. Innenansichten des 19. Jahrhunderts, Göttingen 2000.

–, Einleitung, in: ebd., S. 7–21.

Hettling, Manfred/Ulrich, Bernd (Hg.), Bürgertum nach 1945, Hamburg 2005.

Hettling, Manfred/Schölz, Tino (Hg.), Bürger und shimin. Wortfelder, Begriffstraditionen und Übersetzungsprozesse im Deutschen und Japanischen, München 2015.

Hettling, Manfred/Pohle, Richard (Hg.), Bürgertum. Alte Fragen, neue Perspektiven?, Göttingen [2017].

Heyden-Rynsch, von der/Engel, Das Königliche Oberbergamt zu Halle a.S., in: *Staude*, S. 350–355.

Hirschman, Albert O., Exit, Voice, and Loyalty. Responses to Decline in Firms, Organiziations, and States, Cambridge 1970.

Hitzer, Bettina/Welskopp, Thomas (Hg.), Die Bielefelder Sozialgeschichte. Klassische Texte zu einem geschichtswissenschaftlichen Programm und seinen Kontroversen, Bielefeld 2010.

Hochstadt, Steve, Mobility and Modernity. Migration in Germany, 1820–1989, Ann Arbour 1999.

Hofer, Sibylle, Das Aktiengesetz von 1884 – ein Lehrstück für prinzipielle Schutzkonzeptionen, in: *Bayer/Habersack*, S. 388–439.

Hoffmann, Stefan-Ludwig, Die Politik der Geselligkeit. Freimaurerlogen in der deutschen Bürgergesellschaft 1840–1918, Göttingen 2000.

–, Unter Männern. Freundschaft und Logengeselligkeit im 19. Jahrhundert, in: *Hettling/ders.*, Der bürgerliche Wertehimmel, S. 193–216.

–, Geselligkeit und Demokratie, Vereine und zivile Gesellschaft im transnationalen Vergleich 1750–1914, Göttingen 2003.

–, Wie »zivil« war die Gesellschaft des 19. Jahrhunderts? Zur transnationalen Geschichte geselliger Vereine – Ein Forschungsüberblick, Halle 2016.

Hollstein, Betina, Strukturen, Akteure, Wechselwirkungen. Georg Simmels Beiträge zur Netzwerkforschung, in: *Stegbauer*, Netzwerkanalyse, S. 91–103.

Hoppe, Gisela, Die Dresdner Adressbücher – eine orts- und sozialgeschichtliche Quelle für die Stadtgeschichte, in: Dresdner Geschichtsbuch 5 (1999), S. 253–279.

Horch, Heinz-Dieter, Strukturbesonderheiten freiwilliger Vereinigungen. Analyse und Untersuchung einer alternativen Form menschlichen Zusammenarbeitens, Frankfurt am Main 1983.

–, Ressourcenzusammensetzung und Oligarchisierung freiwilliger Vereinigungen, in: Kölner Zeitschrift für Soziologie und Sozialpsychologie 40 (1988), S. 527–550.

–, Geld, Macht und Engagement in freiwilligen Vereinigungen. Grundlagen einer Wirtschaftssoziologie von Non-Profit-Organisationen, Berlin 1992.

Huber, Alfons, Das Vereinsrecht im Deutschland des 19. Jahrhunderts, in: *Dann*, S. 115–132.

Huber-Sperl (Hg.), Organisiert und engagiert. Vereinskultur bürgerlicher Frauen im 19. Jahrhundert in Westeuropa und den USA, Königstein 2002.

–, Einleitung, in: *dies.*, S. 11–37.

–, Bürgerliche Frauenvereine im »langen« 19. Jahrhundert – eine Überblicksskizze (1780 bis 1910), in: *dies.*, S. 41–74.

–, Frauenvereine und Männervereine in historischer Perspektive (1750 bis 1850), in: *Reinalter*, S. 217–242.

Huerkamp, Claudia, Der Aufstieg der Ärzte im 19. Jahrhundert. Vom gelehrten Stand zum professionellen Experten. Das Beispiel Preußens, Göttingen 1985.

Jäckel, Hartmut, Adressbücher in Geschichte und Gegenwart, in: Das Archiv. Post- und Telekommunikationsgeschichte 2 (2004), S. 37–45.

Jahresbericht des Haus- und Grundbesitzervereins Halle a.S. 1910.

Jansen, Dorothea, Einführung in die Netzwerkanalyse. Grundlagen, Methoden, Forschungsbeispiele, Wiesbaden [3]2006.

Janz, Oliver, Zwischen Bürgerlichkeit und kirchlichem Milieu. Zum Selbstverständnis und sozialen Verhalten der evangelischen Pfarrer in Preußen in der zweiten Hälfte des 19. Jahrhunderts, in: *Blaschke/Kuhlemann*, S. 382–406.

Jazbinsek, Dietmar, Die Großstädte und das Geistesleben von Georg Simmel. Zur Geschichte einer Antipathie, Berlin 2001.

Jessen, Ralph u. a. (Hg.), Zivilgesellschaft als Geschichte. Studien zum 19. und 20. Jahrhundert, Wiesbaden 2004.

Jessen, Ralph/Reichardt, Sven, Einführung, in: *Jessen u. a.*, S. 7–27.

Johannsen, Kurt H. u. a. (Hg.), Das Bürgerliche Gesetzbuch mit besonderer Berücksichtigung der Rechtsprechung des Reichsgerichts und des Bundesgerichtshofes, §§ 1–240, Kommentar, Bd. 1, Berlin [12]1982.

Jordan, Stefan, Theorien und Methoden der Geschichtswissenschaft, Paderborn 2009.

Junge, Matthias, Georg Simmel, in: Eckardt, Frank (Hg.), Handbuch Stadtsoziologie, Wiesbaden 2012, S. 83–93.

Jungmann, Martin, Einbecker Vereine im Kaiserreich 1871 bis 1914. Eine exemplarische Untersuchung zum Vereinsleben einer Kreisstadt in der preußischen Provinz Hannover von der Reichsgründung bis zum Ersten Weltkrieg, Göttingen 2002.

Kaiser, Jochen-Christoph, Die Formierung des protestantischen Milieus. Konfessionelle Vergesellschaftung im 19. Jahrhundert, in: *Blaschke/Kuhlemann*, S. 257–289.

–, Evangelische Kirche und sozialer Staat. Diakonie im 19. und 20. Jahrhundert, hg. von Volker Herrmann, Stuttgart 2008.

–, Freie Wohlfahrtspflege im Kaiserreich und in der Weimarer Republik. Ein Überblick, in: *ders.*, Evangelische Kirche, S. 58–86.

–, Die Bedeutung des religiösen Faktors für die Soziale Arbeit im 19. und 20. Jahrhundert in Deutschland – Bilanz der Forschung, in: *ders.*, Evangelische Kirche, S. 277–286.

Kampe, Norbert, Studenten und »Judenfrage« im Deutschen Kaiserreich. Die Entstehung einer akademischen Trägerschicht des Antisemitismus, Göttingen 1988.

Kaplan, Marion, Die jüdische Frauenbewegung in Deutschland. Organisation und Ziele des Jüdischen Frauenbundes 1904–1938, Hamburg 1981.

Karstein, Uta, Vereine. Soziologische Zugänge zu einem vernachlässigten Thema, in: sinnprovinz. Kultursoziologische Working Papers 5, Leipzig 2013.

Kathe, Heinz, Halle – Eine mittlere Universität der Provinz? Das 19. Jahrhundert, in: Berg, Gunnar/Hartwich, Hans-Hermann (Hg.), Martin-Luther-Universität. Von der Gründung bis zur Neugestaltung nach zwei Diktaturen, Opladen 1994, S. 57–79.

Katz, Michael B./Sachße, Christoph (Hg.), The Mixed Economy of Social Welfare. Public/Private Relations in England, Germany and the United States, the 1870's to the 1930's, Baden-Baden 1996.

Kaufmann, Doris, Frauen zwischen Aufbruch und Reaktion. Protestantische Frauenbewegung in der ersten Hälfte des 20. Jahrhunderts, München 1988.

Keller, Eberhard, Die Handwerksmeister in der preußischen Provinz Sachsen während der Revolution 1848, in: *Freitag/Puhle*, S. 132–138.

Kern, Otto, Übersicht über die Bürgerbücher in der Provinz Sachsen, in: Jahrbuch der Landesgeschichtlichen Forschungsstelle für die Provinz Sachsen und Anhalt, Bd. 13, Magdeburg 1937, S. 310–324.

Kern, Thomas, Soziale Bewegungen. Ursachen, Wirkungen, Mechanismen, Wiesbaden 2008.

Kill, Susanne, Politische Konstituierungsfaktoren des Bürgertums, in: *Gall*, Stadt und Bürgertum, S. 183–202.

–, Das Bürgertum in Münster 1770–1870. Bürgerliche Selbstbestimmung im Spannungsfeld von Kirche und Staat, München 2001.

Klein, Simone/Siegmund, Karin (Hg.), Partnerschaften von NGOs und Unternehmen. Chancen und Herausforderungen, Wiesbaden 2010.

Kleine, Karl, Die Entwicklung des Halleschen Bankgewerbes, Jena 1910.

Kleinfeld, Ralf, Die historische Entwicklung der Interessenverbände in Deutschland, in: *Winter/Willems*, S. 51–83.

Klenke, Dietmar, Der singende »deutsche Mann«. Gesangvereine und deutsches Nationalbewußtsein von Napoleon bis Hitler, Münster 1998.

Klitzschmüller, Elke, Die Magdeburger Gesellschaft zur Zeit des Deutschen Kaiserreichs von 1871 bis 1918 auf der Grundlage der bürgerlichen Vereine, Magdeburg 2008.

Kluge, Arnd, Die Zünfte, Stuttgart 2009.

Knieriem, Andreas, Historie des Zoo Berlins, http://www.zoo-berlin.de/de/ueber-uns/geschichte-zoo-berlin (Stand: 24.06.2016).

Koch, Peter, Geschichte der Versicherung, in: *Farny*, S. 223–232.

Kocka, Jürgen, Die Angestellten in der deutschen Geschichte 1850–1980, Göttingen 1981.

– (Hg.), Bürger und Bürgerlichkeit im 19. Jahrhundert, Göttingen 1987.

–, Bürgertum und Bürgerlichkeit als Probleme der deutschen Geschichte vom späten 18. zum frühen 20. Jahrhundert, in: *ders.*, Bürger und Bürgerlichkeit, S. 21–63.

–, Bürgertum und bürgerliche Gesellschaft im 19. Jahrhundert. Europäische Entwicklungen und deutsche Eigenarten, in: ders. (Hg.), Bürgertum im 19. Jahrhundert. Deutschland im europäischen Vergleich, Bd. 1, München 1988, S. 11–76.

–, Zivilgesellschaft in historischer Perspektive, in: *Jessen u. a.*, S. 29–42.

–, Arbeiten an der Geschichte. Gesellschaftlicher Wandel im 19. und 20. Jahrhundert, Göttingen 2011.

–, Bürgerlichkeit und Obrigkeitsstaat. Deutsches Bürgertum im 19. Jahrhundert, in: *ders.*, Arbeiten an der Geschichte, S. 179–190.

König, Fritz, Aus zwei Jahrhunderten. Geschichte der Studentenschaft und des studentischen Korporationswesens auf der Universität Halle, Halle 1894.

Koselleck, Reinhart, Kritik und Krise. Eine Studie zur Pathogenese der bürgerlichen Welt, Frankfurt am Main [6]1989.

Kowalski, Sandra, Bürgerliche Segregation und Stadtplanung – die Entstehung des Paulusviertels, in: *Freitag/Minner*, Geschichte der Stadt Halle, Bd. 2, S. 200–213.

Krabbe, Wolfgang R., Kommunalpolitik und Industrialisierung. Die Entfaltung der städtischen Leistungsverwaltung im 19. und frühen 20. Jahrhundert. Fallstudien zu Dortmund und Münster, Stuttgart 1985.

–, Die deutsche Stadt im 19. und 20. Jahrhundert, Göttingen 1989.

Krenn, Karoline, Strukturbildung in der Krise. Interlocking Directorates und die Deutschland AG in der Weimarer Republik, in: *Gamper/Reschke*, Knoten und Kanten, S. 119–144.

Krimmer, Holger/Priemer, Jana, ZIVZIV-Survey 2012. Zivilgesellschaft verstehen, Berlin 2013.

Kromrey, Helmut, Empirische Sozialforschung. Modelle und Methoden der standardisierten Datenerhebung und Datenauswertung, Stuttgart [12]2009.

Kügler, Tobias, Bürger und das Pathos der Nation. Städtische Denkmalsfeiern von der Reichsgründung bis 1907, in: Freitag, Werner/Minner, Katrin (Hg.): Vergnügen und Inszenierung. Stationen städtischer Festkultur in Halle, Halle 2004, S. 140–164.

–, Arbeiterschaft, Gewerkschaften und Sozialdemokratie im Kaiserreich, in: *Freitag/Minner*, Geschichte der Stadt Halle, Bd. 2, S. 61–77.

–, Der Volkspark – Kultur, Geselligkeit, Politik, in: *Freitag/Minner*, Geschichte der Stadt Halle, Bd. 2, S. 224–236.

–, Der »organisierte Druck der Massen« und die Verteidigung der Ordnung. Die Wahlrechtsdemonstrationen der hallischen Sozialdemokratie 1906/10, in: Freitag, Werner/Ruprecht, Michael (Hg.), Aufruhr, Zwietracht und Gewalt: Konfliktlagen in der hallischen Stadtgeschichte vom Mittelalter bis zur Neuzeit, Halle 2006, S. 93–113.

Kühl, Stefan, Organisationen. Eine sehr kurze Einführung, Wiesbaden 2011.

Kühne, Thomas, Dreiklassenwahlrecht und Wahlkultur in Preußen 1867–1914. Landtagswahlen zwischen korporativer Tradition und politischem Massenmarkt, Düsseldorf 1994.

–, Handbuch der Wahlen zum Preußischen Abgeordnetenhaus 1867–1918. Wahlergebnisse, Wahlbündnisse und Wahlkandidaten, Düsseldorf 1994.

–, Entwicklungstendenzen der preußischen Wahlkultur im Kaiserreich, in: *Ritter*, Wahlen und Wahlkämpfe, S. 131–167.

Küpperbusch, Kerstin, Von der Mietskaserne zur Gartenvorstadt. Siedlungs- und sozialer Wohnungsbau während der Weimarer Republik in Halle, Halle 2010.

Lächele, Rainer/Schmidt, Uwe, Lebensqualität für die Stadt. Die Geschichte der Stadtwerke Halle an der Saale, Weimar 2005.

Landeker, Werner S., Types of Integration and Their Measurement, in: AJS 56 (1951), S. 332–340.

Langewiesche, Dieter, Wanderungsbewegungen in der Hochindustrialisierungsperiode. Regionale, interstädtische und innerstädtische Mobilität in Deutschland 1880–1914, in: VSWG 64 (1977), S. 1–40.

–, Die Anfänge der deutschen Parteien. Partei, Fraktion und Verein in der Revolution von 1848/49, in: GG 3 (1978), S. 324–361.

–, Mobilität in deutschen Mittel- und Großstädten. Aspekte der Binnenwanderung im 19. und 20. Jahrhundert, in: Conze, Werner/Engelhardt, Ulrich (Hg.), Arbeiter im Industrialisierungsprozeß. Herkunft, Lage und Verhalten, Stuttgart 1979, S. 70–94.

–, Republik, konstitutionelle Monarchie und »soziale Frage«, in: ders. (Hg.), Die deutsche Revolution von 1848/49, Darmstadt 1983, S. 341–361.

–, Liberalismus in Deutschland, Frankfurt am Main 1991.

–, Die schwäbische Sängerbewegung in der Gesellschaft des 19. Jahrhunderts – ein Beitrag zur kulturellen Nationsbildung, in: Zeitschrift für Württembergische Landesgeschichte 52 (1993), S. 257–301.

–, Frühliberalismus und Bürgertum, in: Gall, Lothar (Hg.), Bürgertum und bürgerlich-liberale Bewegung in Mitteleuropa seit dem 18. Jahrhundert, München 1997, S. 63–129.

Lauf, Ulrich, Die Knappschaft. Ein Streifzug durch tausend Jahre Sozialgeschichte, Sankt Augustin 1994.

Lehmann, Torsten, Die Hallenser Corps im Deutschen Kaiserreich. Eine Untersuchung zum studentischen Verbindungswesen von 1871 bis 1918, Halle 2004.

Leist, Alexander, Vereinsherrschaft und Vereinsfreiheit im künftigen Reichsrecht, Jena 1899.

–, Die Strafgewalt moderner Vereine, Gießen 1901.

–, Untersuchungen zum inneren Vereinsrecht: mit Beiträgen zum Recht der Aktiengesellschaften, Gesellschaften mit beschränkter Haftung und Genossenschaften, Jena 1904.

Lenger, Friedrich, Sozialgeschichte der deutschen Handwerker seit 1800, Frankfurt am Main 1988.

–, Großstadtmenschen, in: Frevert, Ute/Haupt, Heinz-Gerhard (Hg.), Der Mensch des 19. Jahrhunderts, Frankfurt am Main 1999, S. 261–291.

– (Hg.), Towards an Urban Nation. Germany since 1780, Oxford 2002.

–, Stadt-Geschichten: Deutschland, Europa und die USA seit 1800, Frankfurt am Main 2009.

–, Metropolen der Moderne. Eine europäische Stadtgeschichte seit 1850, München 2013.

Lepsius, Rainer M., Parteiensystem und Sozialstruktur. Zum Problem der Demokratisierung der deutschen Gesellschaft (1966), in: ders., Demokratie in Deutschland. Soziologisch-historische Konstellationsanalysen. Ausgewählte Aufsätze, Göttingen 1993, S. 25–50.

Lichtblau, Klaus, Georg Simmel, Frankfurt am Main 1997.

Lieder, Jan, Die 1. Aktienrechtsnovelle vom 11. Juni 1870, in: *Bayer/Habersack*, S. 318–387.

Lin, Nan/Erickson, Bonnie H. (Hg.), Social Capital. An International Research Program, Oxford 2008.

Lipp, Carola, Verein als politisches Handlungsmuster. Das Beispiel des Württembergischen Vereinswesens von 1800 bis zur Revolution 1848–1849, in: François, Etienne (Hg.), Sociabilité et societé bourgeoise en France, en Allemagne et en Suisse, 1750–1850. Geselligkeit, Vereinswesen und bürgerliche Gesellschaft in Frankreich, Deutschland und der Schweiz, 1750–1850, Paris 1986, S. 275–296.

–, Struktur, Interaktion, räumliche Muster. Netzwerkanalyse als analytische Methode und Darstellungsmittel sozialer Komplexität, in: Göttsch, Silke/Köhle-Hezinger, Christel (Hg.), Komplexe Welt: Kulturelle Ordnungssysteme als Orientierung. Verhandlungen des 33. DGV-Kongress Jena 2001, Münster 2003, S. 49–63.

Lockwood, David, Soziale Integration und Systemintegration, in: Zapf, Wolfgang (Hg.), Theorien des sozialen Wandels, Königstein [4]1979, S. 124–137.

Löhr, Henryk, Heinrich Franz Lehmann (1847–1925). Ein hallescher Bankier als Mäzen, in: Jahrbuch für hallische Stadtgeschichte 2012, S. 79–114.

Lösche, Peter/Walter, Franz, Zur Organisationskultur der sozialdemokratischen Arbeiterbewegung in der Weimarer Republik. Niedergang der Klassenkultur oder solidargemeinschaftlicher Höhepunkt?, in: GG 15 (1989), S. 511–536.

–, Katholiken, Konservative und Liberale: Milieus und Lebenswelten bürgerlicher Parteien in Deutschland während des 20. Jahrhunderts, in: GG 26 (2000), S. 471–492.

López, A. Ricardo/Weinstein, Barbara (Hg.), The Making of the Middle Class: Toward a Transnational History, Durham, NC 2012.

Lorenz, Egon, Versicherungsverein auf Gegenseitigkeit, in: *Farny*, S. 1147–1158.

Lu, Wenjue, Exploring Instrumental and Expressive Dimensions. Adapted Origin of Nonprofit and Voluntary Organizations, Ann Arbor 2008.

Ludwig, Nadine, Villa Lehmann. Burgstraße 46, in: Dolgner, Dieter (Hg.), Historische Villen der Stadt Halle/Saale, Halle 1998, S. 51–60.

Lundgreen, Peter u. a., Bildungschancen und soziale Mobilität in der städtischen Gesellschaft des 19. Jahrhunderts, Göttingen 1988.

Lundgreen, Peter/Grelon, André (Hg.), Ingenieure in Deutschland, 1770–1990, Frankfurt am Main 1994.

Lundgreen, Peter (Hg.), Sozial- und Kulturgeschichte des Bürgertums. Eine Bilanz des Bielefelder Sonderforschungsbereichs, (1986–1997), Göttingen 2000.

Magee, Marc Porter, Civic Participation and Social Capital. A Social Network Analysis in Two American Counties, in: *Lin/Erickson*, S. 308–331.

Mallmann, Klaus Michael, Kommunisten in der Weimarer Republik. Sozialgeschichte einer revolutionären Bewegung, Darmstadt 1996.

Mann, Heinrich, Der Untertan, Frankfurt am Main [9]2000.

Mann, Michael, The Dark Side of Democracy. Explaining Ethnic Cleansing, New York 2005.

Marschalck, Peter, Bevölkerungsgeschichte Deutschlands im 19. und 20. Jahrhundert, Frankfurt am Main 1984.

Marx, Christian, Die Mischung macht's. Zur Bedeutung von kulturellem, ökonomischem und sozialem Kapitel bei Paul Reusch während des Konzernaufbaus der Gutehoffnungshütte (1918–1924), in: *Gamper/Reschke*, Knoten und Kanten, S. 159–193.

Matter, Sonja u. a. (Hg.), Philanthropie und Sozialstaat, ÖZG 26 (2015).

–, Editorial, in: ebd., S. 5–14.

Matthiesen, Helge, Greifswald in Vorpommern. Konservatives Milieu im Kaiserreich, in Demokratie und Diktatur 1900–1990, Düsseldorf 2000.

Mattl-Wurm, Sylvia/Pfoser, Alfred (Hg.), Die Vermessung Wiens. Lehmanns Adressbücher 1859–1942, Wien 2011.

Matzerath, Horst, Urbanisierung in Preußen, Stuttgart 1985.

Mayer, Christine, Zum Verhältnis von Frauenarbeit, Berufsausbildung und Arbeitsmarkt – eine historische Analyse, in: Bonz, Bernhard (Hg.), Berufsbildung und Gewerbeförderung, Berlin 1994, S. 275–300.

Mayer, Katja, Netzwerkvisualisierungen. Anmerkungen zur visuellen Kultur der Historischen Netzwerkforschung, in: *Düring u. a.*, Handbuch Historische Netzwerkforschung, S. 139–153.

Mayntz, Renate, Soziologie der Organisation, Reinbek bei Hamburg 1963.
Meier, Heiko, Mitarbeit im Sport. Bausteine zur Entwicklung einer Theorie des Sportvereins, dargelegt am Beispiel der Mitarbeitsverhältnisse und den strukturellen Bedingungen ihres Wandels, Bielefeld 2003.
Mellies, Dirk, Modernisierung in der preußischen Provinz? Der Regierungsbezirk Stettin im 19. Jahrhundert, Göttingen 2012.
Mergel, Thomas, Zwischen Klasse und Konfession. Katholisches Bürgertum im Rheinland 1794–1914, Göttingen 1994.
–, Die Bürgertumsforschung nach 15 Jahren. Für Hans-Ulrich Wehler zum 70. Geburtstag, in: AfS 41 (2001), S. 515–538.
Mettele, Gisela, Bürgertum in Köln 1775–1870. Gemeinsinn und freie Association, München 1998.
Meyer, Fritz, Gebürtigkeitsstatistik und Meldestatistik. Über die Hauptmethoden zur statistischen Erfassung der Binnenwanderungen, in: Allgemeines Statistisches Archiv. Organ der Deutschen Statistischen Gesellschaft und der Arbeitsgemeinschaft für gemeindliche Statistik 26 (1936/37), S. 40–54.
Meyer, Georg, Lehrbuch des Deutschen Staatsrechts, Berlin 1895.
Michels, Robert, Zur Soziologie des Parteiwesens in der modernen Demokratie: Untersuchungen über die oligarchischen Tendenzen des Gruppenlebens, Leipzig 1911.
Mielke, Siegfried, Der Hansa-Bund für Gewerbe, Handel und Industrie 1909–1914. Der gescheiterte Versuch einer antifeudalen Sammlungspolitik, Göttingen 1976.
Minner, Katrin, Besitz und Bildung, Stadtregiment und Stadtvisionen – das Bürgertum, in: *Freitag/dies.*, S. 42–61.
Misselwitz, Alfred, Die Entwicklung des Gewerbes in Halle a. S. während des 19. Jahrhunderts, Jena 1913.
Mitchell, J. Clyde, The Concept and the Use of Social Networks, in: ders. (Hg.), Social Networks in Urban Situations. Analyses of Personal Relationships in Central African Towns, Manchester 1969, S. 1–50.
Moazzin, Ghassan, Review of *The Global Bourgeoisie. The Rise of the Middle Class in the Age of Empire*, H-Soz-u-Kult, H-Net Reviews, Okt. 2015.
Moeller, Katrin/Timm-Hartmann, Cordula, Die Stadt des Singens. Studentische und bürgerliche Gesangvereine des 19. Jahrhunderts als Träger kulturellen Engagements, in: Zaunstöck, Holger u. a. (Hg.), Der Bürger und seine Stadt. Bürgerschaftliches Engagement zwischen Mittelalter und Moderne in Halle, Halle 2011, S. 121–160.
Möller, Frank, Bürgerliche Herrschaft in Augsburg 1790–1880, München 1998.
Mohl, Robert von, Gesellschafts-Wissenschaften und Staats-Wissenschaften, in: ZfGS 7 (1851), S. 3–71.
–, Encyklopädie der Staatswissenschaften, Tübingen ^{2}1872.
Molle, Fritz, Wörterbuch der Berufsbezeichnungen, Gross-Denkte über Wolfenbüttel 1951.
Mommsen, Hans, Die Auflösung des Bürgertums seit dem späten 19. Jahrhundert, in: *Kocka*, Bürger und Bürgerlichkeit im 19. Jahrhundert, S. 288–315.
Mooser, Josef, Arbeiterleben, Frankfurt am Main 1984.
–, Ländliche Klassengesellschaft 1770–1848, Göttingen 1984.
–, Das katholische Milieu in der bürgerlichen Gesellschaft. Zum Vereinswesen des Katholizismus im späten Deutschen Kaiserreich, in: *Blaschke/Kuhlemann*, S. 59–92.
Morris, R. J., Clubs, Societies and Associations, in: Thompson, F. M. L. (Hg.), The Cambridge History of Britain 1750–1950, Bd. 3, S. 395–495.
Motschmann, Uta (Hg.), Handbuch der Berliner Vereine und Gesellschaften 1786–1815, Berlin 2015.
– (Hg.), Handbuch der Berliner Vereine und Gesellschaften 1786–1815. Supplement: Satzungen und programmatische Schriften, Berlin 2016.

Mrvar, Andrej/Batagelj, Vladimir, Analysis and Visualization of Large Networks with Program Package Pajek, in: Complex Adaptive Systems Modeling (2016) 4:6, http://casmodeling.springeropen.com/articles/10.1186/s40294-016-0017-8.

Müller, Hans-Peter, Max Weber. Eine Einführung in sein Werk, Köln 2007.

Müller-Jentsch, Walther, Der Verein – ein blinder Fleck in der Organisationssoziologie, in: BJfS 18 (2008), S. 476–502.

Müller-Wiedenhorn, Andreas, Versicherungsvereine auf Gegenseitigkeit im Unternehmensverbund. Eine Untersuchung zum Recht und zu konzentrationsrechtlichen Fragen des Versicherungsvereins auf Gegenseitigkeit, Karlsruhe 1993.

Münch, Richard, Elemente einer Theorie der Integration moderner Gesellschaften. Eine Bestandsaufnahme, in: *Heitmeyer*, Was hält die Gesellschaft zusammen, S. 66–109.

Münkler, Herfried, Der Erste Weltkrieg und das Ende der bürgerlichen Welt, Halle 2014.

Nathaus, Klaus, Organisierte Geselligkeit. Deutsche und britische Vereine im 19. und 20. Jahrhundert, Göttingen 2009.

Neidhardt, Friedhelm, Öffentlichkeit, Öffentliche Meinung, Soziale Bewegungen, in: ders. (Hg.), Öffentlichkeit, Öffentliche Meinung, Soziale Bewegungen, Opladen 1994, S. 7–41.

Neuheiser, Jörg, Rezension zu: *Schäfer, Michael: Geschichte des Bürgertums. Eine Einführung. Köln 2009* und *Plumpe, Werner; Lesczenski, Jörg (Hg.): Bürgertum und Bürgerlichkeit zwischen Kaiserreich und Nationalsozialismus. Mainz 2009*, in: H-Soz-u-Kult, 22.12.2010, http://hsozkult.geschichte.hu-berlin.de/rezensionen/2010-4-207.

Neumeier, Gerhard, München um 1900. Wohnen und Arbeiten, Familie und Haushalt, Stadtteile und Sozialstrukturen, Hausbesitzer und Fabrikarbeiter, Demographie und Mobilität - Studien zur Sozial- und Wirtschaftsgeschichte einer deutschen Großstadt vor dem Ersten Weltkrieg, Frankfurt am Main 1995.

Neuss, Erich, Die Entwicklung des halleschen Wirtschaftslebens vom Ausgang des 18. Jahrhunderts bis zum Weltkrieg, Halberstadt 1924.

–, Die hallische Stadtverwaltung 1906–1931, Halle 1931.

Nipperdey, Thomas, Die Organisation der bürgerlichen Parteien vor 1918, Düsseldorf 1961.

–, Die Organisation der bürgerlichen Parteien in Deutschland, in: *Ritter*, Die deutschen Parteien vor 1918, S. 100–119.

–, Verein als soziale Struktur in Deutschland im späten 18. und frühen 19. Jahrhundert. Eine Fallstudie zur Modernisierung I, in: ders. (Hg.), Gesellschaft, Kultur, Theorie. Gesammelte Aufsätze zur neueren Geschichte, Göttingen 1976, S. 174–205.

Nolte, Paul, Abschied vom 19. Jahrhundert oder Auf der Suche nach einer anderen Moderne, in: *Osterhammel u. a.*, Wege der Gesellschaftsgeschichte, S. 103–132.

Nooy, Wouter de u. a., Exploratory Social Network Analysis with Pajek, Cambridge ^{2}2011.

Nord, Philip, Introduction, in: *Bermeo/ders.*, S. xiii–xxxiii.

Oexle, Otto Gerhard, Die mittelalterliche Zunft als Forschungsproblem. Ein Beitrag zur Wissenschaftsgeschichte der Moderne, in: Blätter für deutsche Landesgeschichte 118 (1982), S. 1–44.

Oltmer, Jochen, Migration im 19. und 20. Jahrhundert, München 2010.

Osterhammel, Jürgen u. a. (Hg.), Wege der Gesellschaftsgeschichte, Göttingen 2006.

Pahlow, Louis, Aktienrecht und Aktiengesellschaft zwischen Revolution und Reichsgründung. Das Allgemeine Deutsche Handelsgesetzbuch von 1861, in: *Bayer/Habersack*, S. 237–286.

–, Das Aktienrecht im Handelsgesetzbuch von 1897, in: *Bayer/Habersack*, S. 415–439.

Petri, Rolf, Der Maschinenbau in Halle an der Saale (1856–1914). Ein Marshallscher Distrikt?, in: JbW 2 (2002), S. 159–191.

–, Der Aufstieg zur Industriestadt, in: *Freitag/Minner*, Geschichte der Stadt Halle, Bd. 2, S. 10–26.

Petrov, Jurji A., Die großen Hausbesitzer in der Sozialstruktur Moskaus Ende des 19. und zu Beginn des 20. Jahrhunderts, in: Hausmann, Guido (Hg.), Gesellschaft als lokale Veranstaltung. Selbstverwaltung, Assoziierung und Geselligkeit in den Städten des ausgehenden Zarenreiches, Göttingen 2002, S. 207–227.

Pfeffer, Jürgen, How to Convert Excel Datasets into Pajek Format, http://vlado.fmf.uni-lj.si/pub/networks/pajek/howto/excel2pajek.htm.

Pfoser, Alfred, Wien im Register. Eine Einführung, in: *Mattl-Wurm/ders.*, S. 13–45.

Pilger, Kathrin, Der Kölner Zentral-Dombauverein im 19. Jahrhundert. Konstituierung des Bürgertums durch formale Organisation, Köln 2004.

Plumpe, Werner/Lesczenski, Jörg (Hg.), Bürgertum und Bürgerlichkeit zwischen Kaiserreich und Nationalsozialismus, Mainz 2009.

Pollmann, Klaus Erich, Sozialprotestantismus in der Provinz Sachsen 1890–1914, in: Großbölting, Thomas/Willenius, Roswitha (Hg.), Landesherrschaft – Region – Identität. Der Mittelelbraum im historischen Wandel, Halle 2009, S. 238–249.

Porombka, Wiebke, Medialität urbaner Infrastrukturen. Der öffentliche Nahverkehr, 1870–1933, Bielefeld 2013.

Prahl, Hans-Werner, Soziologie der Freizeit, Paderborn 2002.

Puhle, Hans-Jürgen, Der Bund der Landwirte im Wilhelminischen Reich. Struktur, Ideologie und politische Wirksamkeit eines Interessenverbandes in der konstitutionellen Monarchie (1893–1914), in: Rüegg, Walter/Neuloh, Otto (Hg.), Zur soziologischen Theorie und Analyse des 19. Jahrhunderts, Göttingen 1971, S. 163–179.

–, (Hg.), Protest, Parteien, Interventionsstaat. Organisierte Politik und Demokratieprobleme im Wandel, Göttingen 2015.

–, Parlament, Parteien und Interessenverbände in Deutschland 1890–1914 (1970), in: *ders.*, S. 17–49.

–, Interessenverbände im Wandel, in: *ders.*, S. 118–135.

Putnam, Robert, Making Democracy Work. Civic Traditions in Modern Italy, Princeton, NJ 1993.

–, Bowling Alone. The Collapse and Revival of American Community, New York 2000.

– (Hg.), Gesellschaft und Gemeinsinn. Sozialkapital im internationalen Vergleich, Gütersloh 2001.

–/ Goss, Kristin A., Einleitung, in: ebd., S. 15–43.

Raschke, Peter, Vereine und Verbände. Zur Organisation von Interessen in der Bundesrepublik, München 1978.

Rebmann, Kurt/Säcker, Franz-Jürgen (Hg.), Münchener Kommentar zum Bürgerlichen Gesetzbuch, Bd. 1: Allgemeiner Teil (§§ 1–240), AGB-Gesetz, München [2]1984.

Reckhenrich, Stefan, Versicherungsunternehmen auf Gegenseitigkeit in Frankreich. Ein Vergleich mit dem deutschen Versicherungsverein auf Gegenseitigkeit, Karlsruhe 1987.

Reibel, Carl-Wilhelm, Handbuch der Reichstagswahlen 1890–1918. Bündnisse, Ergebnisse und Kandidaten, Halbbd. 1, Düsseldorf 2007, S. 512–515.

Reichert, Bernhard, Handbuch Vereins- und Verbandsrecht, Luchterhand [11]2007.

Reinalter, Helmut (Hg.), Politische Vereine, Gesellschaften und Parteien in Zentraleuropa 1848/49, Frankfurt am Main 2005.

Reinus, Max (Hg.), Halle in der Gegenwart. Mit historischen Rückblicken, Halle 1907.

Reitmayer, Morten, Bankiers im Kaiserreich. Sozialprofil und Habitus der deutschen Hochfinanz, Göttingen 1999.

Reulecke, Jürgen, Sozialer Frieden durch soziale Reform. Der Centralverein für das Wohl der arbeitenden Klassen in der Frühindustrialisierung, Wuppertal 1983.

–, Geschichte der Urbanisierung in Deutschland, Frankfurt am Main 1985.

Ritter, Carl, Das Handelsgesetzbuch mit Ausschluß des Seerechts. Erläutert von Dr. Carl Ritter, Berlin 1910.

Ritter, Gerhard A. (Hg.), Die deutschen Parteien vor 1918, Köln 1973.
–, Sozialversicherung in Deutschland und England. Entstehung und Grundzüge im Vergleich, München 1983.
–, Die deutschen Parteien 1830–1914. Parteien und Gesellschaft im konstitutionellen Regierungssystem, Göttingen 1985.
– (Hg.), Wahlen und Wahlkämpfe in Deutschland. Von den Anfängen im 19. Jahrhundert bis zur Bundesrepublik, Düsseldorf 1997.
Ritter, Gerhard A./Tenfelde, Klaus, Arbeiter im Deutschen Kaiserreich 1871 bis 1914, Bonn 1992.
Rive, Richard Robert, Lebenserinnerungen eines deutschen Oberbürgermeisters, Stuttgart 1960.
Rössel, Jörg, Plurale Sozialstrukturanalyse. Eine handlungstheoretische Rekonstruktion der Grundbegriffe der Sozialstrukturanalyse, Wiesbaden 2005.
Rohe, Karl, Wahlanalyse im historischen Kontext. Zu Kontinuität und Wandel von Wahlverhalten, in: HZ 234 (1982), S. 337–357.
–, Wahlen und Wählertraditionen in Deutschland. Kulturelle Grundlagen deutscher Parteien und Parteiensysteme im 19. und 20. Jahrhundert, Frankfurt am Main 1992.
Rohkrämer, Thomas, Der Militarismus der »kleinen Leute«. Die Kriegervereine im Deutschen Kaiserreich 1871–1914, München 1990.
Roth, Ralf, Stadt und Bürgertum in Frankfurt am Main. Ein besonderer Weg von der ständischen zur modernen Bürgergesellschaft 1760–1914, München 1996.
–, Verein und bürgerliche Gesellschaft im 19. und beginnenden 20. Jahrhundert. Thomas Nipperdeys Thesen zur Vereinsbewegung, in: *Plumpe/Lesczenski*, S. 121–135.
–, Verflechtungen von Vereins- und Verwaltungstätigkeit als Form kommunaler Selbstregulierung, in: *Collin u. a.*, Selbstregulierung, S. 293–309.
Roth, Roland, Die dunklen Seiten der Zivilgesellschaft. Grenzen einer zivilgesellschaftlichen Fundierung von Demokratie, in: Klein, Ansgar u. a. (Hg.), Zivilgesellschaft und Sozialkapital. Herausforderungen politischer und sozialer Integration, Wiesbaden 2004, S. 41–64.
Roth, Roland/Rucht, Dieter (Hg.), Die sozialen Bewegungen in Deutschland seit 1945. Ein Handbuch, Frankfurt am Main 2008.
Rupp, Gerhard, Das Händel-Denkmal in Halle von Hermann Heidel. Eine Betrachtung unter dem Blickwinkel neuer Quellen, in: Jahrbuch für hallische Stadtgeschichte (2008), S. 61–96.
Sabean, David Warren, Kinship in Neckarhausen 1700–1870, Cambridge 1998.
Sabean, David Warren u. a. (Hg.), Kinship in Europe: Approaches to Long-term Development (1300–1900), New York 2007.
Sachße, Christoph, Public and Private in German Social Welfare, the 1890's to the 1920's, in: *Katz/ders.*, S. 148–169.
Sahner, Heinz, Vereine und Verbände in der modernen Gesellschaft, in: *Best*, Vereine in Deutschland, S. 11–116.
Saldern, Adelheid von, Häuserleben. Zur Geschichte städtischen Arbeiterwohnens vom Kaiserreich bis heute, Bonn 1995.
Sarasin, Philipp, Stadt der Bürger. Bürgerliche Macht und städtische Gesellschaft. Basel 1846–1914, Göttingen ²1997.
Savage, Mark/Blokland, Talja (Hg.), Networked Urbanism. Social Capital in the City, Farnham 2008.
Schaal, Dirk, Rübenzuckerindustrie und regionale Industrialisierung. Der Industrialisierungsprozess im mitteldeutschen Raum 1799–1930, Münster 2005.
Schäfer, Michael, Bürgertum in der Krise. Städtische Mittelklassen in Edinburgh und Leipzig 1890 bis 1930, Göttingen 2003.
–, Geschichte des Bürgertums. Eine Einführung, Köln 2009.
Schallmann, Jürgen, Städtische Armenbehörde und Wohltätigkeitsvereine in Göttingen 1870 bis 1914, in: *Matter u. a.*, S. 37–56.

Schambach, Karin, Stadtbürgertum und industrieller Umbruch. Dortmund 1780-1870, München 1996.
Schaser, Angelika, Helene Lange und Gertrud Bäumer. Eine politische Lebensgemeinschaft, Köln ²2010.
Schedler, Kuno/Proeller, Isabella, New Public Management, Bern 2011.
Schernthander, Maria, Die katholische Frauenbewegung in Wien 1848–1914, Wien 1985.
Scheuner, Ulrich, Zur Rolle der Verbände im Rahmen der sozialen Verwaltung nach der Lehre von Lorenz von Stein. Die Stellung Lorenz von Steins in der neueren Staats- und Gesellschaftslehre, in: Schnur, Roman (Hg.), Staat und Gesellschaft. Studien über Lorenz von Stein, Berlin 1978, S. 273–304.
Schewe, Dieter, Die »Erfindung« der Versicherung und die Bedingungen für ihre Entwicklung in den letzten 150 Jahren, in: Zeitschrift für die gesamte Versicherungswissenschaft 80 (1991), S. 155–173.
–, Geschichte der sozialen und privaten Versicherung im Mittelalter in den Gilden Europas, Berlin 2000.
Schlögel, Karl, Berliner Adressbücher, in: ders., Im Raume lesen wir die Zeit. Über Zivilisationsgeschichte und Geopolitik, München 2003, S. 329-351.
Schmiedecke, Adolf, Die Revolution 1848–49 in Halle, Halle 1932.
Schmidt, Eberhard, Arbeiterbewegung, in: *Roth/Rucht*, S. 157–186.
Schmidt, Jürgen, Begrenzte Spielräume, Eine Beziehungsgeschichte von Arbeiterschaft und Bürgertum am Beispiel Erfurts 1870–1914, Göttingen 2005.
Schmidt, Uwe, Straßenbahn, in: *Lächele/Schmidt*, S. 157–192.
Schmuhl, Hans-Walter, Die Herren der Stadt. Bürgerliche Eliten und städtische Selbstverwaltung in Nürnberg und Braunschweig vom 18. Jahrhundert bis 1918, Gießen 1998.
–, Halle in der Weimarer Republik und im Nationalsozialismus, Halle 2007.
Schubel, Christian, Aktienrecht: Staatliche Regulierung und wirtschaftliche Selbstorganisation im wechselseitigen Zusammenspiel, in: *Collin u. a.*, Selbstregulierung im 19. Jahrhundert, S. 151-168.
Schüren, Reinhard, Soziale Mobilität. Muster, Veränderungen und Bedingungen im 19. und 20. Jahrhundert, St. Katharinen 1989.
Schultze-Galléra, Siegmar von, Topographie oder Häuser- und Strassen-Geschichte der Stadt Halle a. d. Saale: Beschreibung und Geschichte der Strassen, Plätze und Märkte, öffentlicher und privater Gebäude der Stadt von der ältesten Zeit bis zum Jahre 1914, 3. Bde., Halle 1920–1924.
–, Die Stadt Halle. Ihre Geschichte und Kultur, Halle 1930.
Schulz, Andreas, Vormundschaft und Protektion. Eliten und Bürger in Bremen 1750–1880, München 2002.
–, Lebenswelt und Kultur des Bürgertums im 19. und 20. Jahrhundert, Berlin ²2014.
Schulz, Günther, Die Angestellten seit dem 19. Jahrhundert, München 2000.
Schumann, Dirk, Politische Gewalt in der Weimarer Republik 1918–1933. Kampf um die Straße und Furcht vor dem Bürgerkrieg, Essen 2001.
Schweigard, Jörg, Politische Turnvereine in Deutschland 1817–1849, in: *Reinalter*, S. 51–77.
Seckelmann, Margrit, Regulierte Selbstregulierung – Gewährleistungsstaat – Kooperativer Staat – Governance. Aktuelle Bilder des Zusammenwirkens von öffentlichen und privaten Akteuren als Analysekategorien für historische Kooperationsformen, in: *Collin u. a.*, Regulierte Selbstregulierung in der westlichen Welt, S. 27–56.
Siemann, Wolfram, Versammlungsdemokratie 1848, in: Dowe, Dieter u. a. (Hg.), Europa 1848. Revolution und Reform, Bonn 1998, S. 1007–1019.
Sills, David L., The Volunteers. Means and Ends in a National Organization, Glencoe 1957.
Simmel, Georg, Soziologie. Untersuchungen über die Formen der Vergesellschaftung, Berlin 1908.

–, Die Großstädte und das Geistesleben, in: ders., Gesamtausgabe, Bd. 7: Aufsätze und Abhandlungen 1901–1908, Teil 1, hg. von Rüdiger Kramme u. a., Frankfurt am Main 1995, S. 116–131.
–, Philosophie des Geldes, in: ders., Gesamtausgabe, Bd. 6, hg. von David P. Frisby und Klaus Christian Köhnke, Frankfurt am Main 2001.
Sozialdemokratische Partei für Halle und den Saalkreis, Durch Kampf zum Sieg! Jubiläumsschrift, Halle um 1914.
Stadelmann, Rudolf, Soziale und politische Geschichte der Revolution von 1848 (1948), München 1970.
Stark, Martin, Netzwerkberechnungen. Anmerkungen zur Verwendung formaler Methoden, in: *Düring u. a.*, Handbuch Historische Netzwerkforschung, S. 155–171.
Statistik des Deutschen Reiches, Bd. 202.
Statistik des Deutschen Reichs, Bd. 210, 2; Berufs- und Betriebszählung vom 12. Juni 1907, Berufsstatistik, hg. vom Kaiserl. Statistischen Amte, Abt. IX: Die Bevölkerung nach Hauptberuf und Gebürtigkeit, Teil 2: Großstädte, Berlin 1910, S. 128–131.
Staude, Gustav, Das Stadt-Theater zu Halle a. S. Ein Beitrag zum Eröffnungstage, Halle 1886.
– u. a. (Hg.), Die Stadt Halle an der Saale im Jahre 1891: Festschrift für die Mitglieder und Teilnehmer der 64. Versammlung der Gesellschaft Deutscher Naturforscher und Ärzte, Halle 1891.
Staudinger, Hans, Individuum und Gemeinschaft in der Kulturorganisation des Vereins. Erster Teil: Formen und Schichten, dargestellt am Werdegang der musikalisch-geselligen Organisation, Jena 1913.
Staudinger, Julius von, Zur Rechtsnatur der nichtrechtsfähigen Vereine im Bürgerlichen Gesetzbuche, in: Deutsche Juristen-Zeitung 5 (1900), S. 375–377.
–, Kommentar zum Bürgerlichen Gesetzbuch und dem Einführungsgesetze, Bd. 1: Allgemeiner Teil, hg. von Theodor Loewenfeld u. a. München $^{3/4}$1907.
Steffani, Winfried, Parlamentarische und präsidentielle Demokratie. Strukturelle Aspekte westlicher Demokratien, Opladen 1979.
Stegbauer, Christian (Hg.), Netzwerkanalyse und Netzwerktheorie. Ein neues Paradigma in den Sozialwissenschaften, Wiesbaden ^{2}2010.
Stein, Lorenz von, Die Verwaltungslehre. Erster Theil: Die Lehre von der vollziehenden Gewalt, ihr Recht und ihr Organismus. Mit Vergleichung der Rechtszustände von England, Frankreich und Deutschland, Stuttgart 1865.
Steinmetz, George, Regulating the Social. The Welfare State and Local Politics in Imperial Germany, Princeton, N. J. 1993.
Stöber, Kurt, Handbuch zum Vereinsrecht, Köln ^{7}1997.
Studer, Brigitte, Familialisierung und Individualisierung. Zur Struktur der Geschlechterordnung in der bürgerlichen Gesellschaft, in: L'Homme 11 (2000), S. 83–104.
Tauchnitz, Thomas, Die »organisierte« Gesundheit. Entstehung und Funktionsweise des Netzwerks aus Krankenkassen und Ärzteorganisationen im ambulanten Sektor, Wiesbaden 2004.
Tenbruck, Friedrich H./Ruopp, Wilhelm A., Modernisierung – Vergesellschaftung – Gruppenbildung – Vereinswesen, in: Neidhardt, Friedhelm (Hg.), Gruppensoziologie. Perspektiven und Materialien, Opladen 1983, S. 65–74.
Tenfelde, Klaus, Die Entfaltung des Vereinswesens während der Industriellen Revolution in Deutschland (1850–1873), in: *Dann*, Vereinswesen, S. 55–114.
–, Stadt und Bürgertum im 20. Jahrhundert, in: ders./Wehler, Hans-Ulrich (Hg.), Wege zur Geschichte des Bürgertums, Göttingen 1994, S. 317–353.
–, Civil Society and the Middle Classes in Nineteenth Century Germany, in: *Bermeo/Nord*, S. 83–108.

–, Urbanization and the Spread of an Urban Culture in Germany in the Nineteenth and Twentieth Century, in: *Lenger*, S. 13–42.
Tennstedt, Florian, Sozialgeschichte der Sozialpolitik in Deutschland. Vom ausgehenden 18. Jahrhundert bis zum Ersten Weltkrieg, Göttingen 1981.
–, Die Hilfs- und Unterstützungskassen in Preußen. Selbstregulierung der sozialen Vorsorge für den Krankheitsfall, in: *Collin u. a.*, Selbstregulierung im 19. Jahrhundert, S. 275–291.
Tennstedt, Florian/Winter, Heidi, Einleitung, in: Quellensammlung zur Geschichte der deutschen Sozialpolitik, Abt. 1: Von der Reichsgründungszeit bis zur kaiserlichen Sonderbotschaft, Bd. 5: Gewerbliche Unterstützungskassen. Die Krankenversicherung für gewerbliche Arbeitnehmer zwischen Selbsthilfe und Staatshilfe, bearb. von dies., Wiesbaden 1999, S. XXI–LIV.
Thane, Pat, The Ben Pimlott Memorial Lecture. The ›Big Society‹ and the ›Big State‹. Creative Tension or Crowding Out?, in: Twentieth Century British History 23 (2012), S. 408–429.
Thompson, Edward P., Die Entstehung der englischen Arbeiterklasse, Bd. 1, Frankfurt am Main 1987.
Tieke, Hendrik, Deutschland 1870–1933 – eine Gesellschaft sozialer Klassen? Methodische Kritik eines Geschichtsbildes und seine Überprüfung mit der Historischen Sozialgruppen-Analyse, Halle [2017].
Tocqueville, Alexis de, Über die Demokratie in Amerika, München 1976.
Torp, Cornelius/Müller, Sven (Hg.), Das Deutsche Kaiserreich in der Kontroverse, Göttingen 2009.
–, Das Bild des Deutschen Kaiserreichs im Wandel, in: *dies.*, S. 9–27.
Triebel, Armin, Zwei Klassen und die Vielfalt des Konsums. Haushaltsbudgetierung bei abhängig Erwerbstätigen in Deutschland im ersten Drittel des 20. Jahrhunderts, 2. Bde., Berlin 1991.
Tucholsky, Kurt, Der Untertan, in: Die Weltbühne 13 (1919), S. 317.
Türk, Klaus u. a., Organisation in der modernen Gesellschaft. Eine historische Einführung, Wiesbaden 2006.
Tullner, Mathias, Die Revolution von 1848/49 in Sachsen-Anhalt, Halle 1998.
–, Halle 1806 bis 2006. Industriezentrum, Regierungssitz, Bezirksstadt, Halle 2007.
Ullmann, Hans-Peter, Interessenverbände in Deutschland, Frankfurt am Main 1988.
–, Das Deutsche Kaiserreich. 1871–1918, Frankfurt am Main 1995.
–, Politik im Deutschen Kaiserreich 1871–1918, München 1999.
Vögele, Jörg, Sozialgeschichte städtischer Gesundheitsverhältnisse während der Urbanisierung, Berlin 2001.
Vortkamp, Wolfgang, Gesellschaftliche Integration und Vertrauensbildung durch Partizipation in Vereinen – Ergebnisse einer empirischen Untersuchung in Ostdeutschland, in: Schwalb, Lilian/Walk, Heike (Hg.), Local Governance – mehr Transparenz und Bürgernähe?, Wiesbaden 2007, S. 131–166.
–, Integration durch Teilhabe. Das zivilgesellschaftliche Potential von Vereinen, Frankfurt am Main 2008.
–, Ein Konzept sozialer und gesellschaftlicher Integration, Vortrag im Rahmen des Projekts Gesellschaftliche Integration der Friedrich-Ebert-Stiftung am 16.10.2006, http://www.fes.de/integration/pdf_2008-2005/vor_vortkamp.pdf.
Wagner, Patrick, Bürgerinitiative – Betroffenheit – Selbstbestimmung. Die »partizipatorische Revolution« in der Bundesrepublik Deutschland der 1970er Jahre und ihre Sprache, in: *Hettling/Schölz*, Bürger und shimin, S. 140–160.
Watermann, Daniel, Städtischer Liberalismus im Deutschen Kaiserreich 1871 bis 1914. Strukturen gesellschaftlicher und politischer Selbstorganistion, in: Jahrbuch zur Liberalismus-Forschung 28 (2016), S. 205–227.

Weber, Max, Geschäftsbericht, in: Verhandlungen des Ersten Deutschen Soziologentages vom 19.–22. Oktober 1910 in Frankfurt a. M. Reden und Vorträge, Tübingen 1911, S. 39–62.

–, Gesammelte Aufsätze zur Wissenschaftslehre (hg. von Johannes Winckelmann), Tübingen [4]1973.

–, Wirtschaft und Gesellschaft. Grundriss der verstehenden Soziologie. Zwei Teile in einem Band, Frankfurt am Main: Zweitausendeins 2010.

Wehler, Hans-Ulrich, Wie »bürgerlich« war das Deutsche Kaiserreich?, in: *Kocka*, Bürger und Bürgerlichkeit im 19. Jahrhundert, S. 243–280.

–, Deutsche Gesellschaftsgeschichte, Bd. 1: Vom Feudalismus des Alten Reichs bis zur Defensiven Modernisierung der Reformära: 1700–1815, München [2]1989.

–, Deutsche Gesellschaftsgeschichte, Bd. 2: Von der Reformära bis zur industriellen und politischen »Deutschen Doppelrevolution« 1815–1845/49, München 1987.

–, Deutsche Gesellschaftsgeschichte, Bd. 3: Von der »Deutschen Doppelrevolution« bis zum Beginn des Ersten Weltkrieges 1849–1914, München 1995.

–, Die Zielutopie der »Bürgerlichen Gesellschaft« und die »Zivilgesellschaft« heute, in: *Lundgreen*, Sozial- und Kulturgeschichte, S. 85–92.

Weichlein, Siegfried, Wahlkämpfe, Milieukultur und politische Mobilisierung im Kaiserreich, in: Lässig, Simone u. a. (Hg.), Modernisierung und Region im wilhelminischen Deutschland, Bielefeld 1995, S. 69–87.

–, Sozialmilieus und politische Kultur in der Weimarer Republik. Lebenswelt, Vereinskultur, Politik in Hessen, Göttingen 1996.

Weigl, Andreas, Bevölkerungsgeschichte Europas. Von den Anfängen bis in die Gegenwart, Wien 2012.

Weißenborn, Bernhard, Geschichte des Schützenwesens in Halle und im besonderen der Halleschen Stadtschützen-Gesellschaft, Halle 1929.

Welskopp, Thomas, Ein modernes Klassenkonzept für die vergleichende Geschichte industrialisierter und industrieller Gesellschaften, in: Lauschke, Karl/Welskopp, Thomas (Hg.), Mikropolitik im Unternehmen, Essen 1994, S. 48–106.

–, Klasse als Befindlichkeit? Vergleichende Arbeitergeschichte vor der kulturhistorischen Herausforderung, in: AfS 38 (1998), S. 301–336.

–, Das Banner der Brüderlichkeit. Die deutsche Sozialdemokratie vom Vormärz bis zum Sozialistengesetz, Bonn 2000.

–, Anti-Saloon League und Ku Klux Klan. Ressourcenmobilisierung durch »charismatische Verbände«, in: Mittag, Jürgen/Stadtland, Heike (Hg.), Theoretische Ansätze und Konzepte der Forschung über soziale Bewegungen in der Geschichtswissenschaft, Essen 2014, S. 241–267.

Werner, Michael, Stiftungsstadt und Bürgertum. Hamburgs Stiftungskultur vom Kaiserreich bis in den Nationalsozialismus, München 2011.

–, Stiftungen als Teil städtischer Fürsorgesysteme in Deutschland, 1871–1945, in: *Matter u. a.*, S. 102–126.

Wheeler, Robert F., Organisierter Sport und organisierte Arbeit. Die Arbeitersportbewegung, in: Ritter, Gerhard A. (Hg.), Arbeiterkultur, Königstein 1979, S. 58–73.

Wiedemann, Carl Paul, Beiträge zur Lehre von den idealen Vereinen. Die Voraussetzungen und Rechtswirkungen der Eintragung in Deutschland und der Schweiz, Zürich 1908.

Willems, Ulrich/Winter, Thomas von, Interessenverbände als intermediäre Organisationen. Zum Wandel ihrer Strukturen, Funktionen, Strategien und Effekte in einer veränderten Umwelt, in: *dies.*, S. 13–50.

Winkler, Heinrich August, Der rückversicherte Mittelstand: Die Interessenverbände von Handwerk und Kleinhandel im deutschen Kaiserreich, in: Rüegg, Walter/Neuloh, Otto (Hg.), Zur soziologischen Theorie und Analyse des 19. Jahrhunderts, Göttingen 1971, S. 163–179.

Winston, Morton E., Assessing the Effectiveness of International Human Rights NGOs. Amnesty International, in: Welch, Claude E. (Hg.), NGOs and Human Rights. Promise and Performance, Philadelphia 2001, S. 25–54.
Winter, Thomas von/Willems, Ulrich (Hg.), Interessenverbände in Deutschland, Wiesbaden 2007.
Wirsching, Andreas, Die Weimarer Republik. Politik und Gesellschaft, München 2000.
Wischermann, Ulla, Frauenbewegungen und Öffentlichkeiten um 1900. Netzwerke – Gegenöffentlichkeiten – Protestinszenierungen, Frankfurt am Main 2003.
Witzler, Beate, Großstadt und Hygiene. Kommunale Gesundheitspolitik in der Epoche der Urbanisierung, Stuttgart 1995.
Wunderer, Hartmann, Noch einmal: Niedergang der Klassenkultur oder solidargemeinschaftlicher Höhepunkt?, in: GG 18 (1992), S. 88–93.
Zaun, Jörg, Instrumente für die Wissenschaft. Innovationen in der Berliner Feinmechanik und Optik 1871–1914, Berlin 2002.
Zaunstöck, Holger u. a. (Hg.), Die Welt verändern: August Hermann Francke. Ein Lebenswerk um 1700, Halle 2013.
Zimmer, Annette, Vereine – Basiselement der Demokratie. Eine Analyse aus der Dritte-Sektor-Perspektive, Opladen 1996.
–, Vereine – Zivilgesellschaft konkret, Wiesbaden ^{2}2007.
Zimmermann, Clemens, Wohnen als sozialpolitische Herausforderung. Reformerisches Engagement und öffentliche Aufgaben, in: Reulecke, Jürgen (Hg.), Geschichte des Wohnens, Bd. 3: 1800–1918. Das bürgerliche Zeitalter, Stuttgart 1997, S. 503–636.
Zimmermann, Harm-Peer, »Der feste Wall gegen die rote Flut«. Kriegervereine in Schleswig-Holstein 1864–1914, Neumünster 1989.
Zwahr, Hartmut, Zur Konstituierung des Proletariats als Klasse. Strukturuntersuchung über das Leipziger Proletariat während der industriellen Revolution, Berlin 1978.
Zwahr, Helmut, Das deutsche Stadtadreßbuch als orts- und sozialgeschichtliche Quelle, in: Jahrbuch für Regionalgeschichte 3 (1968), S. 204–229.

Register